国家"985工程"(二期)哲学社会科学创新基地重大成果
第三届中国出版政府奖图书奖　第三届三个一百原创图书出版工程奖

学术版

中国佛教通史

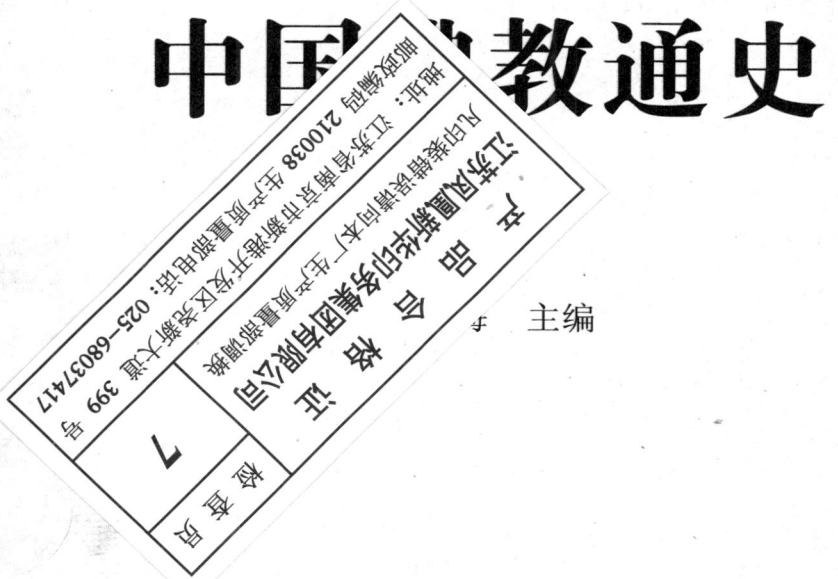

主编

江苏人民出版社

图书在版编目(CIP)数据

中国佛教通史.第十卷/赖永海主编.
—南京:江苏人民出版社,2010.9(2021.10 重印)
ISBN 978-7-214-06479-0

Ⅰ.①中… Ⅱ.①赖… Ⅲ.①佛教史－中国
Ⅳ.①B949.2

中国版本图书馆 CIP 数据核字(2010)第 185108 号

书　　　名	中国佛教通史(第十卷)
主　　编	赖永海
策划编辑	府建明
责任编辑	王　田　朱晓莹
装帧设计	吴赵铎　许文菲
责任监制	王　娟
出版发行	江苏人民出版社
地　　址	南京市湖南路 1 号 A 楼,邮编:210009
照　　排	江苏凤凰制版有限公司
印　　刷	江苏凤凰新华印务集团有限公司
开　　本	652 毫米×960 毫米　1/16
总 印 张	549.25　插页 62
总 字 数	7100 千字
版　　次	2010 年 11 月第 1 版
印　　次	2021 年 10 月第 2 次印刷
标准书号	ISBN 978-7-214-06479-0
定　　价	2280.00 元(全 15 卷)

(江苏人民出版社图书凡印装错误可向承印厂调换)

本卷主要撰稿人（以姓氏笔画为序）

刘立夫

哲学博士。现为中南大学公共管理学院教授、博士生导师，湖南省佛教协会船山佛教文化研究中心秘书长。主要著作有《〈弘明集〉研究》、《佛教与中国伦理文化的冲突与融合》等。

撰写内容：第二章第一、二、四节。

李　勇

哲学博士。现为辽宁大学哲学与公共管理学院教授。主要著作有《三论宗佛学思想研究》。

撰写内容：第五、八章。

杨维中

哲学博士。现为南京大学哲学系（宗教学系）教授、博士生导师。主要著作有《心性与佛性》、《中国佛教心性论研究》《中国唯识宗通史》等。

撰写内容：第三章。

杨富学

敦煌学博士。现为敦煌研究院民族宗教文化研究所所长、研究员。主要著作有《沙州回鹘及其文献》、《西域敦煌宗教论稿》、《回鹘之佛教》等。

撰写内容：第六、七章。

吴忠伟

哲学博士。现为苏州大学哲学系副主任、副教授。主要著作有《中国天台宗通史》（合著）、《圆教的危机与谱系的再生——宋代天台宗山家山外之争研究》

撰写内容：第一章。

沈文华

哲学博士。现为南京大学哲学系(宗教学系)副教授。主要著作有《内丹生命哲学研究》。

撰写内容:第二章第三节。

陈永革

哲学博士。现为浙江省社会科学院哲学研究所副所长、研究员,杭州师范大学双聘教授、博士生导师。主要著作有《法藏评传》、《晚明佛学的复兴与困境》、《阳明学派与晚明佛教》。

撰写内容:第四章。

目　录

第一章　禅教合一与净土信仰的普及　1

　　第一节　禅教合一的理论意涵　1
　　　　一、传统判教的式微　1
　　　　二、禅教合一的不同模式　6

　　第二节　宋代禅教关系　14
　　　　一、教门对禅宗的吸收　14
　　　　二、禅宗对教门的吸收　24

　　第三节　净土宗的传承　33

　　第四节　禅净合流　36
　　　　一、禅净合流的理论意涵　36
　　　　二、由禅教一致到禅净合流　39
　　　　三、禅净双修论　40

　　第五节　性具法门与唯心净土　43
　　　　一、天台性具净土论　43
　　　　二、观想与实相念佛　48
　　　　三、禅宗唯心净土论　52

第二章　宋代的三教关系　61

　　第一节　宋代士大夫的排佛思潮　61
　　　　一、批判佛教剽窃老庄　63
　　　　二、批判佛教破坏纲常　67

三、批判佛教的世界观、人生观 70
四、批判佛教的修养论 75
第二节 宋代理学的"援佛入儒" 78
一、周敦颐的"主静"与禅宗的"无念" 78
二、张载的"天地之性"与"真如佛性" 82
三、二程的"主敬"与禅宗的"无相" 87
四、朱熹的"存理灭欲"与静坐修禅 91
五、陆九渊的"发明本心"与"明心见性" 95
第三节 宋代的三教融合论 100
一、智圆的中庸说 100
二、契嵩的儒佛一贯说 107
第四节 宋元时期的佛道关系 121
一、内丹南宗对禅学的吸收与融通 121
二、新道派全真教的佛道交融思想 130
三、元朝有关《老子化胡经》及《老子八十一化图》的佛道论争 138

第三章 宋代的寺院经济 148

第一节 宋代寺院土地的多元化来源 149
一、敕赐与捐施 149
二、租佃官田 159
三、开垦荒田 163
四、买土置地与土地纠纷 167

第二节 宋代寺院的土地经营 174
一、寺院山林与寺田的规模 174
二、寺庄、庄主及其他管理人员 182
三、租佃制与僧尼自耕 183
四、粮食种植与多种经营 191

第三节 宋代寺院的手工作坊及商业经营活动 196
一、手工业 196
二、商业活动 202
三、"长生库"与借贷、典当 210

第四节 宋代佛寺承担的赋役及其社会功能 217
一、宋代寺院和僧人所承担的赋税 218
二、宋代寺院和僧人所承担的徭役 226
三、寺院赋税、徭役的赦免特例 233

        四、宋代寺院的社会经济功能 238

第四章　两宋与东南亚的佛教文化交流 252
    第一节　两宋与东亚佛教文化交流概述 252
    第二节　北宋与日本的佛教文化交流 256
        一、奝然入宋修行 256
        二、寂昭"入宋求决" 259
        三、成寻入宋参访 263
    第三节　南宋与日本佛教文化交流 265
        一、南宋初期的入宋修行僧 267
        二、荣西入宋与禅风东渐 268
        三、俊芿入宋与律净东传 270
        四、道元入宋与日本曹洞宗的创立 271
        五、圆尔辩圆与径山寺的宋日佛教文化交流 274
    第四节　南宋僧赴日传禅及其影响 280
        一、兰溪道隆与宋代临济宗僧的赴日活动 283
        二、兀庵普宁赴日交流及其影响 285
        三、宋版经藏及佛教典籍的输入 287
        四、宋代中日佛教文化交流的贡献 291
    第五节　两宋与朝鲜的佛教文化交流及其影响 295
        一、佛教典籍文化的交流 296
        二、义天入宋求法及其影响 298
        三、《高丽藏》的刊刻与流通 310
    第六节　宋代与越南的禅宗文化交流 312

第五章　辽代佛教 314
    第一节　辽代社会与佛教 314
        一、辽代社会概况 314
        二、辽代帝王与佛教 315
    第二节　辽代佛教的传播与发展 321
        一、辽代佛教诸宗派 321
        二、鲜演与《华严悬谈抉择》 330
        三、觉苑与《大日经义释演密钞》 338
        四、道殿与《显密圆通成佛心要集》 346
        五、法悟、志福与《释摩诃衍论》 352

第三节　辽代的寺院经济　*359*

第四节　辽代的三教关系与民间的佛教信仰　*364*

一、辽代的三教关系　*364*

二、辽代民间的佛教信仰　*366*

第六章　回鹘佛教　*371*

第一节　西域回鹘之佛教　*372*

第二节　河西回鹘之佛教　*380*

第三节　元代回鹘佛教徒在内地的活动　*387*

第四节　伊斯兰教的兴起与回鹘佛教的衰亡　*392*

第七章　西夏佛教　*397*

第一节　佛教在西夏的兴衰　*397*

一、佛教在西夏的初传　*397*

二、佛教在西夏的发展与繁荣　*401*

三、西夏佛教的衰落与消亡　*409*

第二节　西夏的佛经传译　*412*

一、西夏之中原求经译经　*412*

二、西夏文佛教经典　*416*

三、汉文佛经　*420*

四、藏文佛经　*423*

第三节　西夏与回鹘辽金印度间的佛教关系　*424*

一、西夏与回鹘的佛教关系　*424*

二、西夏与辽朝的佛教文化交流　*428*

三、西夏与金朝的佛教文化交流　*430*

四、西夏与印度的佛教关系　*432*

第四节　西夏的佛教艺术　*437*

第八章　金代佛教　*447*

第一节　金代社会与佛教　*447*

一、金代社会概况　*447*

二、金代帝王与佛教　*449*

三、金代的僧制　*452*

第二节　金代佛教的传播与发展　*456*

一、佛教在金代的传播　*456*

二、金代佛教诸宗派　458
　　三、王子成与《礼念弥陀道场忏法》　467
　　四、金代民间的佛教信仰　473
　　五、金代的寺院经济　475
　第三节　金代的三教关系　477
　　一、金代三教关系概况　477
　　二、赵秉文与《道德真经集解》　479
　　三、李纯甫与《鸣道集说》　485

人名索引　494

第一章 禅教合一与净土信仰的普及

宋代以来,随着禅宗的兴盛,禅教的并立得以突出,禅教关系已成为佛教理论体系要处理的重要课题。尽管存在着禅教之争的事实,禅教合一无疑是宋代佛学的主流发展倾向。在禅宗勃兴的同时,净土信仰也更广泛、普遍地在宋代社会中展开,形成了一个颇令人瞩目的社会文化现象。

第一节 禅教合一的理论意涵

一、传统判教的式微

隋唐宗派佛学的理论基础是判教。佛教不同宗派通过建立不同的判教体系,安顿差异之经典,确立己宗的尊贵性。晚唐以来,宗派佛学衰微,宗派之间在竞争的同时,义理融合之倾向更加明显;与此同时,由于禅宗的一枝独秀,禅宗对教门优势渐显,宗与教势力此消彼长。传统判教已难以范围佛教、统摄诸说,这客观上要求佛教界给出新的整合理论。永明延寿的"立心为宗"说即是基于禅宗立场,以"心"之概念为中心,统摄宗、教。

永明延寿(904—975)为五代宋初著名高僧,其虽宗属禅宗法眼,而学养渊博,通达教门,曾以心宗为准,平衡台、贤、唯识三宗。延寿思想不仅是对宗密禅教融合之学的继承,更是在唐宋思想形态转型背景下对全体佛教所做的整合。

在《宗镜录》中,永明延寿明确提出"立心为宗"的主张,如其所云:

> 今详祖佛大意,经论正宗,削去繁文,唯搜索要旨,假申回答,广引证明,举一心为宗,照万法如镜,编联古制之深义,撮略宝藏之圆诠,同此显扬,称之曰录。①

延寿的目的在于以心为宗连缀经典文字,统摄禅、教,希冀"因指见月",体达唯一真心,这体现了心对文字的引领性。不唯如此,延寿还要以心宗为衡,对台、贤、唯识三家之说予以准平,以证成唯心,这又表现出心宗对诸宗的融通性。在此,延寿之说引起我们关注的并非是他对"心"的强调,而是他对"心"之品格的界定,即将心与"宗"的概念联系起来,并基于此而整合文字,以此突出了心与文字的结构关系,即所谓"心为文字之性"。

首先是关于以"宗"名心。所谓宗者,尊也。故当我们以"宗"名"心"者时,即是以"尊"义命于"心",这自然标识了"心"之尊贵地位,显示了对心的价值肯认。颇耐人寻味的是,当"心"成为一所"宗"对象时,也就意味着相对于作为"宗"者的心,有向心表达"敬义"者,他们在价值层次上虽低于心,但却与心始终保持着"联系",故他们属于"宗从者"。这样,在心与诸物之间就展开了"宗者"与"宗从者"的关系:宗者确立,才得以维系宗从者;而宗从者的示尊,又凸显了宗者的尊贵性。可见,宗之原则必须在一种互动关系中展开,单纯地考虑"宗者"并非是真正恪守"宗"之原则。基于此,"立心为宗"说实际上就是以心为本,用本/末格式来处理心与诸物(诸法、文字)的关系。对此,延寿曾引《涅槃疏》之说:"《涅槃》宗

---

①《宗镜录序》,《大正藏》第48卷,第417页上。

本者,诸行皆以大涅槃心为宗。"故此,"本立道生,如无纲目不立,无皮毛靡附。心为本故,其宗得立。"①可见,立宗的目的在于以纲举目,使得条目确立、维系。

根据此点,延寿重新确定了文字的根源问题,以心/文字模式转化了传统的意/言格式,如此基于意/语对立的禅教之辩实被消解。正如延寿引圭峰宗密之说:"经是佛语,禅是佛意,诸佛心口必不相违。"②在此我们看到,禅宗所强调的"意"对"言"的优先性被搁置了,取而代之的是意、言的平等地位的确立,由此要突出的是"心"对意、言的源始性。因为相对于心来说,意与言均处于"表达"层面,区别仅在:前者是表达者的意向,指向一个"意义";后者是表达的客观呈现,指向一个"符号"。所以,意/言关系并非是所谓的实相真理与言诠方便这样的权实模式,而是任一法门并行不悖的两个方面,正如延寿指出的:

> 从上非是一向不许看教,恐虑不详佛语,随文生解,失于佛意,以负初心。或若因诠得旨,不作心境对治,直了佛心,又有何过。③

可见,对言/意的非此即彼的抉择缺乏合理性,如真正了达佛心,则无有言/意之执。故此,心/意、心/言便构成了两个平行对待的理路,此二者是不相妨碍的。也正因为如此,文字的范围扩大了,它不仅包括了言,也涵盖了意。"意"的被指认为是文字意味着"意"的非究竟性,但同时反过来说明了"文字"的不可去离性,因为即便我们不再为有形文字(言)所羁绊,无形文字(意)依然构成对我们的先在性,也就是说,我们始终生活于文字之中。若此,则对我们来说,重要的不是"不立文字"甚至"弃离文字",而是通达文字之性,心为文字之性要求我们必须重视文字。

心为文字之性将文字的"客观性"展现出来了,也就将不离文字而言解脱的意义给表达出来,因为文字既是障碍,又是解脱之筏,乘此筏而达

---

① ③《宗镜录》卷一,《大正藏》第48卷,第418页上。
② 同上书,第418页中。

文字之性正是要通过了达文字"结构"而把握文字之"源始性"。由于心作为文字之性(也就是文字的源始之性)是不离文字的,所以我们了达文字之性只是"离"了文字之相而没有"离弃"文字。所谓离文字之相就是不以文字有一个实有之所指,相反,我们必须认识到心为文字之本,故为诸法本源,所以"若悟诸法本源,即不见有文字及丝毫发现,方知一切诸法即心自性"。不难看出,延寿在心/文字/诸法之间建立了一种"纲举目张"的关系:心(纲)张,则文字(目)举,诸法即现。脱离心纲而谈诸法,就是"迷一切诸法真实之性,向心外取法而起文字见者"。基于这样一种思路,延寿以为了达文字之性自然在于不执取文字,但单纯地离言绝相,不立文字其实亦不免迷惑之嫌疑,因为"唯见纸墨文字,嫌卷轴多,但执寂默无言"的做法看似"省要",其实也是"偏生局见,惟怯多闻"。在延寿看来,这种对文字的怯怕类同于小乘之人对法空的恐惧,显示了他们对诸法真实性的无知。因此,要达于诸法实性,恰恰是要深入文字,不惧文字,即文字之性而离文字之相,正如六祖慧能对心体与念的关系的把握一样,应是"于念无念"。若能经历这一番"文字工夫",则"明宗达性者虽广披寻",而能达不见一字之相,不作言诠之解之境,终无迷心作物,生纸墨见之过。

延寿以纲目原则处理心/文字之关系是对文字系统"方便性"的一种反动,体现了对传统判教思维的偏离。隋唐佛教判教体系譬如台贤之间虽有种种论争,分歧只在教法的圆别、顿渐的判定标准不同而已,而于判释原则本身无有异议。这种对"法"(文字)的分判其实是基于听说原则而给出的:从佛之"说"出发而给出的文字有圆别之分,而从众生之听闻角度给出的文字则有顿渐之分。无论对于听,还是对于说,文字系统只是一种"方便",这种方便性在于,文字是被"随机"地给出,它与究竟实相无有"结构"上的关联。正因为如此,这种"方便观"强化了文字系统的封闭性与凝固性,将文字"孤立"于实相之外。对比这种孤立的文字观,延寿则是要将文字与心建立在一种结构关系中,其中"心"是源始,也就是文字之性,而一般所云的文字只是文字之相,二者之本末关系犹如母与子,故守母以识子,得本而知末,"提纲而孔孔皆正,牵衣而缕缕俱来"。延寿以此说明宗镜之力。

心为文字之纲(宗)的提出,体现了晚唐以来佛学对"文字"非自明性的进一步反思,延寿思想的贡献在于从理论上正面处理文字的问题,对当时禅宗的厌弃文字之风予以纠正。

基于此,延寿以心为宗来引领文字,对佛教经藏予以采撷纂录,如其所说:"如从石辩玉,似披沙拣金,于群药中但取阿陀之妙,于众宝内唯探如意之珠。举一蔽诸,以本摄末,则一言无不略尽,殊说更无异途。"①延寿的用意显然是想通过这样一种纂录达到启迪人心,开示悟入的目的。为了说明纂录自身的有效性,延寿还对纂录与一般弘教(开示)之间的关系作出辨析。就弘教来说,很明显它是作为一种化他方便而给出的:"凡申弘教,开示化人,应须自行功圆,历位亲证,方酬本愿开方便门,则所利非虚,不违正教。"②可见弘教的有效性来源于"讲者"的自行修证,有此亲证基础,方便化他才是真实无妄的。这其中包含的逻辑是:我们先要听闻,并基于此而亲证实际,如此方可"说出"文字。比较起来,纂录作为一种文字系统是经过人工"编辑"而成,它的给出既不是出于佛的讲、菩萨的造,也不是源于大师的弘教,而是后人对经教的整合。当然这并不意味纂录的给出缺乏有效性,延寿强调纂录的逻辑是心统文字,而非意统言语。

如前所说,延寿的判教不同于台贤之判教:后者是基于权实原则,而前者则据于本末关系,两者具有不同的诠释维度。权实原则偏于"言语",指向的是听说关系,即佛说生听,故言教处于沟通生佛之中介位置。本末原则强调的是"文字",关注的是读写关系,而文本的写作存有一个

---

① 《宗镜录》卷二,《大正藏》第48卷,第422页上。
② 同上书,第423页中。

"布局谋篇"的问题,所以读写文字也就是要把握这个"统绪"。有此不同,故确保纂录有效性的知识原则——以心为宗是不违现量、圣言量、比量的,但同时又将此三量与唯心这一"宗"结合起来。由于此一知识原则关联的是"以心为宗"的文字系统,不同于以佛意为中心的言教系统,故延寿大胆地提出:"今宗镜中始终引佛智慧之光,显佛所行之道迹。若深信者,则是以众生之心光,见众生之行迹。"①由此带来的解释学操作程序的转向便是:不是要解读文字之"义",而是要把握文字之"构造",也就是前面我们所讲的"文字之性"。

基于这样一种新的知识论原则,延寿以心统文字,整合禅教。以为任何一种文字从其"本"来讲都是不异于心的,所谓"何得以限量心起分齐见,局太虚之阔狭……起胜劣之解,齐文定旨,逐语分宗"②,这就将诸种文字间的对立消解了,所以针对宗、教之争,延寿予以调和:

> 种种诸法虽多,但是一心所作,于一圣道立无量名,如一火因燃得草火、木火种种之号,犹一水就用,得或羹、或酒多多之名。此一心门亦复如是,对小机而称小法,逗大量而号大乘,大小虽分,真性无隔。若决定执佛说有多法,即谤法轮成两舌之过。③

在延寿的看来,禅教之异但是教法之别,而教法俱依一心,实为一法。如是,传统判教的权实思维被心统文字原则所取代。

二、禅教合一的不同模式

伴随着传统判教的式微和禅宗地位的突出,禅教合一论作为一新的知识论形式得到提倡和发展,通过对禅教关系新的整合说明,禅宗在更大程度上确立了其代表整个佛教的身份意识。大致来说,我们可以把宋

---

① 《宗镜录》卷二,《大正藏》第48卷,第424页中。
② 《永明智觉禅师唯心诀》,《大正藏》第48卷,第995页中。
③ 《宗镜录》卷二,《大正藏》第48卷,第427页上。

代禅教合一的理论模式分为两种：一是"文字禅"的整合模式，二是"华严禅"的整合模式。

1."文字禅"模式

所谓文字禅有广义、狭义之说。广义之文字禅"泛指一切以文字为媒介、为手段或为对象的参禅学佛活动"，狭义之文字禅则指诗与禅的结晶。① 这里所讲的文字禅是取广义。早期禅宗本以不立文字而别于教门，故禅修不在外求善知识，知解名相，而重在证悟自性。入宋后，禅宗虽不废此一原则，而于修行、化他之中，处处皆用文字，文字已成为宋代禅宗之法门。宋代禅宗对文字的重视原因在于：从外在方面讲，禅宗成为宋代佛教主流形态，其要化他，必有一个以文字法门应俗之需求；从内在原因讲，文字虽无关乎禅宗之证悟，但对证悟之验证则有其价值，故从禅宗知识论上说，宋代禅宗有对文字的诉求。这样，宋代禅宗虽坚持不立文字之原则，而实际上已不离文字。

宋代文字禅的主要推动者来自临济宗人，汾阳善昭、圆悟克勤、大慧宗杲等著名禅师于文字禅的发展有贡献焉②，而系统阐发文字禅理论的代表人物则是释慧洪。

慧洪(1071—1128)的禅教合一论继承了永明延寿的思想，突出了心对文字的统摄性，不宁惟是，慧洪还在此基础上进一步提出文字禅的概念。慧洪文字禅的理论核心是：通过文字这一中介，将禅宗的"悟"法门与文字的概念结合起来。故文字禅概念的提出反映了面对宋代禅宗之倚重文字的事实，禅宗人士对禅教整合问题更深入的思考。

首先，慧洪指出祖师语录对于禅宗的意义，以为其可以作为禅宗人士修行所依之"典刑"。

唐代禅宗自命教外别传，以心传心，若执于对经典文字的知解，则会

---

① 周裕锴：《禅宗语言》，杭州，浙江人民出版社，1999。
② 杨曾文：《宋元禅宗史》，北京，中国社会科学出版社，2006。

障碍禅宗人士的证悟。由于禅宗人士之证悟但依现量,不待经典之圣言量和经义探讨的比量,故现量本身的有效性必须得到确证。在宋代之前,对禅宗人士之现量的确证主要来自参禅者之师的印可,这一方面表明师资关系之亲切、互动之有效,另一方面也表明师之现量境界确实可靠,故得到学生的尊重、认可。然入宋后,随着禅宗的兴盛,参禅之风蔚然,而在证悟境界的检验却出现了问题。因为,一方面,参禅从以往主要局限于丛林内部转向更大的僧俗共在的公共领域,师资互动的亲切感既不再有,则验证现量的有效性也就大打折扣;其次,修行深入、确有体证的禅师一旦去世,则验证之师不在,验证现量之机制也就无法发挥效应,此点对于参禅已成为时代风气之宋代的影响尤其显著。在此情形下,禅宗人士但执"不立文字"其实有很大的隐患,因为验证现量之机制的有效性不能确保,则参禅不免盲目之嫌疑,禅苑滋生坏劣之风气。故如果"徒以拨去言语文字为禅,冥心默照为妙",其结果将是"先佛之微言,宗师之规范或几乎熄矣"。① 有怯于此,慧洪不以文字为碍,辑录前代禅师之语录,记载他们的言行,以成《禅林僧宝传》,用之为后代参禅者之所依。用慧洪的话来说,就是"虽无老成,尚有典刑"。②

显然,当慧洪记载禅宗祖师大德之形状,以为后人之模范时,其实际上是以文字"再现"祖师。尽管祖师之现量所证之境界非文字所能传达,故后之禅人的修行并不能得到祖师的验证,但由于慧洪用文字展现了祖师个人的生活史,实际上是将祖师的言行视为验证的表露,故对后之行人具有某种典刑意义。典刑者,示范而为人之所可效仿者。人之有典刑,则其行为有所依从。同样,行人之修行如有语录之典刑,则参禅亦有取法者。这样,作为文字的祖师语录不只是对祖师言行的历史记录,但有考古学意义,而是有助于确保禅宗人士参禅实践的有效,正如戴良所

---

① 《重刊禅林僧宝传序》,《续藏经》第79册,第490页中。
② 参见周裕锴的《禅宗语言》。

云,"欲使天下禅林咸法前辈之宗纲,而所言所履与传八十一人者同归于一道。"①实际上,当慧洪确立祖师语录的典刑意义时,其赋予了语录"教"的意义。当然,语录之教不同于佛之言教,前者是禅宗祖师以自身之言行展示的"身教",后者则是佛之化度众生而给出的方便言教,但教的文字性则是一致的。这样,虽然禅人坚持"不立文字"之说法,其又通过确立语录典刑的方式恢复了顿悟法门与文字的联系。

其次,慧洪以"知见"概念沟通禅教。慧洪对"见"概念有一特别之阐发,在《楞严经合论》中,慧洪指出:

> 夫见闻觉知之根未拔,则色声香味之尘岂亡?如翳与空华本不相待,所以一部之经从见根而发起也……此经亦止言生死相续皆由不知常住真心,未尝言所以不知也。②

见闻觉知乃世俗经验之心,即所谓妄心,慧洪在此提出"见"的概念是要指出,对真心的把握是通过拔除"知见"而实现的,因为"真心"无性,并不可寻。需要说明的是,真心、妄心是宋代佛学普遍采用的概念,并不稀奇,譬如宋初天台佛学对真心观、妄心观即曾有过激烈的争论。慧洪之独特处在于将两种心与对教法把握的概念联系起来,在此,慧洪将妄心落实为"知见",表现为在闻听法时对法的分别,这就将心与文字的关系建立起来。

慧洪强调心对文字(音)的整合性,故文字本身无碍证悟解脱,关键是心自身处于何种状态下,心是否有效地把握了文字。由此慧洪要引出的不是教门的观心,而是禅宗之听法,其要说明的是:不是教法本身有何分别不同,而是听法之心有真、妄之差。如其云:

> 论曰,心有二种,谓妙明之心,谓缘妄之心。妙明之心寂灭,以此心听法,则法法寂灭,如甜说蜜,如波归水;缘妄之心分别,以此心

---

① 《重刊禅林僧宝传序》,《续藏经》第79册,第490页中。
② 《楞严经合论》卷一,《续藏经》第12册,第6页上、中。

听法，则法法成辨，如赤蠮虫食青则青，食黄即黄。世尊之意，欲汝阿难听如眼闻声，若以耳分别而认以为真实者，误矣。故举标月譬也，借汝阿难分别佛法之音便为心者，应离此法音之外尚有分别之心存焉。何以故？以法音有起灭，心体非起灭，故今何不然，故举主客譬也。离法音之外，亦无分别之心，则成断灭，岂如主常住之心乎？①

以真心（妙明之心）听法，则法法寂灭；以妄心（见闻觉知之心）听法，则法法分别。在此我们看到，慧洪将教门言教的概念引入禅宗，其并不强调佛应机说教这一方面，倒是特别说明听法之心的真、妄之别。由此处理，禅宗可以通过"听法"的概念而重新接纳经典文句，但禅宗并不存在传统判教需要处理的教法之权实问题，其实也就将禅宗传统的不向外求善知识、"自性成佛"与"听法"结合起来。因为只要以妙明之心听法，即可了达诸法寂灭之相，此即远离见闻觉知之心，而"见闻觉知既已远离，非明见佛性之旨与"。

文字禅模式反映了宋代禅宗将不立文字原则与教门言教原则的结合。

2. 华严禅的模式

华严与禅宗在唐代即已开始融合过程，宗密的思想说明了此点。入宋后，禅宗在保持与华严融合传统的同时，亦以华严思想为理论核心展开禅宗对全体佛教的整合。这样一种禅教合一模式我们称为华严禅。

华严学在宋代仍有相当程度的维持，慧洪《林间录》记有东京（今河南开封市）觉严寺有诚法师，"讲《华严经》历席最久，学者依以扬声。其为人纯至，少缘饰，高行远识，近世讲人莫有居其右者"②。元祐年间，高丽僧义天入华求华严学，诚法师被荐举授法，然其辞而受，转举杭州慧因

---

① 《楞严经合论》卷二，《续藏经》第12册，第15页中。
② 《林间录》卷上，《续藏经》第87册，第251页中。

寺道源法师。由此一事可以看出,华严学在当时南北两地均有相当程度的开展。宋代禅僧及上层居士对《华严经》及华严宗义亦普遍具有一种认同感,对之评价颇高,从上层居士看,张商英、朱文长、陈瓘等深通华严宗义。如朱文长曾有云,"释典之有《华严》,犹六经之有大《易》"①,"《华严》之于佛教,犹如《易经》之于儒教"。陈瓘于留意禅宗,问学天台宗旨之外,"观《华严》,了法界之旨"②。较诸上层居士,禅宗大德亦颇属意于华严思想。曹洞名僧投子义清、真歇清了对华严教义均颇有研究,前者早年是专习《华严》,后者则著有《华严无尽灯记》。临济的道宁、圆悟克勤、清远佛眼亦颇通华严之学,其中克勤的华严造诣还曾得到张商英的激赏,而佛眼的颇多偈颂中有"十可行十颂"一条,于此条叙中,佛眼写道:"华严以十法界总摄多门,示无尽之理;禅门有十玄谈,以明唱道。"③以下我们主要以云门宗天衣怀之法嗣圆照宗本为例,对宋代华严禅这一禅教合一模式予以论述。

宗本(1021—1100),常州无锡(今江苏无锡)人,俗姓管,号圆照。年十九依姑苏(今江苏苏州)承天寺永安道升禅师,后从天衣义怀。曾主姑苏瑞光寺,声名卓著,后主杭州净慈寺院。元丰五年(1082),宋神宗昭请宗本住开封相国寺慧林院。宗本虽为禅师,而以华严学名世。其时,高丽僧统义天入华访学华严宗义,特入慧林院咨求宗本。从文献所见义天与宗本之问答可以看出,宗本对华严学的把握是从观法而入,意在融通禅宗修证法门与教门观法。兹录对话于下:

> 师问僧统曰:承闻久熟经论,是否?天曰:粗于华严大教留心。师曰:好。《华严经》尽是诸圣发明、称性极谈,若非亲证悟解,难明法界妙理。莫曾有悟入处否?天曰:昭昭于心目之间而相不可睹。师曰:作么生是昭昭于心目之间。天曰:森罗及万象,一法之所印。

---

① 朱文长:《华严经赞序》,《圆宗文类》卷二二,《续藏经》第58册,第560页上。
② 志磐:《佛祖统纪》卷一五,《大正藏》第49卷,第226页上。
③ 赜藏主编辑:《古尊宿语录》(下)卷三〇,第565页,北京,中华书局,1996。

师曰：尤是文字语言，如何是一法？天曰：无下口处。师曰：汝未曾悟在，诸佛意旨密密堂堂，若非悟入，实难措口。祖师西来，直指人心，见性成佛。见即便见，不在思量，不历文字，不涉阶梯。若以世智辩，聪解会，无有是处。所以《华严法界观》序云：昭昭于心目之间。师顾视僧统云：好。若也于斯会得，不妨奇特复云而相不可睹，晃晃于色尘之内而理不可分，非彻法之智目，离念之明智不能见自心如此之灵通，只如与么说。且哪个是自心。天曰：知之一字，众妙之门。师云：知之一字作么生会？僧统曰：义天未曾参禅。师云：不可到宝山空手而回。天曰：大善知识历劫难逢。师复云：知之一字，众妙之门，到这里唤作禅得么，唤作道得么，莫是举处便是么？一时拈却且作么生会。天无语。时伴使范舍人曰：古人所谓目击道存。师云：只如今与诸人对坐相看可谓目击，如何是道。范舍人曰：不可措口。师云：若谓不可措口即是断见，诸佛洪机演出大藏教，曲尽方便，岂是不可措口也。众皆无对。①

义天既来华求华严义旨，则自以华严义请益宗本。宗本则单刀直入，径问其于华严法界妙理有否悟入。显然，宗本此问乃是基于禅宗的背景，试图将华严法界观与禅宗证悟概念联系起来。义天的回答是"昭昭于心目之间而相不可睹"。法界明白显示于心目之间而有无相可睹，显然，义天以为此即是其悟入所得。对此回答，宗本不以为然，进而诘问其何谓"昭昭于心目之间"，由此逼出"一法"的问题。当义天以"无下口处"答以"一法"时，实已是无计可施，暴露了以知解把握华严法界的局限。宗本指出，义天以语言不达法界之妙说明一法正是缺乏证悟的表现，因为"实难措口"似乎表明了法界的超出言诠，而实表示义天尚处于对法界的概念知解中，即仍试图以言语文字来表达法界，以概念思维揣摩法界，而非是直接悟入法界。故义天对法界"昭昭于心目之间"的把握

---

① 《慧林宗本禅师别录》，《续藏经》第73册，第86页上、中。

乃是依文解义,未真正体达。接下来,宗本又将"昭昭于心目之间"与"相"不可睹联系,以为相的"昭昭"与"不睹"乃是"自心"灵通之表现,这样,对法界之观其实也就是证悟其心。

　　从以上文本分析可以看出,宗本思想表现出浓郁的融合禅宗与华严的色彩。宗本并不否认华严观法的有效性,但以为教门之"观"的究竟处应是"悟入",这表明了其基于禅宗本位,摄教归禅之倾向。但与此同时,我们也应看到,宗本对致力于华严法界观与禅宗证悟法门的结合,也反映了宗本对华严思想有极深的研究,其既于华严学下如此之工夫以致以华严学名世,则华严学不单纯是其融合之对象,也成为其自身融合理论的支撑。于此,我们可以说,宋代禅宗在一定程度上将"证悟"转变为教门之观法。另外需要说明的是,宗本乃云门宗人,其融通禅教的风格不限于其个人,而似与云门整个禅风有某种关联。如宗本同门法秀(1027—1090),秦川陇城(今甘肃秦安县)人,俗姓辛,号圆通,十九岁试经得度。法秀早年醉心佛教义学,尤对华严学造诣颇深,故"声著京洛"。后因不满禅宗之"教外别传"之旨,遂罢讲南下而欲"抹杀之以报佛恩"。然在天衣义怀禅师的点拨下,其废禅宗之志熄灭,而反由教为禅。法秀初见义怀,二人曾有一对话:

　　　　怀问:座主讲何经?秀曰:《华严》。又问:此经以何为宗?秀曰:以心为宗。又文:心以何为宗?秀不能对。怀曰:毫厘有差,天地悬隔。①

　　义怀与法秀的问答颇似宗本之与义天,也是通过对华严义理的追问而将教门知解的局限性给揭露出来。这样一个事实说明,随着禅宗的兴盛,禅宗与教门在思想上的交锋直接而频繁起来,禅宗在挫折教门的同时,也对教门有了更多的研究。

　　在云门宗之后,禅宗与华严思想融合主要在曹洞一门展开,从"默照

---

① 《禅林僧宝传》卷二六,《续藏经》第79册,第543页下。

禅"之兴起、演变,我们不难体会禅宗修证法门对教门观法的吸收。

第二节　宋代禅教关系

宋代禅教合一并非只是禅师名僧的理论呼吁,也是宋代佛教自身制度形态的表现。从宋代佛教的实际情形看,禅教之间互动频繁,互有吸收,推动了宋代佛教融合形态的发展。宋代禅教间互动与宋代禅教间在地理上的流动颇有关联,伴随着禅宗势力的高涨,北方义学僧大量南下参禅问道,而禅宗人士亦由南而北上,这在客观上形成了禅教混处之格局,加速了禅教间的融通。禅教间融通的直观表现就是禅教在地理空间分布上的平衡,即禅寺在北方的普及,教院在南方的遍布;而从禅教关系的具体展开看,则二者的互相吸收主要体现在寺院制度建设和修行法门两个方面。

一、教门对禅宗的吸收

面对宋代禅宗兴盛的巨大压力,以天台宗为主的宋代教门在与禅宗展开激烈竞争的同时,对禅宗亦多有吸收。这主要表现在寺院制度建设上对禅宗清规的吸纳,在修习法门上对禅宗现量的重视。

1. 吸纳禅宗清规

清规乃禅宗丛林建设的一大创举,本与教门寺院无涉。随着禅宗在宋代的兴盛,禅苑清规亦渐被于教门,行于教苑。元代天台宗僧人自庆整理之《增修教苑清规》虽然成书于元代,但《教苑清规》原本实是作于宋代,故元本教苑清规也大体反映了宋代教苑的制度建设状况。教门对清规的吸收自然不是完全将自身变成禅苑,故有云"教苑清规"而有别于"禅苑清规",但教苑对禅宗清规的吸收这一事实反映了宋代教门的寺院建设并非是简单地顺承传统,而是有一重新整合之过程。

众所周知,在唐宋转折之际,禅宗与教门的力量此消彼长,教门趋于衰微。入宋后,由于经典的自外回复以及新的思想主题的激发,佛教义学亦有了相当程度的复兴,其中天台宗通过山家山外之争论迎来中兴,华严宗也是一个规模不小的复兴运动。伴随此过程,教门尤其是天台宗于禅宗之外亦掌控了不少重要寺院,这在客观上要求有一个相应于时代的教门寺院的制度建设。虽然教门有着寺院建设的传统,但唐末教门的衰微所造成的制度缺失对于宋代教门的制度重建还是颇有影响的。对此,天台名僧慈云遵式曾写道:

> 吾早观钱唐寺宇数百,无一处山家讲院,诸法师多寄迹他寺,主客相妨,师徒系属因相触恼,讵免屡迁,于时域心便欲创置。①

遵式所指山家乃指天台宗,虽然他描绘的是宋初杭州天台宗寺院的情形,其实也大体反映了当时教门寺院较为颓败的总体状况。缘此,对禅宗寺院制度的借鉴于教门来说也是顺理成章之事。

禅宗清规首创于唐之百丈怀海,由于古清规之原本已佚,现所见之最早之禅宗清规乃是宋代所修,较诸原本,其损益颇多,故我们不能完全据宋本来理解古清规之状。虽然禅宗清规有其时代差异,但如惟勉于《咸淳清规序言》中所说,"虽诸方或有不同,然亦未尝失其大节也。"②所以根据宋本和时人对古清规之解说描述,我们大致可以对禅宗清规的基本原则有一总体把握。据杨亿之《古清规序》,禅宗清规乃是于丛林日用之"事"中立制,以"制"表法,如不立佛堂而树法堂"表佛祖亲嘱受当代为尊也","斋粥随宜,一时均遍者,务于节俭表法事双运也","行普请法,上下均力也"。古清规的这种"表法"性表明,清规自然是一套规矩,但其意不纯在规约、惩戒僧众,而在以事的形式将佛法表达出来,这颇似儒家之"礼"。宋僧惟勉有云,"吾氏之有清规犹儒家之有礼经"。礼者,所以因人情而规范人伦也。儒家制礼乃是要治人,但其治人不是压制人情,乃

---

① 《天竺寺十方住持仪》,《天竺别集》下,《续藏经》第57册,第46页上。
② 《敕修百丈清规》卷八,《大正藏》第48卷,第1158页中。

是因人情、养人情,使得个体之人居于群体中而分别有致,各得所归,达到于差异中和谐之目的。禅宗清规有类于此。禅宗别于教门者在其自证其性、不假文字之教,然禅宗既已建立丛林,众僧共处,则有一个如何整合整个丛林如法的问题,清规之创取法于礼缘于此也。

对比禅宗清规之设,教门也有一个整合僧团,规约僧人的制度安排,但其处理原则不同于丛林。宋之前,天台教门有关僧伽制度建设的论述主要见于隋灌顶所编撰的《国清百录》,其中《立制法》与《训知事人》为主要的两篇。《立制法》之设的原因在于,智者大师入天台山后,新来僧众资质不等,率多心猿意马,"若不控锁,日甚月增",则难以成就修行解脱之业。故此,大师立制十条,警戒众僧。从十条内容看,主要涉及三个方面:一是对日常修行(主要是坐禅)的规范,二是对僧众关系(尤其是冲突、矛盾)的规约,三是关于治病犯戒的处理。尤其要说明的是,由于十条之设乃是基于戒律原则,故相应的惩戒措施便是"对众忏悔",这就与天台的日常禅修,尤其是对忏法的重视结合起来。较诸禅宗清规,十条的修习意义更重,而维系僧伽意味则淡,实反映了作为"规矩"的条例乃是配合制度化的戒律,并非是维系僧团的根本规范。至于《训知事人》,亦是结合行忏禅观而说明行法之彻底、善始善终的意义,指向的还是个体修习。基于以上的解说,我们可以看出,隋代天台对僧伽"规矩"的建设乃是围绕个体的修习(尤其是禅观行忏),配合着戒律而展开的,对僧众的规范并无有禅宗清规那样的"表法性"。

如果说,禅宗清规乃是有"表法性"之规矩的话,那么教门之制法则是"律法性"规矩,入宋后,教门的制度建设吸收了表法性的清规,将之与律法性规矩结合起来,从而形成了教门的清规。从教苑清规与禅苑清规两个名号的对举可以看出,宋代佛教之清规已不限制于禅宗,也适用于教门,这表明清规已成为一个普遍、公共性的制度模式,此亦说明,对于宋代清规的形成,教门如禅宗一样也有贡献。事实上,对比唐之古清规与隋之天台十条,宋代佛教清规整合了禅宗古清规的表法性与天台教门的律法性,而表现出浓郁的"仪式性",反映出入宋以后,佛教自身的拘束与儒家礼法思想对佛教的浸润。但不管清规内涵与形式如何变化,毕竟宋代佛教之寺院制度乃是以清规形式表达,清规作为一套特别之制度理念其实是普遍化地落实于宋代佛教的寺院制度建设中,从这个意义上讲,教门之有清规确实体现了教门对禅宗制度因素的吸收。

基于以上认识,我们从文本出发,再来具体分析一下宋代教门对清规的接受。由于宋本教苑清规不存,我们只能据元本教苑清规对宋本做一定程度的还原。从《增修教苑清规》的目录结构看,元代教苑清规共有十门,分上下卷。上卷是六门:祝赞门、祈禳门、报本门、住持门、两序门、摄众门;下卷四门:安居门、诫劝门、真归门、法器门。这样的结构安排与元代禅宗清规颇为相似,显然不应是宋代教门清规之状。从元代所撰《敕修百丈清规》之目录结构看,其亦分上下两卷,共九章,上卷为:祝厘章、报恩章、报本章、尊祖章、住持章;下卷两序章、大众章、节腊章、法器章。较之教门,禅宗清规只有九章,缺少真归门,但实际上,住持章中涵摄了真归门的内容,只是未将之单独立章。从清规详目的复杂程度可以看出,教苑清规中的祝赞门、祈禳门、报本门对应于禅苑清规中祝厘章、报恩章、报本章、尊祖章。其中禅宗的报恩章中下列国忌、祈祷,实相应于教门的祈禳门;而教门的报本门中实将禅宗报本、尊祖的内容涵摄。对比元本清规,宋本清规的典型《重雕补注禅苑清规》(《崇宁清规》)内容亦分十卷,只是未具卷题。各卷主题大致可归纳为:受戒入室、上堂参修、职事及事仪设置、警戒受戒等日用之文和禅修应俗之仪等,如果不考虑内容的繁简轻重之不同,则宋本与元本内容相对应的部分是:宋本卷一受戒入室、卷二上堂参修对应于元本的大众章;宋本卷三、卷四、卷五、卷六为职事,对应于元本之两序章;宋本卷七之请退住持对应于元本之住持章;宋本卷八、卷九、卷一○之警戒受戒等日用之文和禅修应俗之仪则基本为元本大众章所摄取。至于元代禅教清规所有之祝厘章、报恩章、报本章、尊祖章以及法器章等规约,宋本禅宗清规无有对应之,故我们可以把这些内容从宋代禅苑清规中去除。这样,除了结构编排与内容轻重上的差异以外,元本禅宗清规与宋本禅宗清规之重合者为:住持章、两序章、大众章、节腊章。

从元本禅宗清规与宋本禅宗清规的对比,我们可以说明宋元禅苑清规之变化,但不能直接说明宋元教苑清规的损益。由于我们无有宋本教苑清规,故无法直接对比教苑清规本身的变化,但考虑到教苑清规为后起,乃效仿禅苑清规而成,则我们可以通过禅苑清规的变化间接把握教苑清规的变化,以此了解宋本教苑清规之状,从而对宋代教门之吸收禅宗清规有一具体之认识。事实上,这样一种处理是通过排除法的方式来"还原"宋本清规。首先,由于元本教苑清规与元本禅苑清规之结构与内容基本一致,所以我们基本上可以认为,元本教苑清规中的祝赞门、祈禳门、报本门、法器门等形式因素乃是元代所增益的,故可排除于宋本教苑清规之外,而所剩下部分则是住持门、两序门、摄众门、安居门、诫劝门。其次,再以排除了上述形式因素的元本教苑清规对比宋代禅苑清规,可以发现二者内容基本相同,区别只在教苑以安居门名禅宗之节腊章,另外教苑清规别设诫劝门,禅宗则无有之,这反映了其作为教门的特色。事实上,教苑清规虽吸收了禅宗之"清规"形式,将其作为教门自身的制度规范,但与此同时,天台宗又将自身的制度因素结合进清规中,并凸显其教门的特色。这主要表现在两个方面,一是强调忏法的重要性。教苑清规安居门中有"修大悲忏法",于诫劝门中收录了《国清百录》的《立制法》与《训知事人》,这与宋天台以忏法介入世俗生活的情形是一致。其次,强调教法的学习。在安居门中有"三科习读"、"锁试",于住持门中"列职"条中有"知藏"、"请名德都讲"等项。这些条目的设置反映了教门重视经典学习、教法研讨的特色。

还需要指出的是,在教苑清规之安居门中有"读清规榜"一条,其特别将结夏安居与清规概念结合起来,即在安居日须恪守清规,而此清规乃是"准《国清百录》及《天竺众制》,略示条件"。此处所指的"清规"显然是指具体之规矩、条目,不同于作为制度模式的清规,其主要内容是指于安居日规范僧众的言行,令其威仪不失,而对触犯者则予以处罚。显然,两个不同层次之清规概念的给出表明,清规虽原创于禅宗,而后来演变而成之清规内涵已非古清规所能范围。换言之,早期禅宗清规乃是一有"表法性"的"规矩",故其与惩戒条目不同;而入宋后,由于清规的仪式化,规矩形式化为一些具体条目,无有表法之义,这样禅宗的古清规也就同于教门的律法性的规矩。教苑清规中的"读清规榜"一条正说明了:一方面,清规仪式化地成为宋代寺院公共制度形式,这是清规的普遍化过程;另一方面,清规"条目"化了,成为不具有"表法"性的带有"律法性"的规矩,所以文中明言"准《国清百录》及《天竺众制》,略示条件"。

2. 对现量的重视

在宋代禅宗对经典文字予以了特别关注,将之制度化为文字法门的同时,宋代教门则相对淡化了"言教"的重要性,进而突出了"观心"的意义。如果考虑到教门传统的教观并重之格局的话,那么宋代教门之偏向于修证不是偶然的,正反映了禅宗注重现量的修证形式对教门的影响。

从修习法门来说,教禅颇多异趣。以天台宗为例,天台之观心是以教义的研讨、判教体系的施设作为前提的,此外,天台之观心虽言一心三观、一念三千,而观心实有一复杂之程序、次第,包括有"四种三昧"、"十乘观法"、"二十五方便"等多种止观法门。① 与天台宗相比,禅宗的修习强调顿悟本心,不历次第,尽管禅宗并不废除日常之坐禅,亦不否定渐修的意义,但修习程序显然是简要不烦。当然,天台宗与禅宗法门虽有不同,但也时有交涉。总的来说,唐代天台对禅宗影响多一些,其中的典型便是永嘉玄觉(665—713),其曾从玄朗学天台止观之学,其后虽转向禅宗,但其所修法门有天台止观成分,强调修习的程序、次第。而至五代宋初,随着禅宗的兴盛,禅宗的顿悟法门、机锋式的教学方式对教门颇有影

---

① 参见潘桂明、吴忠伟《中国天台宗通史》,南京,江苏古籍出版社,2001。

响。尤其是随着台禅竞争的展开,对圆融之旨的争夺,宋代天台在对禅宗的修习法门多有吸收的同时,对自身传统的修习法门有所修正。台宗自身的这种修正主要表现在:一是教对观的优先性不再存在,转而强调的是观心本身这一维度,并以即教而观的形式将教涵纳于观心之中;其次,天台止观法门的复杂性逐渐让位于观心程序的简易,进而突出的是如何即就当下一妄念而观,实现观妄即真。

  首先是宋代天台的即教而观。作为教门的代表,隋唐天台有着教观并重之理论构架,其教为基于开权显实论的判教体系,其观则是以一心三观和一念三千所指导的观心实践,观心必须在判教的理论前提下展开。故实际说来,虽然是教观并重,教仍保持对观的优先性,这在根本上是坚持了教门的立场:修行实践是在佛的言教化度前提下展开的,脱离此点,便成为有观无教,也就混同于禅宗。入宋后,天台教观平衡之关系被打破,对观心一维的突出成为宋代天台的一个显著特征。从山家山外对观心的争论可以看出,山家派总是指责山外派是"但教无观",即只有教,而没有观心,故其坚持《金光明玄义》之本应是广本,有观心一卷。当山家斥责山外无有观心时,山外则竭力辩解,认为自宗是有观心。作为天台派别,山外派显然是坚持观心的,其只是认为所以《金光明玄义》之本无有观心,理由如源清所陈述:

> 若如《净名》、《法华》等玄文,文义该综,法相浩博,事释弥广,理解稍疏,故文文之下须用观心以释。今文不须观心者,则有其致。良由大师顺经文法性之圆谈,乃明十种三法始自性德三道,终至果人三德,一一三法无非妙性,一一妙性尽是真源。若法若心即金光明不思议法性,岂有如此纯谈法性之外,别更观心者。①

山外认为《金光明玄义》论十种三法乃是纯谈法性,只是教,故没有观心之设。而一旦遭到知礼"但教无观"之指,山外则马上转改为"观有

---

① 《释难扶宗记》,《续藏经》第56册,第848页上、中。

二种,一曰理观,二曰事观。今云不须观心,乃不须附事而观也"。至于《金光明玄义》,则是"纯明理观"、"直显心性"。山外的以"理观",直显心性的说法显然借鉴了禅宗思想的因素,也表明山外试图将教与观结合起来,即教而观。对于山外之"理观"、"直显心性"之说法本身,知礼并非否定,但他认为山外之理观实际上乃是附法相、托事相,不是真正的理观,因为山外所谓的理观已经是附带了教法因素,非是纯粹之理观。而若是托事附法的话,则直显心性亦不名直显心性。可见,在知礼看来,山外观心之无效不是其申明"理观"、"直显心性",而在于没有真正实现这一目标。因为尽管山外也想结合教、观,但最后的结果总是但教无观。如果山外硬要以为此理观即是观心,则又生有观无教之过,可见山外之教观没有相即。当然,山家的批驳是否完全合法并不能单依山家一方的理论立场而定,因为在对观心之法的理解上,山家、山外确有差别:山外突出的是一心三观,而山家强调的是一念三千。有此差异,故对教观相即的理解也就不同。教观问题最终落实为对观境之确定问题,对观境的不同选择表明了教观相即的不同模式。

其次是即妄而观。教观相即要求对观心之境的确定,故观境需要拣则。天台智者大师之观心本有一个拣则原则,这是出于观法简易的考虑。至宋代,对观心简易的考虑则让位于对观心有效性的思考,由此引发出对观境真妄的争论。

知礼执妄心观。在《十不二门指要钞》中,知礼针对山外派以所观一念为真性或不思议境之说,强调不思议境在观心过程中不是真正之"所观",如其云"应知不思议境对观智边,不分而分名所观境。若对所破阴等诸境故,不思议境之与观皆名能观"[①]。在此,知礼确立了观心的二重能所关系。初重能所关系是以不思议智为能观,不思议谛理为所观;次重能所关系则是以此初重能所关系作为能观,以一念妄心作为所观。显

---

① 《十不二门指要钞》卷上,《大正藏》第46卷,第706页下。

然,初重能所关系乃是我们一般所讲的观与教,而次重能所方是真正意义上的能观与所观之关系。知礼强调的是次重能所关系,所以相对于作为阴识的观境,观智与谛理俱为"能观"。故此,阴识乃真正的所观之境,而谛理但是"协助"观智之能,非是观境。通过对谛理、观智、阴识的辨析,知礼实将观心有效性之所在予以了说明。二重能所的设置确立了妄境,则谛理不混同于妄心,从而确保教与观的不混同;与此同时,只有明确妄境,才能由境而生观智。因为基于山家的敌对相即之原则,能由所来,不可外援他智。

对比知礼,智圆基于一心三观理论,以为观心是即妄心而观三谛理,进而指责山家偏指妄心,无有即义,故云:

> 亲见学斯宗者不了此旨,乃云:今家偏指妄心为境,未得言真,遂偏立妄心为解行事理之要,不知即妄而真方为要也。当知偏指于真,似偏指于水。偏指于妄,如偏指于波。即波是水,方为要的。①

智圆不以拣则妄心观境为观心之要,而以为"即妄而真方为要"。因为依于三谛之理,观境之心亦妄亦真,故不可但定观心之境为真,亦不可单定之为妄,而是即妄而真。由此,观心不是观妄心,而是观真妄和合心,故名不思议观。显然,智圆亦强调"即",相对于知礼,其突出的是观境自身的"即"性,故观心也就是观此即妄而真之心以达心性。

事实上,站在不同之立场看对方,天台两派均表现出某种"偏"。山外虽言观境乃是"即妄而真",这似乎体现了一种平衡性,但从山家之立场看,这只是"真心观",而一旦是真心观,就不是观行而只是教解。因为以为观境乃是"即妄而真"与直接的"观妄即真"之区别在于,后者有观心效力之发挥,而前者没有。相反,当山外指责山家偏观妄境时,其不是从法的可转换性角度理解妄境的价值,而是从心的结构性而言。故基于一心三观,以观心但是观妄境就只能是一种偏执。从这个意义上讲,山外

---

① 《金刚錍显性录》卷二,《续藏经》第56册,第532页下。

是偏于"谛理",而山家则是偏于观境。其实,虽然双方均反对得此"偏"名,但这种偏执性其实是山家、山外各自体系的逻辑要求。因为偏于"谛理"也就是重视"能观"(观智),偏于"观境"也就是"所观"。山家偏于"所观",故得以将观境开发而激发观智,乃有即妄而真之不思议观;而山外则偏于"能观",则是将观智彰显而呈现所观。虽有观心之能所之别,天台两家对观心能所相即的追求是一致的。

从天台的真妄心观之争可以看出,宋初教门已偏离教观双运之体系,倾向观心,颇反映了教门对禅宗不立文字,专注现量亲证理论立场的趋向。此后,随着台禅互动的频繁,天台对禅宗的修行法门有更多的吸收,甚至在理论上将天台止观之学与禅宗的禅悟之法融通起来,如南宋台僧法登曾撰《圆顿宗眼》,其在该书序言中指出台宗要旨即在佛之知见,所谓"学大乘者虽有肉眼乃名佛眼,何以故,晓了己身有佛性。故虽一切法本来灵妙,非圆诠教旨不能知之。此圆诠教旨在于何,即佛眼佛智是也。佛眼观之,全生是佛。佛智照之,无非法界"。故此,禅教异流同源,传法者即传佛之心要,皆以佛之知见为宗眼。基于此,在论述"所传"条目时,法登以天台三观同于禅宗"直指人心,见性成佛"之说:

> 佛之一化从上而下,所传之法举要言之,不出三观。此三观法不思议境即《法华》甚深境界,点示众生佛之知见。此佛知见不出三谛,全境发智,返照此境,即名三观,乃一家所传妙解妙行。灵山分付,迦叶禀承,祖祖相传,无出于此。故《摩诃止观》挹流寻源,始自大觉世尊敷扬此道,至乎今师承于龙树,莫不是此三观之道。此道体是实相妙理,此理即众生本心,诸法体性。能照此理即名为观,观成理显复此性也。禅宗虽不明乎三观,要且不出其中。彼曰:直指人心,见性成佛。直指非妙解,见性非妙行,成佛非归源乎?然凡夫博地昏散流动,故须修止观。且上达根性即心是佛,不假思惟,岂须滞于境观耶?曰:既知即心是佛,岂离解行之流。若非妙解,焉知心

是。若非妙行，焉证心是。应知降佛已还，修行之者不离三观之道。①

法登以为，众生本心即是实相妙理，故一心三观就是观照众生本心（妙理），理显则复其本性。这样的表述同山外派的思想颇为相似，其所观之心非是山家特别拣则的妄心，乃是本心，这反映了天台对禅宗"本心"概念的进一步接受。故而，法登以为，禅宗之直指人心，见性成佛就是天台的一心三观。当然，法登强调一心三观虽是观本心，不等于否定天台的解行传统，而仍需要教法之解、妙行之证，由此申明天台教门的立场。

天台观心法门的转化使得台宗人士对禅宗的修习法门产生认同感，所以志磐在《佛祖统纪》中对禅宗虽有贬斥，但对其修习法门则无有否定，其云"直指人心，见性成佛，至矣哉。斯吾宗观心之妙旨也，谓之教外别传者，岂果外此为教哉"。志磐以为禅宗标志性的话语"直指人心，见性成佛"虽被禅宗所奉持，并非禅宗别传之法，实乃天台观心妙旨。这样，天台宗在坚持本宗圆教地位的同时，最大程度地吸收了禅宗的修行法门。

二、禅宗对教门的吸收

宋代禅宗对教门的吸收与其自身制度形态的转变有密切关联。从寺院制度看，禅宗为宋代佛教的主流形态，在朝廷的支持下，名寺重刹多属禅宗，这在客观上要求禅宗在寺院制度建设上学习、吸收教门在此方面的传统。而从修习法门看，由于宋代推行崇文政策，科举盛行，由此培养、形成了一个庞大的士大夫阶层，宋代士人对佛教制度性的参与使得宋代的僧俗互动达到一个前所未有的高度，这极大地刺激了禅宗对佛教经典的重视，将修习法门与文字结合起来。

---

① 《圆顿宗眼》，《续藏经》第57册，第94页下。

1. 寺院制度

早期禅宗以教外别传自居,面对主流形态的教门的寺院制度,禅宗建立了以清规为组织原则的丛林制度。随着入宋以来禅宗对重要寺院的控制,禅宗自身的组织形态有一转变,故禅宗必须从自身的立场出发,着手寺院制度的建设。于此方面,禅宗对教门的学习是显然的。

禅宗对教门制度的学习,也就是将禅宗清规与教门寺院系统整合的过程,通过比照宋代禅宗清规与百丈怀海之古清规,我们可以发现宋代禅宗清规无论是在外在形式,还是在内涵上都有很大的变化。扼要而言,古清规乃是以规矩为表法,宋清规则以规矩为仪式,由表法到仪式反映了宋代禅宗将清规融合进寺院制度中。

古清规之本已佚,现据杨亿之《古清规序》,我们大体了解古清规之状:

> (百丈)于是创意,别立禅居。凡具道眼者,有可尊之德,号曰长老,如西域道高腊长,须呼菩提等之谓也,即为化主,即处于方丈,同净名之室,非私寝之室也。不立佛殿,唯树法堂者,表佛祖亲嘱受,当代为尊也。所裒学众无多少,无高下,尽入僧堂,依夏次安排。设长连床、施椸架,挂搭道具。卧必斜枕床唇,右胁吉祥睡者,以其坐禅既久,略偃息而已,具四威仪也。除入室请益,任学者勤怠,或上或下,不拘常准。其阖院大众朝参夕聚,长老上堂升座主事,徒众雁立侧聆,宾主问酬,激扬宗要者,示依法而住也。斋粥随宜,一时均遍者,务于节俭表法事双运也。行普请法,上下均力也。置十务,谓之寮舍,每用首领一人管多人营事,令各司其局也。或有假号窃行,混于清众,别致喧扰之事,即当维那检举,抽下本位挂搭,摈令出院者,贵安清众也。或彼有所犯,即以拄杖杖之,集众烧衣钵道具,遣逐从偏门而出者,示耻辱也。①

---

① 《敕修百丈清规》卷八,《大正藏》第48卷,第1158页上。

由上述清规之状可以看出,丛林规矩之设不在条文化地规范僧众日常行为,乃在即事立制,以制表法,故古清规乃是适应丛林之情况而出,表现出相当的生动性。入宋后,禅宗有一个撰修清规的高潮,其时编辑的禅宗清规主要有:宗赜所集《重雕补注禅苑清规》、惟勉编次《丛林校定清规总要》,另外宗寿集《入众日用》、《入众须知》。清规的大量编辑显然是适应了宋代禅宗寺院建设的需要,不过对比古清规,宋代禅宗清规的生动性不足,而形式性则大大强化,古清规的表法性让位于宋禅宗清规的仪式性。以下我们主要根据上述材料对宋代清规做一分析。

宗赜集《重雕补注禅苑清规》又名《崇宁清规》,为宋代清规之典型。从此清规目录看,文本分为十卷,每卷未具章名,直接下列不等之条目。这种安排表明,较诸古清规,宋清规已着手将清规条目化、类别化,其形式性色彩已浓,不过卷名(章节之题)之未设也反映了宋清规之形式性尚未达到元代清规的那样复杂程度。具体来看,各卷内容大体是:第一卷有受戒、护戒、辨道具等;第二卷为上堂、念诵、小参等;第三卷列出寺院重要职事,如监院、维那等;第四卷则为寺院事务行职事,如知客、库头;第五卷、第六卷则为寺院与世俗交往而设职事与事项,如化主、谢茶等;第七卷则有关寺院住持之请退及众僧病亡之安置;第八、九、十卷主要是有关僧人之日常威仪。分析这些具体条目、事项的设置,我们不难看出宋清规中有关"职事"的条目乃清规的主体部分,从第三卷到第六卷,均是谈"职事",如果把第七卷住持请退亦理解为职事之设的话,则清规的一半篇幅是关于职事。显然,这样一种情况无论是从形式,还是在内容上都迥异于古清规。寻绎宋代禅宗清规的这种变化,当与禅宗丛林的制度化,以及禅宗与世俗社会频繁互动有密切关系。宋代禅宗既已主控了天下之寺院,则其原有丛林清修之格局为之一变,其必须应对由于僧俗往来而带来的繁多事务,也必须处理庞大寺院体系内部的种种人事关系,故此,职事的设置便很重要。

事实上,由于禅宗控制了天下的主要寺院,禅宗丛林之方丈转为大型寺院之住持,则方丈之表法义也就为住持一职的功能性取代。住持为一寺之主,其对维系整个寺院至关重要,故围绕住持的请退,乃至以住持为中心而展开的寺院日常聚集,均要有特别的规定。此点在惟勉所编次的《丛林校定清规总要》中体现得最为明显。从目录看,清规分上下两卷,其中上卷主要就是围绕住持一职而展开的规矩设置,而下卷中亦有"当代住持涅槃"条。需要特别指出的是,在上卷中,除了列有颇多类似"新住持入院知事交寺记状式"这样的条目,清规还以图的形式将寺院僧众相见聚合场景下的位次直观显示出来,如一图是"四节住持特为首座大众僧堂茶图",这实际上是说明了宋代禅宗寺院有一权力结构,住持为此权力结构的中心。

除此职事之重以外,宋代清规对教门的吸收还表现在将戒律与清规联系起来。戒律乃佛教三学之首,自然是为僧人必须恪守者。古清规未特别提及戒律,并不表明丛林无戒,而只是说明在禅宗丛林中,清规与戒律是两个系统:戒律乃是佛教集团得以组成,以区别于世俗社会的根本之法,而清规则是支持禅宗丛林运作的规矩,二者并行而不相碍。宋代清规则把戒律的问题提出,将"受戒""护戒"作为清规的条目而给出,就将清规与戒律联系起来。在《崇宁清规》卷一中,宗赜首列"受戒""护戒"两条,于受戒条指出:"三世诸佛皆曰出家成道,西天二十八祖、唐土六祖传佛心印尽是沙门,盖以严净毗尼方能洪范三界。然则参禅问道,戒律为先,既非离过防非,何以成佛作祖",戒律既为优先,则受戒于僧人至关重要,若不得戒,则"一生为无戒之人,滥厕空门"。受戒之后,当常守护。护戒条指出,当诵读戒本,谙熟持犯开遮,严守戒律。崇宁清规将戒律之授守置于清规之首,其实际考虑应是宋代禅苑人员庞杂,资质不齐,故明言戒律以保证禅苑清净。但当禅宗清规将授守戒律作为条目列入时,这也意味着禅宗将清规与戒律结合在一块,而不是并行用之。

至于宗寿所集的《入众日用》《入众须知》,其虽然无清规名目,实亦清规。事实上《入众日用》的副标题即是《无量寿禅师日用小清规》,此清规名为小者,乃在其"日用性",关乎日常起居饮食之事务。从《入众日用》看,其无有分卷之制,亦无种种职事、事仪之条目,但列日常起居之法:入众法、展钵法、吃食法,以及归寮、入睡、洗浴等法。此等法意在规范僧众日常起居行为,令其适度、合礼、雅致,同时伴以默想念偈以清净其意而助修行。对比古清规,此日用小清规颇有对应之处,尤其有关饮食、入睡等方面,但二者意趣不同:古清规之制饮食、入睡但在"表法",而小清规则注重行为细节之雅致合礼,而默念助修非得于此行为,乃伴随此行为而来。

2. 文字法门

禅宗在创立之初即以"教外别传"、"不立文字"标明自身之立场,以别于教门。当然,禅宗所云的不立文字不是废除经典,不览文句,而是相对于圣言量、比量,强调现量证悟的决定意义。故此,禅宗人士虽不立文字,而不妨其日常修习中对文字般若的积累。宋代禅宗虽然坚持"教外别传"、"不立文字"之宗门立场,而对经典文字的态度已有很大的改变,其不是将文字仅作为一辅助性的修习法门,而是制度性地将文字设置为日常重要的修习法门,此谓文字法门,亦可谓广义的文字禅。在前文,我们曾经从禅教合一模式角度论述文字禅,这里我们则偏重于从禅宗自身的修证法门来谈文字禅,故特别名之文字法门。宋代禅宗的文字法门中,公案与偈颂两种文字形式尤为突出,故以下分别对公案与偈颂试作分析。

首先是公案与证悟境界的勘验。

禅宗以不立文字本是说明,解脱成佛乃是要排遣概念思维,即所谓"不思量"。语言文字不仅是概念思维的工具,其本身就是概念思维,所以要摆脱概念思维,根本的就是要不被语言文字所束缚。故此,禅宗大德虽不废经典学习,而要达究竟解脱,必须去除文字。宋代禅宗自然是坚持了不立文字这一原则,禅师们于语录中也多有反复申明。不过与此同时,禅师们对文字的实际应用无有约束,反而急剧地增加。这样一种矛盾现象的存在说明，文字对于宋代禅宗来说成为一种必要。这种必要性在于，就禅宗的证悟境界本身来说，必须破除文字，但就证悟境界的勘验与表达，则不离文字。出于对证悟境界的勘验，禅宗公案在宋代得以盛行。

所谓公案，其义原指官府判案之例，禅宗借此术语来指称祖师尊宿参悟之言行事例，据以判别、勘验禅僧证悟境界之真伪。对证悟境界之勘验自然不是宋代禅宗特有之需求，实际上，既有证悟法门的给出，也就有勘验证悟境界之必要。从早期禅宗情况看，丛林中师资相对，证悟者心地纯洁，苦心求证，而为师者随宜开化，点拨启发。故此，早期禅宗勘验证悟境界乃是构成于证悟过程之中，虽有勘验证悟境界之事实，而并不特别将之突出，由此，勘验也就不会以一个问题的形式而提出。随着入宋以来禅宗的兴盛，僧俗交往频繁，士子参禅问道蔚然成风，勘验证悟境界成为一个突出问题。围绕此一问题的提出，禅宗特别发展出公案这一形式用以处理。

公案作为禅宗勘验证悟境界的形式在唐末以见于禅宗丛林，但将之结集成册，以之作禅人修行所依之文本则首创于云门宗的雪窦重显。雪窦重显(980—1052)，遂川(今四川遂宁市)人，俗姓李，号明觉。早年重显遍参禅门尊宿，曾主苏州太湖翠峰寺，后住持浙江奉化雪窦寺院近三十年，宗风大振。重显有关公案的思想主要见于其弟子所编之《明觉禅师语录》和自著之《雪窦重显和尚颂古》，于前者可见公案之勘验义，于后者则见重显对公案的系统编排整合。

先让我们来看《明觉禅师语录》。此语录共六卷，其中前二卷集中展示了重显对"勘验"的重视。两卷之结构基本一致，均分拈古(或举古)与勘辩两部分。所谓拈古或举古，均指于弟子前，举示公案，而予以点评，二者区别只在点评处：于拈古中但拈一话头，而于举古中则有一番议论。试举例以明之：

赵州云：至道无难，唯嫌拣择，才有语言是拣择是明白。老僧不在明白里，是尔作么生护惜。时有僧问云：既不在明白里，护惜个什么。州云：我亦不知。僧云：和尚既不知，为什么道不在明白里。州云：问事即得。师拈云：赵州倒退三千。①

此为拈古，我们再看举古：

举：龙牙和尚问翠微：如何是祖师西来意？翠微云：与我过禅板来。牙取禅板与翠微，接得便打。牙云：打即任打，要且无祖师意。后又问临际：如何是祖师西来意？际云：与我过蒲团来。牙取蒲团与临际，接得便打。牙云：打即任打，要且无祖师意。师云：临际翠微只解放不解收，我当时若作龙牙，待伊索蒲团禅板，拈得劈胸便掷。②

公案虽是尊宿大德的参悟事例，然公案本身不能自明地作为评判证悟之标准，要对公案本身有一个"参究"的过程才能体达公案之用。在此过程中，禅师必须破除对公案文本的"执从"，否则又重新落入到概念化思维中。所以无论是拈古，还是举古，其对作为"古"的"公案"有一个"拈"、"举"的过程，以便让公案脱离原有语境而被"勘辩"。可以说，拈古、举古就是对公案的勘辩。由此，对证悟境界之勘辩可转化为对作为文本的公案的勘辩。

相应于对作为文本之公案的勘辩，还有当下应对中的勘辩。试举一例：

问僧：甚处来？僧云：和尚问谁？师云：我问尔。僧云：何不领话？师云：翠峰今日败阙。③

此处之勘辩类同于宋以前丛林师资互动之状，但我们同时又注意到

---

① 《明觉禅师语录》卷一，《大正藏》第47卷，第671页下。
② 同上书，第672页中。
③ 同上书，第673页上。

其与后者的区别。宋代之前的师资互动而求印证多表现为两种情况：一是某一禅师自身行脚参禅求印证之状。以洞山良介为例：

>师参方到鲁祖，礼拜起侍立，少顷而出，却再入来。鲁祖云：只恁么，只恁么，所以如此？师云：大有人不肯。鲁祖云：作么取汝口辩。师便礼拜，乃侍奉数月。①

这是良介作为弟子而被师点化的情形。其二为禅师点拨之弟子力，仍举良介之例：

>僧问：欲见和尚本来，如何得见。师云：年牙相似，即无阻矣。僧拟进语。师云：不蹑前踪，别请一问。僧无对。②

此为良介作为师而点化弟子。以上两种情形虽表现不同，但突出老师在师资互动中的点化作用则是一致的。相比而下，宋代禅宗之勘辩重在师对弟子的"考问"，其义尤在甄别诊断新进弟子之修证层次，而点化意味不浓。所以师资互动的开启大多是师问生答，而非生问师答。

其次为偈颂与证悟境界的表达。

宋代禅僧多有诗才，能鸣诗作偈者颇多，其中一些还因此而名世，得诗僧之美誉，著名者如与苏轼交游的佛印等。禅僧之鸣诗作偈自然不是出于美学创作之冲动，而是基于其宗教修行实践的考虑。从宋代禅宗语录我们可以看出，偈颂是作为文字法门的形式而列入其中的，其反映的实际是禅僧对证悟境界的表达。

禅宗有以偈颂表达证悟境界之传统，禅宗六祖慧能呈偈而得法表明了此点。不过，宋代之前禅宗对偈颂的使用乃是个别的、非系统的，从宋代起禅宗才将偈颂作为文字法门特别地发展起来。宋代前期禅宗偈颂的发展与对公案的解读有密切关联，对此，雪窦重显的"颂古"是一个很

---

① 《瑞州洞山良介禅师语录》，《大正藏》第47卷，第520页中、下。
② 同上书，第523页下。

好的例子。雪窦重显自编有《雪窦重显和尚颂古》,于中举以百则公案。其先解说公案,继之以偈颂形式重新表达所举公案,故名之为颂古。后来,重显弟子圆悟克勤在此基础上,对颂古再作解说,以表诠重显偈颂之义,此即为《碧岩录》,其后颇行于禅宗丛林与士大夫之间。重显以偈颂表达公案,其意义不在"表述"公案,而在将对公案的参究体证予以表达。由此,关涉禅宗古僧的公案实转变成重显一人之自我公案。以下,我们以《雪窦重显和尚颂古》中第四则公案说明之。

公案本则为:

> 举:德山到沩山,挟复子于法堂上,从东过西,从西过东,顾视云:无无。便出。雪窦著语云:勘破了也。德山至门首,却云:也不得草草。便具威仪,再入相见。沩山坐次,德山提取坐具云:和尚。沩山拟取拂子,德山便喝,拂袖而出。雪窦著语云:勘破了也。德山背却法堂,著草鞋便行。沩山至晚,问首座:适来新到在什么处?首座云:当时背却法堂,著草鞋出去也。沩山云:此子已后,向孤山顶上,盘结草庵,呵佛骂祖去在。雪窦著语云:雪上加霜。①

德山到沩山乃禅宗著名公案,其内容反映了禅师之间的互相勘验,一般性的解读是:德山勘破沩山,故得沩山激赏。雪窦对此公案解读的特别在于,其以为在二人较量过程中,沩山终为赢家,所谓"(德山)依旧不出他窠窟,被这老汉见透平生伎俩"。雪窦解读之关键在于,其于公案本则之中加入自己的评语,所谓"著两个勘破,作三段判",从而把公案的叙说内容结构化了,由此"方显此公案"。雪窦著语两个勘破,则形成前后两个公案,突出了"此公案落处"。对公案落处的强调似是雪窦公案解读的宗旨所在,如在对第三则公案"举马大师不安"的解读中云:"此个公案,若知落处,便独步丹霄;若不知落处,往往枯木岩前差路去在。"这里所说的公案落处实际上就是指公案的意旨,其非公案文字本身所明言。

---

① 《佛果圆悟禅师碧岩录》卷一,《大正藏》第48卷,第143页中。

故不达落处,也就没有真正领会公案。如此,雪窦偈颂有云:

> 一勘破,二勘破,雪上加霜曾险堕,飞骑将军入虏庭,再得完全能几个。急走过,不放过,孤峰顶上草里坐。咄。①

可以看出,较诸对公案的解说,偈颂不是以另外形式重复表述公案之义,而是对参悟公案所得的表达。对此,圆悟克勤有所说明:

> 雪窦颂一百则公案,一则则焚香拈出,所以大行于世。他更会文章透得公案,盘礴得熟,方可下笔。何故如此?龙蛇易辨,衲子难瞒。雪窦参透这公案,于节角聱讹处,著三句语,撮来颂出,雪上加霜,几乎险堕。②

克勤以为雪窦之偈颂乃得于对公案之参透,而较诸公案又更为"险堕",这说明了雪窦很高的证悟境界。

相对于以勘辩公案来开示众人,偈颂更多表达的是禅师自身的体证境界,所以对同一则公案,不同禅师有不同的参究,故而给出不同的偈颂,如宋法应元普禅师撰《颂古联珠通集》,其卷九收录数首偈颂均以公案"庐陵米价"四字起首。③ 禅师对偈颂给出在某种意义上将不同禅师现量境界的竞争展示出来。

第三节 净土宗的传承

较诸前朝,净土宗在宋代有一根本性的发展,形成了一个颇令人瞩目的净土文化运动。净土在宋代的勃兴与以天台宗为代表的教门有非常密切之关系。在宋代禅教竞争格局下,天台宗制度化地重建忏法等修行法门,并通过修忏法门这一中介将净土法门涵纳进天台宗,由此宋代天台宗人开辟了"教演天台,行归净土"的宗门新体系。这样,宋代净土

---

① ②《佛果圆悟禅师碧岩录》卷一,《大正藏》第48卷,第144页中。
③ 张伯伟:《禅与诗学》,杭州,浙江人民出版社,1996。

宗的发展在很大程度上乃是天台宗自身发展的推动所致。除教门对净土的推动以外，宋代禅宗亦展开了禅净的融合，这也促进了净土的发展。以下，我们对净土宗在宋代的传承情况做一叙述。

在宋代之前，净土作为一宗派的色彩并不浓厚，故并无定祖之说，亦谈不上传承体系。入宋后，天台将净土涵纳，对净土有一理论构建和谱系编撰的过程，南宋天台宗人石芝宗晓(1151—1214)对此贡献颇多。在"莲社继祖五大法师传"一文中，宗晓首次提出了净土宗传承谱系的概念，如其云：

> 莲社之立，既以远公为始祖，自师归寂，抵今大宋庆元五年己未，凡八百九年矣。中间继此道者乃有五师：一曰善导师、二曰法照师、三曰少康师、四曰省常师、五曰宗赜师。是五师者，莫不仰体佛慈，大启度门，异世同辙，皆众良导。传记所载，诚不可掩，以故录之，为继祖焉。①

庐山慧远之后八九百年间仅有五祖相继，这显然不是一种历史性的叙述，宗晓对净土谱系的编排反映了天台宗人的立场，故其对净土传承的处理有自身的原则。从宗晓所列之继祖看，省常、宗赜乃宋人，此二人对宋净土宗发展的贡献是毋庸置疑的，但要完全勾勒出宋代净土宗的传承发展，我们还必须把其他一些重要人物加进去。

永明延寿(904—975)，五代宋初著名禅僧。延寿虽宗法眼宗，自命为心宗，但其曾从德韶习台教，这对其重视净土法门是有影响的。延寿对净土的主要贡献在于，其以禅宗人士的身份强调净土法门的意义，从而将禅宗与净土联系起来。

省常(959—1020)早习天台教观，后归心净业，曾刺血书《华严·净行品》以表其志。为此，省常以钱塘西湖昭庆寺为道场，结社念佛，当时不但有约一千名僧人加入念佛行列，而且还有以宰相王旦及参知政事苏

---

① 《乐邦文类》卷三，《大正藏》第47卷，第192页下。

易简为首的官僚士人一百三十二人也参与其中,被时人称为净行社弟子。净行社在社会上产生极大影响,被评价为"庐山莲社莫如此日之盛"。当然,省常的结社活动尚在北宋早期,由于当时儒士效仿韩愈,有排释之言论,故而省常地结社念佛有护持佛法之意。

四明知礼(960—1028)作为宋代天台大师,其对净土的贡献在于将天台忏法与净土结合起来。知礼除了其声震朝野的忏法往生行为,更为制度化的宗教活动就是组织念佛会,其佛会之浩大规模,组织之完备令人惊讶。从青楼居士所撰之《明州延庆院念佛净社》一文之跋,我们可以看到,知礼组织的念佛会成员固定为一万人左右,每年的二月十五(农历)结社于延庆道场,开展供养、祝寿等活动。

慈云遵式(963—1032)以天台忏法名世,有慈云忏主之美誉。遵式通过对忏法的推行,逐渐将净土与忏法制度化。其著有《往生净土忏愿仪》,实将净土法门礼忏化;而《晨朝十念法》则简化净土法门,适应了居士日常修行之需要。

神照本如(982—1050)。其先为知礼弟子,后继撙式主东掖道场,其主要贡献乃是在东掖组织白莲社。本如的结社活动则是于天台宗在宋代社会取得巨大声誉之后的开展的,其继承遵式风格,以行忏往生为务,主持东山达三十年之久,道场大开。曾慕庐山之风,与丞相章郇公诸贤结白莲社,共期西方。

圆辩道琛(1086—1153)。道琛以中兴四明知礼之学而名世,同时其推动了台宗与净土法门更圆融的结合。在宗教实践上,道琛不仅身体力行,专修念佛三昧,还曾建净土系念会,汇集上万道众;在对山家教义的抉发方面,道琛亦偏重于掘发净土之义,以为唯心/净土实一而矣,力图整合唯心/净土。道琛对唯心/净土的统一反映了面对禅净合流之情形,天台宗人对唯心净土的处理。

天衣义怀(989—1060)。温州乐清人,俗姓陈。其于天圣年间试经得度,后求法重显于苏州。义怀曾主持安徽无为铁佛寺、越州天衣寺,影响很大。义怀身为禅人,对净土尤有建树。其主唯心净土,劝人念佛。

慈觉宗赜。襄阳(今湖北襄阳)人,俗姓孙。宗赜少习儒业,年二十九,礼真州长芦寺法秀出家,后依广照得法,嗣席长芦应夫。宗赜虽为禅人,而主张禅净双修,以净土念佛为所归。其曾仿效庐山慧远建莲华胜会,普劝念佛。宗赜主要著作有《禅苑清规》、《念佛参禅求宗旨论》、《念佛回向发愿文》等。

茅子元(？—1166),吴郡(今苏州)人,白莲宗创始人。关于茅子元的师承,后世说法不一。志磐以其为邪教,与台宗无涉。元代普度则以子元之学乃自家体贴,亦划清与天台的界限。实际上,子元之学与天台宗颇多关联,宗鉴在《释门正统》中说他曾学于北禅梵法主会下,而北禅净梵乃神悟处谦的弟子,故茅子元实乃天台宗人。茅子元所创白莲宗的理论基础乃得于台教学,其曾仿天台礼法而制《圆融四土图》、《晨朝礼忏文在？》、偈歌四句、佛念五声,劝居士念佛。茅子元面向中下层居士,将天台净土信仰体系简易化,创立了适应广大居士的念佛信仰体系。

第四节 禅净合流

入宋后,禅宗与净土二宗得到了特别的发展。禅宗的兴盛源于其对抗教门的宗教形态,而净土的发达则实与教门对净土的渗透、推动有莫大关系,从这个意义上讲:禅净的发展实乃对隋唐宗派佛学形态的共同"否定",其中禅宗的否定来自于教门外部,而净土的否定则与教门自身修正有关。故此,禅净二者虽在外在形态上颇有异趣,常被指认为是自力/他力的对立,而实有共通的知识形态。所以禅净合流的形成不仅是佛教修行法门的互补,更可以看成是禅教关系整合的新体现,换言之,禅教一致的进一步落实和发展便是禅净合流。

一、禅净合流的理论意涵

宗派佛学的衰微为宋代禅宗、净土的迅猛发展提供了空间。由于禅净乃是从内外两方面展开对教门的否定,所以禅净二者虽外在表现不同,而在否定旧有教门的宗教形态上是一致的,也就是说,宋代禅净的宗教形态是相同的。从禅宗来说,其对自身的设定是"教外别传,以心传心,不立文字",这消解了基于释迦文佛权威而建立的言教体系的优先性;而就净土法门来说,对阿弥陀佛的无限归向,对西方净土世界的往生实际上确立了净土之教的优先性,这对作为秽土之教的狭义"佛教"的权威是一个侵削。简言之,禅宗在"佛教"之外确立了一个新的权威:自心,而净土则在"佛教"之外确立了另一个权威:弥陀之教。如此,在禅宗与净土对传统教门共同表现出某种否定时,二者亦呈现出一种明显的对立,此即我们一般所讲的自力/他力、唯心/他方的对比。禅宗与净土这种对立实际上说明了禅宗、净土与教门三者关系的复杂性,禅净虽是对教门的否定,但另一方面,禅净又在不同维度上维系着与教门之关系,我们不能以一简单之模式处理这一问题。

　　从禅宗来看,其突出"自心"、"教外别传",这是对狭义"佛教"之侵削,故是一否定。但与此同时,禅宗之"教外别传"仍然是基于对释迦文佛权威的认可,并未指认他方之佛;而就净土来说,其以净土之弥陀之教作为终极之教,这是对狭义"佛教"的否定,然众生与弥陀之关系仍是通过"教"之法门而展开,这又表明净土对"教"的认同。缘此,我们可以说,在禅净否定狭义"佛教"的同时,又同时保持了对狭义"佛教"的某种程度的肯定。这样,禅净虽同时否定狭义佛教,而二者自身亦呈现一种差异、对立。这种对立实际上说明,尽管禅净对教门均有否定,隋唐的禅教对立最后又落实为禅净对立。也就是说,宋代禅净对隋唐教门形态均有否定,但在否定基础上而形成的宋代禅净自身又在一个新的层面上展开了禅教之对立。宋代的禅教(禅净)对立有别于前朝者在于:不是以释迦文佛为中心而展开的此方佛说/自心对立,而是围绕弥陀而展开的他方佛说/自心对立。由此,宋代禅净的合流乃是要整合他方佛说与自心的对立。

既然对禅净合流的理解必须置于围绕弥陀而展开的他方佛说/自心对立之语境下,那么很显然的是,禅净合流只是对他方佛说/自心对立的整合方式之一,因为禅净合流的理论与实践主要是由禅宗人士所推动展开的,其强调的是以自心涵摄他方佛说,主张的是唯心净土。而对比唯心净土,他方佛说/自心对立的另一种整合模式则是突出他方佛说的优先性,也就是以他方佛说来涵摄自心,质之史实,这一模式主要是由天台教门所提供的,我们一般称之为台净合流。缘此,要理解禅净合流的理论意涵,我们必须将之置于与台净合流的对比语境下,不可孤立地理解这一整合模式。事实上,正如前面所云,虽然禅宗以"教外别传"而区别于教门,但以释迦文佛为中心展开教法谱系则是一致的,此点大异于净土法门,因为净土突出了净土弥陀之教的中心地位。由此,随着净土在宋代的特别发展,禅教之间竞争的展开也可表现为对净土法门的争夺,禅宗可以与净土合流,教门同样可以与净土一致,这样禅净合流就不单纯是入宋以后禅宗与净土的关系表现,更应理解为是禅教竞争语境下,对台净合流模式的对抗。

台净合流模式的实质是以天台的性具实相论为基础,通过开权显实原则,将净土与实相范畴结合起来,这样净土的权实问题得以解决,而行人对净土真实性的信心也得以巩固。我们可以把天台这样的净土论表述为实相净土论。对比教门的这样一种整合模式,禅宗提倡的是唯心净土论,故禅净合流也就是以禅宗之心性概念为中心,将净土的权实关系转化为心性自身与心性变现,这样禅宗持唯心净土论不是要否定西方净土,也不是简单地以为净土但是方便权宜之教,而是以为当在心性论意义上把握净土。若此,则唯心与净土并不对立。其实我们不难看出,从理论上讲,同台净合流一样,禅净合流也是要解决净土的权实问题,由于禅净合流模式将净土心性化,这样禅宗/净土之间的自/他、内/外、实/权对立也就转化为心性自身/心性变现,故而对净土的确认也就是对心性的确认,反之亦然。禅净合流模式对净土权实关系的处理不似天台,无有"性具"之前提,故而禅宗对净土的接受更多表现为"持名念佛",而非天台的"观想念佛"。

二、由禅教一致到禅净合流

在前文中我们已指出,要理解禅净合流的理论意涵,必须将之置于与台净合流的对比语境下,这样的处理实际上是要说明:入宋以后,由于净土的勃兴,禅教均有与净土结合的需求,故与净土的合流不是禅宗的专利。如此一来,我们面临的一个理论困境便是:一方面是禅教一致的大力提倡,另一方面则是通过与净土结合这一中介而展开的禅教竞争,对此不协调性,我们又该如何理解呢?事实上,要理解这样一种不协调,我们必须对禅教一致与禅净合流的关系有一个理论上的辨析与历史的说明,不可泛泛而谈。

从理论上讲,禅教一致与禅净合流其实都有着广义、狭义之界定。广义之禅教一致乃指禅宗与教门的整合同一,而并不特指教门中的宗派之属;狭义之禅教一致则主要指禅宗与华严思想的融合,相对比的则是台禅的竞争。至于禅净合流,其广义指禅宗与净土之教的整合,而并不对净土法门再作区分;狭义之禅净合流则特指以唯心净土形式涵纳净土,对抗台净合流。基于这样一种分疏,则禅教一致与禅净合流既是一个平行发展的关系,又有着交叉重合的关联,换言之,广义之禅教一致与狭义之禅净合流之间是不协调的,狭义之禅教一致与广义之禅净合流之间亦然,但广义之禅教一致与广义之禅净合流是可以统一的。而从历史的角度说,由禅教一致到禅净合流乃是禅教一致论发展的结果,也就是说,禅教一致有一个从狭义向广义发展的过程,而这个过程本身也同时是禅净合流由狭义向广义转化的过程。

禅教一致的广义化表现在禅宗与教门的结合不局限于华严一宗,而禅净合流的广义化则使禅宗与净土的整合不单纯表现为唯心净土,而体现为对整个净土之教的涵摄。事实上,禅教一致的广义化正是通过禅净合流的广义化这一形式实现的,通过广义的禅净合流,台禅之间的对立转化为更高层面上的台禅整合。个中原因在于,台净合流使得天台教门制度化地落实为净土法门,所以我们可以看到,宋代天台宗人其实是一身二任,既是台宗人士,又列于净土宗之谱系中,这样一种双重性的身份认同使得天台宗人在面对禅净合流时也有一双重的应对模式。作为天台宗人的净土法门,其是拒绝与禅宗合流的;而作为净土宗人的净土法门,其与禅宗是可合流的。随着台净合流程度的加深,台宗人士身份认同的二重性也在逐渐向对净土宗人认同一维倾斜。与此同时,随着禅净合流的开展,禅宗人士也存在着一个身份认同的二重性问题,譬如前面所讲的禅僧宗赜、义怀,身为禅人而力劝念佛,其对净土宗人身份的认同也会随着禅净合流的加剧而强化,若如此,其对天台宗门或有对抗心理,而对涵摄了天台因素的净土法门亦不会拒绝。

基于以上的分析,台净合流虽与狭义之禅净合流是对立的,但与广义之禅净合流是一致的。所以禅宗与净土的整合程度愈深,也就表明其与以天台为代表的教门结合愈紧密。从这个意义上说,由禅教一致到禅净合流实反映了禅宗与教门的融合有一个范式的转化,即由禅贤整合转向禅台整合。

三、禅净双修论

禅净合流在修行论上的表现便是禅净双修论,其特别针对的是禅宗人士,要求在修行实践中不只是参禅,还要念佛往生净土,必须将参禅与念佛结合起来。禅净双修在宋代得到特别发展,并最终落实为念佛禅这样一种形式。

对于净土修行的重要性,宋初延寿即有明确的阐述,即一方面确立"禅宗"之"心宗"的地位,另一方面又突出了种种善行的修行法门意义,其曾于"四料简"中说道:"有禅有净土,犹如戴角虎。"当然,虽然延寿强调净土的重要性,其并未从禅宗修行实践角度出发给出一独特的禅净双修法门,因为"万善"概念的给出表明,净土乃是隶属于万善,故延寿尚未将净土置于与禅修同等重要的地位。这也表明,延寿的理论贡献主要在于整合禅教关系,而非禅净关系。禅悟与念佛的结合点在于,由于宋代禅宗对于生死问题的突出,也就将禅宗的"了生死"与净土的念佛往生联系起来。

基于不同的立场,禅净双修有禅宗主导与净土主导两种模式。我们首先看禅宗主导模式。如宗赜有云:

> 念佛不碍参禅,参禅不碍念佛,法虽二门,理同一致。上智之人凡所运为,不着二谛,下智之人各立一边,故不和合,多起份争。故参禅人破念佛,念佛人破参禅,皆因执实谤权,执权谤实,二皆道果未成,地狱先辨。须知根器深浅,各得所宜。①

其一方面执唯心净土观,以为念佛、参禅"理"同,故可双修,另一方面,基于参禅与念佛法门纷争之实际,强调二者可以并行不悖,这样"单修"亦可。当然基于禅宗本位,宗赜还是将修之随宜与根性对应起来,所以上根修禅,下根念佛。实际上,宗赜的念佛、参禅各自单修乃是一权宜的说法,其还是坚持禅净双修论的原则,如在其所编撰之《禅苑清规》中,我们看到禅宗对净土法门有大量吸收。

相对于禅宗主导模式,净土主导模式主要是由宋代佛教居士所提倡,其典型代表即是宋代著名居士王日休。王日休曾撰写《龙舒增广净土文》一书,于卷一中列"净土起信"一条,针对但参禅不修净土之说予以评说,其云:"世有专于参禅者云:唯心净土,岂复更有净土。自性弥陀,不必更见阿弥。此言似是而非也。"②王日休的论证是,西方净土有理迹

---

① 《庐山莲宗宝鉴》卷三,《大正藏》第47卷,第318页中。
② 《龙舒增广净土文》卷一,《大正藏》第47卷,第255页下。

两方面,论理则唯心净土,论迹则实有极乐世界。人之常言"自性弥陀"虽非妄语,但未可猝然而至,因为良材虽善,需待雕刻之功才成华美之器物,故不可执自性而弃西方。至于以为参禅悟性越佛超祖,不必有西方净土之修之说,言之甚高而行之不易。个中原因在于,秽土众生为业所障,难以清净其心。基于此,王日休指出了修行净土的必要性,且以为此与参禅不相冲突,其云:

> 故修西方而得道则甚易,若止在此世界,欲参禅悟性,超佛越祖,为甚难。况修净土者不碍于参禅,何参禅者必薄净土而不修也?①

修禅之需净土是"必要"的,因为参禅只是言高而实难行,而修行净土则是脚踏实地,确实可靠。可见,禅净双修的给出乃是从修行实践的有效性角度出发,突出了净土法门的优越性。

另外,王日休以净土法门主导禅净双修还有一个理论上考虑,那就是净土法门胜于参禅法门。王日休认为:

> 参禅大悟,遂脱生死轮回,固为上矣,然至此者百无二三。若修西方,则直出轮回,而生死自如,万不漏一。故予欲劝僧家,上根器者参禅之外,每日以顷刻之暇修西方。若修禅大悟,遂超脱轮回,尚去佛地极远,更往见阿弥陀佛,展礼致敬,有何不可?若未得大悟而寿数忽尽,且径往西方,见佛闻法,何患其不大悟也。若不修西方,不免随业缘去。②

在轮回超脱的解决上,净土之修较诸参禅不仅非是权宜法门,而是更为殊胜之法门。即便禅宗参禅大悟,也非达究竟之地,故悟后修净土并无不可。如是,禅宗人士的修净土就不是可有可无,而成为一种必需。

---

① 《龙舒增广净土文》卷一,《大正藏》第47卷,第256页上。
② 《劝参禅者》,《龙舒增广净土文》卷六,《大正藏》第47卷,第270页下。

第五节　性具法门与唯心净土

一、天台性具净土论

1. 实相与权说

天台宗是以《法华经》开权显实原则作为己宗旨归之所在。"实"即实相,也就是涅槃,为佛之境界,其甚深难解,故"唯佛与佛,乃能究竟诸法实相"。但为了教化众生,令其亦得入此一境界,佛必须用"权说"以诱掖之。当然这种方便不是无原则的乱说,也非无关痛痒之"闲聊",而是基于"实相"而说,所以"权"是由"实"而开,故由"权"终能显实。就此而言,"权"并不只是权。所以,为了达到谛了实相之目的,可以开出种种权说。

涅槃与净土两个概念可以说是佛教解脱论中最重要的两个范畴,就涅槃实相与净土之关系而言,前者为实,后者非究竟之境,故属于"权"。但事实情况是,净土为佛教经论普遍提倡,亦为历代高僧大德至诚而往,所以又非简单的"权说"。为了更好地协调权实关系,智者大师提出四种净土说,即凡圣同居土、方便有余土、实报庄严土、常寂光土。其中前三种净土对应于佛三身之应报二身,乃佛之应机而现,属"权",故可为众生自业所感。而常寂光土则为法身所居,唯为佛所得,属"实"。从智者的净土分类体系不难看出,他所云的第四土常寂光土其实就是涅槃实相,智者是试图将涅槃与净土统一起来,以众生业力所感与佛之示现的关系消解"净土"自身所具有的权实二性,因此净土之"实"为涅槃,权则为一般意义上的净土。

智者的净土权实观是以天台性具实相说作为其理论基础,因为性具善恶,当下一念即呈三千种种境界,所以佛界具地狱、饿鬼等九界,反之,地狱亦不隔佛界。由此,净土不净,因为其"性"具秽土;秽土不秽,缘由它"性"有"净土"。土之呈现出净秽与否的关键是"所证"的问题,换言之,净土之"性"(本体)问题转化为"修"(实证)问题,这其实有"唯心净土论"之倾向,与禅宗的净土观极为相似。不过天台毕竟不同于禅宗,智者的"唯心净土"还是有所保留的,因为不管怎样,智者四种净土的最高层次是"常寂光土",它不是佛之应身所居之土,亦非自证之功德实报之住所,而是法身佛的居处,虽然它需要"心"的修证工夫而达到,但它已超越了实报庄严土之境界,而更进入到法性的自在呈现。因此,尽管智者竭力主张一色一香无非中道,力求避免实相的孤立本体化倾向,这只是就"性具"意义而言,从修行实证来说,"实相"之究竟圆满终是唯佛而知,"常寂光土"只能为法性佛所居。

相对于智者用"性具"理论平衡净土之权实关系,宋代天台宗人所面临的课题则是如何更进一步圆融净土之权实,这便是"即"概念的凸显。宋代天台宗人的工作并非是在一种轻松惬意的状态下进行的,因为随着禅宗对净土的介入,唯心净土论成为一种普遍的潮流,净土被视为权宜,其真实性受到怀疑。为此,天台学人必须重新建立起对净土真实性的信心,而基本的理论建设就是要以性具论对抗唯心论。当然简单地复述前贤的思想于事无补,重要的是如何将唯心纳入到性具的体系中。四明知礼就是以性恶论这一种极端的观点作为天台教观圆旨之所在,从而更"圆融"地阐发天台对生死即涅槃解脱论的理解。由于知礼不满足于性具,更要由此推出"即"义,故而智者大师的性具论被知礼诠释为不但心具三千,而且色具三千。由是,在智者大师那里多少有所"孤悬"的实相就被消解,"实相"便以一种更为圆融的形式表达出来,这就是对《法华经》"法住法位,世间相常住"的新诠释。

"法住法位,世间相常住"之语出于《法华经》,其被知礼予以特别的强调是为了消解"性"与"相"之对立。"性"即实相,"相"为世间相。依佛教一般通识而,实相乃常住不变,如如不动;世间相为有为法,故有生住异灭。若提倡"是法住法位,世间相常在",其理据何在?故知礼设疑:

"人有生死,物有凋谢,何故经云世间相常住?"①对此,弟子仁岳从性具论出发作出了解释:

> 若知常住之体具足三千,则生死凋变皆常住标志之相也。从本自尔,非今始然。既知生是性生,乃至变是性变。性元不动,相岂非常。但局情未忘,则生死相反。倘唯心所见,则凋变皆如。自非性具之谈,安会相常之旨。②

仁岳认为通常见相之"变"是以为相乃自变,殊不知相乃性具,相生、相变即是性生、性变,也就是由性而生而变。既然性自身是不动的,则性之所生所变过程也是不动的,故而相其实是常住。

世间之相为常缘于"性具"之理,当然由此也引发了一个问题:既然"相"常,则无所谓苦乐,也就无解脱之必要,故有疑问"一切依正或云众生业感,或云诸佛变现,是二何者为定耶"?③如果依正之相缘于众生业感,则众生对此依正负责;设若依正之相由诸佛变现,则诸佛对此依正负责。对此疑惑,仁岳从容而答:

> 二义相须,不可偏判。若其依正千差,苦乐万品者,乃众生业感也。如云苦乐由生,非佛所作。然此业感复是诸佛妙应,随众生心而为变现。盖折伏摄受,令成熟得脱。如云苦乐由佛不关众生,虽诸文中随缘别陈,究论二义,不可暂缺。良由众生心地三千与佛心地三千不殊,故得染净互通,感应无忒。众生迷,故于佛依正而计差别;诸佛悟,故于众生依正而得自在。是知果中胜用不异三道流转,又如圣人变化所造,不出众生三世变造,故云亦令众生变心所见。④

仁岳的解答是,依正之相既是众生业感而起,亦是诸佛变现,二者并不矛盾。因为众生心地与佛心地相通,三千依正之相无别,故依正之相虽是直接缘于众生业感,但其实也已缘于诸佛变现。只不过众生对依正

---

①②③④《绛帏问答三十章》,《四明尊者教行录》卷三,《大正藏》第46卷,第881页中。

横加计著,有差别境;诸佛已悟,于种种依正得自在。从这个意义上讲,依正世界是诸佛之示现,以便折伏摄受,但这并不意味着众生可以逃避自己的责任。因为诸佛能够示现依正世界在于其"悟",故得自在,缘性而现依正;众生虽具依正,但由于"迷",所以于依正不得自在,未能示现依正,而只能由业感而起之。可见,依正世界自身无变,"转变"的关键最终还要看众生自己,即转迷为悟。

仁岳用性具论消解了佛之依正与众生依正之别,以此强调差别之境虽是"性具",但由于迷悟之别,故有迥异之结果。所以天台虽亦谈唯心净土,实乃建立于性具之基础上,此与禅人的唯心净土观还是有区别的。

既然"法住法位,世间相常住",那么作为"相"的净土亦是常住的,它的呈现与否就取决于修行证悟。当然这其中有两种情况,一是从自行修证所悟之境界而言,二是就化他之方便施设而说。前者可以说是一种"实际"净土,后者则为"方便"净土,不过基于自行即化他的原则,两种情况又是可以统一的。基于这样一种实相观,相对智者的净土观,宋代天台宗人就在净土与实相间建立起一种等同性,往生净土就是实证涅槃,同样证悟实相就是了达西方之境,这不同于智者还要在权实意义上划分净土。当然这一观点并非否定净土的权实性,而是强调从修证角度理解净土的权实,即真正体证了达,则净土为"实",未达则属"权",所以"净土"不仅是在"化他"意义上给出的,而更是"自行"的呈现。故谈净土之"实"不废其"权"。

基于此,知礼提出同居土即常寂光土,常寂光土有相的观点,以此来消解智者大师四土说暗含的净土权实对立。在《观无量寿佛经妙宗钞》(卷一)中,针对三土有相,四土无相之论,知礼指出:

> 经论中言寂光无相,乃是已尽染碍之相,非如太虚空无一物。良由三惑究竟清净,则依正色心究竟明显。故《大经》云:因灭是色获得常色,受想行识亦复如是。《仁王》称为法性五阴,亦是《法华》

世间相常。《大品》色香无非中道,是则名为究竟乐邦。①

知礼坚持常寂光土有相,此与其对三千法之权实、生身即尊特的探讨是一致,其主旨就是要消除作为实相之"理"与作为世间相之"事"的隔阂,从而避免天台的"实相"成为一孤悬之"理"。当然这种处理有混淆实相与世间相、理与事之嫌疑,所以有人就疑问,即理之事的无上报可以有金宝莲池等相,而即事之理的究竟寂光则不应有此等相。知礼的解释是,无上报是究竟始觉,上品寂光是究竟本觉,"始本既极,岂分二体。应知二土纵分事理,实非有无,岂真善妙有而非理邪,秘藏之理岂同小空。故此事理二名一体,以复本故,名无上报事也;以复本故,名上寂光理也"②。

知礼以无上报与究竟寂光乃"名二体一"消解二者的对立,由此寂光有相得以成立。这里论证的关键其实是依据理造即融事造的原则,即不但事造三千,而且理造三千,正是由有后者导出前者。因此,作为"理"的寂光非是虚空无物,而是已具三千,已包含四土的概念,所以从"理"而言,四土无分,均具三千,唯有一土。一土之所以有四土事实之别乃在于"修造"(事造)的问题,"报之净秽实从心行二因所感,心即迷了二心,行即违顺二行",由于土为所感,心行不同,故有净秽沈下高升之别,但究极而论,净秽皆即"理"(实相)。从这个意义上讲,土四而实一,寂光非离三土而在,而是"即"于三土。因此,不仅是无上报与寂光是同体,而且同居、方便亦然。

就此而论,四土(包括常寂光土)在根本意义上属于"教道",最终是要证达的是实相,而"证道"又非离"教道"而在,当然知礼为了避免实相与世间相、寂光与三土的混淆,又以横竖之说对四土予以解说。在回答问者的疑问"前明实报无有二乘,今那忽云迦叶起舞"时,知礼说道:

须知四土有横有竖,仍知横竖只在一处。如同居土趣尔一处即

---

①②《观无量寿佛经疏妙宗钞》卷一,《大正藏》第37卷,第196页上。

是实报,若破无明转身入者,斯是法身同佛体用,称实妙报,则六根净人亦莫能预,岂居二乘,此则一处竖论实报。若未破无明,即身见者,此乃诸佛及大菩萨为堪见者,加之令见实报土也。盖有机缘虽未破惑,已修中观,如华严会及诸座席杂类之机,感见身土难思者。是今引论文乃方等中为弹斥故,示实报土胜妙五尘,令迦叶等顿忘少欲,起动舞戏,欲令声闻知大法妙,生欣慕心,鄙弃小道,此等皆是一处横论实报土相。①

所谓横竖同于"纵横",有二义。约次第说,次第为竖,不历次第为横;就时空而言,亘于时间为横,亘于空间为竖。知礼这里所讲的实报之土的横竖主要基于次第义而论,竖论乃对已破无明者而言,无论其居于何处,所证均是实报;横论则说的是未破无明者,在佛菩萨力的加持下,得见实报。所以同为实报,前者为"入",后者为"见"。正如同样是"鬼趣居人境界","有人舍报堕彼趣者,即同彼类非他人共;有人即身能见彼趣者,不妨他人同见其相",知礼说堕者乃譬喻竖入实报者,见者则譬喻横实报者。

二、观想与实相念佛

宋代天台对净土的权/实关系的处理偏重于从"教说"体系角度,而对净土的唯心与西方之辨析则更多地是从观心实践上把握。

宋代佛学对净土世界的两种理解模式是:唯心净土、西方净土。一般而言,前者以为净土乃化他之权宜,折伏摄受,目的是以此令众生趋入证悟之道。后者则认为净土实有,至诚往生确可得生极乐世界。当然事实并非这么简单,唯心与西方并不是如我们所主观以为的那样完全处于一种二元对立的紧张状态中,相反在很大程度上,二者并无冲突,甚至能够很好地结合在一起。个中原因在于,我们把"言教"意义上的净土混同

---

① 《观无量寿佛经疏妙宗钞》卷三,《大正藏》第37卷,第211页中。

于"实证"层面的净土,从而以为谈唯心必然要否定净土的真实性,而要提及净土的实在性就一定要拒绝唯心。

事实上,作为一套教说体系,佛教的经典文字都只是一种"言教"而已,释迦即云:依法不依人,依义不依语。为达了悟实相之目的,可以用种种方便语言开示众生,从这个意义上讲,作为教意义上的"净土"与"涅槃"无异,均是一种权设,切不可执着。而从"实证"方面言,既然言教开显出种种境界,那么众生可以通过自身的修行实证这些境界,这种证悟本身是"真实"的。当然两者之间是存有矛盾的,设如言教给出的境界不"存在",修行如何可能证达呢?但问题同样是,虽然"我"不能证明这一境界的存在,但"我"可以自我实证。为了解决这一种不协调,我们可以引入一个"交互诠释"的概念,因为无论是"言教"还是"实证"其实均处于一相互诠释的过程中,某一境界的存在与否(真实性)只是决定于对它的"实证"。证达到了,即是真实,未能证达,则此境界就尚不存在或不呈现。就净土而论,唯心净土论并未消解净土的实在,因为假如净土在心中被证达,那么它就是实在。同样,唯心净土也并非意味着存有一实体之净土世界,而是就它的"实在"来说。从这个意义上讲,唯心与西方的对立其实是言教与实证的对立。

应该说,唯心与西方的对立始终存在于净土论中,但为何至宋代成为一个突出的问题?对此,我们必须联系到前面所讲的台禅对净土的争夺问题。禅宗对唯心的强调是为了避免作为"教"的天台对净土的涉入,反过来,天台对唯心、西方的平衡则自然是要用"教"来约束净土,而在具体修证上就是要把净土纳入到观心的范畴中,即以观想念佛来统摄念佛法门,这主要表现在知礼的相关论述中。

观想念佛非始于知礼,庐山慧远结社往生即采取观想念佛的形式,但使观想成为一体系化的念佛法门则是天台宗人努力的结果,其中智者大师的止观法门确定了基本理论框架,后经湛然的加工,至知礼则被更极端地发扬。

知礼明确以观心理解观佛,在《观经融心解》一文中,知礼指出《观经》中韦提希夫人虽处同居土,而能以观法舍秽必尽,显净无遗。韦提希之所以能够于秽得净就在于其修一心三观之法,如其云:

> 故修一心三观求生净土者,即以三惑为秽土之因,以三谛为净土之果。故别惑尽,则寂光净究竟三谛也;此惑未尽,则实报净分证三谛也。通惑尽,则方便净相似三谛也;此惑存,则同居净观行三谛也。①

显然知礼以为即便是观佛也是要遵循妄心观的原则,不过既然能够观秽为净,知礼的观佛为何不"只在娑婆直出生死",而仍然要设置净秽的对立,舍此求彼呢?知礼以为观佛虽然也是观心,但它又不完全同于直观三道,而是要"以缘极乐依正为境",原因在于修观众生根性不利,初学大乘,其心怯弱,缺乏信心。为了坚定众生信心,如来以方便力而现净土弥陀,"观彼佛真如法身,毕定得生"。知礼本是要将他的妄心观原则统摄一切观心领域,但面对《观经》以观佛为主的论述,知礼必须有所变通,所以用"方便"的概念消解二者的冲突。因此,知礼强调这种观虽然非是直观三道显三德,但仍然是一心三观,因为此观乃是"托彼胜境"而观,净土弥陀还是要落实于心中,换言之要于秽土而显弥陀净土。

可见知礼并不排斥视净土为一方便之教,但此教的存在不应脱离众生之观心而在,也就是说,"教"应入心,净土弥陀应入心,若无心佛的感应,则净土弥陀终为外在孤悬。所以"教"既是一种设定,又是实相在众生心中的呈现,即所谓的"是心作佛"。这里的"是心作佛"自然不同于禅宗对此的理解,而是有"性具论"之背景。所谓生佛净秽种种依正世界无外于"心具",依正之差异呈现缘于"心变",虽有心变,"心具"依然。弥陀

---

① 《观经融心解》,《四明尊者教行录》卷二,《大正藏》第 46 卷,第 866 页上、中。

净土为佛之方便力使然,但其实为众生心中本具,只不过未彰显尔。因此往生净土非是外求,而是开发自身宝藏,用观心令其呈现。所以即心是佛不是指"心"为佛,而是指即于心而求证,观心之意义在于此。所以知礼说道:

> 此令行者随观一境皆知心变,全体是心。既全是心,心岂见心。如指不自触,刀不自伤。故《般舟》云:我所念者即见心,作佛心自见心。乃至云:心者不知心,心者不见心。心有想则痴,无想则泥洹。①

既然触境即心,全体是心,那么生佛无别,佛身相好无别,因此观佛不是执着于佛本身,而是托胜缘而想诸相,以显三观之义,如知礼所说:

> 今托胜缘想乎诸相,即知诸相四性不生,法体本空,心境叵得。虽知叵得,不碍缘生。全性起修,念之即见。起是性起,空是性空。性非二边,能所亦绝,唯心唯色,待对斯忘。故《止观》判《般舟》之文心佛叵得为空,梦事宛然为假,心不见心为中。说则三相历然,修则一念备矣。经示诸相而令谛观,圆人修之,非此不谛,故知十六莫不皆三。而此三观虽居一念,今观依正各有功能。何者?心境叵得,故染可观净;不碍缘生,故想成相起;唯色唯心,故当处显现。人疑三观妨想依正,今谓三观能显依正。②

知礼把依正置于观心之下,则依正自身失去了一种自在性,而呈现出空假中三性,因此观佛即是观心而达实相,在这点上,它同其他的观心法门无异,区别仅在"此乃缘净土而修,虽缘于事,非散善恶及以无记"。因此,观佛乃是圆观与佛之妙用的结合,圆观属于逆修,妙用则为顺修,"违理之事照令泯绝,顺理之事观令成就"。

---

① 《观经融心解》,《四明尊者教行录》卷二,《大正藏》第46卷,第866页下。
② 同上书,第867页上、中。

既然佛之依正是在观心实证意义上给出的,那么依报世界(净土)本身即呈两种景象,它是方便,因为它属修、事,为心"变"而出,故而唯心;它又是实相,因为非但唯心,而且唯色,达于心变即证实相,所以净土又是自在。基于此,知礼对专持唯心净土说或西方净土均予以批评,而提出"约心观佛"。知礼对"约心观佛"的理解是,因为我等心性遍周法界,法无不造,所以极乐之依报,国土实相宝地,弥陀之正报三十二相等,皆是我心之本具,我心之所造,统不是心外者。所以观彼依正二报,即是托彼境观我心性。由观彼依正而现其境,亦即不过是我之心性被彼观熏发,而显现其所具之本佛本土。他以观弥陀而我心想现应佛为感应道交之义,由此应佛之现而明了我心性,照知彼身完全是我心性所具之本佛为解入相应之义。由感应之义,则托佛之义成立。由解入之义,唯心之观成立。

三、禅宗唯心净土论

一般而言,天台持性具净土之说,而禅宗主唯心净土之论。但质之史实,我们不难看出,唯心净土说并非是禅宗的专利,乃是宋代佛学诸宗普遍所执之观点,作为教门代表的天台亦不例外。天台虽主性具净土论,但也有唯心净土的表述,甚至有将性具净土落实为唯心净土之倾向,此点在南宋天台宗人那里表现得至为明显。宋代天台宗人虽提倡唯心净土,但对禅宗人士的唯心净土说又有批判,所以要完整、全面理解宋代佛学的唯心净土说,必须对天台、禅宗的见解有一分疏。

1. 天台唯心净土说

宋代天台将性具净土落实为唯心净土始自明智中立,完善于圆辩道琛,而大成于石芝宗晓。

明智中立时代是天台教学风格的转型期,因为不惟明智系统本身,而且与明智时代前后的其他天台巨匠们对于净土的问题也普遍产生了兴趣,他们包括神照系的芦庵有严、德藏择英、南屏系的竹庵可观等。尤其值得关注的是在把握唯心净土与西方净土问题上,天台宗人不再偏执一方或以理事平衡之,而是直接建立起唯心与净土的相即。如宋代名士陈瓘(了翁)为明智法师之俗家弟子,曾与中立论台宗三千法,示以唯心净土之义:

> 一念心起,三千性相一时起;一念心灭,三千性相一时灭。念外无一毫法可得,法外无一毫念可得。此乃本性不迁之法,中理圆明之体。此体以如理为命,其寿无量,非报得命根,亦无连持,本无名字而不拒诸名。名其土曰极乐国,名其身曰阿弥陀,身土交参融乎一妙。故能说法之音不离彼土,而广长舌相具足周遍。其具如是,是体具乎,是佛具乎,是众生具乎?若有能知彼具之乐者,其有不愿往生者乎?向实际之中,要在不往而往;于方便之内,何妨去已还来。机熟感深,足须成辨。①

从陈瓘对唯心净土义的表述可以看出,台宗人士的唯心净土说乃是建立在天台性具说基础上,故为心具净土说。

芦庵有严乃神照本如弟子,曾著《净土修因或对》,相对于知礼等山家前贤对净土的探讨,有严并不特别关注净土的权实问题,而是对净土的难易问题有所辩论,这是天台宗人对净土态度的一个变化。当时教界有一种议论,以为往生净土难而生天为易,因为生净土者必须修无生妙观才可得尔。显然,有严之时,净土已经作为一种"实"而被教界接受,但也正因为如此,通达净土反变为难事,需要无生妙观(其实就是实相观佛)方可得尔。这种认识自然会阻碍净土法门在社会上的推行,对此,有严以为非此谓也,因为"净土非难易,难易在人"。若对净土信心不足,则净土虽咫尺而千里;如坚定信心,则万里咫尺。故难易不在修行法门自身,而在行者信心。当然有严不否定理观得生净土的合理性,但他以为

---

① 《陈了翁谈唯心净土》,《乐邦遗稿》卷上,《大正藏》第47卷,第234页上、中。

那只是适用于上根之人的法门,非是修净土的通式。于大众而言,法门颇多,若诚心而往,必得往生。有严把本来统一于修行实践中的理观、事行两个环节分开,将其与根性概念相连,如此,往生净土实际上就无须理观之前提,而只要"信心"即可,这样突出的便是西方净土的实在性以及持名念佛往生的有效性。

竹庵可观在《劝修西方说》中亦有相同的议论,他说:"须知西方念佛三昧,甚易修行,只在日用,一心不乱,系念彼佛。彼佛愿力,自念佛力,任运相应。"①可观所云的以念佛为易行之法门自然不是一般意义上的念佛,因为它最终还是要达至"念念离相,了不可得"、"达唯心,了本性在我而已",因此念佛乃是念心中之佛,但其不同于前代天台大师们的净土观也是很明显的。知礼之唯心净土是在性具论意义上讲的,故谈唯心而不废寂光有相。其次,知礼以约心观佛把握念佛,并往往配合着忏法等行为,所以"念"是广义的,非可执着单纯的"念佛"。前后比较一下,天台宗的净土论开始从性具论意义上的净土转向唯心论意义上的净土。

尽管天台净土说表现出了唯心论倾向,但天台宗人仍然坚持把唯心净土论与禅宗的唯心净土说加以区别,中兴四明之学的圆辩道琛就曾对此予以辨析。圆辩虽以四明学之继承人自居,但这并不妨碍他对念佛三昧的执着,当净土思想已经成为天台宗人关注的主要话题后,他要作的工作只能是如何更加圆融地解说"净土",具体而言便是平衡唯心与净土。圆辩以为"唯心净土一而矣",因为"弥陀悟我心之宝刹,我心具弥陀之乐邦。虽远而近,不逾一念;虽近而远,过十万亿。"所谓弥陀即西方净土,我心即唯心净土,二者即一,统一于当下一念中,为此他以一个形象的譬喻来说明之:"譬如青天皓月,影临万水。水不上升,月不下降。水月一际,自然映照。"显然道琛以为净土实有,如临水之月,故而心中能

---

① 《乐邦文类》卷四,《大正藏》第47卷,第208页中。

具,似能映之水。单从这一比喻可看出道琛对知礼性具论的理解仍有偏差,因为心之具土非是本具,而只是能具,那么唯心终非根本意义上的唯心。

不过圆辩在《唯心净土说》中对此有更为详细的论证,我们不妨加以分析一下。圆辩指出,西方净土约事,唯心净土约理,此理非是空理,而是具理,如其云:

> 当知十界四土,若净若秽,不离我心。此心全是妄念,以本具故,具足百界千如依正等法。此但直具而已,若达全具为遍,遍彼生佛,彼彼生佛互遍亦尔。趣举一法是法界之大都,互具各具,互融互摄。参而不杂,离亦不分,一多自在,不相留碍。夫如是者,岂有娑婆释迦乐邦弥陀而离我心耶?①

圆辩说明唯心乃是"具"义,无离心外之法。故而离心别无净土。从这段论述我们可以看出圆辩对天台圆教确有相当的把握,后人称其中兴四明之学并非虚誉。当然,仅仅论证心具净土是不够的,圆辩还要反过来强调净土的"自在性",即"过十万亿佛土"的实在性。圆辩的理解是,过十万亿乃由情而生,若达唯心,则一念理是。至于之所以还要以"净土"名之不仅是出于化他之考虑,而是从根本上说不应有净土唯心之别。因为表面上舍秽取净有所取相,实际上"圆人舍则舍秽究竟,三土九界皆舍;取则取尽穷源,直取上品寂光。"由于寂光不离三土,寂光外无有娑婆,所以随意取舍,不妨唯心。

比较知礼对此的论证,圆辩的解说显得更为圆融,因为圆辩是在性具论的基础上进一步凸显了"唯心"的意义。不过唯心即净土的同时亦是净土即唯心,天台在圆融地消化净土的时候其实悄悄地也被净土同化,如此,天台与净土之间的张力得以消解,而天台义学的衰弱则不可避免地引发了。

---

① 《乐邦文类》卷四,《大正藏》第47卷,第207页上、中。

2. 禅宗唯心净土说

天台唯心净土论建立在性具论基础,故为心具净土论,这表明心与土的相依而在,并无心对土的优先性。实际上,考虑到天台特别展开的观想念佛法门的话,则心之具土(相)是必须给定的。对比心具净土论,禅宗的唯心净土论乃从禅宗修证法门出发,突出的是对心性的了达,故在心与土关系上强调的不是此二者的相依,而是二者的相即,也就是说,净土乃心性之变现。由此,对净土的确认实乃对心性的确认,对唯心净土的体达层次也就相应于禅宗人士的证悟程度。

在唐代禅宗的成立初期,由于禅宗自我标识为"不外求善知识"、"自性成佛",故禅悟与念佛法门是对立的,虽然禅宗人士可以"心净则国土净"说来将净土纳入到自心,从而成立"唯心净土"之说,但这种唯心净土之说显然只是一种方便权说,不是禅宗的核心宗旨。对唯心净土予以理论性系统阐发的还是永明延寿,延寿从禅教一致的理论立场出发,基于唯识无境的理论将自心与净土的对立消解,从而论证了唯心净土说。延寿对净土存在的辩护是出于对众生根性的考虑,而对唯心义的确认则是维护了禅宗自性成佛之旨,在此意义上,延寿的唯心净土说显然不同于权宜之说的唯心净土论,实是对宗/教二门的妥协、平衡,其意涵必须在延寿禅教一致说的背景下理解。而在延寿之后,配合着禅净合流的开展,禅宗的唯心净土说实有进一步的发展。唯心净土说的这样一种发展可以从两个方面来考虑:一是出于与台净合流的对抗,作为禅宗与净土结合的理论基础,唯心净土说的展开具有了更强的针对性、辩护性;二是随着广义禅净合流的开展,禅宗对净土的吸收程度在加深,唯心净土说也就更多与净土教义、净土实践本身结合起来,并落实在对生死问题的解决上。

首先从前者看,在对抗天台的性具净土说中,禅宗的唯心净土说更突出了其"唯心"义。禅宗既然提出唯心净土,就不能否定净土,而是要将净土涵摄于唯心义中。由此,当禅宗进一步强调唯心义时,其并非是在否定净土意义上提倡唯心,乃是在与净土的结合关系上突出唯心义。基于此,禅宗一方面对净土予以接受,以其为心性之变现;另一方面,禅宗又准以"不立文字"原则,避免对净土本身之执。在此意义上,禅宗坚持唯心净土说是乃是强调空性原则,即接纳净土而同时又不住此相,宋初名士杨亿与四明知礼对净土问题的论辩颇反映了此点。杨亿为宋代著名文人,亦是临济禅俗家弟子,当其闻听知礼有行忏焚身之计后,即去信劝阻,知礼则回信辩护,如此反复再三。双方于信中讨论的一个核心主题便是往生净土的合法性,知礼意欲通过行忏而往生净土,杨亿则基于禅宗的立场辩驳之。

杨亿以为,"惟极乐之界,盖觉皇之示权,而大患之躯,非智人之所乐。倘存忻厌,即起爱憎。既萌取舍之心,乃至能所之见。谅惟通悟,夙究真常,盖俯就于初机,冀策发于净行。"①在杨亿看来,净土乃方便设教,其于下根之人固可以起到警醒策进之功,而对一名高僧来说,则应以住世弘法为务,不可起忻厌之心。显然,杨亿以为忻净厌秽乃是分别心起,背离了佛教空性原则,非是高僧知礼之所为。对于杨亿的"极乐本由示权,修道须忘忻厌"之说法,知礼虽表示赞同,然其以为对方便权宜需要具体分析,因为方便有体内体外之分,"体外之权须破,体内方便须修。离事之理则粗,即权之实方妙"。基于性具理论,作为权宜之方便乃是本性已具,由心发明,故秽土/乐邦虽是释迦/弥陀之示权方便,却是"善巧之权方",众生应心而感则真实无外。故此知礼认为,从圆教而论,净土之方便即同于法华微妙方便,归依净土亦能开权显实,证悟实相,这是知礼对台净所作的融合。实现台净土融合的中介是天台一心三观行法,因为空观破相,假观立法,中观皆中,实相三谛圆融互具,观心实相即是体达净土唯心、自性不碍。故知礼说其净之行非是禅宗人士所云的著相,而是"凭此三观,遣彼百非也"。至于大乘之人不应厌离世间之说,知礼

---

① 《四明尊者教行录》卷五,《大正藏》第46卷,第898页中。

辩解道：不可一概否定忻厌爱憎，虽然佛教要消解的正是执着取舍、分别之见，这只是从佛教根本义或所达境界而言。而从修行来说，若修行中无有忻厌，则修行不成，果位不证。当然，对于知礼来说，求净土之意不是为了"身受诸乐，心染妙尘"，而是希望通过转依而更好地修行，"速增胜道"。显然，当知礼忻求净土之时，乃是主动地修行权宜之法，其目的在于以"开权"之形式达至对实相之证达。

作为一名临济弟子，杨亿自然不同意知礼的开权显实理论。事实上，杨亿对知礼往生净土的质疑乃是对其行忏苦行的否定，因为禅宗要求的是禅悟，而非苦行，故去书以三问咨于知礼，这三问是：西方净土是何人境界？烧身苦行本是魔王所说，如何是正教？劫火洞燃，大千俱坏时，何人受于极乐？知礼对此一一答复。

知礼对行忏往生的辩护反映了宋代天台基于开权显实理论，努力以天台忏法涵摄净土法门，这对禅宗之整合净土是一个挑战，故杨亿劝其住世乃是要坚持禅宗的唯心净土之说，维系禅宗与净土之关系。

除了出于对抗天台之性具净土论的考虑，禅宗唯心净土的发展还与禅宗对净土因素更多的吸收有关，其中净土"念佛往生"概念与禅宗顿悟解脱思想的融合，使得禅宗唯心净土说更多落实到对"念佛往生"本身的解说。这样，禅宗唯心净土论在唯心形式下涵容了更多净土的内容。宋代禅僧天衣义怀及其子嗣对唯心净土说的弘传正是这样一个典型。①

天衣义怀(989—1060)，温州(今浙江温州市)乐清人，俗姓陈，曾住持安徽无为铁佛寺、越州天衣寺院。义怀身为禅僧而修净土，其对唯心净土义有较理论化的说明。正如杨亿对天台净土观的质疑所显示的，宋代禅宗在涵摄净土时面临的一个主要理论难题不是关于净土的存有论说明，而是在修行论上如何整合禅净，因为从权/实角度说明净土只是肯认了净土存在的合法性，而此于实际修行过程并无特别意义。如果不能

---

① 参见陈扬炯《中国净土宗通史》，南京，江苏古籍出版社，2000。

从修行论上整合禅净,则禅净合流只是空谈,禅宗对净土的涵摄也就无法落实。故面对天台观想念佛修行法门的蓬勃发展,禅宗必须发展出自己的修行净土法门。为此,义怀自设宾主,将禅宗人士的"修净土"作为一个问题给提出来:

> 天衣怀禅师一生回向净土,问学者曰:若言舍秽取净,厌此忻彼,则取舍之情,乃是众生妄想;若言无净土,则违佛语,夫修净土者,当如何修? 复自答曰:生则决定生,去则实不去,若明此旨,则唯心净土,昭然无疑。①

基于禅宗无住原则,净土法门之难修在于修净土乃是"舍秽取净,厌此欣彼"的分别之举,如何于此分别之举中而无有妄想? 实际上,这一问题不仅仅是针对禅宗,也是普遍性地指向佛教,于此教门亦不能回避,前文所述杨亿对知礼的质疑即说明此点。自然,禅教对此问题的解答有异,不过需要特别指出的是,天台的解答方案恰在问题之中,也就是基于性恶论,即此"欣净厌秽"之分别而达分别之消解。对比天台,禅宗的解答突出了"唯心"义。义怀所说的"生则决定生,去则实不去"是指,往生净土乃是就心自身之修念而言,净土不异于此心念,故心修生彼净土之念则必往生净土,但这个"往生"并非离开自己当下之心念,亦非有离此心念之外另有净土,故"去则实不去"。对此,义怀还曾以一譬喻说明之:"譬如雁过长空,影沉寒水,雁绝遗踪之意,水无留影之心。"②"雁过长空"譬喻为心念之修往生净土,"影沉寒水"则意指此心念之行本身又于自心中存有影像,虽有此影像,非是修净土之心念本身所为,而自心亦不存摄取此影像之意。如此理解,方可了达唯心净土。

在此,义怀对唯心净土的理解有其新意。还是要说明净土乃是心性之变现,此点与延寿的唯心净土说似无区别,但既然义怀说明的重点是

---

① 《唯心净土文》,《乐邦文类》卷四,《大正藏》第47卷,第207页下、208页上。
② 《禅林僧宝传》卷一一,《续藏经》第79册,第515页下。

修行净土,则义怀乃是将禅宗之"无修"与"修净土"结合起来,则净土之修亦是无修,此即所谓"生则决定生,去则实不去",这同禅宗的"于念无念"之原则颇有相似之处。

宗赜慈觉,俗姓孙,襄阳(今湖北襄樊市)人,为天衣义怀弟子长芦应夫之嗣,故其思想属于天衣义怀长这一系统。同义怀一样,宗赜虽为禅僧,而力弘净土,故被天台宗人石芝宗晓列为净土宗第五祖。

相对于义怀,宗赜对唯心净土的解说更进一步落实于念佛法门之中,将禅宗之"无念"与净土念佛整合起来。宗赜以禅人身份劝人念佛云:

> 盖有念佛三昧,还原要术,示开往生一门,所以终日念佛而不乖于无念,炽然往生而不乖于无生。故能凡圣各住自位而感应道交,东西不相往来而神迁净刹,此不可得而致诘也。故《经》云:若人闻说阿弥陀佛,执持名号,乃至是人终时,心不颠倒,即得往生阿弥陀佛极乐国土……盖以初心入道,忍力未淳,须托净缘以为增上。①

念佛/无念、往生/无生本是对立,宗赜以念佛、往生与无念、无生无所冲突,原因在于,念佛实乃心之感应:所念之佛乃自心之感,能念之人为自心之应,故念佛表现为外在之凡念圣,实为自心之凡念与圣念的感应。这样,念佛过程便转变成心念自身的修习,是对当下已念之自性的消解。故此,宗赜以为禅宗之禅修与净土之念佛法门不矛盾,可以统一,如其云"念佛不碍参禅,参禅不碍念佛,法虽二门,理同一致",所谓"法虽二门,理同一致"正说明了唯心净土之旨。

---

① 《乐邦文类》卷二,《大正藏》第47卷,第177页中、下。

第二章 宋代的三教关系

有宋一代,伴随着儒学的复兴运动,儒家士大夫以排斥佛道为己任,形成一股强大的社会思潮。与此同时,宋代的理学家大都出入于释老,在吸收佛道两教尤其是禅宗思想精华的基础上,构建儒学的本体论和道德修养体系,完成儒学重建的任务。在士大夫排斥佛道思潮的强力冲击下,宋代儒佛道三教进一步合流,佛教日益儒学化,而道教则加强了对佛教禅学的吸收,以完善其内丹修炼理论。

第一节 宋代士大夫的排佛思潮

宋代士大夫的排佛兴儒运动持续时间很长,如果将朱熹等人对佛教的批评也列入其中,那么,这一时段则从北宋初年一直延续到了南宋初期,几乎与理学的形成与确立相伴。换句话说,宋代理学的产生与士大夫的排佛运动是前后呼应的。其中,排佛思潮涌动最为强烈的时间段当为北宋初、中期,其代表人物有所谓"宋初三先生"、"北宋五子"以及欧阳修、李觏等人。"宋初三先生"即胡瑗(993—1059)、孙复(992—1057)、石介(1005—1045),"北宋五子"即周敦颐(1017—1073)、程颢(1032—1085)、程颐(1033—1107)、张载(1032—1085)、邵雍(1011—1077)。

在这些排佛的士大夫中,孙复、石介、欧阳修、李觏等人着力发挥韩愈的"道统"说,为复兴儒学而呐喊。如石介,几乎言必称道统,极力推崇韩愈,著《尊韩》篇,对韩愈所作的《原仁》、《原道》、《原毁》、《行难》、《对禹问》、《谏迎佛骨表》等文备加赞赏。又著《辨惑》篇,反对佛教和道教,宣称天地之间无佛也无神仙,只有"尧舜禹汤文武周孔之道",乃是"万世常行不可易之道也"①。欧阳修在读过石介的文章后,称赞他是"尤勇攻佛老,奋笔如挥戈"②。欧阳修早年也效法韩愈,攘斥佛老,在编修《新唐书》和《新五代史》中,凡与佛教有关者,均不予记载,士大夫与佛教有深交的,均不入列传。他还专作《本论》三篇,抨击佛教之害。还有被称为排佛之"雄杰"的李觏,向皇帝上《富国策》,从国家经济与伦理的角度提出佛教存在的"十害"之说与废除佛教的"十利"之说③,轰动一时。

不过,上述士大夫的排佛多流于表层的批判,对佛教并未形成根本性的冲击。对佛教真正提出深层批判的还是少数在学术上有造就的理学家,如二程、张载、朱熹等。他们所做的,不仅仅是辨异端、辟邪说,而是深入到佛教思想的内部,发掘佛教本身的漏洞而予以攻击。程颢曾说:

> 道之不明,异端害之也。昔之害近而易知,今之害深而难辨。昔之惑人也乘其迷暗,今之惑人也因其高明。自谓之穷神知化,而不足以开物成务,言为无不周遍,实则外于伦理,穷深极微,而不可以入尧、舜之道。天下之学,非浅陋固滞,则必入于此。自道之不明也,邪诞妖妄之说竞起,涂生民之耳目,溺天下于污浊,虽高才明智,胶于见闻,醉生梦死,不自觉也。是皆正路之榛芜,圣门之蔽塞,辟

---

① 石介:《怪说下》,《徂徕石先生文集》卷七,第82页,北京,中华书局,1984。
② 欧阳修:《读徂徕集》,《欧阳文忠公集》卷三。
③ 参见李觏《盱江集》卷一六。

之而后可以入道。①

从佛教传入中国到儒佛道三教鼎立,儒家的地位日益衰败,而佛教、道教却深入人心,这不能不归结为佛道二家的"高明"和儒家学说的浅陋。程颢认为,佛教自称"穷神知化",实则违背伦理纲常;佛教自称圆融一切,穷深极微,实际上并不能治理天下。但是,佛教在心性方面的建树远远高于儒家,这正是其"高明"之处,也是程颢所谓"穷深极微"之意,所以,他才主张"辟之而后可以入道"。至于如何批判,这正是宋代士大夫复兴儒学的使命所在,也是宋代理学建立的一大关键。也可以说,理学家对佛教(含道教)的批判越深入,理学自身的优势就越明显。以下从四个方面进行说明。

一、批判佛教剽窃老庄

这方面的批评主要以朱熹为代表。朱熹曾经对佛教的经典有过研究,认为佛经有剽窃道家经典和作伪的痕迹。朱熹说,佛教初入中国时,只有甚是鄙俚的《四十二章经》,但流传下来的其他佛经却是中国的文人日添月益,并且多是剽窃老子、列子推衍而成的。他认为,初期传入中国的佛经不多,中国佛教徒多靠老庄发挥佛理,至于佛经中的偈子,则都是后人伪造而成。朱熹说:

> 达摩未来中国时,如远、肇法师之徒,只是谈庄老,后来人亦多以庄老助禅。古亦无许多经。西域岂有韵! 诸祖相传偈,平仄押韵语,皆是后来人假合。②

以庄老助禅是中国佛教"格义"的一个特点,以便于佛教融入中土,也是佛教中国化进程中一个必要的举措。佛教高僧和学者在翻译佛经的过程中既要注意把印度佛教术语转化为中国人易于接受和理解的名

---

① 《宋史》卷四二七《程颢传》,第12717页。
② 《朱子语类》卷一二六《释氏》,王星贤点校本,第3025页,北京,中华书局,1994。

词,又要保持佛教自身的特色,就必然发挥"以述为作"的创新精神。朱熹以此为据,点明佛经多是中土文人的创作,欲摘去笼罩在佛教和佛经头上的神秘光环。但是,朱熹以此断定佛教尤其是禅宗的偈子都是后人"假和"而写成的,就过于武断,他的理由是西域文字中没有韵,只有汉语才有韵,显然是缺乏翻译的基本常识。

朱熹认为佛教皆出于杨墨、老庄。"今释子亦有两般:禅学,杨朱也;若行布施,墨翟也。"①其中的禅学来自杨朱,而布施、济世之说来自墨子,也就是墨家所倡导的"摩顶放踵以利天下",最为浅近,缺乏新意。朱熹还说,孟子不辟老子,而只辟杨墨,是因为老庄之说也包含在杨墨之中,在孟子看来,老庄杨墨都是异端,他辟杨墨也是批老庄。朱熹又认为,"佛氏之学亦出于杨氏,其初如不爱身以济众生之说,虽近于墨氏,然此说最浅近,未是他深处"②,也即佛教的舍身忘我以利众生的精神虽然与墨家相近,但不是佛学核心部分。朱熹看到了佛教与杨墨、老庄的相似之处,但也看到了佛教有更精深博大的地方,那就是佛教的禅学,所以,朱熹辟佛的重点在于辟禅。

朱熹辟禅的主要观点在于佛教禅学剽窃了老庄之学。朱熹指出禅学的许多基础理论都是偷自庄、列。如认为佛教袭用了庄子的"斋戒"一说而变为自己的义学。

> 佛氏乘虚入中国,广大自胜之说,幻妄寂灭之论,自斋戒变为义学。如远法师支道林皆义学,然又只是盗袭庄子之说。③

道家的《庄子》和《列子》中都有关于"心斋"、"坐忘"等修养方法的记载,朱熹认为晋代的慧远、支遁等高僧的"义学"都源于老庄。朱熹分析说,《肇论》中的"物不迁"之说:"日月历天而不周,江河兢注而不流,野马

---

① ②《朱子语类》卷一二六《释氏》,王星贤点校本,第 3007 页。
③ 同上书,第 3009 页。

飘鼓而不动,山岳偃仆而常静。"①就是动中有静之意,也由"斋戒"转变而来。佛教有眼、耳、鼻、舌、身、意"六根清净"之说,在朱熹看来,这几乎是列子所说"六件"的翻版。"佛家先偷《列子》,列子说耳、目、口、鼻、心、体处有六件,佛家便有六根,又三之为十八戒。"朱熹还指出佛教讲习的经典《圆觉经》中也有类似于《列子》之语。"今看《圆觉》云:'四大分散,今者妄身当在何处?'即是窃列子'骨骸反其根,精神入其门,我尚何存'语。"朱熹认为佛家理论不仅是偷自列子,而且多偷老子,窃得道家之精华而著经立论:

> 《列子》言语多与佛经相类,觉得是如此。疑得佛家初来中国,多是偷老子意去做经,如说空处是也。后来道家做《清静经》,又却偷佛家言语,全做得不好。佛经所谓"色即是空"处,他把色、受、想、行、识五个对一个"空"字说,故曰"空即是色,受、想、行、识,亦复如是",谓是空也。而《清净经》中偷此句意思,却说"无无亦无",只偷得他"色即是空",却不曾理会得他"受、想、行、识亦复如是"之意,全无道理。佛家偷得老子好处,后来道家却只偷得佛家不好处。②

佛教说"空",老庄说"无",这确实是两家哲学中最大的特点,也是印度佛教与中国思想赖以沟通的桥梁。在朱熹看来,佛教与道家的交涉,是佛教占了便宜,道家(道教)吃了亏。因为中国早期的佛教经典是佛教"偷"了老子的"无"的思想,而道家本想借鉴佛教的"空"观来发扬光大,结果弄巧成拙,如《列子》的语言就多"与佛经类似",让人看出破绽,而道教的《太上老君说常清净经》只"偷"得佛教的"色即是空",却理会不了"空即是色",造成了理论上的断裂,这是佛教在学理方面后来居上、超过道教的一个原因。

---

① 参见僧肇《物不迁论》。僧肇的原文是:"旋岚偃岳而常静,江河竞注而不流,野马飘鼓而不动,日月历天而不周。"
② 《朱子语类》卷一二六《释氏》,第 3008—3009 页。

朱熹承认,自禅宗在中国兴盛以来,"直指人心"、"明心见性",不同于以往浅陋的剽窃庄老之说,从而吸引了大批俊才名士。

> 直至晋宋间,其教渐盛。然当时文字亦只是将庄老之说来铺张,如远师诸论,皆成片尽是老庄意思。直至梁会通间,达摩入来,然后一切被他扫荡,不立文字,直指人心。盖当时儒者之学,既废绝不讲,老佛之说,又如此浅陋,被他窥见这个罅隙了,故横说竖说,如是张皇,没奈他何。人才聪明,便被他诱引将去。①

朱熹不认为早期的中国佛教有何吸引力,因为它是剽窃老庄的余绪,佛教最要紧的,是"不立文字,直指人心"的禅宗,因为禅宗虽然不离老庄,却比以往佛教和老庄更加迷惑世人。为什么禅宗能够如此高明惑人呢?朱熹归结的原因是佛学起初只说"空",后来又说"动静",这些都是老庄本来之义,浅陋不堪一辟。但至达摩东来,中国禅宗建立,遂转为"不立文字"、"直指人心",修行方式也变得简单轻松,只此一说,"前面许多皆不足道",老氏之说也难与之抗衡了。朱熹认为,宋代佛教的禅宗尤其盛行,士大夫不但辟除不掉,反而许多聪明才俊俱归于禅宗门下,原因就在于辟佛者的理论水平比佛教低下,"吾儒执理既自卑污,宜乎攻之而不胜也",出口皆是佛教的语言,反而成了佛教俘虏,可见禅学迷惑世人之深。

朱熹还认为,许多禅语其实都是来自俗语,而后人反以为出于佛教。例如"活泼泼地"、"寺"、"精舍"等就不是禅语而是俗语。活泼泼地,本是表示生动自然、不造作的意思,百家谨案:"勿忘勿助,原是活泼泼地,鸢飞鱼跃,乃是自然之事,无容造作者。"②后来"活泼泼地"却成为禅宗的熟语。《大慧禅师语录》云:"不用安排,不假造作,自然活泼泼地,常露现前。正当恁么时,方始契得一宿觉。所谓不见一法即如来;方得名为一宿觉。"禅宗把"活泼泼地"一词引来表示发现自性、顿了本心的自在境

---

① 《朱子语类》卷一二六《释氏》,第 3011 页。
② 《宋元学案》卷四九《晦翁学案下》,第 1565 页,陈金生、梁运华点校本,北京,中华书局,1986。

界。又如,"寺"最初并不是指佛教的寺庙,从秦代以来通常将官舍称为寺,在汉代把接待从西方来的高僧居住的地方也称为寺,此后,寺便逐渐成为中国佛教建筑的专称。"精舍"一词是指儒家讲学之地,被舶来的佛家专指佛教修行者的住处。这些禅语本是中国本土的俗语,但由于禅宗饶有趣味的公案、闲适快意的偈子流传甚广,使得人们忘记了俗语的本意而更为认同其禅语的意境。朱熹认为,这也是唐宋以来佛教在中国泛滥、鹊巢鸠占的明证。

朱熹关于佛教"剽窃"道家老庄的看法对于研究佛教与道家、道教的关系以及佛教的中国化进程具有启发意义。不过,朱熹只承认道家比佛教高明,而看不到印度佛教有比本土文化高明的地方,属于一种变相的夷夏论。比如,他认为佛教袭用了庄子的"斋戒"一说而变为自己的义学,实际上,印度佛教中的"八正道"、"三十七道品"等修行成佛的方法和理论,远非《庄子》和《列子》的"心斋"、"坐忘"之术可以比拟,印度佛教中的大、小乘戒律也要比道家所谓的"斋戒"之法更为系统和丰富。

二、批判佛教破坏纲常

批判佛教破坏人伦纲常是历代辟佛者的必发之辞。纲常名教是儒学的核心价值所在,也是儒学在三教中能够占据主导地位的根据。自汉代董仲舒将儒家伦理归纳为"三纲五常"以来,儒学一直秉承了这一基本的价值理念和规范。比较而言,儒家伦理最核心的部分则是孝、忠二项,在家尽孝、为国尽忠在儒家看来是天经地义的事情。佛教在中国遭到最大的攻击就是它的"不忠不孝",为此,佛教中国化进程中的一个重大变革就是受儒家思想影响也提倡孝亲忠君,并且以出家济世为"大孝"的理论来回应儒家的抨击。尽管如此,儒家一直抓住佛教的"出世"思想和行为不放,对其"不忠不孝"不时进行批判。宋代的二程、朱熹对此最具代表性。

程颢认为,佛教的出家行为是弃绝人伦、至为"愚迷"的表现。他说:

> 其术,大概且是绝伦类,世上不容有此理。又其言待要出世,出那里去?又其迹须要出家,然则家者,不过君臣、父子、夫妇、兄弟,处此等事,皆以为寄寓,故其为忠孝仁义者,皆以为不得已尔。又要得脱世纲,至愚迷者也。①

佛教视五伦为人世间的因缘合和,是偶然的相遇,只是暂时在世间的幻象,且妨碍修道,不值得留恋,故要出家以求清净。程颢认为,人生在世就得围绕君臣、父子、夫妇、兄弟、朋友以及忠孝仁义尽心尽力而为,体现了人生的意义,佛教的这种绝弃人伦的做法是愚蠢糊涂之极,也是人世间所不能容忍的。

程颐进一步指出,佛教想出世,实际上却离不了世间,出家说得过去,出世则不可能。他指出:

> 释氏有出家出世之说。家本不可出,却为他不父其父,不母其母,自逃去固可也。至于世,则怎生出得?既道出世,除是不戴皇天,不履后土始得,然又却渴饮而饥食,戴天而履地。②

程颐的理由是,每个人都应该有自己的家庭,都不应该离开家庭;有的人不孝敬父母,出家当了和尚,那是离家出走,是逃离家庭,不负责任,这种事情是有可能发生的;至于"出世",则根本不可能,因为上有天,下有地,穿衣吃饭都离不开这个世界,怎么可以呢?程颐的这个批评当然有玩弄文字游戏的味道,因为佛教所谓的"出家"和"出世"其实是一个意思,都是超越烦恼的现实追求圆满的彼岸的意思,佛教中有"莲花出污泥而不染"、"烦恼即菩提"之说,主张解脱不离世间,出家或者出世并非离开这个世界,而是在烦恼的现实世界中得到解脱。后来,张商英在《护法论》中对程颐作了严厉的反驳,批评他咬文嚼字、不懂佛理而乱发议论。

---

① 《二先生语》上,《河南程氏遗书》卷二上,《二程集》第1册,第24页,王孝鱼点校本,北京,中华书局,1984。
② 《伊川先生语》四,《河南程氏遗书》卷一八,《二程集》第1册,第195页。

当然,程颐所强调的,是佛教的出世行为不值得仿效。"佛逃父出家,便绝人伦,只为自家独处于山林,人乡里岂容有此物? 大率以所贱所轻施于人,此不惟非圣人之心,亦不可为君子之心。释氏自己不为君臣父子夫妇之道,而谓他人不能如是,容人为之而己不为,别做一等人,若以此率人,是绝类也。"①认为出家是放弃道德的责任,为世人所不容,非君子所为,其实是自私自利的表现。程颢也认为,天下都是一理,无所谓"方内"、"方外"之分,"方"无内外就如"道"无隔断一样,"人之在天地,如鱼在水,不知有水,直待出水,方知动不得"②。他强调,"父子君臣,天下之定理,无所逃于天地之间"③。二程视父子君臣为天经地义的公理,以释氏出家遁世之说为荒谬之谈。

朱熹同样认为:"佛老之学,不待深辨而明。只是废三纲五常,这一事已是极大罪名! 其他更不消说。"④但朱熹不是一概而论,他认为禅学最害道,庄老还没有把义理完全去尽,佛则把人伦灭尽,禅则把义理灭尽,禅是佛老之中妨害人伦义理最深的。

朱熹批判佛教抛弃君臣父子之名分乃悖情违理。"莫亲于父子,却弃了父子;莫重于君臣,却绝了君臣;以至民生彝伦之间不可阙者,它一皆去之。"⑤他指出,虽然佛教不讲人伦,但寺院规制名分甚严,可见依旧还是废不得纲常。"天下只是这道理,终是走不得。如佛老虽是灭人伦,然自是逃不得。如无父子,却拜其师,以其弟子为子,长者为师兄,少者为师弟。"⑥长幼有序是儒家"五常"之一,仅从寺院规制来看佛教实际上并没有逃脱这些人际关系的设计。

在朱熹看来,释氏施爱慈并不像儒家一样从亲人开始,其爱是无差等的,但还是有所偏重,这就有别于墨家的兼爱之说和儒家的"推己及

---

① 《伊川先生语》一,《河南程氏遗书》卷一五,《二程集》第1册,第149页。
② 《宋元学案》卷一五《伊川学案上》,第629页。
③ 《二先生语》五,《河南程氏遗书》卷五,《二程集》第1册,第77页。
④⑤⑥《朱子语类》卷一二六《释氏》,第3014页。

人"之道。佛家以父子兄弟相爱相亲为"有缘之慈",虎狼等与人非类,人却有爱及彼,这便是"无缘之慈",以"无缘之慈"为真慈,而儒家的"仁民爱物"却从"亲亲"推广扩展而来的。朱熹认为佛教不亲亲却要仁民爱物,不杀生、不食肉甚至投身饲虎,这于情于理都讲不通,不如儒家"亲亲而仁民,仁民而爱物"更接近人情事理。在世俗世界中,人们追求的是有缘之慈、有缘之爱。有缘之慈是一个人最基本的伦理界限,是作为道德人最起码的标准。而无缘之慈往往是由有缘之慈推广而来,多是发自人内心的慈悲、怜悯等"推人及物"的道德情感。可见,无缘之慈比有缘之慈立足于更高的道德标准,也是宗教的超道德的标准。朱熹批判佛教和禅宗"无缘之慈"违背情理,是由他的儒家世俗立场所决定的。

三、批判佛教的世界观、人生观

佛教的世界观是缘起论,认为缘起性空,万物皆妄。佛教的人生观是苦论,认为三界皆苦,涅槃为乐。佛教的世界观和人生观与中国本土的天人思想有很大的差别,长期遭到拒斥,被认为宏阔胜大、不尽情理,但一直没有受到深入而有力的批判。比较而言,宋代张载、二程、朱熹等理学家的批判是最有深度的。

张载曾以气本体论批驳释氏以天地万物为幻和业报轮回之说。张载的门人范育为《正蒙》作序说:

> 浮屠以心为法,以空为真,故正蒙辟之以天理之大,又曰:"知虚空即气,则有无、隐显、神化、性命通一无二。"老子以无为为道,故正蒙辟之曰:"不有两则无一。"至于谈死生之际,曰"轮转不息,能脱是者则无生灭",或曰:"久生不死",故正蒙辟之曰:"太虚不能无气,气不能不聚而为万物,万物不能不散而为太虚。"夫为是言者,岂得已哉!①

---

① 《张载集》,第5页,章锡琛点校本,北京,中华书局,1985。

佛教以天地万物为虚幻,以"空"为万物的本性,并以"心生万法",对于这样的宇宙论和心、物关系,历代的反佛学者都很难找到反对的突破口。张载则以中国传统的元气或气本体论为武器,对佛教展开反击。他的基本观点,是认为天地万物都是"气"的体现,无论是虚与实、有与无、隐与显、性与命,等等,都是"气"的聚、散等变化而产生的,事物的客观存在是不以人的意志为转移的,因此,世界上并不存在佛教所宣扬的"空",世界的本质不是"空",而是"有"。张载实际上是以他的"气"本体论来反对佛教的"心"本体论的,二者立论的角度恰恰相反。

张载曾对佛教的"心生万法"有过详细的分析,认为它是本末倒置,以小缘大。他说:

> 释氏妄意天性,而不知范围天用,反以六根之微因缘天地。明不能尽,则诬天地日月为妄幻。蔽其用于一身之小,溺其志于虚空之大,此所以语大语小,流遁失中。其过于大也,尘芥六合;其蔽于小也,梦幻人世。谓之穷理,可乎?不知穷理而谓之尽性,可乎?谓之无不知,可乎?尘芥六合,谓天地为有穷也;梦幻人世,明不能究所从也。①

儒家向来以"天"为至大,人与天地万物本性相通,尽人之性便尽物之性,尽心可以知天②,其立足点是"天人合一",但人"心"只能"尽天地之性",而不能"心生万法"。张载认为,佛教用眼、耳、鼻、舌、身、意六种感觉器官去"范围"天地,以天地万物不出人"心",其存在都源于"心"的主观力量,从而断定天地万物为"妄幻",这实际上是被自己的感觉能力所蒙蔽,看不到外在世界的真实性,这是弊于一身之小。佛教认为,芥子纳须弥,须弥含芥子,张载认为这是溺于虚空之大。在张载看来,佛教倒置了人与天的关系,这不是"穷理",更不是"尽性",至于以人生为梦幻泡

---

① 《宋元学案》卷一七《横渠学案上》,第703页。
② 参见《中庸》、《孟子·尽心上》。

影,仍然是"无明"的表现。张载在《西铭》中曾谈到,儒家讲"明"与"诚"是合一的,"儒者则因明致诚,因诚致明,故天人合一",佛教虽然也讲"明",实际上是不明不白,与儒家立论不同,宗旨大异。

张载还以他的气本体论来反对佛教的轮回转生和鬼神论。"浮屠明鬼,谓有识之死受生循环,遂厌苦求免,可谓知鬼乎?以人生为妄,可谓知人乎?天人一物,辄生取舍,可谓知天乎?"①既然万物都是气的存在形式,那么,鬼神也只是气的运动变化的形态,具体而言,人的"神识"是气"聚"的结果,人死亡以后变成了"鬼",不过是气"散"而隐蔽的结果,张载以此否定佛教所主张的六道轮回说,不承认人、鬼、畜牲等生命真的有什么"轮回"报应,并指出佛教的轮回观念与《易经》所谓的"穷神知化"不相符,违背了儒家"尽性知天"的精神。

张载认为万物皆有"理",他把儒、释的分别归之为能不能穷理。"儒者穷理,故率性可以谓之道。浮图不知穷理而自谓之性,故其说不可推而行。"②张载认为释氏视天地为幻妄是因为不能穷天理。"释氏不知天命而以心法起灭天地,以小缘大,以末缘本,其不能穷而谓之幻妄,真所谓疑冰者与!"③他将释氏不能穷理比喻为"夏虫疑冰",批判其"心起万法"、"万法皆空"的本体论。黄百家分析说:

> 百家谨案:"高忠宪公曰:'释氏之失,在不能穷理。'一言以蔽之矣。盖圣人穷理尽性,故能范围天地之化。释氏以理为障,以性为空,凡诸所有,悉属缘生,故以无任运,听六根交于六尘,谓恩虑一萌,即是识神。无心之眼不视而无不见,无心之耳不听而无不闻,无心之鼻舌手足不臭味持行而无不臭味持行。苟动视听臭味持行之念,则眼耳有视听即有不视听,鼻舌手足有臭味持行即有不臭味持行矣。既无是心,岂有人我,岂有天地虚空,岂有世间一切法,故以

---
① 张载:《正蒙·乾称》,《张载集》,第64页。
② 张载:《正蒙·中正》,《张载集》,第31页。
③ 张载:《正蒙·大心》,《张载集》,第26页。

天地、日月、六合、人世为幻妄尘梦。"①

儒家的天道与人道是相贯通的,内圣外王的修己治人之说离不开人伦日用。程子所谓"性即理也",被视为有功于圣学之最大者。儒家以理为性,故穷理尽性,率性自然,可以于日用彝伦中修身养性。而佛教以性为空,故以理为障,看待天地万物和人伦事务俱属幻妄,所以背弃人伦世事。张载以为,佛教的"无理"是其说不可推行最大原因。

客观而言,张载用唯物的气本体论反对佛教,指出了佛教"心生万法"的局限,是有见地的,但是,张载企图用他的气本体论驳斥佛教轮回报应说的虚幻不实,缺乏具体而明晰的论证,也并未击中要害。张载没有超出晋代罗含等人对佛教批评的水平。

朱熹也从儒家"有理"来批判佛教"无理"。朱熹继承了二程的思想,其所谓的"理"是以社会伦理道德为核心的精神本体。黄百家说:"儒释之辨,只在有理与无理而已。"②佛教讲"事"与"理"的关系,它不是不讲理,只是以佛性为理,而不是以人性为理。

> 问:"先生以释氏之说为空,为无理。以空言,似不若'无理'二字切中其病。"曰:"惟其无理,是以为空。它之所谓心,所谓性者,只是个空底物事,无理。"③

朱熹指出佛教精神本体性的"理"是空的,因而其心性论也是无理的。在朱熹看来,佛家心与理为二、为虚,不若儒家心与理为一、为实。造成这种不同的原因在于"见处不同",佛家"见得心空而无理",儒家"见得心虽空而万理咸备",总之,心与理的割裂使得佛家见地不真。朱熹认为,人生一世间须要理会切实处,论至切实处,不过是一个身心。若要认识那切实处,则须求道于圣人之书,舍此它求,别无门路。但是,朱熹不

---

① 《宋元学案》卷一七《横渠学案上》,第704页。
② 《宋元学案》卷一四《明道学案下》,第580页。
③ 《朱子语类》卷一二六《释氏》,第3016页。

是盲目崇儒的,他看到儒学虽然心与理为一,却不明察气禀物欲之私,这就与释氏犯同样的毛病。所以朱熹致力于格物致知、穷理尽性以求得真"理":

> 问:"释氏以空寂为本?"曰:"释氏说空,不是便不是,但空里面须有道理始得。若只说道我见个空,而不知有个实底道理,却做甚用得?譬如一渊清水,清泠彻底,看来一如无水相似。它便道此渊只是空底,不曾将手去探是冷是温,不知道有水在里面。佛氏之见正如此。今学者贵于格物、致知,便要见得到底。今人只是一班两点见得些子,所以不到极处也。"①

朱熹指出,在心性论方面,儒家是主张实、有,而佛家是主张空、无的。儒家"从头到尾小事大事都是实",而佛教从头到尾都是空,"终日吃饭,却道不曾咬着一粒米;满身着衣,却道不曾挂着一条丝"。他认为儒家心虽虚而理实,与之相比,释氏的弊病在于既不重视也不理会事理,所以最后归于空寂。朱熹还指出:"老氏依旧有,如所谓'无欲观其妙,有欲观其徼'是也。若释氏则以天地为幻妄,以四大为假合,则是全无也。"②以为老子还未彻底的空寂,佛教是彻头彻尾的空无主义者。"释氏只要空,圣人只要实。释氏所谓'敬以直内',只是空豁豁地,更无一物,却不会'方外'。圣人所谓'敬以直内',则湛然虚明,万理具足,方能'义以方外'。"③朱熹以为,儒家讲究实际,所以内圣外王都有真实的内容,而佛教是全空,所以"敬以直内"不着一物,至于"义以方外"更是无从谈起了。

欧阳修曾批评老氏贪生,释氏畏死,佛道两教都是贪生怕死之教。这个观点后来被二程和朱熹所继承。朱熹同意张载的气本体论,认为人的生死是自然的本分事,气聚则生,气散则死,气聚亦吾体,气散亦吾体,生无所得,死无所丧,不值得害怕。他不赞同佛教的"无生"之说,认为那

---

①③《朱子语类》卷一二六《释氏》,第3015页。
②同上书,第3012页。

种"寂灭"的无生是"往而不返",而张载的"存,吾顺事;没,吾宁也"的精神方显出儒家生死自然的真意。程颢更细致地指出:

> 释氏以不知此,去佗身上起意思,奈何那身不得,故却厌恶;要得去尽根尘,为心源不定,故要得如枯木死灰。然没此理,要有此理,除是死也。释氏其实是爱身,放不得,故说许多。譬如负贩之虫,已载不起,犹自更取物在身。又如抱石沉河,以其重愈沉,终不道放下石头,惟嫌重也。①

程颢认为佛教的人生观是执着生死的人生观,不如儒家的豁达。理由是,佛教讲的诸多禅修苦行、清规戒律,其实都是放不下爱身的念头,说白了还是畏惧生死,而越是畏惧生死,心里就越沉重,形成恶性循环。

四、批判佛教的修养论

佛教的心性修养功夫在三教中是首屈一指的,无论是其方法的系统性,还是其内容的丰富性,儒家和道教都不能与之相比。不过,二程、朱熹等人从儒家内圣外王的立场看到了自家的优胜之处,找到了佛教出世修行观念和行为的不足之处,进而给予无情的批判。

二程从儒学的"下学上达"的标准出发,认定佛教只有"上达"而没有"下学"的功夫。在他们看来,佛教只有"识心见性",并无"存心养性",而儒家不仅有内圣外王之学,还有人伦日用之功,内外兼修,极高明而道中庸。程颢指出:

> 彼释氏之学,于敬以直内则有之矣,义以方外则未之有也,故滞固者入于枯槁,疏通者归于肆恣,此佛之教所以为隘也。吾道则不然,率性而已。斯理也,圣人于易备言之。②

---

① 《二先生语》二,《河南程氏遗书》卷二上,《二程集》第1册,第34页。
② 《二先生语》四,《河南程氏遗书》卷四,《二程集》第1册,第74页。

佛家以诸法皆空的世界观,否定客观外物的形相和存在,在道德修养上务心不务迹,务内不务外,它压抑了人性,容易走上心如死灰和肆恣狂放的极端,因而,佛教的修养论是非人性化和神秘主义的。而儒学优于佛学的关键,就在于能够率性而为,符合人性。

程颐批判佛教的修行为最累最忙。他说:

> 学禅者常谓天下之忙者,无如市井之人。答:以市井之人虽日营利,然犹有休息之时。至忙者无如禅客。何以言之?禅者之行、住、坐、卧,无不在道。存无不在道之心,此便是常忙。①

禅宗认为世俗之人忙忙碌碌、名来利往,皆为虚妄,到头来终究是一场空,主张存道于心,时时修行,不著尘埃。程颐反驳说,市井之人虽然忙碌,仍然有休息的时候,而禅者讲究行、住、坐、卧皆为禅,心中时时牵挂,实为世上最忙之人。佛教讲离相修行,心地清净,在程颐看来,实际上还是一种执着,并不清净。

朱熹特别批评佛教的看话禅。禅宗在宋代的一个重要发展就是文字禅与看话禅的出现。参话头为临济宗所创立,对公案中一些无意味之语作为参究对象,通过制造语言和逻辑的紧张、矛盾来离相说理,彻悟本性。如,对于"如何是佛"的问题,许多禅师在回答时多用不同形象的事物来说,如"麻三斤"、"柏树子"之类,其意在打破学人对事物外相的执着,将目标转向自心内求。朱熹批评说:

> 既曰不得无语,又曰不得有语,道也不是,不道也不是;如此,则使之东亦不可,西亦不可。置此心于危急之地,悟者为禅,不悟者为颠。虽为禅,亦是蹉了蹊径,置此心于别处,和一身皆不管,故喜怒任意。然细观之,只是于精神上发用。②

---

① 《伊川先生语一》,《河南程氏遗书》卷一五《二程集》,第169页。
② 《朱子语类》卷一二六《释氏》,第3028页。

朱熹认为,看话禅是禅宗发展到理论困窘之时,转向于专说"无头话"的做法,因过于神秘而往往使人摸不着头脑,故是非模糊,毫无标准可言。朱熹指出,禅宗的参话头是醉翁之意不在酒,目的不过是教人心定而悟,实质上只是一个呆守法。"他道理初不在这上,只是教他麻了心,只思量这一路,专一积久,忽有见处,便是悟。大要只是把定一心,不令散乱,久后光明自发。"虽然悟后所见深浅不一,但是有些能说会道的人把悟见吹嘘得很大,所以参话头这种工夫也算不得有多高明。朱熹分析说,看话禅的要紧处只是一句"黑如漆者",这句话悟得了,其余皆都晓得,因为这类句子属于"险绝底话,如引取人到千仞之崖边,猛推一推下去,人于此猛省得,便了"。朱熹认为,看话禅也是一种"格物",只是手段更为险绝罢了。①

朱熹还认为,参禅做工夫因为无义理支持而显得空寂。"只是教人如此做工夫,若是专一用心于此,则自会通达矣。故学禅者只是把一个话头去看,'如何是佛'、'麻三斤'之类,又都无义理得穿凿。"禅宗专心于某一个话头,但一个话头只是一个话头,除此外便一无所有了,朱熹看到了禅宗这种修行方法的弊端,就在于它没有"义理"的内涵,所以,儒学的修养胜于佛教之处就在于它的义理充实,如果按照儒家的修养方法去做,则可以贯通内外,洞晓古今,而有所得于天、地、人三才,自不必求之于参禅求道了。朱熹指出,释氏所谓的"识心见性"之道之所以不能推行,就在于它的"性与用分为两截",可是前人都没有发现的秘密。②

综上所述,宋代理学家对于佛教的批判的广度和深度都是前所未有的,虽然他们的批评存在不足之处,但许多方面都击中了佛教的要害,对佛教的冲击相当有力。整体地看,宋代士大夫对佛教的批判不外乎从政治、经济、社会、伦理等层面辟除佛教,而张载、二程、朱熹等理学家则更多地从佛理内部攻击佛教,由于张载、二程、朱熹等人所使用的批判武

---

①②《朱子语类》卷一二六《释氏》,第3029页。

器,是儒家的入世精神和伦理观念,属于中国文化的主导思想,因而不能不引起佛教的极大震动。应该说,宋代佛教之所以日益儒学化和世俗化,与士大夫和理学家的强力批判是分不开的。通观宋代理学家的排佛思想,虽然各家均有其特色和建树,比较而言,应以朱熹的辟佛最为精深和到位。钱穆指出:"在理学家中,慧眼如炬,真能抉发禅家秘密,击中禅家病痛者,实惟朱子一人。"①又说:"理学家言心性,佛家禅宗亦言心性,此所谓弥近理而大乱真,而惟朱子为能辟之豁如。"②这个分析是很有见地的。

第二节 宋代理学的"援佛入儒"

尽管宋代的士大夫和理学家们对佛教多有批评而显出排佛的倾向,但他们大都与僧人有过交往,出入于释老,在吸收佛道两教尤其是禅宗思想精华的基础上,完成儒学体系的重建任务。由于儒家的心性论长期以来缺乏本体论的证明,在佛道两教的冲击下,其主导地位岌岌可危,因此,宋代理学家在排佛的同时,又不得不入室操戈,吸收佛教的心性论以构建儒学的本体论。周敦颐、程颐、程颢、张载、朱熹、陆九渊等人的理学思想,无不打上佛老的烙印。

一、周敦颐的"主静"与禅宗的"无念"

周敦颐(1017—1073),道州营道人(今湖南道县)人,字茂叔,原名敦实,因避宋英宗旧讳,改名敦颐。历任洪州分宁县主簿、安南郡司理参军、桂阳县令、合州判官、广南东路判官、提点刑狱等职。从政之余,济济于传道授业,安南军通判程珦曾令其子程颢、程颐前往受学。周敦颐爱庐山风景,晚年筑室于庐山莲花峰下,门前有发自莲花峰的小溪流过,周

---

① 钱穆:《朱子学提纲》,第146页,北京,三联书店,2005。
② 同上书,第149页。

敦颐取故乡小河"濂溪"名之,后人亦以此称他为"濂溪先生"。

周敦颐曾与禅僧密切来往,其学术思想深受佛教的影响。他曾经自述:"吾此妙心,实启迪于黄龙,发明于佛印。然《易》理廓达,自非东林开遮拂试,无繇表里洞然。"①"黄龙"指临济宗祖师黄龙慧南,"佛印"指云门宗高僧佛印禅师,"东林"则指东林常总,皆为禅宗名僧,周敦颐毫不隐讳自己的思想是受多位禅师的启发而形成。黄百家曾指出:

> 晁氏谓元公师事鹤林寺僧寿涯而得"有物先天地,无形本寂寥,能为万象主,不逐四时雕"之偈。《性学指要》谓:"元公初与东林总游,久之无所入,总教之静坐,月余忽有得,以诗呈曰:'书堂兀坐万机休,日暖风和草自幽。谁道二千年远事,而今只在眼睛头。'总肯之,即与结青松社。"游定夫有"周茂叔穷禅客"之语。②

由于周敦颐长期与僧人交游问道,他的精神气质也发生了极为深刻的变化,同传统的儒家士大夫有极大的差异。朱熹曾为周敦颐之像赞曰:"风月无边,庭草交翠。"据说,周茂叔不除窗前草,只为"与自家意思一般",此中大有观万物而得其自然生机之意,庄禅境界极浓。黄山谷也称"茂叔人品甚高,胸怀洒落,如光风霁月",赞扬周敦颐胸怀坦荡,就像清风明月那样不拘一格、从容自如。③可见,周敦颐的人品和气貌已非普通的儒者和世俗中人,而是超凡而脱俗,这种洒落脱俗的精神风貌无疑是佛老的影响下养成的。

周敦颐的代表作有《太极图说》和《通书》,并以此奠定了他在理学中的开山地位。《太极图说》明天理之根源,究万物之终始,成为后来朱熹和陆九渊等人各自阐发其思想的依据之一。在《太极图说》里,周敦颐提出:"圣人定之以中正仁义而主静,立人极焉。""主静"的"静"不是平静、安静的意思,而是"无欲故静"。他以欲为戒,"静"即无欲,已经不同于传

---

① 《居士分灯录》卷下,《续藏经》第86册,第600页中。
②③ 《宋元学案》卷一二《濂溪学案下》,第524、525页。

统的儒家。佛教以欲为痛苦之源,主张断绝欲望。后来有些理学家把静引申为静坐,类似于坐禅。刘宗周释"主静"曰:

> 或曰:"周子既以太极之动静生阴阳,而至于圣人立极处,偏著一静字,何也?"曰:"阴阳动静,无处无之。如理气分看,则理属静,气属动,不待言矣。故曰,循理为静,非动静对待之静。……学者须要识得静字分晓,不是不动是静,不妄动方是静。"①

则以"不妄动"解释周敦颐的"静",并以"不妄动"为"慎动"。他说:"慎动,即主静也。主静,则动而无动,斯为动而正矣。离几一步便是邪"②。这个解释比较符合周敦颐的原意。按照周敦颐的说法,"静"是"慎"的极致,"慎独"是"圣学之要":"动而无妄,曰静,慎之至也,是之谓立静之极"。他以"循理"为静,以"不妄动"、"动而正"为静,以"中节"为达道。这表面上是儒家的思想,实际上已经融入了禅宗的修养方法,类似于"无相"、"无念"、"无住"之说。《坛经》云:

> 我此法门,从上以来,先立无念为宗,无相为体,无住为本。无相者:于相而离相;无念者:于念而无念;无住者:人之本性,于世间善恶好丑,乃至冤之与亲,言语触刺欺争之时,并将为空,不思酬害,念念之中,不思前境。若前念、今念、后念,念念相续不断,名为系缚。于诸法上,念念不住,即无缚也。此是以无住为本。③

于相而离相,即无相;于念而无念,即无念;念念不住,即无住。禅宗提倡无念念即正,有念念成邪。"前念不生即心,后念不灭即佛;成一切相即心,离一切相即佛。"④比较周敦颐的"不妄动"和禅宗的"三无"之说,二者显然是相通的,与儒家传统的"慎独"思想已经有很大的不同。《中

---

① 《宋元学案》卷一二《濂溪学案下》,第 498—499 页。
② 《宋元学案》卷一一《濂溪学案下》,第 485 页。
③ 《坛经·定慧品》。
④ 《坛经·机缘品》。

庸》说：

> 道也者，不可须臾离也，可离非道也。是故君子戒慎乎其所不睹，恐惧乎其所不闻。莫见乎隐，莫显乎微，故君子慎其独也。

《中庸》里的"慎独"有独处而不离"道"、谦虚谨慎、防患于未然的意思，没有"动而不动"这层意思。

周敦颐在《通书》中还提出了"以诚为本"的观点。他说："诚者，圣人之本。大哉乾元，万物资始，诚之原也。"明确地将"诚"作为天地万物的基础和圣人的本原。众所周知，"诚"本来是《中庸》作为哲学观念首先提出的：

> 诚者，天之道也；诚之者，人之道也。诚者，不勉而中，不思而得，从容中道，圣人也。诚之者，择善而固执之者也。

周敦颐提出"诚"为"圣人之本"和"万物之原"，与《中庸》已经有较大的差别了。因为《中庸》只提到"诚"是"天之道"和"人之道"，是"不思"、"不勉"、"从容"的状态，是《中庸》的作者为圣人修养找到的哲学依据；而周敦颐提出了"大哉乾元，万物资始，诚之原也"，这已经将"诚"变成了宇宙的本体或最后依据。

根据黑格尔对于本原论和本体论的研究，本原论和本体论是有差别的。本原论主要说明的是事物基质和元素的来源，以及作为原初物的"母体"性的存在。本体论则是本原论的深化和发展，是一个用以说明和理解事物的"原因"的概念。按照因果方式去理解和追寻事物的本原，就是本体论的问题。① 对照周敦颐《通书》的看法，"诚"既是"圣人之本"，又是"天地之原"，前一个意思是说圣人靠他的"诚心"去体会天地万物的本性，后一个意思则是天地万物按照"诚心"的原则而变化。这个思想与佛教禅宗的"心生则万法生，心灭则万法灭"是完全一致的。对照张载用"气"本体论批判佛教的"心"本体论，可以看出，周敦颐的"以诚为本"来

---

① 参见刘立夫《老子道论的形上学诠释》，《中国哲学史》2004年第3期。

源于佛教的"心生万法",或者说是受后者启发而提出的。

另外,周敦颐在《通书》中还提到:"诚,无几,几善恶。"这也与《中庸》的本意差距甚大。《中庸》清楚地提出"诚之者,择善而固执之者也",而不是"几善恶"。"几"是"微"的意思,是说"诚"是善恶不显露、不暴露的状态。但是,"中庸"既提出"喜怒哀乐之未发,谓之中",又提出了"发而皆中节,谓之和",如果说"未发"的状态是心灵的无善恶境界,那么,"已发"的状态无疑是心灵的有善恶境界。周敦颐这种"无几,几善恶"之论对后来陆九渊的心学思想有很大的启发,直接启发了陆王心学的"已发"、"未发"之说,但这种思想无疑是禅宗的"无念"、"无相"观点的翻版或者改装。在儒佛道三家中,儒家本来就是以伦理道德为本位的,只有佛教才有比较突出的超道德的境界,周敦颐对"诚"的解释实际上已经离开了儒家的本位,接受了佛教出世主义的超道德理想。

黄宗羲对周敦颐之学有过总结:

> 周子之学,以诚为本。从寂然不动处握诚之本,故曰主静立极。本立而道生,千变万化皆从此出。化吉凶悔吝之途而反复其不善之动,是主静真得力处。静妙于动,动即是静。无动无静,神也,一之至也,天之道也。千载不传之秘,固在是矣。①

黄宗羲说"以诚为本"是周子之学的核心,是中肯的。又说"从寂然不动处握诚之本"的"主静立极"是"千载不传之秘",给予了很高的评价,但黄宗羲仍然站在儒家的立场,不敢提出这个"千载不传之秘"实际上是周敦颐从佛教的心性理论中吸收过来的,而不是儒家的本来面目。

二、张载的"天地之性"与"真如佛性"

张载(1020—1077),字子厚,原籍大梁(今河南开封),生于长安(今

---
① 《宋元学案》卷一二《濂溪学案下》,第523页。

陕西西安),随父侨寓于凤翔眉县横渠镇(今陕西眉县横渠镇),长期在横渠镇讲学,时人称"横渠先生",弟子多为关中人,后人称其学派为"关学"。张载早年求诸释老而终无所得,后乃反求于《六经》,在儒家的传统中找到了赖以安身立命的精神支撑,感叹"吾道自足,何事旁求"。他一方面猛烈地抨击佛教的"性空"、"幻化"、"寂灭"之说,另一方面又在思维模式、修养方法等方面大量吸收佛教的思想资源,以构建儒家自身的本体论哲学。张载受佛教最深的地方,是他关于"天地之性"与"气质之性"的提出。

  关于人性论的研究,自孟子以来,儒家学者提出了多种有代表性的看法。如孟子的"性善"、荀子的"性恶"、扬雄的"性善恶混"、韩愈的"性三品"等等,这些人性论从不同的角度提出了人性或善或恶,或善恶混一,但它们都有其理论上的缺陷,都不能够完整地说明人性中的善恶根源。例如,孟子主张人人生来就有仁义礼智"四端",即各种善的萌芽,以此说明人性本善,但是,它不能说明人为什么会作恶和社会中各种罪恶现象的来历。荀子的"性恶论"主张"人之性恶,其善者伪也",必须加强礼法教育,以"化性起伪"①,但问题是,人性既然是恶的,又怎么能"化性"呢?扬雄企图克服孟子和荀子片面讲善、恶的缺陷,提出"人之性也善恶混"的观点,说每个人都有善、恶两方面杂处,表现为善或恶,则决定于"修"与"学"。其实,扬雄强调的是后天努力的重要性,仍然没有说明人性善恶的真正来源。唐代韩愈为了批评佛教的佛性论,提出"性三品说"和"情三品说",认为人性和人情都有等级的区别,这无疑等于说,人之为人的"本性"是不同的,每个人七情六欲都不一样,这显然不合逻辑。不过,韩愈比较明确地提到了性和情的关系问题,是有启发意义的。韩愈的学生李翱对之作了修正,在《复性书》中吸收了佛教的学说,提出了"性善情惑说",认为人本来就是潜在的"圣人",但常被情所惑,故性匿而不

---

① 《荀子·性恶》。

彰,所以需要"复性"。张载为了抗衡佛教的佛性说,在气本体论的基础上,吸收了李翱的"性善情恶"说,提出了比较完备的人性学说,即人性是由天地之性与气质之性所组成的。

张载认为,"性者,万物之一源,非有我之得私也"①,人与天地万物一样,是由"气"凝集而成的,因此,气的本性,就是天地万物的本性,也是人的本性。由于张载所说的"性",是包括人在内的天地万物的共同本性和共同根源,因而被称为"天地之性"。张载还认为,天地之性是一种"生而无所得"、"死而无所丧"的客观存在,它与人的关系是,"犹水之在冰,凝释虽异,为物一也"②,每一个具体的人尽管形质不同,但无不具有此种普遍的本性,因此,天地之性实质上就是"人性的一般",是一种抽象的、普遍的、永恒不变的人性本体。

在指出了人与天地万物的共性之后,张载又进一步论述了人之为人的"类本性",以及每一个具体的人的特殊本性,这就是所谓的"气质之性"。气质之性包括两层涵义:一是指人类的共同本性,如饮食男女之性,一是每个人的具体个性。张载分析说:

> 湛一,气之本;攻取,气之欲。口腹于饮食,鼻舌于臭味,皆攻取之性也;知德者属厌而已,不以嗜欲累其心,不以小害大,未丧本焉耳。③

> 饮食男女皆性也,是乌可灭? 然则有无皆性也,是岂无对? 庄老、浮图为此说久矣,果畅真理乎?④

湛然纯粹,是"气"的本来状态,是天地之性,但是,"气"一旦成形,则有其欲望倾向,从而变成"攻取之性",如人的饮食男女等欲望。在张载看来,圣人不是无欲,而是"不以嗜欲累其心",不"以小害大",以"未丧本"罢了,至于人人生而具有七情六欲,则是人之为人的本性,是人的自

---

① ② ③ 《正蒙·诚明》,《张载集》,第21、22页。
④ 《正蒙·乾称》,《张载集》,第63页。

然欲望和生理要求,是不可能消除的。张载以此反对佛道二教的否定人的欲望的人性论和宗教禁欲主义。

气质之性的另一层涵义是指每个人的具体个性。由于每个人先天所禀受的气都不相同,因此,人的气质各有其特点,如"刚"、"柔"、"褊"、"狭"、"才"、"不才",等等。张载说:"天下之物无两个有相似者,至于同父母之兄弟,不惟其心之不相似,以至声言形状,亦莫有同者。"①正如同一棵树中没有完全相同的两片叶子一样,世界上的每一个人都有不同于他人的独特气质,有的人善良,有的人邪恶,有的人刚强,有的人温柔,有的人狭隘自私,有的人豁达大度,从而显示出千变万化的具体人格。

张载还认为,天地之性纯善,而气质之性有善有不善,道德修养的任务就是要使人的气质之性返归天地之性,以求"变化气质"。他说:"性于人无不善,系其善反不善反而已,过天地之化,不善反者也;命于人无不正,系其顺与不顺而已,行险以侥幸,不顺命者也。形而后有气质之性,善反之则天地之性存焉。故气质之性,君子有弗性者焉。"②张载还为此提出了"弗虑弗思"的具体修养方法。据《宋史》本传记载,张载经常与诸生讲授知礼成性、变化气质之道,他认为秦、汉以来学者的弊病在于知人而不知天,求为贤人而不求为圣人,所以他提倡尊礼贵德、乐天安命,重视从《易》、《中庸》、《孔》、《孟》等典籍中发掘圣人之道。应该说,"变化气质"是张载人性论的最后归宿。

张载的人性论思想在中国哲学史上无疑具有划时代的意义。黄勉斋说:"自孟子言性善,而荀卿言性恶,扬雄言善恶混,韩文公言三品,及至横渠,分为天地之性、气质之性,然后诸子之说始定。"③朱熹也说:"气质之说,起于张、程,极有功于圣门,有补于后学。前此未曾说道,故张、

---

① 《张子语录中》,《张载集》,第322页。
② 《正蒙·诚明》,同上书,第22页。
③ 《宋元学案》卷一七《横渠学案上》,第694页。

程之说立,则诸子之说泯矣。"①二人都认为张载的天地之性和气质之性结束了自孟子以来各派的人性论之争,是对儒家圣人之道的极大贡献。究其原因,是张载把气和性联系起来,弥补了前人的缺陷。正如二程所言:"论性,不论气,不备;论气,不论性,不明。"②张载既论气又论性,建立了比较完备的儒家人性论。

问题在于,张载何以会提出这样的人性理论?就人性的善、恶而言,张载的人性论思想无疑来自孟子、荀子等儒家前人;但就其本体论的思维模式而言,即从体与用的角度论人性,则无疑是受佛教影响的结果。"体"是"天地之性",是形而上、一般的人性本体;"用"是"气质之性",是形而下、具体的人性表现。从张载对于天地之性的有关论述看,这种作为抽象的、一般的、具有本体性格的"人性",与佛教的佛性论所说的作为众生本具的"真如佛性",无论从思维方法上说,还是从具体的表述来看,都非常相似。③

具体地说,张载实际上是沿着唐代李翱的"复性说"而前进的。他将李翱的"性善情恶"改造为天地之性和气质之性,天地之性纯粹至善,相当于李翱的"性善",也就是佛教的"真如佛性";气质之性相当于李翱的"情恶",有善有不善;李翱主张"去情复性",张载主张"变化气质","善返"天地之性,二者的修养方法如出一辙。众所周知,李翱是"援佛入儒"的第一人,他的《复性书》没有一处引证佛教或道教的经典,而用清一色的儒家语言写成,却深深地打上了佛教心性思想的烙印。张载也是一样,他虽然从儒家的立场去挖掘圣人的微言大义,并避免了佛教的语言和词汇,但其思想方法和内容仍然不可避免要借鉴于佛教。张载认为天地之性纯粹至善,这在儒学中找不到任何根据,而是佛教"真如"的翻版。真如也称"佛性"、"如来藏",是佛教绝对唯一的本体或实体。佛教认为,

---

① 《宋元学案》卷一七《横渠学案上》,第694页。
② 《二先生语》六,《河南程氏遗书》卷六,《二程集》,第81页。
③ 参见赖永海《佛学与儒学》,第140页,杭州,浙江人民出版社,1992。

世间万有都是真如的显现,自性本自清净,本不生灭,本自具足,本无动摇,能生万法。这与张载所说的"生而无所得"、"死而无所丧"并无不同。张载早年曾深入佛、老之教,他吸取佛教的佛性论和心性修养以完善儒家的人性论,重新树立儒学的权威,这是不足为奇的。

三、二程的"主敬"与禅宗的"无相"

二程,是指程颢、程颐兄弟。程颢(1032—1085),字伯淳,世称明道先生。河南洛阳人。程颐(1033—1107),字正叔,世称伊川先生。二程早年受父亲程珦之命,均受学于周敦颐门下。程颢曾自述:"自十五六时,与弟颐闻汝南周敦颐论学,遂厌科举之习,慨然有求道之志,泛滥于诸家,出入于老、释者几十年,返求诸《六经》,而后得之,秦、汉而下,未有臻斯理也。"①可以看出,二程受周敦颐影响,出入于佛老以振奋儒学,其学术思想的形成与佛学有深层的联系。《宋史》卷四百二十七记载:"敦颐每令寻孔、颜乐处,所乐何事,二程之学源流乎此矣。""寻孔颜乐处"是周敦颐学术思想的出发点,也是二程思想的立足点,二程在周敦颐"主静"说的基础上,发展出"主敬"说,进一步完善了宋代理学的道德修养理论。

前文指出,周敦颐在吸收禅宗"无相"、"无念"、"无住"等学说的基础上提出了"主静立人极"的儒家道德修养论和境界论。二程对此不满意,觉得周敦颐"主静"说的佛学意味太浓,将"主静"改造为"主敬"。有人问程颐:"敬莫是静否?"他回答说:"总说静,便入于释氏之说也。不用静字,只用敬字。总说著静字,便是忘也。"②程颐认为,一味地讲"静",便流入释氏之学,为了避免这种麻烦,干脆不用"静"字,而用"敬"字,使之更契合儒家的精神。

---

① 《宋元学案》卷一三《明道学案上》,第 539—540 页。
② 《伊川先生语》四,《河南程氏遗书》卷一八,《二程集》,第 189 页。

"敬"是儒家本来的道德涵养功夫。按照《易传》的要求，"敬以直内"就是语言庄重、表情庄重，否则，内心会生起"鄙诈之心"和"怠慢之心"。程颐则解释"主敬"为"主一"，他说：

> 所谓敬者，主一之谓敬。所谓一者，无适之谓一。且欲涵泳主一之义，一则无二三矣。言敬无如圣人之言，《易》所谓"敬以直内，义以方外"，须是。直内乃是主一之义。至于不敢欺，不敢慢，尚不愧于屋漏，是皆敬之事也。但存此涵养，久之自然天理明。①

在程颐看来，"主一"就是将心控制在某一特定的方向，使之不丧乱，这就是《易传》的"敬以直内"。"不敢欺"，即是诚，"不敢慢"，即是恭，"不愧于屋漏"，即是慎独，这都是"主敬"之事。君子只有内心"正"了，才能让外显的行为端正。程颐在"合内外"的基础上阐述"义"和"敬"关系：

> 问："敬义何别？"曰："敬只是持己之道，义便知有是有非。顺理而行，是为义也。若只守一个敬，不知集义，却是都无事也。且如欲为孝，不成只守一个孝字，须是知所以为孝之道，所以奉侍当如何，温清当如何，然后能尽孝道也。"又问："义只在事上，如何？"曰："内外一理，岂特事上求合义也。'敬以直内，义以方外'，合内外之道也。"②

"敬"是控制自我的内心不走失，是"持己"之道，是内圣；"义"则是辨别是非的观念和行为，是外王。程颐认为，如果只谈"敬"不论"义"，则不能辨是非，更谈不上顺理而为，就像一个内心只守着"孝道"的人，而不懂得如何是孝，为什么要尽孝，更不去侍奉父母，问寒问暖，那就不是内外合一。为了同佛教和道家的"虚静"划清界限，程颐特别强调内敬与外义是不可分割的整体。

朱熹深得二程之学的精髓，他对二程的"主敬"说有进一步的说明，

---

①②《宋元学案》卷一五《伊川学案上》，第595页，第600页。

认为"敬"字须从动与静两个方面去理解：

> 二先生所论敬字，须该贯动静看。方其无事而存主不懈者，固敬也，及其酬酢不乱者，亦敬也，故曰"毋不敬，俨若思"，又曰"事思敬"，"执事敬"，岂必以摄心坐禅而谓之敬哉！礼乐固必相须，然所谓乐者，亦不过胸中无事而自和乐尔，非是着意放开一路而欲其和乐也。然欲胸中无事，非敬不能，故程子曰"敬则自然和乐"，而周子亦以为"礼先而乐后"，此可见也。则"自得后须放开，不然，却只是守"，此言既自得之，则自然心与理会，不为礼法所拘而自中节；若未能如此，则是未有所得，才方是守法之人尔。亦非谓既自得之，又却须放开也。克己复礼，固非易事，然颜子用力，乃在于视听言动礼与非礼之间，未敢便道得其本心而了无一事也。此其所以先难而后获与！今言之甚易而苦其行之难，亦不考诸此而已矣。①

朱熹在这里对二程的"敬"讲了三层意思：第一层意思是"无事之敬"和"有事之敬"，一个人在空闲的时候，要保持心定，在应酬的时候，心亦不乱；第二层意思是，内心的快乐应该是自然而然的自得之乐，而不是刻意去求得，但是，这种内心之乐的前提是"敬"的涵养功夫；第三层意思是，"敬"的最高境界是不为礼法所拘，就像颜子在视、听、言、动、礼、非礼等各个场合都自得其乐那样，换句话说，既要达到敬的境界，又要忘掉这个境界，所谓"既自得之"，"又须放开"。朱熹所理解的二程"主敬"论是儒家内得于己、外得于人的自然和乐的工夫，他反对以把敬理解为摄心坐禅，以凸显二程的主敬说是合于儒家礼乐传统和中庸精神的。

朱熹对二程主敬说的三层说明，实际上清楚地道出了二程之学的禅学源头。对照禅宗，"无事之敬"和"有事之敬"也就是行、住、坐、卧皆是

---

① 《宋元学案》卷四九《晦翁学案下》，第1564—1565页。

禅的另一种说法；不刻意求"自然之乐"与牛头禅的自然任运方法如出一辙；至于第三层意思的"既自得之"、"又须放开"，同《金刚经》的"应无所住而生其心"几无差别。二程主张不执着于敬，打破敬字，只有忘其形相才能做到敬，这明显受到禅宗以"无相"为本、不执着于实相的影响。

其实，二程本来就不反对佛教的修行方法，他们只反对佛教的出世离俗。二程承认佛教有高深之处："释氏之学，又不可道他不知，亦尽极乎高深。"①二程看到了佛教比本土文化优越的地方，也不有意隐瞒他家的长处。可以说，二程的治学、修养三部曲——"静坐"、"用敬"、"致知"，在一定程度上是受佛教"戒、定、慧"三学的启迪而推导出来的。②据载，张横渠问以"定性"之事，程颢因此作《定性书》解答关于"定性"的解释，与慧能在《坛经》中的禅定之说意思几乎完全一样。程学中的禅学意味确实是很浓的，二程兄弟在日常生活中就经常打坐参禅，言谈之间自然流露禅意，如"明道终日坐，如泥塑人"③，"伊川见人静坐，便叹其善学"④。钱穆指出的"程门言敬，颇不免染及禅学"⑤是符合事实的。

不可否认，二程的"主敬"说在一定程度上克服了周敦颐"主静"说的弊端，其主要贡献就在于用内与外、动与静的统一来彰显儒家的内圣外王之道。二程反对的，是佛教的"忘是非"、"弃纲常"，他们所主张的，是既能"穷神治化"，又能"开物成务"，既能"敬以直内"，又能"义以方外"的儒家道统，而非仅有"寂然不动"的内圣功夫，这就同佛教的"空寂"之学划了开一道明显的鸿沟。然而，从深处看，二程实际上已经巧妙地将佛教的"治心"之学融入自家的体系内，从而大大地深化和丰富了儒家的"修己"之学。

---

① 《二程遗书》卷一五，《二程集》，第152页。
② 参见赖永海《佛学与儒学》，第149页，杭州，浙江人民出版社，1992。
③ 《宋元学案》卷一四《明道学案下》，第575页。
④ 《宋元学案》卷一六《伊川学案下》，第647页。
⑤ 钱穆：《朱子学提纲》，第102页，北京，三联书店，2005。

四、朱熹的"存理灭欲"与静坐修禅

朱熹(1130—1200),字元晦,号晦庵,徽州婺源(今江西婺源)人。早年曾受业于胡仲原、刘彦冲,胡、刘二人皆好佛,朱熹亦出入佛、道。31岁正式拜程颐的徒孙(或程颐的再传弟子)李侗为师,逐渐发现佛道之学的破绽,于是专心于儒学,成为程颢、程颐之后儒学的重要代表。由于朱熹的理学思想与二程的渊源甚深,故后人称之为"程朱理学"。

朱熹之学极为广博而庞杂,他博览群书,自经史以外,凡诸子、佛老、天文、地理之学,无不涉猎而研求。但其学术的思想,则如黄百家所总结:"其为学也,主敬以立其本,穷理以致其知,反躬以践其实"①,不外乎"主敬"、"穷理"、"躬践"等几个方面,而这些又与朱熹的理、欲之辨有密切的关系,可以说,朱熹的学说主要是围绕理与欲的关系而展开的。

对于天理和人欲的关系问题,朱熹曾经有详细的论说:

> 有个天理,便有个人欲。盖缘这个天理有个安顿处,才安顿得不恰好,便有人欲出来。

> 天理、人欲,分数有多少。天理本多,人欲也便是天理里面做出来。虽是人欲,人欲中自有天理。问:"莫是本来全是天理否?"曰:"人生都是天理。人欲都是后来没巴鼻生底。

> 人只有个天理、人欲,此胜则彼退,彼胜则此退,无中立不进退之理。凡人不进,便退也。譬如刘、项相拒于荥阳、成皋间,彼进得一步,则此退一步;此进一步,则彼退一步。初学者只要牢劄定脚,与他捱,捱得一毫去,则逐旋捱将去。此心莫退,终须有胜时。胜时甚气象?

> 人只是此一心。今日是,明日非,不是将不是底换了是底。今日不好,明日好,不是将好底换了不好底。只此一心,便看天理、私欲之消长何如尔。以至千载之前,千载之后,与天地相为终始,只此一心。

---

① 《宋元学案》卷四八《晦翁学案上》,第1505页。

学者须是革尽人欲,复尽天理,方始是学。"

又曰:"天理、人欲,此长彼必短,此短彼必长。未知学问,此心浑为人欲。既知学问,天理自然发见,而人欲渐渐消去者,固是好矣。然克得一层,又有一层,大者固不可有,而纤微者尤要密察。"①

朱熹在这里讲了三层意思:第一层意思是,人性中同时存在着"天理"和"人欲"两个既对立又统一的方面,天理是人性的本体,人欲是天理的体现,是由天理派生的。第二层意思是,人只有一个"心",天理、人欲共存于同一个心中,此进彼退,此消彼长,没有妥协的余地。第三层意思是,要革除人欲,体现天理,唯有格物穷理,日日省察。

朱熹讲的天理和人欲,实际上是张载所谓的"天地之性"和"气质之性"另一种说法,但张载没有说气质之性是天地之性派生的,只提到天地之性是形而上的本体,而气质之性是形而下的表现。前面已经指出,张载的人性论来源与佛教的佛性论,他的纯粹至善的"天地之性",在儒学中找不到任何根据,而是佛教"真如佛性"或"如来藏"的翻版。朱熹以"天理"为人"心"的本体,且这个天理也是净洁无瑕的,这在传统儒学中也找不到根据,而正是大乘佛教的"如来藏"思想的另一种表述而已。《大乘起信论》中有"一心二门"之说,认为"心"同时具有"真如门"和"生灭门"两方面,"真如"如水,"生灭"如波,水为波之体,波为水之用,这与朱熹说的"人欲"体现了"天理",思路上是相同的。

为了掩盖其思想的佛教根源,朱熹将天理与人欲的对立说成是"人心"和"道心"的对立,因为"人心"和"道心"出自儒家经典。《尚书·大禹谟》说:"人心惟危,道心惟微,惟精惟一,允执厥中。"不可否认,《尚书》中的"人心"与"道心"之说,的确是先秦儒家的在心性学说方面的巨大贡献,它提出了现实的人心与理想的人性之间的差距,并提出了"惟精惟一,允执厥中"这一体现儒家中庸思想的修行方法。但是,《尚书》关于人

---

① 《朱子语类》卷一三,另见《宋元学案》卷四八《晦翁学案》,此处文字依《朱子语类》。

心和道心的关系还是平行的关系,不能理解为体用的关系,至于它所提到的修养方法,只是点到为止,需要学者根据时代发展的需要作出新的阐释。朱熹的贡献,就在于他能够将人心与道心跟天理、人欲结合起来,并通过体用关系作出新的说明,使之发扬光大,成为宋儒的"十六字心传"。

朱熹认为,人的知觉活动,按其内容可以分为道心和人心两种,道心相当于人的道德意识,人心相当于人的感性欲望。为什么人会有这两种不同的感觉呢？朱熹说：

> 心之虚灵知觉,一而已矣。而以为有人心道心之异者,则以其或生于形气之私,或原于性命之正,而所以为知觉者不同。是以或危殆而不安,或微妙而难见耳。①

凡人之生都是禀受"气"以为形体,禀受"理"作为本性。道德意识发自作为本体的理,感性情欲根于构成血肉之躯的气。道德意识常存于心灵深处,所以为"微"；感性情欲并非皆恶,但不加控制就流于不善,所以为"危"。朱熹认为这就是伪《古文尚书》中的"人心惟危,道心惟微"的意思。他提出,"必使道心常为一身之主,而人心每听命焉,则危者安,微者著,而动静云为自无过不及之差矣。"②他认为,"人心"包括人的自然属性所决定的生理欲望,但并不全是恶,只有过分追求利欲、违背道德原则的欲念,才是"私欲"。人心只是"危",私欲才是恶。③ 朱熹还认为,"道心"即是体现"天理"的"义理之心","知觉从君臣父子处,便是道心"④,这就明确了道心是伦理纲常的本质所在,也与佛教超道德的"真如"本体区分开来。朱熹不完全反对人欲,只是反对人欲之私,这也与佛教视人的七情六欲为"障道因缘"的观点不同,体现了朱熹的儒家人本主义立场。

---

①②《四书章句集注·中庸章句序》。
③ 参见陈来的《宋明理学》,第185页,沈阳,辽宁教育出版社,1991。
④《宋元学案》卷四八《晦翁学案上》。

为了同佛教禅定之学划清界限,朱熹在道德修养上主张"格物"来消除人欲之私。他认为,采用"今日格一物,明日格一物"的修养工夫,人欲自会销铄。朱熹所指的格物,并不是要研究自然万物的规律,而是坚持非礼不动、非礼不为之类的道德操守,因为他将日常生活中的"礼"等同于"天理",或者说,伦理之"理"即是天地之"理"。问题在于,如果儒家所主张的纲常礼教可以消除人欲之私,为什么长期以来却受到佛道的冲击而门庭冷落呢?实际上,朱熹也很清楚,传统儒家的心性论是不能跟佛道二教相提并论的,仅仅靠"格物"或礼教的办法并不能达到"天理"所规定的境界,不能实现"存天理,去人欲"的目的。所以,朱熹又回到了二程"主敬"的道路上。朱熹有多处论主敬之文,如他说:"敬不是万事休置之谓,只是随事专一谨畏,不放逸耳。"又说:"敬只是常惺惺法,所谓静中有个觉处。"①综合而言,朱熹所说的主敬,最基本的要求就是内无妄思、外无妄动。

　　二程希图用"主敬"来替代周敦颐的"主静",朱熹也想通过"格物"来取代二程的"主敬",因为这种语境更能体现儒家的现实主义品格,但是,此种努力并不能从根本上消除佛教的影响。无论是朱熹的"格物"还是"主敬",处处都可以看到禅学的影子。比如,朱熹尽管批判佛教的坐禅,他在教学中却同样静坐,还说静坐有助于"理会道理"。他说:"静坐便理会道理,自不妨。只是专要静坐,则不可。理会得道理明透,自然是静。今人都是讨静坐以省事,则不可。盖心下热闹,如何看得道理出?须是静,方看得出。所谓静坐,只是打迭心下无事,则道理始出。道理既出,则心愈明静矣。"②"理会道理"即是体会朱熹所谓的天理人欲、君臣父子等伦理问题。其实,静坐与佛教的坐禅形式上是完全相同的,至于静坐到底是为了出家,还是要"治国平天下",只有当事人最清楚。所以,颜元

---

① 《朱子语类》卷一二,第211页。
② 《宋元学案》卷四八《晦翁学案上》,第1540页。

批评朱熹"教人半日静坐,半日读书,无异于半日当和尚,半日当汉儒",还批评朱熹"混儒于释,又援释入儒"①,短短数语,道破朱熹所谓"天理人欲"说的禅学韵味。

钱穆认为朱熹的"格物"发展了二程的"主敬",而以敬义和格物穷理来回应禅学的挑战。"其实二程提出敬字,也只是把定一心,不令散落,若只守这一敬,到头也还是一个空寂,所以朱子乃以敬义夹持格物穷理来代替了禅家之参话头。"②如果说,二程用"主敬"替代周敦颐的"主静",那么,朱熹则用"格物"来改装二程的"主敬"。从"主静"到"主敬"再到"格物",程朱理学的儒家风格愈益鲜明。但是,无论主熹的儒家风格多么鲜明,他的"主敬"及"格物穷理"的修养方法都不能脱离佛教禅修的窠臼。

五、陆九渊的"发明本心"与"明心见性"

陆九渊(1139—1193),字子静,号存斋,抚州金溪(今江西金溪)人。曾在江西贵溪象山讲学,自称象山居士,学者亦称他为象山先生。曾任靖安、崇安等县主簿,官至奉议郎知荆州军。陆九渊的"心学"同朱熹的"理学"形成最大的挑战,也是宋代理学诸家中与禅学的关系最为密切的学术派别。

宋代理学中的一个最重要的范畴就是"理"或"天理",它是由二程最先阐发出来的。程颐曾说:"吾学虽有授受,天理二字却是自家体贴出来。"③二程以后,整个宋明理学家都在"理"字上做文章。也可以说,"理"是宋明理学家的哲学轴心。朱熹以此展开了他的理欲之辨,而陆九渊则以此阐发了他的"心即理"的学说。陆九渊所说的"心",不仅是含有道德内涵的"本心",也是体现宇宙法则的本体之心。

陆九渊的本心说发源于孟子。孟子说:"人之所不学而能者,其良能

---

① 《朱子语类评》。
② 钱穆:《朱子学提纲》,第 146 页,北京,三联书店,2005。
③ 《程氏外书》卷一二《二程集》,第 424 页。

也；所不虑而知者，其良知也。孩提之童无不知爱其亲者，及其长也，无不知敬其兄也。"①爱其亲即是仁，敬其长即是义，孟子认为这个先天而具有的仁义之心是人的"良知"、"良能"，可以命之为"本心"。孟子又认为，人一旦丧失了这个先天具有的本心，就会做出各种不道德的事情来，"此之谓失其本心"②。当然，在孟子那里，本心也就是人的道德意识和情感，即仁义礼智"四端"之心，还不是抽象的精神本体。陆九渊最先也以孟子的道德良心为基础，提出他的"本心"说：

> 孟子曰："所不虑而知者，其良知也。所不学而能者，其良能也。"此天之所与我者，我固有之，非外铄我也，故曰："万物皆备于我矣，反身而诚，乐莫大焉。"此吾之本心也。③

> 仁义者，人之本心也。孟子曰："存乎人者，岂无仁义之心哉"，又曰："我固有之，非外铄我也"，愚不肖者不及焉，则弊于物欲而失其本心，贤者、智者过之，则弊于意见而失其本心。④

在上述解释中，陆九渊似乎并未超出孟子的本来范围。但是，孟子的作为良知、良能的本心是"天"赋予人的本能，并认为人心通过"反身而诚"便可以通达万物之性，这个思想为人与天地万物的统一关系提供了一种可能的发展方向：如果片面地扩大"心"的作用，则可以心统天，将心提到天地万物本体的高度。陆九渊正是将"吾之本心"无限扩大，从而导出了他的"心即理"的命题。在陆九渊的论述中，"本心"也简称为"心"，而"心"与二程、朱熹的"理"成了同一的范畴。他说："此心此理，我固有之，所谓万物皆备于我，昔之圣贤先得我心之同然者耳。"⑤"昔之圣贤先得我心之同然"即一种普遍的本体之心，而不是特殊的个人心理感觉，陆九渊称之为

---

① 《孟子·尽心上》。
② 《孟子·告子上》。
③ 《与曾宅之》，《陆象山全集》卷一，第3页，北京，中国书店，1992。
④ 《与赵监》，《陆象山全集》卷一，第6页。
⑤ 《与侄孙睿》，《陆象山全集》卷一，第9页。

"此心此理",其用意是明显的。陆九渊对此曾有更为具体的说明:

> 人非木石,安得无心? 心于五官最尊大。《洪范》曰:"思曰睿,睿作圣。"孟子曰:"心之官则思,思则得之,不思则不得也。"又曰:"存乎人者,岂无仁义之心哉。"又曰:"至于心,独无所同然乎?"又曰:"君子之所以异于人者,以其存心也。"又曰:"非独贤者有是心也,人皆有之,贤者能勿丧耳。"又曰:"人之所以异于禽兽者几希,庶民去之,君子存之。"去之者,去此心也,故曰,"此之谓失其本心"。存之者,存此心也,故曰,"大人者不失其赤子之心"。"四端"者,即此心也。"天之所以与我者",即此心也。人皆有是心,心皆具是理,心即理也。……所贵乎学者,为其欲穷此理,尽此心也。①

在这里,陆九渊将孟子所说的思虑之心和道德之心不断地推演,从"人皆有是心"推到"心皆具是理",最后得出"心即理"的结论。从逻辑上说,"心"和"理"毕竟是两回事,不可以等同。但在陆九渊看来,人人都有"四端"等道德之心,而道德原则又是"天"赋予人的,是人的"本心"所具有的,是不证自明的宇宙真理,因而本心就是理,本心的理与宇宙万物的理也是同一的。②

如果说,朱熹所说的"心"只是一种人身的主宰和认识的主体,那么,陆九渊所说的"心"则是一种范围天地、包揽古今的绝对主体。朱熹根据《古文尚书》而重新发掘了"人心"、"道心"的涵义,认为人心是生理的情感欲望之心,道心是"义理之心"、道德之心;而在陆九渊那里,心已经由情感和道德之心上升为与宇宙万物同一的绝对存在。所以,陆九渊才有"上下四方曰宇,古往今来曰宙,宇宙便是吾心,吾心便是宇宙"之说。

从文字表述上看,陆九渊的"心即理"是由孟子的思想推导出来的。但是,孟子只有"本心"之说,还没有将"心"等同于"宇宙"的观念。其实,

---

① 《与李宰》,《陆象山全集》卷一一,第 95 页。
② 参见陈来《宋明理学》,第 194 页,沈阳,辽宁教育出版社,1991。

最先提出"心即理"的，是北宋名僧契嵩(1007—1072)，契嵩在《原论·治心》中就有"夫心即理也"之说。无论陆九渊是否看过契嵩的原文，可以肯定，他的"心即理"之说的提出，是佛教思想影响的结果。前文指出，"理"是宋代二程发掘的哲学范畴，其目的是为了建立儒家的心性本体论，以抗衡佛教的压力。陆九渊视心为理，在理学内部是对二程、朱熹等人的"天理"说的否定。① 但是，以心为理，或者说，以心为宇宙万物的本体，这种思维模式是中国传统的儒家学说所不具备的，而与佛教禅宗有直接的渊源。禅宗将一切诸法乃至一切众生、诸佛菩萨都归结为一"心"，这个心既是万物的本原，也是众生成佛的根据，既是抽象的本体，又是众生当下的现实"人心"，这同陆九渊把"心"既视为范围天地、包揽古今的宇宙本体，又视为人间道德的本原，二者无论在思维方法上，还是在思想内容方面，都没有根本性的不同。② 当然，陆九渊将他的学说源头归结为儒家的孟子，其用意在于，中国本土的儒家文化中也可以找到博大而精深的心性思想之根，只要发扬光大，是能够为人提供安身立命之用的，但是，从根本上讲，儒家思想的长期低落正是其心性思想落后于佛教而造成的。陆九渊将他的心本体说归结到孟子，从一个侧面体现了他的儒家主体立场。

陆九渊在将宇宙万物归诸为"本心"后，进一步认为学者最紧要的任务莫过于"发明本心"。"发明本心"则是后人对陆九渊教学方法的一个总结。据"鹅湖之会"记载："鹅湖之会，论及教人，元晦之意，欲令人泛观博览，而后归之约。二陆之意，欲先发明人之本心，而后使之博览。"③可见，"发明本心"实际上是陆九渊道德修养方法的核心。

如何"发明本心"？纵观宋代理学家的道德修养方法，周敦颐提倡

---

① 据《陆象山全集》卷三六《年谱》载，陆九渊少年时便不满程颐的言论，提出"吾心便是宇宙，宇宙便是吾心"。
② 参见赖永海《佛学与儒学》，第158页，杭州，浙江人民出版社，1992。
③ 《年谱》，《陆象山全集》卷三六，第323页。

"主静",二程主张"主敬",朱熹提倡"格物",三家的意思都比较连贯,比较强调内圣与外王的统一,特别是在朱熹那里,明确地提出了格物才能致知,反对枯坐。但陆九渊不同,他从孟子的"万物皆备于我"出发,主张直接"格心",无需与外界接触就能可以成圣。他说:

> 格物者,格此者也。伏羲仰象俯法,亦先于此尽力焉耳。①

这里讲的"格此",就是"格心"。陆九渊还认为这是"先立乎其大者",是为学之本。他还以此反对朱熹的"格物穷理"是"支离"之法,不够直截了当。陆九渊主张直接用静坐来"发明"本心:

> 先生谓曰:"学者能常闭目亦佳。"某因此无事则安坐瞑目,用力操存,夜以继日,如此者半月。一日下楼,忽觉此心已复澄莹,中立窃异之,遂见先生。先生目逆而视之曰:"此理已显也。"某问先生:"何以知之?"曰:"占之眸子而已。"因谓某曰:"道果在迩乎?"某曰:"然。"②

据说陆九渊对他的这种"易简功夫"很自信,他曾有诗赞曰:"易简功夫终久大,支离事业竟沉浮。"③所谓"支离事业",是批评朱熹等人的劳神费力于格物穷理等学问的修养方法。他的这种方法是"尊德性"在先,比朱熹"道问学"在先的方法要高明。

陆九渊还认为,朱熹所说的"存天理,灭人欲"是讲不通的,"天理人欲之言,亦自不是至论。若天是理,人是欲,则是天人不同矣"④,意思说,如果将德性归属于天理,将物欲归属于人心,那是把天与人划为两截,不符合儒家的本意。

陆九渊认为,人的欲望不是人心本来就有的,而是外在诱惑引起的,因此,去欲就是要把蒙蔽在人心的各种私欲杂念去掉,恢复人心清静澄

---

① ②《语录下》,《陆象山全集》卷三五,第314、308页。
③《鹅湖和教授兄韵》,《陆象山全集》卷二五,第193页。
④《语录》,《陆象山全集》卷三四,第252页。

明的本来面目。从陆九渊的修养方法可以看出,"发明本心"与禅宗的"明心见性"非常接近。《坛经》说:"故知万法尽在自心,何不从心中顿见真如本性?《菩萨戒经》云:'我本元自性清净,若识自心见性,皆成佛道。'《净名经》云:'即时豁然,还得本心。'"①这里比较清楚地体现了禅宗对于心性的看法:人的"自心"本来是清静无染的,是成佛的本原,成佛无需向外寻求,只要从内心觉悟,去除蒙蔽在自性之外的"尘埃",发现人的"本心"。陆九渊反对向外格物,主张在自家的身上用力,发明"本心",这与禅宗几乎是同一种思路和方法,甚至所采用的词汇都是雷同的。此外,陆九渊用"剥落"法去除人欲,其理论前提就是"人性本明",人的欲望不过外物蒙蔽本性的结果,这同禅宗的"本来无一物,何处惹尘埃"是同一种主张。陆九渊还明确以静坐作为教学和修养的方法,这同佛教的以定生慧、定慧双修也几乎相同。

由于陆九渊的心学与佛教禅宗的思路和方法太接近,人们很容易看清两者之间的渊源关系。朱熹指责象山之学是"阳儒阴释","子静一味是禅,却无许多功利术数"②。这个评价是切合实际的。

第三节 宋代的三教融合论

一、智圆的中庸说

智圆(976—1022),俗姓徐,号潜夫,又号中庸子,钱塘(杭州)人,宋天台宗山外派大师。曾隐居孤山,世称孤山智圆。八岁于钱塘龙兴寺出家,依奉先寺源清习天台教旨。不仅通佛家经教,也通儒家世典,对周、孔、荀、孟、扬雄、王通之书都有研究。著述甚丰,有《文殊般若经疏》、《遗教经疏》、《般若心经疏》、《瑞应经疏》、《四十二章经注》、《不思议法门经

---

① 《坛经·般若品》。
② 《与刘子澄》,《朱熹集》卷三五,第1552页,郭齐、尹波点校,成都,四川教育出版社,1996。

疏》《无量义经疏》《观普贤行法经疏》《阿弥陀经疏》《首楞严经疏》等十种，因此得"十本疏主"之美称。又撰《闲居篇》六十卷（今存五十一卷），其中有《中庸子传》三篇，围绕"修身以儒，治心以释"的思想提倡儒佛融合说。

"中庸"本来是儒家的传统思想，最先是作为一种最高的道德标准提出来的。孔子说："中庸之为德也，其至矣乎！"①唐代李翱在《复性书》中认为，"中庸之道"为孔门传授的"心法"，子思恐其失传，乃作《中庸》篇，以授孟子。事实上，《中庸》篇所讲的中庸之道，不仅仅是不偏不倚、过犹不及的执中之道，更重要的是从外在的天道与人内在的心性的一致性出发，从世界观的高度探讨道德修养的可能性和实践途径。具体地分析，《中庸》主要有三方面的涵义：

中和。"中"的真正涵义，是既不太过，又无不及，是恰到好处。《中庸》曰："喜怒哀乐之未发，谓之中；发而皆中节，谓之和。中也者，天下之大本也；和也者，天下之达道也。致中和，天地位焉，万物育焉。"在个人的行为和社会关系中，都有一些适中之点，人的欲望的满足和情感的表达，也都一个恰当的限度。

庸常。"庸"就是普通而平常的意思。人伦道德的实行，都是在普通而平常的生活中进行的，它虽然很重要，但并不是人人都能够觉悟到它的存在，也不是所有的人都能够完全按照中庸的法则去生活。《中庸》曰："天命之谓性，率性之谓道，修道之谓教。道也者，不可须臾离也；可离，非道也。"人们在日常的生活中维护人伦，实行道德，都是按照天赋予人的本性去"率性"而为，率性而为即是"道"；教育的作用，就是要提醒或鼓励人们依照"道"的原则去做好自己分内的事情，这就是"教"。

明诚。在《中庸》里，诚和明是联在一起的。"自诚明，谓之性。自明诚，谓之教。诚则明矣，明则诚矣。"一个人若是明白了日常生活中普通

---

① 《论语·先进》。

而平常的活动的一切意义,他就是圣人。一个人若是把他所明白的完全做到了,也是圣人。《中庸》还主张"诚者,非自成己而已也,所以成物也",又说"唯天下之至诚,为能尽其性",至诚可以尽人之性,进而尽物之性,赞天地之化育,而与天地参。也是说,尽性是为了成就自己,但成就自己的同时也要成就别人。成己就是尽其性,即尽其受之于天者;助人,就是赞天地之化育。完全明白了这些道理,就可以与天地参。这在精神上是一种同天的境界。①

智圆作为一个佛家的信徒,却以"中庸子"自号,其思想倾向是不言而喻的。有人不理解他的这种做法,问曰:"中庸之义,其出于儒家者流,子浮图子也,安剽窃而称之耶?"意谓一个佛教信徒怎么可以盗用儒家的名号呢?智圆解释说:

> 夫儒释者,言异而理贯也,莫不化民,俾迁善远恶也。儒者,饰身之教,故谓之外典也;释者,修心之教,故谓之内典也。惟身与心,则内外别矣。蚩蚩生民,岂越于身心哉?非吾二教,何以化之乎!嘻!儒乎,释乎,其共为表里乎!故夷狄之邦,周孔之道不行者,亦不闻行释氏之道也。②

大意是说,儒家和佛教,思想内容虽然有差别,但终极的道理则可以贯通,都是为了教化民众,使之迁善远恶。儒学用于修身,故称之为外教;佛教用于修心,故称之为内教。修身与修心,这是两家根本的差别。天下的人民虽然千差万别,但身与心则无以异,如果没有儒家和释教,又怎能教化他们呢?所以,儒家和释教,是教化人民最基本的方法,内外相通,互为表里。智圆还说,在中国以外的"夷狄之邦",孔教不流行,佛教也不兴盛。这个说法不知有何根据,但智圆此说的目的,无非是强调佛

---

① 参见冯友兰《中国哲学简史》,第149—153页,北京,北京大学出版社,1996。
② 智圆:《中庸子传》,《闲居编》卷一九,《续藏经》第56册,第894页上。以下不注明出处者,皆出于此文。

教与儒家一个主内,一个主外,是缺一不可的,因此,他以"中庸子"自号也是说得通的。

智圆认为,人为地将儒、佛二教隔离的做法是不明智的。"世有限于域内者,见世籍之不书,以人情之不测,故厚诬于吾教,谓弃之可也;世有滞于释氏者,自张大于己学,往往以儒为戏。"对佛教反感的人,总以为佛教是外来的宗教,其教义非局限于人的一生,很难用见闻之知去理会,觉得不合情理,可弃而不用;而执迷于佛教的人,为了推行自己的学说,往往将佛教吹得天花乱坠,视儒家之学为戏谈。智圆认为,这两种看法都是极端,是不可取的。为了进一步疏通儒佛两教的关系,智圆从儒家"中庸"的角度对儒、佛二教的功能作了客观的分析:

> 岂知夫非仲尼之教,则国无以治,家无以宁,身无以安。国不治,家不宁,身不安,释氏之道何由而行哉! 故吾修身以儒,治心以释,拳拳服膺,罔敢懈慢,犹恐不至于道也,况弃之乎! 呜呼! 好儒以恶释,贵释以贱儒,岂能庶中庸乎?

智圆实际上将儒家的政治地位提到了佛教之上。他认为,一个国家如果没有孔教治理,则"国无以治,家无以宁,身无以安",如此则佛教之道无所施行。好儒以恶释,或者贵释以贱儒,都只看到了事物的一个方面,都是一种极端的做法,所以不符合"中庸之道"。智圆最可贵的地方,是他避免了佛教的本位主义,视儒家的政治伦理为佛教修心的基本前提,这跟以往的任何佛教徒的学说都有很大的不同。

有人问智圆,儒家的中庸之道,在《中庸篇》中已经有详细的说明,难道佛教也推崇中庸吗? 智圆回答说,佛教里的"中庸",也就是龙树所说的"中道"之义。他解释说:

> 夫诸法云云,一心所变,心无状也,法岂有哉? 亡之弥存,性本具也;存之弥亡,体非有也;非存非亡,中义著也。此三者派之而不可分,混之而不可同,充十方而非广,亘三世而非深,浑浑尔,灏灏

尔。众生者,迷斯者也;诸佛者,悟斯者也。噫!能仁千万言说,岂逾此旨乎!去圣远,微言绝,学之者攀枝舍其根,挹流忘其源。于是乎,或荡于空,或胶于有。荡于空者,谓泯然其无得,寂然其无朕,谁为凡乎,谁为圣乎?及其失也,迷因果,混善恶,弃戒律,背礼义。胶于有者,砼然执有修,彰然著有法,凡岂即圣乎,自岂即他乎?及其失也,固物我而不可移,泥怨亲而不可解,拘缚于近教,杀丧于远。曰:荡空胶有孰良?曰:荡空也过,胶有也不及。然则空愈与?曰:过犹不及也,唯中道为良。……由是,有不离无,其得也,怨亲等焉,物我齐焉,近教通焉,远理至焉。无不离有,其得也,因果明焉,善恶分焉,戒律用焉,礼义修焉。大矣哉!中道也。……

佛教的大乘空宗哲学不仅主张"我空",而且主张"法空",我、法皆空。它在认识事物的性质方面,还有一特殊的"中道"逻辑。在空宗创始人龙树的《中论》里,有一首著名的三是偈:"众因缘生法,我说即是无(空),亦为是假名,亦是中道义。"[1]该偈的大意是,世间万物皆由各种因缘所生成,并无自我的规定性,一般人将事物的虚假现象当成了客观实在,不过是约定俗成的语言概念,实际上是不实在的,但是,事物所呈现的虚幻现象毕竟是存在过的,只是它不是事物的本真状态而已,因此,对因缘而起的事物既要承认其现象虚假的一面,又要看到它本性空寂的一面,这就是"中道"的涵义。由此可见,佛教的中道观实际上是圆融出世间与世间、真谛与俗谛的相互关系的理论。这种对于矛盾双方的同时肯定或不做绝对判断的做法,同儒家的中庸的不偏不倚、过犹不及的执中之道在思维方式上是有明显区别的。但是,智圆为了融通儒、佛之间的差异,为了消除儒、佛之间的思想隔阂,将儒家的"中庸"与佛教的"中道"附会成了同一种思路。在智圆看来,佛教中的心与法、空与有、圣与凡、怨与亲、物与我、善与恶,等等,其实都没有明确的界限,要认识它们之间

---

[1]《大正藏》第30卷,第33页中。

的本质关系,都不能执着任何一方,这种不执着一端的做法就是"中庸"的精神。佛教中观哲学的逻辑本身是用来破除世俗的知见和对事物的执着的,它的"非有非无"、"亦有亦无"、"不落有无"的中道思维确实是中国本土文化所不具备的,但智圆却有意将佛教的"中道"与儒家的"中庸"同等看待,反映了作者有意向儒家靠近的愿望。

智圆对自己取号"中庸"的这一系列辩释,实际上把他调和儒佛矛盾、提倡儒佛交融的主要思想表述出来了。参考智圆的有关著述,他在调和佛儒方面,主要有以下一些观点:

其一,儒教修身,佛教治心,二者互为表里。智圆认为儒家是"域内"之教,"域内"之事,诸如修身、齐家、治国、平天下等等,舍儒不可他求,所谓"非仲尼之教则国无以治"。虽然儒教也有其不足之处,"谈性命焉,则未极于唯心;言报应焉,则未臻于三世"[1],即在探性灵真奥及明三世因果方面,儒教并不擅长,但就今生今世言,则"不可一日而无之矣",因为没有它,则国无以治,家无以宁,身无以安。至于佛教,它是"域外之教",功在探性灵之真奥,明三世之因果。智圆认为,佛教同儒教比较起来,"实有毗于治本矣",即儒教治标,佛教治本,因此,儒佛二教对于国家的治理各有所长,也各有所短。他的结论是,释氏"之训民也,大抵与姬公、孔子之说共为表里"。[2]

其二,儒、佛二教都能迁善远恶,有益教化。从儒教方面说,要修身、齐家、治国、平天下,自然不能离开礼义教化,使人去恶从善;从佛教方面说,它的所有教义,几乎都是围绕"诸恶莫作,众善奉行"的伦理观念而展开的。所谓"导之以慈悲,所以广其好生恶杀;敦之以善舍,所以申乎博施济众也;指神明不灭,所以知乎能事鬼神之非妄也;谈三世报应,所以证福善祸淫之无差也。使乎黎元迁善而远罪,拨情而反性。"[3] 正是基于

---

[1] 智圆:《四十二章经序》,《闲居编》卷一,第870页下。
[2][3] 智圆:《翻经通纪序》,《闲居编》卷一〇,第880页下。

这样的认识,智圆指出,就拨情复性的深浅而言,或者就论事之远近而言,儒、佛二教不得不有小异,如果把三教视为一物,等同看待,"或几乎失矣";但就"迁善而远罪,胜残而去杀"言,则二教"不得不同也"。①

其三,儒、释、道三教合一。智圆曾对东晋庐山慧远送晋帝、桓玄"以虎溪为界",而送道士陆修静、儒者陶渊明"则过之矣",大表感叹,并作赞曰:

释道儒宗,其旨本融,守株则塞,忘筌乃通。
莫逆之交,其惟三公,厥服虽异,厥心惟同。
见大忘小,过溪有踪,相顾而笑,乐在其中。②

慧远、陆修静、陶渊明三人可以作为佛、道、儒三教的代表,虽然服装不同,却能够成为莫逆之交,就在于他们心心相通,不被各家的门户之见所局限,看到了三教的宗旨融通无碍,故能够因大忘小,得鱼忘筌,相顾而笑,乐在其中。在《谢吴寺丞撰闲居编序书》中,智圆提出:"夫三教者,本同而末异,其于训民治世,岂不共为表里?"③就是说,儒佛道三教的最终目标,在于"训民治世",这是"本同";至于"训民治世"的具体方法和套路,可以不同,那是"末异"。本同而末异,这是三教合一的基本思想。宋代的佛教,已不像以往的佛教那样以"方外"之教相标榜,而是在相当程度上关注世间、强调入世,智圆以"训民治世"而倡导三教合一,在相当程度上反映了宋代佛教的世俗化的时代潮流。

智圆在儒佛关系乃至三教关系问题上的态度有一个非常重大的变化,那就是他的"以宗儒为本"。正如他在《谢吴寺丞撰闲居编序》中所说的:"是以晚年所作,虽以宗儒为本,而申明释氏,加其数倍焉。往往旁涉老庄,以助其说。"晚年的智圆,无论是"申明释氏",还是"旁涉老庄",都

---

① 智圆:《四十二章经序》,《闲居编》卷一,第870页下。
② 智圆:《三笑图赞并序》,《闲居编》卷一六,第888页中。
③ 《续藏经》,《闲居编》卷二二,第899页中。

没有离开他的"以宗儒为本"的基本立场,可见,儒佛道三教的地位在智圆心中是很清楚的。

事实上,智圆自号"中庸子",这一名称本身也说明智圆是"以儒为本",而非"以佛为本"或"以道为本"。对此,我们不妨比较一下同样提倡三教合一的唐僧宗密的有关思想。宗密的《原人论》是中国佛教史上提倡三教合一的最有代表性的著作,在该文中,宗密明确地以佛教作为"合一"的归趣,而儒、道二家在他那里充其量只是个铺垫,在佛教的判教中只算一个较低的层次。而在智圆的《中庸子传》中,则反其道而行之,提出"非仲尼之教,则国无以治,家无以宁,身无以安",明确认为儒家的"训民治世"是佛教"治心"的基本前提。智圆事实上已经清楚地表明了他对三教定位的回答,即以儒家为主导,以佛道二家为辅佐。智圆对儒家的重视以及对佛道二教的明确定位,很大程度上说明宋代佛教在儒化方面已经走得很远,这与宋代儒学的复兴和佛、道二教的衰微有直接的关系。①

二、契嵩的儒佛一贯说

契嵩(1007—1072),北宋滕州镡津人(今广西藤县),俗姓李,字仲灵,号潜子。七岁出家,十四岁受具足戒,"常带观音之像,而颂其号,日十万声,于是世间经书章句,不学而能"。十九岁而游方,遍参名师,初参临济谭禅师,无所契悟,后于瑞州(今江西高安)得道于云门宗法嗣洞山晓聪。宋仁宗庆历年间(1041—1049),悟道之后,契嵩"至钱塘灵隐,闭户著书",以"文鸣道于天下"。② 并于习禅、著述之余,广为结交,所交之友,除佛门高僧外,更有文坛俊彦,政界名流,如韩琦、富弼、欧阳修、曾巩、吕公弼、田况,等等。据传,宰相韩琦曾将契嵩之文展示于欧阳修,欧

---

① 参见赖永海《宋元时期儒佛交融思想探微》,《中华佛学学报》1992年第5期。
②《镡津明教大师行业记》,《大正藏》第52卷,第648页。

阳修阅后,大为感慨,说:"不意僧中有此郎,黎明当一识之"①,由是深受朝廷名流推崇,名振海内。契嵩一生著述甚丰,北宋大观四年(1110),怀悟编成《镡津文集》,相当于其著作之半,今《大正藏》第五十二卷收为十九卷,其中的《非韩》、《原教》、《孝论》、《中庸解》等文体现了契嵩对于三教关系,特别是儒佛关系的基本观点。

契嵩所处的时代,正是排佛思想高涨的时代,士大夫的拒佛、反佛已成时代思潮。因此,与排佛者的较量,是契嵩佛学思想得以展开的具体语境,也是契嵩看待儒佛关系的基本前提。但是,契嵩并没有对同时代的拒佛者点名批评,而将斗争的矛头对准了唐朝的韩愈,这可能是他出于思想斗争策略的考虑。由于宋代士大夫在排佛的形式上,继承了中唐以来韩愈的"道统说"抨击佛教,因此,韩愈便成了宋代士大夫排佛的精神领袖,契嵩重点批判韩愈,借批判韩愈来间接地回应宋代士大夫对于佛教的攻击。

韩愈对佛教的批判主要是从佛教对国家的政治、经济、伦理层面的危害而展开的,并从人性论的角度认定佛教违反了儒家所倡导的仁义原则,是违反人性的。契嵩为此专门写了《非韩》一文,紧紧抓住韩愈所提出的每一个问题,对韩愈有关作品中的主要的乃至枝末的见解都进行深入的剖析,力图显示其观点的浅陋,经不起推敲。《非韩》篇应该是中国佛教史上最全面而系统地批判韩愈反佛教思想的护法文章。

《非韩》篇分为上、中、下三部分,凡三十篇,洋洋三万余言,这里仅述其反驳韩愈的两条有代表性的论点:

其一,针对韩愈的儒佛道三教形同水火、势不并立的观点,提出了三教"适时合宜"的政治教化观。韩愈曾说,"古之教者处其一,今之教者处其三",三教不可并立,"入于彼,必出于此。入者主之,出者奴之;入者附之,出者污之"。意思是说,中国古代只流行儒家的道统,即尧舜孔孟之

---

① 《人天宝鉴·明教契嵩禅师》,《续藏经》第87册,第9页下。

道,是一教统天下,而现在是儒佛道三教鼎立,互争短长,而实际上,三教不可能同时为主,总得有个主次先后之分,要么先入为主,要么后来居上。对此,契嵩是不赞同的,他分析说:

> 夫所谓教者,其与乎天地皆出而必定其数耶?是亦圣人适时合宜而为之,以资乎治体者也。然古今迭变,时益差异,未必一教而能周万世之宜也。昔舜当五帝之末,其时渐薄,其人渐伪,圣人宜知,乃设五教,制五刑,各命官司之。而契为司徒,专布五教,遂遗后世使率人为善,而天下有教自此始也。及周公之世,复当三王之际,其时益薄,其人益伪,而天下益难治。圣人宜之,遂广其教法而备之,天下谓儒者之教,自周公起焉,其后孔子述而载之诗、书、六经,而儒之教益振周季。三代之政弊,善人恃术而费智,不善人假法而作伪,天下靡靡役生伤性而不知其自治,老子宜其时,更以三皇、五帝道德之说以救其弊,而天下遂有老子之教也。两汉之际,视周末则愈薄愈伪,贤与愚役于智诈纷然相半,万一虽习于老子之说,而不能甚通乎性命奥妙,推神明往来救世积昧,指其死生之所以然,天下遂有佛之教也。杨子曰,夫道,非天然应时而造,损益可知也,是岂不然哉!夫自周秦汉魏,其薄且伪者日益滋甚,皆储积于后世之时,天其或资乃佛教,以应其事,欲其相与而救世也。不然,何天人与其相感应久且盛之如是耶?①

古今迭变,时移世异,应时设教,这是契嵩对于历代政治教化制度演进的一个基本判断,也是他攻击韩愈用"一教而能周万世之宜"的基本观点。但为什么要应时设教呢?契嵩认为,历史越往后发展,人的道德水平越下降,所谓世风日下,于今为烈,契嵩称之为"其时渐薄,其人渐伪",由于人们道德水平每况愈下,所以圣人在政治上因时制宜,在不同的时代设置了不同的教化标准。根据契嵩的说法,三皇五帝之

---

① 契嵩:《非韩》,《大正藏》第 52 卷,第 724 页中。

时中国有"化"而无"教";舜帝的时候,中国才用"五教"治理天下,这是中国有"教"的开始;至周公之世,天下难治,始兴儒教,日后孔子之教振于周季;到了周末,三代的政治弊端愈益暴露,人们都只知道用心智去从政或作伪,役生伤神而不自觉,遂有老子的道德之教;两汉之际,世道愈薄愈伪,即使用老子之教也不能让人通达人生的奥妙,理解性命、生死等终极性的问题,于是乃有佛教应时出世,以图挽救社会道德的衰败。

契嵩提出儒、道、佛三教"适时合宜"这样的历史发展序列,目的在于说明,儒家并非自古以来就是中国的政治学说,越是远古,人心越是单纯善良,那时并不需要儒家的一套仁义的说教和礼仪制度,而历史越往后发展,人心越是浅薄而虚伪,失去了本来的真实状态,这样时代,才有老子返璞归真之教,以及佛教的明心见性之教。契嵩认为,后世如果不用佛、道之教,而仅靠儒教治理天下,就像上古时代三皇五帝用儒而不用教那样荒唐,因为它违背了历史的发展潮流。契嵩的结论是,韩愈"泥古而不知变,而不悟佛教适时合用",是头脑简单的思想家。

契嵩所说的化而无教以及儒、道、佛在中国的历史发展序列是有一定根据的,特别是他关于儒道佛三教对于化民成俗的伦理道德作用的揭示,不失为真知灼见,也很深刻,他据此反驳韩愈的道统说是有力的。但是,契嵩以此片面强调佛教在"周秦汉魏"以来的优先地位并不符合中国传统政治的实际,因为佛教在治理身心方面的优先作用并不能取代儒教在社会基本政治和伦理制度方面的主导地位。

其二,批判韩愈的人性论,指出佛法符合人性。韩愈在《原性》中曾经以"性三品"说和"情三品"说批判佛教不符合人性,也不符合孔子所谓"惟上智与下愚不移"的圣人学说。契嵩认为,韩愈的说法是曲解了孔子的结果。他说:

> 夫孔子所谓"惟上智与下愚不移"者,盖言人之有才智与聪明及愚冥而无识耳,非言性也。夫智之与愚,乃其性通塞之势耳,非性命

之本末。若夫性者,即在物灵焉,而有知者是也。今天下之人灵,然利至而知趋,害至而知避,孰不皆然,岂有上下之别耶!但其所知有远迩,其能有多寡,是盖通塞之势异尔。《论语》所谓"性相近"者,盖言其性则同也;曰"习相远"者,盖言其因学习故,则人善恶异矣;其后曰"唯上智与下愚不移"也者,是亦承会前语之意耳。①

孔子说了"惟上智与下愚不移"的话,韩愈以此来证明自己的人性论是符合孔子的道统的,但是,在契嵩看来,韩愈此说是完全误解了孔子的原意,因为这句话并不是讲人性论,只是说到了人的聪明才智或愚昧驽钝是有个体差异的,《论语》真正涉及人性论的,是"性相近"、"习相远"之句,"性相近"是说人的本性差不多,而"习相远"是说因后天学习的差别可以使人显示能力的差别。契嵩认为韩愈的"人性之善恶各定"的解释违背了儒家经典的原意,是韩愈读书不认真的表现。

针对韩愈的"所以为性者五,为情者七"的论点,契嵩认为这是混淆了性与情的区别。他说:

> 夫仁义五常,盖人情之善者也。而韩子不审知,乃曰"所以为性者五"。彼徒见五常者出于性而遂以为性,殊不知性之所出者皆情也。今问其人曰:"尔为五常仁爱与尔七情爱恶之爱异耶同乎?"是必曰"同"也。"尔五常好仁义之好与尔七情喜好之好同乎异耶?"是必曰"不异"也。如此,则韩子之谓五谓七谓善谓恶者,岂不皆情耶?

韩愈将儒家的仁义礼智信等"五常"说成是人性的五种基本属性,将它们与喜怒哀惧爱恶欲等"七情"区分开来,并根据人性的上、中、下三品而提出情的三品。契嵩批判说,这是韩愈不懂得性与情的关系的结果,所谓仁义五常,不过是人情中的善的方面,一个人对仁义道德的追求可

---

① 契嵩:《非韩》,《大正藏》第52卷,第727页上。

谓是善的行为,也是一种"爱"的行为,但这种爱跟情爱之"爱"并无根本的不同,都是"情"的表现。他认为,韩愈所谓的五性和七情其实都是"情",并没有谈到人性的问题。那么,什么是人性呢?契嵩说:

> 孔子之言性,曰"人生而静,天之性也,感物而动,性之欲也",又曰,"寂然不动,感而遂通天下之故"。夫人生而静者、寂然不动者,是岂非人之性唯寂唯静,何尝有善、有恶、有其品乎?夫感动而动性之欲者,感而遂通天下之故者,岂非接乎外物乃成其善恶之情耶?《中庸》曰:"喜怒哀乐未发谓之中,发而皆中节谓之和。中也者,天下之大本也,和也者,天下之达道也。"是亦备见乎情性之分矣。呜呼!古圣人其言情性如此之效白,而后世不遵,竞务异而苟为其说,虽欲求异乎佛老,殊不识大悖其师之言而乱乎圣人之道也。《易》曰:"利贞者,性情也者。"谓性正也,情邪也,必以性制情,乃中正也。后之学者方不知其性,乃为狂为悖为邪为佞为贪为惑,鲜有成其德性者也,岂堪立言垂法者。乃复以情以性不辨其真伪而传之,其人吾恐夫益惑也,圣人之道斯将废矣!①

在契嵩看来,谈到人性,是不能讲善恶的,更不能讲品位等级,人性就是无善无恶的寂静状态,而人的情感乃是人的欲望的表达,是人性接触外物而产生的。人性与善恶无关,而情感与善恶有关。也就是说,人性不涉及道德评价问题,不能用善恶的标准来评价,只有人的欲望的表达,才有可能涉及的道德评价的问题。契嵩引用了多处儒家的经典来支持他的观点,特别是《中庸》的"喜怒哀乐未发谓之中,发而皆中节谓之和"之句,将此解释为性是情的一种未发状态,而情则是已发状态,对情的表达达到"中",就是儒家的境界。契嵩以情的"寂然不动"状态作为人性的解释,表达了佛教对人性的基本看法。韩愈用善恶的标准来谈人性,结果将性与情的关系弄得有些支离,逻辑上的确有些混乱,而契嵩超

---

① 契嵩:《非韩》,《大正藏》第52卷,第727页中。

越了善恶的标准来谈人性,发现了韩愈人性论中的某些弊端,确实有过人的地方。

当然,契嵩批判韩愈,并不表明他蔑视儒教,只是表明了他对当时流行的排佛思想的否定态度。契嵩真正想要发挥的,则是他的儒佛一贯说,以此阐明佛教与儒教本质上是相通互补的。正如陈舜俞在《镡津明教大师行也记》中所指出,"仲灵独居,作《原教》、《孝论》十余篇,明儒释之道一贯"①。契嵩儒佛一贯说的内容很多,其中最有特色的,一是他的中庸解,一是他的孝论。

《中庸》本为《礼记》中的一篇,自唐代李翱著《复性书》,从道统的角度发明《中庸》修心养性的微言大义,至北宋程颐将它列为"四书"之一,经由理学家的张扬,儒家的中庸之道几乎变成了亘古不变的天理。有鉴于此,契嵩曾专门作了五篇《中庸解》,盛赞中庸之道。他指出:

> 夫中庸者,盖礼之极而仁义之原也。礼、乐、邢、政、仁、义、智、信其八者,一于中庸者也。

中庸既是伦理的最高规范,也是一切道德的终极根源,所以,中庸是"至德"。由于中庸是至德,它能统帅礼、乐、邢、政、仁、义、智、信等一切行为规范,是"百行之源"。因此,中庸不仅是"立人之道",也是"立国之道"。契嵩说:

> 夫中庸者,立人之道也。是故君子将有为也,将有行也,必修中庸然后举也。饮食可绝也,富贵崇高之势可让也,而中庸不可去也。其诚其心者,其修其身者,其正其家者,其治其国者,其明德于天下者,舍中庸其何以为也!亡国灭身之人,其必忘中庸故也。②

契嵩所使用的语言,跟儒家学者并无不同,他几乎是以一个儒者的

---

① 《镡津文集》卷首,《大正藏》第 52 卷,第 648 页上。
② 契嵩:《中庸解》第一,《大正藏》第 52 卷,第 665 页下。

眼光来看待中庸，极力赞叹中庸是天地之德，宇宙的本体，人间伦理的圭臬，甚至声称，如果离开了中庸，则天地不存，亡国灭身。契嵩这种露骨的做法，比名僧智圆以"中庸子"自居还有过之。不过，契嵩如此抬高中庸，其真正的目的则是想说明《中庸》与佛教思想的一致性。他自己也毫不隐讳这一点："以《中庸》几于吾道，故窃而言之。"①就是说，儒家的中庸之道与佛家之道是接近的。契嵩对此作了多方面的解释。

首先，《中庸》的"诚明"之性与佛经所谓"实性一相"相似。他在《上仁宗皇帝万言书》中说：

> 若《中庸》曰："自诚明谓之性，自明诚谓之教。"是岂不与经所谓实性一相者似乎？《中庸》但道其诚，未始尽其所以诚也。及乎佛氏演其所以诚者，则所谓弥法界，遍万有，形天地，幽鬼神，而常示而天地鬼神不见所以者。此言其大略耳。②

《中庸》以人心本有的"诚明"状态为"性"，而以通过修养达到这种"诚"的状态为"教"，契嵩认为《中庸》的诚明之性与佛经中的诸法实相是类似的。在佛教中，诸法实相也就是佛性，不仅众生具有佛性，甚至无生命的山河大地都有佛性，《中庸》虽然提到诚明之性，但在达到诚明的修养方法上则不如佛教。契嵩指出：

> 惟天下至诚，能尽其性，能尽其性则能尽人之性，尽人之性则尽物之性，以至与天地参耳，是盖明乎天地人物其性通也，岂不与佛教所谓万物同一真性者似乎？中庸虽谓其大同，而未发其所以同也，及佛氏推其所以同，则谓万物其本皆一清净，及其染之遂成人也物也。乃与圣人者差异，此所谓同而异，异而同者也。③

儒家讲"天人合一"，人性与天地万物之性相通，故尽性则可以知天，

---

① 契嵩：《中庸解》第一，《大正藏》第52卷，第667页中。
②③ 契嵩：《上仁宗皇帝万言书》，《大正藏》第52卷，第689页上。

参与天地的变化。契嵩认为,《中庸》讲到了人性与物性相通,但不明其所以通,不如佛教说的天地万物源于同一的清净佛性,而人与物的产生则是清净之性受到污染的结果,故才主张明心见性,返归本性。契嵩认为,佛教与儒家心性论的确有共同之处,但要看到其同中之异和异中之同。

其次,《中庸》的"至诚无息、悠久成物"说与佛教的"法界常住、融摄万物"说异曲同工。契嵩说:

> 又曰至诚无息,不息则久,久则征,征则悠远,以至悠久,所以成物,博厚配地,高明配天,悠久无疆,如此者不见而章,不动而变,无为而成,天地之道可一言而尽矣。岂不与佛所谓法界常住、不增不减者似乎?《中庸》其意尚谦,未踰其天地者也。及佛氏所论法界者,谓其广大灵明而包里乎十方者也。其谓博厚高明,岂止与天地相配而已矣。经曰,不知色身外洎山河大地虚空咸是妙明真心中物,岂不然乎?而孔子未发之者,盖尊天地而欲行其教也。其所谓悠久所以成物,是亦可求其包含之意耳。①

《中庸》的至诚无息,以成万物、配天地之德,比较充分地表现了儒家对人的主观能动性及其心性修炼的重视。契嵩认为,佛教的"法界常住、融摄万物"也有同样的价值取向,只是儒家以"天"为最后的根据,所谓尊天地而行其教,而佛教的"法界"则不仅仅限于天,而以一切山河大地都是"妙明真心"的产物,可见,佛教的成就万物的气度盖过了儒家,也包含了儒家。

最后,《中庸》与佛教有相似的宇宙生成说。契嵩说:

> 其又曰,其为物不贰,则其生物不测。天地之道,博也厚也高也明也悠也久也,今夫天斯昭昭之多,及其无穷也,日月星辰系焉,万

---

① 契嵩:《上仁宗皇帝万言书》,《大正藏》第52卷,第689页中。

物覆焉,以至夫地一撮土之多云云者,是岂不与佛教所谓世界之始乃有光明风轮先色界天其后有安住风轮成乎天地者似乎?《中庸》虽尊其所以生,而未见其所以生也。及佛氏谓乎天地山河之所以生者,其本由夫群生心识之所以变,乃生此诸有为之相耳。故经曰,想澄成国土,知觉乃众生,孔子所谓其为物不二,其生物不测者,似此而不疑,亦以分明者也。①

在契嵩看来,《中庸》重视生命的价值,强调生生不息,但并不清楚万物的"所以生"之理,是不够的,而佛教则看到了万物"所以生"之理,即宇宙间的一切物质变化,都根源于群生的心识所变。契嵩以此进一步解释了人世间的善恶之源:

> 若《洪范》五福六极之说者,此儒者极言其报应者也……然圣人含其意而未发者,岂不以人情便近而昧远,未即以他生语之疑,其亦有所待者也。及乎佛教,谓人生之美恶适以其往世修与不修致如此也。此世修与不修,则其美恶之报复在其后世耳。用此以求孔子之意,可尽也。若系辞曰,原始要终故有死生之说,精气为物游魂为变,是故知鬼神之情状。是岂不与佛氏所谓生死者皆以神识出没诸趣者似乎?孔子略言,盖其发端耳。及佛氏所明夫生死变化者,非谓天地造化自然耳,盖生死者各以其业感为人为鬼神为异类,而其生死变化之所以然者,于此不亦益明乎。②

儒家的善恶报应说只谈到人的一世,而佛教的因果报应说涉及三世。契嵩认为,孔子只顺从人情的"便近而昧远"的需要,故不讲来生;儒家的其他经典如《洪范》、《周易》等对此有些片段的补充,但不够深入和完备。只有佛教的三世报应说将人的生死变化、五道轮转的道理都讲清楚了,特别强调人的善恶报应不是出于天地的自然造化,而是出于业力

---

①② 契嵩:《上仁宗皇帝万言书》,《大正藏》第52卷,第689页中。

的报应,这种理论显然比儒家更能够说明人世间的各种正常和反常的人生现象,也能更有效地约束民众的从善去恶,比儒家的善恶报应说要高明。

从契嵩对《中庸》的解说来看,他一方面极力赞扬儒家的中庸之道,另一方面则宣扬佛教具有与儒家类似的中庸之道,并且认为,两家都讲中庸之道,但在终极的层面上,儒家不如佛教。

契嵩儒佛一贯说的另一个重要内容,就是他的孝论。

众所周知,孝是儒家伦理的一个最重要的范畴。《汉书·艺文志》称:"夫孝,天之经,地之义,民之行也。举其大者,故曰《孝经》。"《孝经》是对孝的观念和规范的最高概括。《孝经》全书分 18 章,1799 字,满篇皆言孝,谓孝为"天之经,地之义,民之利",是三才之本,"始于事亲,中于事君,终于立身",其作用和地位无以复加。有鉴于此,契嵩专门撰《孝论》,阐明佛教的孝道观。《孝论》开篇就指出:"夫孝,诸教皆尊之,而佛教殊尊也。虽然,其说不甚明于天下,盖亦吾徒不能张之,而吾慨然甚愧。"他认为佛教也重孝,只是没有人去宣传。在《与石门月禅师》的信中,契嵩说:"近著《孝论》十二章,拟儒《孝经》,发明佛意。"[①]契嵩的真正目的则是为了回应儒家长期以来对对佛教所谓"不忠不孝"的攻击。

《孝论》是模拟《孝经》而写,分 12 章,分别称明孝、孝本、原孝、评孝、必孝、广孝、戒孝、孝出、德报、孝略、孝行、终孝。与儒家的《孝经》一样,《孝论》也满篇谈佛教之孝。下面作简要介绍。

在首章"明孝"章中,契嵩根据《梵网经》中"孝名为戒"的提法,提出了戒与孝的相互融摄关系:

> 孝名为戒,盖以孝而为戒之端也。子与戒而欲亡孝,非戒也。夫孝也者,大戒之所先也,戒也者,众善之所以生也。为善微戒,善何生邪?为戒微孝,戒何自邪?故经曰:"使我疾成于无上正真之道

[①]《大正藏》第 52 卷,第 701 页上。

者,由孝德也。"①

在印度佛教的出家戒律中,"孝"一般不列为戒条,至少不是首要的戒条,契嵩将《梵网经》中"孝名为戒"作为"戒之端",显然将它抬高到首要的位置。这种做法,应该是出于策略的考虑,也就是说,将孝作为"大戒之先",是中国佛教信徒为了适应儒家的核心价值的需要而做出的理论发挥。

在《孝论》的"戒孝章"中,契嵩也提出了与"孝名为戒"相似的观点,即"五戒为孝之蕴"。他说:

> 五戒,始一曰不杀,次二曰不盗,次三曰不邪淫,次四曰不妄言,次五曰不饮酒。夫不杀,仁也,不盗,义也,不邪淫,礼也,不饮酒,智也,不妄言,信也,是五者修,则成其人显其亲,不亦孝乎!是五者有一不修,则弃其身辱其亲,不亦不孝乎!夫五戒,有孝之蕴,而世俗不睹忽之,而未始谅也。故天下福不臻,而孝不劝也。大戒曰:孝名为戒,盖存乎此也。②

将佛教的"五戒"同儒家的"五常"对应,这本不是契嵩的发明,中国佛教的思想家早就提出过。但契嵩通过将"五戒"对应"五常",而提出五戒不修即是违背五常,违背五常即是弃身辱亲,导致不孝,这就是说,佛教的戒律本身就蕴含了孝的价值。契嵩将佛教之孝的内涵大大扩充了。

在"原孝章"中,契嵩从理与行、孝与诚的角度论述了佛教的孝:

> 孝有可见也,有不可见也。不可见者,孝之理也。可见者,孝之行也。理也者,孝之所以出也。行也者,孝之所以形容也。修其形容,而其中不修,则事父母不笃,惠人不诚。修其中,而形容亦修,岂惟事父母而惠人,是亦振天地而感鬼神也。……是故,吾之圣人欲

---

① 契嵩:《孝论》,《大正藏》第 52 卷,第 660 页中。
② 同上书,第 661 页中。

人为善也,必先诚其性而然后发诸其行也。孝行者,养亲之谓也,行不以诚,则其养有时而匮也。夫以诚而孝之,其事亲也全,其惠人恤物也均。孝也者,效也。诚也者,成也。成者,成其道也。效者,效其孝也。为孝而无效,非孝也。为诚而无成,非诚也。是故圣人之孝,以诚为贵也。①

有可见之孝,有不可见之孝,可见之孝是孝行,不可见之孝是孝理,孝理是孝行的内在根据,孝行是孝理的外在表现。在契嵩看来,孝理中最重要的内涵是"诚",一个人光有孝行而不诚心,那种孝行是不够的;一个人既有事亲的行为,又饱含诚意,那种孝行是最完美的,也是惊天地泣鬼神的行为。契嵩认为,佛教和儒家的"圣人"都推崇至诚之孝。

在"评孝章"中,契嵩对世俗之孝和佛教之孝作了比较。认为世俗之孝是"局一世而暗玄览,求于人而不求于神",仅仅局限于人的一生;而佛教从轮回转世的思想出发,"追父母于既往,则逮乎七世,为父母虑其未然,则逮乎更生,虽谲然骸世,而在道然也",广及多世,不仅适用于人,而且适用于一切生命。在"广孝章"中,契嵩进一步指出,天下只以儒家孝,而不以佛为孝,这是"见儒而未见佛",他认为儒家讲了基本的孝道,而佛教推而广之,故"以儒守之,以佛广之,以儒人之,以佛神之,"佛教之孝至极至大。②

对于佛教之孝的至极至大,契嵩在"孝出章"中还作了补充,说"佛之为道也,视人之亲犹己之亲也,卫物之生犹己之生也,故其为善则昆虫悉怀,为孝则鬼神皆劝",认为佛教以慈悲为怀,用佛教之孝处世,则与世和平而无争,况且孝出于善,用佛教来扩大人类固有的善心来从孝,才是真正的"大孝"。

契嵩在"孝行章"中还指出,中国佛教史上的许多僧人都是孝敬父母

---

① 契嵩:《孝论》,《大正藏》第52卷,第660页下。
② 同上书,第660页下、661页中。

的典范,像道纪、慧能、道丕等人,虽然身栖空门,而不遗弃其亲,可谓深得佛教圣人的心传。最后,契嵩在"终孝章"中谈到了佛教的丧制,借以说明佛教之孝不违世俗之孝:

> 父母之丧亦哀,缞绖则非其所宜,以僧服大布可也,凡处必与俗之子异位,过敛则以时往其家,送葬或扶或导,三年必心丧,静居修我法,赞父母之冥,过丧期唯父母忌日、孟秋之既望,必营斋讲,诵如兰盆法,是可谓孝之终也。……然丧制哭泣虽我教略之,盖欲其泯爱恶而趋清净也。苟爱恶未忘,游心于物,临丧而弗哀,亦人之安忍也。故泥洹之时,其众抚膺大叫而血现若波罗奢华,盖其不忍也。律宗曰,不展哀苦者,亦道俗之同耻也,吾徒临丧可不哀乎。①

契嵩详细地叙述了佛教关于父母之丧时的着装、处位、送葬、心丧、赞冥、诵经等种种仪式,说明佛教徒对于父母的深厚感情。他还特别提到,佛教不提倡临丧哭泣,不起离别之恨,是因为出家人要泯灭爱恶之情而归心于清静,但对于爱恶之情尚未彻底消除的人,临丧而不哀哭,作为人子者又岂能安心?

契嵩从孝名为戒、孝为戒蕴、孝为戒先到佛教的至极之孝、佛教的具体的孝行、孝制,全方位地寻找佛家和儒家孝道的契合点和共通之处。孝本来是儒家伦理的核心,在佛教教义中并非占据中心位置,但通过契嵩的阐发,佛教之孝比儒家之孝变得更深、更广,也更有优先性,呼应了《孝论》序言中的论点:"夫孝,诸教皆尊之,而佛教殊尊也。"也就是佛教比儒家更讲究孝道。

契嵩是宋代最为博学的佛教高僧,从契嵩对韩愈的批评和对中庸和孝的论述可以看出,他是通过肯定儒家的基本价值来发挥其儒佛一贯思想的。在契嵩那里,儒家的思想始终占据主导地位,然后才有他的佛教思想的进一步展开。这一点与智圆的"以儒为本"是完全一致的。在《中

---

① 契嵩:《孝论》,《大正藏》第52卷,第662页中。

庸解》和《孝论》中,契嵩虽然也提出了佛教的中庸之道比儒家更加精微,佛教的孝道比儒家更深更广,但这些辩解并不能消除契嵩思想中的儒家特质,契嵩实际上是以儒家为本位来阐发他的佛教思想的,只是他比智圆的"以儒为本"更为具体和深刻。从契嵩的儒佛一贯思想可以看到,宋代的佛教已经彻底的儒学化和伦理化。

第四节　宋元时期的佛道关系

一、内丹南宗对禅学的吸收与融通

自晚唐五代入宋,道教内丹学渐次兴起。以钟离权、吕洞宾、陈抟等为代表,一大批内丹名家纷纷涌现。至北宋张伯端继承钟吕内丹道,著《悟真篇》,提倡"丹禅双融"、"性命双修",开一时之风气,成为内丹南宗的创始人。自南宗而后,内丹在道教众多修炼术中占主导地位。其视金石符咒为旁门,贬服食胎息为小道,斥黄白玄素为邪术,但以"性命双修"为正宗。北宗全真教兴盛于金元,内丹南北宗法脉绵延不替,内丹派在道教中占据了半壁江山,遂有"内丹道教"的称谓。

唐宋内丹学认为,内丹之道与禅宗之禅本自相同。吕洞宾曾有"不寻面壁蒙头趣,笑杀西来旧作家","为人不可恋嚣尘,幻化身中有法身"等诗句,"道佛双融"是吕洞宾内丹思想的特征之一。晚唐后,双融之风在内丹学中更盛,北宋张伯端可谓典型。张伯端,号紫阳,被尊为南宗初祖。自谓"幼亲善道,涉猎三教经书……靡不留心详究",特别是佛教禅宗,对其内丹思想的形成和风格有着重要影响,从他的著作中可见一斑。张伯端《读雪窦禅师〈祖英集〉歌》道:"真如实相本无言,无下无高无有边。非色非空非二体,十方尘刹一轮圆。……吾师近而言语畅,留在世间为榜样。"[1]前两句表明了他的证悟,与禅境正好相印。《歌》中称当时

---

[1]《悟真篇》,《道藏》第4册,第746页。

云门大德雪窦重显为师,表明张伯端应曾亲炙雪窦,受过教诲。

《悟真篇》、《悟真性宗直指》和《青华秘文》等代表了张伯端内丹的基本思想。张伯端丹法的顺序是"先以神仙命脉诱其修炼,次以诸佛妙用广其神通,终以真如觉性遗其幻妄,而归于究竟空寂之本源。"①这里先、次、终三个层次,反映出其内丹理论逐渐深化和发展的过程。始则由儒入道,继则由道参禅,终则循性归源,从而丰富和完善了他的内丹思想。

《悟真篇自序》云:"老释以性命学开方便门,教人修种,以逃生死。释氏以空寂为宗,若顿悟圆通,则直超彼岸;若有习漏未尽,则尚徇于有生。老氏以炼养为真,若得其枢要,则立跻圣位,如其未明本性,则犹滞于幻形。……教虽分三,道乃归一。奈何后世黄、缁之流,各自专门,相互非是,致使三家宗要迷没邪歧,不能混一而同归矣。"②这明确地表达了张伯端的三教合一思想,他同时也指出了佛门"空寂"、道门"炼养"的宗旨下可能存在的"徇于有生"和"滞于幻形"等负面问题。为避免内丹修炼未明本性而滞于幻形,在完成《悟真篇》后,又作了《歌颂诗曲杂言》三十二首。他说:"篇集既成之后,又觉其中惟谈养命固性之术,而于本源真觉之性有所未究。遂玩佛书及《传灯录》,至于祖师有击竹而悟者,乃形于《歌颂诗曲杂言》三十二首。今附之于卷末,庶几达本明性之道,尽于此矣。"③可见,《歌颂诗曲杂言》是为了弥补《悟真篇》在真性阐述上的不足而作,且是在《传灯录》等佛教典籍的影响下专门谈"明性之道"的。元丰元年(1078),张伯端又作《悟真篇后序》,提出内丹修炼的还虚之秘与禅学的无上妙觉之道一脉相通。他写道:"窃以人之生也,皆缘妄情而有其身,有其身则有患。若其无身,患从何有?夫欲免乎患者,莫若体夫至道。欲体夫至道,莫若明夫本心。故心者,道之体也;道者,心之用也。人能察心观性,则圆明之体自现,无为之用自成。不假施功,顿超彼岸。……

---

① 《悟真篇》,《道藏》第 4 册,第 745 页。
② 《悟真篇》,《道藏》第 2 册,第 914 页。
③ 同上书,第 915 页。

其如篇末歌颂,谈见性之法,即上之所谓无为妙觉之道也。……故释迦文殊所演法宝,无非一乘,而听学者随量会解,自然成三乘之差。此后若有根性猛利之士,见闻此篇,则知伯端得闻达摩六祖最上一乘之妙旨,可因一言而悟万法也。如其习气尚余,则归中小之见,亦非伯端之咎矣。"①

在这样一篇文字有限的《后序》中,张平叔费诸多笔墨来谈"见性",其写《悟真篇》的心迹已显露无遗。在他看来,见性为无为妙觉之道,是最上一乘妙旨,可以顿超直入,决定无生。如果能以此道入,将是上上之选,此为顿法。因世人执着于有身而贪生怕死,黄老悲悯而另设渐法,从身体入手教人修生,一步一步诱其修道,这就是金丹之道所以能盛行于世的原因。但其最终仍不离本源真觉之性,无论渐法还是顿法,都将归于此一乘。南宗虽有先命后性的次第,这只是为先易后难所设的方便,不离"见末而悟本,舍妄以从真"这个"本真"的宗旨。所以,他指出"丹是色身至宝,炼成变化无穷。更能性上究真宗,决了无生妙用。"②同时,又对只修性不修命的情况作出批评:"饶君了悟真如性,未免抛身却入身。何似更兼修大药,顿超无漏作真人。"③

张伯端认为,佛教是"以性宗立教,故详言性而略于命。"④但从内丹学的角度看,"性命本不相离,道释实无二致。彼释迦生于西土,亦得金丹之道。性命兼修,是为最上乘法,故号曰金仙。"⑤释道修行的实质都是"性命双修",成就的都是金丹之道。所谓"金仙"、"佛"都只是成就者的不同称号。所以对于佛法,张紫阳采取的是兼容并包、积极学习吸收的态度。如在《即心是佛颂》中道:"佛即心兮心即佛,心佛从来皆妄物。若知无佛复无心,始是真如法身佛。法身佛本没模样,一颗圆光含万象。"⑥在《禅定指迷歌》中,他自称"禅客","我是无心禅客,凡事不会拣

---

① 《修真十书·悟真篇》,《道藏》第 4 册,第 749 页。
② 同上书,第 743 页。
③ 同上书,第 737 页。
④⑤ 赵道一:《历世真仙体道通鉴》卷四九,《道藏》第 5 册,第 383 页。
⑥ 《修真十书·悟真篇》,《道藏》第 4 册,第 746 页。

择。……争知被褐之形,内怀无价之宝。"①《戒定慧解》中有"心境两忘,一念不动曰戒;觉性圆明,内外莹澈曰定;随缘应物,妙用无穷曰慧"②等对于戒定慧的看法。关于禅宗关切的顿悟问题,张伯端在《西江月》之一中提出自己的看法,"妄想不复强灭,真如何必希求。本源自性佛齐修,迷悟岂拘先后?悟即刹那成佛,迷时万劫沦流。若能一念契真修,灭尽恒沙罪垢。"③活脱脱一个随缘任运,深得自性的禅者形象,这与禅宗"即时豁然,还得本心"的顿悟心法相契。这些见地使得对禅学颇有心得的清朝雍正皇帝认为,张伯端已将金丹大道与禅宗圆顿之旨交互阐出,深得禅法心要。于是将其《禅宗识偈》收录选编的禅宗语录集《御选语录》中,并追封张紫阳为"大慈圆通禅仙紫阳真人"。

张伯端融摄丹禅,进一步发展和完善了钟吕一系"性命双修"的内丹传统。在《青华秘文》一文中,更深入地讨论了心、性与神的关系,强调了心的重要性和作用。他说:"心者,神之舍也。心者,众妙之宗而宰万物。性在乎是,命在乎是。……其所以为妙用者,但神服其令,气服其窍,精从其召。……心静则神全,神全则性现。……夫神者,有元神焉,有欲神焉。元神者,乃先天以来一点灵光也。欲神者,气质之性也。……百姓日用,乃气质之性胜本元之性。"④他提出了元性即是神的命题,这是对道教修行实践中神与性关系的一次明确总结。他主张凝神全性,"神者,元性也。……神归于心,则性之全体现。……凝神者,神融于精气也。精气神合而为一,而阳神产矣。"⑤在《采取论》中又说:"心者,万化枢纽,必须忘之,而始觅之。忘者,妄心也;觅者,真心也。但于忘中生一觅意,即真心也。"⑥对于真心真身,《西江月》之十二要求修行者自寻自见,"欲了

---

① 《修真十书·悟真篇》,《道藏》第4册,第747页。
② 同上书,第746页
③ 同上书,第748页。
④ 《藏外道书》第6册,第138—140页。
⑤ 同上书,第141—142页。
⑥ 同上书,第144页。

无生妙道,莫非自见真心。真身无相亦无音,清净法身只恁。此道非无非有,非中亦莫求寻。二边俱遣弃中心,见了名为上品。"①真身即是清净法身,只有在非有、非无、非中,无所得中才会呈现。他在《青华秘文》中说:"若释氏之所谓真心,则又异焉。放下六情,了无一念,性地廓然,真元自见。一见之顷,往来自在。盖静之极,至于极之极,故见太极。则须用一言半句之间,如死一场再生相似,然后可以造化至机而为不生不死之根本,岂易窥其门户耶?"②这里以修行成就者的眼光道出了禅宗"大死一回"、显现真心的参禅机关。

南宗从张伯端开始,经石泰、薛道光、陈楠、白玉蟾,称为南五祖,为嫡传清修一系。张伯端亦道亦禅,在其传人中竟也出现了禅门中人。薛道光本系禅僧,号毗陵禅师。其自幼出家,后遇石泰,泰授以张紫阳所传丹法,道光遂弃禅皈道。他在《复命篇》中写道:"太上三清真境,三皇五帝规模。瞿昙老氏仲尼徒,经史深藏妙素。间有真人出世,来明赤子玄珠。蟾光终日耀昏衢,满目黄芽显露。"③但道光终是以修道为其正务,在丹禅交融中几无贡献。

至白玉蟾融雷法和内丹为一炉,南宗才正式成为有教团组织的教派。在张伯端的后传中,白玉蟾为禅道融合的代表人物。在《修仙辨惑论》中,他追述了陈楠三品丹法:即下品"地仙之道",中品"水仙之道",上品"天仙之道"。对于上品的成就者——天仙,陈楠认为就是"金仙"。"金仙"是道门中人对释迦牟尼等的称谓,即"大觉金仙"。在三品丹法中,上品丹法重在修心炼性,清净自然。陈楠称此法"本无卦爻,亦无斤两,其法简易,故以心传之,甚易成也。"他说,依法"在片响之间可以凝结,十月胎成",有速成之效。"但能凝然静定,念中无念。工夫纯粹,打成一片。终日默默,如鸡抱卵。则神归气复,自然见玄关一窍。其大无

---

① 《修真十书·悟真篇》,《道藏》第 4 册,第 749 页。
② 《藏外道书》第 6 册,火候图论前。
③ 《复命篇》,《道藏》第 24 册,第 193 页。

外,其小无内。则是采取先天一气以为金丹之母。勤而守之,指日可与钟、吕并驾矣。"①它以坐忘为基,无念为要,讲究顿超直入,这是一种融摄禅法的内丹修法。陈楠自诩此法为天仙之学,可成就"金仙"。当被问说天仙之学与禅法是否稍同时,他指出这种修法与"口头禅"和所谓的"坐禅"有天壤之别。"殊不知终日谈演问答,乃是乾慧;长年枯兀昏沉,乃是顽空。天仙之学如水晶盘中之珠,转漉漉地,活泼泼地,自然圆陀陀光烁烁。所谓天仙者,此乃金仙也。……人若晓得《金刚》、《圆觉》二经,则金丹之义自明,何必分别老、释之异同哉!天下无二道,圣人无两心,何况人人具足,个个圆成。"②陈楠将《金刚经》和《圆觉经》视为印证金丹最上乘的心要,将禅门常用的"活泼泼"、"圆陀陀"、"光烁烁"之语来形容天仙之学,因为在他眼里,丹禅本无别,释道同一家。

在融合内丹与禅上,白玉蟾显然要比其师陈楠更进一步。他把内丹归结为心、性,认为心即道。在《谢张紫阳书》中他说:"推此心而与道合,此心即道也;体此道而与心会,此道即心也。道融于心,心融于道也;心外无别道,道外无别物也。"③在内丹与心的关系上,他认为"丹者心也,心者神也。阳神之一谓阳丹,阴神之谓阴丹,其实皆内丹也。"④指出心就是丹,强调炼丹是以炼心为主,以神为主宰,"神是主,精气是客。"在解释内丹术语时又道:"心源性海,谓之华池","心地开花,谓之黄芽。"白玉蟾丹法以精神、心意之静定为基本原则,"取静定之药而炼精神之药,则成金液大还丹。"

白玉蟾循张紫阳由道归禅的路径,参究禅宗。《水调歌头·自述》云:"有一修行方法,不用问师传。教君只是饥来吃饭困来眠。何必移精运气,也莫行功打坐。但去净心田,终日无思虑,便是活神仙。"⑤这显然

---

① 《修仙辨惑论》,《道藏》第4册,第618页。
② 同上书,第617—618页。
③ 《道藏》第4册,第624页。
④ 《海琼白真人语录》卷一,《道藏》第33册,第115页。
⑤ 《修真十书·上清卷》卷四一,《道藏》第4册,第789页。

是受了禅宗"饥来吃饭困来眠"之说的影响,是一种清净无为的丹法。在《海琼问道集·海琼君隐山文》中,他又借境说心,以期达到对境无心、对心无境,心境一如、如如不动的禅境,"夫山中之人其所乐者,不在乎山之乐,盖其心之乐,而乐乎山者,心境一如也。对境无心,对心无境,斯则隐山之善乐者欤?"①在《静余玄问》中也倡此法而至无念,"冥然无所念,冥然无所思,终日食而不味,终日衣而不丝。"这似脱胎于禅宗所常说的"终日吃饭,不曾嚼着一粒米,终日穿衣,何曾挂着一线丝。"将无念、不动心的修行融入十二时中的日常生活,无疑是禅宗的影响所致。

白玉蟾还运用一些禅师式的上堂法语、小参之类,与徒众说丹论道。在《海琼白真人语录》记录的众多答问中,可以看出白玉蟾对佛学禅语运用自如,深得其中精髓。他效仿禅师的机锋对答,在关键处以短小精炼的句式点拨学者的迷惑,让人有醍醐灌顶、豁然开朗之感。《庐山升堂》云:"师(白玉蟾)升座,乃云:过去无释迦,当来无弥勒,疑杀天下人,是贼方识贼。"②"师示众云:'从生至死只是者个。条条请你剥落,各要洒洒而归。做得主把得定,牢笼不肯住,呼唤不回头。常光现前,壁立万仞,孤迥迥,峭巍巍,圆陀陀,光烁烁,临崖撒手自肯承当。绝后再甦,欺君不得。若能怎么,方说得人能常清静,天地悉皆归。'"③"上堂云:更嫌何处不风流?便下座"④这些对答的思维方式、口吻和做派,都与禅僧一般无二。白玉蟾曾在庐山西林寺讲过禅,使当地僧众大为钦服,可见其禅学造诣非同一般。

白玉蟾通过这些禅机,表达了佛道境界相通的观点。《武夷升堂》记云:"溪翁问曰:'师指所授,本是大道,弟子所传,又学金丹,未审大道与金丹是同是别?'师答曰:'渡河须是筏,到岸不须船。'"⑤"问曰:'大道本

---

① 《道藏》第33册,第143页。
② 同上书,第128页。
③④ 同上书,第129页。
⑤ 同上书,第126页。

一理，如何有分别？'答云：'画饼不充饥。'复问曰：'可谓是似玉在石未曾开，今日忽然光烁烁？'答云：'清风与明月，凡圣尽沾恩。'"①在《西林入室》他又以证境来说明佛道不二："有一明珠光烁烁，照破三千大千国，观音菩萨正定心，释迦如来大圆觉。或如春色媚山河，或似秋光爽岩壑。亦名九转大还丹，谓之长生不死药。"②在同卷《常州清醮升堂》答僧问"毕竟神仙何如般若"时说："真鍮不换金。"白玉蟾在《快活歌》中描述证道后的境界说："或行或坐常兀兀，收来放去任纵横，即是十方三世佛。"③

虽则对禅宗欣赏有加，积极地融禅入道，但白玉蟾对禅宗修行可能存在的问题也毫不留情地提出批评。他在《万法归一歌》中道："参禅见性契真如，莫道无心便靠虚。悟了不行乾智慧，千崖万壑涉程途。"④这是提醒禅门若不在悟上起修，将堕于虚无。在《武夷升堂》答禅宗与内丹孰高孰低时说："'所以毗陵薛真人（薛道光，南宗三祖）向禅宗了彻大事，然后被杏林真人（石泰）穿却鼻孔，所谓千虚不博一实。……还知薛真人既是了达禅宗，如何又就金丹窠臼里脑门着地？若识得，破天下无二道、圣人无两心。若识不破时'，唤侍者一声，侍者应'喏'。师云：'早上吃粥了么？'侍者云：'吃粥了。'师云：'好物不中饱人吃。'"⑤这是内丹对禅宗的传统看法，即认为禅宗若只修性不修命，不行性命双修之法，则难了性命大事。但在高境界中，佛道却是一般无二。最初无论学佛还是入道，只是权宜方便，最终的目标上没有差别。这就是所谓的"天下无二道，圣人无两心"。

在白玉蟾的后学中，其再传弟子周无所住（师事方碧虚、林自然）以《金丹直指》而倾向于禅宗思想。《金丹直指序》云："余著金丹十六颂，直言性命之奥故，以直指言之。且明心见性宗门事也，归根复命玄门事也。

---

① 《道藏》第33册，第127页。
② 同上书，第131—132页。
③ 《道藏》第4册，第782页。
④ 《道藏》第33册，第134页。
⑤ 同上书，第127页。

宗玄异事,若不可比而同之。然玄谓之炼丹,宗谓之牧牛。……曰炼曰牧,殊途同归;曰玄曰宗,一而二,二而一者也。"①该书以心性为金丹,所谓"金丹喻本性长存,是名金刚不坏"②。在问及释参禅、道修养为何相同时,周无所住说:"参禅则制心一处,始扫至于无扫。禅是佛心,心为万法之宗;修养为抱元守一,初修至于无修。道为养神,神为万物之主。神即心,心即道,道即禅也。"③这些观点与其师祖白玉蟾同调,他在再唱"心即道"的同时,指出禅道不异,道也即禅。在炼丹的具体问题上,周无所住指出内丹之"药"不离此心,身外无心,心外无宝。他在传授工夫口诀时指出,只需在行住坐卧之中清净铃键,阳气就会自然发生,主张从心中求内丹的"药物"。即以无念无为为要,于"十二时中归一念,念中无念始真奇"。并将丹法中的"沐浴"解释为"困眠饥吃饭,无日不春风"④。当被问及结胎脱体之说时,周无所住答道:"紫阳张真人曰:丹是色身妙宝,法身即是真心。从来无色亦无音,一体不须两认。"⑤而所谓的道,则"离名相,无生死,常处虚空,无有纤碍。事来则应,事去则寂。如鉴照相,不留形迹,强名曰道"⑥。《金丹直指》将内丹修炼法要归结于修心炼性,提倡十二时中归一念而至无念,这已经是禅化了的内丹。

南宗丹法在不同程度上都体现了三教交融的倾向性,而犹以融摄、和会禅宗为其显明的特点。因内丹传统的次第修行方法,使得这些在禅风影响下的丹法风格倾向于禅宗中的渐法一路,但又掺杂有顿法提倡的日常性特征,且不离自性。它以心性、性命为修炼的中心议题,倡导人人可以成仙的观念,这与当时的社会潮流是一致的。

---

① 《道藏》第 24 册,第 90 页。
② 同上书,第 91 页。
③ 同上书,第 92 页。
④ 《金丹直指》,《道藏》第 24 册,第 91 页。
⑤ 同上书,第 93 页。
⑥ 同上书,第 92 页。

二、新道派全真教的佛道交融思想

内丹学吸收佛学、儒学,高唱"三教归一",同时在心性理论和实践中积极融摄禅学。至金初,道教中的这股潮流日益澎湃,终于造就了融合三教学说,特别是交融内丹与禅学的典型——全真教。全真教借鉴佛教的六道轮回、因果报应、普度众生等思想和禅宗心性学,仿效佛教的丛林制度和出家形式,发展深化了钟吕内丹学说,在道教史上首次创立了内丹派群众性的大教团。

全真教的创始人王喆(重阳)及其弟子以"道"为出发点和归宿,提出儒释道三家虽然门户不同,但终极目标却是一致,所以三者并无差别。王重阳自称"七年风害,彻悟《心经》无挂碍"①。在求道的过程中,曾经一度认真研究过佛学,深得心要。他在《金关玉锁诀》中说道:"三教者不离真道也,喻曰:似一根树生三枝也。"他自称全真教以"太上为祖,释迦为宗"。在接引初学者所读的经典中,除了道教的典籍,《心经》也赫然在列。在许多诗作中,王重阳都表达了"释道一家"的基本思想,如《答战公问先释后道》云:"释道从来是一家,两般形貌理无差。"他的弟子谭处端在《水云集·三教》中也说:"三教由来总一家,道禅清静不相差";刘处玄《仙乐集上·敬奉三教道众并述怀》言:"三教归一,弗论道禅。"全真后传弟子玄虚子《鸣道集·禅道》道:"禅道无为道是禅,道禅无二没枯偏。"

在对人生的基本态度上,全真教于佛教基本教义之"四谛"极为投契,认为人生短暂无常,本质是苦。因此,它比传统道教有着更多的否定现世、渴望出世色彩。如王喆在《教化集》卷二《引丹阳上街求乞》说:"百年恰似转头时";马钰《渐悟集·自觉》云:"七十光阴能几日?大都二万五千日。过了一日无一日,无一日,看看身似西山日。"王处一《云光集·浮生》曰:"浮生弹指一声中。"光阴匆匆,现实人生的意义虚幻不实,人世

---

① 《重阳全真集》卷五,《道藏》第 25 册,第 719 页。

如"火宅",恩爱、贪恋导致轮回不断等佛教的常见观点也在全真道士的诗文中屡见不鲜。丘处机《磻溪集》卷六《无俗念·乐道》中写道:"家给千兵,官封一品,得也无依托。光阴如电,百年随手偷却。"卷一《示众》说:"性逐无边念,轮回几万遭。五行随变化,四大不坚牢。暂假因缘活,空贪岁月劳。不知身是患,徒竟物为高。"刘处玄《仙乐集》卷四《上平西》云:"恋恩亲,恩生害,死难逃,气不来身卧荒郊,改头换面,轮回贩骨几千遭。世华非坚,如石火,火宅囚牢。"玄虚子《鸣真集·警世》道:"岂解利名风里烛,那知恩爱电中光。"

在对世界和人生的认识中,全真教指出人的爱染执着是修行的大忌,因此主张严格的禁欲主义,有着类似于佛教的戒律。他们认为欲成仙证真,必须跳出人性的樊笼,隔断情爱。王喆说:"凡人行道,总须依此十二个字:断酒色财气、攀援爱念、忧愁思虑。"①因此,他在山东首次传道度人,用分梨题诗的手法,劝十分恩爱的马钰、孙不二夫妇看破红尘,双双出家修道。马钰继承师学,也教人"但能澄心遣欲,便是神仙"。在《洞玄金玉集·自觉》中,他以自身的梦中经历劝导学者明白人生的种种颠倒,跳出迷乱,觉悟真谛。其云:"梦见娇妻称是母,又逢爱妾还称女。因为前生心不悟,心不悟,改头换面为夫妇。"《丹阳真人语录》说:"一切男女从无始以来,为种种恩爱贪欲不出轮回世界,一切胎卵湿化,种种性相皆因爱欲而生性命。性因爱而生,命因欲而有,皆因爱欲而起逆顺,生嫉妒,从此轮回,绵绵不绝。"

释迦牟尼曾为大迦叶讲《十二头陀经》,说修头陀行者有阿兰若居、常乞食、次第乞、一食、节量食、过中不饮浆、弊纳衣、三衣、冢间坐、树下坐、露地坐、但坐不卧等十二种事。全真教仿照佛教早期僧团以"头陀行"为代表的乞食苦修模式,在修行中坚持励志苦行,以期离尘去欲,明心见性,超脱苦海。如王重阳曾在穴中苦修,所在洞穴名为"活死人墓",

---

① 《重阳教化集》卷二,《道藏》第25册,第780页。

又自称"王害风",在常人看来形迹近似疯狂。上街乞食是他们的一贯作风,王重阳、马钰、孙不二、丘处机等都曾身体力行。

以马钰为首的"全真七子"大多以苦行著称。马钰过着苦行头陀式的修道生活,他在《洞玄金玉集》中自述道:"余在终南,居于环堵,飓腿赤脚,并无火烛相,仅六年矣。"他誓死赤足,夏不饮水,冬不向火。在《甘水仙源录·郝宗师道性碑》中记载了郝大通的修行事迹。大定十五年(1175),郝开始在沃州(今河北省内)赵州古桥下打坐修炼。有人施食即食,无则不食,持不语戒,整日缄默端坐。如此苦修六年,"河水泛滥,身不少移,水亦弗及。"无论寒暑,都一直在坐中。儿童以瓦石掷击他,也不稍动,确实达到了不为外境所迁、灰身灭智、神游太虚的定境。丘处机则在宝鸡磻溪穴居苦修六年,"日乞一食,行则一蓑",昼夜不寐六年,直至心如寒灰,真心呈现,如一水晶塔。他又至龙门山龙门洞,如前苦修六年。王处一曾于"沙石中跪而不起,其膝磨烂至骨。山多砺石荆棘,赤脚往来山中,故世号铁脚云,如此三年"。

此外,全真教也将息嗔忍辱作为实践"真功"的重要方面。《丹阳真人语录》说:"去嗔怒所以养性,处污辱低下所以养德",并教导要"以恩复仇"。王处一在《云光集》卷四《一枝花·药方》开出了"柔弱为引子,低下服之"的修养药方。

在道教行善积德以立"仙基"的传统上,全真教还吸收了大乘佛教普渡众生、救人苦难的思想。他们提倡真功、真行,真功指内丹心性修炼。对于真行,《晋真人语录》说:"若要真行者,须要修仁蕴德,济贫拔苦。见人患难,常怀拯救之心,或化诱善人入道修行。所为之事,先人后己,与万物无私,乃真行也。若人修行养命,先须积行累功,有功无行,道果难成。功行两全,是谓真人。"在"真行"精神的指导下,全真教徒以济危扶困、拔除众生苦难为己任。如丘处机西行游劝成吉思汗戒杀,使百姓逃去屠城之灾,并请求免除了北方地区三年赋税。王志谨在关中开渠引水,使民受惠。其他如散财救民,收留落难之人,行医施药等等善举,都体现了其"真行"所体现的慈悲救度精神。

在核心的修行问题上,全真教对佛学的吸收则更为深入和全面。王重阳继承的是钟吕一系的内丹道。《钟吕传道集》将肉身不死于人间的称为"地仙",比地仙更高等级的为"身外有身,脱质升仙"的"神仙"和返天的"天仙",这已是脱离肉体而存在一种生命形式。但是,钟吕二人并没有详细论及构成"身外之身"的心性基础。南宗创始人张伯端提出了"学仙须是学天仙"的主张,谓见性一法为无为妙觉之道,自认其"得闻达摩六祖最上一乘之妙旨",强调"性"在修行中的地位和重要性,但也没有对心性问题作系统的阐述。内丹学发展至全真教而一变,它不再像以前的道教宗派那样,只是在语境、境界上对佛教加以附会和融通,而是将其理论和修行实践直接建立在心性的基础之上。所以,这样的改变是根本性的。内丹与心性的紧密结合,使得内丹心性学至全真教而更为成熟。

佛学在某种意义上即为心学。《心地观经》八曰:"三界之中,以心为主。能观心者,究竟解脱。"《观无量寿经》云:"是心作佛,是心是佛。"禅宗有"直指人心,见性成佛"的主张。在佛教中,性为圆明之真心,即自性清净心。"自性"被作为人的真正"主人翁";在传统道教中,"神"是生命的主宰。受佛教心性论的影响,全真教明确地将性与神相等同起来。真性为心之性,在内丹学中也称为"元神"。《授丹阳二十四诀》说:"诸贤先求明心,心本是道,道即是心,心外无道,道外无心也。"又说:"心生则性灭,心灭则性现。"此心即妄心,即人心,此性即本心、真心、元神。所以,王重阳在此诀中说:"性者元神也。"在《五篇灵文》注中又说:"天心者,妙圆之真心也。释氏所谓妙明真心。心本妙明,无染无着,清净之体。……此心是太极之根,虚无之体,阴阳之祖,天地之心,故曰天心。"又云:"元神者,乃不生不灭、无朽无坏之真灵,非思虑妄想之心。"①丘处

---

① 《五篇灵文》,《道藏辑要》胄二。

机在《长春祖师语录》中也说："生灭者形也,无生灭者性也,神也。有形皆坏,天地亦属幻躯,元会尽而示终。只有一点阳光,超乎劫数之外,在人身中为性海,即元神也。"刘处玄《长生真人至真语录》云:"神者,性也;性者,神也。"其《阴符经注》云:"佛者,人之性也。性者神,性是神,神是性,只是异名。"他又说:"释门性,除四相谓之佛;道门神,除四相谓之仙。"王志谨《盘山录》云:"这个有体用,没尔我,正正当当底真心。自从亘古未有天地以前禀受得来,不可道有,不可道无。古今圣贤,天下老道,人皆得此然后受用。千经万论,乃至一大藏经只是说这些子。上天也由这个,入地也由这个,乃至天地万物,虚空无尽际,亦是这个消息主宰。会得底,不被一切境引将去,不被一切念虑般弄,不被六根瞒过,这个便是神仙底日用。"①

在修炼心性的看法上,全真教与禅宗极为相似。全真教认为真性人人皆备,主张每个人都可以修出真性、找到真我,并应从自身去寻求,如王重阳《吕公求指诀》说:"处处无心为锻炼,家家有性现精研。"丘处机在《长春祖师语录》中说:"凡有七窍者,皆可成真。"又说:"畜生饿鬼,皆堪成佛。"他们认为自心真性本来无欠无余,只因被妄念遮蔽迷乱而不自觉,只要在心地上下功夫,于一念不生处体证真性,便可于一念间顿悟,乃至超出生死。《重阳立教十五论》中说:"欲界、色界、无色界,此乃三界也。心忘虑念,即超欲界;心忘诸境即超色界;不著空见即超无色界。"谭处端《水云集》卷上《抒怀》:"朝昏懒慢修香火,十二时中只礼心。"又云:"认取自家心是佛,何须向外苦周游","长生只在寸心间"。《水云集》中又说:"若一念不生,则脱生死。"刘处玄《仙乐集》曰:"贩骨几千遭,无生一念逃。"

关于道教修炼不可避免的"长生"问题,全真道指出所谓"长生"的主体是真性。它对道教传统的"长生不死"观念进行了全面的改造,这是长

---

① 《盘山录》,《道藏》第23册,第727页。

期以来对道教成仙说的一种总结和发展。王嚞在《立教十五论》论离凡世说:"今之人欲永不死而离凡世者,大愚不达道理也。"《授丹阳二十四诀》云:"是这真性不乱,万缘不挂,无去无来,此是长生不死也。"丘处机在《长春祖师语录》中说"吾宗所以不言长生者,非不长生,超之也。此无上大道,非区区延年小术也。"并以佛陀释迦牟尼为例,认为修行境界的高低不在于肉体寿命的长短,"故世尊独修性宗,炼育元神,……住世亦止七十余载,人不以为无寿。"所以,他教育弟子,以见性为重,"吾宗唯贵见性,水火配合其次也。大要以息心凝神为初机,以性明见空为实地,以忘识化障为作用。回视龙虎铅汞,皆法相而不可拘执。反此便为外道,非吾徒也。"《晋真人语录》也云:"长生不死者,一灵真性也。"全真教重在心性修炼,从而对执着肉体长生持严厉的批判态度。它像佛教一样鄙弃肉体,斥之为假合不净。王重阳在《金关玉锁诀》中明确指出:"唯一灵是真,肉身四大是假。"丘处机《磻溪集》卷六《无漏子·假躯》说:"一团脓,三寸气,使作还同傀儡。"又道:"白玉肌,红粉脸,尽是浮华桩点。皮肉烂,血津干,荒郊你试看。"

从真性无生无灭,超越生死为立点,全真教首重明心见性,以先性后命、性命双修为内丹修行的风格和特点。在性命的关系中,以性为主。《重阳授丹阳二十四诀》道:"性者是元神,命者是元气";"根者是性,命者是蒂也";"宾者是命,主者是性也。"丘处机也说"三分命功,七分性功"。

修心的关键在于清净。佛教认为自性清净凝寂,但为妄想尘染而取境,生一切妄念,不得解脱。全真教吸收了佛教的观点,也以"清净""清静"为其修行心要。《重阳全真集》卷一〇《玉花社疏》说:"诸公如要修行,饥来吃饭睡来合眼,也莫打坐,也莫学道,只要尘冗事屏除,只要心中清净两个字。"《丹阳真人语录》:"但清净无为,最上乘法也。"又说:"且夫灵源妙觉,本来清静,因为万尘污其定水,尘多则水浊,心多则性暗。所以澄心损事,其水自清,其性自明。"所以,"千经万论,可一言以蔽之曰清静。"

关于禅定,《坛经》云:"外于一切善恶境界心念不起名为坐,内见自性不动名为禅","外离相为禅,内不乱为定","无念为宗,无相为体,无住为本。"全真教也以无念、一行三昧来定行止。他们认为清净心地、明心见性乃上乘丹法,而拘执于炼精化气等,只是入道渐门的中下品法。而所谓的清净心地,尚只是明心见性的初功,应连"清净心地"的念头也亡,达到"寂无所寂"才见真章,这正如佛教所说的"能所双亡"、"心法俱灭"。《重阳授丹阳二十四诀》分清净心地功夫为两方面:"内清净者,心不起杂念;外清净者,诸尘不染着。"①清除妄念乃至无念,便可清净。王喆在《立教十五论》中说:"凡打坐者,非言形体端然,瞑目合眼,此是假坐也。真坐者,须要十二时辰行住坐卧、一切动静中间,心如泰山,不动不摇,把断四门眼耳口鼻,不令外景入内。但有丝毫动静思念,即不名静坐。"②《群仙要语纂集》载马丹阳语说,要断情去除欲障心,不与亲戚相见,不教心到处去,行住坐卧乃至搬柴运水或上茅等等,也要心定念止、湛然不动,这才叫真心。在《金丹大要》中马钰又道,修行之人多言澄心,却不识澄心之理。什么是澄心之理?只要一念不生,性体真空。杳然湛然,似天澄虚不别,才是真澄心,无心可澄即名澄心。《真仙直指语录》中谭处端引德山宣鉴禅师之语说:"心生则种种法生,心灭则种种法灭。若一念不生则脱生死。"

尹志平在《北游录》中就如何达到无念作了解释,认为这是一种绵密持久的功夫。他说,但凡一举念为生,绝一念为灭。如果不下功夫,人的心头千头万绪萦绕,便是千生万死。要绝生灭,一举念时就用正觉去照破。万缘都是虚假,只有这样才能物境不染。久久行持,见与照也都忘却。此时,心上自然清静,清净生无为,无为自然合大道。在卷三中又提出,即使至"寂无所寂"尚非究竟,还应"玄之又玄",他说:"物欲尽净,一

---

① 《道藏》第25册,第807页。
② 《道藏》第32册,第153—154页。

性空寂,此禅宗谓之空寂,吾教谓之清净,此犹未也。至寂无所寂之地,则近矣。虽然至此,若无真实功行,不能造化,无造化则不得入真道。须入真道,方见性中之天,是为玄之又玄。至此,则言辞举动,凡所出者,无非玄妙。"

对于清净中呈现的空境,全真教也与禅宗一样,从无我、不分别、无善恶之处入。《丹阳真人语录》云:"且道如何是体空处?夫体空者,心体念灭,绝尽毫思。内无所知,外无所觉,内外俱寂,色空双泯。目视其色不著于色,耳听其声非闻于声。"谭处端《水云集》云:"不做善,不做恶。坐卧去来空索索,一片清闲冷淡心,从他四大任沦落。"王志谨《盘山录》道:"修行人外缘虽假,不可不应。应而无我,心体虚空。事来无碍,则虚空不碍万事,万事不碍虚空。"以色空双泯来体空,又以事来无碍来炼心,所谓虚空万事两不碍。又说:"若曾炼心,体如虚空,亦无恶、亦无善。无丝毫挂碍处作主得,则祸福着他不得,因果挽他不着,便是出阴阳壳的人也。"最后总结说:"修行人收心为本。逢着逆境欢喜过去,遇着顺境无心过去。一切尘境,干己甚事!……久久应过,心地纯熟,在处安稳。一切境界里平常过去,更无动心处。向诸境万缘里心得安稳,更不沾一尘。净洒洒地昼夜不昧,便合圣贤心也。"[①]

从空寂处显造化,于不昧时透消息,这便是见性。《晋真人语录》说:"只要无心无念,不着一切物,澄澄湛湛,内外无事,乃是见性。"

在《北游录》卷四中,尹志平将见性分为知与行两个层次,这种说法出自王处一。"见性有二,真空亦有二:彻悟万有皆虚幻,惟知吾之性是真,此亦为见性;既知即行,行之至则又为见性。初悟道为真空,直至了处亦为真空。既至真空,功行又备,则道炁自然一发通过,道炁居身中,九窍无心而自闭,至此际则方是真受用。"按照禅宗的说法,这前一个见性和真空其实属于理入,第二个见性和真空方为行入的层次。关于见性

---

① 《道藏》第 23 册,第 720 页。

后"全性"的问题,《群仙要语纂要》中丹阳云:"又问如何见性？答:那无心无念,不著一物,澄澄湛湛,似月当空。"《刘长生语录》云:"尘心绝尽则可全于性也。"

全真教还效仿禅宗"不立文字",重视向内开显智慧,反对扰乱心意的乱读书,认为真境界绝言弃智,不可以知知,不可以识识。王重阳《立教十五论·论学书》说:"学书之道,不可寻文而乱目,当宜采意而合心。……若不穷书之本意,只欲记多念广,……无益于修行,有损于神气。"《丹阳真人语录》说:"学道者不须广看经书。乱人心思。妨人道业。若河上公注《道德经》、金陵子注《阴符经》,二者时看亦不妨。亦不如一切不读,觜卢都地,养气最为上策。"《盘山录》云:"或问曰:心无染着,放旷任缘,合道也未？答云:起心无着,便是有着;有心无染,亦着无染。才欲静定,已堕意根,从任依他,亦成邪见。无染无着等是医药,无病药除,病去药存,终成药病,言思路绝方始到家。"①"或问曰:若到清静无为处是彻也未？答云:此以体言似是而非也。至于端的处则不可言,不可思,不可以知知,不可以识识。妙绝名言,方始相应。不即动静,不离动静,岂可以无为清静而定之哉？"②

虽则全真教对佛教的学习和融入是空前的,但最终还是不离开道教内丹的根本立场——得道成仙、出神入化。全真掌门尹志平在《北游录》中云:"惟无为清净是为至极,无漏为验也。三年不漏则下丹结,六年则中丹结,其事已有不可具言者。九年上丹结,转入泥丸,三宫升降,变化无穷,虽千百亿化身亦自此出。"

三、元朝有关《老子化胡经》及《老子八十一化图》的佛道论争

全真教创教于金,隆于蒙元之际。它的兴盛与蒙古王朝的支持是分不开的。蒙古太祖十四年(1219),成吉思汗派遣使臣刘仲禄招请丘处

---

①②《道藏》第23册,第730页。

机。次年,丘处机率领随行弟子十八人应诏西行,经万余里,历时两年多,觐见成吉思汗。成吉思汗对其颇为赏识,赐予"蠲免道士差役"、"朕所有之地,爱愿处即住"等多项特权,又"赐以金虎牌,道家事一仰神仙处置",丘处机获得了统领道教的权力。此后,全真教得到了元王朝的大力扶持,发展迅猛,成为北方道教的重心。宫观和信徒数量剧增,逐渐进入鼎盛时期,此一局面延续有三十多年之久。丘处机自称"千年以来,道门开辟,未有如今日之盛。"其弟子、后一任的全真掌门尹志平也道"上自黄帝老子以来,未有如今日之盛。"①金元之际的文学家元好问称元初全真道"南际淮,北至朔漠,西向秦,东向海,山林城市,庐舍相望,什百为偶,甲乙授受,牢不可破"②。

作为发展的一个重要方面,全真教开始大建宫观、广收门徒。早在金大安二年(蒙古太祖五年,1210),成吉思汗进攻金国,使得金被迫于贞祐二年(1214)迁都开封,燕京随即失陷(1215)。随后,山东、关中等地也陷落。贞祐南迁之后,被陷地区的寺院僧众大多逃散,佛寺被废弃,佛教处于衰落之中。北方道教的情况却相反,作为一新兴道派,全真道因丘处机之西行获得元王朝的礼遇恩宠,声势正如日中天,由此也获得了扩大势力的机会。全真教徒趁机将有些无人的寺庙改建为宫观,或者强行侵占尚有僧尼的寺院及其寺产田地。王世贞《玄风庆会录》说:丘长春"以片言悟蒙古太祖,俾总领其教。而其徒不能尽贤,往往侵占寺刹以为宫观,或改塑三教像,以老子居中,孔子居左,释迦居右,或皆侍立。"③据祥迈《至元辨伪录》载,大约在丘处机掌教时,当时被全真教侵占的地方已有数百处:如在西京天城毁夫子庙为文成观,景州夺龙角山改为冲虚观,其他如平谷县水谷寺,净居山,相州黄华山隋唐古刹,混源西道院本崇福寺,檀州黍谷山灵岩寺,檀州木林寺等等俱改为道观,伴随着这些侵

---

① 《清和真人北游语录》卷一,《道藏》第33册,第156页。
② 元好问:《紫微观记》,见陈垣编纂《道家金石略》,第475页,北京,文物出版社,1988。
③ 《弇州续稿》卷一五八,《四库全书》第1284册,第292页。

占而有的改立塑像,强占寺产田地、种佃,欺侮僧尼众等行为,也激化了僧道的矛盾。在当时佛道势力强弱对比显著的情况下,大多数佛教寺庙都未敢抗争。虽然总体上未有大的纠纷,但此时已埋下了佛道矛盾的种子。

战乱之后,局势慢慢稳定。因元室崇佛,佛教在朝廷的大力扶持下元气渐复。据《佛祖历代通载》载:"壬寅(1242)护必烈大王请师(海云)赴帐下,问佛法大意。师初示以人天因果之教,次以种种法要……王又问:'三教何教为尊？何法最胜？何人为上？'师曰:'诸圣之中吾佛最胜,诸法之中佛法最真,居人之中唯僧无诈。故三教中佛教居其上,古来之式也。'由是太后遵祖皇圣旨,僧居上首,仙人不得在僧之前。王以珠袄金锦无缝大衣,奉以师礼。"①

在此之际,全真教在金《玄都宝藏》已毁的情况下,以一派之力重修《道藏》,于1244年编撰完成。刊成之后,全真教徒将《老子化胡经》和据此经绘制的《老子八十一化图》从中抽出翻印,广为散发,从而引发了佛道关系史上著名的"《化胡经》之争"。

"《化胡经》之争"是佛道之间由来已久的大公案。史书中关于老子化胡的传说,早有记载。在《后汉书·襄楷传》中有"或言老子入夷狄为浮屠(佛陀)。浮屠不三宿桑下,不欲久生恩爱,精之至也。天神遗以好女,浮屠曰:'此但革囊盛血。'遂不眄之。其守一如此,乃能成道。"②《三国志·魏书》云:"浮屠所载,与中国老子经相出入。盖以老子西出关,过西域,至天竺教胡,及浮屠弟子合二十有九。"③西晋惠帝(290—306)时,天师道祭酒王浮与沙门帛远争论二教邪正,其敷衍老子化胡传说,造《老子化胡经》。后人陆续增广改编为十卷。在历代佛道斗争中,此书成为道教徒借以抬高道教地位、贬低与排斥佛教的依据,而佛教徒则对此进

---

① 《佛祖历代通载》卷二一,《大正藏》第49卷,第704页中。
② 《后汉书》卷三〇下,第4册,第1082页,北京,中华书局,1965。
③ 《三国志》第3册,第859—860页,北京,中华书局,1959。

行激烈的反击。唐高宗、中宗时曾下诏禁毁,但此后仍有流传。南朝僧佑在《出三藏记集·法祖法师传》中说:"昔,祖(法祖,即帛远)平素之日,与浮(王浮)每争正邪,浮屡屈,即意不自忍,乃作《老子化胡经》,以诬谤佛法。"①

从王浮写《化胡经》开始,佛道双方一直为此争论不休,至元代宪宗时此纷争已延续近千年。《至元辩伪录》说:"道门志常(当时的全真教掌门)以《八十一化图》刻板既成,广张其本,若不远近咸布,宁知李老君之胜? 宜先上播朝廷,则余者自然草靡。乃使金坡王先生、道人温的罕广赍其本,遍散朝廷近臣,土鲁及乞台普华等并授其本。"②此次根据《化胡经》绘制的《老子八十一化图》的广为散布,成为元代佛道斗争的导火索。但是,这只是表面的原因,更深刻的动机在于佛教为夺回被侵占的寺院和财物、争取更高的政治地位。围绕着《化胡经》而展开的争斗导致了在宪宗和世祖朝两次由皇帝亲自主持的佛道辩论以及毁经等一系列事件,从此结束了全真教的鼎盛局面。

此次佛道之争是双方多年来矛盾积累,各自力量此消彼长后必然出现的结果。此外,除了全真道弟子自身的原因,这也与蒙元统治者个人的喜好与政治的需要分不开。元王朝所依靠的蒙藏民族世奉萨满和藏传佛教,崇佛是其基本国策,在释道斗争中支持佛教是必然的举措。《至元辨伪录》云:"丙辰年(1256)帝(宪宗)对诸师(那摩等)曰:'我国家依著佛力光阐洪基,佛之圣旨敢不随奉。而先生每见俺皇帝人家归依佛法,起憎嫉心,横欲遮当佛之道子。这释道两路各不相妨,只欲专擅自家遏他门户,非通论也。今先生言道门最高,秀才人言儒门第一,迭屑人奉弥失,诃言得生天? 达失蛮叫空谢天赐与,细思根本皆难与佛齐。'帝时举手而喻之曰:'譬如五指皆从掌出。佛门如掌,余皆如指。不观其本各自

---

① 《出三藏记集》卷一五,《大正藏》第 55 卷,第 107 页下。
② 《至元辨伪录》卷三,《大正藏》第 52 卷,第 768 页。

夸炫,皆是群盲摸象之说也。'"①全真道自丘处机以后,发展异常迅速,在群众中的影响也愈来愈大。全真道的壮大渐渐为元室所忌也是潜在的原因。元朱象先言:"近代全真教启,玄风大扇,东尽海,西迈蜀,南逾江汉,北际大漠,莫不家奉人敬,从风而靡,自昔道化之行,未有如是翕然之盛也。"②宋子贞亦言:"金正隆间,重阳祖师王公,以师心自得之学,阐化于关右,制以强名,谓之全真,当时未甚知贵。国朝启运之初,其门人丘长春首被征聘,仍付之道教,天下翕然宗之。由一以化百,由百以化千,由千以化万,虽十族之乡,百家之间,莫不有玄学以相师授,而况大都大邑者哉。"③

由翰林学士张伯淳奉命所撰的《辨伪录序》记录了元代这场佛道斗争的大致情况。因全真教"毁西京天城夫子庙为文城观、毁灭释迦佛像白玉观音舍利宝塔、谋占梵刹四百八十二所,传袭王浮伪语《老子八十一化图》,惑乱臣佐。时少林裕长老,率师德诣阙陈奏。先朝蒙哥皇帝玉音宣谕,登殿辩对化胡真伪。圣躬临朝亲证,李志常等义堕词屈。奉旨焚伪经,罢道为僧者十七人,还佛寺三十七所。党占余寺流弊益甚。丁巳秋,少林复奏,续奉纶旨伪经再焚。僧复其业者二百三十七所。由乙卯而辛酉,凡九春,而其徒鼠匿未悛邪说,诣行屏处犹妄惊渎圣情。由是至元十八年冬,钦奉玉音颁降天下。除《道德经》外,其余说谎经文尽行烧毁。道士爱佛经者为僧,不为僧道者娶妻为民……"④。

《化胡经》及《老子八十一化图》所引发的元代佛道之争自元宪宗五年(1255)开始,一直持续到世祖至元十八年(1281),历时近三十年,经过了元宪宗蒙哥与元世祖忽必烈两朝皇帝。佛道之间共进行了两次实质

---

① 《至元辨伪录》卷三,《大正藏》第52卷,第770页下。
② 朱象先:《文仙谷纯阳洞演化庵记》,见陈垣编纂的《道家金石略》,第708页,北京,文物出版社,1988。
③ 宋子贞:《顺德府通真观碑》,见陈垣编纂的《道家金石略》,第504页,北京,文物出版社,1988。
④ 《大正藏》第52卷,第751页上、中。

性的辩论,随辩论之后接踵而来的就是毁经事件。在此过程中,全真道节节败退,大量的道经被焚毁,许多全真道宫观变为寺院,大批的全真道弟子被迫削发为僧或还俗。全真道深受重创,元气大伤。

据《至元辨伪录》卷三载,宪宗五年(1255),在和林建寺的少林长老福裕以《老子八十一化图》广为散发、诽谤佛门为由,让学士安藏将此呈现阿里不哥大王,诉其伪妄。阿里不哥向宪宗皇帝提出道教"诈冒",宪宗在大内万安阁下招集少林长老及全真教掌门李志常,与丞相钵剌海亲王、贵戚等及译语合剌合孙和学士安藏,在御前"对面穷究,按图征诘"①。按《老子八十一化图》逐图诘问,主要就道教言老子西去流沙、天竺化胡之事进行对论。同时,佛教提出全真教侵占佛教寺院和田地之事,要求退还。论辩的最后结果是,全真教作为论败的一方被勒令烧毁伪经经板,退还佛寺三十七处。

此次论辩的具体细节已不可详考,在《辨伪录》中可看到佛教方的主要观点,至于道教方的辩驳记录已无存。关于《化胡经》之伪,《辨伪录》卷一是这样驳斥的,此图(《老子八十一化图》)"集排释之伪典,令狐璋首编妄说,史志经又广邪文。效如来八十二龛,集老子八十一化,古今不辨经史匪通。攘窃佛书收为道教,采释瑞而为老瑞,换姓安名改迦祥而作老祥。擅为己德,伪中生伪,虚上架虚。张李聃出于空洞之前,屈迦文降于周庄之代。立传图像行板流通。俾尹喜作佛,尊老聃为释迦之祖。伏牺授训,高伯阳为牺农之师。轩皇问道于广成,认为老子。文王师承于吕望,纽为老君。周公屈膝于床前(老子教以璇玑经),孔子厥角于座下(问礼)。灭三教而独显,超千圣以居尊。孤高五运之前,作师百代之下。域中独圣更有谁何?巧饰百端了无一实。详此图也,意欲剪除百氏独擅一宗,掩牺轩之圣功,灭释孔之洪范。元恶大憝,世人不知。虽有穷之乱

---

① 《大正藏》第 52 卷,第 768 页上。

夏政,王莽之欺汉庭,未足过也"①。这些是在首次论争中被批驳的主要问题。就老子李聃的出生时间,其是否释迦之祖,伏羲、轩辕、文王、周公、孔子之师的问题提出质疑,指出这样做的目的是为了尊崇老子为百代之师,道教以此标榜,灭三教而独尊。在《辨伪录》中,针对《老子化胡经》设立的辩题如下:妄立天尊伪第一、创立劫运年号伪第二、开分三界伪第三、随代为帝王师伪第四、老子出灵宝三洞伪第五、游化九天伪第六、偷佛经教伪第七、老君结气成字伪第八、周文王时为柱下史伪第九、前后老君降生不同伪第十、三番作佛伪第十一、冒名僭圣伪第十二、合气为道伪第十三、偷佛神化伪第十四等共十四项。

在御前辩论结束之后,因全真教不肯全部退还所占寺庙,还与僧人发生了冲突。丙辰年(1256)五月,罽宾那摩大师共少林等诸长老,要求与李志常等共对朝廷,再行辩论。七月,佛教代表先行觐见宪宗,专等全真派到来。李志常本人此次并未前去,而派张志敬、魏仲平、温的罕等前去。据《辨伪录》所言,当时全真教故意拖延时间,等到佛教长老退朝后才行拜谒,致使双方没有发生正面交锋。同年,李志常去世。

丁巳年秋(1257)八月,少林金灯长老再上朝廷。宪宗认为虽然关于《化胡经》之事已有结论,但汉地还未广知。不如广集九流名士再加考论,以示国家公正,免有朝廷"强抑折服"之嫌。当时忽必烈正在负责修建上都,宪宗命其主持此事。于是,忽必烈于宪宗八年(1258)普召释道两宗。佛教以少林长老为首,道教由全真掌门张志敬率领,在上都宫中大阁之下展开一场规模空前的对论。佛教一方有那摩国师、拔合斯八国师、西蕃国师、河西国僧、外五路僧、大理国僧以及汉地诸长、提点、讲主、僧录等三百余僧。道士一边除张志敬外,有道录樊志应、道判魏志阳、讲师周志立等二百余人。另有儒士窦汉卿、姚公茂,丞相蒙速速廉平章、丞相没鲁花赤、张仲谦等二百余人为证义一方。佛道双方各出十七人参加

①《辨伪录》卷一,《大正藏》第 52 卷,第 752 下—753 上。

辩论。佛教参辩人有从超、德亨、从伦、圆胤、至温、明津、祥迈等,道教参辩人有樊志应、魏志阳、霍志融、周志立、周志全、张志柔、李志和等。忽必烈首先询问辩论双方道:先前在蒙哥皇帝面前的辩论中,李志常已经屈服并已承诺烧毁《八十一化图》和其他谤佛文字,但皇帝担心你们不服,所以特传圣旨再予细论。僧道两家之中,若谁输了,该如何处罚?佛教方答:按照西天体例,论辩输者斩头相谢;道方没有置答。忽必烈提出:"僧家无据,留发戴冠;道士义负,剃头为释。"①接着又道:"你每常说,道士之中多有通达禁咒方法。或入火不烧,或白日上升,或摄人返魂,或驱妖断鬼,或服气不老,或固精久视,如此方法今日尽显出来。"这已超出了论辩的范围,而要求以神通来证实己方观点的正确,道教方一时无法酬答。在佛教方的强力驳斥下,道教方曾试图以史书中老子化胡的传说来证明《化胡经》的确凿。《圣旨焚毁诸路伪道藏经之碑》记:当时帝师(八思巴)问"'汝史记有化胡之说否?'曰:'无。''然则老子所传何经?'曰:'《道德经》。''此外更有何经?'曰:'无。'帝师曰:'《道德经》中有化胡事否?'曰:'无。'帝师曰:'史记中既无,《道德经》中又不载,其为伪妄明矣。'道者辞屈。尚书姚枢曰:'道者负矣。'"②

此次辩论之后,作为负方的道教樊志应等十七人被押送到龙光寺削发为僧,并被除去冠袍挂在长竿上晓谕示众。又下令焚伪经四十五部,归还佛寺二百三十七处。

己未年(1259)九月初七日,元政府于中都悯忠寺前筑台,集结在城的僧道官僚及士庶人等,焚烧诸路应有道藏经传记及刊行印板,严令道观不得私自藏匿,如有违反将被治罪。

全真教在此次大规模的辩论和焚经之后,受到了沉重打击。在其后清还佛教寺院的后续工作中,因道教提点甘志泉占着所居的吉祥院没有

---

① 《至元辨伪录》卷四,《大正藏》第 52 卷,第 771 页中。
② 《至元辨伪录》卷五,《大正藏》第 52 卷,第 776 页中。

退还,至元十七年(1280)夏四月,僧人再次征讨,此次发生激烈冲突。据《至元辨伪录》载,全真教自焚廪舍,诬陷僧录广渊派僧人纵火,并且称火灾烧毁米三千九百余石。中书省查明此事后,甘志泉、王志真认罪,经覆按被诛,此案所涉人员剐刑流窜者共十人。

此后,又有僧众告发道教仍有伪经,上达到皇太子。报奏说,在保定、真定、太原、平阳、河中府、三祖师庵头、关西等处,往昔应当毁去的经文印板至今仍藏着。至元十八年(1281)九月,都功德使司脱以前虽焚毁了道家伪经和板本画图,但很多隐匿未毁。其他道藏诸书类,也都有诋毁释教、剽窃佛语的内容,应加以甄别。于是当年,元世祖忽必烈命枢密副使等大臣、僧录司教禅诸僧等到长春宫,与正一天师张宗演、全真掌教祁志诚、大道掌教李德和杜福春等,一起考证真伪,历时二十天,最后论定:"虽卷帙数千,究其本末惟道德二篇为老子所著。余悉汉张道陵、后魏寇谦之、唐吴筠杜光庭、宋王钦若辈撰造演说,凿空架虚罔有根据。"[①]结论认为《道藏》中皆是撰造演说,伪妄驳杂,诳惑愚俗。请奏除《道德经》外,应都予以焚毁。元世祖的回复指出,道家经文的流传并非只有一日,如果骤然焚去,道教徒肯定不服。既然道教有入水不溺、入火不焚、刀剑不能伤害的说法,可以先以此检验一下。如果不能证实,到时再烧不迟。于是,命枢密副使孛罗守司徒和礼、霍孙等传谕张宗演、祁志诚、李德和、杜福春等,让他们在四人中推选一人佩符入火以试其术。四人自称水、火、刀剑之语实属伪妄,不敢以身相试,情愿焚去《道藏》。最后,朝廷下令只留下《道德经》,其余文字和板本化图均予焚毁,藏匿者有罪。民间刊布诸子医药等书,则不在禁限之列。

《元史》卷十一《世祖记》载:"至元十八年十月己酉,张易等言:'参校道书,惟《道德经》系老子亲著,余皆后人伪撰,宜悉焚毁。'从之,仍诏谕

[①]《圣旨焚毁诸路伪道藏经之碑》,《至元辨伪录》卷五,《大正藏》第52卷,第776页下。

天下。"①后因玄教首领张留孙之请,道教斋醮科仪之类的书得以部分保存。赵孟頫《玄教大宗师张公碑铭》曰:"或以道家书当毁。上(世祖)既允其奏,裕宗(世祖皇太子真金)以公(张留孙)言请曰:'黄老之言,治国家有不可废者。'上始悔悟。集儒臣论定所当传者,俾天下复崇其教。"②《至元辨伪录》卷二列出了奉旨禁断的道藏伪经,共三十九种,似是焚毁的重点道经。在禁毁的道教经书中,有老子传记、帝王崇道记和佛道论战之书,另有混杂上述内容的道经也未能幸免。如《化胡经》、《犹龙传》、《西升经》、《出塞记》、《历代皇帝崇道记》、《上清经》、《玉玮经》、《帝王师录》、《佛道先后论》等。被禁道经大多在此次焚经之后已不存。在今本《正统道藏》中残留的部分,基本是在删去化胡内容之后收入的。陈垣《南宋初河北新道教考》云:"今本《阙经目录》,即明正统刊藏时校《元藏》所阙之目录。"③粗略统计,共阙794种2500卷,相当于半部明《正统道藏》被烧毁。

《长春宫碑铭》云:"自经厄以还,禁为醮祠。今虽开之京师,而外未白也。乃下诏万方,其旨若曰:先皇帝令江之北南,道流儒宿众择之,凡金箓科范不涉释言者,在所听为。若然,先皇之开醮祠者,有成命也。为犯法臣所不爱,竟柅而止,自今其惟以先皇成命从事,是世祖独未究者,陛下又终之也。"④虽然在元世祖至元二十八年(1291)全真道已经开禁,但却因故只限于京师。直到元成宗继位,在当时的全真掌教张志仙等人的努力下,全真道才最终开禁,可以正常传教。但经历了这一系列打击之后,全真道已盛况不再。

---

① 宋濂等撰:《元史》第1册,第234页,北京,中华书局,1976。
② 陈垣:《道家金石略》,第912页。
③ 陈垣:《南宋初河北新道教考》,第28页,北京,中华书局,1962。
④ 陈垣:《道家金石略》,第720页。

第三章 宋代的寺院经济

与宋代佛教迅猛的发展势头相应,宋代佛教的寺院经济也高度发达。与唐代寺院经济相比较,宋代寺院经济在活动范围、经济规模以及社会影响方面都远远地超过前代。甚至与明代佛教寺院经济相比也并不见得逊色。宋代寺院经济的突出特征有:其一,由于各种原因,宋代寺院的经济生活发展很快,收入和支出之数都十分庞大。寺院除了经常性的开支,如僧众的日常基本生活所需、寺院的营造维修、各种法会佛事活动等,还参与地方性各类公益活动、慈善事业,而且宋代寺院的经济特权丧失殆尽,寺院经济正式纳入国家赋役轨道。寺院和僧尼的经济支出日益增加,更进一步刺激了寺院经济的大发展。其二,寺田及其耕作仍然是宋代寺院经济的基础,与前代相比,宋代的寺田耕作以佃客耕作为主,僧人自耕为辅。其三,建立于隋唐的"无尽藏",进一步发展为"长生库"。寺院还普遍开设碾硙、店铺、仓库等商业性服务项目,发展营利事业。其四,与此相应,寺院内部职事的分工日趋细密,上下等级界限更为清楚,禅宗初期的平等关系在逐渐解体。寺院生活与世俗生活在经济和政治上日益接近。一些农村和边远地区的僧侣,甚至可以娶妻生子,而俗间并不感到奇怪。这一动向,使得宋代佛教整体上具有浓郁的社会化、世俗化色彩。可以说,中国佛教严格意义上的世俗化是从宋代开始的,而之所以如此,其深层次的原因其实首先在于寺院经济的高度发达。

第一节 宋代寺院土地的多元化来源

本节重点分析论说佛教寺院的基本成分——寺田的来源问题。寺田是宋代寺院经济的基础。宋代寺田的主要来源,包括皇室的敕赐、信众的施舍、租佃官田、自身开垦、出钱购买官私土地等五种方式。[①] 在获得大量寺田的基础上,宋代寺院普遍建立起自己的庄园。这些庄园,一方面为寺院提供各种所需的生活资料和弘法所需的,另一方面,剩余的产品也进入市场,参与商品交换。

一、敕赐与捐施

宋代皇帝及其他皇室成员敕赐土地给佛寺,构成著名佛寺田产的重要来源。据黄敏枝先生《宋代佛教社会经济史论集》研究统计,两宋三百二十年间共有三十八次皇帝赐田给佛寺的纪录。[②] 两宋最早的赐田记录大概是建隆元年(960)十二月:"诏于广陵战地造寺,额曰建隆,赐田四顷,拔荐战亡军士,命沙门道晖主之。"[③]这是在其昔日的战场营造"建隆寺",赐田四十顷。从现有资料分析,受到皇帝垂青赐田的寺院大致有这样的几类[④]:

[①] 黄敏枝先生在《宋代佛教社会经济史论集》中将宋代佛寺寺田的来源归纳为"皇室敕赐、僧尼和信徒的施舍、购买、开垦、租押和规占"(台北,学生书局,第 23 页,1989)等六种,这一分类颇为合理。然而"规占"一类其实是指寺院非法获得土地的情况,游彪先生将其称之为"巧取豪夺"(游彪《宋代寺院经济史稿》第三章第三节小标题为"购置田产与巧取豪夺"),本文则将其作为佛寺"土地纠纷"来评述。
[②] 参见黄敏枝《宋代佛教社会经济史论集》,第 52—60 页。
[③] 元觉岸:《释氏稽古略》卷四,《大正藏》第 49 卷,第 859 页上。
[④] 下述分类及其部分材料参照了游彪先生的有关分析。参见游彪的《宋代寺院经济史稿》,第 75—76 页,保定,河北大学出版社,2003。

其一，与皇帝本人有关的寺院，由皇帝下诏修建，几乎都能得到皇帝的赐田。景德元年（1004），宋真宗"赐永安禅院"，专奉陵寝。① 永安陵是宋太祖的父亲赵弘殷之墓，原本不在永安县（今河南巩县）的宋陵，后来被迁宋陵，与太祖赵匡胤合葬在一起。宋神宗熙宁八年（1075），下诏将宋英宗昔日住过的府邸改建"为佛寺，以本镇封，赐名兴德禅院，仍给淤田三十顷。"② 南宋高宗时期，湖州报恩光孝禅寺成为宋徽宗的功德寺，因而获得赐田四十顷，最后因故仅仅得到二百余亩。③

其二，宋代后妃的功德寺院也能得到皇帝的赐田。宋神宗元丰七年（1084），"贤妃朱氏进位德妃。诏贤妃邢氏于奉先资福院侧修佛寺，赐名多庆禅院，……仍给官田十顷。"④ 南宋高宗绍兴年间（1131—1162），下令建造崇先显孝禅院作为高宗母亲韦氏的功德寺，"拨田三十顷，岁可收米二千一百余斛，柴山桑柘等地二千八百亩有奇。"⑤ 此次赐田共计五千八百余亩，数量惊人。宋理宗淳祐年间，兴建贵妃阎氏功德院，皇帝"赐山园田亩为数颇多。建造之初，内司分遣吏卒市木于郡县。"⑥ 景定三年（1262），理宗的贾贵妃死后，理宗为其作功德，"以吴江上腴田五千亩"⑦ 赐给南天竺崇恩演福寺。

其三，宋代皇帝还会赐田给一些著名寺院。如南宋时期的上天竺寺就是当时非常受朝野重视的名刹。绍兴三年（1133），高宗将平江府浒墅庄田二十顷赐给上天竺寺；淳熙十一年（1184），孝宗赐给上天竺寺位于秀州的田四十顷；嘉定六年（1213），宁宗赐给其寺位于崇德县的田十五顷；端平三年（1236），理宗赐给其寺位于钱塘、仁和、富阳、海宁等县的田

---

① 《宋会要辑稿》礼三七之六一九，第 1322—1324 页，中华书局影印本，1957。
② 王明清：《挥麈前录》卷一，四库本。
③ 陆心源《吴兴金石录》卷九《报恩光孝禅寺赐田免税公据碑》，《石刻史料新编》第 1 辑第 14 册，第 10775—10776 页。
④ 《续资治通鉴长编》卷三四二"元丰七年正月甲寅"，第 8225 页。
⑤ 《松隐文集》卷三〇《崇先显孝禅院记》。
⑥ 周密：《癸辛杂识别集》卷下，第 298 页，北京，中华书局，1988。
⑦ 《金华黄先生文集》卷一二《南天竺崇恩演福寺记》。

地、山荡沙地四十五顷；嘉熙二年(1238)，理宗又赐给其寺钱塘、仁和、富阳、临安每县山地十五顷；淳祐三年(1243)，理宗又赐给其寺位于松江府华亭县的田十顷；景定三年(1262)，理宗又赐给其寺位于湖州德清、乌程、归安、长兴县的田五十顷；宋度宗时期，又赐给其寺田三顷作为该寺香灯之用。① 上述田产分布地域异常广泛，其中，有明确数量的田地、山林等共计一百六十八顷。宋理宗时，显慈集庆教寺"有旨赐田以亩计者万八千二百有奇，山以亩计者万七千九十有奇，寺庄两，库本以缗计二十万，蔬圃游园数不一止。"②这两组数字相加，即达三千五百余亩，如果再加上显慈集庆教寺从其他渠道所获得的土地，该寺所拥有的土地田园确实是"他刹所未有"的。

此外，宋代皇帝也会出于对某些高僧的崇信而对其所常住锡的寺院赐给田地。如镇江府延庆寺的僧人梵隆，"以异材赡学，高操绝艺，自结上知，不由先容，得对内殿"；此后不久，梵隆圆寂，宋孝宗即位后，为了纪念这位方外之友，"又命创常照院于无住故址，以隆师弟子上首至叶嗣其事，赐田以赡其徒。"③南宋初期，锡山径山的著名禅师宗杲因张九成之事而被刺配，孝宗未登基之前，就"怜而敬之，宠眷优厚，赐金钵、袈裟，舆前用青盖，赐号大慧。言者列其宠遇太过"，但孝宗并不以为然。在登基之后，高宗游历大慧所在的径山寺，"以妙喜故，赐吴郡田万亩"④。对于这一事件，清胡敬《淳祐临安志辑逸》卷七系为乾道二年(1166)。⑤ 宗杲受赐"大慧禅师"之号在绍兴三十二年(1162)，圆寂于隆兴元年(1163)八月九日。因此，孝宗赐田给径山是在大慧宗杲圆寂之后。

---

① 参见《天竺寺志》卷一〇。
② 胡敬：《淳祐临安志辑逸》卷二，四库本。
③ 陆游：《渭南文集》卷二一《湖州常照院记》，《陆游集》，第2171页，北京，中华书局点校本，1976。
④ 叶绍翁：《四朝闻见录》甲集《径山大慧》，第34页，北京，中华书局，2006。
⑤ 胡敬：《淳祐临安志辑逸》卷七。游彪先生将上述事件当作两件事情理解，因此说："同一皇帝在位期间两次赐给高僧数量相同的田产，恐怕不是偶然。"(游彪《宋代寺院经济史稿》，第77页)恐误，不从。

如上所论列,尽管宋代皇帝赐田给佛寺的记载不少,但与唐代相比较,次数和数量还是要少得多。这主要是"随着均田制的瓦解,土地私有化程度进一步提高,以皇帝为首的官府能够控制的官田大幅度减少,尽管也有少数民田转化为官田,但毕竟是不能如唐以前那样控制并支配数量众多的田产,更何况官田尚有其他多种用途,因而皇室不太可能轻易将很多田产赏赐给佛教寺庙。"① 另一个重要原因则在于宋代寺院土地来源的多元化以及宋代寺院经济从整体上比前代更为发达,因而皇帝的赐田对于那些业已富庶的大寺也显得不那么迫切和必须。

尽管从绝对数量上来说,皇帝赐给寺院的田地数量巨大,有时甚至惊人,但能够享有这一殊遇的寺院毕竟是少数,在全国寺院总数中仍然是微乎其微的。因此,宋代寺院所拥有的庞大土地大多数只能来自于社会各阶层的布施和寺院本身的多元化经营。

宋代的官员向寺院捐施田产的记载非常多,数量也非常可观。如曾任后蜀节度使的田钦全与其妻郭氏于建隆年间(960—963),在宋平定后蜀之后,将所有田土悉数捐施给成都正法院,计八千五百四十六亩,其内在动机在于以此求得朝廷的谅解。此块土地由于"当时蜀地新复,土田荒漫不确,地方官只能记忆南东之界限,作成图卷。其他就无从查考,因此只得到新开辟田三千七百七十三亩,其他尚有一半以上的田在佃农手中。"② 正法院僧德信据理力争,远走京师申诉,得到丞相鲁国公之助,向徽宗反映其事,于崇宁四年(1105)四月二十七日,得皇帝的旨意,才将这批田土全部归还正法院。③ 再如宋初武将安守忠承袭其父安审琦的家业,在"永兴军万年县春明门有庄壹所并碨贰所,泾阳县界临泾有庄一所"④,"东庄共计地一十七顷三十四亩二分","北庄临泾庄""共计四十顷

---

① 游彪:《宋代寺院经济史稿》,第77页。
② 黄敏枝:《宋代佛教社会经济史论集》,第31页。
③ 参见《成都文类》卷三九《正法院常住田记》,四库本。
④ 《金石续编》卷一三,《石刻史料新编》第1辑第5册,第3287页。

三十六亩"①。宋太宗淳化二年(991),安守忠"将两处田土庄舍,舍与广慈院内,永充常住,每年斋供僧荐父母。"②捐施给广慈禅院的两处田产,共计六十一顷余,并且位于两县之中。南宋光宗绍熙元年(1190),直秘阁张镃上书朝廷,"乞以临安府艮山门里所居屋舍为十方禅寺,仍舍镇江府本家庄田六千三百余亩供赡僧徒。礼部、太常寺拟庆寿慈云禅寺为额,从之。"③南宋初期名将杨存中"舍苏州径山庄一万三千亩,岁出两万斛,并有黎牛、舟车、解库,应用百事具足。"④不过,一次向佛寺捐施上万亩土地的官员并不会很多,大多数的捐舍都在百亩与千亩之间。北宋时期的著名政治家、文学家王安石"施田与蒋山太平兴国寺充常住,为父母及子雱营办功德。"⑤宋徽宗崇宁二年(1103),一位郑姓和州知州,向朝廷申告营造褒禅寺,并且还"以私财付院僧,命买田,岁收其所得以严供施。"⑥绍兴三十年(1160),晋陵县丞赵若拙"斥其赢买当涂沛国圩田二百五十亩,……舍入光孝寺。"⑦南宋孝宗淳熙十三年(1186),"承节郎、河东薛纯一诣绍兴府,……愿以家所有山阴田千一百亩,岁为米千三百石有奇,入大能仁禅寺,祝两宫圣寿。"⑧两宋时将其家或个人拥有的田产捐施给佛寺以求功德的官员很多。这些官员的直接动机和捐施机缘可能千差万别,但大都出于对佛教的信仰。这恰好说明佛教与士大夫阶层已经构成了良性互动,这也是宋代寺院经济发达的基础。

宋代的商人、手工业阶层和农民也都经常向佛寺捐施田产。如《夷坚志》记载:"靖安张保义者,本邑村朝山屠儿,以建炎捍寇有功得官,赀产甚富。"当地的宝峰寺被焚毁之后,"张一力重营之。又置田数千亩,以

---

① 《金石续编》卷一三,《石刻史料新编》第1辑第5册,第3289页。
② 同上书,第3287页。
③ 《宋会要辑稿》道释二之十五,第7896页。
④ 《径山志》卷一四《寺产》。
⑤ 王安石:《王文公文集》卷一九《谢依所乞私田充蒋山太平兴国寺常住表》。
⑥ 《姑溪居士集》卷三七《代人作褒禅舍田记》。
⑦ 《鸿庆居士集》卷二三《舍田记》。
⑧ 陆游:《渭南文集》卷一八《能仁寺舍田记》。

赡常住。张藏钱不胜多,自筑土库数十所作储积处,平生享用自如"①。文中所说的张保义原本为屠户,后因功而得官,其非常多的钱财大概是其经营所得,应算作商人阶层。他后来信佛颇为虔诚,重建佛寺,为佛寺置买千亩田产。与唐代的情形一样,占人口大多数的农民在某些情形下,也会出于信仰的原因将本来就为数不多的田产捐施给佛寺。晁公遡《嵩山集》记载:"张明瞻与其兄为其父舍所有田,其广十亩,岁得米为二十斛。"②张氏二兄弟为了其父的佛教信仰而竭尽全力捐施十亩田产,为数不多,但已属不易。从一些金石文字中留下的佛寺受田记录也可以看出下层贫苦百姓也在竭尽全力为佛寺捐施土地和钱财。《延昌寺遵公舍田碑》记载:"齐叟亡室孺人陈氏……仍舍田一亩一角,计租两石,为伊普西供,并为荐出嫁亡女曾二小娘,同登彼岸。"③这篇碑文中还记录了其他几户人家捐施田地为其家属祈福的事情。

不可否认,下层百姓向寺院捐施土地的动机除佛教信仰之外,也有寻求保护、逃避不堪承负的徭役的情形。北宋神宗改革役法之时,司农寺曾经上奏:"州县百姓多舍施、典卖田宅与寺观,假托官司姓名,欲令所属榜谕,听百姓自陈,改正为己业,仍依簿法通供敷纳役钱。"④可见,民间百姓确有不少百姓将其田产施舍或典卖给寺院,以逃避徭役。又如南宋宁宗嘉定五年(1212),朝廷下诏核检上天竺等寺,"诏令两浙转运司取索上天竺灵感观音教寺并径山兴圣万寿禅寺砧基契照究见,着实有无隐寄别人产业,仍截自今降指挥日为限,如日后如有增置田产并在蠲免之数,其两寺得免和买役钱之额,令所隶官司各与消豁,不得暗与其他人户产上均摊,如违,许被害人户越诉"⑤。这一则诏令的缘由大概是朝廷得到某些奏报获知这两所原本具有免除徭役赋税特权的佛寺有"隐寄别人产

---

① 《夷坚志》卷一〇《张保义》,《笔记小说大观》第 2 册第 14 页,扬州,江苏广陵古籍刻印社,1983。
② 晁公遡:《嵩山集》卷五〇《舍田记》。
③ 李遇孙:《续扩苍金石志》卷二《延长寺遵公舍田碑》。
④ 《续资治通鉴长编》卷二六二"熙宁八年四月戊寅",第 6401 页。
⑤ 《宋会要辑稿》道释二之一六,第 7896 页。

业"以逃税役的事情,朝廷于是下令地方官员去核查。从这一事例看,宋代也存在一些富户或者普通百姓将田产名义上挂到寺院名下的现象。

史学界许多人通过引证宋代僧尼向寺院捐施田产的事例,得出这样的结论:两宋时期有许多僧尼个人拥有田产,有学者甚至认为朝廷有时会赐田给僧人。① 这一看法,有不妥之处。从宋代的资料看,确实有僧尼向寺院捐施田产的记录,但在分析这些例子时,要充分注意两点:其一,要注意其捐施之时的确切身份,如果是在出家之时或者在出家之前捐施的,应该将其当作民间信众的捐施。其二,要注意其所捐施的田产的来源。尽管他有田产可供捐施,但这些田产并非因为他是僧人而具有的。目前发掘出的资料,正如曹仕邦先生所说:"沙门接受土地布施的记载较少,这是缘于施主们好以土地施于寺院之故。"②僧尼向寺院捐施的田产,其来源大致有两种:一是来自俗家继承法分配下得到的田产。二是以出家之后所蓄积的衣钵之资购买的田产,这种例子中,一般是购买之时已经明确了捐施寺院的目的。也就是说,僧尼不能以出家人的身份购置田产自己经营和占有,在两宋时期这也是佛教的核心规定之一,敢于突破者不多。

黄敏枝先生在解读几则僧尼施田的资料之时,特别强调捐施田产与捐施田产之收入之间的区别。有这样一个例子:宣和四年(1122),一同

---

① 如黄敏枝在《宋代佛教社会经济史论集》中专门将"僧尼的施田"列为寺田的来源之一。但他似乎也未明确说僧尼出家之后仍然可以得到田产捐施,相反,他说:"僧尼的私财,包括出家前即已有的资财,也就是来自俗家承继法分配下得到的赀产;和出家之后所蓄积的衣钵之资,包括信徒的施舍和自己的经营所得。"(第27页)游彪先生则认为:"皇室赐田产给寺院的另一种情形是针对个别名德高僧的,尤其是在皇室面前得宠的僧人,皇室的赐田就更为丰厚了。"(游彪《宋代寺院经济史稿》,第76页)游先生又说:"在宋代,还有一批特殊的捐助者,他们便是僧侣自身。……宋以后,僧尼个人拥有私有财产的现象已相当普遍,无论是钱财,还是田产,私有化的倾向都相当严重。"(游彪《宋代寺院经济史稿》,第85页)游先生所举的朝廷赐田给僧人个人的例子,笔者以为不能如此理解,所举的两例其实应该理解为因为著名高僧的缘故朝廷向其昔日所住锡过的寺院赐田,因为两次赐田都是在其"名德高僧"、"皇室面前得宠的僧人"死后才实施的。
② 曹仕邦:《从宗教与文化背景论寺院经济与僧尼私有财产在华发展的原因》,《华冈佛学学报》1985年第8期。

出家于平江府吴县灵岩山秀峰禅院的朱德泅及子德溁,捐施两千贯文足,与兄朱隆、嫂花氏所舍五百贯文足,共同购置田土,以岁收花利,永充常住。① 对于此例,黄先生说:"比较值得注意的是他们的施舍仅是岁收花利,而非真正地将田地舍入。这种仅以租课施舍而非将土地所有权施入在宋代是很普遍的。"②又如《延昌寺遵公舍田碑》记载:"可遵大师,郡郑氏子。……天性坦邑,少欲知足,淡然无累,以施利赟度小师祖寿外,小蓄余积。俗家有少分祭谷,其侄晋叟、齐叟与为储,所得用以置田四亩余,计租八石五斗,与寺僧约,师之殁后,施诸常住,以供众僧。"③这条材料有些细节不清楚,引起误解。黄敏枝先生说:可遵"只是将租课输入,田地仍然在自己手中"④。这一分析沿袭了对于前例的分析思路。游彪先生则认为:"可知此僧得到的施舍完全不属于寺院,而是交给了自己的亲属管理,财产所有权显然是可遵和尚的。"⑤游先生说,可遵将"施舍"交给其亲属管理显然缺乏依据,可能是将"小蓄余积"连在下句的缘故,而游先生也是将此例作为宋代僧尼具有私有田产的例子看待的。黄、游二位对于此例的分析表述,其共同的结论是可遵拥有这四亩多田产的所有权,而着眼点略有差别。黄先生认为是产品使用权和田产占有权的分离,游先生不但干脆不做如此烦琐的分解,而且忽略了这四亩田产来源于以继承祖产所得而购的这样一个事实,笼统地称其为"施舍"。在我们看来,黄先生的分解不妥当,宋人是否有这样明确的现代产权概念,恐怕是一个大问题。再者,宋代以及前代说明俗士捐施田产的文字记载中也有类似的表述,但黄先生在分析叙述时并未用产品权与田产占有权分离的思路去说明。其实,在这类文字中,大多数是标明田产数量,但也有仅仅标明田产收入的,也有二者都标明的,其实质很大可能没有差别。黄、

---

① 《江苏金石志》卷一〇《秀峰寺公据》,《石刻史料新编》第1辑第13册,第9684页。
② 黄敏枝:《宋代佛教社会经济史论集》,第28页。
③ 李遇孙:《续扩苍金石志》卷二《延昌寺遵公舍田碑》。
④ 黄敏枝:《宋代佛教社会经济史论集》,第29页。
⑤ 游彪:《宋代寺院经济史稿》,第86—87页。

游二位之所以如此理解分析,其深层次的考虑是想证实宋代僧尼可以拥有"私田"。对于这一问题,笼统地说宋代僧尼拥有"私田"是不准确的,而要具体分析"私田"的来源形态。我们认为合适的表述应该是:宋代僧尼在出家前本来就拥有的田产,以及出家后其家为其依然保留的财产继承权所包含的田产,是构成僧尼"私田"的来源。对于这类"私田",僧尼有自由裁量权,即可以将其捐施给寺院,也可以将其继承权让渡给其亲属、宗族中人。

至于僧尼以自己在出家之后所获得的钱财购置田产用来营利,并将盈利私自享用的事例,见于记载的不太多,大量的反而是以出家后所获得的钱物购买土地直接捐施给寺院。特别是,现存石刻碑文中所记载的这类事例不宜理解为"私田"。如唐代有名的供奉佛骨的圣地法门寺在北宋一段时期寺名为"重真寺"。大宋咸平六年(1003),有"重真寺真身塔主兼都修治主、赐紫大德志谦"立有《卖田地庄园记》。立碑的起因是,"余与师兄志永、师弟志元,辍那衣钵,去寺北隅置买土田四顷有余。"①碑文则记录了法门寺当时所拥有的田产数量、位置和农具并庄子一所等。再如明州奉化县安岩山华严院住持僧无尽和族弟僧智德都于此寺出家,智德有山林三千亩,"德之己业",位荒僻处所,又开废田八顷,并以衣钵增置三十亩,都舍入华严院。② 这一事例中,三千亩山林是智德的"己业",应该是出家前继承的财产,开发的废田八顷也许是在出家后。智德将属于自己的田产、新开的荒田以及新购入的田产一同捐施给寺院。这一事例中,没有语句可以证实智德在出家之后购买田产或开垦荒田据为己有。又如明州鄞县天寿保国接待院的住持大逵,当时出家之时,其家拨水田一百五十亩资其出家,大逵陆续将其增置为三百七十亩,其中一

---

① 《金石续编》卷一三著录的名称为《重真寺买田庄记》。碑石现存于陕西扶风法门寺,碑石上有题名《卖田地庄园记》,与内容颇为投合。此碑记录了两件事"买田"捐施寺院和寺有庄园,碑石的树立者应为买田者之一"真身塔主"志谦,文为第一人称叙述。
② 《攻媿集》,《四部丛刊初编》卷五七,《安巌山华严禅院记》,第530页。此段落的一些资料采自黄敏枝的《宋代佛教社会经济史论集》第二章,但均作了查对。

百亩充万寿寺助写经之用,其余二百七十亩充本院住持接待来往之费,大逵并将其事上报僧录司和地方僧司备案。① 这一例中的疑难处在于,大逵当初出家之时,其家人为助其出家所拨出的水田的归属。从其他史料看,宋代富裕人家子弟在出家为僧后,其家族并不剥夺其财产继承权。而出家为僧者也往往将其财产委托家人经营,但其最后的处置权仍旧归属出家者。如楚州慧崇禅师于绍兴二年(1132),将原在俗家分得的三十亩田、五间庄舍,捐舍给佛寺充常住之费,并且向官府登记。② 宋代史料中所出现的僧人所具的"私田"恐怕大多都属于这一情况,如婺州浦江县仙华山化城院是僧法空所创,龙华主僧雍正首先施田,法空之师清衍也割私田助之,法空又买若干亩施入,作为化城院的常住费用。③ 再如,前述可遵舍田的延昌寺于宋理宗宝祐三年(1255),僧祖绍将衣钵羡余买土田(租八石七斗)斋僧并充作义父母忌供;另外以租课三硕余舍入丽水县悟空院,为亡父母及南阳千七承事叶公、太君毛氏忌供;又一茆竹田二处计租九硕,北部田四处计租二硕,为祖绍三月十八日忌辰办供品。④ 如此等等。

综上所述,宋代寺院经济的高度发达,尤其在朝廷将寺院当作一种经济组织对待,需要征收赋税的背景下,佛寺仅仅依靠信徒捐施钱物是不能够生存的,因此,寺院的主事僧必须肩负起为寺院建立或光大寺田的责任。可以成都超悟院的僧人文英的事迹说明之。成都超悟院本为当时有名的大慈寺的九十六院之一,然却于宋徽宗政和二年(1112)冬天与其旁的十五院一起化为灰烬。原为成都嘉祐院的僧人文英受命住持超悟院,文英创屋建寺,费尽心机。超悟寺本来没有寺田,文英一方面以

---

① 陈著:《本堂集》,《四库全书》卷五二,《天寿保国接待院》。
② 《扩苍金石志》卷一二《灵鹫山崇禅师舍田碑》,《石刻史料新编》第1辑第15册,第11433—11434页。
③ 《金华黄先生文集》卷一三《化城院记》。
④ 李遇孙:《续扩苍金石志》卷二《延昌寺僧祖绍舍田碑》,《石刻史料新编》第1辑第15册,第11463—11464页。

信徒施舍的钱财,并向官府请回废寺的财产,共买田三百亩供常住使用。文英住持此院二十余年,其继任者义登、义全又各一家田舍入此院,并且劝募到福唐朱氏捐施一百亩田产。① 这样经过两代主事僧的努力,超悟院终于成为成都一地的大丛林。正因为寺田对于佛寺如此重要,而在僧人可以合法地拥有衣钵之资的前提下,僧尼以其自有资财买置田土捐献给佛寺也是一时风气,当时的许多名僧高僧都有这样的举动。如宋代禅宗的执牛耳者圆悟克勤在住持汴京天宁万寿禅寺时,就曾以衣钵之资购买田产一千亩舍入其寺,供寺僧常住使用。如此等等,不一而足。

二、租佃官田

除不同阶层的信众的捐施之外,宋代寺院具有不同于前代的获取土地的方式——租佃官田。宋代寺院租佃官田的现象较为普遍,如昌国县普慈禅院"大观中,请海涂一段,地名富都乡白泉隩,岁得谷千斛。"②大观(1107—1110)为宋徽宗年号。再如,湖州报恩光孝禅寺在宋末元初也曾佃耕官田二百五十亩,这一佃租关系是在"陵谷变更,田口皆增粮倍税,有产之家急于脱去,寺遂得而有之。"③

不过,宋代朝廷对于佛寺租佃田产的范围作了一些限制,"原则上只能租佃荒田。"④宋徽宗政和元年(1111),有官员上书朝廷,提出了"欲除官荒田许观、寺请佃外,余并不许典卖"⑤的建议。这是说,佛寺、道观只能租佃属于官府的荒田。宋代荒田的范围包括山林川泽、沙荡、盐碱荒地等。南宋时朝廷有明文规定:"近来屯田不许见任官及僧寺、道观、公

---

① 《成都文类》卷四〇《超悟院记》,四库本。
② 张津:《乾道四明图经》卷一〇《普慈禅院新丰庄开请涂田记》,《宋元方志丛刊》(5),第4954页。
③ 《两浙金石志》卷一四《元报恩光孝禅寺置田山碑》,《石刻史料新编》第1辑第14册,第10522页。
④ 游彪:《宋代寺院经济史稿》,第87页。
⑤ 《宋会要辑稿》食货六十三之一九二,第6082页。

吏等人诡名冒佃,许诸色人告论,如有违反,申取朝廷指挥外……"①可见,朝廷是禁止寺院租佃屯田的,并警告寺院不得以他人名义租佃屯田。此外,凡是用来灌溉农田的河塘湖渠等设施也禁止寺院租佃。如宋孝宗淳熙九年(1182)下诏:"自今以后,凡陂湖、草荡并不许官民户并寺观请佃围裹。"②从上述规定来看,宋代朝廷在寺院租佃田地的问题上煞费苦心。既想利用寺院的力量开发荒田,为政府增加赋税收入,又不愿意因此而形成佛教寺院与民争利的局面,因而就有了既利用寺院的经济力量又限制佛教经济的过分发达的双重性政策。不过,这一政策设计原本是不错的,但在实践上难免走样。其中的原因颇为复杂,从朝廷以及各级管理的角度看,并非每位皇帝和官员都有佛教信仰,加之民众仍然难以改变对佛教的固有印象。一般以为,佛门乃清净之地,应该与民间土地买卖以及商业行为中必要的谋划和诡计保持距离,所以,寺院在土地租佃以及其他经济活动中依照经济活动的本性所采取的某些在世俗经济中也许是正当合理的行为,往往会在社会上产生对于佛教不利的议论,也会被某些不信仰佛教的官员所弹奏。这样的事例,不在少数。

宋孝宗隆兴二年(1164),绍兴知府吴芾就山阴县鉴湖存在的水流阻塞问题的奏报中也涉及到佛寺的租佃。吴芾说:鉴湖"有田三十一顷九十三亩一角,元系能仁寺请佃。"③而当时的鉴湖"或为慈福宫庄田及荡地,岁输所入于庄,或为告成、天长、千秋、大禹等寺观因佃。吴给事积土之山而包佃为田及荡地,故湖废塞殆尽。"④可见,佛寺和道观都在此湖周围租种官田,鉴湖阻塞的主要原因应该是政府的管理不当,而佛寺、道观租种田产只是由政府欲出租土地之因所引起的"果"。还有一类似的例子。淳熙九年(1182),度支员外郎姚述尧上奏朝廷:"传法寺僧请佃明州

---

① 《宋会要辑稿》食货六十三之一四九,第6061页。
② 《后乐集》卷一三《论围田札子》。
③ 《宋会要辑稿》食货六十一之五十,第5898页。
④ 施宿等:《嘉泰会稽志》卷一三,《宋元方志丛刊》(7),第6954页。

定海县凤浦、沈窖两湖八百亩为田,契勘两湖可以灌溉田二万六千余亩,乞委浙东提举官将所佃田尽行开掘,复为平湖,以为旱干灌注之利。从之。"① 这一例是朝廷官员上奏将本来由寺院租佃的田地收归官府而复为平湖。又如湖州地区的淀山湖"泽被三郡",但被豪右之家围占"为田者大半",淳熙年间,开掘了部分湖面,逐渐恢复了灌溉功能。然而,"绍熙初,忽被天竺寺狭巨援,指问使司,吏辈并援为奸","遽尔给佃"。② 这一例中,淀山湖面围湖造田的事态很严重,一度严令禁止,后来禁令稍开,天竺寺出面活动主管的官员,得以租佃湖田,但后来被官府的官员所查办。这类事例,经学者采集,发现不少。但在分析这些例子时,需要注意佛教寺院的参与并非这类事例的全部原因。这样大规模的土地纠纷和政策变更,实际上涉及到了经济活动中的几乎所有重要元素,如朝廷政策、地方政府的管理、地方豪右等等,而佛寺、道观作为经济活动的合法参与者,仅仅是其中一个元素,不能将佛寺在这些事变中的作用过分夸大。如北宋时期围绕杭州西湖的治理即可说明这一问题。史载,北宋仁宗时期,郑天休担任杭州知州,"自钱氏纳土,至公居郡时,凡六十余年矣。而湖秽不治。豪夺以耕,僧侈其宇,浸淫蠹食,无有已时",经过整顿后,才"湖利大兴"。③ 郑天休下令整顿西湖的设施,退耕还湖,调集数万劳力将昔日的湖面恢复起来。从文中叙述看,西湖滥耕乱占者不止佛寺一方面,佛寺僧众仅仅是一其中的一种元素而已。如果说佛寺的佃耕客观上是西湖的危局加重了一些,但在地方长官只顾增加收入的政策指导下,即便是佛寺不去租佃,其他人也会租佃的。再如明州东钱湖,"蓄积涧水,溉田三十余万亩","先系资教院僧立利承佃,兹垦成田三百余亩,近有人户争佃。"可见,资教院僧在官方的许可下,在东钱湖边开垦田地三百余亩,但开垦完成之后却有民间人户与其争佃。地方官员经过调

---

① 《宋会要辑稿》食货六十一之一二七,第5937页。
② 《后乐集》卷一五《郑提举札》。
③ 《能改斋漫录》卷一二,第370页,上海,上海古籍出版社,1960。

查,提出:"缘东钱湖积水灌溉定海、鄞县七乡民田。窃人户以增租承佃为名,填叠增广,有妨积水",于是户部决定"将上件延湖葑地,不许人户请佃,仍旧开掘为湖,庶免向后堙塞之患。"①这一争佃纠纷及其佛寺租佃受阻,佛寺的责任不大,相反却遭受了某些经济损失。

　　宋代寺院除可以租佃荒田之外,也可以租佃"学田"。"学田"本来是官府所有之田,宋代政府拨出一定的田产供学校出租经营,其经营收入归学校所有,以此解决各地学校的日常开支和办学经费。根据学者研究,宋代"寺院租种学田是合法的"。② 如鄞县灌顶山有山田一千三百七十余亩,自宋真宗天禧二年即拨归明州(今浙江宁波市)作为学田,而这一学田有灌顶山的普净禅院租种,每年地租达三百贯之多。至南宋嘉定十七年(1224),有豪民以该山有铁矿为名请求上山鼓铸,经府学教授方万里据理力争,此豪民才没有得逞,至明代之前,这一学田一直由普净禅院租种。③ 南宋时期的白鹿洞书院的"学田"也有一部分由佛寺租种,当时有人认为属于书院的田产为人侵占,主张收回增加地租,引起租佃者的不满,有人则反对增加地租,认为"况今教授所增,不过二十五硕,于书院初无后补,异时寺僧、佃人纷纷退佃,徒费官司区处,非所以重书院也。"④显然,增加地租之事不了了之,佛寺则得以继续租种白鹿书院的学田。

　　佛寺在租佃"学田"中有时也会产生纠纷。如嘉兴府学的"学田旧为豪民及浮屠冒占,殆数百亩。"⑤在地方官的干预下,"学田"才得以恢复。再如南宋宁宗嘉定年间(1208—1225),嘉兴府的"学田"租佃再起波澜。有人举报僧寺私占学田,"其最甚则六合塔院冒据之田。初,院僧诱鹖冠顾氏,取其田四百六畮,虚立贱卖券约","僧与胥为市,乘罅去籍,并以没

---

① 《宋会要辑稿》食货六十一之一三一,第5939页。
② 游彪:《宋代寺院经济史稿》,第87页。
③ 《嘉靖宁波府志》卷五《山川》。参见黄敏枝《宋代佛教社会经济史论集》,第49页。
④ 《名公书判清明集》卷三《白鹿书院田》,第96页,北京,中华书局点校本,1987。
⑤ 徐硕:《嘉禾金石志》卷一六《府学新创小学记》。

田掩而有之,涉年二十。阅儒官六、七弗究弗图,稔伪成真"。① 从文中叙述看,寺院的僧人与管理学田的官吏一起,乘机将406亩学田从学府土地籍册中去掉。官学中的"儒官"六、七人竟然没有追究,这一图谋竟然得逞长达二十年。

从大多数的史料中考究,似乎朝廷不允许佛寺租佃"熟田",但也有一些史料说明未必完全如此。如《吴郡志》记载,宋光宗绍熙二年(1191),在徐谊担任苏州知州之时,"会昆山属邑宗王有田七千余亩没入于官,一时贵近相先规取,牒诉旁午,公晓以令甲,皆不应得,命有司召佃如式,而长老德溥因以千亩为请,公委有司给之。抑权放势,平讼息争,不惟法理适宜,人无加喙,而院之众藉是庶几资以无乏祷祠之地"②。被罚没入官的田产想必是早经开发的良田,而这一记载明确说明,寺院租佃已经耕种的良田是合乎朝廷规定的。而这与一般所言寺院只能租佃"荒田"、"学田"的说法并不一致。也许是有关佛寺租佃官田的规定前后有所变化所致。

三、开垦荒田

两宋朝廷是机敏的,允许寺院租佃官田,但原则上却将其范围限制在荒田之内。这实际上是逼迫佛教寺院为国家土地的开发贡献力量,可谓一举数得。北宋神宗熙宁年间,朝廷就下诏:"自今沿海泥游之处,不限寺观、形势、民庶之家,与筑埠为田,资纳二税。"③可见,北宋前期甚至更早已经允许佛寺参与开垦沿海荒田。南宋初期,绍兴二年(1132),宋高宗下诏:"诸路寺观常住荒田令州县召僧道耕垦,内措置有方及税租无拖欠者,并仰所属差拨住持其田宅。"④可见,两宋朝廷是支持佛教寺院开

---

① 徐硕:《至元嘉禾志》卷一六《复学田记》,《宋元方志丛刊》(5),第4532—4533页。
② 范成大:《吴郡志》卷三一载《给常平田记》,《宋元方志丛刊》(1),第935页。
③ 梁克家:《淳熙三山志》卷一二《版籍类·海田》,《宋元方志丛刊》(8),第7887页。
④ 《宋会要辑稿》食货六十一之八十一,第5914页。

垦荒田海涂的。

宋代的荒田、荒山、海涂以及无主田地都属于朝廷所有,因此,寺院开垦这些土地也需要政府的批准,并需要缴纳一定的赋税。如位于台州临海县的昌国禅院"僧衲肩摩,寝于斯,食于斯,殆无虚时,而岁乏盖藏",寺院处于经济危机之中。时任湖州通判的左誉为其寺设计了一条出路,"院北廿里有堰曰高湖,岸之涂泥可田也。"但由于不久左誉去世,此议未开始实行。至南宋绍兴年间,僧人宗辩任住持,"首发左君之遗意以语其徒,愿供租赋以奉公上,出力役以给往来。院众复因等皆是其说,则状其事于县丞程君,时摄邑事以为无伤于民而利于公,遂从其请。"① 最后,在信众等齐心协力的劳作下,终于完工。此例中,昌国禅院来往以及常住僧众多,仅仅凭信徒捐施,难于满足其需要,但又缺乏明确有效的寺田来源,因此,开垦湖岸涂田尽管费力费时费钱,但却是一条生路。而开垦的动议由官府中的信佛人士提出,后由地方政府正式批准才得以实施。这一过程,大概是两宋时期几乎所有寺院开垦荒田的基本过程。

如前所述,宋代朝廷允许寺院租佃荒田,那么,租佃的荒田与寺院自己开垦的荒田之间有何区别呢?"寺庙租佃官府的田地只有经营权,而无所有权,官府随时可以将这些土地转租给他人,如前所引的一些具体例证,世俗之人有权增加地租与寺院争夺土地的租佃权,或因其他原因而剥夺寺庙的租佃权。而寺院垦荒得到的土地往往成为寺院的常住财产,至少寺院拥有长期的经营权和使用权,甚至逐渐演变为寺庙拥有所有权的土地。"② 这是理论上的说法。在目前的资料中,寺院所开垦的荒田到底属于哪一种类型,由于细节的缺乏,往往难以准确界定。

"寺院的垦田,通常是以山田和海涂田为主,因为这二种田多半还未

---

① 黄瑞:《台州金石录》卷五《大宋台州临海县佛窟山昌国禅院新开涂田记》,《石刻史料新编》第1辑第15册,第11038页。
② 游彪:《宋代寺院经济史稿》,第92页。

开辟,或者虽已开辟,又被废弃。"①关于开垦山田的事例,如商州福寿寺,原已废弃,后唐清泰年间(934—935),僧人清弁来此,重修建寺修葺,经过四十年的努力,开垦荒山野田,造水碾,种桑种蔬,僧徒的给养才不再匮乏。②再如政禅师,于北宋哲宗元祐初至绍圣年间(1086—1097)住持方山昭化寺,"开垦山田,建下庄院一所,岁收荞粟千斛"③,此寺僧众衣食修道所需,均得以自给自足。两宋时期,大量位于山林中的寺院因陋就简,就地开垦荒山造田,是其生存的可行办法。这样的例子,颇为常见。如绍州定慧院僧众"得土之可垦者数十亩垦之,取其苗子为香火之用。"④开垦荒田需要正式向官府申请土地所有权,典型事例是泰安县谷山寺。根据《谷山寺碑》记载,开山僧善宁,以三十年的精力领导寺僧和信众重新开辟佛寺旧址,善宁亲身"日趋山下勾菽粟……往来山坂无难色。暇日畚筑溪涧,勤苦作劳而无怠意。……自是涧隈山胁,稍可种艺,植栗数千株,迨于今充岁用焉。"⑤该寺的旧址范围可能很广,经过开垦,可以种树植粟,因此向官方申请使该片土地成为寺院的常住田。

寺院开垦海田的例子也很多。如阿育王广利寺唐时即为大寺,至宋代,历经三代住持的努力,将租佃来的海边盐碱地治理成良田。先是,大慧宗杲从流放地回到临安,住锡于广利寺,一时来投的僧人竟达一千二百人,广利寺之经济固然已有一定规模,但如此数目的僧尼自养也是问题,于是宗杲的弟子择微"乃率同志二十辈,化八万四千信士,各捐己帑,名般若会,裒为求田供众之资。"其后,宗杲受诏住持径山能仁禅院,"其嗣大圆璞公继之,乃命其徒彦平就奉化东村请官地海涂,圩而为田,工庸浩博,以般若会所储用之不足,又请大慧衣钵助之,合金十万缗施。三年

---

① 黄敏枝:《宋代佛教社会经济史论集》,第42页。
② 王禹偁:《小畜集》卷一六《商州福寿寺天王殿碑》。
③ 陆跃通:《金石续编》卷一七《宋方山昭化禅院政禅师行状记》,《石刻史料新编》第1辑第5册,第3380页。
④ 《武溪集》卷七《韶州净源山定慧院长老自造寿塔记》。
⑤ 《金文最》卷七〇《谷山寺碑》,第1035页,北京,中华书局,1980。

而大圆顺寂。众又以其嗣、今住持普门廓公继之。时丞相歧国汤公思退，□□大慧为方外友，舍金协进，又得无相大师靖公抵财，建造庄园，名般若庄。自绍兴戊寅至乾道丁亥，始克有终。"① 历经三代住持及其信众的努力，借助民间结社组成的"基金会"以及丞相个人等的资助，广利寺终于建成规模宏大的"般若庄园"。又如台州临海县鸿祐禅寺，拥有石井岐涂田水塘六百一十六亩，并且已经纳税，由提举司给公据证明。时为南宋理宗淳祐十一年（1251）。② 愚谷佛慧禅师于理宗宝祐年（1253—1258）间住持鼓山西禅寺时，曾引领僧众开垦海涂田，筑成大宁庄和长乐大泽庄。③

在海田之外，宋代寺院也常常参与湖田的开垦，这方面的材料在上文论说"租佃荒田"中已经使用过一些，兹举一例。湖北随州大洪山保寿禅院是当地名刹，枢密刘奉世在元祐七年（1092）曾舍俸金买芙蓉湖田捐施给此寺，并延请道楷（1043—1118）住持，四方衲子归之若市，后来改寺额为"兴化寺"。当时，芙蓉湖水汇聚弥漫百有余里，道楷认为若决湖水入川，可得良田数千顷。常平使在听到道楷的说法之后，乃命邑令前往禅师处探讨，并规划如何进行。后来凿渠疏导，悉如师说，昔时沮洳之地顿成沃壤，乡人亦分享其利，乃相率舍田入寺以报答之。寺院岁入既丰，师乃将所余以与马鞍山，亦能赡养百人；另又支援保寿，而保寿则有禅衲二千，其后嗣有长芦清了和普照正觉，亦有众千人。④ 如前所论，由于废湖为田是否妥当，在宋代叠有争论，朝廷和地方政府在此问题上也摇摆不定。道楷禅师引领民众及寺僧将芙蓉湖决水为田，得良田数千顷。寺院参与开垦湖田，在一定时期也会对社会发展有一定

---

① 阮元：《两浙金石志》卷九《宋般若会善知识祠碑》，《石刻史料新编》第 1 辑第 14 册，第 10413 页。
② 《两浙金石志》卷一二《宋免纳涂田盐公据碑》，《石刻史料新编》第 1 辑第 14 册，第 10479—10480 页。
③ 《鼓山志》卷九《鼓山愚谷佛慧禅师塔铭》。
④ 《湖北金石志》卷一〇《随州大洪山崇宁保寿禅院十方第二代楷禅师塔铭》，《石刻史料新编》第 1 辑第 16 册，第 12126—12127 页。

好处。

寺院开垦荒田,自然需要耗费巨大人力、物力,如宋光宗绍熙四年(1193),庆元府天童山寺院"大筑海涂,增益岁入,……费钱二万缗有奇。"①游彪先生将宋代寺院开垦荒田的所需财物的来源归纳为三方面②,颇便参照,可依此为据举例略加改定说明之。其一,民间信众的捐施是其首要来源。如前所举的广利寺开垦荒田是由数万名信众各自捐施钱财结成名"般若会"的民间基金会来承担所需费用的。其二,僧尼独立出资、出力开垦荒山、荒田。一些小寺院,位于荒山野岭,僧众自力开发,是维持寺院生存和僧人修道的必然之途。如南宋孝宗乾道七年(1171),僧人法恭被荣阳君王"起住瑞岩,辟舍宇以安众,开山田以足食,建杰阁奉圆通大士。"③其三,僧众与民间信士结合筹集开荒所需的财物也是一种可行的选择。前述两种方法和途径单独起作用所产生的效力要小得多,大型的开垦荒田海涂的工程,寺院一定会动员各方面的人士、多渠道积聚财物,才会成其全功。

四、买土置地与土地纠纷

从现存资料看,宋代佛教寺院获取田产的一条重要渠道是买田。但是,从《宋史》等正史的记载看,两宋朝廷似乎是禁止寺观买田置地的。也就是说,见于史籍和金石中的大量买卖田地的事件是在不合法的情况下发生的。这一问题,颇令人迷惑。

首先看《宋史·食货志》的记载:宋仁宗"即位之初,下诏曰:'今宿麦既登,秋种向茂,其令州县谕民,务谨盖藏,无或妄费。'上书者言赋役未均,田制不立"④。时又禁近臣置别业京师及寺观毋得市田。"初,真宗

---

① 《攻媿集》卷五七《天童山千佛阁记》。
② 参见游彪的《宋代寺院经济史稿》,第92—94页。
③ 《补续高僧传》卷九《法恭传》,《续藏经》第77册,第433页中。
④ 《宋史》卷一七三,北京,第4163页,北京,中华书局校本。

崩,内遣中人持金赐玉泉山僧寺市田,言为先帝植福,后毋以为例。由是寺观稍益市田。明道二年,殿中侍御史段少连言:'顷岁中人至涟水军,称诏市民田给僧寺,非旧制。'诏还民田,收其直入官。后承平浸久,势官富姓,占田无限,兼并冒伪,习以成俗,重禁莫能止焉。"①这一段话有四个要点:其一,当时规定"寺观毋得市田"。其二,北宋真宗死后,刘太后当政,由于太后与玉泉山的特殊因缘,派宦官赐钱给玉泉山让其购买田地。由于当时禁止寺院买田,因此说以后不得仿效。其三,在宋仁宗主政的明道二年(1033),皇帝派宦官杨怀德至涟水军,购买三十亩民田赐给寺院。但这件事被御史段少连进谏而纠正。其四,最后的几句话是联系上文所说的宋仁宗的"限田令"而言的,并非完全全针对佛寺、道观购买田产的事务。宋仁宗于是下诏限制田产:"公卿以下毋过三十顷;牙前将吏应复役者,毋过十五顷。止一州之内,过是者论如违制律,以田赏告者。"②从《宋史·食货志》的这一记载看,至少从北宋真宗开始下令,禁止佛寺、道观购买田产。学者往往称引南宋著名诗人陆游在所撰《明州阿育王山买田记》的说法来证实朝廷一直没有废止这一禁止寺观购买田产的政令。根据陆游之文的记载,绍兴元年(1131),宋高宗行幸会稽,"又申以手诏,特许买田赡其徒。逾五十年未能奉诏。佛照禅师德光,以大宗师自灵隐归老是山,慨然曰:'僧寺毋辄与民质产,令也。今特许毋用令,高皇帝恩厚矣,其可弗承?且昔居灵隐时,寿皇圣帝诏入禁闼,顾问佛法,屡赐金钱,岂敢为他费?'乃尽以所赐及大臣长者居士修供之物买田,岁入谷五千石。"③起先,高宗书写诏书特许广利寺购买田产养其徒,然五十多年却未能实现。至宋孝宗时期淳熙年,僧人德光则下决心落实这一诏令。于是拿出当初高宗赐给自己的钱物,会同其他大臣、居士等人的供养,购买可以每年收获五千石谷物的田地。此文令人关注

---

① 《宋史》卷一七三,第4164页。
② 同上书,第4163页。
③ 陆游:《渭南文集》卷一九《明州阿育王山买田记》,《陆游集》,第2148页。

的是至南宋时期,禁止寺观买田的诏令仍然在执行,而著名的大寺购买田产也需要"法外"特许。

面对查之有据的禁买令和宋代佛寺购买田产的碑石纪录的醒目对立,很多学者都以宋朝对于这一条法令执行不力来解释,而游彪先生则说:"宋代禁止寺院、道观买田的法令是一致执行的,但田地包括的范围受到一些界定和限制,主要是指老百姓所有或耕种的土地,即'民田',并不包括所有土地。"①这一说法是有道理的。因为《宋史》和《长编》两处说到禁止的是"民田",而黄敏枝先生在其著中有时也表述为"僧寺不得市民田"②,不过他没有强调这一区分的意义,而是说:"宋代的法令确禁止寺院向民间买田,如果违令置产,被人检举,田产即被抄没。不过,根据史料显示,这一条法令效力很低。……寺院的购买庄田,就法律上说是违法,而实际上却是合法。"③根据宋史学者的研究,宋代土地有官田、民田、熟田、荒田等区分,政府禁止的是寺观购买民田,这一措施是为了限制百姓将田产转移到寺观名下以逃避徭役。因此,宋代寺院购买田产是有所限制下的合法行为。

宋代朝廷在对寺院购买田产作了禁止购买"民田"的规定之外,也对于那些没有"常住田"的寺院网开一面,规定没有田产的寺院可合法地购置田产。学者常用的一个例子是:

> 昔前宋咸淳癸酉,分宜县民曰宋应槐,称梁子思所置,立户为万寿庵长明庄者,崇法院僧正冲之所作伪也。宋田令:寺已有常住田,不得买民业。冲违法私买,妄称梁氏所置,故应槐发之漕氏锺某,阅实据法罪冲等,而没其田以分宜县养士,士刻石为记。④

这一争议的田产位于需林乡,共一顷二十三亩三分六厘,岁入七十三硕

---

① 游彪:《宋代寺院经济史稿》,第100页。
② 黄敏枝:《宋代佛教社会经济史论集》,第36页。
③ 同上书,第35页。
④ 欧阳元:《圭斋文集》卷六《分宜县学分田记》。

二斗一升,另外有山园地共计五顷四十三亩一角。宋朝法令规定,寺院已经有了常住田,就不能再购买田产,而崇法院的僧人正冲则以梁子思的名义为寺院购买了这一田产,不料在南宋咸淳九年(1273)被宋应槐所检举,田产被划归分宜县学充作"学田",正冲也被官府治罪。按照这一记述,宋朝明文规定没有常住田的寺院可以合法地购买民田。但是,关于常住田的具体规定仍然不大明了,譬如寺院拥有多少田产就算有了常住田,如果其所具有的常住田不够承担僧人的日常生活费用,是否可以申请再行购买呢?如此等等问题,现今都难知其详。也许,宋代关于"常住田"之规定的不完善之处正是宋代寺院在买田置地方面易于与民间发生争议的原因之一。

宋代寺院购置田产从购买主体观之,有两种情况:一是僧人自己拿出私财购置田产捐施给寺院,这样的事例很多;二是尽管是由某位僧人出面去购买的,但其所用的钱物并不属于自己所捐施,这种购买田产之事属于寺院买田置地的行为。宋朝法令中已经将上述两类情形以"寺僧"的名目包纳于其中。第一种情形,已在上文论说僧尼捐施田产部分举过例子。在此仅仅对于第二种情形作一举例说明。

如黄溍撰的《菁山普明寺记》记载了该寺三代住持僧为寺院购置田产之事。先是闽僧观公住锡该寺,购买民山多亩,置长兴秀德庄田八百亩;其后,继承住持的了庵审公也为寺院增置山下吴坝之田六百亩,松江田二百亩。此寺再任者柏庭又续置长兴秀福庄五百亩。① 普明寺位于湖州乌程县,而庄田则分散于长兴县和松江府,前后三代住持共购置田产二千一百亩。又根据僧人居简所撰《资圣寺永丰庄记》记载,资圣寺从庆元三年(1197)开始,由无锡净慧禅寺僧人妙琼、妙祖所创,二僧共集合二十人之力和捐施,购买膏腴上田一千八百五十四亩,寺庄名称为"永丰

---

① 《金华黄先生文集》卷一一《菁山普明寺记》。

庄",田舍、农具等一应俱全,岁入可供数百僧人衣食和修道之用。① 绍定五年(1232),无准师范受命住持宋代著名的径山寺,他于端平(1234—1236)初年设法恢复了广陵庄,又购买田产一千亩,并且在远离寺院四十里之处建立云水接待处,建屋共数百楹,称为万年正续,购买田产九千亩作为费用。② 这些大宗的土地购入,只有著名大寺才能够做到,小寺院则每次购买土地的数量有限,逐渐积累,也会建立起数量颇为可观的田产。这样的事例很多,不再举例。

自从中土佛寺参与了世俗的经济活动,寺院及其主持经济活动的僧人不可避免地会与民间发生经济纠纷。中国古代农耕为主的经济性质决定了土地资源的重要性和稀缺性,而宋代政府一方面允许寺院拥有田产以自养并且为政府提供赋役,又对于寺院能够租佃和购买的田产种类作了限制。然而,经济活动本身的逐利性以及利益最大化的原则同样会渗透到寺院的经济活动之中,因此,寺院在租佃土地和购置田产之时,一方面不可避免地会形成与民争利的局面,另一方面也会有一些介于合法与违规之间的事件发生。前文在论述寺院租佃土地的活动时,已经对宋代文献中记录较多的寺院在租佃活动中被指责侵占"湖田"以及租佃"学田"时产生的纠纷作了叙述,在此仅就寺院在购买土地时发生的种种纠纷作一分析叙述。

佛教寺院"侵占官田,可能不乏其例。"③如镇江丹徒县的杨椿沙,原有宽剩田十三顷三十七余亩,因胜寺僧与士人杨氏都争其产权,孝宗淳熙十年(1183),郡守钱良臣以双方都是非法侵占,将该段田产全部拨归府学,岁得沙田租钱二百八十贯。④ 宁宗庆元三年(1197),镇江有寺僧隐占沙田,与豪民发生争议,太守万锺则以该段沙田及芦地划归贡士庄。

---

① 《北涧集》卷三《资圣寺永丰庄记》。
② 《金华黄先生文集》卷一三《密印院记》。
③ 黄敏枝:《宋代佛教社会经济史论集》,第47页。
④ 《漫塘集》卷二一《镇江府复学田记》。

寺院不服，至嘉定年间（1208—1224）仍然争讼不已，地方官员于是又将这段沙田划归府学。① 又如两浙路，"江渚有荻场，其利甚厚，而为势家及浮屠所私"，虞文允"令有司籍其数以闻，……以缗计者至一十三万七千有奇，绢以匹计者一十六万三十有奇。"②这是说，获利甚为丰厚的荻场被权势之家和佛寺分占。而关于官田被侵占的情形，至元二十一年（1248）十二月，中书省上书皇帝说："'江南官田为权豪、寺观欺隐者多，宜免其积年所入，限以日期，听人首实。踰限为人所告者，征以其半给告者。'从之。"③这一奏章的背景是，元初开始处理在南宋王朝统治期间逐渐累积的大量官田被侵占的问题。在分析地方官员和朝廷职能部门的这些有关侵占土地的奏章等文书时，需要特别注意，大多数这样的文献并非单一的针对佛教寺院而言，寺观仅仅是这些弊端的形成因素之一。也就是说，除一些寺院与民间甚至"官学"之间发生的土地纠纷个案之外，在这些针对整体性的土地侵占情形报告中，佛教寺院仅仅是作为当时的经济活动主体之一而被提及，并不能据此得出宋代官田、民田大量地被寺院所侵占的结论。

在租佃官田的纠纷中，寺院在与豪强争讼之时，有很多事例表明寺院并不总能够占到便宜，有时反倒是官府从中受益，譬如产生纠纷之田产收归"官田"或"学田"。这种情况，在上述论述中已举了不少案例。但是，在与普通民众的土地纠纷中，寺院以其本身的资源优势和社会地位，又变成强势团体，因此屡屡出现当代学者所说的"寺院勾结官僚，抑或通过非法手段巧取豪夺他人田产"④的情形。如《宋史·陈希亮传》记载：陈希亮曾"为大理评事、知长沙县。有僧海印国师，出入章献皇后家，与诸贵人交通，恃势据民地，人莫敢正视，希亮捕治置诸法，一县大耸。"⑤宋徽

---

① 《至顺镇江志》卷一一《学校》，第 451 页，南京，江苏古籍出版社点校本，1990。
② 《诚斋集》卷一二〇《宋故左丞相、节度使、雍国公、赠太师、谥忠肃虞公神道碑》。
③ 《元史》卷一三，第 271 页。
④ 游彪：《宋代寺院经济史稿》，第 105 页。
⑤ 《宋史》卷二九八，第 9918 页。

宗时,蔡京失势居住杭州,"有尼出其门,倚其势,夺民地,民诉之。仁和县宰臣卢陵杨公直之,尼诉于京,京讽守胡谕公以地界尼,当酬以美官。"①这一例中,某位尼姑与民间发生买卖土地纠纷,求助于权臣蔡京,蔡京出面为其打通关节。事虽未能如意,但却反映了寺院及其僧尼在这类纠纷中可以动员利用的资源很多,所以,许多有关这类事件的记述都不会站在佛寺的立场上说话,而类似于僧人"殿权要势占民田,官吏拱默不敢决"②的说法则充斥其间。

上述事例,尽管僧寺调动了其可以调动的权力资源,但在一些刚正的官吏③的坚持之下,一些纠纷却以寺院的败诉而告终。在有关史籍中,也可以找到在寺院与民间的土地纠纷中,寺院最终取胜的事例。而将这些事例列入"勾结官吏占夺民田"④,多少有些不合适,而应该称作寺院借助于官府的力量夺回寺院昔日的田产。如著名的五台山,根据张商英的上书,"勘会五台山十寺,旧管四十二庄。太宗皇帝平晋之后,悉蠲租赋,以示崇奉。比因边臣谩昧朝廷,其地为山荒,遂摽夺其良田三百余顷,招置弓箭手一百余户。因此逐寺,词讼不息,僧徒分散,寺宇隳摧。臣累见状乞给还,终未蒙省察。"⑤可见,五台山的地方官员侵占十寺所具有的良田为军垦屯田。张商英等大臣多次为之争取,也未能收回。如韶州东平山正觉寺"纲领不振,膏腴之土侵牟者大半矣"⑥,景祐五年(1038),林升

---

① 《诚斋集》卷一二二《中奉大夫通判洪州杨公墓表》。
② 《苕溪集》卷五〇《宋故左朝请大夫张府君墓志铭》。
③ 其实,见于记载的这些官吏大多数不具有佛教的信仰背景,因此,他们的判决很多也与自身的信仰倾向有关。
④ 游彪《宋代寺院经济史稿》,第106页。史学界有此看法的不少。这里有一个立论逻辑的一致性问题。在评述寺院规占民田、官田之时,基本依据是官府的最后判决。而在评述寺院夺回自己本有的田产时,又选择了另外的标准。这样的立场其实是将寺院及其僧尼当作"地主阶级"即统治阶级来看待,而将与寺院发生纠纷的一方一律当作"平民"来看待。与寺院发生田产纠纷的固然会有"平民",但可能更多的是当地不信仰佛教的"豪民"。另外,此段文字中的史料有几则转引自游彪的前述著作,但做了核对。
⑤ 张商英:《续清凉传》卷下,《大正藏》第51卷,第1131页中。
⑥ 《武溪集》卷七《韶州东平山正觉寺记》。

提点广西刑狱,下令将被他人侵占的土地归还给寺院。又如南城县真如院原来"有田七百亩,亩二获锺一,而赢其山林、场圃、池御之利",后来"屋破田荒,举债以度晨夕",多数田产被他人所占有,元丰年间(1078—1085),县令勒令"凡院之所有,常见侵者使还。"①再如龙寿禅寺,"唐天复中,锺传据豫章日奏置,以处光化禅师官给田三千顷。至我朝祥符间,白石道者智新居之,徒众益盛,易律而禅,"即由律宗寺院改宗禅宗。此寺的寺田虽然一度很多,但至南宋时,"虽在籍之田,弃而不有,亦漫不复省",至绍定五年(1232),"连帅李公寿朋,因法席适虚,闻僧祖开道价,即具威仪迎致。"祖开担任此寺住持后,遇上大灾之年,寺院粮食短缺,"有言寺故有田滨樵□曰裹湖,为居民侵冒者八百六十余亩,开命阅籍,果不诬。谒诸邑大夫胡侯棁。侯,仁勇士,委官按视,谂不妄,尽理而归诸寺。"②这一例中,龙寿禅寺的田产被他人侵占,已经很久了,但由于寺院有记载田产的籍簿,所以,在地方官员的支持下,寺院田产得以恢复。

第二节 宋代寺院的土地经营

尽管宋代寺院经济中商业性的经营活动的比重有所增加,但在自给自足的自然经济状况下,土地的占有和经营仍然是寺院经济的核心。本节拟在对两宋时期寺院占有土地的规模作一初步估计的基础上,从僧尼自耕自营与租佃、宋代的子母寺、寺院的粮食种植及其多种经营等方面对于两宋寺院的土地经营情况作些分析说明。

一、寺院山林与寺田的规模

根据学者的研究,宋代的寺院所拥有的土地、庄园远远地超过前代,名刹大寺所拥有的土地数量很是惊人。如明州阿育王寺,寺田年收入租

---

① 《灌园集》卷九《真如禅院十方住持新记》。
② 《金石萃编》卷一五二《龙寿禅寺复田记》,《石刻史料新编》第 1 辑第 4 册,第 2826 页。

米三万石;宁波天童寺在宋代有常住田三千二百八十亩,山地一万八千九百五十亩;临安径山寺也有田数万亩;灵隐寺有田一万三千亩;洛阳崇德院,有田二万一千亩。① 这是从个别大型寺院的占田情况言之的。由于现存资料的匮乏,已经无法对于宋代寺院的整体占田情况作较为全面的分析估计,只能采取以点带面的方法去窥探两宋时期佛教寺院的所拥有的山林和寺田的规模。依照宋代人士的概括:"寺观所在不同,湖南不如江西,江西不如两浙,两浙不如闽中。"②这是主要是从寺院经济的角度对于宋代佛教在不同地域的发展作的说明。也就是说,宋代寺院最富庶的是福建路,其次是两浙,再其次是江西、湖南等地。下文就以佛教寺院经济最为发达、资料保存最完整、现代学者研究最多③的福建路、两浙路为主来说明之。

福建的佛教在唐末五代时期迎来了其快速发展的新时期,时为闽王的王审知竭力提倡佛教,史载"伪闽以八州之产,分三等之制,膏腴者给僧寺、道观,中下等者给土著流寓"④。佛教寺院因此获得了大量田产,寺院经济力量迅速壮大起来。两宋时期,福建的寺院经济延续了这一发展势头,并且在南宋时期有所光大。编写于南宋孝宗淳熙九年(1182)的《淳熙三山志》记载了南宋孝宗淳熙年间福州各县寺观所拥有的田产数量,是福建佛教甚至宋代佛教寺院经济繁荣的一个缩影。兹据《淳熙三山志》卷一〇《版籍类》的记载将福州各县寺观所占有的田、地、山林的数量制成表格如下:

---

① 参见黄敏枝《宋代佛教社会经济史论集》,第203页。
② 《许国公奏议》卷二《奏论计亩官会一贯有九害》。
③ 关于宋代福建路、两浙路的佛教寺院经济,首先是日本的青山定雄和竺沙雅章作了细致的研究,其后以此为基础,台湾的黄敏之和大陆的游彪等先生又作了补充论证。可参看:其一,青山定雄的《宋元的地方志所见的寺院社会经济史料》,《东洋学报》第25卷第2号,1938,第287—297页。其二,竺沙雅章的《宋代福建的社会与佛教》,《东洋史研究》第15卷第2号,1956,第1—27页。其三,黄敏枝的《宋代佛教社会经济史论集》,1989。其四,游彪的《宋代寺院经济史稿》第四章第一节,2003。
④ 《建炎以来系年要录》卷五六,第979页,北京,中华书局影印本。

宋代福州诸县寺观占田、地、山林表[①]

	全县田亩总数	寺观占田数	寺观占田比率	全县土地总数	寺观占地数	寺观占地比率	全县山林总数	寺观占山数	寺观占山比率
闽县	3358	811	24.15	3352	1626	48.51	6709	2438	36.34
侯官	2909	980	33.69	4926	3078	62.22	10933	4508	41.23
怀安	2634	785	29.80	4852	2025	41.73	7486	2810	37.54
福清	5330	679	12.73	5302	1203	22.69	10632	1882	17.70
长溪	8268	533	6.69	7836	460	5.87	16104	1013	6.29
古田	6090	1046	17.18	7229	2302	31.84	13219	3348	25.33
连江	2557	291	11.38	3393	442	13.03	5950	733	12.32
长乐	2004	192	9.58	1635	326	19.94	3639	518	14.23
永福	2828	438	15.49	8693	1983	22.81	9521	2421	25.43
闽清	2110	360	17.06	5462	1812	33.17	7572	1442	19.04
罗源	1691	267	15.79	3462	777	22.44	5153	1044	20.26
宁德	2848	915	32.13	5343	489	9.15	8191	1494	17.14

注：面积为顷，比率分别指寺观所占田、地、山林占全县田亩、土地、山林总数的百分比。

此处的"田"指水田，"地"则指旱地。从这一表格即可看出，福州各地寺观占田数量和比率都是相当高的，反映出寺院经济在其农业经济总量中占有非常重要的地位。根据《淳熙三山志》的记载，福州田亩总数四百二十六万三千三百一十八亩亩，寺观占有七十三万三千四百四十六亩，寺观所占占总田亩的比例是百分之十七点二；福州的园林、山地、池塘、陂堰共计六百二十五万八千八百五十七亩，寺观占有一百五十八万零五十九亩，寺观所占占总数的百分之二十五。对照这一数字，可知福州有六县寺观占田接近或超过平均数，有六县则低于平均数。比例最低

[①] 此表据游彪的《宋代寺院经济史稿》第四章第二节（第108—109页）所附"寺院（应为"寺观"）占田表"、"寺观占地表"、"寺观占山表"合并而成。

的长溪县为百分之六点七,而比例最高的侯官县则达到了百分之三十三点七。就旱地而言,福州四分之一以上的耕地属于寺观,其中比例最高的侯官县寺观占地达百分之六十二以上。从总体上说,福州地区的寺院、道观占有全部可耕地的百分之二十一左右,"其中绝大多数属为佛教寺院所有,道观数量非常少,所占田产相当有限,这一点,福建地区均是如此。"①此外,根据《淳熙三山志》的编者梁克家的说法,福州的佛教寺院唐末"宣宗乃四十一,懿宗一百二,僖宗五十六,昭宗十八"所,而"王氏入闽,更加营缮,又增寺二百六十七,费耗过之。自属吴越,首尾才三十二年,建寺亦二百二十一。虽归朝化,颓风弊习浸入骨髓,富民、翁妪倾施资产以立院宇者亡限,庆历中通至一千六百二十五所,绍兴以来止一千五百二十三,今州籍县申,犹一千五百四。"②可见,北宋仁宗庆历年间(1041—1048),福州的寺院数量达到最高值一千六百所,至南宋淳熙九年(1182)时仍然有一千五百所。

对于两宋福州佛教,特别是寺院经济的发展情况,《淳熙三山志·版籍类》有言:"《旧记》谓'僧户与民参半'。以今籍较之,直民田五之一。今民田若地八万两千余顷,食民五十七万九千,黄中小老不计,浮屠氏田若地二千(似应为"万")余顷,食僧徒一万四千余人。是民七人共百晦,而僧以二人食之;民产钱八千缗有奇,僧寺一千五百,不啻当民八分之一,以故州常赋外,一切取给于僧寺,有以也夫。"③关于此文所言的《旧记》,游彪先生认为是指梁克家所看到的林世程写于庆历三年(1043)的著作。④ 这样,《淳熙三山志》所说的意思是,截至北宋庆历年间,福州的僧户(恐怕也应该将道观包含在内)与民户所占田产各一半,而南宋时期福州寺观所占地为全部田地的百分之二十,福州民户七人占有一百亩田

---

① 游彪:《宋代寺院经济史稿》,第100页。此段的数字均来于此书。
② 梁克家:《淳熙三山志》卷三三《寺观类》,《宋元方志丛刊》(8),第8147页。
③ 梁克家:《淳熙三山志》卷一〇《版籍类》,《宋元方志丛刊》(8),第7881页。
④ 游彪:《宋代寺院经济史稿》,第111页。

地的,僧人则二人占有一百亩田地。宋代时期,福州寺院经济的发达程度由此可见一斑。

福建的另一佛教发达地区漳州的寺院占地比福州有过之而无不及。宋代大儒陈淳说:

> 举漳州之产而七分之,民户其一,而僧户居其六。于一分民户之中,上等户岁谷以千斛计者绝少,其次数百至百斛者亦不多见,类皆三五十斛……以六分僧户言之,上寺岁入以数万斛,其次余亦万斛,或数千斛,其下亦六七百斛,或三五百斛,虽穷村至小之院,亦岁登百斛,视民户极为富衍。①

这是说,寺院所占田地生产的粮食占全区中枢的七分之一。在另一处文字中,陈淳说:"此间僧寺极多,极为富饶,十漳州之产而居其七。凡为僧者,住无碍屋,吃无碍饭,著无碍衣,使无碍钱,因是不复知稼穑艰难,而至于骄纵。"②陈淳为宋代著名的儒学大家,对于佛教甚为反感,因此,这些记述难免有夸大之嫌。比如,第一条材料说,僧户占有当地财产的六分之七,即百分之八十五还多;后一条材料又说是十分之七。尽管如此,漳州佛教寺院经济的发达程度超过福建、远远高于全国其他地区是可以肯定的。

福建的建州佛教寺院也很多,北宋初的杨亿说:"吾乡建州,山水奇秀,……士人多创佛刹,落落相望。……今所管六县,而建安佛寺三百五十一,建阳二百五十七,浦城一百七十八,崇安八十五,松溪四十一,关隶五十二,仅千区。"③与福州相比,建州寺院的数量要少一些,但福州十二县,建州仅有六县寺院就有九百六十四所。遗憾的是,没有建州寺院拥有田产的记载,但这么多的寺院,僧尼的生活和

---

① 陈淳:《北溪大全集》卷四三《拟上赵寺丞改学移贡院》。
② 陈淳:《北溪大全集》卷四七《上赵寺丞论民间利病六条》。
③ 《宋朝事实类苑》卷六一《风俗杂志》,第816页,上海,上海古籍出版社点校本,1981。

修道所需都主要靠土地经营来解决，因此，建州寺院的田产也不会太少。

宋代的福建路共辖六州两军，俗称"八州"，即福州、建州、泉州、南剑州、漳州、汀州以及邵武军、兴化军，县四十七。宋人韩元吉说："夫闽之八州，以一水分上、下。其下四郡良田大山多在佛寺，故俗以奉佛为美，而佛之庐几甲于天下。若上四州则虽有僧舍，类皆空乏不给。"①这是说，福建的福州、漳州等"下四州"的佛教寺院很富裕，占有的田产数量很多，而"上四州"的寺院则占田不是很多，也有个别寺院不能自给自足。从总体上看，福建路的佛寺所占的土地数量确实很多，但是否如学者所估计的"占耕地面积的百分之三十六左右"②还是可以再行研究的。

唐末五代时期，北方战乱，而两浙路经济遭到的破坏要小于北方地区，加之五代时期的钱氏、李氏政权都崇信佛教，因此，接续其惠而发展的宋代两浙地区的佛教寺院经济也呈现出繁荣的景象。譬如天台宗的发源地台州天台山"人徒之众，土田之入，视他处为丰厚，故招提之居，谷以斛计者数万，僧以指计者数千，屋以楹计者数百。"③而现存的《嘉定赤城志》记录了宋代时期台州各地寺院拥有田产的具体数字，从中可以窥见此地寺院土地经营的发达情形，可据此书将台州一部分佛寺的田、地、山林的数量表列于下：

---

① 《南涧甲乙稿》卷一五《建宁府开元禅寺戒坛记》。
② 参见游彪的《宋代寺院经济史稿》(第115页)以及其所撰《论宋代福建路的寺院经济》(载《中国史研究》,1991年第1期)。因为目前所见的福建路寺院占田各类数字不是很完整，仅仅是福州的较为完整，但仍然是将佛寺、道观合并叙述的。另外，游先生以北宋元丰年间建福建路八州的垦田数11万顷与自己估计的寺院占田数4万顷来计算寺院占田的百分比，并且说此数字"大体上是两宋时期寺观占地的平均水平"。这样的计算漏洞很多。首先，游先生本人在上引之书的下文中又说，以元丰六年的数字计算，寺观占有百分之二点六左右(第117页)。其次，现有的总体数字大多是将佛寺、道观合并叙述的，在对于道教道观经济的总体情形缺乏较为清晰的研究的情形下，难以将寺观占田的绝大多数算在佛寺方面。
③ 《台州金石录》卷四《宋圣寿院修造记》,《石刻史料新编》第1辑第15册，第11029页。

《嘉定赤城志》所载部分寺院拥有山地、田产表（单位：亩）

寺院名	田	地	山	寺院名	田	地	山
国清寺	3461	420	3920	福善院	838	133	2799
大慈寺	833	142	1187	明圣院	151	131	517
天封寺	1562	236	4854	大明院	516	413	1901
万年寺	3998	196	6830	崇报院	25	160	357
宝华院	390	98	1504	定慧院(1)	366	11	387
普庆院	176	31	268	定慧院(2)	26	23	738
无相院	1191	323	3556	真觉院	58	9	19
大梵寺	743	216	1227	金绳院	126	41	500
净名院	357	74	321	大智院	315	126	1573
大觉院	36	140	35	慈圣院	310	40	376
资福院	512	50	1350	妙智院	480	238	1555
阐法寺	803	243	183	福应寺	986	143	1003
宁国寺	1070	56	25	普慈院	14	15	426
慈云院	1477	672	1502	禅林院	919	327	555
天宫院	185	65	221	广福院(1)	1	5	7
兴教院	530	120	1050	广福院(2)	177	51	166
净安寺	706	182	1024	永宁院	70	58	300
镇国院	411	170	424	景福院	54	45	20
崇善寺	513	217	1514	仁寿院	446	107	1260
慧觉院	660	52	3233	秀岩院	7	10	40
安隐院(1)	660	52	3233	普光院	399	40	80
安隐院(2)	657	273	1519	鹫峰院	240	87	1399
清心院	164	18	180	广严院	356	136	972
宝相院	398	93	1336	宝兴院	200	204	126
报恩寺	3998	196	6830	永福院	115	73	549
护国寺	1215	120	400	善兴院	76	16	1205
兴国寺	1457	113	718	净居院	无	4	1573
净惠寺	857	801	9143	澄心院	287	20	651
西竺院	120	37	300	法严院	41	16	210
禅智院	102	13	370				

根据《嘉定赤城志》卷十三、卷十四的记载所作的统计,台州全州耕田数为两百六十二万八千二百八十三亩,耕地九十四万八千二百二十二亩,山林一百七十五万三千五百三十八亩,佛教寺院、道观分别占有的田、地、山林占其总数的百分之四点八、百分之三点六、百分之十点八。①此外,台州还有三百九十五所没有田产的佛寺。

《宝庆四明志》记载了明州佛教寺院和道教道观拥有的田产数量,兹列表如下:

	寺观数	占田数(亩)	寺观平均数	占山数(亩)	寺观平均数
州治	30	7890	263	370	12
鄞县	90	21565	240	161405	1793
奉化县	74	11012	149	48060	658
慈溪县	41	6239	152	17388	445
定海县	31	8507	274	22256	718
昌国县	23	8652	376	29716	1292
象山县	16	5923	370	14578	911
合计	305	69788	229	293723	963

学者根据《宝庆四明志》所载资料计算,宋代明州的寺观所拥有的田产占当地总田数的百分之三,寺观拥有的山地数量占当地的总数的百分之十三。②

不过,宋代佛教寺院占有的田产数量除上述地区有具体的资料可以使用外,其他地区的情况由于资料的匮乏,很难做出判断。从台州和明州的寺院占田情况看,拥有一百亩至五百亩田产的寺院比例最大,而拥有千亩以上田产的寺院则为少数,无田无地无山林的寺院比例也不大。

---

① 参见游彪《宋代寺院经济史稿》,第116页。游先生的计算结果与日本学者和台湾学者略有不同,而且游先生在叙述时将"寺观"占田简化为"寺院",恐不妥。
② 参见黄敏枝《宋代佛教社会经济史论集》,第208页。

如前所述,北宋寺院、道观一般保持在四万所上下,宋代寺观共计占有一千二百万亩的可耕作土地,如果按照宋神宗元丰六年(1083)全国垦田面积为四亿六千一百四十五万五千亩为基数计算,佛教寺院和道教道观则占有其中的百分之二点六。如果按照宋初的两亿九千五百万三十三万两千零六十亩为基数计算,则佛教寺院和道教道观则占有其中的百分之四。而南宋寺院、道观占有全国土地的比例应该还要高得多,大约在百分之五左右,甚至还要高一些。①

二、寺庄、庄主及其他管理人员

尽管寺院拥有庄园并不是从宋代开始的,但是,宋代较为富裕的寺院所具有的寺庄无论从规模和数量上都超过前代。从上文论说的寺院田产的来源即可得知,寺田并不一定在寺院附近,有些甚至与寺院相隔甚远,跨州连郡者也不罕见。这样的情形,带给宋代寺院土地经营以新的特点。形成于唐代中后期的"百丈清规"关于寺院"庄园"管理的若干规定,在宋代很受重视,得到完善,成为宋代寺庄管理的基础,并且在寺院的具体管理实践中,得到修正和完备。

形成于北宋的《禅苑清规》对于寺院庄田的管理人员的职责都有具体、明确的规定。

依照《禅苑清规》的规定,寺院的寺庄设有"庄主"作为庄田的最高管理者,其职责是:"庄主之职,主管二税,耕种锄耨,收刈持梢,栽接枣木,泥筑垣墙,收搬粪土,须及时躬亲部领,守护地边,明立界至;饮饲头口,省减鞭打;安停客户,选择良家针线妇人,常居显处;钱谷文历,破破分明;酒肉葱薤,无使入门;展散投托,不须应副;行者人工,方便驱策;南邻北里,善巧调和;闲杂之人,慎忽勿延纳;师僧旦过,恭谨承迎。无以常住钱物,抄注诸方僧供。忽若牛驴殁故,并须掘地深埋。早持皮角输官,无

---

① 此段文字引自游彪《宋代寺院经济史稿》(第118页)一书,文字叙述略有改动。

使公司怖问。如有践踏田苗,侵犯禾稼,但可叮咛指约,不得捶骂申官。秋成声户,主客抽分,计结文历分明,更多方饶借。如有创适翻修,预白院门知事。"①与此相关的其他职务的职责,姑且从略。

三、租佃制与僧尼自耕

由宋代寺院所拥有的巨额田产所决定,宋代佛教寺田的耕作者与前代相比发生了很大的变化,寺院土地的主要耕作者不再是僧人,而是佃农。如本书在唐代佛教部分所分析说明的,在唐代天宝年(742—755)之后,佛教寺院的土地经营开始由"佃客制"向"租佃制"转变。由南北朝开始实行的"佃客制",耕作者的身份是农奴;而开元、天宝之后,寺庄的耕作者的身份转变为半农奴,佃户成为寺庄主要的劳动者。而至迟在北宋初期,一些较大的拥有寺田较多的寺院,土地的耕作便主要由佃客承担,僧人成为寺田的辅助劳动者和管理者。当然,在一些较小的寺院以及禅宗寺院中,僧尼自耕也是相当普遍的。不过,与宋代之前相比较,佃客与寺院的依附关系大为松懈,寺院基本上不存在"奴婢"阶层。

拥有数量很大的田产的寺院,其许多寺田往往与寺院有较远的距离,有些还会跨越州县,因而僧尼自耕显然有诸多不便,于是,将寺田租佃以收取地租便是唯一的选择。譬如,"鄱阳城下东塔寺,与城北芝山禅院皆有田在崇德乡,畴壤相接,耕农散居。庆元三年五月一日,农人男女并诣田插秧"②,此日突然吹起大风,东塔寺庄客家遭狂风暴雨袭击,居处都被夷为平地。"后两日,芝山甲首备其事,告主僧,自庆其独脱大厄。"③从这一记载可知,位于鄱阳城的东塔寺和位于城北的芝山禅院都在崇德乡有田产。两寺的田庄发生风灾,在两日之后由甲首向寺主汇

---

① 宋宗赜:《禅苑清规》,《续藏经》第63册,第533页中。
②③《夷坚支癸》卷九《东塔寺庄风灾》,第1289页。

报,寺院一方方才知晓,可见寺庄距离寺院很远。东塔院和芝山禅院的寺庄是由佃客耕作的,寺院也没有派僧人常驻寺庄监督,承担一定管理责任的"甲首"也是由佃客担任的。

也有一些寺院将土地出租后又派驻僧人到寺田集中之地建立"子院",或者直接派遣具体负责土地经营的僧人,譬如"直岁"等,到寺庄定期督察。譬如,"随州大洪山寺有别墅曰落湖庄,绍兴三十二年,庄僧遣信报长老净严师云……。"①从文中的叙述可知,大洪山寺有僧常驻落湖庄。又如汾州平遥县的慈相寺,该寺经过几代祖师的努力,使其富甲三州。僧人福澄主事时,又增建"僧徒臧获、佣保、马牛之舍共一千二百余间",慈相寺还在"东南原有别业数百亩,恒苦远治,乃搆屋数十间,就召耕佣,遂为便易。"②这一事例中,慈相寺在其庄园修建了屋舍供管理寺庄的僧人和雇工居住,而其数百亩的寺田因为距离寺院很远,则租佃给无地或少地的民众耕作。

又如根据《开庆四明续志》卷四"广惠院田租总数"条记载:鄞县史、厉两宅,向广惠院分租砂地十七亩一角五十六步一寸五分,共计租钱三百五十七贯文省。同时,广惠院还收到以下的租钱:鄞县张庆三地三亩五十步,租钱四贯八百文足;象山县谢元五等山三亩三角一十步,租钱七百五十文足;鄞县张庆三地一角四十三步,租麻皮八斤;象山县谢元五地四亩三角四十八步一尺五寸,租小麦二石百合;昌国县陈合地九亩三十五步,租小麦五石百合。此外,《开庆四明续志》卷四还记载了广惠院所办的救济院田产的租佃收入:在鄞县,"僧行端田九亩一角五十一步半,租米十二硕三斗五升";"僧行林田一亩一角十三步,租米六斗五升";"僧善皎田二十一亩三角五十七步半,租米三十硕二斗二升九合四勺";"僧行林田一亩一角三十九步,地一亩三角二十一步,租麻皮三十三斤足

---

① 《夷坚丁志》卷一〇《大洪山跋虎》,第 622 页,北京,中华书局点校本,1981。
② 《山右石刻丛编》卷二二《慈相寺修造记》,《石刻史料新编》第 1 辑第 20 册,第 15442 页。

秤。"在定海县,"僧姚元聪田一十亩二十八步,租米十一硕";"僧善皎田七亩三角三十四步,租米十三硕九斗三升七合";"僧善皎地并新开田共七亩二十一步半,租米二十四贯二百文足";"僧善皎山三角,租钱五百文足。"在香山县,"僧子皋田二亩二角五十一步半,租米四硕五斗"。这一记载令人费解的是上述田地标明为"僧行端"、"僧行林"、"僧善皎"、"僧姚元聪"、"僧子皋"等。对于这一资料,主要有三种解释:其一认为是僧人以个人名义承佃官田①;其二认为属于"寺僧佃耕的例子"②;其三认为:"上述田产和地租以前属于僧人个人的私有财产……以前是僧人收租,而后来却是地方救济机构了"③。三种观点的分歧点有二:一是这些田产的财产归属;二是这些僧人与田产的关系。第一种观点是将这些田产当作地方政府的"官田",第二种观点是将这些田产当作寺院的财产,第三种则作了折中,认为原先属于僧人,后来则属于"地方救济机构"。这里首先需要明确的是广惠院的性质问题。从记载看,广惠院是由佛教寺院和僧人倡办的社会救济机构,并非官方所办,也许根本就没有任何官方背景。因此,将这些田产当作"官田"缺乏根据,同样,说"僧人将自己的田产捐献给广惠院以救济穷人"尚可,说"抑或是僧人死亡之后,官府处理其财产而拨归了广惠院,或者是僧人犯罪,其田产被没收充公并交给广惠院管理",是不恰当的,纯粹属于悬测。其实,这一条材料会引发出两条重大的结论:一是寺院的僧人能否在出家之后利用以僧人身份所获得的衣钵之资购置土地并且将其租佃给佃农耕作? 二是寺院的僧人是否能够以个人身份租佃"官田"和"寺田",再将其转手租佃给佃农而自己坐收租物? 如果这两条都是宋代寺院所允许的,宋代僧人岂不都变成了一个住于寺院却以个人名义经营土地牟利的农场主了吗? 这一认定非同小可。从前引事例看,僧人善皎名下的田产很多,且还分布在两

---

① 王曾瑜:《宋代阶级结构》,第337页,石家庄,河北教育出版社,1996。
② 黄敏枝:《宋代佛教社会经济史论集》,第107页。
③ 游彪:《宋代寺院经济史稿》,第134页。

个县份,显然不可能是自己耕作。如果依照前述观点,善皎就是一个经营几处田产的农场主。从宋代寺院的整体经济运作以及佛教的修行等等方面看,僧人出家之后仅仅从经营盈利角度购置田产几乎是不可能,见于某某僧尼名下的田产很多实际上是属于寺院的,而这一事例很大可能是上述田产是由这些僧人以衣钵之资购买而捐献给广惠院的。

拥有大量土地的寺院往往将土地租佃给民户耕作而收取实物地租或货币地租。如前述广惠院的例子中,广惠院所收地租既有现钱,也有实物,如米、麦、麻皮等。寺院与佃户所订立的契约,有定额方式,也有分成方式。广惠院采取的都是定额方式,即不管是现钱地租,还是实物地租,都采取的等额约定的方式缴纳,不论歉收还是丰收,所缴纳的地租是不变的。而也有寺院采取的是分成地租的形成,典型的例子是绍兴报恩光孝寺。

《絜斋集》所收《绍兴报恩光孝四庄记》云:

> 盖我高皇帝孝恩周极,庄严像设,以为昭考追福之地,故异于他寺焉。田本山阴膏腴,禅衲云委,仰给无乏。而自图籍漫漶,农习为欺,虽丰富,租不实输,况凶年乎?官督所负,责之必偿,其嚚者自若,以故岁大减,圭撮丐粟,以餬其口,僧徒病之。

这是说,寺院对于山阴的田产依赖性很大,但是自从图籍即记载田产的账簿以及租佃文书散落之后,佃耕者即便是在丰收的年份也拖欠租粮,歉收之年就可想而知了。尽管寺院也将其上诉到官府,请求官府追讨欠租,但是效果不佳,僧徒只得外出募化以求生存。这种窘迫的状况持续了一段时间,一直到"绍熙中,长老慧公住持此山,求所以核奸欺、实廪廥者,熟虑而得其策,属耕者与约:'中分田租,吾与汝均,吾不汝欺;吾不汝讼,亲如一家,滋为无穷之利。'众曰:'唯唯,诚如师言。'"①单纯从这一记载来推测抗租事件的原委是有困难的。不过其结局是,在新的住持僧慧

---

① 《絜斋集》卷一〇《绍兴报恩光孝四庄记》。

公的协调下,约定以对半的比例分配收获物。在这一新约定达成之后,"要约既坚,乃筑四庄,庄为屋七楹以受农功之入。在梅市者曰宝盆,在感凤者曰宝林,温泉曰阮社,承务曰木栅。秋声飒然,割获登场,分割适均,资储寝广,而日加茸焉。有囿有闸,有藩有船,有度僧局裒钱百四十万,积其赢以贸牒。"这是说,自从与佃户约定新的租佃协议之后,每到秋收之际,双方按照约定分割收获物,而寺院将其所得储藏于四座庄园的仓库中,而随着积谷的增加,寺院四庄的仓库也不断地在扩充修葺。尤其是,寺庄增加了园圃、水利设施以及运输设备,并且以积累的钱财设立了"度僧局"购买"度牒"为欲出家为僧者提供资助。"而耕夫之家,亦皆室有储粟,野有遗穗,欣欣然见于颜色。彼我兼足,客主相安,岁歉无憾心。"①从文中叙述看,经过慧公的努力,寺院和佃农双方都得到了实惠,因此相处颇为融洽。

根据黄敏枝等先生的研究,寺院在接受施主所舍入田的时候,原来田地上的佃户仍然可以继续承佃,佃户便与寺院结成主、佃关系。②譬如《慧因高丽寺志》卷九《高丽众檀越布施增置常住田土碑》所记载:"一、置到余庆寺福寺主民田乙顷三十六亩乙百四十步,共乙契,租米乙百乙是乙石九斗五升。一、置到永裕庵山主周八副使等民田乙顷七十九亩二十四步,共九契,租米乙百三十五石四斗三升。一、置到时思庵立大师民田三十亩三角,共乙契,租米两石五斗。一、置到善现院院主民田十一亩,共乙契,租米八石二斗五升。"文中的"契"是指土地租佃的契约。

宋代寺院经济的主要劳动者不再是僧尼,而是佃客。这是毫无疑问的。然而,僧尼并未完全脱离劳动生产,而其表现形式则颇为复杂。大致而言有这样几种情形:一是在一些较大的寺院,土地众多而分散,僧人往往主要承担管理者的角色,而将土地租佃给佃户。二是在一些较小的

---

① 《絜斋集》卷一〇《绍兴报恩光孝四庄记》。
② 参见黄敏枝《宋代佛教社会经济史论集》,第109—110页。

寺院,由于土地较少,寺院僧尼往往直接经营土地,基本上没有佃客参与。也许大量的寺院是介于两者之间的情形,寺院将距离寺院很远的土地租佃给佃农,而将寺院周边的土地留作僧尼自己耕作。这可能是第三种情形。

在佛寺僧尼主要依靠土地耕作经营以自养的背景下,参与生产劳动自然成为僧人的惯例,特别是在寺院建立之初,或者破败之后重兴的当口,寺院僧人上下协力齐心,共同参加劳动,开垦土地,增加寺院收入。根据《谷山寺碑》记载,开山僧善宁,以三十年的精力领导寺僧和信众重新开辟佛寺旧址,善宁亲身"日趋山下勾菽粟……往来山坂无难色。暇日畚筑溪涧,勤苦作劳而无怠意。"①可见,在谷山寺开发常住田的过程中,住持僧善宁以身作则,亲身参与劳作。又如有需禅师"生莆田陈氏,亦得法于干公,隐河崖南湖,垦田自食,学者渐至,随时开导之。"②这位僧人在出道之后,隐居河崖南湖,自耕以自养,在慕名而至者渐多的情形下,寺院的规模和自己的名声也同步扩大。

一般的小寺院,也许是由于土地无多,佃耕所得不足于维持寺院的运转,所以,耕作种植基本上由僧人承担。譬如北宋初年的宰相魏溥家的花园种植有十分罕见的牡丹花,"其后破亡,鬻其园,今普明寺后林池乃其地,寺僧耕之以植桑麦。"③这是说,昔日宰相家的花园卖给了普明寺成为耕地,由此寺的僧人亲力耕作种植荞麦。又如《东山存稿·云山庵记》记载:云山庵的主事僧以医术"积其赢余,作此庵供养观音大士,置田若干亩,择其徒之谨愿者付之,使耕且食,而炽香火。"④《侨吴集·简村顺心禅庵记》记载了位于吴江的一所小寺院的禅僧的生活和修行情况,其文曰:此庵"屋瓦鳞比,出町畦中。居者昼而农,夜而禅,畎浍沟塍,近在

---

① 《金文最》卷七〇《谷山寺碑》,第1035页。
② 《补续高僧传》卷九《普交、有需二师传》,《续藏经》第77册,第431页下。
③ 欧阳修:《欧阳修全集》卷七五《洛阳牡丹记》,第1099页,北京,中华书局点校本,2001。
④ 赵汸:《东山存稿》卷四《云山庵记》。

檐槛,粥鱼磬钟,苔响风水,其三时之勤,为终岁之须,要皆食其力而非苟取于人。见者以其投力而休心,知其为勤行。道者之居,食其力,不足则买田以给之。"①从文中可见,顺心禅庵的寺田是在寺院建筑的周围,寺院被田野所围绕,禅僧因此而过着白日劳作、夜晚禅修的生活。

一般而言,名刹大寺拥有的土地众多,实行租佃制经营是顺理成章的。在此我们以南宋著名的丛林径山为例说明之。径山位于浙江余杭西北约二十九公里处,在天目山之东北峰,因以小径通于天目山而得名。唐天宝元年(742),国一禅师隐居于此,并行开山。至宋代圆悟克勤等高僧住锡于此。高宗绍兴七年(1137)圆悟之门人宗杲禅师来住此寺,"道法之盛冠于一时,百舍重趼往赴,惟恐后拜其门,惟恐不得见。至无所容,敞千僧大阁以居之,凡二千余众,所交皆俊艾。"②绍兴十一年五月,因受政治牵涉,宗杲被逐出径山,流寓衡州。径山寺似乎遭受重大打击。绍兴二十四年,著名禅师了一受诏住径山,当时,"径山无一垄之地可耕,而学众数千,指师入据丈室,檀施大集,不求而办。"③了一于绍兴二十五年圆寂。从这一记载看,金山寺在此时仍然没有寺田可耕作。至绍兴二十八年,宗杲受敕重回径山寺,可能为径山募化或购置到不少土地。《补续高僧传·净全传》记载:净全"甫冠即出家"后,"入径山谒妙喜"。净全"生长田家,朴野而无缘饰,目不知书,人呼为翁木大。一日,集众采椒,师与焉。同辈戏之云:'汝试作一摘椒颂,如何?'师即应声云:'含烟带露已经秋,颗颗通红气味周;突出眼睛开口笑,这回不恋旧枝头。'众大惊,自是刮目。"④从这一记载看,径山的僧众是一同"出坡"采摘成熟了的辣

---

① 郑元祐:《侨吴集》卷九《简村顺心禅庵记》。
② 《大慧普觉禅师语录》卷六《大慧普觉禅师塔铭》,《大正藏》第47卷,第837页上。
③ 《补续高僧传》卷一一《了一传》,《续藏经》第77册,第445页中。
④ 《补续高僧传》卷一〇《净全传》,《续藏经》第77册,第440页中。从《净全传》的记载看,净全圆寂于开禧三年(1207),僧腊四十五岁,世寿七十一岁,生年应为宋钦宗靖康元年(1126)。《净全传》为明确说其拜谒妙喜(宗杲)的时间,但宗杲在绍兴十一年(1141)就被摈出径山。而《净全传》明确记载其于绍兴三十二年(1162)出家,因此,净全入径山只能是在宗杲重归径山之后。

椒的。由此可见,在宗杲住寺时期,径山的僧人仍然是参与土地耕作的。宗杲于隆兴元年(1163)圆寂之后,"诏蒋山大禅了明禅师继席径山,师秀州陆氏,嗣大惠,化扬和王姑胥庄田供众,岁收二万斛,常住由是丰足。"①由上述记载可知,在大慧宗杲以及继任者了明禅师的努力下,径山寺建立了新的庄田,寺院僧人的常住田才充足了。此后,乾道二年(1166),径山寺又获得孝宗所赐的长州田一万亩,径山寺由此变成了南宋著名的富裕寺院。由于寺院土地数量的扩大,特别是寺院所拥有的土地距离佛寺很远,径山寺的僧人恐怕只能够在山上或周边的山地参加耕作种植劳作。如上所述净全等径山寺僧人集体采椒的地点,也许只能在山上。

应该特别指出,唐代禅宗丛林中一直流行的"普请"之法,入宋之后依然在实行。北宋张商英在《护法论》中说:"释氏有刀耕火种者,栽植林木者,灌溉蔬果者,服田力穑者矣,岂独今也!"②这是说,目前所见寺院僧人从事耕作、种植、灌溉等劳作,并非从今日始,而是其来有自。由此可见,宋代僧尼从事耕作种植,是随处可见的普遍行为。也有很多寺院,在租佃制已经实行的情形下,僧尼也会参与劳作。这也可以从陈亮针对普明寺的田产问题所发表的议论看出来。根据陈亮《普明寺置田记》的记载,此寺"田无三十亩,余尤及见,其有僧四五十人,其役称是,则籍丐施以活,其来非一日矣。"普明寺耕地不足三十亩,四五十位僧人共同耕作,仍然不能自给自足。而依照陈亮的观察,"余以为使一僧有田十亩,彼固不能耕也,岁籍一夫耕之,则一夫反资僧以活,计田之所出犹足以及僧之所役,是一僧不复为居民之费,而三夫共饱于十亩也。"③陈亮在此为僧人设计的自给自足的最低保障是,有耕地十亩,但十亩耕地一僧又不能独立耕作,需要再雇用一位佃客。这样一来,佃客及其家人与僧人便构成一个经济共同体,形成"三夫共饱于十亩"的格局。由此可见,僧人生活

---

① 念常:《佛祖历代通载》卷二〇,《大正藏》第 49 卷,第 691 页上。
② 张商英:《护法论》,《大正藏》第 52 卷,第 640 页中。
③ 陈亮:《龙川集》卷一六《普明寺置田记》。

和修道所需加上"僧之所役",在宋代是一笔很大的支出,特别是僧人免役特权丧失之后,寺院及其僧人单纯依靠募化已经难于生存了,寺院的土地经营,甚至经营手工业、工商业便成为佛教寺院的不二选择。

四、粮食种植与多种经营

宋代佛教寺院在自给自足的经济体制方面比之前代更趋完善。如果说在唐代一些大的寺院还有可能依靠信众的捐献布施维持的话,在宋代即便是很小的庵、堂也需要开垦田地以求自养,拥有上百上千僧尼的大寺院若无田产和土地经营,其生存几乎是不可能的。如上文所举的径山寺、谷山寺等等例子,即可说明问题。如商州福寿寺"树珍果,植名花,佛事之庄严,释门之仪范靡不备矣。然后垦山田,造水硙,嘉蔬有圃,柔桑垂荫,兹所以备绀宇之缮完,给缁徒之供养。"①可见,寺院的一切生产经营活动,其目的无非是满足僧徒的日常生活、修缮寺宇以及佛事活动等等费用和开支。作为一个自给自足的经济实体,寺院僧尼及其附属人员的生活所需——斋粮的生产,是最为基本的。寺院除种植水稻、小麦等粮食作物之外,菜园、果园、茶园、竹园、桑园等等都是许多有条件的寺院所设置经营的。

譬如《青阳集》卷二《化城寺碑》记述说:化城寺位于沙洲之间,寺院的僧人在其间筑堤,"联络二洲,汇水其中以溉田,为圃以蔬,为场以树,即植梨、栗、枣、柿、篠、竹之属数千本。春土膏贲,则率其徒及优婆塞负耒出耕,而躬为耨。众亦勤田力作,力齐而粪多,凡食百余人,而稻、麦、麻、菽、果、茹不取于人而常裕。务闲即合其众,讲其师之说。"②从这一段描述可见,化城寺不仅种植水稻、小麦、麻、菽以及各种水果、蔬菜,而且具有灌溉的设备和各种农具。寺院的僧众与居士共同耕作经营,在农闲

---

① 王禹偁:《小畜集》卷一六《商州福寿寺天王殿碑》。
② 余阙:《青阳集》卷二《化城寺碑》。

之时则讲经说法。如文中所说,此寺有一百余僧众及其附属人员,其生产的物品"不取于人而常裕",完全是自给自足、丰衣足食的。这样的例子很多,而如兜率院"资所以奉养之物无一外求"。① 可以说,这是宋代寺院的常态。

与宋代世俗社会粮食种植相同,寺院的土地耕作和种植北方是小麦、粟为主,南方则以水稻为主。但根据有关记载,北方地区具备一定的土壤、水利条件的寺院也开始种植水稻。据《长编》记载,熙宁六年(1073),宋神宗对王安石说:"奉先寺进新种稻极佳,赐与一道紫衣。"王安石回答说:"初,蔡河既作重闸,有余水,乃教河侧人种旱地为稻,而奉先率先种稻。"②苏轼记述了博罗香积寺的生产情况:"寺去县七里,三山犬牙,夹道皆美田,麦禾甚茂。寺下溪水可作碓磨,若筑塘百步闸而落之,可转两转举四杵也。"③这座香积寺的良田看来是以种植小麦为主的,而在溪水之上则修建了碓磨。北宋诗人范成大则以诗句描述了丰收在望的寺庄:"大麦成苞小麦深,秧田水满绿浮针。今年一饱全无虑,宽尽归舟去客心。"④作为宋代著名的田园诗人,范成大的这一首诗,前两句颇为传神地概括了寺院田庄在临近收获季节时的景象,后两句则真实地描摹出了颇与农夫共通的宋代僧人之典型心态。

除种植粮食之外,拥有菜圃和果园是寺院土地经营最基本的内容。这首先是,中国僧人素食的传统,使得菜蔬与水果成为保证僧尼多种营养成分充足的最核心的条件之一,而水果又往往成为寺院佛事活动中不可或缺的供养品。因此,菜园、果园几乎是每寺必有的。如前文叙说的商州福寿寺"嘉蔬有圃",化城寺"为圃以蔬",而兜率院既然"资所以奉养

---

① 《曾巩集》卷一八《兜率院记》,第289页,北京,中华书局点校本,1984。关于宋代寺院的多种经营,游彪的《宋代寺院经济史稿》第四章第二节、第四节叙述甚详,本著有关这一问题的叙述即以此著的归纳为基础综合而成。
② 《续资治通鉴长编》卷二四七"熙宁六年九月戊戌",第6017页。
③ 苏轼:《东坡诗集》卷三九《游博罗香积寺》,第2112页,北京,中华书局点校本,1982。
④ 范成大:《范石湖集》卷二一《寺庄》,第308页,上海,上海古籍出版社,1981。

之物无一外来",则蔬菜、水果自然也是自产了。又如,延庆寺"寺之西有蔬圃,官欲以为贡院,势甚急。"①地方官员想征收寺院的菜地作为贡院,想必此菜圃不会太小。再如,靖康年(1126)间,河北提邢许亢"入庐山一小寺栖止,仆因摘园蔬与僧争闹。"②此位仆人未经寺僧同意,擅自摘拿寺院菜园中的菜蔬,引起主管僧人的指责。就总的情况而言,寺庙蔬菜种植多为满足寺院僧人生活的需要,而其消费的应时性,使得菜圃往往位于寺院附近,因此,可能多由僧人自己种植、管理。

宋代寺院的果园十分普遍,而且有些寺院所生产的水果在当时还相当有名。如大名府压沙寺的梨园,当时号称"御园",宋代名臣韩琦这样称赞此寺生产的梨:"压沙千亩敌封侯,珍果诚非众品同。自得嘉名过冰蜜,谁知精别有雌雄。常滋沆瀣充饥脆,不假胭脂上颊红。四海举皆推美味……"③不仅如此,此寺的梨园在梨花盛开时节成为当时的一大景观,强至就曾经邀请韩琦、苏辙等文人到压沙寺梨园饮酒赋诗,"花前烂醉如泥淤,犹恐花过嗟空株。压沙梨开百顷雪,春晚未赏讦已疏。"④从这些记述看,压沙寺的梨园相当大,即便不足百顷,也庶几不差多少。南方的寺院大量种植橘子,苏轼曾经这样描述了焦坑显圣寺的橘园:"渺渺疎林集晚鸦,孤村烟火梵王家。幽人自种千头橘,远客来寻百结花。浮石已干霜后水,焦坑闲试雨前茶,只疑归梦西南去,翠竹江村绕白沙。"⑤北方寺院也探索出一套种植橘子的方法,如寿阳的寺院也种植了橘子,时人在《寿阳僧房见橘诗》中写道:"地过长淮种橘难,僧房今见锁朱栏。秋来赖有黄金实,几被行人作枳看。"⑥参照陈舜俞描述兴福院的风景,时所写的"栀子黄时橘满园"的诗句看,北方寺院种植橘子并非罕见。此外,

---

① 《攻媿集》卷一一〇《延庆月堂讲师塔铭》。
② 《夷坚丁志》卷一《许提邢》,第540页,北京,中华书局校本,1981。
③ 《安阳集》卷一五《压沙寺梨》。
④ 《祠部集》卷三,四库本。
⑤ 《集注分类东坡先生诗》卷五《留题显圣寺》。
⑥ 《都官集》卷一四《寿阳僧房见橘诗》。

福建路寺院还种植了珍贵稀见的荔枝,如囊山寺周围有一片荔枝园,时人称赞说:"荔子枝中古道场,石门有路探悬囊。"①张维担任福州闽县知县时,"僧岁以荔子饷州县"②,由此可见,荔枝的稀罕和珍贵。总之,可以推想,南北各地寺院所见的果园大量种植的还应该是当时较为常见的果品。从见于文人墨客中有关佛寺所置果园的称赞性文句推理,寺院的种植技术应该是不错的。

宋代佛寺继承了前代的种植传统,具备自然条件的寺院往往设置有茶园。如学者所说:"宋代从事茶叶生产的寺庙较多,特别是一些地处山区的寺庙,由于其得天独厚的自然条件,因而茶叶的种植就更为兴盛。"③如福建路南剑洲"僧宗回者,累建法席,最后住南剑之西岩,道行素高。寺多种茶,回令芟除繁枝,欲异时益茂盛,实无它心。"④从这一记载看,宗回还是一位富有种茶经验的行家里手。宋代寺院所生产的茶叶除一部分供僧人自饮和待客之外,多余的茶叶则进入流通领域。应该肯定,大多数寺院的茶叶经营是合法合规的,但也出现少数冒禁私自贩卖茶叶的事情。

从南北朝时期起,佛教寺院在社会中的地位越来越高,士人到寺院游览赏花的风气,至唐代已演为普遍的社会习俗。唐长安三月五日看牡丹,士人们车马奔走于慈恩寺元果院,咸以不耽玩为耻。宋代的士人也乐此不疲,因此,较大的著名寺院为了吸引信众自然须建造花园。如洛阳的应天禅院,"后园植牡丹万本,皆洛中尤品。"⑤宋神宗熙宁五年(1072),苏轼应杭州知府沈某之邀,一起"观花于吉祥寺僧守璘之圃","圃中花千木,其品以百数。酒酣乐作,州人大集"⑥,一时云集数万人。

---

① 《梅溪先生文集》卷一七《宿囊山寺》。
② 《朱文公文集》卷九三《左司张公墓志铭》,《朱子全书》第25册,第4292页,上海古籍出版社、安徽教育出版社联合出版,2002。
③ 游彪:《宋代寺院经济史稿》,第121页。
④ 《夷坚甲志》卷五《宗回长老》,第36页,北京,中华书局,1981。
⑤ 《宋朝事实类苑》卷三三《典故沿革》,第416页,上海,上海古籍出版社点校本。
⑥ 《苏轼文集》卷一〇《牡丹计序一首》,第329页,北京,中华书局点校本,1986。

过了两年,苏轼又去造访,写诗称赞:"吉祥寺中锦千堆,前年赏花真盛哉。道人劝我清明来,腰鼓百面如春雷,打彻凉州花自开……城西古寺没蒿莱,有僧闭门手自栽。……"①韩琦一年中三次游览龙兴寺,见其后院种植的芍药,韩琦称赞说:"国艳天姿相照射,因知灵种本自然。"②而庐山的寺院和道观"往往种瑞香,太平观、东林寺为盛。其花紫而香烈,非群芳之比。始野生深林草莽中,山人闻其香,寻而得之,栽培数年则大茂。今移贾几遍天下,盖出此山云。"③可知产于庐山的瑞香在寺院和道观的栽培推广下,被移植销售到全国各地。

宋代佛教寺院在寺内种植各种树木,在佛寺周边开辟园地种植各种植物,装扮寺院。如杭州的天竺寺之寺内,种植了桂子树。在宋仁宗天圣四年(1026)"中秋月望之夕,桂子降于殿庭",天台遵式"取其实,播种林下,乃作桂子之诗。"④有些佛寺种植竹笋,如《宋史·李先传》记载:"寿春民陈氏施僧田,其后贫弱,往丐食僧所而僧逐之,取僧园中笋,遂执以为盗。先诘其由,夺田之半以还之。"⑤这则故事中的陈氏在将田产布施给寺院后破产,前往寺院寻求生活依靠,但被寺院驱逐,其又偷盗寺院的竹笋而被寺院所抓。陈氏告官,时为此地知州的李先命令寺院将昔日所捐施的田产的一半归还给这位村民。著名的五祖寺在其寺周围方圆百里都种植了竹笋,"味极甘美。寺众自三月至五、六月犹厌饫。"⑥传说这些竹笋是唐代高僧真觉禅师亲手所种植。

与佛教寺院的农业生产大多由佃户承担不同,寺院的果圃、花园、茶园以及其他种植业、养殖业基本上是由僧人劳作维持的。如佛窟山僧人"宝因爱养松竹,如护婴儿,戴月侵星,刀耕火种,五年而食饱,十年而林

---

① 《苏轼诗集》卷一三《惜花》,第 625 页,北京,中华书局注本,1982。
② 《安阳集》卷一《和袁陟节推龙兴寺芍药》。
③ 《鸡肋编》卷下,第 115 页,北京,中华书局校本,1983。
④ 《补续高僧传》卷二《遵式传》,《续藏经》第 77 册,第 374 页中一下。
⑤ 《宋史》卷三三三,第 10697 页。
⑥ 《游宦纪闻》卷八,第 25 页,北京,中华书局校本,1981。

增,方袍、黄冠与夫,车辙马迹朝吾门者,有饭;夕吾庐者,有寝。"①佛窟山僧人宝因带领僧众在山中耕作、植养松竹,十年工夫,使其寺院成为士大夫和其他信众经常关顾的地方。再如各类关涉到佛教的史籍中常常见到僧人采茶的记载,《夷坚三志》说:"庆元三年,浮梁东乡寺僧法净,以暮冬草枯之际,令童行挈稻糠入茶园培壅根株。"②可见,东乡寺的茶园主要的劳动者是本寺僧人。寺院的僧人也有养蜂者,时人汪洋亲眼所见,"邻僧以木龛养蜂,一日坠地,僧见蜜积,燎烟熏蜂,蜂大骇散,因割取几尽。"③较大寺院的僧人大多从事果圃、花园、茶园以及其他种植业、养殖业,而将田地租佃给佃户耕种,这样的分工,也许与园圃以及植树养殖等行业劳动强度不大密切相关,也与这些行业在当时未曾有专门的承租人有关。

第三节 宋代寺院的手工作坊及商业经营活动

宋代寺院经济是对于唐代寺院经济基本模式的全面继承和发展,因此,凡是唐代寺院已经出现的各类手工业作坊以及商业经营活动,在宋代佛教寺院中都能够找到,不过,技术和规模当然比之唐代会有重大的发展。本节则从手工业、商业活动以及以"长生库"为核心的金融借贷活动等方面对于宋代寺院经济的这方面发展作些举证、归纳。

一、手工业

宋代寺院所经营的手工业,从产生的产品来说,涉及领域是相当广泛的。黄敏枝先生在前人研究的基础上将其归纳为十三种,即碾硙业、油坊业、制砚业、制墨业、冶铁业、冶银业、制铅粉业、纺织业、刺绣业、饮

---

① 《台州金石志》卷五《宋佛窟山转轮藏记》,《石刻史料新编》第1辑第15册,第11036页。
② 《夷坚三志》卷二"东乡僧园女"条,第1312页。
③ 《东牟集》卷二。

食业、船坊业、制茶业、印刷业与造纸业。关于宋代寺院手工业的特点，全汉升在《宋代寺院所经营之工商业》一文中就追问道：宋代的寺院工业，"已不复是自足自给的庄园经济时代，各地相互间的交换非常盛行，所以当时寺院工业的生产品，不完全由本寺院消费，而是大量的在市场上出售。"①也就是说，宋代寺院的手工业作坊不但为寺院自身的生活、修行、法会的需要而生产，也为市场交换而生产。寺院所生产的手工业产品同时具备自用性和商品性等多重属性。

碾硙是唐宋时期寺院所拥有的最重要的农产品加工设备，唐代许多有条件的大寺院都拥有这种加工设备，宋代寺院经济远比唐代发达，拥有这种设备的寺院应该更多。见于记载的寺院所建造的碾硙以水碾为多，"水磨之法，置车轮于水中，轴高丈余，设板使轴上出以置硙，硙石两层，上层四周悬之，使不复动，水从高下御激轮，则硙旋转如风，能济千人食。"②可见，水磨即水硙其实是一种利用水力磨米、磨面的机械，有时也称之为"舂硙"，不大能够担负灌溉功能。③碾硙是民众日常生活所需的大型机械装置，寺院是一个人口集中的集体生活的团体，数百甚至上千僧人的寺院，粮食加工的量很大，因此，寺院自己建造或者拥有碾硙自然会方便得多。

从现有文献的记载看，寺院所拥有的碾硙来源有二：一是寺院自己筹建。再如明州奉化县安岩山华严院在住持僧无尽和族弟僧智德的经营下，"既已重建僧堂、钟楼等，比旧加壮，创为舂碾，机轮激水，为无穷之利。"④此处所言的"舂碾"即用来舂米的水硙，是寺院投入人力、物力建造的。如商州福寿寺，五代末至宋初，在僧人清弁的主持下，经过四十年的

---

① 全汉升《宋代寺院所经营之工商业》（撰写于1938年），《现代佛教学术丛刊》第9册，第157页，台北，大乘文化出版社，1980。
② 冯登府：《关中金石记》卷五《栖禅寺修水磨记》。
③ 如黄敏枝等即认为"在宋代，寺院的经营碾硙业也相当的普遍，庐山诸寺院即都有这种灌溉设备。"（《宋代佛教社会经济史论集》，第209页）
④ 《玫瑰集》，《四部丛刊初编》卷五七。

努力,"垦山田,造水碾,嘉蔬有圃,柔桑垂阴。"①苏轼记载了香积寺的"碓磨":"寺下溪水,可作碓磨,若筑塘百步闸而落之,可转两转举四杵也。以属县令林杼,使督成之。"②依照苏轼的记载,香积寺的水硙是在县令督察之下修建的。修建水硙首先必须拥有水源的自用权限,其次投资巨大,因此,寺院修建碾硙首先取得地方官的批准和协助是必要的。

二是朝廷的赐予和信徒的捐献。如陇右麦积山瑞应寺僧重建胜仙、崇果二寺,而这两所寺院的田产和碾硙都是朝廷赐予的。③ 另外,宋太宗淳化二年(991),赢州防御使安守忠"于永兴军万年县春明门有庄壹所并硙贰所,泾阳县界临泾有庄壹所,今将两处田土庄舍,舍与广慈院内,永充常住,每年斋供僧荐父母。"④安守忠在向寺院施舍了数十顷田产之外,还将田庄上的包括两所碾硙在内的设施一并捐施给寺院。

关于碾硙的经营,由于敦煌资料对其记载颇为详细,因而可以参照敦煌的情形大致推知宋代碾硙的经营情况。依照敦煌的情况,寺院所有的碾硙的经营一般采取僧人自营和将其出租承包给民间人士经营。如前所述,禅林清规中的"直岁"是专门管理田庄经营的主事僧,在直岁之下设有"磨头"一职,是碾硙专门的经营管理者,在"磨头"之下也有若干僧人参与劳作。如《夷坚志补》卷一"妙心行者"所记载,福州西禅寺行者妙心,"受本寺差监碓坊,尝用纸糊一球,实以纸钱,……妙心还碓坊。掌事者欲纠其夜出,不敢隐,乃以实告。监寺僧从皎验之不诬,俱白长老,达于州。"由这一故事显示,福州西禅寺的碓坊是由寺院僧人自主经营的,妙心行者是此碓坊未剃度而在丛林内服诸劳役的带发修行者,而碓坊的负责人就是文中的"掌事者"。依照佛教的内部规定,行者属于寺院僧人管理,因此,掌事者可能就是一般所说的"磨头"。"掌事者"将碓坊

---

① 王禹偁:《小畜集》卷一六《商州福寿寺天王殿碑》。
② 苏轼:《苏轼诗集》卷三九《游博罗香积寺》,第2111页。
③ 《陇右金石志·石刻史料丛书宋下》引麦积山石窟志。
④ 《金石续编》卷一三《广慈禅院庄地碑》,《石刻史料新编》第1辑第5册,第3287页。

发生的事情报告寺院的监寺僧即监院,由监院处置,符合佛教寺院管理的规程。《夷坚志补》卷二"乔郭两贤"所记载,"绍兴初,乔贵妃弟某官于袁州,有郭主簿者,居于是邦,亦汴人,乔以乡里之故,怜其羁穷,拉居官舍旁。……又治碓坊于开元寺,日可得千钱之入,并付郭生。"此例中的开元寺碓坊是由乔某承租交给郭生管理的,每日可获得一千钱的收入。

宋代佛教寺院中的油坊业很发达,现存资料很多。但经研究者几经搜求,"所能找到的,只有两条"①。第一条是北宋著名禅僧惠洪于宣和六年(1122)为长沙衡岳马祖石头道场所写的《重修僧堂记》一文所说的:"问其地利之所出,度不足以赡众,则化净檀为油麦库以生财,役力事众有效劳者,则合众建度僧之库。"②对于这一条资料的理解有歧义,游彪先生将其当作"寺院甚至将油作为高利贷资本来放贷"③的例子。本著赞成黄敏枝的看法。从文中看,这所寺院的田产收入不足于提供僧众的生活费用,于是以信众捐施的钱物建成"油麦库"即"油坊"来获取钱财收入。从后文的"役力事众有效劳者"一句观之,此油麦库是由寺僧自己经营的。其油麦库的收入颇为丰厚,除众僧的衣钵之资得以充足外,还有余财建立支付度僧费用的"度僧之库"。第二条资料是《山右石刻丛编》卷二六《大觉院兴修记》所记载,大觉院旧有常住田三十亩,不足以赡众,寺院于是再置买田二顷,并建造油坊一所。

宋代也有寺院从事纺织业经营,朱彧《萍洲可谈》卷二记载抚州莲花寺织造的莲花纱在当时颇为著名。其文云:

> 抚州莲花纱,都人以为暑衣,甚珍重,莲花寺尼四院造。此纱捻

---

① 黄敏枝:《宋代佛教社会经济史论集》,第211页。
② 惠洪:《石门文字禅》卷二一《重修僧堂记》。
③ 游彪:《宋代寺院经济史稿》,第184页。从此文的表述看,此寺院的田产所收获的粮油不足以赡众,寺院怎能将信众捐施的油麦再拿去放高利贷呢? 此其一。其次,从下文看,此"油麦库"的收入颇为丰厚,而以"油麦"为资本放贷所需数量巨大的油麦才会产生巨额的收入,以达到赡众有余而建立"度僧之库"的效应,这对于土地之收获物尚不足以赡众的寺院来说,几乎是不可想象的。

织之妙,外不可传。一岁每院才织近百端,市供尚局并数当路,计之已不足用。寺外人家织者甚多,往往取以充数。都人买者亦自能别寺外纱,减寺内纱什二三。①

此地的莲花尼寺所出产的纱由于工艺的独特以及做功的细致,在当时非常有名,产品价格昂贵却供不应求,以至于当地有仿冒者。山阴县(今浙江绍兴)大庆尼寺也以所织之罗而名重于时,《嘉泰会稽志》卷七记载:大庆尼寺的显教院的比丘尼"皆以织罗为业,所谓宝堵罗是也。"②此尼寺的产品成为闻名于世的"贡品","越贡宝花罗者,今尼院中宝街罗是也。"③尽管此尼寺所产之罗的名声后来被其他地方的产品所超越,但陆游在说到"越罗"时,还是将其与"会稽尼罗"相比较,《老学庵笔记》说:"遂宁出罗,谓之越罗,亦似会稽尼罗而过之。"④此外,《蜀锦谱》记载,建炎三年(1129)至乾道三年(1167)之间,当地政府在应天、北禅、鹿苑三所寺院设置织造场,所织之锦,自真红被褥等共十余种。⑤ 此例未明言织造场的所属,但设场于寺院,寺院应该会参与其经营,因为在宋朝寺院经济意识发达的情形下,地方政府无故无利地占据寺院的土地是罕见的。

刺绣业也是宋代寺院特别是尼寺所乐于设置经营的。孟元老《东京梦华录》卷三说汴梁相国寺瓦市出卖诸寺师姑刺绣物品,"两廊皆诸寺师姑卖绣作、领抹、花朵、珠翠、头面、生色销金花样幞头、帽子、特髻、冠子、条线之类。"⑥在相国寺的瓦市设摊的大概不止一寺,可见,汴梁从事刺绣业的尼寺不在少数。此外,汴梁尼寺也是政府刺绣物品的主要织造者。

---

① 朱彧:《萍洲可谈》卷二,《宋元笔记小说大观》,第2324页,上海,上海古籍出版社,2001。
② 《嘉泰会稽志》卷七,《宋元方志丛刊》(7),第8638页。
③ 《嘉泰会稽志》卷一七,《宋元方志丛刊》(7),第7048页。
④ 陆游《老学庵笔记》卷二,第23页,北京,中华书局点校本,1979。
⑤ 《蜀锦谱》,《续百川学海本·百部丛书》收。转引自黄敏枝《宋代佛教社会经济史论集》,第215页。
⑥ 孟元老:《东京梦华录》卷三"相国寺内万姓交易",第88—89页,北京,中华书局邓之诚注本,1982。

北宋神宗元丰五年(1082),"裁造院言:绣造仪鸾司什物,欲依文思院绣扇例,均与在京诸尼寺、宫院。诏三司:除三院及下西川绣造外,募人承揽。"①从这一记载得知,文思院的刺绣扇是由开封府的寺院、道观绣造的,而神宗于此年下诏,各种绣物除依照惯例允许三所寺院、道观继续制作外,也允许募人承揽制作。《宋会要》记载:崇宁三年(1104)三月八日,试殿中少监张康伯言:"今朝廷自乘舆服御,至于宾客祭祀用绣,皆有定式。而有司独无纂绣之功。每遇造作,皆委之闾巷市井妇人之手,或付之尼寺,而使取直焉。"②可见,宋代的尼寺在为朝廷制作绣品,是一贯的做法。

宋代也有不少寺院设置了从事冶金、金属加工的作坊。周去非《岭外代答》卷七说广西僧人有以铅制粉者,文云:

> 西融州有铅坑,铅质极美,桂人用以制粉。澄之以桂水之清,故桂粉声闻天下。桂粉旧皆僧房罨造,僧无不富,邪僻之行多矣。厥后经略司专其利,岁得息钱二万缗,以资经费。群僧乃往衡岳造粉,而以下价售之,亦名桂粉。虽其色不若桂,然桂以故发卖少迟。③

这是说,僧人凭借西融州的独特自然条件制造出高质量的铅粉,无奈后被官府收归垄断经营,僧人只得前往衡岳继续前业,由于资源的局限,所出质量不如前造,但仍然以"桂粉"为名而低价位销售,甚至影响到官方经营的"桂粉"的销售。这一事例中,僧人的制造技术是很不错的,销路也就不错。《夷坚支癸》卷四记载,僧人祖圆发明了一种新的冶铁的方法,"自后相继煮铁,一切为上色白金,积储益富,遂别作大院,仍买蓄田畴,养僧行六七十辈。"④祖圆依靠自己的冶铁技术积累的财富新建了一座别庵,冶铁作坊的收入充作六七十位僧人的常住费用。

宋代也有不少寺院从事文具制造业,设有各类文具制造作坊的寺院

---

① 《续资治通鉴长编》卷三二三"元丰五年二月乙卯",第7778页。
② 《宋会要辑稿》"职官"二九之八,第2991页。
③ 《岭外代答》校注,第277—278页,北京,中华书局点校本,1999年。
④ 洪迈:《夷坚支癸》卷四"祖圆接待庵",第1246页。

不在少数。苏轼《东坡题跋》卷五《书清悟墨》记载:"川僧清悟,遇异人传墨法,新有名。江淮间人,未甚贵之。余与王文甫各得十丸,用海东罗文麦光纸作此大字数纸,坚韧异常,可传五六百年,意使清悟托此以不朽也。"①苏轼《东坡题跋》卷五《书名僧令休砚》说信州僧人以歙州所产之石琢砚,文云:

> 黄岗主簿段君玙,尝于京师佣书人处,得一"凤"字砚。下有刻云"祥符己酉得之于信州铅山观音院,故名僧令休之手琢也。明年夏于鹅湖山刻记。"钱易希白题其侧,又刻"荒灵"二字,砚盖歙石之美者。己酉至今七十四年,令休不知为何僧也。禅月贯休,信州人。令休岂其兄弟欤?②

这位僧令休制作的砚台相当精美。

宋代寺院、僧人所从事的手工业是相当广泛的,不限于上述论说。全汉升在《宋代寺院所经营之工商业》一文中论及六种,黄敏枝在《宋代佛教社会经济史论集》中将其扩大为十三类,但二人在论述时都将寺院与道观放在一起叙述,而有些类型在现存有关宋代寺院经济的资料中还未找到例证,我们在论述时严格地区分了寺院、僧人与道观、道士,因此,有些类型未作论述。但是,依照唐代寺院以及道观经济的有关情况模拟,宋代佛教寺院拥有碾硙业、油坊业、制砚业、制墨业、冶鐡业、冶银业、制铅粉业、纺织业、刺绣业、饮食业、船坊业、制茶业、印刷业与造纸业等手工作坊完全是可能的。

二、商业活动

中国历来商业的利润都很大,以商贾而为巨富倾国者代有其人。佛教寺院经济从南北朝起步,发展至宋代的极度繁荣,无商不富的现实自

---

① 《苏轼文集》卷七〇,第 2222 页。
② 同上书,第 2238 页。

然也会影响到寺院的经济选择。因此,宋代寺院商业活动的发达以及僧人所投入的热情是空前的。庄季裕在《鸡肋编》卷中说:"广南风俗,市井坐贾多僧人为之,率皆致富。"可见广东僧人经商而暴富之多。又沈辽《云巢集》卷七《天庆观火星阁记》云:"三湘之间,惟永为奥区。……为浮屠道者,与群姓通商贾,逐酒肉。"①可知湖南永州(即零陵)的僧人也一样在做买卖。正因为佛寺的僧人从事商业贩运的情况非常常见,因此,"宣和二年十一月十八日,臣僚上言:乞降睿旨,应宫观、寺院、臣僚之家,杂载舟船,若遇关津,并许搜检,依条输纳税钱;仍岁终具所过次数,申转运司类聚奏文取旨。诏并依元丰法。"②由此可见,宋代商业活动以佛教寺院、道教道观和官宦之家为具有特权的经营者,宣和二年(1120),臣僚上书宋徽宗建议废除三者的免税特权,得到徽宗的批准。《宋会要辑稿》又记载:宣和三年四月十五日诏,"访闻比来客人兴贩斛斗舟船,多是官纲及寺、观等船,截拦河道,非理阻节。"③寺院的商业贩运已经成为宋代商业活动的三大支柱之一,其规模和影响可能超过了民间商贩。而寺院所进行的商业活动现在可以考见的主要有邸店业、贩茶业、买药业以及饮食业。

从南北朝时期起,佛寺逐渐对士人开放留宿,特别是唐代佛教寺院已经设置用作出租的邸舍。在佛教寺院经济更趋发达的宋代,邸店业也演变成为一些房屋宽裕、经济活动发达地区寺院的重要收入来源。如宋仁宗庆历六年(1046),"洪福禅院火,即诏以院之庄产、邸店并赐章懿皇太后家。"④鸿福禅院所拥有的邸店也许与寺院有一段距离,因此未遭大火焚毁,皇帝于是将其赏赐给宗亲。与这一剥夺寺产的例证不同,宋仁宗皇曾经赏赐给宝林院"近院官舍九十区,僦直充供。"⑤南宋高宗皇帝

---

① 此处两条材料转引自全汉升在《宋代寺院所经营之工商业》一文,《现代佛教学术丛刊》第9册,第158页。
②③《宋会要辑稿》食货十七之三十。
④《续资治通鉴长编》卷一五九"庆历六年七月辛丑",第3841页。
⑤《文庄集》卷二七《大安塔碑铭》。

"有旨赐江下房廊、土屋等几十间"给予崇先显孝禅院,"以其日入充僧供"①。又西京崇德院于政和年(1111—1117)间被道士所夺,改为神霄玉清万寿宫。陆游在《老学庵笔记》卷九记载:"西京以崇德院为宫,据其产二万一千亩、赁舍钱、园利钱又在其外。"②可见,崇德院本有田产两万一千亩和可供出租的屋舍以及园圃等产业。寺院的邸店除可租赁给过路客商暂住之外,也有将临近市场的房屋租赁给民间开店的,如湖州德清县宝觉寺有空屋三间,"宗室子赵大诣寺假屋沽酒。"③也有些寺院将多余的屋舍租赁给商人堆放货物,如宋哲宗元祐元年(1086),右正言姚勔弹劾礼部郎中叶祖洽,"沿路商贩,并多置芦箔寄炭场官物及寺院堆垛货卖。又与开宝寺僧交往,钱物不明。"④可见,宋代寺院的屋舍租赁遵循的是商业经营的原则,经营的范围颇为广泛。

尤其重要的是,宋代寺院实际上成为士人、学子乐于借住的地方,最著名的例子莫过于苏轼寓居定惠院的事情。《东坡全集》卷十一《定惠院寓居月夜偶出》一诗中有"但当谢客对妻子,倒冠落佩从嘲骂"。这里的"定惠院",据《东坡全集》所附宋代王宗稷所撰《东坡先生年谱》略云:元丰二年(1079)"庚申,先生年四十五,责黄州。乃以二月一日至黄州,寓居定惠院,又有定惠寺寓居月夜偶出诗,以是春迁临皋亭。元丰四年辛酉,先生年四十六,在黄州寓居临皋亭。"据此知道定惠院又"定惠寺",是东坡先生贬官黄州时最初所寄寓。而据上引东坡诗,他是带着妻子住寺,不然不会有"对妻子"和"从嘲骂"之语了。

宋代一仍唐代的风习,士子往往喜好寓居寺院读书应举,如赵善恶"赁僧房,业举子,夜诵依佛灯。"⑤洪迈根据明州医者俞正臣的叙述记载

---

① 《松隐文集》卷三〇《崇先显孝禅院记》。
② 陆游:《老学庵笔记》卷九,第115页,北京,中华书局校本,1979。关于田亩数,有一万两千亩和两万一千亩二说,此从津逮本。
③ 《夷坚丁志》卷四"郭签判女",第568页。
④ 《续资治通鉴长编》卷四六八"元祐元年十二月丁巳",第11181—11182页。
⑤ 《水心文集》卷二一《中大夫、直敷文阁、两浙转运副司赵公墓志铭》。

说:"其乡里士人王某,当科举之岁,欲往山间习业,得证果寺,绝幽邃,无车马喧,遂谒僧,假一室寓止。"①宋代史籍记录了不少官僚未及第之前在寺院寓止读书的事实,北宋名臣范仲淹就是其中之一。这些寓居寺院读书的士子,甚至包括临时居止于寺院的在任官员如谪居黄州时期的苏轼等,与寺院的关系是否一定就是房客的关系,这是大有疑问的。"寺院既已开放给社会人士进来游观,于是世人的要求便更多了。士人们觉得寺院很清静,适合赴考前的进修,于是便跟寺僧商量付租金膳费在此寄宿读书,寺院为了方便为怀,更不好得罪这些未来能成为官贵的寒士,便答应了。久之,更有免费供膳宿以至赠路费的义举,于是连单身的人,也向寺院求方便租赁房舍作居所了。"②台湾学者严耕望教授有《唐人习业山林寺院之风尚》一文③对此作过详细考论。据严教授所考,士人入居寺院的原因共有:其一,取其清静安宁,可专心读书以应科举,故愿付膳宿费;或替寺院作文书工作以偿。其二,清贫士子可获寺院同情而给予免费膳宿的优待。其三,寺院藏经阁中除了庋藏佛经之外,更有儒家经史,可供士人借阅。从这些研究中,可以得出这样的结论,寺院的客房与居住于其中的房客之间的关系是灵活的、复杂的,有些是明确的租赁关系,有些却并非如此。

正如学者所论:"从寺院经商的范围看,大多数寺院的商业活动差不多都是与自给自足的自然经济联系在一起,也就是说,大多数寺院是以经营农业为主,只有寺院必须的商品才从外部购买,而专门从事商业经营的寺院恐怕并不多,至少可以肯定一点,专门经营商业的寺院绝非宋代寺院的主流。"④宋代寺院的商业经营活动尽管不算太多,但是却与臣僚之家、宫观一起构成当时商业活动的特殊阶层。从现有的资料看,寺

---

① 《夷坚志丁》卷六"证果寺习业",第1011页。
② 曹士邦:《中国古代佛教寺院的顺俗政策》,《中华佛学学报》第1期,第175页。
③ 《唐史研究丛稿》,香港,新亚研究所出版,1969。
④ 游彪:《宋代寺院经济史稿》,第194页。

院大宗的商贸活动实际上属于修葺寺院所需的物资以及刻版印刷的佛经等。如济州众等寺演正大师"往来京师,市易木材,云委山积,浮川而东,约费殆数千缗,积岁几二十"①。又如安福崇兴院僧海睿"走二千里至福唐,市经于开元寺以归,为卷五千四十有八"②。这位僧人奔走二千里为其所在的寺院购回全套《藏经》并修建藏经楼供养之。而这套藏经的雕刻者就是婺州开元寺。宋太宗至道(995—997)初年,婺州开元寺僧人"维旭等始共辇置楮墨之直聿来京师,诏免关市之征,授以要券"③。这是说,维旭等僧人前往京师为寺院争取到免税采购雕刻藏经所需物质的特殊待遇。宋代的免税政策屡有摇摆,"初,元符令:品官供家服用之物免税。至建中靖国初,马、牛、驼骡、驴已不入服用之例,而比年臣僚营私牟利者众,宫观、寺院多有免税专降之旨,皆以船艘贾贩,州县无孰何之者",因此,宋徽宗于宣和二年(1120)下诏,"宫观、寺院、臣僚之家为商贩者,令关津搜阅,如元丰法输税,岁终以次数报转运司取旨"。④ 可见,臣僚之家、宫观、寺院的商船所具有的免税特权,使政府的收入受到了影响,而且这三类商贸主体所能够享受的免税品类有范围限制,因此,宋徽宗下令各地官府可以核查上述三类商贸主体的船只并且在免税品类之外者应照章纳税。

宋代寺院、僧人的经商活动远远超过唐代,而作为以赢利为目的商业活动的参与者,僧人自然也不可避免地需要遵从这一规则。如建州僧希问"贮缗钱数百贸易诸物"⑤,此僧从事的大概是世俗商品的贩卖活动。也有僧人从事的是与佛教有关的法物的贩卖,如真州"有僧鸣铙钹行乞于岸,呼曰:'泗州有个张和尚,缘化钱修外罗城'",张夫人"邀至舟所,僧于袖间出雕刻木人十许枚",并说"此为僧伽大圣,此为木叉,此为善财,

---

① 王禹偁:《小畜集》卷一六《济州众等寺兴修大殿记》。
② 《诚斋集》卷七二《崇兴院经藏记》。
③ 杨亿:《武夷新集》卷六《婺州开元寺新建大藏经楼记》。
④ 马端临:《文献通考》卷一四《征榷考》,考一四七。
⑤ 《烛湖集》卷九《泰州明僖禅院记》。

此为土地",张夫人用紫纱、皂帛各一匹买了这些雕像。① 显然,此位僧人属于走村串户的小商贩。文献中屡见因商贸而获巨额回报的僧人,典型者《夷坚支癸》所说的释行本。宋仁宗时期,有一姜姓农家生出一子,长有一道长达三尺的眉毛,后来至寺院为行者,在当地影响颇大,仁宗将其召入宫中,深得皇帝的喜爱,因而仁宗下诏特许剃度其为僧,"御笔赐名行本",仁宗"赐赉珍物并后妃所赐金银,数其直数千万贯",后来行本离开京师,"以所得货易,创为大寺"。② 又有僧人"束发为商,走川、广,得钱二万缗,凡十年复发而归"③。这位僧人还俗经商十年,后又重剃须发为僧,以其经商所得修建了钟楼。此外,宋代的寺僧还有从事国际间的商贸者,如宋仁宗时期,福严禅院为了扩大规模,"复欲创大厦,不敢化邑人,鬻屋以为资,借贷市珍货,泛海易香药,往返数十年,寇难凡七遭,秋毫无所损,遂足楼所费"④。福严禅院欲创建新的殿堂,但没有采用民间募化的形式,而是以借贷的方式获得资金然后出海到外国贩运香药,经过几十年的努力,历险七次,而最终筹得了足够的资金扩建寺域。宋代沿海地区与高丽甚至日本都有贸易往来,寺院和僧人也参与了进来。苏轼在担任杭州知州之时,杭州一带这种风气依然延续,苏轼上书皇帝说:"然庸僧、猾商擅招诱外夷,邀求厚利,为国生事,其渐不可长,宜痛加惩创。"皇帝"诏皆从之"⑤。

商业活动的本性就是逐利性,寺院及其僧人一旦参与了这种以逐利为目的的活动,其追求利润最大化的惯性也自然会出现与世俗商人同样的行为,即冒违反"规则"的风险。这种"规则",一是世俗法律,二是佛教自身的戒律。

属于前者的例子,如宋代朝廷实行的是茶叶专卖制度,茶民和寺院、

---

① 《夷坚乙志》卷一二《真州异僧》,第281页。
② 《夷坚支癸》卷七《合龙山小道者》,第1272页。
③ 范成大:《范石湖集》卷四《乌戍密印寺》,第41页,上海,上海古籍出版社,1981。
④ 《嘉禾金石志》卷二六《福严禅院记》。
⑤ 《续资治通鉴长编》卷四三五"元祐四年十二月甲午",第10493页。

道观应该将茶叶交售给官府,朝廷禁止民间私自进行茶叶买卖。但由于茶叶贩运利润很可观,民间商人冒险从事者不少。而从现有资料看,僧人和道士也参与了这一违禁贩茶的活动。《宋会要·食货》三十二载,北宋徽宗曾经在崇宁四年(1105)下诏,"应在任官亲戚,及非在任官,僧,道,伎术人,军人,本州县公人,及犯罪应赎人,不得请引贩茶。如违,其应赎人杖一百,余人徒三年,犯罪应赎人送邻州编管。许人告,赏钱五百贯。"①这种僧道贩茶的事实,以福建为多,因为福建在当时是茶叶的著名出产地。北宋徽宗大观二年(1108),提举福建路茶事司上奏:

> 一体访得本路产茶州、军,诸寺观园圃甚有种植茶株去处,造品色等第蜡茶,自来拘籍,多是供赡僧、道外,有妄作远乡馈送人事为名,冒法贩卖,官司未有关防。伏望立法行下,以凭遵守。②

朝廷接奏,颁布命令,"诸寺、观每岁摘造到草蜡茶,如五百斤以下听从便吃用,即不得贩卖。如违,依私茶法;若五百斤以上,并依园户法。"③宋代对于茶叶的官卖制度执行得很严格,因为"茶之为利甚博,商贾转致于西北,利尝至数倍"④,所以就有商人与寺院经营茶园的僧人密谋以各种名义达到贩卖牟取暴利的目的。更为严重的是,某些寺院以及园户还玩弄以次充好的把戏,如"江西瑞州府黄檗茶号绝品,士大夫颇以相饷。所产甚微,寺僧、园户竟取他山茶冒其名以炫好事者。"⑤又《夷坚志丁》卷六说福建僧人贩茶至杭州云:"建安人叶德孚,……绍兴八年,假手获乡荐,结婚宗室,得将仕郎。明年(赴杭州)参选。以七月二日谒蜀人韩恺问命。……后十六日,叶得病,即呕血,始以为忧。同行乡僧来货茶。与之同戚,乃令具两命,复诣韩。韩曰:'记得此月初曾看前一命,但过不得立

---

① 《宋会要辑稿》食货三十二之六,第 5360 页。
② 《宋会要辑稿》食货三十二之三,第 5359 页。
③ 《宋会要辑稿》食货三十二之三至四,第 5359 页。
④ 《宋史》卷一八三《食货志下五》,第 4479 页。
⑤ 《萍州可谈》卷二,《宋元笔记小说大观》,第 2323 页,上海,上海古籍出版社,2001。

秋。此日不死,吾不谈命!'僧归,不敢言。叶病……竟以立秋日死。"①可见,僧人贩运茶叶的事情并不少见。

在宋代寺院浓厚的经济氛围之下,僧人从事经济活动甚为普遍,而一些著名的佛寺甚至成为当地的商贸中心,如北宋的首都汴梁大相国寺就是如此。宋人张舜民在《画墁录》卷一中记载了大相国寺"烧朱院"炙猪肉出卖的事情:"旧日,有僧惠明善庖,炙猪肉尤佳。一顿五勺。杨大年与之往还,多率同舍具飧。一日,大年曰:'尔为僧,远近皆呼烧猪院,安乎?'惠明曰:'奈何?'大年曰:'不若呼烧朱院也。'都人亦自此改呼。"②又湖南永州的个别寺院也有出卖猪肉的地方。《云巢集》卷七《天庆观火星阁记》云:"三湘之间,惟永为奥区。……为浮屠道者,与群姓通商贾,逐酒肉;其塔庙,则屠脍之所聚也。"这样的两例,都说到寺院附近或者就在寺院的房舍中,设立烧烤猪肉的饭馆,不能不说是严重犯戒的行为。又如陕西僧人宗本千方百计地经商赢利,"货殖不已",而且"尤吝啬,视出钱为拔齿",并且说"此吾宿业也"。③ 宋代有位"金华大师,名志蒙,得钱于市即买猪头以食,故号猪头和尚"④。这样的一些例子,说明在商业经济活动的大潮中,佛教的某些方面已经发生很大变化,世俗化的弊端已经开始显现。更严重者,有这样的说法:"广南风俗,市井作沽,多僧人为之,率皆致富。又例有室家,故其妇女多嫁于僧。"⑤宋代佛教寺院商业活动的过分发达是一把双刃剑,对于佛教自身形象危害很大。当时

---

① 《夷坚丁志》卷六,第587—588页。
② 关于"烧朱院",《宋会要辑稿》"职官"三十六之七六记载:"后苑烧朱所,所掌烧变朱红,以供丹漆作绘之用。太平兴国三年置,令僧德愚、德隆于后苑中令炼。咸平末权亭。大中祥符初复置,天禧五年僧惟秀省其法,以内侍一人监之。"第3109页。宫中所设置的"烧朱院"是专门冶炼绘画所用之朱红颜料的,且一直由僧人操持。"又我们怀疑烧朱院之获名或与烧朱有关。其初或是相国寺的烧朱作坊,因有僧人善烹猪肉,方被民间戏称为烧猪院,复又有杨大年的附会,时间则被先后倒错了。"(段玉明《相国寺——在唐宋帝国的神圣与凡俗之间》,第251—252页,成都,巴蜀书社,2004年版)
③ 《夷坚甲志》卷九《宗本遇异人》,第76页。
④ 《诸溪虞斋十一稿续集》卷一〇《慧通大师真身阁记》。
⑤ 《鸡肋编》卷中,第65页。

的有识之士已经意识到这样的问题,如慈航朴禅师"居常训其徒辈曰:'古者为僧,朝廷以试经为度,故发心从释者多求道果之士也。今时佛法淡泊,名存实亡,多资者宽袍盛饰,不足者秤贩为利,贪伪杂出,无所不至。'"①

上述僧人从事商业活动的例证,由于记载的模糊性,已经难于准确分辨出僧人从事商贸活动的身份,也就是说,他们是以个人身份以及自有资金进行贩运转卖还是以寺院名义用寺院的公用资金进行已难知其详。从性质上说,二者之间的区分很重要,特别是牵涉到对于作为商人的僧侣的社会评价的时候,如果其经商行为属于个人身份,而所得也完全与佛教无关,受到责难是应该的,如果是受寺院委派则其仍然属于弘扬佛教的范畴,其评价则应稍显宽容。

三、"长生库"与借贷、典当

与晋唐佛教的寺院经济活动相仿,宋代寺院的"典当业"相当发达,但就其性质而言,目前还有不同看法。全汉升认为:"宋代寺院经营的质库,多半为典当铺的性质。不过它所贷出的资本,实包括现今典当铺贷出的金钱及银行的放款。"但"宋代寺院的质库,不独具有当铺的机能,且包有现今银行贷款的特质,即从事生产的放款。"②而黄敏枝则以"高利贷业"和"长生库"两个小标题来归纳材料③,但二者的区别却不大清楚。游彪则一律以"高利贷"来称呼。④ 在此,我们在材料方面尽可能地吸收现今学术研究的成果,以黄敏枝和游彪二位所搜求考据的例证为主,术语方面则沿用全汉升的说法,即"质库"或"长生库"兼具典当和银行贷款两方面功能,而许多事例难于区分到底是典当还是借贷。

---

① 《天童寺志》卷三《先觉考》。
② 全汉升:《宋代寺院所经营之工商业》,《现代佛教学术丛刊》第九册,第 162 页。
③ 参见黄敏枝《宋代佛教社会经济史论集》第六章。
④ 参见游彪《宋代寺院经济史稿》第七章第三节"寺院、僧侣经营的高利贷"。

关于宋代寺院的"长生库",陆游在《老学庵笔记》中的说法,被人们广泛引用。《老学庵笔记》卷六云:

> 今僧寺辄作库质钱取利,谓之长生库,至为鄙恶。予按梁甄彬尝以束苎就长沙寺库质钱;后赎苎还,于苎束中得金五两,送还之。则此事亦已久矣。庸僧所为,古今一揆,可设法严绝之也。①

梁甄彬之事,见于《南史》卷七〇《甄法崇传》。陆游文中所说的"长生库"实际上相当于现在的"典当"。而"典当"与借贷的本质区别是以抵押物作为"质物",而到期可以以金钱等赎回原抵押物。这应该与现今所常见的"借贷"有所不同。郭若虚《图画见闻志》卷三说商人以名画作抵押品,向汴梁寺院借钱云:

> 王齐翰,建康人。事江南李后主,为翰林侍诏,工画佛道人物。开宝末,金陵城陷,有步卒李贵入佛寺中,得齐翰所画罗汉十六轴。寻为商贾刘元嗣以白金二百星购得之,赍入京师,复于一僧处质钱。后元嗣诣僧请赎,其僧以过期拒之,因成争讼。②

又章炳文《搜神秘览》卷中说代州的和尚经营典当业云:

> 代州大石寨卒杜庆,缘应报入州。道中见山之巅有二红物相搏击,其状圆而有光芒,因伫而观。有顷,一物如势不胜,坠于野水中,光彩两腾贯。庆疑而视之,惟有二三科斗中焉。遂取之,系于衣裾间而回。至寨中,乃金一块耳。庆素好博易,遍往酢价。市人秤之,或重或轻,多少不能辨。遂质钱于僧邢氏者。③

杜庆将捡到之物抵押给寺院获得钱币。至于南宋,洪迈《夷坚志癸》卷八说鄱阳等地的寺院经营典当业云:"永宁寺罗汉院萃众童行本钱,启质

---

① 《老学庵笔记》卷六,第 73 页,北京,中华书局点校本,1979。
② 《图画见闻志》卷三,第 45 页,《画史丛书》第一册,上海,上海美术出版社影印本,1963。
③ 《搜神秘监》卷中,《说郛》卷三三,北京,中国书店影印本第 6 册,1986。

库,储其息,以买度牒,谓之长生库。鄱阳并诸邑,无问禅律,悉为之。院僧行政,择其徒智禧主掌出入。庆元三年四月二十九日,将结月簿,点检架物,失去一金钗,遍索橱柜不可得,禧窘甚云云。"①这一例中所言的金钗实际上是客人借贷之时的质押之物。可见,宋代寺院所设的"长生库"大多相当于当铺或者属于质押借贷的范畴。

寺院"长生库"最常见的借出物无疑是钱。福州乾元寺"住持绍宗与寺僧法珪募诸信士得钱六十万有奇,不以供他费,贫不给者悉贷予,收其赢度有功于众者二人,将自此岁以为常也。"②南宋时期,黄度担任建康府知府时,兴建养济院两所,"捐千缗就寺置质库,计其所赢每三岁买祠牒度管干有劳行者一人为僧。"③南宋孝宗淳熙十三年(1186),承节郎、河东薛纯一除以家所有山阴田千一百亩,岁为米千三百石,捐入大能仁禅寺之外,"别以钱权其于本以待凶岁。"④薛纯一也捐出一部分钱币给寺院以之生息,待庄田歉收之时,解其燃眉之急。天台山万年、报恩、光孝寺有"钱千缗为母以倡子。"⑤天台山诸寺也建立了以借贷钱为主的长生库。再如临安县慈集庆教寺的产业,截至宋理宗宝祐元年(1253)为止,除山、田各一万七千亩外,尚有两所寺庄,库本钱共计二十万。⑥ 此中所言的"库本钱"即是"长生库"的资本金。

此外,寺院也有以粮食作为生息资本的情况。如普明寺的僧人允禧"复为如靖谋,从富人乞谷三百石贷之下户,量取其息,以为其徒目前之供。"⑦又如四明的天童寺和阿育王寺,"天童日饭千僧,育王亦不下七八百人,行仆称是。天童岁收谷三万五千斛,育王三万斛,且分布诸库,以

---

① 《说郛》卷三三,中国书店影印本第6册,1986。
② 《筠溪集》卷二二《福州乾元寺度僧记》。
③ 《景定建康志》卷二三,《宋元方志丛刊》(2),第1703页。
④ 陆游:《渭南文集》卷一八《能仁寺舍田记》,《陆游集》,第2146页。
⑤ 《嘉定赤城志》卷二八《寺观门》,《宋元方志丛刊》(7),第7496页。
⑥ 《淳祐临安志辑佚·武林掌故丛编》卷二,四库本。转引自黄敏枝的《宋代佛教社会经济史论集》,第224页。
⑦ 《龙川集》卷一六《普明寺长生谷记》。

罔民利。"①也有文献记载了寺院以粮食取息的比例,如咸淳年间(1265—1274),正真院"应贷火佃之谷各叁斗,问舟之日来,请以资其用,是怜其窘匮也,春务易为力矣。秋收来偿,依社仓规增二分息,吾门之夏坐也。"②临安崇福院"田以亩计者二千有七百,园林之在山而以亩计者千有六百,稻米之以秤若斛计者四百,盖以子本之钱,岁入有差,皆明衣钵之所自营。"③崇福院是将田产的收入用来放贷,收取利差,充作寺院僧众的常住之用。也有些寺院将帛、绢等物甚至耕牛作为生息的借贷物。如育王山妙智禅师"增岁入数千斛,施者委金、帛为长生局五所,百需皆备,月施金钱饭僧一万计。"④敦煌出土的文书中也发现了北宋时期寺院向民户借贷绢的文书,其文曰:

> 淳化二年辛卯岁十一月十二日立契,押衙韩愿定伏缘,家中用度所欠阙疋帛,今有家妮子名滥胜,年可二十八岁,出卖与常住;百姓朱愿松妻男等,断偿人女。价生塾绢五疋,当日现还生绢参疋,塾绢两疋,限至来年五月尽填还,其人及价互相分付。……⑤

这一例是押衙韩愿定急需绢帛,于是以自己的"妮子"抵押借贷生熟绢五疋。寺院借出的是绢,获得是劳动力。有的寺院将耕牛出租给民户并收取绢和钱币,史籍中称之为"长生牛"。《夷坚丙志·长生牛》中记载,南宋绍兴元年(1131),有人将一头被违禁杀伤而未死的牛牵到绍兴府圆通寺,作为寺院的长生牛,此牛"与常牛无以异,后数年方死。"⑥

宋代有些佛寺建立的"长生库"所获得利钱预先就确定了用途。如

---

① 《芦浦笔记》卷六《四明寺》,第48页,北京,中华书局校本,1986。
② 《台州金石志》卷一一《宋正真院增田记》,《石刻史料新编》第1辑第15册,第11138页。
③ 《咸淳临安志》卷七七,《宋元方志丛刊》(4),第4053页,北京,中华书局。
④ 《攻媿集》卷一一〇《育王山妙智禅师塔铭》。
⑤ 转引自日本仁井田升的《唐宋法律文书的研究》,第257页,京都,东方文化研究所,1967。
⑥ 《夷坚丙志》卷五《长生牛》,第404页。

湘山报恩光孝禅寺地处山间,宋理宗嘉熙年间,住持僧"因思山间日用,惟盐为最急,以日而会所赀,尤不资。于是复以其修造之盈余铢积寸累,仅四百缗,创为西库,月收息十二缗,仅足偿一月市盐之费。成规一定,为之申请于州,给公文以为之据,寻刻诸石。"①这座寺院因为地处山中庄,收入有限,住持僧于是募集了四百缗的资金出贷,每月所得恰好足以支付每月食盐的费用。再如,佛寺供佛有在佛殿设置长明灯的仪轨,而"长明灯"的费用非常巨大,因此,寺院往往通过设立"长生库"的方式解决其费用。如宝藏岩,"本院诸殿堂虽殿主执干,尚阙长明灯,遂募众缘,得钱叁拾叁贯,入长生库,置灯油司逐年存本,所转利息买油。除殿主、殿堂灯外,别置琉璃明灯,仰库子逐月将簿书诣方丈、知事签押,不许去后移易,贵得绵远。然此灯普供十方诸佛、一切圣贤,所集妙利祝延圣寿,报国安民,仍为舍钱檀信作生生之福。"②录载《宋宝藏岩长明灯碑》的编者加的按语说:"普安长明灯输钱叁拾陆贯转利购油,供一年之需也。长生库始于寺院,故有仰库子及签押等语。"③

由前引的事例已经可以见出,由于宋代度僧的费用巨大,特别是贫穷之人出家难于负担这些费用,因此,寺院往往需要为依附于寺院的"行者"和"童行"(沙弥)承担度牒之资。如宁宗嘉泰元年(1201)十二月有臣僚言:

> 臣闻有丁则有役,有田则有赋。由物力则有和买,今有物力虽高而和买不及者,寺观之长生库是矣。臣询其故,始因淄流创为度僧之名,立库规利,相继进纳,故亦不同。今则不然,鸠集富豪,合力则同,名曰关纽者,比比皆是。尝以其则例言之,结十人以为局,高下资本,自五十万以至十万。大约以十年为期,每岁之穷,轮流出局,通所得之利,不止倍徙而本则仍在,初假进纳度牒之名,徒随因缘射利之谋耳。乞行下诸州县,应寺观长生库并令与人户一例推

---

① 谢启昆:《粤西金石略》卷一二《创库本记》,《石刻史料新编》第1辑第17册,第12583页。
② 《台州金石录》卷七《宋宝藏岩长明灯碑》,《石刻史料新编》第1辑第15册,第11064页。
③ 《台州金石录》卷七,《石刻史料新编》第1辑第15册,第11065页。

排,均敷和买,则托名僧局门(似应为"关"字)纽财本以图市利者,亦将无所逃矣。①

这一记载对于"长生库"的起源、发展以及朝廷应该采取的对策都有明确的说明。首先,设立"长生库"的初衷主要是为了获取度僧的费用,但由于民间资本的参与,后来演变成为合股经营,民间将其称之为"关纽"。其二,寺院经营的长生库一向享有免除"和买"的特权,民间资本参与之后的"关纽",其性质已经发生了变化,不应该继续享有免除"和买"的特权。其三,关于长生库的利润,"以十年为期,每岁之穷,轮流出局,通所得之利,不止倍徙而本则仍在"。也就是经营十年,所得之利不止一倍而本钱仍然存在。具体言之,每年的利息也就是百分之二十到三十。

关于宋代寺院的借贷业,有些学者喜欢以"高利贷"称呼之。但是关于当时寺院的利息率却没有一个权威的、确定的说法。游彪先生试图对其作出界定,但其观点却游移不定。首先,他引用了道宣在《〈四分律〉删繁补阙行事钞》卷下中的说法:"《善生经》,瞻病人不应生厌。若自无物,出求之。不得者,贷三宝物,差已,依法十倍偿之。"②其次,他又引用了袁采的说法:"今若以中制论之,质库月息自二分至四分,贷钱月息自三分至五分,贷谷以熟论,自三分至五分,取之亦不为虐,还者亦无可词。"③游先生接着又说:"可知宋代利率通常在百分之三十至百分之五十之间,借贷双方都能接受,前引报恩光孝禅寺所收利息正是当时常见的利率水平,估计各地利率的高低存在很大的差别,寺庙长生库利息也大体如此。"④第三,游先生依据"通所得之利,不止倍徙而本则仍在",又解读出

---

① 《宋会要辑稿》"食货"七十之一〇二,第6421页。
② 《大正藏》卷四〇,第144页上。
③ 《袁氏世范》卷三。
④ 游彪:《宋代寺院经济史稿》,第204页。

"寺院高利贷利息很高,'不止倍徙',即利息高于百分之一百"。① 上述三条资料,第一条,道宣所说是从宗教意义上言之的,从教义上说,三宝之物来源于十方,属于佛、僧,普通民众一般不能使用,在特殊情况下一旦使用,需要加倍偿还,但这种偿还是在布施即宗教修行角度言之的,不能当作寺院经济的经营原则。游先生对于第三条资料的解读有误,忽略了"大约以十年为期"之前提。综上所述,宋代寺院的借贷利率应该以袁采所说的参照,即典当经营月息百分之二十至四十,贷款月息百分之三十至五十,粮食借贷月息百分之三十至五十。正如袁采所说,依照上述利率经营,不算暴虐,应该是正当盈利,因此,我们认为简单地以"高利贷"称呼寺院的金融典当经营是不恰当的。当然,经济活动的逐利性也会玷污佛教信仰者的心灵,使其产生奸诈和唯利是图之心。如游先生在其著作中所举的例子:

> 沙棠庵一僧,正据案间阅算簿书,雷挟下而诛之,腰断为二,背上朱刻痕如小斗者十数。此庵素富,度僧七八员,一意牟利。所震者尤贪,专用升斗为轻重,大入小出,故婴天诛。其徒秘不许泄,而里落遍知之矣。②

这一庵中僧人采用小斗贷出、大斗收入的方式敛财,终遭恶报。这一方面说明,寺院的僧人中也会有一些贪心未除之辈,另一方面,如此的因果报应宣传又会对寺院和僧人的诚信经营起来督促作用。

不过,也应该注意到,长生库作为一种资本的借贷机构,其经营也是有风险的,"主首、知事、库子与库僧通同移易,不时借借,因少积多,侵用库本,向来倒败之由,皆由此弊。"③长生库倒闭的原因不外乎主管者的挪用甚至贪污,更主要的原因也许在于借贷者无力归还债务所形成的"坏

---

① 游彪:《宋代寺院经济史稿》,第 205 页。
② 《夷坚志补》卷二五《鄱阳雷震》,第 1778—1779 页。
③ 谢启昆:《粤西金石略》卷一二《创库本记》,《石刻史料新编》第 1 辑第 17 册,第 12582 页。

账"。譬如《夷坚志》所记载的一例:宋高宗建炎初年,金朝的"燕京留守尼楚赫以战多贵,而不知民政。有僧讼富民逋钱数万缗,通事受贿,言:'久旱不雨,僧欲焚身动天,以苏百姓。'尼楚赫许之,僧呼号不能自明,竟以焚死"①。这位僧人竟然为了追讨富民所欠债款而被活活烧死。如果这样欠债不还的人很多,寺院的长生库也就难以为继了,倒闭破产也就在所难免。这也从另外一个角度说明,寺院从事经济活动,自然应该遵从经济本身的运行规律,放贷和典当自然要收取双方都能够接受和约定的利息,否则的话只有破产一条路了。但是,世俗社会在论说寺院的经济活动时,又往往隐性地站在佛教所应该具有的慈悲和救度众生的立场上,因此,无论是当时的士人和官僚,在对佛教进行批判时,都会对于寺院和僧人的逐利行为进行尖锐的批判。如果反思一下佛教在中土的发展历程,就会发现这样一个两难境地:昔日僧人完全靠朝廷和民间信众的供养,反对者以不劳而获批评佛教,至宋代寺院基本上做到了自给,并且承担了各种赋役,发挥了其服务社会的福利事业之功能,反对者又以佛教不应该追逐利润而批评佛教。宋代之后的中国佛教正是在这种两难境地之中继续生存以求发展的。然而,寺院经济繁荣带给佛教的隐忧和非议,也许是宋代之后汉传佛教走向衰微根源之一。这是值得深思的。

第四节　宋代佛寺承担的赋役及其社会功能

与佛教的继续发展甚至局部繁荣相表里,宋代的寺院经济无论从规模、范围还是社会影响等方面都呈现出空前繁荣的局面,但宋代寺院经济不同于前代的最大特点在于寺院、僧尼免除徭役之特权的丧失。这固

---

① 《资治通鉴》卷一〇二,第 760 页。在分析借贷资料时,一个很大的麻烦在于不能准确区分僧人与民间的私人债务和僧人代表寺院与民间所结成的借贷关系。这一例子所涉及数额巨大,很大可能属于寺院与富民的借贷纠纷。

然使寺院经济得以完全合法化，但也促使佛教进一步向社会化、世俗化的方向发展，同样是福祸相当。

一、宋代寺院和僧人所承担的赋税

宋代主要的赋税种类是土地税。因为寺院拥有不少的田、山，而从中唐之后，寺院曾经拥有的免税特权在逐渐丧失，因此，宋代寺院在原则上都得负担两税、和籴和买以及科敷等税收费用。当然，宋代皇帝有时也会下诏免除一些寺院的赋税。

宋代的土地税称之为"夏税秋苗"。宋代寺院依照常规必须缴纳"二税"。如北宋真宗景德四年（1007），河南府永安县永安寺"夏秋二税正输县仓，不得移拨。常赋之外，免其它役。"①永安寺是皇帝陵墓附近的功德寺，也要缴纳"二税"。又陈光仲担任广东转运判官时，"节浮费，欲例卷为官民户、僧寺代输全年夏税及累载畸零，为钱二万三千余缗。"②福建路荐福院"以茸理兴，以科敷而废，今后除圣节、大礼、二税、免丁、醋息、坑冶、米曲、船甲、翎毛、知通仪从人，悉照古例输送。"③此文罗列了寺院必须上缴的各种赋税的名目，这些都是依照"古例"必须缴纳的，"二税"是其中之一。在宋代，与皇家关系密切的寺院也不一定能够免除"二税"，如杭州圣寿禅寺是宋理宗的"御前香火寺"，此寺的"科赋借占，有旨蠲除；寺之田、山、园地其在毗陵、霅川、本邑者为亩四千五百，岁有常赋。"这是说，各种临时的税收摊派，依据皇帝的旨意得到了赦免，但四千五百亩田、山、园林应该缴纳的二税并未得到免除。后"太傅平章魏公又奏免之。"④作为当时"祝圣道场"的径山兴圣万寿寺，"免诸州场务商税，并平

---

① 《宋会要辑稿》"礼"三十七之二十九，第1334页。此一论题参考了游彪的《宋代寺院经济史稿》第六章第一节"赋税及其相关问题"以及黄敏枝的《宋代政府对于寺院的管理政策》(《东方宗教研究》第1期，1987年9月出版）一文的"寺田与赋役"部分的有关资料和论述。
② 刘克庄：《后村先生大全集》卷一六五《陈光仲常卿》。
③ 刘克庄：《后村先生大全集》卷九《荐福院方氏祠堂》。
④ 潜说友：《咸淳临安志》卷八一，《宋元方志丛刊》（4），第4111页。

江府和义庄除纳正税外,非时科敷悉蒙蠲免,皆异恩也"①。对于此寺,皇帝恩赐其不须缴纳商税、科敷等税,但和义庄的"正税"即"二税"没有获得免除。可见,两宋时期,朝廷对于寺院需要缴纳的土地税轻易是不免除的,有幸获得赦免的寺院确实是凤毛麟角。

在"二税"之外,宋代寺院还需承担和籴以及和买两种赋税。所谓"和籴"本来是宋朝政府在粮食大丰收的州县收购粮食以调剂余缺的一种方法。其起源于"建隆初,河北连岁大稔,命使置场增价市籴,自是率以为常。咸平中,尝出内府绫、罗、锦、绮计直缗钱百八十万、银三十万两,付河北转运使籴粟实边"②。这两例中,都是由政府出资收购河北的粮食充实边境或者缺粮地区。但是,正如熙宁八年(1075)河东察访使李承之所言:"太原路二税外有和籴粮草,官虽量予钱、布,而所得细微,民无所济,遇岁凶不蠲,最为弊法。"③"和籴"的初衷本来是一种买卖关系,政府应该执行市场价格,但由于种种原因,和籴实际上逐渐发展成为"二税"之外的一种征敛,官府往往以很低的价格收购粮食,更要命的是往往不是以现钱,而是以绢、帛、布以及有价证券来支付。宋代寺院已经完全纳入社会经济序列,因而不能逃脱这种"和籴",而朝廷支付给寺院的往往是度牒籴本。尤为严重的是,这项政策竟然逐渐演变成一项常设的赋税,在粮食歉收的情况下,官府依然要收取。有些地方的"和籴"在有些时候几乎全部来源于寺院,如兴化军设平籴仓,"寺之产及五贯而籴,民不与也"④。而"山东朴鲁,非江浙比,俗不为僧、道,故寺观绝少,而广济小垒,止定陶一邑天宁一寺,而籴数与诸州等"⑤。兴化军仅仅管辖一县,而定陶县仅有天宁一所寺院,但所承担的和籴之数量却与别的州相等,引起了地方官员的不满和交涉。

---

① 《松隐文集》卷三〇《径山续罗汉记》。
② 《宋史》卷一七五《食货上三》,第4240页。
③ 同上书,第4242页。
④ 刘克庄:《后村先生大全集》卷八八《兴化军造平籴仓》。
⑤ 《毘陵集》卷一二《詹抃墓志铭》。

关于"和籴"的弊端,正如林希逸所说:

> 吾乡地狭人稠,田之大半皆入诸寺,然而谷之食者,邦人也,岂辇而他出乎?籴必以钱,虽在诸寺,犹大家也。……数千年来,官病之,吏病之,民病之,大家亦病之,僧逃而屋败者过半,其幸存者犹凛不自保,况已废而求复兴乎?

民户和寺院都苦于"和籴"之弊,因此而破败之寺院竟然过半。而林希逸将和籴当作寺院废弃的关键因素:"僧寺之废兴,以吾侪视之,若于事无所损益也。然吾观江、湖、浙之和籴、运籴,淮东、西之车驮、夫脚"①,如此等等,都是寺院破败的重要原因。《宋史·食货志》说:"南渡,三边馈饷,籴事所不容已。绍兴间,于江、浙、湖南博籴,多者给官告,少者给度牒,或以钞引,类多不售,而吏缘为奸,人情大扰。于是减其价以诱积粟之家,初不拘于官、编之户。凡降金银钱帛而州县阻节不即还者,官吏并徒二年。"②可见,和籴有两大弊端困扰佛寺:一是收购价格很低,并且在收成不好的情况下依然如此实行;二是朝廷往往以度牒籴本的方式支付。前者是寺户与民户共同承受的弊端,后者则是寺院独有的困境。关于和籴的价格基准,从上文所引用的河东察访使李承之上书所言即可明确其低于市价的实质,而从如下事例即可明白公平交易的少见和不易。吴泳担任婺州知州时,"旧寺庙头上敷籴,系以市价偿之,自无一毫侵扰,合米价每身正是四十现钱。"③而宋代的度牒类似于一种有价证券,有一定的支付功能。但问题是,度牒发放过多,其价格自然会大幅度贬值,而朝廷确是按照高价卖出的。如荆州南路地区的寺观"自嘉定十一年以来,逐岁敷仰度牒令纳米,其数已不可胜计。纳米不足,又令纳钱,寺观缘此倒败者非一,盖有一、二年敷下度牒,至今监钱未足者。"④可见,南宋时期湖

---

① 《竹溪鬳斋十一稿续集》卷一〇《重建敛石寺记》。
② 《宋史》卷一七五《食货上三》,第4248页。
③ 《鹤林集》卷二三《与马光祖互奏状》。
④ 《西山先生真文忠公文集》卷一七《申尚书省乞免降度牒状》。

南地区的寺院、道观都要承担和籴的义务,官府支付的是度牒,但嘉定元年(1208)支付给寺院的度牒至嘉定十一年(1218)仍然没有卖出,自然会影响寺院的收支平衡,严重者会影响寺院和僧众的生存。泉州也存在这样的问题,尽管朝廷"诏会省札:本州借置和籴米一十万石,不得科抑",但"每岁州以度牒科之县,县以度牒抑之民。凡户管天一千亩以上纳度牒米,一千亩以下者认中籴米,每度牒一道,率三、四户供之,寺观亦然"。① 从真德秀的这段文字看,度牒的支付对象不仅仅限于寺观,民户也是如此。这样一来,度牒的供给难免过多过滥,自然难于及时变现脱手,价格自然难于高期。寺院和民户缴纳给官府的是实实在在的粮食,而官府给予寺院和民户的却是难于出售变现只能大幅贬值的度牒,这无疑是赤裸裸的搜刮。这也难怪只要官员按照经济的原则公平进行"和籴",民众和寺院就欢声雷动了。据记载,颜顾仲任泉州知州时,前任知州"创上溪和籴之名,且令诸刹抱籴入官,民户、寺观亦苦之",颜顾仲鉴于这种情况,"革去旧弊",当地人"欢声雷动,为浮屠氏以报者数千人"。②

所谓"和买"也称之为"和预买"。它起源于北宋真宗时期,当时三司判官马元方向朝廷提出建议:"方春乏绝时,豫给库钱贷民,至夏、秋,令输绢于官。"③大中祥符三年(1010),河北转运使李士衡又言:"本路岁给诸军帛七十万,民间罕有缗钱,常预假于豪民,出倍称之息,至期则输赋之外,先偿逋欠,以是工机之利愈薄。请预给帛钱,俾及时输送,则民获利而官亦足用。"④真宗皇帝下诏允准,此后其他地区纷纷仿效,形成惯例。这一政策的本意是为民众在春耕开始资金匮乏时,官方出面为其提供贷款支持,待到夏秋缴纳二税时,一并向官方以输绢的方式归还贷款和利息。但是,在执行过程中,官府往往不是直接投放钱币,而是将绢帛等摊派给民户和寺户然后又以收得的钱贷给百姓,而官府在夏秋收绢时

---

① 《西山先生真文忠公文集》卷一七《回尚书省乞免降度牒状》。
② 刘克庄:《后村先生大全集》卷一四四《宝学颜尚书》。
③④ 《宋史》卷一七五《食货上三》,第4232页。

又以低价抵偿贷款。如熙宁三年(1070),御史程颢言:"京东转运司和买䌷绢,增数抑配,率千钱课绢一匹,其后和买并税绢,匹皆输钱千五百。"①可见,这项本来能够给民众带来若干好处的制度,在实行不久就变成了宋代民众的一项沉重负担。南宋乾道元年(1165)五月十二日,右正言程叔达上书说:"方今民间输纳税赋,惟和买最为流弊之极"②。其后"户部措置:遂令州县将官户、民户与编民物力,每贯每百随数均敷,是亦务于均平之意也。"③这是让民户、官户和寺院都随财产的多寡、物力的大小分摊和买的任务。但是,当时"一缣之直在市不过三数千,而折纳之价乃至七千,又有所谓市例头子钱、朱墨等钱,所赀非一。"④可见,和买之弊在于官府和买绢帛时,出价低,预付给民众的钱少,而将绢帛折变成高出原价一倍多的钱,在加上其他费用,寺院和民户的负担就相应地增加了许多。

不仅如此,宋代寺院还要承受"科敷"的负担。"科敷"是宋代朝廷无固定时间、品种和数额的临时性赋税和杂税摊派。在中国赋税史上,宋代的"科敷"种类之繁多是空前的,如朱熹所说"古者刻剥之法,本朝皆备"⑤,寺院同样会受到这些"刻剥之法"的困扰。根据学者的研究归纳⑥,宋代寺院所承担的科敷主要有以下五类:其一,食盐的科敷。宋代实行的是食盐的禁榷制度,但官盐价高质次,民众拒绝购买,官府只得强制配售。如《宋史·食货志》说:"盐价既增,民不肯买,乃课民买官盐,随贫富作业为多少之差。"⑦宋神宗熙宁七年(1074),两浙察访使沈括上奏:"泗州都盐务免纳船户,而以官盐等第敷配,并给历抑配居民、寺观,违法。"⑧元丰六年(1083),琼州知州刘威"相度琼州、昌化、万安、朱崖军民

---

① 《宋史》卷一七五《食货上三》,第 4233 页。
②④《宋会要辑稿》食货三十八之二十二,第 5477 页。
③ 《宋会要辑稿》食货三十八之二十二,第 5478 页。
⑤ 朱熹:《朱子语类》卷一一〇《论兵篇》,第 2708 页,北京,中华书局点校本,1986。
⑥ 参见游彪的《宋代寺院经济史稿》,第 161—168 页。此项下的内容吸收此著的研究成果甚多。
⑦ 《宋史》卷一八一《食货下三》,第 4421 页。
⑧ 《续资治通鉴长编》卷二五一"熙宁七年三月戊午",第 6124 页。

户,乡村、坊廊第一至第三等每丁逐月买盐一斤,第四、第五等及客户、僧道、童行每丁逐月半斤,不以日月为限,岁终买足。"①又如福建路,"卖盐旧法:日产盐以随二税科纳,既而交阙田产,推割税苗,又纳浮盐,……僧道月份则纳食盐,于是民力遂困于盐货矣。"②其二,酒、醋的科敷。王炎在《双溪集》中记载湖北路的苛捐杂税时说:"公吏、里正、揽户、僧寺岁赋煮酒钱,四也。僧寺、师巫日纳醋钱,五也。"③这一记载颇为奇怪,僧人禁止饮酒,但却需缴纳"煮酒钱"。奇怪归奇怪,但却是事实,如庆元三年(1197)十二月二十七日,有大臣上书说:"州县之间害民者莫甚于科罚,……以酒税牵连而责其认钱,或科敷于里正、保正长,或横敛于师巫、僧道。"④而《宋会要》同样记载了地方政府勒令寺院和道观缴纳醋钱的事实:绍兴五年(1135)十二月二十五日,右谏议大幅赵霈上奏高宗说:"比年以来,郡守更易不常……比责之库官,库官无策,必仰之醋息,醋息不充,必哀之寺观。"⑤其三,茶和香的科敷。王安石在议论官府垄断茶叶经营问题时说:"南方尽从官卖,官卖既不堪食,多抑配寺院、茶坊,茶多弃损,损钱实虚敛,是削民之损,十一也。"⑥尽管朝廷一再下令禁止抑配茶引、茶钞等给寺院、道观和民众,但却屡禁不止,如绍兴二十二年(1152),殿中侍御史林大鼐上奏说:"如湖州产茶诸县各有园户,祖宗朝并无茶税。……比年官司又于额外抑配园户茶引、僧人茶钞。武康一县园户买茶引,每亩出钞三百文足;僧人买茶钞,每名出钱三贯六百文足,而元额自若也。"⑦僧人支付的茶钞钱竟然高出园户几倍。地方官府还配香给寺院,"每年省寺下出香四州军买香,而四州军在海外,官吏并不据时估实

---

① 《宋会要辑稿》食货二十四之二十三,第5206页。
② 《宋会要辑稿》食货二十六之四十三,第5255页。
③ 王炎《双溪集》卷二〇《上刘岳州》。
④ 《宋会要辑稿》刑法二之一二九,第6560页。
⑤ 《宋会要辑稿》职官四十七之二四—二五,第13430页。
⑥ 王安石:《王文公文集》卷三一《茶商十二说》,第368页,上海,上海人民出版社,1974。
⑦ 《建炎以来系年要录》卷一六三"绍兴二十二年三月己酉",第2654页。

直,沉香每两只支钱一百三十文。既不可买,即以等料配香户,下至僧道、乐人、画匠之类,无不及者。"①其四,除上述各类之外的科敷更是名目繁多,几乎无法一一列举。北宋都城汴梁官府还科敷寺院制作一些手工业产品,如宋神宗元丰五年(1082),"裁造院言:绣造仪鸾司什物,欲依文思院绣扇例,均与在京诸尼寺、宫院。"②南宋时期,朝廷大量发行会子,导致纸币的贬值,政府竟然强制民众、寺院等收藏会子。福建路兴化军,"遣兵马司根刷在城户眼、富室、质库上户俾藏二百,中户一百,下户五十,……况所谓僧户居此邦十分之七,目前数甲院或产百千,或九十千,或八十千,岁入巨万斛,正其多用会子之所,……僧户以产钱二十千而上并使收塌若干数,以备官司不时点兑。"③政府根据寺院财产的数量确定抑配会子的数量,凡是产钱在二十贯以上的寺院都必须收藏会子。这一情况,到南宋末期更加严重,宋理宗端平二年(1235)九月,政府除强令官僚之家纳会子外,而且令"寺观、僧道并按版籍每亩输十六界会子一贯,愿纳十七界者并从。"④

最值得注意的是,有些地方官员还直接以各种名目向寺院直接收取金钱,如义乌县"双林大道场岁输供至二百万缗,提点刑狱元积中欲尽以助公,君持不可,犹取七十万,然双林赖是不为墟。"⑤地方的征敛,已经使寺院不堪忍受。福州过节的某些费用也由寺院承担,每年登上元节"必空狱设醮,因大张灯,以华糜相角,为一郡最盛处,旧皆取办僧寺。"⑥在北宋咸平初任凤州团练使、益州钤辖的符昭寿"广籴秬稻,未及成熟者亦取之,悉贮寺观中,久之损败,即勒道释偿之。"⑦这位地方军政要员,是将寺

---

① 《续资治通鉴长编》卷三一〇"元丰三年十二月庚申",第 7521 页。
② 《续资治通鉴长编》卷三二三"元丰五年二月乙卯",第 7778 页。
③ 《北溪大全集》卷四四《上赵寺丞论称提会》。
④ 《宋史全文》卷三二,四库本。
⑤ 《鸡肋集》卷六七《朝奉郎致仕陈君墓志铭》,四库本。
⑥ 《夷坚甲志》卷六《福州两院灯》,第 48 页。
⑦ 《宋史》卷二五一《符昭寿传》,第 8842 页。

观当作仓库,不仅令寺观无偿保管,而且一旦有损耗,都由寺观负责赔偿。无独有偶,随州大洪山崇宁保寿禅院,在"绍兴二十年,郡守李昌言资贪,凡百须所仰,尽取办焉,僧不堪命"①。有些地方官向寺院借牛车、借夫。如无为山保福寺就受到过这种骚扰,"邑之公吏假牛车于寺,寺厌苦之,吏恚,笞主事僧"②。这位官吏的气焰何其嚣张!南宋绍兴十一年(1141),宋高宗下令,"应干托州县雇人,辄差科或以官钱应付,及于寺观、人户借夫或以借夫为名收受雇直入己,本罪轻者并以违制论"③。由此可见,宋代的寺院常常会受到这种临时的借夫摊派。

"科敷"在某些地方某些时候,甚至比寺院所要承担的"二税"还要沉重。作为宋代寺院经济最为发达的福建地区,寺院承担的科敷是惊人的。林希逸论及福建路佛教的情形时说:"独吾闽之人衣食其田,自二税之外无所与闻。问之僧寺,则上供有银,大礼有银,免丁丈有银。岁赋则有祠牒贴助,秋苗则有白米撮借,与夫官府百需,糜细糜大,皆计产科之。"④从这一表述看,福建路只有佛教寺院承担"科敷",而一般民户在二税之外不承担其他赋税。具体言之,福建下四州就是如此。如时人所说:"近年科名日增,银价百倍,州县不复有余矣。故下四州之银取于僧寺,上四州之银取于民户。"⑤在此,可以借福建闽县寺院所承担的"科敷"来推测宋代寺院的杂赋⑥:

科敷名称	上供银钱	军器物米钱	酒本钱	醋课钱	助军钱	郊祀大礼银	总计
钱(贯)	18448	3186	3323	5916	5657	11528	48058

根据《淳熙三山志》记载,闽县合法的寺院有一百八十七所,平均一

---

① 《夷坚三志辛》卷四《李昌言贪》,第 1412 页。
② 《沧斋集》卷一六《无为长老月公塔铭》。
③ 《宋会要辑稿》刑法二之一五一,第 6571 页。
④ 《竹溪鬳斋十一稿续集》卷一〇《重建敛石寺记》。
⑤ 《南涧甲乙稿》卷一〇《上周侍御札子》。
⑥ 游彪根据《淳熙三山志》卷一七《财赋类》所载资料编制,见《宋代寺院经济史稿》,第 163 页。

所寺院一年之内要缴纳科敷钱二百五十七贯,数量确实巨大。

综上所述,两宋寺院共承担的"二税"、和籴和买以及各类科敷,赋税负担确实很沉重。如宋孝宗多次驾临的杭州灵芝寺,"寺本吴越故苑,医产灵芝,置为精蓝,故田亩素薄,僧行几二千指,多持钵给食。史、郑两丞相当国日,拨赐霅川沈氏户绝产七百亩有奇,上以充神御瓜花之用,下以备寺僧香积之羞,常赋、和、役供输之余,在寺廪者亦无几矣。"①这是说,灵芝寺僧人和行者有两千多人,在史弥远、郑清之两位丞相的支持下,下拨了霅川原归沈氏的田产七百亩,但在缴纳了各类赋税和徭役之后,已经所剩无几。宋代高僧德洪《七月十三示阿慈》诗云:"寺已十余僧,田不登百数。何以常乏食? 强半了租赋。今年失布种,正坐无牛具。"②楼钥有诗云:"千古名山大道场,只因赋重遂荒凉。后之君子谁能驰,试向山前问苍老。"③在这种背景下,地位比较高的寺院,受到皇帝崇信的寺院,以及皇家的功德寺等等,都千方百计地寻求减免赋税的特权。——此待下文与免除徭役问题一并论说。

二、宋代寺院和僧人所承担的徭役

宋代的僧尼起初是不承担徭役的,如北宋初年的宋祁批评佛教说:"京师寺观,或多设徒卒,添置官府,衣粮率三倍他处。居大屋高庑,不徭不役,坐蠹齐民,其尤者也。"④这样的议论在北宋初年的儒士中很为常见,如蔡襄所说:七闽之地"竟取良民膏腴之田以入浮屠氏,国朝以来,因而不改,故学浮屠者绝无徭役,第食不乏而衣有余耳。"⑤宋太宗已经意识到这一问题:"东南之俗,连村跨邑去为僧者,盖慵稼穑而避徭役耳。泉

---

① 《咸淳临安志》卷七九,《宋元方志丛刊》(4),第4073页。
② 《石门文字禅》卷五。
③ 《攻媿集》卷八一《送一老住庐山归家》。
④ 《宋史》卷二八四,第9595页。
⑤ 宋蔡襄:《端明集》卷二七《上运史王殿院书》。

州奏,未剃僧尼系籍者四千余人,其已剃者数万人,尤可惊骇。"①北宋初年朝野的这一认识,至神宗时期导致在新颁布的"募役法"中决定向僧尼和道士征收"助役钱"。南宋时期,朝廷下令征收僧道免丁钱。由此,从佛教传入中土以来,佛教僧尼享有的免除徭役的特权,在唐代中后期部分丧失的基础上宣告全面丧失。

  北宋初年所议论的寺观承担徭役的问题,在王安石变法中得以落实。宋神宗即位后,任用王安石实行新政,熙宁四年(1071),朝廷颁布募役法,"天下土俗不同,役重轻不一,民贫富不等,从所便为法。凡当役人户,以等第出钱,名免役钱。其坊郭等第户及未成丁、单丁、女户、寺观、品官之家,旧无色役而出钱者,名助役钱。凡敷钱,先视州若县应用雇直多少,随户等均取;雇直既已用足,又率其数增取二分,以备水旱欠阁,虽增毋得过二分,谓之免役宽剩钱"②。这一新法的实行,废除了此前依照户等轮充州县之役的办法,改由州县政府出钱募人应役。诸路州县每年预计应用募役费用若干,由管内住户依照户等高下分摊,这里分为三种情况:其一,原来轮流服役的人家所缴纳的钱,叫作"免役钱"。其二,原来享有免役特权的未成丁、单丁、女户、寺观、品官之家须依照户等缴纳钱,叫作"助役钱"。其三,在募役的正数之外,还要多收百分之二十,叫做"免役宽剩钱",遇到灾荒时,政府就用这笔钱雇募役人。"募役法"的最大特点是"向者役人皆上等户为之,其下等、单丁、女户及品官、僧道,本来无役,今使之一概输钱"③。司马光是从对反对者的立场说的,但这确实是此法的最大特征。对于佛教来说,征收免役钱,并且以国家法典的形式颁布,这是历史上的首次。免役法规定,"若官户、女户、寺观、未成丁减半输"④,即寺院所缴纳的"助役钱"是普通民户的一半。

---

① 《宋朝事实类苑》卷二《祖宗圣训》,第23页。
② 《宋史》卷一七七《食货志五》,第4300—4301页。
③ 同上书,第4310页。
④ 同上书,第4300页。

寺院所缴纳的"助役钱",依照规定是按照寺院所拥有的"产业物力"来核定的,在执行过程中,寺院的产业范围的确定灵活性很大。如元丰二年(1079),知谏院李定上奏:"秀州嘉兴、崇德两县初定役法时,以僧舍什物估值敷钱,恐非法意。请下司农寺行下本路改正,它路有类似者,令提举司依此施行。从之。"①在确定寺院的纳钱份额之时,嘉兴、崇德两县将寺院物品僧舍都算在财产之内,显然扩大了寺院的财力,加重了其负担。后来被纠正。宋哲宗即位后,保守派的司马光提出废除新法,但是他却未提出废除僧道缴纳助役钱的规定。他说:"惟衙前一役,最号重难,固有因而破产者,为此始作助役法。自后色色优假,禁止陪备,别募命官将校部押远纲,遂不闻更有破产之人;若今衙前仍行差法,陪备既少,当不至破家。若犹矜其力难独任,即乞如旧法,于官户、寺观、单丁、女户有屋产月收僦直可及十五千、庄田中熟所收及百石以上者,并随贫富以差出助役钱,自余物产,约此为准。"②司马光的这一提议,遭到知枢密院章惇和苏辙等大臣的反对。元祐元年(1086)三月,朝廷宣布依照执行新政之前的差役法,"遂罢官户、寺观、单丁、女户出助役法,其今夏役钱即免输。"③此令意味着寺院、道观、官户可以不承担差役负担。但这一法令未曾执行就失效了。元祐元年九月,哲宗诏:"诸路坊郭五等以上,及单丁、女户、官户、寺观第三等以上,旧输免役钱者并减五分,余户等下此者悉免输,仍自元祐二年始。"④这一法令,仅仅是减少了原本王安石时期寺院、道观、官户所承担等的助役钱的比率,并未免除助役钱的缴纳。这一政策此后在宋代一直延续执行,未曾变更。

南宋时期,朝廷又向僧道开征免丁钱。南宋高宗绍兴十五年(1145)正月,"勒天下僧道始令纳丁钱,自十千至一千三百。凡九等,谓之清闲

---

① 《宋会要辑稿》食货六十五之二十一,第6167页。
② 《宋史》卷一七七《食货志五》,第4313—4314页。
③ 《宋史》卷一七七《食货志六》,第4316页。
④ 《宋史》卷一七八《食货志六》,第4320页。

钱。年六十已上及残疾者,听免纳。"①这是佛教史籍对于南宋朝廷征收免丁钱之规定的简略概括,由于叙述过于简略,这一政策的具体变化过程被遗漏了。

《宋会要辑稿》则记载了具体条文:"绍兴十五年正月二十七日,臣僚言:'州县坊郭、乡村人户既有身丁,即充应诸般差事,虽官户、形势之家,亦各敷纳免役钱。唯有僧道例免丁役,别无输纳,坐享安闲,显属侥幸,乞令僧道随等级高下出免丁钱,庶得与官、民户事体均一。'户部言:'今措置到下项,甲乙住持律院并十方教院、讲院僧、散众每名纳钱五贯文省紫衣、二字师号纳钱六贯文省(只紫衣无师号同)。紫衣、四字师号每名纳钱八贯文省,紫衣、六字师号每名纳钱九贯文省,知事每名纳钱八贯文省,住持、僧职、法师每名纳钱一十五贯文省。十方禅院僧、散众每名纳钱二贯文省,紫衣、二字师号每名纳钱三贯文省(只紫衣无师号同),紫衣、四字师号每名纳钱五贯文省,紫衣、六字师号每名纳钱六贯文省,知事每名纳钱五贯文省,住持、长老每名纳钱一十贯文省。宫观道士、散众每名纳钱二贯文省,紫衣、二字师号每名纳钱三贯文省(只紫衣无师号同),紫衣、四字师号每名纳钱四贯文省,紫衣、六字师号每名纳钱五贯文省,知事每名纳钱五贯文省,知观、法师每名纳钱八贯文省(道正、副等同)。'诏依。"②从这段记载看,绍兴年间征收的免丁钱是专门针对僧尼和道士的,起因在于朝廷财政的困难和朝野对于僧道不须缴纳"身丁钱"的不满而来,其名义则是"事体均一"即平等对待,这显示了宋代以来佛教的世俗化已经进展到相当的程度,朝野都不愿意将僧尼看作一特殊的专门修道的群体,要求他们全面承担各种各样的社会责任。这是其一。其二,上述法令对甲乙住持律院并十方教院、讲院僧、散众以及赐紫衣和师号的僧尼都规定了最高十五贯、最低二贯的缴纳额度。同时,对道教的

---

① 宋志磐:《佛祖统纪》卷四七,《大正藏》第 49 卷,第 425 页下。
② 《宋会要辑稿》食货十二之九至十,第 5012 页。

道士也征收免丁钱,标准大略与僧尼相同,个别低于僧尼。

绍兴十五年制定的征收免丁钱的法令,后来叠有修改。首先是,以紫衣和师号来标定免丁钱的多少,导致紫衣和师号难于卖出。针对这些弊端,高宗绍兴二十四年(1154),朝廷对于免丁钱的征收进行了调整,免丁钱"岁入缗钱十五万贯隶上供。二十四年,以紫衣、师号不售,乃诏律院有紫衣、师号者,输钱视禅刹,禅僧及宫观道士有之者输丁钱千三百有奇,至今以为例。"①《建炎以来朝野杂记·僧道免丁钱》的这一记载不够具体,而《宋会要辑稿》言之稍详:绍兴二十四年八月十二日。士与减三分之一输纳,"户部言:'契勘近承指挥,紫衣、师号依旧给降书填,今相度欲将今来请新法紫衣、师号僧道合纳免丁钱数内,甲乙住持律院、十方教院、讲院并与依十方禅寺僧体例,立定钱数输纳施行,其十方禅寺并宫观道士并依散众钱数……庶几事体稍优,乐于请买。'从之。"②这一规定实际上降低了紫衣、师号所有者所应缴纳的免丁钱的等次,以此吸引僧尼购买紫衣、师号。此后,也许鉴于免丁钱的征收对于经济来源不多的普通僧尼的压力太大,宋孝宗于乾道元年(1165)四月四日下诏:"僧道六十以上并笃疾残废之人,并比附民丁,放纳丁钱,自乾道元年为始。"③此后,朝廷又将豁免免丁钱的条件提高到七十岁以上。

免丁钱的征收,对于佛教的进一步世俗化,特别是对于僧尼个人积累财富都起了强烈的刺激作用。此前所叙述的其他类税赋,基本上是由寺院承当的,而免丁钱从法令自身而言是明确针对个人的,因此,可能是由僧尼个人自行筹备缴纳的。而从数量来说,尽管法令采取了差额对待的方式,但总体而言,额度过高,僧尼负担太重。这样的记载颇多。淳熙十四年(1187),泉州"免丁钱为扰颇甚,亦有癃老无所从出之僧,不堪催

---

① 李心传:《建炎以来朝野杂记》甲集卷十五《僧道免丁钱》,第329页,北京,中华书局点校本,2000。
②《宋会要辑稿》食货十二之十,第5012页。
③《宋会要辑稿》食货六十六之九,第6212页。

督,至缢死者。"①僧尼本身无钱也不便大张旗鼓地去筹措,由此便发生自杀的悲剧事件。此外,地方官员在征收之时,往往加重僧尼负担。如《宝庆四明志》记载,庆元府僧道免丁钱一万一百一十六贯六百文,"随账状催发,岁无定额"②,任意性较大。而《嘉定赤城志》记载,台州"僧道免丁钱六千六百二十三贯五百文,原额一万二千七百七十四贯,以乾道三年降卖度牒收到最多数为额。淳熙十四年,叶尚书自奏:泉、台、婺三州中到免丁钱亏额,皆乾道初降卖度牒最多,故所收钱额随之。近年披剃稀少,且有老死游行,难执元额。"③可见,地方政府在确定免丁钱的总额时,往往参照僧尼人数最多的年份制定,因此,足额征收往往会发生困难。更有一些地方官不执行法令中减免规定,而妄增僧尼负担。如《宋会要·食货志》记载:宋光宗绍熙二年(1191)下诏:

  旧法,僧道年六十以上及笃废残疾者,本身丁钱听免。续降指挥,僧道七十以上笃废残疾,本身并特免放。近来给降度牒,披剃稍多,自合将所收免丁钱尽数起发,访闻州郡将合入老僧道不行依法放免,仍旧照额复行拘催,以致被害,深可怜悯。可令州军照逐岁僧道丁籍实数拘催,仍令提刑司常切觉察,毋致违戾。④

不过,如同古代社会中的许多政令的执行所出现的问题,征收免丁钱也存在遗漏、隐瞒等等情况。如"户部尚书曾怀等言:自放行度牒,给卖过一十二万余道,已剃度披戴僧道数目不少,今稽考得州县递年所纳免丁钱比未放行度牒以前年分止增三、五万贯,显是州县作弊,公然侵隐;或作僧道云游为名不纳,或当来妄供申年甲入老规避面纳之数,是致暗失财计。"⑤依照此中所言,从绍兴三十一年(1161)至乾道六年(1170),全国

---

① 陈耆卿:《嘉定赤城志》卷一六《版籍门》,《宋元方志丛刊》(7),第7414页。
② 《宝庆四明志》卷六《叙赋》,《宋元方志丛刊》(5),第5060页。
③ 陈耆卿:《嘉定赤城志》卷一六《版籍门》,《宋元方志丛刊》(7),第7414页。
④ 《宋会要辑稿》食货六十六之十八,第6216页。
⑤ 《宋会要辑稿》食货十二之十七,第5016页。

共卖出了度牒十二万道,但僧道免丁钱却仅仅增加了三、五万贯,显然有地方官漏征和有意作弊的嫌疑。针对这一情况,这位户部尚书提出了加强征收管理的若干建议,得到皇帝的采纳。

无论从何种角度言之,南宋朝廷向僧道开征免丁税都可算作一种空前的举动,一方面加重了寺院特别是僧尼的个人经济负担,尤为重要的方面则是进一步将寺院和僧尼个人完全看作与社会其他成员没有任何区别的"经济人"。正如有学者所总结的:"寺院、僧尼在徭役方面的特权在北宋时期受到了相当的限制,北宋中叶,僧道'不徭不役'的局面开始发生变化,助役钱的征收是其开端。到南宋时期,与普通老百姓一样,僧道照样缴纳人头税,而且比一般老百姓要高得多。"①对于这样一种生存环境,宋代的高僧纷纷表达了自己的不满,但却是无可奈何。南宋志磐在《佛祖统纪》卷四十七特意引录了道法法师上书朝廷的奏文,其文曰:

> 大法东播,千有余岁。其间污隆随时,暂厄终奋,特未有如今日抑沮卑下之甚也。自绍兴中年僧道征免丁钱,大者十千,下至一千三百。国四其民,士、农、工商也。僧道旧籍仕版,而得与儒分鼎立之势,非有经国理民之异,以其祖大圣人而垂化为善故耳。至若天灾流行,雨旸不时,命其徒以祷之,则天地应,鬼神顺,抑古今耳目所常闻见者也。夫苟为国家御菑而来福祥,亦宜稍异庸庶之等夷可也。若之何遽以民赋,赋且数倍?今天下民丁之赋,多止缗钱三百,或土瘠民劳而得类免者,为僧反不获齿于齐民,以其不耕不蚕而衣食于世也。夫耕而食,蚕而衣,未必僧道之外人人耕且蚕也。②

在此文之后,志磐自己做了这样的评论:"目僧道同丁夫,而出征赋以免之,岂独僧道之耻,亦国家不知尊尚二教之耻也。今州家征免丁,则必举

---

① 游彪:《宋代寺院经济史稿》,第179页。
② 志磐:《佛祖统纪》卷四七,《大正藏》第49卷,第425页下—426页上。

常年多额以责之,而不顾僧之存亡去住。既又欲以亏额均赋诸寺者,其为患皆此类。"①从这两段文字中,可以深切地感受到僧人对于朝廷向寺院、僧尼征收各种赋税的强烈不满,甚至揭露说,僧尼的赋役负担甚至远远超过普通民众。在寺院经济转型的大背景之下,寺院所关注的内容和僧人的修道活动不可避免地要发生本质性的变化。随着寺院经济的完全世俗化,佛教寺院"今乃建大屋,聚党徒,耕良田,积厚货,憧憧扰扰,与世人无异"②,这难道不是必然会发生的事情么?

三、寺院赋税、徭役的赦免特例

宋代佛教寺院所面临的赋税、徭役负担无论从种类和须缴纳的数量来说,都是空前的。为了使自己所在的寺院得到更好的发展机会,有些著名寺院的高僧、名僧便想尽办法争取免除或者减免一部分赋税、徭役的"特恩",而从朝廷角度,皇帝有时也将这种赦免当作自己对于佛教的一种"功德",或者将其当作对于某些特定寺院、特定僧人弘传佛教、为国、为皇族等祈福的一种扶持、鼓励。以下分"二税"及其他赋税、徭役等几方面来叙述宋代朝廷对于寺院赋税、徭役的赦免之例证。

寺院贡献给朝廷的税收中数土地税即"二税"的数额最为巨大,由于宋代寺院占有的田产占当时全部田产的比例相当高,寺院所上缴的二税是宋代朝廷的重要经济来源,因而寺院欲免除"二税"的难度相当大。尽管如此,现存文献中还是可以找到免除寺院二税的若干记载。如宋真宗大中祥符七年(1014),"免扬州建隆寺田租。"③"夏秋两税能够不缴纳的大半限于敕赐的庄田,而且还得有圣旨等才算数"。④ 如天圣八年(1030)十二月六日中书门下牒杭州灵隐寺,称李太后于五年前将买到的二十五

---

① 志磐:《佛祖统纪》卷四七,《大正藏》第49卷,第426页上。
② 胡寅:《斐然集》卷二〇《桂阳军永宁寺轮藏记》,第45页,北京,中华书局校本,1993。
③ 《续资治通鉴长编》卷八二"大中祥符七年三月甲辰",第1868页。
④ 黄敏枝:《宋代政府对于寺院的管理政策》,《东方宗教研究》第1期,第121页,1987。

顷田,充该寺斋僧粥食,乃放免两税等。① 宋神宗熙宁八年(1075)四月,"赐西京昭孝禅院户绝田,仍免其税、役"②。理宗赐杭州景德颢庆寺三千亩田,也下诏为其免除两税。③ 此外,与皇帝有关的寺院以及皇家陵墓所在的寺院较为容易获得免除二税的特权。如太原府资圣禅院"及太宗祔御落成","中人营办,冠盖相望,爰田上腴之锡,蠲其国征"④。此中所言的"国征"即指"二税"。南宋绍兴二十九年(1159)八月五日,高宗"诏绍兴府会稽县昭慈圣献皇后永祐陵攒功前后买过民地……可令常平司取见的确卖过地段顷亩,合纳税赋,照验簿籍,审实申尚书省除豁"⑤。除上述几种情况,还有一些零星的例子,显然为特例。如宋真宗天禧五年(1021)二月,"赐故太尉王旦坟侧僧院名曰觉林,近坟田租悉除之"⑥。这是对大官僚的功德寺给予免除二税的特权。又景德二年(1005),诏"庐山太平兴国、乾明寺田税十之三充葺寺宇经像,令江州置籍检校,选名行僧主之"⑦。北宋真宗免除了太平兴国寺、乾明寺的土地税的十分之三,令其以之修缮寺院和供设经像。也有在皇帝所信任的大臣、僧人的禀告之下,免除寺院土地税的情况。如韩琦任太原知州时,曾经修建过一所寺院,该寺拥有不少田产,因韩琦官高位隆,"其后庞籍奏蠲地税"⑧。又如圆悟克勤禅师的弟子端裕禅师,在受诏住持径山寺期间,"旧庄二所,指水为田东饷,按籍索租,害此寺二纪,师为奏免"⑨。端裕禅师为吴越王钱氏之裔,在当时备受朝野尊重,赐号佛智禅师。由于此寺的田租不足

---

① 《两浙金石志》卷五《宋灵隐寺中书门下牒》,《石刻史料新编》第1辑第14册,第10302—10303页。
② 《续资治通鉴长编》卷二六二"熙宁八年四月戊辰",第6380页。
③ 《咸淳临安志》卷七八,《宋元方志丛刊》(4),第4071页。
④ 《彭城集》卷三二《太原府资圣禅院记》。
⑤ 《宋会要辑稿》"礼"三十七之四十二,第1340页。
⑥ 《续资治通鉴长编》卷九七"天禧五年二月甲子",第2242页。
⑦ 《续资治通鉴长编》卷六〇"景德二年七月丙寅",第1351页。
⑧ 《宋会要辑稿》"刑法"二之四十二,第6516页。
⑨ 《竹溪鬳斋十一稿续集》卷二一《径山偃溪佛智禅师塔铭》。

以供给僧众,端裕禅师上奏朝廷,使此寺获免除土地税的待遇。

由于土地税在宋代朝廷收入中的重要性,加之宋代寺院田产所占比重已重,因此,朝廷一些官员对于寺院和道观免除地税的特权叠有异议。如宋徽宗崇宁四年(1105),规定崇宁寺观可以免纳两税和役钱。臣僚上言认为不妥,大观四年(1110)改为只免纳役钱。① 又南宋度宗咸淳十年(1274),侍御史陈坚、殿中侍御史陈过等奏:"而邸第戚畹、御前寺观,田连阡陌,亡虑数千万计,皆巧立名色,尽蠲二税。州县乏兴,鞭挞黎庶,鬻妻卖子,而锺鸣鼎食之家,苍头庐儿,浆酒藿肉;琳宫梵宇之流,安居暇食,优游死生。安平无事之时尤且不可,而况艰难多事之际乎?今欲宽边患,当纾民力;欲纾民力,当纾州县,则邸第、寺观之常赋,不可姑息而不加厘正也。望与二三大臣亟议行之。"②度宗"诏可"。在大臣的非议之下,寺院免除二税难度大增,能够享受这种待遇的寺院恐怕是凤毛麟角。

相对于土地税的减免,免除科敷、和买的例子则较多,敕赐庄田纵使无法免纳两税,大概也都可以免纳科敷、役钱等,如绍兴报恩光孝寺,宋高宗"赐田十顷,科、徭悉蠲。"③最为典型的材料莫过于《宋会要·道释》所记载的上天竺寺的减免经过,其文曰:嘉定五年(1212)二月二十九日,"诏令两浙转运司取索上天竺灵感观音教寺并径山兴圣万寿禅寺砧基契,照究见着实有无隐寄别人产业,仍截自今降指挥日为限,如日后如有增置田产,并在蠲免之数。其两寺得免和买、役钱之额,令所隶官司各与消豁,不得暗于其他人户产上均摊,如违,许被害人户越诉。兼虑其他寺观不体朝廷以两寺系祈祷去处,及有元降指挥,援例陈乞,源源不已,重为民困。今后如有似此之类,并令给舍缴驳,户部执奏不得放行。"④这一诏令包含了许多层面的信息,对于我们认识宋代朝廷对于蠲免寺院赋

---

① 《宋会要辑稿》"礼"五七之二十三祠宫观附条,第1603页。
② 《宋史》卷一七四《食货上二》,第4222页。
③ 《絜斋集》卷一〇《绍兴报恩光孝四庄记》。
④ 《宋会要辑稿》道释二之十六,第7896页。

税、徭役的态度不失为一绝好的窗口。而关于这一诏书的缘由,《宋会要》也有明确的说明:"先是,临安府言:上天竺灵感观音教寺进状,乞下临安、嘉兴、平江府,照绍兴二十四年已降指挥,将本寺和买、役钱、保正役次及科敷并与蠲。既得旨意,而径山兴圣万寿禅寺援以为请,亦复从之。"①关于上天竺灵感观音教寺蠲免赋税之事,《佛祖统纪》也有记载:绍兴二十四年(1154),"诏以上天竺为御前道场,特免科敷等事。"②从这些记载看,这两所寺院的免税特权是由宋高宗赐与的,但为何宁宗又要专门发一诏书重申此事呢?查考一下上天竺寺的田产来源就清楚了,如《天竺寺志》卷一〇所记载,绍兴三年(1133),高宗将平江府浒墅庄田二十顷赐给上天竺寺;淳熙十一年(1184),孝宗赐给上天竺寺位于秀州的田四十顷。这是在上述诏令颁布之前此寺所获得的敕赐田产。从上述诏令中所说的"照究见著实有无隐寄别人产业"等语推测,此寺的田产还有其他来源,而来自于土地买卖或者民间人士捐施的田产,是否具备免税资格,可能是此寺与地方官员争执的焦点。也就是说,地方官员也许认为仅仅由皇帝敕赐的田产才享有免除和买、役钱、保正役次及科敷的特权,而寺院其他来源的产业则被地方官员当作"隐寄别人产业"而排除在蠲免赋税、徭役之外。此事经过两所寺院的申诉,以皇帝下诏的形式给予最终解决,而皇帝明确表示"如日后有增置田产并在蠲免之数",可知寺院达到了其申诉的全部目的。饶有兴味的是,诏书中还谆谆告诫户部和各地的寺院,这仅仅是特例,其他寺院不得以其例而申请享有同类待遇,而一旦有寺院仍然固执地申告,户部不得将其奏文放行到皇帝面前。此外,应该引起注意的一层意思是,诏书告诫地方官员不得将其两寺所免的和买、役钱之额,再行摊派到其他人户之上,"如违,许被害人户越诉"。这也说明,寺院承担的赋税、徭役是地方政府上交朝廷的钱额的

---

① 《宋会要辑稿》道释二之十六,第7896页。
② 志磐:《佛祖统纪》卷四七,《大正藏》第49卷,第426页中。

重要部分,一旦免除了若干大寺的这些配缴额度,地方政府的财政自由度就会受到重大影响,地方官自然就不大乐意,他们一般的做法就是转嫁给别的纳税户。尽管孝宗皇帝告诫其他寺院不得援引上天竺寺的成例,但并未杜绝这种现象。理宗绍定四年(1231),平江府吴县的上方教院和绍兴府圆通教寺即请求比照上天竺寺免纳照准。① 度宗咸淳五年(1269),临安玉泉净空院获赐官田三百亩左右,亦得朝旨与上天竺同免科敷。②

宋代的惯例,凡是皇家的功德寺都享受免除赋税、徭役的待遇,如北宋熙宁五年(1072),在向寺院、道观征收役钱不久,神宗皇帝就下"诏崇奉圣祖及祖宗陵寝神御寺院、纳观免宫役钱。"③除此之外的寺院免除赋税、科赋、徭役,都须皇帝亲自批准,并须依诏书的形式发布才是合法有效的。但也有些寺院可以通过权臣的斡旋达到目的。如咸淳二年(1266)杭州灵芝崇福寺也因绍定二年虽有朝廷拨赐之雪川沈氏户绝田七百余亩,但是除了供给寺僧梵修和赋役外,就所剩无几;因此,太傅贾似道乃奏免七百余亩之和买和役钱。④ 实在找不到与皇帝的疏通管道,也有寺院干脆寻求将其变更为贵族的功德寺,这一做法形成风气。绍兴六年(1136)"九月,右司谏王缙言:'诸寺院之多产者,类请求贵臣改为坟院,冀免科敷则所科归之下户。'诏户部申严禁之。"⑤这是说,寺院以此方式蠲免的赋税、科赋最终被摊派到其他民户之名下,受到朝臣的指责,但户部的禁止令实际上不起什么作用。如绍兴三十一年,昭庆军承宣使致仕王继先受命至福州居住,"又于都城及他处佛寺建立生祠,即嘱州县蠲

---

① 《江苏金石志》卷一六《上方教院免差公据》,《石刻史料新编》第1辑第13册,第9835—9836页。
② 《咸淳临安志》卷七九"寺院"条,《宋元方志丛刊》(4),第4080页。
③ 《续资治通鉴长编》卷二四一"熙宁五年十二月戊寅",第5875页。
④ 《咸淳临安志》卷七九"寺院"条,《宋元方志丛刊》(4),第4072页。
⑤ 《宋史》卷一七四《食货上二》,第4214页。

免科须,凡天下名山大刹常住所有,大半入继先之门。"①

应该指出,上述所举的例子都属于特例,大多数寺院都须照章缴纳赋税、科赋和助役钱、免丁钱等,特别是中小寺院的经济负担尤其沉重。这成为宋代佛教所面临的严重问题。

四、宋代寺院的社会经济功能

尽管从唐代起佛教寺院已经全方位地参与了社会经济文化活动,但宋代寺院经济的极度发达,一方面加重了寺院和僧尼的经济负担,尤其重要的是在寺院成为名副其实的经济单位的同时,僧尼实际上与"编民"没有区别,而有时其经济负担还要超过普通的民户。北宋张商英说:"释氏虽众而各止一身一粥一饭,补破遮寒,而其所费亦寡矣。且其既受国恩,绍隆三宝,而欲复使之为农,可乎?况其田园随例常赋之外,复有院额科敷官客往来,种种供给,岁之所出,犹愈于编民之多也。"②尽管如此,宋代佛教寺院除用一部分资金修建、扩建寺域之外,还仍然依照佛教的精神兴办各种社会福利事业。从某种意义上说,大型的有影响的寺院实际上也是一个地区甚至全国的经济文化中心。宋代佛教所从事社会福利事业不仅包括修桥、造路、种树、掘井等公共建设事业,还有设置义冢、供应义餐以救济饥民等社会救济事业。二者的性质相同,而唯一不同的是佛教徒筹建公共建设事业是在短期内完成的,相对地社会救济事业则通常是长期的,有的甚至持续了数十年之久。

如前几章所述,佛教寺院和僧尼参与社会公共工程的建设,并不始于宋代。而随着寺院经济的极度繁荣,宋代寺院、僧尼参与建设桥梁、公路的事例明显增多。在宋代有许多木桥或浮梁改建为石桥,这些石桥有

---

① 李心传:《建炎以来系年要录》卷一九二"绍兴三十一年八月辛亥",第3211页。
② 张商英:《护法论》,《大正藏》第52卷,第640页下。

不少即是由僧人完成的。① 抚州乐安县安浦桥原为大桥,屡建屡毁。理宗端平二年(1235)又毁于水,郡守黄□主张改建为石桥,乃责成绿源寺僧日章负责督造;迭石址三,上铺以木板,之上又铺石版,石版上面则铺层砖,覆以屋十一间,费钱一千五百缗则来自官府。② 南昌府治的程公桥乃仁宗嘉祐年(1056—1063)间僧人所建。进贤县通济大石桥则是仁宗皇祐年(1049—1054)间僧法澄、法净所造,并建屋其上。奉新县和丰桥,孝宗淳熙五年(1178)县令王正邦重建,董其役者为两僧人,费时约九个月。③ 信州贵溪县杨林溪,秋夏时大水奔凑,甚难通涉。孝宗淳熙间(1174—1189)有僧允怀筑为浮梁。入元后,为求永久之计,龙虎山道士傅某、章某首出资倡为石桥,元英宗至治元年(1321)完工。④ 桐庐县客星桥,淳熙十年僧清式改为石桥,长一百五十尺,傍有石栏,凡六年方完工。⑤ 粤西全州清湘县之西,两山峙立,悬崖峭壁,其下则水瀑飞泉,道路险阻,控桂林之要冲,为湖湘往来之孔道,行旅视为畏途。自唐即凿石构木为桥,岁久即坏,以舟楫渡人,却时有沉溺。徽宗大观二年(1108)九月僧永玦乃化缘丐人,募工凿山,筑木桥二十间,并砌石路者几百步,虽遇江崩水垫,仍终岁增筑,终成坦途,政和三年(1113)三月完工,前后费时五年。永玦坚忍成就,诚勇于立事,猛于修政者。⑥ 建康上元县于孝宗乾道五年(1169)十一月重建镇淮和饮虹二桥,次年正月竣工。镇淮桥长十六丈,有二亭,广三十公尺,跨秦淮河上,适据府会要冲。饮虹桥长十三丈,屋十六楹,广亦三十六尺。二桥之规划建造皆出自于浮图氏即僧人

---

① 此专题参考了黄敏枝《宋代佛教寺院与地方公益事业》一文的有关资料。此文原为黄著《宋代佛教社会经济史论集》一书中的一章,后经作者补订收入《佛教的思想与文化·印顺导师八秩晋六寿庆论文集》,第267—294页。
②《光绪抚州府志》卷八《津梁》引宋萧《新修安浦桥记》。转引自黄敏枝《宋代佛教寺院与地方公益事业》一文。
③《同治南昌府志》卷四《桥梁》。
④ 袁桷:《清容居士集》,《四部丛刊初编》卷一九《信州贵溪县杨林桥记》。
⑤ 孙应时:《烛湖集》,《四库全书》卷九《客星桥记》。
⑥《粤西金石略》卷六《修桥路记》,《石刻史料新编》第1辑第17册,第12517—12518页。

致胜、法才。① 四川铜山县的挂金鱼桥,长一百三十尺,广五尺,架梁十二道,兴造于宁宗嘉定三年(1210),董其役者比丘道全、钟琏、妙超森。② 连络成都、简州、陵州之通惠桥,也是成于乡僧士贤之手。旧桥经长江江水飘荡无存,士贤即根据旧址广架石磴,又迭石为长堤凡数十寻,经费亦由他化缘而成,官司未尝预闻,经始于徽宗崇宁三年(1104)十月,落成于大观元年(1107)二月。③ 严州百丈桥,跨淳安县南大溪,旁连衢、信、瓯、闽诸郡以趋吴、越,平常商旅往来栉比,朝夕不绝,滨溪邑民端赖贸易维生,一日不渡则生理俱息。旧有浮桥,舟腐板朽,一遇夏秋霪雨,更是阻碍不通。淳熙六年(1179)邑令乃捐俸金以倡,邑人亦出钱、材木以应,命僧如海总其事。如海精力强干,费时五个月而完成。桥南北长百丈,故以百丈命名。桥成之后三十年间三毁于水,嘉定元年(1208)重修改名嘉定桥,水浅处筑长桥十九节,累石为基址,水深处则改以浮桥二十八节,以铁链联舟。负责此项工程的除士人汪万石、周仁外,就是僧人师亮、法莲。④

湖州武康县有十二座桥是宋代僧侣所建,其名称分别是:第一崇武桥,是绍兴年间僧智坚主持修建;第二万安桥和第三南津桥,都是绍兴年间僧善诚所主持修建;第四念佛桥,是开禧年间僧杰大翁主持修建;第五华严桥,是元祐时僧通住持修建;第六禺山桥,则是嘉定时僧智德主持修建;第七普安桥,是绍兴年间僧净玉主持修建;第八、众善桥是嘉定间僧妙智主持修建;第九善利桥,淳熙时僧善利主持修建;第十黄山桥和第十一永安桥,都是绍兴年间僧法词主持修建;第十二郭林桥则是僧道益于建炎年间主持修建。⑤ 福州长乐县有八座桥亦成于宋僧之手,包括:第一

---

① 《景定建康志》卷一六,《宋元方志丛刊》(2),第 1541 页。
② 《金石苑》,《石刻史料新编》第 1 辑第 9 册,第 6563—6564 页。
③ 《成都文类》卷二五《通惠桥记》。
④ 《嘉靖淳安县志》,《天一阁明代方志选刊》(台北:新文丰出版社)卷一五。
⑤ 《嘉靖武康县志》,《天一阁明代方志选刊》卷三《桥梁》,参见黄敏枝的《宋代佛教寺院与地方公益事业》一文。

善照桥,治平年间僧光觉主持修造,明嘉靖重修。第二豸桥,嘉定间僧人主持修造,凡三间,长三丈,阔八尺,明正德重建。第三延祥斗门桥,淳化时延祥寺僧造,长一丈四尺,有闸以蓄延祥湖水。第四仙桥,淳祐二年新城寺僧造,凡三间,长六丈,阔八尺,清、乾隆重修。第五灵源桥,元祐二年甘泉寺僧造,一间,长二丈二尺,宽五尺。第六溪上桥,元祐二年僧造,凡四间,雍正时重修。第七资福桥,宣和三年资福寺僧造,凡二间,长二丈,宽八尺。第八望河桥,绍圣二年甘泉寺僧淳照募建。① 平江府吴江县长江桥于绍兴四年(1134)重建,则是由知县委托给十个僧人负责,每个僧人负责其中一部分。这些僧人分别从富室获得金钱上的资助。② 另外,宋代著名政治家文天祥在《龙泉县上宏修桥说》一文中说:"修桥辟路,佛家以为因果,世之求福田利益者,所以乐为之趋,而佛家者流所以积心竭力,勤苦奉承而不之悔也。予过泉江,道上宏,闻有郭公者,主石桥之役,盖毁家以成之,而僧昙发则朝夕为之督其事,颇难其力。"③此文记载了僧人昙发与民间人士一起修造桥梁之事,并且以福田思想作为佛教人士热心修造桥梁的动力,颇为精到真实。

上述例子大多是由地方官来发动,然后才责成僧人负责工程事宜。也有许多桥的修建是由僧人直接发起和负责的,如宋仁宗至和年间,江苏昆山县"景德寺前正事知子琛并小师知简舍衣钵造香花桥。"④鄱阳中番城有澹浦湖,湖与陆地有桥、堤相连,仁宗景祐年(1034—1038)范仲淹命名为庆善桥。经过一百零七年,桥堤俱圮。又过了八年,浮图法照劝募民财治堤。法照卒后,惠才、德满又继续兴建终于完成。⑤ 福建的许多著名桥梁,也都有僧人参与,如建于宋皇祐五年(1053),竣工于嘉祐四年(1059)的泉州洛阳桥,由郡守蔡襄主持,具体负责工程的是僧义波、宗善

---

① 《民国长乐县志》卷五〈桥梁〉,参见黄敏枝的《宋代佛教寺院与地方公益事业》一文。
② 张端义:《贵耳集》,《学津讨源》卷下,第26页上。
③ 文天祥《文山先生全集》卷一〇《龙泉县上宏修桥说》。
④ 《江苏金石志》卷八《景德寺僧子琛造桥记》,《石刻史料新编》第1辑第13册,第9640页。
⑤ 洪迈:《盘洲文集》,《四库全书》卷三一,《庆善桥记》。

等人。被称为"天下无桥长此桥"的安平桥,于宋绍兴八年(1138),由僧祖派发起修筑,僧智渊亦施资捐助,至二十一年(1151),才由郡守赵令衿续建好。据《福建通志》记载,宋代由僧人修的桥梁就有一百零一所,如同安的宏济桥、永春的永镇桥、仙游的九座桥、侍者桥、福清的通海桥、石塍桥、无患桥、蹑云桥、晋江的石笋桥、悲济桥、霞浦的赤岸桥、将乐的张坊桥、长乐的灵源桥等。福建僧侣建桥在当时占有相当大比例,如晋江僧侣建桥十九座,占总数37.3%;泉州僧侣参与兴建的桥有44座。

根据学者的研究,"宋代习惯于桥上设庵守桥,并以田养庵,以庵养僧,以僧养桥,在两浙路和福建路不乏其例。"① 如上饶县善济桥旧为浮梁,里人叶泽改建为石桥,自嘉定十四年(1221)到宝庆三年(1227)始竣工。桥枕溪百余丈,凡为屋五十四间,费钱几十万,旁建僧庐以职守视,割田立庵以备缮修。② 建州诸溪桥,绍兴间郡守林公改建为石桥,也买田以为岁修之费,乃以田租(岁计二十五石)属之广教院。百余年间广教院主僧去来不常,悉改以田租为缁徒之粥食。于是郡守林公乃将田租归官,存五分之一以赡掌桥道者。③ 抚州临川县文昌桥,理宗宝庆元年(1225)毁于火。郡守薛师旦命僧妙严持簿募捐改建,桥上建亭三,一亭备迎送,西亭为神祠,东亭为佛庐,取金溪县东山寺废额匾给之,并给予闲田、弃地,俾妙严率其徒领寺守桥,以时视察而补治之。从洪武四年(1371)马文壁所撰《重修文昌桥记》可知该桥尚有守桥僧。④ 严州遂安县南有钟义桥,有宋邑人王总得捐田五十亩给永济庵僧人主掌,负责该桥修造,随圮随修,后庵废桥亦毁,乃返其田,仍为浮桥。⑤ 衢州石塘桥时葺时毁,郡守袁甫乃责成能仁院僧道融置簿籍主其事,并将药师院岁收田

---

① 黄敏枝:《宋代佛教寺院与地方公益事业》,《佛教的思想与文化·印顺导师八秩晋六寿庆论文集》,第272页。
② 真德秀:《真文正公集》,《四部丛刊初编》卷二。
③ 汪应辰:《文定集》,《四库全书》卷九。
④ 《光绪抚州府志》卷七《津梁》。
⑤ 《景定严州续志》,《宋元方志丛刊》(5),第4403页。

租百石并归能仁院,因百石仅给药师一僧,而僧又老耄遂移转能仁院使用。①

宋代寺院、僧尼还热心兴建、维修水利设施。如建康府治东门外土桥之东有一条小新河,河道浅狭,宁宗嘉定八年(1215)因旱蝗为灾,大批饥民蜂拥而至。当时,真德秀为江东运副欲因役以济民饥。乃拨下钱米,令蒋山寺主继心差遣本寺僧行募五县丁夫开挖河道,直通蒋山寺,半途遇石阻路,不可掘方止。②福建三步池水利工程的维修也有僧人参与其中,这一工程是在海边修建长堤名为"长围"阻挡海潮对于濒海之田的侵袭,"自嘉定辛巳至绍定庚寅,官敷民钱,亟筑亟坏,辛卯又坏。太守温陵曾公用叹曰:'民之财有限,水之患无穷,长围千丈余,可使有漏罅乎?上腴数百亩可使化泻卤乎?'于是判官赵汝我奉檄修废,浮屠宗焕、宗超董其役,用椿杙大小二千四百五十、竹落一千二百三十、草千担、夫千人。竹、木、草皆依市估,夫皆支僦直,钱皆出郡帑而民不知,事一毫、钱一孔皆咨于元僚,付之两衲而吏不予。……请索石为二马头以御潮,又曰他塘率有赡租而此独无,公立行其说,筑马头,择守僧,且取田于废庵以赡焉。凡池之费若干缗,马头之费若干缗,庵之租若干斛。"③这一处保护农田的海防工程,其费用由地方政府筹措,而工程的修建、管理则由僧人负责。再如熙宁五年(1072),在陈述古担任杭州地方长官之时,组织僧人维修了全城人赖以生存的由唐代人修造的五口水井,"唐宰相李公长源始作六井,引西湖水以足民用。其后刺史白公乐天治湖浚井,刻石湖上,至于近赖之。"而宋代熙宁五年秋"太守陈公述古始至,问民之所病,皆曰:'六井不治,民不给于水。'……乃命僧仲文、子珪办其事。仲文、子珪又引其徒如正、思坦以自助,凡出力以佐官者二十余人。"④依此可知,这

---

① 袁甫:《蒙斋集》卷八《四库全书》卷一二,《衢州石塘桥院记》。
② 《景定建康志》卷一九《宋元方志丛刊》(2),第1598页。
③ 刘克庄:《后村先生大全集》卷八八《新收三步池》,第378页。
④ 《苏东坡文集》卷一一《钱塘六井记》,第379页。

次重修六井的工程是太守全权委托僧人办理的,总计有二十余名僧人参与其事。

此外,寺院耕作农田也需大力兴修水利工程,这虽不是严格的福利事业,但却有助于地方的开发。庐山诸刹皆以石渠接引溪流灌溉寺田,有长十余里者。李纲(1083—1140)在北宋末叶曾游庐山,有诗云:"僧坊有能事,致远劳汲取。凿石为通渠,计里不计步。……沛然饮渥余,灌溉及园圃。"①其中像山北之江州崇胜禅院,旧名观音圆通道场,其土田皆上腴沃壤,有二百五十余丈之石渠,"去圆通二里,以圆通之壮观甲于山北,不减山南之归宗。而土田上腴,岁入倍之。石渠流水,二百五十余丈,水源有清音亭。"②此处所说的"归宗禅院"属南康军,为山南第一巨刹。"院东之水,故名鸾溪。溪上有桥,溪西石渠流泉二百余丈,因水为碓,瀹圃栽蔬,规摹气象,皆有可观者。"③衡岳寺在长老纯粹住持三年间,遭罹旱灾。寺田旁有溪流,无法截流灌溉。纯粹攀爬绝壁,勘察地形,视其上源可接引之处,乃亲率僧行,镌凿石渠,引水溉田完工,是年秋,寺田即大丰收。④

宋代寺院和僧人也参与筑路工程,在此特引录黄敏枝先生的考证以说明之。⑤ 句容县介于万山之中,舟楫不通,商贾皆赖车毂运输各地。英宗治平初年(1004)本邑僧明庆曾劝募民财砌筑县城之街道,铺以砖石。后砖石路面长久以来因轮毂之交驰不休而碎裂。理宗淳祐六年(1246)秋,县令以砌街事责成兴教院(或寺)之僧觉先主持。觉先欣然应命,率其徒师皎相与募缘,并择市民之谨厚者主持钱谷之出入,而县署皆不参与其事。共修筑街面二百四十二丈,费钱二万二千九百五十六缗,米一

---

① 李纲:《梁溪集》,《诸刹皆以石渠道水有至十余里者感之赋诗》,四库本。
② 陈舜俞:《庐山记》卷一,《大正藏》第51卷,第1031页下。
③ 同上书,第1032页中。
④ 胡寅:《斐然集》,第416页,北京,中华书局校本。
⑤ 参见黄敏枝《宋代佛教寺院与地方公益事业》一文,《佛教的思想与文化·印顺导师八秩晋六寿庆论文集》,第274—276页。

零六石,次年夏天完工。① 可见句容街衢前后两次的修砌皆由僧徒负责,官方并不干预其事,而两次的砌筑,经费也是全由僧徒劝募,官府袖手旁观而已。嘉兴崇德县自东兴以来至沙渚,徒步或挽舟所经过皆田塍路,若遇风雨冰雪,则相率陷于泥泞。演教寺僧思齐、蕴常先已筑成三里石路,尚余二十多里未筑,乃请崇胜寺道琛、文达招致道民张智、圆富、道崇、余智、超论等共同负责,经费则出于崇胜会和寺僧邑老、道民等三十余人,设伊蒲之馔,随能力捐钱与化缘,僦舟运石,自宁宗嘉定十六年(1223)冬季到理宗宝庆二年(1226)春季始竣事。这里特别提到道民参与地方建设。② 长沙县之通衢大道,街面虽甃以砖石,然久已颓坏不堪,车马往来艰难。僧愿兴乃掩泥负土使道路平坦。③ 而南昌柳塘山之路乃僧崇琏所筑。④ 范成大入蜀,路过归州麻县堆下,昔时需登极天下之险的山路,后经浮屠法宝于山脚刊木开路后,即避开这段险厄之山路,时孝宗淳熙四年(1177)。⑤ 筠州之街衢之重新砌筑,是得力于僧体谦。体谦募缘得钱一千万,其中施三十万到一万钱者凡若干人,一万钱以下者不可胜数,另有一些喜舍人士则筑路五百尺至百尺。街道北断于江,南、西侧则围绕阛阓凡若千万尺,中间横渠暗沟则筑桥若干所加以沟通。体谦麻衣草鞋董其役,夙夜匪懈,饥食于施者,暮宿于瓦舍,一毫之钱不入于私,皆交由某氏主掌,朱出墨入,凡若千年始竣事,时治平元年(1064)。⑥ 绍兴十九年,靖州初设,郡百废待举,地方官刘、王乃责成进士陈大有及僧世遂、祖能负责铺筑州之通衢七百余丈,费用乃出于刘、王二人之俸及四方捐输,而秋毫无及于民。⑦

---

① 《句容金石志》,《石刻史料丛书》卷五,《张絜砌街记》。
② 《至元嘉禾志》卷二六,《宋元方志丛刊》(5),第4614—4616页。
③ 释惠洪:《石门文字禅》卷二八《长沙甃街》《四部丛刊初编》。
④ 释道璨:《柳塘外集》,《四库全书》卷二,《□山砌路记》。
⑤ 《吴船录》卷下《范成大笔记六种》,第221页,北京,中华书局点校本,2002。
⑥ 余靖:《武溪集》,《筠州新砌街记》,四库本。
⑦ 汪藻:《浮溪集·浮溪文粹》,《四库全书》卷一九,《靖州营造记》。

宋代寺院一仍唐代,士庶于寺院中休息、游观、住宿、吃食、饮酒、宴客、沐浴等等不一而足,大多属于免费接待。[①] 宋代有专门为接待游僧而设之接待院,或接待朝拜佛教圣地士庶如五台山之普通院等,这也是我们所耳熟能详之事。宋代官府也注意到寺院的这种功能,因此,在一些险要山区素乏驿传之路上,兴建庵舍接待过客,不仅使旅游者有歇息住宿之处,同时因为庵舍之存在而使作奸犯科之宵小敛迹,借以维持地方上的治安。例如由潮州至惠州途中,由漳州至潮州南路一百里至漳浦县有仙云驿,又南行百九十里有临水泽,路远驿少,无寸木滴水,行人寄宿无所,有司乃斟酌道里远近随铺立庵,命僧主之,以待过客,且置田赡僧,俾僧守庵。于是南路共有十三庵,包括木棉铺庵(贾似道即被杀于此庵)、甘棠铺庵、横章铺庵、仙云驿庵、默林庵、无象庵、黄土庵、云霄庵、径心善护庵、大悲铺庵、半沙铺庵、临水淹、竹林庵,皆郡守傅伯寿所创置,时孝宗淳熙末年(1189)。其后伯寿侄壅嗣为守,又创东路。东路有通源铺庵(为第三铺),为郡守方淙所设,亦赡以田;另有龙江庵(即第五铺)。由漳州往东至泉州同安县,有鱼孚庵。以上共十六所,除鱼孚庵外,皆在漳州属境。诸庵创置之初,皆为十方院,因有司更迭,主僧无常,寺田为巨室豪家所占,时日既久,庵圮僧亡。至郡守黄朴,除于东路创置鹤鸣庵(第二铺),置田以赡僧外,并重建半沙、云霄、仙云、鱼孚诸庵,其中鱼孚庵虽属泉州,费用仍由漳州支付,其他十二所庵亦加以装修一番。经过黄朴的一番整顿后,昔时行旅视为畏途,今则与行经中州通都大邑无异,同时为了避免过去僧逃庵荒的结果,黄朴向朝廷建议,将十七庵皆改以甲乙相承,庶免再遭覆辙,以图长存,朝廷亦予同意。[②] 而杭州富阳县胡鼻山山势峻峭,下瞰大江,路窄而险,行者深以为患。山路复有亡赖之徒作奸犯科,甚不平静。孝宗乾道时(1165—1173)县令陆栴下令辟路,沿

[①] 参见方杰人《宋代佛教对旅游之贡献》,载《东方杂志》复刊第5卷第3期,1971。
[②]《光绪漳州府志》卷三《疆域》。

山路建庵以僧守之,人称便利。后庵坏僧散,旅者行走其间皆惴惴不安。宁宗嘉定九年(1216)郡守曾治凤又重修山上石路,并葺庵以存僧。自从有庵僧之后,奸人为之销声匿迹。①

宋代寺院在赈济饥荒和日常的救济事业方面对于社会的贡献极大,有效地补充了政府职能的不足,充分体现了佛教的慈悲精神。

宋代发达的寺院经济使得佛寺成为民众抵御饥荒灾难的可以依靠的力量之一。如北宋时期,陈良器担任地方官之时,"人大饥且疫,公为具饘粥、医药,不足则取庐山诸佛寺余财以续之,所活以万数。"②随州面临饥荒之时,"大洪山奇峰寺聚僧数百人,转运司疑其积物多而僧为奸利",时任随州推官的欧阳晔被转运司派往查证,"僧以白金千两馈公。公笑曰:'吾安用此?然汝能听我言乎?今岁大凶,汝有积谷六、七万石,能以尽输官而赈民,则吾不籍汝。'僧喜曰:"诺。'饥民赖以全活。"③这一例中,官员利用寺院在经营活动中的违法行为而施压,使得其同意将寺院中的剩余粮食拿出赈济饥民。而在南宋孝宗乾道元年(1165),"岁大歉,饥民群至,分处寺观,发廪拯救,多所全活。"④这次灾难,朝廷官员将饥民集中到寺院、道观居住,打开寺院、道观的仓库救济灾民,民众因此而得以保命。由于宋代寺院所拥有的强大经济实力,在饥荒肆虐的时候,朝廷和地方官员将寺院仓廪中的谷物当作可以利用的物资加以征集,也是合乎情理的,再加上佛教本身的教义使得寺院有义不容辞的赈济责任。总而言之,宋代寺院打开仓廪赈济灾民的事例非常多,大多数应该是出于僧人的自愿行为。

此外,北宋初的范仲淹所提倡的以工代赈方式也是解决饥民问题的传统方式之一。《鹤林雨露》记载:"皇祐间,吴中大饥。范文正公领浙

---

① 《咸淳临安志》卷二七《宋元方志丛刊》(4),第3615页。
② 《临川先生文集》卷八八《司农卿分司南京陈公神道碑》,李之亮笺注:《王荆公文集笺注》(下)第1761—1762页,成都,巴蜀书社,2005。
③ 《居士集》卷二七《尚书都官员外郎欧阳公墓志铭》,《欧阳修全集》,第421—422页,中华书局点校本,2001。
④ 《攻媿集》卷八六《皇伯祖太师崇宪靖王行状》。

西,乃纵民竞渡,与僚佐日出燕湖上,谕诸寺以荒岁价廉,可大兴土木。于是诸寺工作鼎新。"①范仲淹的这一举措,在宋代获得好评和模仿。南宋时期,有人报告:"近时莆阳一寺,规建大塔,工费巨万。或告侍郎陈正仲曰:'此当荒岁,寺僧剥敛民财,兴无益之土木,公为此邦之望,盍白郡禁止之。'正仲笑曰:'子过矣,建塔之役,寺僧能自为之乎?莫非傭此邦之人为之也。敛之于富厚之家,散之于贫窭之辈,是小民借此以得食,而赢得一塔耳。当此荒岁,惟恐僧之不为塔也,子乃欲禁之乎?'"②从陈正仲的这一段议论可以看出,宋代的不少寺院会利用饥荒时期廉价的劳动力从事寺院殿堂以及佛塔的修建、整修。这既对寺院有利,也对解除社会的燃眉之急有利。

宋初因袭唐代悲田养病旧制在京师设东、西福田院。英宗时增置南北福田院,共有四福田院。宋代福田院也由僧人负责,因为根据范祖禹于哲宗元祐二年(1087)十二月二十日所上《乞不限人数收养贫民札子》所云:"臣窃见四福院条例,逐院每年特与僧一名紫衣,行者三人剃度,推恩至厚。……亦乞详酌立定分数,每存活若干人即与剃度一名,如死损及若干人即减剃度一名。"③当时四福田院每院只以三百人为额,范祖禹乞奏不限人数,并且请求订立考绩程规,俾对职司其事之僧行有所奖惩。旧制每所福田院逐年给予僧人紫衣一名,和剃度行者三名,皆依惯例办理,并无奖惩办法。元祐二年紫衣和度牒早已公开出售。崇宁元年(1102)福田院改名居养院,名称虽易,职责当无甚更革。地方亦设有类似机构,但名目各异耳,亦由僧行主管。④ 南宋徽州于绍兴元年太守徐谊创居养院,有如小兰若,置田三百亩以养之,命僧主其事。⑤ 吴兴于绍兴三年置利济院,拨田养之,岁收租米赡养,差遣僧、行各一名主管收支事

---

① ②《鹤林雨露》甲编卷三《救荒》,第52页,北京,中华书局校本,1983。
③ 范祖禹:《范太史集》,《四库全书》卷一四,《乞不限人数收养贫民札子》。
④《宋会要辑稿》食货六十之四,第5866页。
⑤《弘治徽州府志》卷五《天一阁明代方志选刊》,上海,上海古籍书店影印本。

宜。① 严州淳化县有赡养院,是由旧的安老坊改建扩充而成。先由道士江如海负责洒扫,未久即责成弥陀院道者童师总出入,并有僧了勤舍仁寿田五亩,四向院僧支久舍太平乡田十亩及其他官田、沙地等,岁收谷一千三百二十八斤,米一石五斗,钱六千八百文,绢五疋,并有砧基簿交付西隅官汪万石收掌,由官代为催收,而命传教寺僧师亮负责收支出入,以备洒扫和修葺之用。② 可知这所养院是由弥陀道者童师总其成,而院田之催收则由西隅官汪万石负责,会计出入则交给传教寺僧师亮,各有职司,以免弊端。吴兴有利济院,知州王回复于绍兴三年置,亦拨田租养赡,差僧行各一名主管收支。③ 另外,建康设有养济院,嘉定五年(1212)黄公度所创,规模小,收养不多,景定时(1260—1264)于城南北并置两所居养院,每院度一僧掌之,收养贫民以五百人为限,并取得宋兴寺废寺额,择僧住持,总督其事。拨户绝田五百九十余,山五百一十九亩以供僧行,又捐钱千缗就宋兴寺置质库,以其盈余每三年买祠部度牒作为有功之行者剃度之用,俾掌两院事务。④ 所以建康府之居养院共有两所,每所居养院除由一僧主管外,另有宋兴寺僧行负责,统筹办理两所居养院的一般事务,所以官方下拨户绝田山以供宋兴寺僧行斋粥,并特以现钱置质库以为该寺行者将来剃度购买度牒之用,俾有所承继,以免后继乏人。和州除由僧行看管居养院外,还有兼具居养安济之意的养济院,创置于宁宗嘉泰元年(1201),亦轮差僧行各一名,主掌点检粥食。⑤ 明州于理宗宝祐五年(1257)设有广惠院,以收容寡孤废疾者,其规式是管院行者月支米一硕,盐菜钱十五贯;监董行者以三年为限,于见管钱内拨充买度牒披剃。披剃后或留或去皆可。⑥

---

① 《弘治徽州府志》卷五,《恤政》。
② 《嘉靖淳化县志》,《天一阁明代方志选刊》卷一四,《文翰》。
③ 《嘉泰吴兴志》卷八《宋元方志丛刊》(5),第 4724 页。
④ 《景定建康志》卷二三,第《宋元方志丛刊》(2),第 1702—1703 页。
⑤ 《宋会要辑稿》食货六十之二,第 5865 页。
⑥ 《开庆四明续志》卷四《宋元方志丛刊》(6),第 5970 页。

南宋宁宗以后,地方多设有慈幼庄、慈幼局、婴儿局等,专门收养弃儿或贫儿抚育之,如建康慈幼庄是嘉定十年(1217)真德秀所创,并措置到诸州县没官田产立为庄,管庄人系由蒋山、保宁、清凉、天禧四寺每岁轮流差僧一人、行者二人负责,管干庄务收支并给散粮种,每月共支米五石,香油钱十贯。① 慈幼庄的经费来源是没官田庄,而田庄的经济和收支则由四寺僧行轮流当差。故僧人虽然不参与慈幼庄之抚育工作(事实上也不大可能参与),但还是经管它的庄田收支。

以上所述福田院、居养院、慈幼庄等都是由官方委托寺院僧行经办,有一定组织和程规,是相当制度化的救济制度。至于临时遭遇灾害而造成饥民饿殍充斥时,地方官随时安排的救济工作也往往与僧人有密切关连。如孝宗乾道八年(1172)五月二十八日饶州知州王言奉诏赈饥,而责成僧绍禧、行者智修煮粥,供赡五万一千三百六十五人;另有僧法传、行者法聚供赡三万八千五百一十六人。故诏令僧绍熙、法传各赐紫衣,行者智修、法聚各赐度牒(时每道价四百贯)披剃。② 以上官方所主办的救济事业,多责成僧行负责其中的庶务行政工作,至于庶人所发动的赈饥,有时候也是由僧人来担任最繁重的庶务和行政。最好的实例是南宋中叶的刘宰(1165—1238)。有关刘宰的赈饥,据刘子健先生的研究③,刘宰于嘉定二年(1209)首次赈饥,掌事的有三位乡人,一位茅山道士石元朴,而主要是龙泉布金寺主僧祖传。其中石元朴中途以私事退出,祖传则自始至终参与。布金寺原为废寺,仅存茅舍。曾布后人吏部尚书曾唤加以重建,刘家亦可能捐助。这个重建的布金寺,即由曾家选僧祖传住持。这次赈饥主要是针对弃儿。刘宰并撰有《嘉定己巳金坛粥局记》,详细记载赈饥源起、目的、做法、费用等等。嘉定十七年(1224)第二次赈饥,规模最大,并撰《金坛县嘉定甲申粥局记》,主其事的是龙泉布金寺僧慧鉴,

---

① 《景定建康志》卷二三,《宋元方志丛刊》(2),第 1704—1705 页。
② 《宋会要辑稿》道释一之三十六,第 7886 页。
③ 刘子健:《刘宰和赈饥》,原载《北京大学学报》,1979 年第 3 期。

慧鉴是祖传的徒弟。这一次共救济饥民多达一万五千人,这是历史记录。四年后又开办第三次粥局,但是是否仍由僧人主其事不得而知,但是根据他所撰《戊子粥局谢岳祠祝文》"乃由甲申故事"来看,或许还是委托僧人负责,何况又有前两次的丰富经验,这种可能性极大。

宋代官方先设有福田院以兼收容疾病者,崇宁元年(1102)八月专设安济坊以照顾有疾者,但是在此之前地方亦置有类似安济坊机构,如苏轼知杭州时,因杭州为水陆要枢,疫病远比他处多,元祐四年(1089)十一月,即设有安乐坊,三年医愈百人,给紫衣和度牒一道。其后因专设安济坊,遂改安乐为安济。但仍然由僧人主掌,以三年为期,医愈满千人,即赐紫衣和祠部度牒一道。① 当时各州县所设的安济坊或不止一所,皆以僧人掌管其事。僧人主要是负责庶务性的工作,如收容病患、登录造册、煎煮药末、看顾病人等,但是也有亲自参加医疗的医僧。② 南渡后,多合居养、安济为一,名为养济院,院中除医官二名外,另有童行二名煎煮汤药,照管粥食。③ 至于僧人私自的医疗行为也不少,嫌烦不赘。

宋代佛教教团所积极参与的公益事业项目繁多,举凡桥梁、水利,道路的修筑和巡逻等,都不辞辛劳地出钱、出力。至于地方上之救济事业如养老、济贫、赈饥、慈幼和医疗等项目,大体上也由官方责成寺院之僧侣负责行政和庶务工作,使得宋代官办救济事业更臻完善。同时僧侣也接办地方之慈善事业如漏泽园、义冢、浴室等项目,其中如漏泽园和义冢一般人心生畏惧不敢介入,僧侣则基于宗教之精神而全权负责。宋代之救济和慈善事业制度尚称完美,应该和宋代僧侣的积极参与有密切关系。即连私人所举办之救济、慈善事业也与僧侣息息相关。借由宋代佛教寺院与地方公益事业之紧密关系,应肯定宋代佛教寺院在社会上所扮演的积极角色,同时也彰显出宋代佛教对社会的积极贡献。

---

① 《宋会要辑稿》食货六十之四,第5867页。这是朝廷给予僧人的奖励。
② 《渭南文集》卷二五《书安济法后》,《陆游集》,第2217页。
③ 《宋会要辑稿》食货六十之八,第5868页。

第四章　两宋与东南亚的佛教文化交流

赵宋建立统一王朝,不仅促进了国内的经济贸易与文化交流,也使对外贸易和文化交流得到发展。宋代时期的对外佛教文化交流,在隋唐五代的基础上继续推展。宋代佛教文化交流虽仍以日本、高丽为核心区域,但与隋唐五代不同的是,此时的佛教文化交流,在天台、华严、律学、净土等诸多宗派继续交流的基础上,开始确立了以禅宗文化交流为主体的主导格局,并对东亚佛教禅文化的普遍流行产生了直接影响。与此同时,日本僧人入宋、高丽僧人入宋的修学求法活动,与当时日本、高丽的国家文化政策、政治外交之间,亦有着密切的关系,并因此成为当时东亚文化交往中的重要内容之一。①

第一节　两宋与东亚佛教文化交流概述

在宋太祖注重"修文德以来之"文教政策的影响下,开宝年间(968—975),先有印度高僧法天等来宋弘法。宋太宗太平兴国年间(976—

---

① 参见刘建《求法请益与朝圣巡礼——九至十一世纪中日佛教交流史略考》,《世界宗教研究》2000 年第 1 期。

983),更有印度高僧天息灾(又名法贤)、施护等人,相继携带大批梵文经籍和佛舍利来华,从而也吸引了日本学僧入宋参学、求法与修行。

五代至北宋间,由于交流环境受阻,日本沙门来中国参学及朝礼名山佛迹者并不多见。其中,较著名者有奝然、寂昭、绍良、成寻等。奝然及其徒众成算、嘉因等六人,于太平兴国八年(983)乘宋人陈仁爽等的商舶来抵台州。翌年(984),入京谒宋太宗,进献方物,蒙以存抚甚厚,并赐紫衣及法济大师号,馆于太平兴国寺。其后,奝然前往五台及洛阳龙门等地,巡礼佛教胜迹,并蒙敕赠新印的折本藏经五千余卷。与他同来的沙门成算,曾在洛阳太平兴国寺从中印高僧学习悉昙梵书;奝然的弟子嘉因还接受了五部秘密灌顶。雍熙元年(985),他们一行仍由台州乘宋人郑仁德的商舶返国。

奝然曾将在宋游学参访的经过写成《入宋日记》四卷(今佚)。奝然还接受了宋帝赠送的新刻大藏经印本,又模造旃檀佛像携归,近年在佛像中还发现了当时装藏的各种宝贵文物。成寻则捎回宋代新译和著述的佛经印本,充实了宋日佛教文化交流的内容。

端拱元年(988),奝然曾遣弟子嘉因和宋僧祚乾等来宋进表称谢,并献佛经及诸方物,访求宋朝新译的经典。

咸平六年(1003),更有日本天台宗僧源信以有关天台教义的疑问二十七条遣弟子寂昭等来明州,投问于宋四明传教沙门知礼,知礼就其所问一一答释。

翌年(景德元年,1004),寂昭等人航海来宋,入朝进献佛像及金字《法华经》等,宋真宗因他书写精妙,诏号"圆通大师",赐紫方袍,又敕为苏州僧录司,住吴门寺。寂昭最后在于中国迁化。随后,又有日本沙门绍良,于天圣六年(1028)奉师命以有关天台宗旨的疑问十条致问于知礼的嗣席广智,并斋金字《法华经》为贽见之礼,蒙广智详为解答并留受学。三年学成归国,弘演台教。

熙宁五年(1072),日本台宗大云寺沙门成寻和徒众赖缘、快宗等七人乘商舶入宋朝礼天台、五台及南北佛教名迹,历访诸方尊宿,并进献方物,宋神宗因他们远来而有戒业,敕赐紫衣,又赐成寻以善慧大师号。成寻留住中国,时达九年,著有《参天台五台山记》八卷及《善财童子知识集》等若干卷。元丰四年(1081),成寻在宋京开宝寺圆寂,敕葬于天台山国清寺,并为建塔题称"日本善慧国师之塔"。此后,日本沙门入宋参学并进献方物的僧团仍络绎不绝。

中国南宋时期适为日本镰仓幕府时代。此时的日本佛教趋向于大众化与本土化,中国禅宗传入日本后,与依据于唐代善导的念佛法门而形成的净土宗,及由天台法华教义而开演的日莲宗等,相继勃然而兴。日本佛教的本土化,随着平安时代神道与佛教的交融而逐渐展开。如佛教吸纳神祇信仰和阴阳道等要素,潜移默化,最终形成日本佛教的独特风格,其影响力甚至扩展到包括政治观念在内的思想文化领域。

几乎与荣西同时,日本摄津三宝寺曾有僧大日能忍,通过来自中国的禅集自学禅宗,开设门户称"达摩宗"。不过,因为大日能忍没有受过宋朝任何师僧的印可,没有师承,受到别人非难。为此,文治年间(1171—1174、1185—1189?)禅师遣弟子练中、胜辨二人入宋,将自己的修行所悟,呈交明州育王山的拙庵德光,请求印证。拙庵是大慧宗杲的弟子,也是当时宋朝的名僧,他对大日能忍的悟语表示印可,并付法衣及道号、题赞达摩像,托练中、胜辨二人带回。练中等又让画工画拙庵之顶相,请拙庵题赞。此后,能忍名声渐著。由此可见,当时入宋僧修学中国禅法,比较讲究嗣法师承。

入南宋后,中日交通骤繁,日僧入宋者很多,几达百人。如在南宋孝宗乾道中(1171),先有日僧觉阿、金庆入宋参灵隐慧远禅师,归国谈禅,影响颇广。其后,荣西于淳熙末(1187)再度入宋,学禅于天台万年寺怀敞禅师,回国提倡,成立了日本临济宗。荣西的再传弟子道元,随其师明全于宁宗嘉定十六年(1223)入宋,历游天台、径山等处,从天童长翁如净得法而归,创日本曹洞宗。嗣后,除日僧入宋问禅者络绎不绝,宋僧兰溪道隆等人也前往传授禅法,逐渐形成了以浙江杭州(余杭)径山、宁波天童山为中心的禅宗文化交流区域。

除禅宗外,律宗亦弘传于日本。日本律宗原由唐代鉴真律师传入,后渐衰微。南宋宁宗庆元五年(1199),日僧俊芿入宋,从明州景福寺如庵了宏(元照直传)学律三年,又兼修禅宗与天台教,一共在宋十年。俊芿归日本后,创立泉涌寺,大传律学。其后,则有净业,于嘉定七年(1214)入宋,就中峰铁翁学律,在宋十四年,归创戒光寺弘传律学,与泉涌寺并峙。

镰仓初期,早期入宋僧回国后相继在日本开宗立派,相继成为日本佛教各宗各派的始祖。如荣西回国后创临济宗,俊芿重振律宗,道元成为曹洞宗的始祖,圆尔辩圆则是日本历史上第一位"国师"。这些入宋修学僧,都在日本佛教史上留下了辉煌的一页,并较大程度地刺激了日僧入宋求法的热情。不过,镰仓初期的日本禅宗,都不是"纯粹禅",而是"兼修禅"。如荣西创建的建仁寺,既行菩萨大戒,又修台密事业,表现出禅教律密兼行的特征。

宋代佛教的发展,同样影响到朝鲜半岛的佛教文化。五代时,高丽仍如隋唐时期,常有禅师来中国受学禅法。宋元丰末年(1085),更有僧统兼王子义天入宋,从汴京觉严寺有严、杭州大中祥符寺晋水净源、慈辩从谏(正夫)、灵芝元照(湛然,1048—1116)等修学贤首、天台、律学诸宗义理,携归章疏三千余卷,后编录刻入续藏经,对高丽佛教的新发展影响颇大。

宋代时期的东亚佛教文化交流,确立了以禅宗为主导的交流模式,同时天台、华严、律宗等继续得以交流。北宋与南宋的东亚佛教文化交流,各具特点。北宋时期的东亚佛教文化交流,虽部分地延续隋唐五代的传统,但影响面不甚广泛。至于南宋,则领域更为广泛,成为东亚佛教文化交流史上的高潮时期之一。

第二节　北宋与日本的佛教文化交流

一、奝然入宋修行

北宋时期,由于日本锁国政策的影响,限令国人不准航海入宋。这些规令,不仅限制了日本僧人主动入宋求法的积极性,更决定了入宋僧人数不多、规模不大、影响不广的特征。当时仅有北宋商船可供往来,而鲜有日本商船走私。因此,北宋时期的入宋僧,相比于入唐僧,人数上少得多。

北宋时期约160年间,具名可考者,仅有奝然、成算、祚一、嘉因、寂昭、元灯、念救、觉因、明莲、绍良、庆盛、成寻、赖缘、快宗、圣秀、惟观、心贤、善久、长明、仲回等二十人。没名者,虽不知凡几,当不会太多。这些具名可考的入宋僧中,主要以奝然、寂昭与成寻三人最为知名。

北宋时期的入宋僧,从其构成特征上看,既与此前的入唐僧稍有不同,更有别于南宋的渡海僧。从其基本动机上看,如果说日本入唐僧的最大目的是求法,那么入宋日本僧人的最基本目的则是出于消障、巡礼等个己性修行。① 平安时代是日本文化的重要转型时期,当时的日本佛教修行观念中盛行末法思想,这对入宋僧亦不无影响。

在这些入宋僧中,最早者为奝然。

奝然(938—1016),入宋自称俗姓藤原氏,其真实俗姓本为秦氏。天德三年(959),奝然受戒,时年21岁,其师主为东大寺宽静。这位日本东大寺僧人,后来成为北宋时最著名的入宋僧人。

奝然明确强调自己入宋的初衷,并非出于求法而来,而只为修行而来。奝然自述其渡海之志称:

---

① 参见释东初《中日佛教交通史》第16章,第380页,台北,中华佛教文化馆、中华大典编印会合刊,1970年6月。

奝然天禄以降，有心渡海，本朝久停乃贡使而不遣，入唐间待商贾之客而得渡。今遇其便，欲遂其志。奝然愿先五台山，欲逢文殊之即身。愿次诣中天竺，欲礼释迦之遗迹。但我是罪障之身，血肉之眼，既到其土而不易，况见其身而可难。……然犹不顾躯命，不著名利，渡海登山，忍寒忘苦，修行是勤，罪根渐灭，大慈大悲，释迦文殊，可以怜愍，可以相迎。……若适有天命，得到唐朝，有人问我，是汝何人，有何愿乎？答曰：我是日本国无才无行一羊僧也，求法不来，为修行即来也。①

据此"入唐"渡海发愿文，可知奝然之心志，在于巡礼五台，修行除障，而非为求法学法而行。此文中依然以"入唐"为称，亦见日本僧人之于中华佛教文化的盛唐情结。

另据奝然与东大寺同修义藏于天禄三年(972)发愿结缘手印状称，其出家修行，当有三大愿"(第一)点定爱宕山，同心合力建立一处之伽蓝，兴隆释迦之遗法。然后第二生必共生兜率内院，见佛闻法。第三生共随弥勒，下生阎浮，闻法得益，深增菩萨大悲之心，随愿往来十方净土，疾证无上正等菩提。仍录现、当二世结缘状，各持一通，将贻将来。"②

宋雍熙元年[日本永观二年，(984)]，奝然请得东大寺和日本天台宗总本山比睿山延历寺的入宋牒，率领弟子成算、祚一、嘉因等四五人乘宋商陈仁爽、徐仁满之船入宋求法。先诣台州龙兴寺(后改称开元寺)，继入天台山国清寺巡礼，再入东京谒宋太宗。太宗召见奝然，赐紫衣，馆于太平兴国寺。三月十三日，从汴京出发，四月七日抵达五台山大华岩寺真容院。又往诣五台山，复归东京，游历洛阳、龙门诸圣迹，再后回到台州龙兴寺。雍熙二年(985)，奝然搭乘台州商人郑仁德之舶归国。奝然

---

① 《本朝文粹》卷一三《为奝然上人入唐时为母修善愿文》，引见[日]木宫泰彦的《日中文化交流史》，第264页。有关奝然的研究文献，可参见[日]森克己的《东大寺僧奝然入宋之志向》，日本驹泽大学《禅研究所纪要》第6、7合并号(1976)等。
② [日]森克己:《东大寺僧奝然入宋之志向》，日本驹泽大学《禅研究所纪要》第6、7合并号(1976)。

归国后,奏请朝廷,于山城国爱宕山创建清凉寺。正如唐代圆仁的《入唐求法巡礼行记》及成寻的《参天台五台山记》一样,奝然也撰有记载其入宋求法巡礼经过的日记《入宋求法巡永行记》四卷,可惜今已散佚无存。

奝然被后人视为"入宋巡礼僧"。正如其著作《入宋求法巡礼行记》所表明,奝然入宋,乃是围绕自我修行而展开其入宋求法与巡礼、游历活动。奝然渡海登岸,先抵台州,后巡礼五台山。其间入汴京(今开封)谒见宋太帝,获赠紫衣。再巡礼五台山和其奇瑞,归京得皇帝的慰问、皇帝的接见和大师号、大藏经、新译经的赠予,归途再至台州,并在台州造立供养释迦瑞像。奝然先后三次受到宋太宗的接见和慰问,待遇优渥,几无出其右者。但其行游宋地的过程,却甚少有求法学法的内容记载。这一点,与高丽王子兼僧统的义天入宋求学,形成了颇为鲜明地对比。

记载奝然的随行僧成算行历的《成算法师记》,有如下简要的记述,"(成算)与奝然共渡海入唐,诣五台山,礼文殊之现瑞,游天台山,巡智者之遗迹,到洛阳白马寺,礼摩腾法兰初佛法之场,往龙门原,拜无畏(原作长)金刚三藏,或真身或坟塔。于东都禁中,(拜)万岁所送释迦牟尼佛旃檀像,入右街太平(兴)国寺,遇中印度那烂陀寺三藏法天,读受悉昙梵书,从梵学翻经三藏大德赐紫令遵阿阇利(黎)禀受两界瑜伽大法及诸尊别法"①。这种记述,大致也可说是奝然入宋行历的行程。当然,相比于作为随行僧的成算,奝然的影响与地位显得更为重要。所以,《宋史·日本国》中对于奝然的记载颇为完整:"奝然善隶书,而不通华言,但以书对云,'国中有五经书及佛经、《白居易集》七十卷,并得自中国。……'太宗召见奝然,存抚之甚厚,赐紫衣,馆于太平兴国寺。"②

奝然回国时,带去了大量的经书、法物。其中包括现存于日本京都五台山嵯峨清凉寺的释迦瑞像。为了参观奝然从宋朝带回来的佛经和

---

① 《成算法师记》,引见[日]木宫泰彦,胡锡年译《日中文化交流史》,第259页,北京,商务印书馆,1980。
② 《宋史·日本国》,《列传》第250卷,第14131、14134页。

佛像、佛画,许多朝贵闻讯前往莲台寺,扩大了宋代佛教文化在日本的影响。

奝然返归日本的第二年(永延二年,988),尝遣弟子嘉因搭乘宋商郑仁德的返航船入宋,此举既为五台山举办施财供养,兼求宋代新译经本,更通过呈献方物的方式,以答谢自己留宋期间所蒙获的宋朝洪恩。

奝然之后,约有十余年没有入宋僧。直至长保五年(1003),源信(惠心僧都,942—1017)遣其弟子寂昭入宋"求决"。

二、寂昭"入宋求决"

奝然入宋时,天台宗僧都源信弟子日僧寂昭(一作寂照)等航海入宋。

寂昭(962—1034?),俗名大江定基,参州人,家世业宦。永延二年(988),师从比睿山的源信,于延历寺出家,法号为寂昭。

寂昭在延历寺修学中,不仅研习源信一系的天台宗义,更随创立天台密宗的良源弟子研习真言密法,并得到了日本"真言小野流"的鼻祖仁海的真言密宗传承。

寂昭之师源信,向来就有寻求与中国天台宗的交流之意。永延元年(987)十月,源信在西海道游历期间,曾邂逅宋商朱仁聪及同船的杭州水心寺僧齐隐。在齐隐回国之际,赠送了自己所著的《往生要集》、良源的《观音赞》、庆滋保撤(寂心)的《日本往生极乐记》和《十六相赞》以及源为宪的《法华经赋》。现本《往生要集》卷末附有源信于翌年(988)正月十五日致"大宋国某宾旅"的信函,其文称:

> 佛子源信暂离本山,头陀于西海道诸州名岳灵窟。适远客著岸之日,不图会面,是宿因也。然犹方语未通,归期各促,更封手札,述以心怀。侧闻法公之本朝三宝兴隆,甚随喜矣。我国东流之教,佛日再中,刻念极乐界,归依《法华经》者炽盛焉。佛子是念极乐其一也。以本习深故,著《往生要集》三卷,备于观念。夫一天之下,一法

之中，皆四部众，何亲何疏。故以此文，敢附归帆。抑在本朝，犹惭其拙，况于他乡乎。然而本发缘一愿，纵有诽谤者，纵有赞叹者，并结共我往生极乐之缘焉。又先师故慈慧大僧正讳良源作《观音赞》、著作郎庆保撒作《十六相赞》及《日本往生传》、前进士为宪作《法华经赋》同亦赠，欲令知异域之有此志。磋呼，一生蒋蒋，两岸苍苍，后会如何，泣血而已。不宣。以状。①

长保四年(1002)，寂昭申请入宋，未得允准。翌年(1003)，再次恳请入宋，方得成行。随寂昭渡海者，有元灯、念救、觉因、明莲等七人。他们于8月25日，从肥前离岸渡海。9月12日，寂昭一行八人于明州(今浙江宁波)登岸。翌年正月，寂昭一行抵达汴京(开封)，晋谒宋真宗，获赐"圆通大师"的封号。

不同于奝然、成寻入宋之行的巡礼动机，寂昭入宋的重点，是为乃师天台宗僧都源信求决天台教义。② 因此，寂昭于明州登岸后，即询法于当时最负盛名的天台学僧四明知礼，并居留天台参学。

日本入宋僧由于拥有异国僧的外交身份，向来待遇优渥。寂昭之入宋"求决"，一如入唐僧圆载持天台众疑五十科，访天台山禅林寺的广修等法师，请求答疑。或如圆仁携延历寺疑难三十条入唐，访求五台山志运求决。在此意义上说，寂昭"入宋求决"似乎是日本僧人"入唐求决"的翻版。据传，当时比睿山天台沙门安海，见源信的二十七条疑问，自己当即提供了上、中、下三种答案，并夸口宋朝僧人的解答，不会超出这三种答案。后来，天台宗徒比较入宋僧所送回的知礼的解答，果然不出安海的中、下二种答案。此中的附会之意，相当明显。另据师蛮《本朝高僧传》卷一〇《源信传》对此事的评论，称"殊不知源信师之意，欲试异域之学匠也。既答释来，多不契其意，况又不出安海中、下之释邪。"③这些文

---

① 引见《源信僧都传》。
② 参见[日]安藤俊雄《惠心僧都与四明知礼》(上、下)，《佛教学论集》第8、9号。
③ 《本朝高僧传》卷一〇《源信传》，引见木宫泰彦《日中文化交流史》，第267页。

字表述,显然不无夸耀之意。

对于寂昭"入宋求决"天台教义之事,中国佛教文献亦有记载。据《释门正统》卷二称:"日本国师源信,尝遣学徒寂昭等持二十七问,询求法要。师答之,咸臻其妙。"①《四明教行录》卷四,则载有源信有关天台宗义二十七问的投书情形,称:"日本国师问,四明法师答。皇宋咸平六年癸卯岁(1003),日本国僧(寂昭)等,赍到彼国天台山源信禅师于天台教门致相违问目二十七条,四明传教沙门(知礼)凭教略答,随问书之。诸方匠硕,或一披览,无吝斤削云。天台宗疑问二十七条,恭投函丈,伏冀垂慈,一一伸释,不胜至幸。日本国天台山楞严院法桥上士位内供奉十大禅师源信上。"②

此后,通过宋朝的渡海商人,源信继续保持和中国佛教界的书信来往,相互赠送经书。《释门正统》卷二称:"厥后,广智嗣席,复遣其徒绍良等二人,赍金字《法华经》,如贽见之礼,因哀泣致敬,请学于轮下三载。其道大成,还国大弘台学。曾鲁公碑其塔,具道之。据《教行录》更载《答日本十问》之文,但不知为彼国何师也。"③

源信还曾摘录因明大意,先后成《因明论疏四相违略注释》三卷和《因明义断纂要注释》一卷,分别由宋商和杭州水心寺沙门齐隐,携至慈恩寺弘道大师之门人,以求决疑。但未见任何影响。

此外,源信的《往生要集》三卷在宋代的流传情况,也是当时中日佛教文化交流的一大事件。据《慈慧别传》载,"《往生要集》三卷,末代之指南也。远经沧海,遂渡震旦。传闻九州之中,广崇斯文,如教修行,有得往生者。法水东流,自古而存,未有日域之制作,还利西朝矣。"④

源信《往生要集》三卷在中国引起相当的反响。婺州(今浙江金华)七佛道场住持行迪,尝称"领得大师制作《往生要集》一部三卷,披阅先

---

①③ 念常:《释门正统》卷二《知礼传》,《续藏经》第74册,第281页。
②《四明尊者教行录》卷四,《大正藏》第46卷,第885页中、下。
④《天台霞标》初编卷四《慧心源心和尚条》,转引见[日]木宫泰彦《日中文化交流史》,第292页。

261

羡,义味衍广","恨无羽翼,乏以浮怀,但望日边,遥相瞻羡。"并于淳化元年(990)四月,致书源信,并附诗一首,其欣慕之意溢于言表:

> 大宋国婺州云黄山七佛道场住持沙门行迪,书附日本国天台首楞严修西方净土净业源信大师侍者。行迪自己丑云载,于当府杨都纲处领得大师制作《往生要集》一部三卷,披阅先羡,义味衍广,以羡商人。心皎秋月,行洁冰霜。承佛记于像末,宏教乘于远邦。轨范法门,提携四众。精勤身意,恒念西方。王上之归依。一方之三宝兴隆,全由巨力。余恨无羽翼,乏以浮怀,但望日边,遥闻说封疆道化深,阅来文藻见全心。篇章每使符真趣,观行长教契宝林。白苗酉莲池布玉,碧琉璃殿像纯金。莫言皓首沧波远,三轴珠矶世以钦。

另据台州周文德《奉复源信大德书》称:"……唯大师(指源信,引者注)选择《往生要集》三卷,捧持诣天台国清寺,附入既毕,则其专当僧请领状予也。爰缁素随喜,贵贱归依。结缘男女弟子伍佰余人,各发虔心,投舍净财,施入国清寺。忽饰造五十间廊屋,彩画柱壁。庄严内外,供养礼拜。瞻仰庆赞,佛日重光,法灯盛朗。兴隆佛法之洪基,往生极乐之因缘,只在于斯。……"①此书撰于二月十二日,跋称"申状谨上天台楞严院源信大师禅室法座前。"

根据上述文献所述,源信《往生要集》在天台、婺州等地有着一定的影响。但据成寻《参天台五台山记》,源信的《往生要集》,事实上在宋朝并未得到广泛流传,而且也非传闻那样在宋代广受好评。

寂昭在日本修学时,即颇受汉文化熏陶,广阅中国的史书典籍。入宋后,与寂昭相交往者多为文士,如杨亿称之"持戒律精至,通内外学"。寂昭入宋求法三十多年,其弟子念救曾因天台山大慈寺重修之事,于1015年5月以名僧使者的身份归国,求得藤原道长、藤原实资等的布施,

---

① 《邻交徵书》卷二之一,第118页。

二个月后再度入宋。但寂昭入宋后一直未归国,最终死于杭州。①

三、成寻入宋参访

与奝然一样,成寻(1011—1081)入宋的初衷,亦是朝拜天台山、五台山等佛教圣迹,以巡礼之行消除自身的罪障。

成寻早年丧父,7岁时随其兄长一道出家,到天台宗寺门派(园城寺的系统)的岩仓大云寺院(园城寺的别院)修行。后来,成寻担任大云寺住持。

自少年时,成寻就怀有入华巡礼朝圣之志。治平二年(1065),成寻与到日本的明州商人陈咏相识,更发心前往五台山朝圣。延久二年(1070),成寻提出入宋申请。

据其渡海赴宋的请牒称,"五台山者,文殊化现之地也。故《华严经》云:东北方有菩萨住处,名清凉山,过去诸菩萨,当于中住。彼现有菩萨,名文殊师利,有一万菩萨眷属,常为说法。又《文殊经》云:若人闻此五台山名,入五台山,取五台山石,踏五台山地,此人超四果圣人,为近无上菩提者。天台山者,智者大师开悟之地也,五百罗汉,常住此山矣。诚是炳然经典文,但以甲于天下之山,故天竺道猷登华顶峰而礼五百罗汉。日域灵山,入清凉山而见一万菩萨。某姓虽愚鲁,见贤思齐,巡礼之情,岁月已久矣。加之天庆宽延、天历日延、天元奝然、长保寂昭,皆蒙天朝之恩计,得礼唐家之圣迹。爰龄迫六旬,余喘不几,若无遂旧怀,后有何益?宿缘所催,是念弥切也"②。后人读此牒文,可以体会到成寻的渡海心志。

自唐代以来,五台山即以文殊菩萨显应道场而闻名,以平安朝初入唐的灵仙始,圆仁、惠运、宗睿、惠萼等日本僧人无一例外地皆以朝拜五

---

① 有关寂昭的圆寂之地,文献记载不一,形成多种说法,有苏州普门寺、五台清凉山麓、天台山石梁及杭州等不同说法。
② 《朝野群载》卷二〇《圣人申渡唐》,引见[日]木宫泰彦《日中文化交流史》,第265页。

台圣迹为心志。而天台山不仅是智者大师开悟之地,更是五百罗汉常住道场。通过巡礼佛迹,意在消除己障,成就菩提。成寻的入宋心志,其大旨即在此。

唐末五代及宋初宽延、日延、奝然、寂昭等入华先辈激励后,满怀巡礼朝圣之愿的成寻,于延长四年(1071)三月,率弟子赖缘、快宗、圣秀、惟观、心贤、善久、长明等七人,搭乘宋商孙忠的船渡海入宋。成寻一行登岸后,先朝圣天台山,然后朝拜五台山圣迹。至洛阳,受到宋神宗延和殿召见,赐紫服、绢帛等物,并敕令住太平兴国寺传法院,颇示优待。

因成寻拟重登天台,让赖缘等五人先行归国。据《元史·外夷一》称:"至熙宁(宋神宗年号,1068—1077)以后,连贡方物,其来者皆僧也。"①延久五年(1072),宋僧悟本,也随赖缘等人来到日本。悟本,原名陈咏,前后五次到过日本,通晓日语,曾担任成寻入宋的通事。

成寻是日本平安时期入宋僧的代表人物。现存完整的《参天台五台山记》八卷,是成寻在中国巡游佛迹的游记性日记。这部参访游记,大致记载了成寻本人在浙江登陆后的经历,特别是收录了宋代官府特别是杭州、台州官府公移、奏章、戒牒、剃度文牒、申状等内容,同时还详细记载了地方政府及当地寺院(特别是天台山国清寺)的交往情况,以及如何前往天台山烧香、上京、五台山烧香等具体经过。如记载成寻等一行八人于1072年5月4日,从杭州出发,于5月13日抵达天台国清寺。半个月后,"成寻欲屡在国清寺安下三年,在寺朝夕修行法华秘法,候看经一百日,设罗汉斋僧毕,却令随行来陆僧,延迁本国。亦(只)留下小师一名,在身边二年侍养。"6月2日,成寻提出奏表上京往五台巡礼。二个月后,成寻等北宋都城开封,提供了朝见奏状。

成寻历游天台、五台两大佛教名山,从1071年(延久四年)3月到翌

---

① 《元史·外夷一》卷二〇七,《列传》第95卷,第4625页。

年6月,居留中国,历时17个月。《参天台五台山记》以亲历亲闻的方式,记载了宋神宗时期政治、经济、社会、文化诸方面的事情,为后人提供具有宝贵的资料价值。①

《参天台五台山记》全书,凡468条,其中往来公私文书数量多达240通,几乎达到了每二天一通的程度,成为记述当时入宋僧行历经过的一部宝贵文献实录。从中日佛教交流的文献学意义上说,成寻所撰的《参天台五台山记》,与奝然《入宋求法巡礼行记》、寂昭《来唐日记》、戒觉《渡宋记》等著述,都有着丰富的史料价值,特别是与9世纪入唐慈觉大师圆仁《入唐求法巡礼行记》,堪称为日本佛教僧人中国游历著述中的"双璧"。

第三节 南宋与日本佛教文化交流

由于中国朝政动荡,继成寻入宋后,日本入宋学僧一度沉寂。直到南宋时期,中国与日本的佛教文化交流才再次较大规模地进行,并因此走向历史的一个新阶段,推进了日本禅宗佛教的全面兴盛。

南宋虽未与日本建交,但自南宋中叶以后,中日民间相互往来却日益频繁,日本入宋僧人数和次数,亦随之增加。据相关文献,搭乘商船渡海入宋的日僧或加入宋籍的日僧,确知其名者,就多达一百二十余人。②其中有些人甚至往返数次,可见其频繁程度。这种情形的出现,固然与南宋偏安东南一隅有关,如浙江明州仍为当时宋日交流的中心港口。另外还有一个重要因素就是日本入宋僧多出于求法或修行的明确目的,内在的意愿与选择的自主性都更强、更持久。因此,许多入宋僧选择单独

---

① 成寻及其《参天台五台山记》的相关研究,可参见[日]鹫尾顺敬《入宋僧成寻及当时的日宋交通》、[日]冢本善隆《成寻入宋旅行所见日中佛教之消长——天台山卷》、[日]岛津草子《成寻阿阇黎母集·参天台五台山记之研究》、森克己《关于参天台五台山记》、[日]平林文雄《参天台五台山记校本及其研究》、《成寻与杨文公谈苑》、[日]原美和子《成寻之入宋与宋代商人——关于入宋船孙忠说》等。
② 参见[日]宫泰彦《日中文化交流史》第四篇第二章《入宋僧、入籍宋僧和文化的移植》,第305—334页。

搭乘商船渡海,而非多人同行。

据释东初《中日佛教交通史》所述,南宋时期把日本入宋僧人的西行目的,大致区分为三种类型。

一是"修行型"。南宋初期入华的日本僧人,以重源为代表,非为求法,只为修行,主要目的是为了消除自己的罪障。这一类型的入宋僧,多出于南宋时较早成行者,一如北宋的奝然、成寻等入宋僧,可见二者之间有着相袭关系。

二是"求法兼传律型"。佛教律宗自从奈良朝鉴真和尚东渡传到日本后,曾盛极一时。但时久弊生,至平安朝时,僧风凋敝,律学几乎失传。此一类型,以"不可弃法师"俊芿及其弟子安秀、长贺等三人入宋修学戒律为代表。

三是"求法兼习禅型"。这一类型成为入宋僧的主体,其中尤以荣西及其门下诸弟子为代表。自荣西以降,西行入宋习禅者更是络绎不绝,蔚为大观。[1]

当然,无论是出于一己修行的目的,还是出于寻求教法的理想,都是源于对佛教的信仰。这可说是大多数日僧入宋修学的基本动机。

对于两宋与日本之间的佛教文化交流,相关史籍中多有记载,《佛祖统记》卷五二《诸国朝贡》称:

> 日本国沙门奝然来朝,言其国传袭六十四世。隋开皇中,遣使入中国求法华经。唐永徽四年,遣僧道照,入中国从奘法师传法(云云备在通塞志)。奝然归国,乞赐藏经,诏给。

> 日本国法济大师奝然,遣弟子嘉因祈乾来朝。

---

[1] 释东初《中日佛教交通史》第 17 章,第 423—424 页,台北,中华佛教文化馆、中华大典编印会合刊,1970。

日本国沙门寂昭来,进无量寿佛像金字法华经。

神宗,日本国沙门成寻来朝。

孝宗,日本国遣使致书,四明郡庭栖心维那对使宣读,斥其文义疏缪者凡七处。①

原由唐宋传入的净土念佛法门,在当时日本也逐渐流播。至12世纪初,出身于天台的高僧良忍(1072—1132)以《华严经》、《法华经》圆融无碍的教义融通念佛,开创了圆通念佛宗。随后又有出身于天台的高僧法然(1133—1212)确立纯粹念佛、他力往生的教义,创立净土宗。法然门下又有亲鸾(1173—1262),著有《教行信证文类》,专修念佛,并带妻弘教,开创净土真宗。净土真宗在日本发展最盛,后并分为大谷和本愿寺等派。嗣后净土宗下又出现了一位高僧一遍(1239—1289)游行念佛,创立时宗。另一方面,又有出身于天台宗的高僧日莲(1222—1282),奉持汉译的《法华经》,以高唱"南无妙法莲华经"题目为主,而新创了日莲宗,后并分出若干流派。由于以上弘扬净土念佛各宗和日莲宗的兴起,使佛教在日本更趋大众化,这是日本镰仓时代(1193—1380)佛教的一大特色。当然这也是基于中国佛教的传衍而形成的宗派。

一、南宋初期的入宋修行僧

重源是最早入南宋求学的日本僧人之一。

重源,又名俊乘坊(亦称俊乘房),于1167?年(仁安二年)入宋,拟巡访五台圣迹。因当时五台山正为金人所占据,乃改诣浙江天台山、天童山。翌年归国,携宋版大藏经、净土五祖像及十六罗汉僧像等。另据《玉叶》及《东大寺建立记》等文献记载,重源还仿效天竺式的建筑样式,重建

---

① 《佛祖统纪》卷五二《诸国朝贡》,《大正藏》第49册,第457页中。

了东大寺。①

唐代中国禅宗,经五代五家分灯,禅法不仅成型,而且规模大盛,南宋时更是达到了顶峰时期。此外,南宋佛教诸宗派中的天台、华严、律宗、净土都各得机宜,不同程度地呈现出复振现象,成为南宋与日本的佛教文化交流的重要基础。再加上当时航海技术及条件的改善,更为入宋僧提供了便利。

中国禅宗东传日本,在时间上虽可追溯到唐代,但真正在日本阐弘则始于南宋时期。

南宋乾道七年(日本承安元年,1171),天台僧觉阿"闻商客称宋地禅道之盛,奋然志远游",与其法弟金庆,搭乘商船入宋,投杭州灵隐寺佛海慧远门下,承其法统,传习临济宗杨岐派禅法。其后,觉阿再上天台山巡礼。归国后,觉阿还遣僧贻水晶降魔杵赠佛海慧远。

宋孝宗淳熙十六年(1189),摄津三宝寺号称"天生好禅"大日能忍遣其徒练中、胜辨入宋为使,致书明州天童山广利禅寺(育王寺)拙庵德光,呈其所悟。拙庵德光也是临济宗杨岐派传人,曾以法衣、道号及赞达摩像等授之,对能忍的参悟表示首肯。

光宗绍熙二年(日本建久二年,1191)荣西归国,弘传禅宗,遂大盛一时。由此,标志着南宋时期日本入宋僧弘传禅宗的转型,进入了中国禅宗全面影响日本的新阶段。

二、荣西入宋与禅风东渐

奈良、平安时期的日本佛教,或注重经典研习,或注重佛教法事,并不以习禅为主务。中国禅宗以传佛心印,自悟自性为家风,既非重佛典,亦非行法事,所以未成日本平安佛教的主流。至荣西以后,日本的佛教修行有了较大的改变。

---

① 参见释东初《中日佛教交通史》第17章第二节,第403页。

明庵荣西(1141—1215)是真正把宋代禅法输入日本的第一人。他曾先后两度入宋,求禅问法,对于日本镰仓新佛教影响颇大,成为日本禅宗的开宗禅师。

仁安三年(1168)四月,荣西乘商船入宋,巡礼育王山、天台山等佛教圣迹,求得天台宗新出章疏三十余部六十卷,同年九月返回日本。在行程中,荣西在明州时遇到广慧寺的知客,通过笔谈请教禅宗法旨,这位知客回答称,人有华夷之异,而佛法总是一心。一心才悟,唯是一门。并邀请他,"欲知源流,请垂访友。"因归期在即,荣西未能赴约。

此后20年间,荣西在比睿山潜心研究显密二教,在阅读最澄的著作时,始知天台宗原存禅宗一脉,决意再次入宋求法。

文治三年(1187)三月,荣西怀揣《伍法相承谱》渡海至杭州,登天台山拜万年寺虚庵怀敞为师,"参禅问道,颇传临济宗风。"虚庵怀敞是临济宗黄龙派第八代传人,后住持明州天童寺,荣西随侍左右数年,获益匪浅。虚庵怀敞临终之前(1191),授予荣西法衣、法系图及法器宝物,郑重叮咛:"今以此法付嘱汝,汝当护持。佩其祖印,归国布化,末世开示众生,以继正法之命。"宋孝宗赐以"千光法师"之号。是年七月,荣西回国,先在九州一带传教,受到天台宗的排斥,遂著《兴禅护国论》(1198)、《出家大纲》(1200)、《日本佛法中兴愿文》(1204)等,以复兴天台宗内绝传之学为己任,同时大力阐扬禅宗教义。

荣西从九州赴京都传教时,屡屡受到包括天台宗在内的旧佛教的干扰。此后,荣西到镰仓另辟天地,幕府将军率族归依,并献地建兴福寺。嗣后,源赖家又舍地在京都造建仁寺,均请荣西住持,大唱宗风,自此禅宗开始流播日本。荣西所传的禅宗,并非照搬中国传统,而是融入日本本土佛教的一些特色,特别是把最澄的佛教理想、武家佛教的圆顿禅法结合起来,使禅宗成为武家时代日本佛教的新力量、新宗派、新气象。荣西正是日本镰仓新佛教的代表人物,他于入宋归国后创立了以京都建仁寺为中心的日本临济宗千光派("建仁寺派"),传黄龙派禅法。

荣西弟子中，以荣朝、行勇、明全三人最为著名。荣朝（字释圆，1165—1247）创日本临济宗"长乐寺派"，其弟子辩圆圆尔尝入宋修学，归国后别开"圣一派"。行勇（字退耕，1163—1241），兼修禅、密二宗，为高野山金刚三昧院的开山之祖。其弟子大歇了心曾入宋求法，"遍叩禅林"，归国后在镰仓寿福寺、京都建仁寺传禅。明全（又称佛树房，1184—1225）则更是承绪乃师之风，继俊芿之后，于贞应二年（1223）与其法弟兼弟子道元等人入宋。明全寂于天童寺了然斋，而道元则参谒天童山的长翁如净（1163—1228），终嗣其法，得曹洞正宗之传。

在日本镰仓禅佛教流传上，从中国传入日本的禅法凡48传，其中有嗣法者并最终成为流派者凡24派。除道元、东明、东陵三派属曹洞宗外，其他皆归属于临济宗。在日本所传的21派临济禅法中，只有京都建仁寺为中心、奉荣西为初祖的千光派传黄龙派禅法，其余20派所传者皆为杨岐派禅法。

三、俊芿入宋与律净东传

南宋的律学也引起了日本律宗的复兴。宋代律学传入日本，以泉涌俊芿为代表。

俊芿[①]（1166—1237）"以大小律范，未尽其要，须入中华抉择所疑"，偕弟子安秀、长贺二人乘舶入宋。庆元五年（正治元年，1199）春，俊芿一行入宋，登天台山，咨询禅教。翌年（1200）春，至明州雪窦寺，并转赴临安径山寺，拜谒第三十代住持蒙庵元聪禅师。由于俊芿入宋的主要目的是习律，因此在径山停留时间并不长，但他首开以径山寺为中心的中日佛教文化交往，在南宋佛教文化交流史具有重要意义。

俊芿离开径山后，又转至明州景福寺，随侍如庵了宏律师学习戒律六年（一说为三年），精通开遮持犯之戒相。后前往秀州（今浙江嘉兴）华

---

① 参见[日]中山正晃《赵宋净土教与泉涌俊芿》，日本《龙谷大学论集》，第90页。

亭超果教院,随北峰宗印,修学天台教数年。

居宋期间,俊芿与宋地江南教、禅、律、净诸宗名僧广泛交游。北宋江南区域,既是佛教律学的兴盛之地,更是赵宋天台教学复振的核心地区。赵宋天台在教理阐释上以天台五小部为中心,同时台净合流的趋势也相当明显。俊芿归国时,携回所得的经律章疏二千余卷和佛舍利等佛物,并把天台学僧宗晓所编的《乐邦文类》及《乐邦遗稿》带到日本。

俊芿归国后,以重兴律学为己任,日皇和幕府都奉他为戒师,并成为京都涌泉寺的开基祖师。

继俊芿之后,影响较大的还有日本律学沙门法忍净业入宋求律。

法忍净业,字昙照,闻宋朝佛教律学昌盛,遂于嘉定七年(建保二年,1214)渡海入宋。尝受学于中峰的铁翁法师,宋理宗赐号为"忍律法师"。法忍于安贞二年(1228)归国时,携回《大藏经》一部及佛像梵筴等回国。后在京都开创戒光寺,与泉涌寺并称为日本律教的二大道场。

绍定四年(1231),法忍再度入宋,带回许多佛像梵筴,并在筑紫开创西林寺,在洛东兴建东林寺。据称东林寺的山门即由宋代工匠所修,未用一枚铁钉。

此后,泉涌寺俊芿的门弟子湛海、智镜、道玄等也先后入宋访问戒德,寻求律籍回国。他们对于日本律宗的发展作出了自己的贡献。

顺便一提的是,嘉定十年(建保五年,1217),思齐以京都泉涌寺俊芿法师使者的身份,与幸命等人一同渡海入宋,欲把法励律师所著的《四分律疏》及财货数十件赠给宋朝。但在海上遭遇风暴,存殁不详。

四、道元入宋与日本曹洞宗的创立

宋皇室对佛教事业的维护与支持政策,如首都汴京太平兴国寺设译经院、印经院、传法院、戒坛院等常设机构,为宋代新佛教的蓬勃推展,具有示范性的号召作用。宋代佛教活力迅速得以恢复,并渐入佳境。特别是江南佛教,除禅宗继续保持兴盛外,天台、华严相继中兴,并表现出禅、教、净、律并弘的趋势,对于日本佛教学僧的吸引力大大增加,使日本沙门再度兴起入宋的高潮,对于日本镰仓新佛教文化产生了重要影响。其中,宋代禅宗的影响力,更是首屈一指,最终促成了道元入宋与日本曹洞宗的创立。

南宋初期,宏智正觉(隰州古佛,1091—1157)于天童寺提唱"默照禅",其同门真歇清了(悟空禅师,1088—1151,一说 1091—1152)提倡教禅净合流的"念佛禅"、"华严禅",使曹洞宗一度大行于江南。宏智正觉与真歇清了,成为南宋曹洞宗兴盛一时的代表禅僧。随着大慧宗杲高举"看话禅",临济宗大慧派、虎丘派开始遍行天下,此消彼长,导致曹洞宗风渐行衰落。至宋末元初,江南曹洞宗法系的实际维持,端赖于宏智一脉。①

继宏智正觉与真歇清了而起的南宋曹洞宗僧,则有天童如净与万松行秀。天童如净(字长翁,1163—1228)凡六坐道场,终住于明州天童景德禅寺。如净宗风慕古,操守清严,其禅法之特色在于"脱落身心"、"只管打坐",不以待悟为念。② 如净修禅,颇具反省批判意识,特别是在丛林修仪及其制度上,尤其推重作为七佛古仪的禅院制度,认为禅院所行之法仪,"实是佛祖之正传也"、"吾宗之本府也"。如净对禅法及禅仪的识见,不仅在当时禅林具有一定影响,而且由于日本禅僧道元的入宋参学,更把南宋的曹洞宗风传扬日本,在中日禅宗交流史影响深远。

道元(1200—1253),亦名道玄、希玄,号佛法房,京都人。建历二年(1212),13 岁的道元于比睿山出家。翌年,礼天台座主公圆僧正披剃,并受菩萨戒。自此"习天台之宗风,兼南天之秘教,大小义理,显密之奥旨,

---

① 参见[日]佐藤秀孝《直翁可举与南宋末元初的曹洞宗》,《宗学研究》第 46 号,2004。
② 据道元《宝庆记》所记,堂头和尚(即如净)示云:"参禅者身心脱落也,不用烧香、礼拜、念佛、修忏、看经,只管打坐而已。"(道元)拜问:"身心脱落者何?"堂头和尚示云:"身心脱落者坐禅也,只管打坐,时离五欲队五盖也。"引见[日]忽滑谷快天《中国禅学思想史》,第 621—622 页,上海,上海人民出版社,1997。

无不习学。"①此后,道元度转投弘扬临济宗的建仁寺荣西门下,成为荣西的著名弟子。

1215年,荣西示寂,道元又随其弟子明全修学。1223年,道元随明全入宋求法,随行者有建仁寺僧廓然、亮照、木下道正、加藤景正等人。

道元一行在明州登陆后,与明全入天童山师事临济宗杨岐派无际了派修学,历时二年。此后,前往杭州径山、台州小翠岩等地,随浙翁如琰(1151—1225)、盘山思卓等人修学。其间,因明全病重,道元闻讯返回天童。当时,无际禅师已圆寂,如净继住天童。大悟"身心脱落,脱落身心"之旨。

明全示寂于天童山后,道元独自随长翁如净(1162—1227)习曹洞禅。经过二年苦参,终从如净受"佛祖正传之大戒",并于宝庆二年(1227)秋,辞别如净归国。如净赠以芙蓉道楷的法衣、洞山良价《宝镜三昧》和《五位显诀》,还赠自赞顶相,诫示"汝以异域人,授之表信。归国布化,广利人天。莫住城邑聚落,莫近国王大臣,只居深山幽谷,接得一个半个,勿令吾宗致断。"②

道元于1227年归国后,开山城兴圣寺,建越前永平寺,故称永平道元。他力传曹洞正脉,撰有《正法眼藏》、《永平清规》、《永平广录》、《普劝坐禅仪》等,凡九部一一八卷,成为日本曹洞宗的开祖禅师。越前永平寺则成为日本曹洞宗的根本道场。更重要的是,道元遵循如净的遗训,深山幽谷中开辟道场,韬光养晦,尽量与中央权力保持一定的距离,践行遵循七佛古仪的禅院修学。

此后,道元弟子寒岩义尹、彻通义介等亦曾相继入宋修学。

寒山义尹于1253年、1264年两次入宋,参学于天童、净慈的义远、智愚等,1267年归国,开创大慈寺。

---

① 《永平寺三祖行业记道元传》,引见杨曾文《日本佛教史》,第367页,北京,人民出版社,2008。
② 《道元禅师行状建撕记》,引见杨曾文《日本佛教史》,第371页。

彻通义介于1259年入宋,参径山、天童等山,历访禅德,于1262年归国,为永平寺第三祖。

五、圆尔辩圆与径山寺的宋日佛教文化交流

圆尔辩圆与径山师范之交游关系,是南宋与日本展开佛教禅宗文化交流的一大事件。

无准师范(1179—1249),名师范,号无准,俗姓雍氏,四川梓潼(绵州梓潼县治)人。9岁从阴平道钦出家,16岁受具足戒。年二十,投育王山秀岩师瑞,后至杭州灵隐寺,谒松原崇岳。往来南山,栖止六年。又闻破庵祖先住苏州西华秀峰,往依之。不久,至常州(今属江苏)华藏寺师事宗演,居三年,复还灵隐。在其二十余年的丛林游历生涯中,历游清凉、焦山、雪窦、育王、径山等江浙名山大寺,交游请益的高僧多达二十余人。最终因随破庵祖先往住径山。破庵祖先将寂之时,以其师临济宗杨歧派咸杰之法衣顶相付之。绍定五年(1232),奉敕住径山,次年入慈明殿说法,宋理宗赐"佛鉴禅师"之号,且赐银绢作为径山寺的修缮之资。淳祐九年(1249)三月示寂。有《无准师范禅师语录》五卷、《无准和尚奏对语录》一卷等行世。师范门下,法席隆盛,自大慧(宗杲)以来几无可比者,门下俊杰号称"南询三十四师,东渡十六师。"

无准师范是南宋佛教界的著名川僧。宋时有所谓"大宋国里只有两个僧,川僧、浙僧,其他尽是子,淮南子、江西子、广南子、福建子。"[1]在中日佛教文化交流史上,川僧与日僧之间的交流,成为引人注目的典型个案。[2] 唐宋时期,四川禅僧即有马祖道一(709—788)、圭峰宗密(780—841)、德山宣鉴(782—865)、圆悟克勤(1063—1135)等著名禅匠。其中,

---

[1] 弘储《南岳单传记》,《续藏经》第86册,第34页上。
[2] 参见[日]菅原昭英《江南四川僧与日本僧之交往》,《宗学研究》第40号,1998。

川僧与日僧之交往,最著名者当推嗣法于洞山良价(807—869)的日僧瓦屋能光(872?—930?)。

宋乾道七年(1171),入宋僧觉阿与其法弟金庆入宋,住杭州灵隐寺,参瞎堂慧远(1103—1176)。慧远即为四川眉州人。慧远之师圆悟克勤,则为四川彭州高宁人。另外,更有四川出身的五祖法演,其法嗣则有宋代著名禅僧虎丘绍隆、大慧宗杲等。

南宋禅宗与日本的佛教文化交流,还得益于宋代"五山十刹"的创设。其中,作为"禅院五山"之首的余杭(今杭州)径山寺,其优势地位尤为突出。

嘉定年间(1208—1224),宋宁宗根据卫王史弥远的奏请,仿印度五精舍之制,对全国寺院进行了一次等级评定,于教禅律中各评出了所谓的"五山十刹",径山荣登"禅院五山"之首,被誉为"天下东南第一释寺"。径山荣登"五山之首"后不久,无准师范即受命住持径山。无准住持径山期间,尽管曾两次遭遇火灾,但无准"廉以克己,勤以募众",终使径山规模越旧,"楹七而九,席七十有四,而衲千焉。"①

圆尔辩圆入宋时,曾先后参谒过当时的许多名师,其中不乏有意收其为本派传人者,如"跨天竺寺月柏庭门,质性具之旨。柏庭证前学,即授台宗相承之图,并付自撰《楞严》、《楞伽》、《圆觉》、《金刚》四经疏钞。"但圆尔辩圆最终决定上径山投师在无准门下。

径山,又名"双径"或"径坞",距离南宋都城临安西北约七十华里,位于今浙江余杭长乐镇内,因径通天目山而得名。径山寺始建于唐,为唐代宗御诏为法钦禅师(赐号"国一禅师"号)所建。宋哲宗元祐五年(1090),获得了十方住持刹的公许,此后官方开始委派高僧主持法席。南宋时孝宗皇帝御笔亲书的"径山兴盛万寿禅寺"。日本至今仍称"万寿寺"之名,中国则习称"径山寺"。

---

① 吴泳:《鹤林集·径山寺记》,《四库全书》集部第113册,第359页下。

作为南宋官寺，径山寺地位特殊，历朝累世皇家赏赐无以计数。宋代时，即有五位住持得宋帝赐号。北宋初年，临济宗一度处于低落期。至南宋，大慧宗杲作为当时禅界的一雄，提倡看话禅，先后两次入住径山，力倡临济宗旨，大慧宗杲因此而成为"径山派"之祖。直到无准师范入主径山之时，大慧禅法依然兴盛不衰，占据"杨歧居临济之正宗"的主导地位。

径山禅风，嗣法严格，规矩森然。因此，凡径山出师之徒，往往能各承一方。无准师范门下的兀庵普宁、无学祖元、圆尔辩圆等人，或赴日传禅，或入宋修学，后来都成为日本禅宗史上举足轻重的人物，推进了径山寺在南宋时期与日本佛教文化交流的影响。如西岩了惠的《日本国丞相藤原公舍经之记》称："济北一灯，实为震耀，正续崛起而振之，是为十六世，光明隽伟，奔走海内，学者指双径为道之所在而追趋之，犹夕阳之浣。"[1]与圆尔辩圆同时入宋的日僧荣尊回国后，曾在肥前创建与径山同名的"兴盛万寿禅寺"，"题以兴盛万寿，盖慕径山洪名故也。"后来日本朝廷的摄政藤原道长，更仿唐代宗赐径山的开山法师法钦"国一禅师"号，亲书"圣一和尚"四字赠给圆尔，花园天皇赐谥圆尔辩圆为"圣一国师"。所有这些都表明径山寺禅法对日本禅宗文化的深刻影响。

无准师范入住径山时，宋代中日佛教交流达到了鼎盛。当时的中日佛教交流主要集中在江南一带。至南宋中叶，即便是大慧宗杲主持径山之时，径山寺都未成为日本入宋僧的主要目的地，距离登陆港口明州(今宁波)较近的天童、育王等古刹才是当时日本僧人向往参学的地方。在禅院五山中，最先为日本人所熟悉的是育王山，日本入宋僧最早住过的地方是天童山。

---

[1] [日]西岩了惠：《日本国丞相藤原公舍经之记》，引见俞清源《径山史志》，第56页，杭州，浙江大学出版社，1995。

至南宋中后期,径山寺突然成了日本入宋僧参谒嗣法的热点,为嗣法而来的日本禅僧明显增多。日僧开始大批地涌向径山,或游方参谒,或住山拜师,或书偈往来,径山寺几乎成了日本入宋僧的首选目的地和必到之地,不仅成为禅院五山之中与日本关系最为密切的寺院,更是南宋与日本展开佛教禅文化交流的一大中心。

无准师范主持径山始于1232年,"十有八年,挥尘双径"。因其道风盖世,一时间僧俗钦慕,衲子云集。其间,径山寺与日本之间的禅宗文化交往也达到了历史上的鼎盛时期。此后,历经宋、元、明三朝,径山与日本的佛教交往一直未有间断。宋、元赴日僧共计27人,其中属径山弟子者8人。径山弟子到达日本后,均受欢迎和尊重。如建长和圆觉两座名刹,从开山第一代到二十五代,两寺相加共50位住持方丈,因重复出任者为11从,实际为39人,其中径山弟子即有7人。若以50人计算,其中径山弟子有12人。

荣西法孙圆尔辩圆(1193—1252)是第一个真正师承径山、嗣法无准师范的日本修学僧。

辩圆,字园尔,俗姓平,骏河人(今静冈县)。自幼学天台宗,18岁于园城寺出家,在东大寺受戒。赴宋前,圆尔辩圆就是一个颇有声望的僧人。传说,鹤岗八幡神祠开八讲席时,他曾同三井寺的赖宪僧正辩论佛法,结果一举取胜,声名传遍关东。端平二年(日本嘉祯元年,1235),他与同门弟子荣尊(1195—1272)乘船入宋,从浙江明州庆元府登陆,巡游浙江宁波天童山景德禅寺,随虎丘派痴绝道冲(1169—1250)参禅。后往游杭州,入天竺寺,随天台宗僧柏庭善月(光远,1149—1241)参究天台教学,并承相关经典疏钞及天台宗相承图等书籍。在杭州期间,圆尔还参访南屏山净慈报恩光孝禅寺、北山灵隐景德禅寺等佛教名刹,分别随大慧派笑翁妙堪(1177—1248)、破庵派石田法薰(1171—1245)参究禅法。并因灵隐寺知客退耕德宁的引荐,前往余杭径山兴圣万寿禅寺,礼叩无准师范为师,备受师范器重。宋嘉熙元年(1237)十月,师范授圆尔法语,希望他以善财童子五十三参为崇高志愿。次年中夏,又以自赞顶相相赠。① 圆尔则随侍师范左右,历时六年。

淳祐元年(1241),无准师范开示圆尔辩圆,勉其"早归本土,提唱祖道",并自书宗派图付嘱,更将法祖密庵咸杰(1118—1186)相传的传法袈裟、禅道修行的《佛法大明录》20卷等一同授付。自此,圆尔得无准师范开示印可状,获嗣其法。据称,师范预记圆尔"尔必为帝王之师勿疑",此可谓慧眼独具。② 这与天童如净对于永平道元的遗训,恰恰形成鲜明对照。

圆尔于1241年秋归国后,创建京都东福寺,弘布禅法。承师范训示,圆尔坚持与日本当时的朝廷、幕府相接近,其门下诸弟子亦先后入宋修习禅法。圆尔辩圆所创建的京都东福寺是日本鎌仓中期重要寺院,属于京都五山名刹。因辩圆赐号为"圣一国师",故在日本佛教史上称为"圣一派"。③

淳祐二年(1242),径山寺大伽蓝又遭火灾。圆尔在日本获悉,通过商船运来良材1000枚。淳祐九年(1249),无准示寂,圆尔得闻讣报,决定在日本刊刻《佛鉴禅师语录》,以记师恩。

南宋时,作为临济正宗的杨岐派风靡一时。圆尔辩圆入宋时,正是杨岐派的破庵派全盛时期。圆尔辩圆自1235年入宋,在续破庵正宗的无准门下苦修六年,终得印可,正式成为嗣法临济宗杨岐派的高足。

日本承安(1171—1174)初年,曾有日僧觉阿到宋朝从佛海禅师学习禅宗的杨岐派禅法,四年后回国,第一次将临济禅传入日本,但影响甚微。1241年,承得无准衣钵的圆尔回国,在崇福寺、承天寺倡导临济宗杨岐派的无准禅系。其师兄径山僧道樗曾赠诗曰:"兴尽心空转海东,定应

---

① 日本京都东福寺现藏有《大宋国临安府径山兴圣万寿禅寺住持特赐佛鉴禅师行状》及师范生前所书的传记资料等宝贵文献。
② 参见无准师范《答圆尔长老书》,《邻交徵书》卷二之一,第119页。
③ 参见[日]佐藤秀孝《关于圣一派入宋、入元僧:圆尔的东福寺僧团与宋元禅宗》,《印佛研》第53卷第2号,第112—117页,2004。

赤手展家风。报言日本真天子,且喜杨岐正脉通。"①可见临济宗杨岐派此时才第一次由圆尔从无准师范处传入日本,圆尔因此成为日本临济宗杨岐派的始祖,径山寺则成为日本临济宗杨岐派的祖庭。

圆尔师承正宗,通晓汉文,他曾先后为日本的后嵯峨、龟山、后深草三位天皇授戒。据《日本国丞相藤原公舍经之记》载,当时权倾朝廷的关白藤原道家之子藤原实经原信奉道教,自圆尔从径山回国倡临济正宗后,转而崇笃禅宗,并动员全家手抄《法华》等经四部共三十二卷,以归镇径山正续先师圆照塔院(无准师范入寂后宋理宗赐建塔院)。此外,圆尔辩圆还曾三度前往镰仓弘通佛法,所谓"临济将军,曹洞草民",使得当时日本的实际执权者北条氏和公卿贵族藤原氏等笃信禅宗,并吸引了延历寺座主大僧正慈源、睿山静明等其他宗派的高僧纷纷前来质疑。甚至高丽国王"听尔道誉",也"附贡舡书币求法语"。藤原氏建东福寺,圆尔辩圆成为东福寺开山后,更以东福寺为中心进一步弘扬禅法,东福寺因此而成为日本临济宗的大本营。据《别峰殊禅师行道记》中所述:"日本禅宗之学,自圣一国师唱无准之道于东福,可谓中兴矣。"②虎关师练《元亨释书》卷七中则称:"建久之间,西公(明庵荣西)导黄龙之一派,只滥觞而已,建长之中,隆师(兰溪道隆)谕唱东壤,尚薄于帝乡。慧日(圆尔辩圆)道协君相,化洽畿疆,御外侮而立正宗,整教关而提禅纲,盖得祖道之时者乎!"③

东福寺的临济宗风,颇受宋代佛教折衷融合思潮的影响。圆尔就曾以讲习延寿《宗镜录》而著称一时。当时日本佛教界显密诸宗的学僧,同样教禅并讲,如圆尔本人就撰著有《大日经见闻》、《瑜祇经见闻》等书。

据《圣一国师年谱》记载,日本京都东福寺圆尔嗣法门人,入宋渡海参学者众多,除初期高第东山湛照(慈一房、宝觉禅师,1231—1291)等人

---

① 《东福寺志》,转引自《径山史志》,第6页。
② 《续群书类丛》第九辑下《别峰殊禅师行道记》,第674页。
③ 《元亨释书》,第751页。

外,无关普门(普门房、玄悟、大明国师,1212—1291)、白云慧晓(道愿房、佛照禅师,1228—1297)、山叟慧云(道空房、佛智禅师,1232—1301)、藏山顺空(无量房、圆鉴禅师,1233—1308)、无外尔然(应通禅师)、直翁智侃(正智房、佛印禅师,1245—1322)等人相继入宋。①

京都东福寺自开山祖师圆尔至第十世智侃止,共有6位禅师入宋参学。其中,普门和慧云二位日本禅僧,即随师范高弟断桥妙伦(松山子,1201—1261)习禅,并受其印可而归国。慧晓则随师范另一高弟希叟绍昙参学,归国后成为圆尔的嗣承者。此外,顺空历参西岩了慧等诸多禅僧,并契悟于松源派石林行巩(1220—1280),归国后弘法活跃。

圆尔辩圆继荣西之后,促进了临济宗在日本的确立,无住一圆《沙石集》卷九称:"日本禅门之繁昌,由此而始。"②其门派在古代日本禅宗二十四派中为"圣一派",它以东福寺为中心,在全国拥有众多寺院,是为后世日本五山派的主要流派。自此,中国禅法真正影响日本,奠定了日本佛教发展的新格局。

第四节 南宋僧赴日传禅及其影响

宋室南迁,偏隅临安,一直处于北方政权的军事挤压之下。特别是随着蒙古人强势南下,南宋国势日趋恶化,东南沿海百姓,甚至不得已而避乱于海外。宋僧东渡弘法,也不失为一种避乱的现实选择。

当时日本正处于镰仓新佛教的转型时期,各派之间的强烈竞争,使佛教界呈现出一种内在的活力。这种活力,对于寻求避乱的宋僧而言,或许产生了一定的吸引力。当时,随着日本佛教界入宋僧的频繁往来,相对于唐五代及北宋时期而言,资讯往来有了更多的改善,而航海技术

---

① 参见[日]佐藤秀孝《关于圣一派入宋、入元僧:圆尔的东福寺僧团与宋元禅宗》,第112—117页。
② 参见王勇、大庭修主编《中日文化交流史大系》(9)《典籍卷》,第43页,杭州,浙江人民出版社,1996。

的进展与完备,也为宋日直接交往创造了更加便利的条件。

南宋是中国古代海外贸易发展的隆盛时期。南宋朝廷由于内外所困,经济在很大程度上依赖海外贸易。因此,南宋统治者积极鼓励对外贸易,为宋商的对外贸易提供各种方便。南宋朝廷的对外政策,则直接促使了当时商船的频繁往来。

据木宫泰彦先生的不完全统计,宋日往来僧中名留史册的就多达一百二十余人,其中入宋僧一百余人、赴日宋僧二十余人,有人甚至来回达二三次。除亲赴宋朝之外,他们还常常委托商船与宋朝名僧互通信息,加上尚有史料未载的僧人存在,不难想见当时两国间商船的往来是何等的频繁。由于日本幕府对商船的赴宋贸易采取了控制的政策,建长六年(1254,南宋宝佑二年)规定驶宋的船只以五艘为限,所以,往来中日间的商船,以宋商船为多。宋商船的频繁往来为日僧大批入宋求法提供了可能。

自日本贞应二年(1223)道元入宋以后,宋朝政府降低了对求法日僧戒牒的要求,为日僧大批入宋打开了大门。道元的师兄明全入宋时所携小乘戒牒里的注记曾记载:"全公本受天台山延历寺菩萨戒,然而宋朝用比丘戒,故临入宋时,书持此具足戒牒也。宋朝之风难,习学僧皆先受大僧戒也,只受菩萨戒之僧未尝闻者也。先受比丘戒,后受菩萨戒也,受菩萨戒而为夏腊,未尝闻也。"①明全虽在大乘戒坛受大乘戒,却特意带着小乘戒牒入宋,表明当时中日两国僧戒的差异。相对于日本,当时中国佛界规矩较为森严,要求僧人必须先受比丘戒,后受菩萨戒,没有仅受过菩萨戒的僧人。但日本的出家僧人,多数仅受菩萨戒。因此,日本的大乘戒牒在中国无法通用。按照当时的规定,僧尼需随身携带戒牒等,以便所在寺院、官方盘查之用。如有遗失,须经保证人具保并申报官府,给予

---

① 《永平寺文书》,《大史》5—1,第853页,转引自[日]松尾刚次《官僧和遁世僧:镰仓新佛教的成立和日本授戒制》,《史学杂志》1985年第3号,第19页。

公凭,否则就得还俗。因此,取得宋代官府所认可的戒牒,成为日僧到中国修习佛法的必备资格。这种限制,导致许多普通日本僧人难以到中国修学佛法。

据《永平寺三祖行业记》记载,"嘉定圣主被下敕宣云,倭僧所申有其谓,须依腊次,自尔师(道元)名不隐丛林,倭国僧腊依之定了。"①从中可知,和明全一样,道元在日本也仅受菩萨戒,未按中国规矩而受比丘戒,因此不可能承认其戒腊的。为此,道元向天童山的住持和宋皇帝上表,请求承认其大乘戒腊,最终得到了宋宁宗的恩准。继道元所开先例之后,日本入宋僧得以大批渡海,参求宋代禅法。

南宋时期不仅佛教文化之盛堪比唐代,而且儒学思想更胜前朝。继前代大规模吸收唐文化之后,入宋僧担负了吸收成熟的宋文化的使命。正是在这样的大背景下,形成了南宋中后期日僧大批入宋求法,中日佛教交流达到高潮的局面。

当时日本正处于北条时赖执政时期,佛教界尽管存在着天台宗、真言宗的教势之争,但镰仓作为日本的政治、文化中心,兴建大寺院,为日本佛教流入活力,与京都的平安佛教传统分庭抗礼。禅宗之所以能够在镰仓时代取得优势地位,与武家势力的加强密切相关。入宋僧不仅是当时日本的主要知识阶层,更是商人以外与宋文化之间进行沟通交流的重要群体,加之日本禅僧不同程度地怀有扶佐武士阶层执政的使命。因此,日本禅宗不仅在镰仓新佛教中取得独立性的合法地位,而且通过与日本文化的结合,亦取得了相对独立于中华禅宗的合法性。如荣西所开创的日本临济宗,其实是圆、禅、密结合的新禅宗(即所谓的"兼修禅"),而有别中华禅宗的发展形态。

随着入宋僧的交往,入宋僧除继承以余杭径山寺为主导的禅宗法统之外,还更把目光转向了其他的一些禅寺。据木宫泰彦《日中文化交流

---

① 《续群书类丛》第九辑上《永平寺三祖行业记》,第283页。

史》中所列三百三十多位元、明两朝来华日僧的粗略统计,仅有大初启原一人嗣法于径山六十九代住持杰峰愚。这表明中华禅与日本禅的交流,已经开始出现了多中心、多地域的变化。

一、兰溪道隆与宋代临济宗僧的赴日活动

荣西归国,力阐圆、禅、密相融合的"兼修禅",使日本国内禅宗的修学环境大为改善,并形成了以京都、镰仓为中心的禅文化传播中心。与此同时,天祐思顺、桂堂琼林、道祐等入宋僧,专修宋代禅,亦具有一定的影响。宋室南渡后,一些临济禅僧开始将传扬禅法的目光转向日本,从而成为宋代佛教禅文化交流的重要内容。

兰溪道隆于宽元四年(1246)赴日传法,成为宋代中国禅临济宗东渡之始。

兰溪道隆(1213—1278),四川涪江人,俗姓冉。13岁,入成都大慈寺出家,后游历诸方,由川入浙,尝谒虎丘派的无准师范、痴绝道冲及大慧派的北礀居简等禅僧,无所契入。及参阳山无明慧性禅师而悟明心地,受其印可,并终嗣其法。

道隆住明州天童寺时,闻知日本禅宗兴盛,后与日本入宋僧明观智镜结交,萌发东游之意。淳祐六年(1246),率弟子义翁绍仁(普觉禅师)、龙江等人,搭乘商船,抵达日本九州太宰府(今福冈市),成为宋代临济僧东渡传禅的先驱者。

道隆抵达日本后,由博多到京都,往泉涌寺拜访老友明观智镜。随后,往镰仓,历住寿福寺、常乐寺等。宝治二年(1248),应执政北条时赖之请,迁住巨福州,兴建建长寺,"东关学徒,奔凑伫听"[1]。道隆被推尊为建长寺开山始祖,并住建长寺长达13年,"种种依唐式行持",使建长禅寺成为日本第一座禅宗专修道场。建长禅寺的修建,使日本始有禅寺之

---

[1] 《元亨释书》卷六本传。

名,禅宗开始在日本获得相对独立的佛教地位。

正元元年(1259),道隆应诏出任京都建仁寺住持。建仁寺原为荣西所创,圆尔亦曾主持此寺,是当时日本"兼修禅"的中心道场。从法系上看,荣西属于临济宗黄龙派,圆尔、道隆则传临济宗杨岐派。道隆入住建仁寺,改其寺名为"建宁禅寺",实为建仁第11世主持。

道隆居建仁寺三年,又因创建新寺,而被幕府召回镰仓,并再次担任建长寺主持。道隆在当时日本禅林颇负盛名,门下徒众日盛,据称仅建长寺就有僧众二百余人。

针对当时日本佛教界的修行现状,道隆以身作则,言传身教,依宋地清规宣扬禅风,赢得朝野僧俗的敬重,道隆所倡导的中国式"纯粹禅"成为当时日本禅林的主流,对于中华临济禅在日本的传扬与发展产生了深远影响,甚至被后人称为"日本禅宗的始祖"。①

兰溪道隆是南宋时期前往日本行化的中国禅僧代表,对于以临济宗为主导的宋代禅在日本的弘扬,具有典型意义。由于日本执政者的热心维护,道隆的后半生(1246—1278)都在日本度过,并历住建长寺、建仁寺、寿福寺等著名寺院的主持,培养了弘阐禅法的大批僧人。

道隆著有《建长开山大觉禅师语录》三卷。另有《大觉拾遗录》一卷,其内容包括《梵语心经付注心要》、《省行文》、《建长法语规则》、《遗诫》、《常乐寺定规》等。道隆寂于祥兴元年(1278),谥号"大觉禅师",此为日本有禅师谥号之始,这表明宋代中国禅宗在当时日本社会中所产生的广泛影响。②

宋代禅宗向来与朝政保持密切的往来关系,道隆赴日弘禅,同样也是如此,只不过更增添了对故国的思念。建长五年,建长禅寺落成之际,道隆应请出任建长寺开山初祖。在典礼上,道隆发心供养新写五部大乘经,"上

---

① 元代赴日僧一山一宁称道隆为"此土禅宗的初祖",参见《一山国师语录》卷中。
② 参见杨曾文《日本佛教史》,第316页。

祈皇帝万岁,将军家及重臣千秋,天下太平",并为将军家先祖亡灵祈福。在《建长寺佛殿梁碑铭》中,则称"上祈今上皇帝千佛扶持,诸天至心拥护,长保南山寿,久为北阙尊。同胡越于一家,通车书于万国"。并题词:"伏愿三品亲王征夷大将军,干戈偃息,海晏河清,五谷丰登,万民康乐,法轮常转,佛日增辉。"①这种关注朝政的弘法取向,显然仍有当时宋代禅僧惯常行事的做派遗风。北条时赖执政常与道隆相往来,聆听其禅法开示,并于康元元年(1256),从道隆出家,法名"觉了房道崇",其随从出家者甚众。此后,时赖常住新修的最明寺禅室修行,直到弘长三年(1263)去世。

据文献记载,道隆渡海赴日弘扬禅法,对于宋元入华僧有着积极的推进性影响,日籍徒众嗣法的有约翁德俭(1245—1320)、桃溪德悟(1263—1329)及无隐圆范、桑田道海、苇航道然等人。其中渡海再入宋参学的有十一人之多。南浦绍明于1259年入宋,至净慈参虚堂智愚,后又随智愚往径山,并嗣其法,于1267年回国,重谒道隆,为嘉元寺开山。德俭师事道隆后,又入宋参禅八年,归国后先后出任镰仓东胜寺、净妙寺、京都建仁寺、镰仓建长寺等住持。赐号"佛灯大光国师"。德悟原学密宗,后投道隆门下,又入宋参禅,尝任育王山顽极行弥记室。元灭南宋之年(1279,日本弘安二年),力请无学祖元同赴日本。祖元任建长寺住持时,德悟为首座。其后,则任九州圣福寺、镰仓圆觉寺住持。

随道隆一同赴日的义翁绍仁,则寂于日本,谥"普觉禅师"。

二、兀庵普宁赴日交流及其影响

禅宗东传可以追溯到唐代,但真正在日本生根却在宋代。日本承安元年(1171),天台僧觉阿"闻商客称宋地禅道之盛,奋然志远游",搭乘商船入宋,投杭州灵隐寺佛海慧远门下,传习临济宗杨岐派禅法。

南宋后期,中国禅僧东渡日本,尚有兀庵普宁、大休正念、无学祖元

---

① 参见《吾妻镜》卷四〇,引见杨曾文《日本佛教史》,第317页。

等人。其中,兀庵普宁正是径山寺中日佛教文化交流的代表禅僧。而大休正念、无学祖元等人,因其南宋末年赴日,历经元初,在时间上属于元代赴日僧。

普宁(1197—1276),亦是西蜀人,属于宋代川僧之一。他自幼出家,先后往蒋山痴绝道冲、径山无准师范门下参禅。无准开示称,"得道易,守道难,须默默守之,久久自然感验也。"并特书"兀庵"为号。普宁与祖智、妙伦、了惠为无准门下"四哲"。他在径山期间,与日本入宋僧圆尔辨圆有交往,对日本佛教有所了解。其后,普宁先后出任天童寺、灵隐寺首座,并任象山灵岩禅院、无锡南禅福圣寺住持。

景定元年(1260,日本文应元年),因道隆由日来书劝请,普宁乘舶赴日。先至京都东福寺说法。后应北条时赖之请,继道隆住持镰仓建长寺,接引学人,大倡教外别传之旨。普宁董理镰仓建长寺期间,诸事以宋朝禅院规矩为准。《元亨释书》卷六称其"禅规整齐,号令镇密,东方丛社,指为法窟。"

普宁是继第一个赴日宋僧兰溪道隆之后的南宋禅僧。他虽然在日本仅有五年,但影响很大。普宁赴日弘法,最大的贡献是感化了当时的执权(镰仓幕府掌握军政实权)北条时赖,推进了禅宗文化和镰仓武士文化的相互结合。据载,普宁开示时赖称,"天下无二道,圣人无二心。若识得圣人之心,即是自己本源自性。"①时赖由此自悟,"森罗万象,山河大地,与自己无二无别。"普宁对时赖的悟境,表示印可,授其法衣,并示"付法偈":"我无佛法一字说,子亦无心无所得。无说无得无心中,释迦亲见燃灯佛。"②

普宁在日本弘化五年,于咸淳元年(1265)留偈返宋。其偈称:"无心游此国,有心复宋国。有心无心中,通天路头活。"③普宁在日本的得法

---

① 无住一圆《沙石集》卷九,转引自杨曾文《日本佛教史》,第332页,北京,人民出版社,2008。
②《兀庵普宁禅师语录》卷中,转引自杨曾文著《日本佛教史》,第332页,北京,人民出版社,2008。
③ 参见《元亨释书》卷六,引见杨曾文著《日本佛教史》,第333页,北京,人民出版社,2008。

者,有东海惠安、南洲宏海等人。相比于道隆,影响较小。

普宁归国后,再任婺州宝林禅寺、温州龙翔寺住持。1276年,普宁圆寂。因其谥号"宗觉禅师",故其在日本的禅宗法系被称为"宗觉派",为日本禅宗二十四派之一。有《兀庵普宁禅师语录》三卷行世。

兀庵普宁、别山祖智、断桥妙伦、西岩了惠为无准师范门下的"四哲"。和兀庵普宁一样,后三人也都为日本禅学的繁荣作出了各自的贡献。由于无准师范弟子的积极活动,无准法系在整个日本禅系中最为繁茂、影响也最大。

后来渡日的灵山道隐、镜堂觉圆都属无准法系禅师,明清之际开创日本黄檗宗的隐元隆琦,其法源也可追溯到无准师范。入宋求法的性才法心、樵谷惟仙等人受传于无准法系,后世来华的古先印元、复庵宗己、远溪祖雄、无隐元晦、业海本净、明叟齐哲等一批日本禅僧,亦出自无准四代法孙中峰明本禅师法统。尤其是圆尔辩圆和无学祖元门下,更是人才辈出,如奠定日本五山文学基础的梦窗疏石,即为无学祖元的法孙。日本位居五山之上的南禅寺开山禅师无关普门,日本第一部佛教史《元亨释书》作者虎关师錬,都出于圆尔辩圆的系统,还有义堂周信、春屋妙葩、绝海中津等一大批日本五山文学史上著名禅僧,也都属于无准法系的。因此,称"古来日本禅宗二十四派中三分之一为无准的法孙",并不为过。

三、宋版经藏及佛教典籍的输入

宋代注重佛教经藏的迻译与刊刻,成为宋日佛教文化交流的一大内容,对日本的佛教文化产生了直接的影响。

宋代王朝政权之后,首先解除前代后周世宗的禁佛法令,给佛教以适当保护来加强国内统治的力量。在佛教经藏的传播活动中,先后派遣沙门行勤等157人西行求法,在印度僧人法天、天息灾(法贤)、施护等人抵京后,朝廷又设立译经院,培养译经所需的润文、证义等译经僧才,基本上恢复了从唐代元和六年(811)以来久已中断的佛经翻译活动。宋太宗还亲撰《新译三藏圣教序》。后来院里附带培养翻译人才,改名传法院。又为管理流通大藏经版而附设印经院。

宋代译经开始于太宗太平兴国初。当时特别设立了译经院,并制定一些规章。宋初佛经翻译,从译经院的设置(太平兴国七年,982)到《景祐新修法宝录》(景祐四年,1037)的撰毕,凡五十六年间,共计有263部573卷佛典的迻译。其中,属于大乘经藏秘密部,共计184部448卷。其中秘密部123部228卷。中天竺梵本总数263部中,177部为秘密教原典。

日本沙门在两宋时代曾多次求得宋版大藏经如蜀藏、福州藏等回国,并在奈良、京都、镰仓各大寺中举行一切经供养会,典仪很盛,对于中日佛教文化的传通具有重要意义。如东大寺僧奝然入宋归国时,携回新印《大藏经》480函,5048卷,新译经41卷。这部《大藏经》就是"开宝敕版大藏经"的初印本。

成寻居宋期间,同样致力于搜集佛教经本(印本和写本),共计600余卷,由其弟子携归日本。其中,包括宋神宗所赐的413卷佛教经籍:"《大藏经》的杜字号至谷字号,共278卷;太宗御制的《莲华心轮回文偈颂》1部25卷,《秘藏诠》1部30卷,《逍遥咏》1部11卷,《缘识》5卷;《景德传灯录》1部33卷,《胎藏教》3册,《天竺字源》7册,《天圣广灯录》30卷。"①

成寻搜访佛教典籍,参照《大中祥符法宝录》22卷及《天圣释教总录》3卷,在成寻《参天台五台山记》中,还出现了大量的佛教经典名录。日本入宋僧归国时,多携带大批佛经及其他佛教典籍书物。其中,最典型者莫过于福州版大藏经。

宋代开版的佛教大藏经,以宋太祖开宝年间敕版(蜀版)和福州版大

---

① 参见王勇、大庭修主编《中日文化交流史大系》(9)《典籍卷》,第43页。

藏经(闽版)为最著名。闽版大藏经由福州东福寺、开元寺所共刻。开元寺版又有思溪藏经、碛砂藏经。思溪之名,源于浙江湖州开雕,故名,亦称宋版,成书6000卷。思溪版大藏经,一藏于资福寺,一藏于日本高野山圆觉禅院。碛砂藏经,则开版于湖南平江碛砂延圣寺。这些宋版大藏经,皆由入宋僧传入日本。如俊乘坊重源曾先后三度入宋,携归佛教藏经甚多,有称"唐本一切经","渡七千余轴之经论"。据学者研究,现在日本京都、奈良及其他诸大寺院所藏宋版大藏经,至少在十藏以上。①

入宋日僧除输入宋版佛教藏经外,还携归了大量的佛教经论章疏,特别是当时流传的禅典、儒书、诗文集及医书等。如荣西首次入宋归国时(1168),赍归由天台座主明云所赠送的新论章疏30部60卷。泉涌俊芿归国时(1211),携归佛教典籍数量则更为惊人,其中包括律宗大小部327卷,天台教典716卷,华严章疏175卷,儒道书籍256卷。

径山第34代住持无准师范(1177—1249)②,是南宋时中日佛教交流中最引人注目的禅僧代表。他主持径山寺约18年,其门下诸多弟子或为日本入宋僧,或应请赴日弘法,影响独特而深远。③

对于宋末中日禅僧之间交往,在当时禅师语录中,历然可见。如《无准师范语录》有"示日本然上人"、"示日本尔侍者"、"日本琳上人请"等开示;《物初大观禅师语录》记有"日本仙侍者归国";《偃溪和尚语录》载"示日本舜上人"、"答日本国丞相公";《大川普济禅师语录》有诗"送日本国

---

① 参见释东初《中日佛教交通史》第18章,第439—441页。
② 有关无准师范的生平行实,可参见德如《佛鉴禅师行状》(1239)(东福寺藏);无文道璨《径山佛鉴禅师行状》(1249)(东福寺藏)和《续藏经》收《无准师范禅师语录》五卷(1251年刊)、《径山无准和尚入内引对升座语录》一卷、《佛光禅师塔铭》、《释氏稽古略》卷四、《续传灯录》卷三五、《增集续传灯录》、《五灯严统》、《佛祖纲目》、《续传灯稿》(明)、《祖庭指南》卷下等禅宗灯录文献,及《大明高僧传》卷八、《补续高僧传》一一卷、《新续高僧传四集》卷六等僧传记载。另可参见《径山志》(明代李烨然编)、《后村大全集》卷一六二《径山佛鉴禅师塔铭》、《柳塘外集》卷三《能使者编〈无准语录〉序》等。
③ 参见须山长治《宋末时期禅僧之交流》,《宗学研究》第42号,2000;《宋末时期禅僧之交流:无准师范之弟子们》,《宗学研究》第44号,2002。

僧二首";《希叟绍昙禅师语录》载"日本温、英二禅人"、"持建长兰溪和尚书"、"兴平元帅求语"、"日本国禅人旋乡求语"、"日本慈源禅人归国请偈"、"日本志玄禅人请语"、"示日本景用禅人"诸法语;《希叟绍昙禅师广录》又载"示日本平将军法语"、"日本然上人"、"为日本觉兄起龛上座";《西岩了慧禅师语录》,"送日本俊上人"、"日本丞相藤原公舍经记";《断桥妙伦禅师语录》收录了"日本僧以生死求语"、"日本门上人请"、"日本见上人请";《无见先睹禅师语录》载有"示日本拣禅人";《天如惟则禅师语录》载有"扶桑国众僧祭代";《天如惟则禅师杂录》收有"示日本元禅人"、"示日本中浦居士"、"示日本平亲卫直菴知陟居士"。此外,画僧牧溪记称,"日本三僧,绘师顶相,请赞"云云。

　　禅宗虽不立文字,以坐禅内观为主,但参禅机缘,则多采取语录的形式,通俗易懂,易于一般人理解。宋代禅法传入日本后,其修学成佛的简易直接,颇与日本武士讲究实际、注重简易的精神相吻合。再加上禅家机锋锐利,禅林规矩严正,重礼节,讲威仪,往往为崇尚意气的武士所钦悦。因此,禅宗很快受到了幕府将军和武士的皈依,执政者对禅宗保护有加。因此,宋代禅宗对后来日本武家文化的建立和武家伦理风范的树立起了重要作用。

　　早在奈良时代,日本先后已有禅学传入,但仅作为各宗僧人的修行方式,未能成宗,只可看作是禅宗在日本流传的端倪。时至镰仓初期,禅宗已逐渐开始为人们所接受,禅宗在日本的兴盛,已是势不可挡。荣西在日本创立临济宗后,临济宗更是受到了以幕府为代表的上层武士和皇室、贵族中一部分人的信奉,盛极一时。至镰仓中后期,禅宗已在众多的佛教宗派中取得了独尊的地位。

　　据日本金泽文库、高山寺资料及《东域传灯目录》、《诸宗章疏目录》等佛教文献书志记载,以日本湛睿为代表的高山寺收藏宋代僧人撰著的华严教学作品及宋代刊刻的华严学论著,多达四十余种。其中,既有刊印本,亦有日本学僧的手抄本,较好地保留了宋代华严的基本文献。从这些文献中,既可以看出宋代华严教学的活跃,又可以看到宋代时期东亚佛教文化交流的盛况。

据《宋朝教学与湛睿》一文的论述,湛睿收藏宋代华严学僧所撰著的有关华严著述,共计65种;其所收藏的有关宋代刊行的华严教学论著,则多达45种。其中,有许多作品,国内已甚为罕见。从这些撰著的收藏中,既可以看到宋代时期华严学僧的研习盛况,更可见当时东亚佛教文化交流的盛况景象。

日本高山寺湛睿所收藏的北宋华严撰著,计有子璇《起信论疏笔削记》、《起信论疏科》、《金刚般若经疏论纂要》、《金刚经纂要刊定记》、《释金刚经纂要疏》等。以及承迁《华严经金师子章注》,净源《金师子章云间类解》、《华严还源观科》、《华严原人论发微录》、《华严普贤行愿修证仪》、《华严妄尽还源观疏钞补解》等。

南宋华严四大家的相关撰著,皆流传日本、高丽。其中,包括师会所著的《五教章焚薪》、《五教章复古记》、《华严一乘教义分齐章科》、《孔目章明宗》、《般若心经略疏连珠记》、《般若心经疏科》,希迪《评复古记》、《五教章集成记》,善熹《评金刚錍》、《金刚经般若纂要钞》,观复《五教章折薪》、《华严演义钞会解记》、《圆觉备用》、《圆觉经辨疑误》、《遗教经论记》,道通《华严经吞海集》、《华严观披云集》,及戒环《华严经要解》等等。

四、宋代中日佛教文化交流的贡献

宋朝期间,中日佛教文化交流,持续时间长,涉及面广泛,参与人数众多,互动性活跃,并且具有自主选择的民间性,更能发挥文化交流的能动性与创造性。宋代社会是中国文化复兴的一个典型时期,佛教文化作为宋代社会文化的重要构成部分,同样处于上升的复兴阶段。藉宋代印刷技术的日渐成熟,禅宗文献典籍的大量编纂、刊刻与印行,使文字禅大兴于世,灯录、语录、禅画盛行,成为"大立文字"的禅宗。赵宋文化并不逊于李唐气象。僧侣出现世俗化倾向,文人出身的僧侣也明显增多。《宋朝事实类苑》说"近世释子多工诗",就是当时的真实情况。许多禅僧不但文学修养高,甚至同时也是书画名家,可谓多才多艺。作为宋代禅宗巨匠的无准师范也不例外,他虽没有去过日本,但通过他弟子的传播,其影响已远不止禅宗,对日本文化的方方面面都产生了非常巨大的影响。[①]

入宋僧在宋朝获得优厚待遇。如奝然晋谒宋太宗,垂问日本风土、文物,以笔作答,获赐紫衣,授"法济大师"之号,得赐印本宋版《大藏经》。寂昭晋谒宋真宗,赐紫方袍,授"圆通大师"之号,后还受命出任苏州僧录司。成寻于延和殿接受神宗的召见,赐紫袈裟,授"善慧大师"号。

日本镰仓新佛教文化的一个重要方面是禅籍的开版。最早开版刻印为《兀菴普宁禅师语录》。日本室町时期(1185—1333)即已刊刻,是谓"五山版"。其次,则为大休正念于寿福寺开版《断际禅师传法心要》和《佛源禅师语录》。其后,还有《禅门宝训》、《禅林僧宝传》等宋代禅宗典籍。由于当时日本开版技术有限,这些禅籍多为宋代东渡禅僧的指导下完成,甚至直接到大陆完成开版,然后携归镂板回日本印行。在此过程中,无学祖元、大休正念等禅僧发挥了重要作用。

如道隆之弟子禅忍、智侃等人,携大觉禅师语录入宋。宋景定三年(1262),请临安府上天竺佛光法照撰序文,并请净慈虚堂智愚校勘,景定五年(1264),开版于绍兴府。

通过入宋僧和赴日宋僧的共同努力,宋代时期极盛一时的禅林规矩、僧堂生活移植到了日本。无准师范作为中国禅林最具代表性的道场径山的大德,其修行生活依照的是当时中国禅林的中心规范《禅院清规》。无准非常重视推行宋地的丛林规范。圆尔辩圆在宋六年,曾深得无准的教导。回国后,无准师范又嘱咐他"今长老既能竖立此宗,当一一依从上佛祖所行"。

[①] 参见[日]荻须纯道《宋代禅的影响与日本文化》,《印佛研》第14卷第2号,1966。

在无准师范的影响下,圆尔在日本力说师匠佛鉴禅师的规式惯习。仁治二年(1241),圆尔辩圆将《禅院清规》带回日本。弘安三年(1280)六月一日,以此为蓝本,制订了《东福寺清规》。《东福寺条条事》中有"圆尔以佛鉴禅师丛林规式,一期遵行之,永不退转矣。"①

圆尔还亲自整顿各寺院的禅规,推行宋地的禅院制度。清拙正澄(大鉴禅师)为日本禅林制定的《大鉴清规》,正是原《禅院清规》基础上的完善,成为后世日本禅林的规范,极大地影响了日本禅林。中国禅林被移植到日本,正是由于无准师范及其他僧人的共同努力而逐步形成的。

据称日本的僧堂生活是从径山传过去的。② 自兰溪道隆、无学祖元到日本弘教后,僧堂生活大量移植宋法,举行"茶礼"的僧堂中要张挂名家绘画和无准师范等祖师的墨迹,摆设中国花瓶,泡茶用天目茶碗。圆尔辩圆创立的《东福寺清规》中有程序严格的"茶礼","茶礼"在布置讲究的僧堂举行,僧侣必须遵守。按照圆尔辩圆"一一依从上佛祖所行"的准则,东福寺的僧堂生活应是当时宋朝风格的翻版。由无学祖元、圆尔辩圆大量移植宋朝的僧堂生活来看,宋代禅林的僧堂生活对日本产生相当影响。

宋日佛教僧人的交游活动,不仅传播宋代大盛的禅宗文化,而且对于传播宋代性理之学("宋学")的传播贡献良多。

日宋交流兴盛时期,恰逢理学风靡南宋学术界和思想界。日本入宋僧在修习禅宗的同时,对理学也进行了广泛的涉猎。以禅宗为媒介,宋代理学也传到了日本,并被称为"宋学"。

如无准弟子圆尔辩圆也是倡行三教合一的代表。他在华六年,受无准禅风的熏陶,无疑也兼儒释于一身。他是首位引入宋学著作的日僧,其中有《晦庵大学或问》、《晦庵中庸或问》、《论语精义》、《孟子精义》、《晦

---

① [日]今枝爱真:《关于清规的传来和流布》,《日本历史》第146期(1960年8月),第23页。
② 转引自《径山史志》,第6页。

庵集注孟子》《五先生语录》等，后藏于普门院，亲手辑成《三教典籍目录》。该目录虽已失传，但其法孙大道一以调查普门院藏书后编写的《普门院经论章疏、语录、儒书等目录》今尚存，其中许多书籍现存于东福寺及宫内厅图书寮。圆尔辩圆继承无准三教兼学的理想，在传禅之余，在不同场合讲授宋学。他曾于1257年为当时的幕府执权北条时赖讲授《大明录》。《大明录》为南宋宝庆绍定年间奎堂居士所作，是一部援儒入佛的著作。这可能是日本禅林讲授宋学的最早经筵，有人因此称圆尔为"日本宋学传入的第一人"。①

1268年日本崛河国大相国源基贞曾请教关于儒、道、佛三教大意，圆尔为回答此问而特撰《三教要略》一书，1275年又谒龟山法皇，阐说儒、释、道三教旨趣。

随着宋代禅宗文化的持续传入，书法（书道）、茶道、绘画艺术、刻版技术等领域也融入了日本文学、艺术的各个门类。日僧后来也多学习书写法语、偈颂，赋诗题字，尤其中世以后，蔚然成风，终至后世日本禅文学——五山文学的兴起。宋代书法崇尚个性、峻烈、多禅味的书风，在日本被称为"禅宗体"，虽不及唐代繁荣，但在日本镰仓时代却享有至高无上的地位。

禅宗为教外别传，不立文字，不重经典，因而特别注重师承，入宋僧时常把师僧的印可状、尺牍、法语、偈、跋语等带回日本，以示对先师的缅怀之情，并将法语与偈颂称为"挂字"，挂在禅室，作为修禅悟道的机缘，从而推广了中国书法的妙处。

圆尔辩圆在宋期间，曾师事书法家张即之，并得无准禅师秘传；回国时，又带回许多宋代书法拓本、书帖和无准的一些墨迹。后来他在博多开创承天禅寺时，无准方面又寄赠禅院额字等。因此，有不少无准的手迹留存在日本。特别是其声名广为传播后，入宋僧更是想方设法搜罗其

---

① [日]西村时彦：《日本宋学史》，第23—24页。

墨迹。据《选佛场额字考》一书所载,仅现存日本的无准手迹就有"自赞顶相"、"印可状"、"山门疏"、"选佛场"、"潮音堂"、"云归"等 17 种。[①] 日本室町时代以后,随着茶道的兴起,茶禅一味,禅僧的书法常被装裱起来挂进茶室,视作珍宝,以作鉴赏之用。

除禅宗、儒学、诗文、书法、绘画以外,日僧多携带大量的典籍回国。其中,圆尔就曾从径山带去书籍、经典一千余卷。在此后不久,同样嗣法径山的日僧南浦绍明也带回很多书籍,仅茶典就有七部,如《茶道清规》、《茶道经》等。作为知识阶层的僧侣携典籍回国,成为这一时期中国典籍输入日本的重要途径。大量汉籍的输入,不仅给日本开版雕印事业以极大影响,而且还为后世日本文化史上"汉学时代"——五山时代的到来奠定了基础。

日僧在修学禅法之余,还将宋代禅文化实践于生活。禅茶一味,正是全面移植宋文化的结果。日僧在输入茶典的同时,开始尝试碾茶的制作方法。如圆尔回国时,曾把径山带去的茶种播种在静冈县,后又仿照径山碾茶制作方法,生产出日本的"碾茶"。据日本的《名物类聚考》载,日本的茶道正是入宋僧南浦绍明从径山传过去的。

圆尔等禅僧还在中国学习了纺织、麝香等丸药和素面食品的制作技艺。回国后还将学得的知识写成书,进行广泛的传播。圆尔的书籍被收入《日本历史大辞典》,圆尔所烧制的素面等被列为日本宫中祭祀食品样本。

第五节　两宋与朝鲜的佛教文化交流及其影响

朝鲜高丽时期(918—1392),大致相当于五代十国时期至明初时期。其间,两宋(960—1279)中国宗派佛教在经历唐末五代的百年黯淡之后,

---

[①] 林启统:《大圆寺选佛场额字考》,第 24—27 页,引见俞清源《径山史志》,第 8 页,杭州,浙江大学出版社,1995。

随着禅宗大盛而呈现出整体复兴的景象。这种景象,具体表现为佛教典籍文化因宋代译经活动、藏经刊刻的盛行而展开,佛教制度文化藉宋代丛林制度的落实、忏仪修行的完善而推进,其他诸如佛教与儒道的融会、撰著刊印、义理阐释、民间渗透等领域皆有进一步推展。

对于宋代与高丽之间的佛教文化交流情况,两国现存的相关史籍中多有记载,如据《佛祖统记》卷52《诸国朝贡》条,记载了当时两国佛教文化交流的四项大事:

> 宋太祖,高丽沙门谛观,持天台论疏,至中国谒螺溪法师。
> 高丽国君遣三十六僧来中国,学永明寿禅师,至今法眼一宗盛行海外。
> 高丽国王遣使,乞赐大藏经御制佛乘文集,诏给。
> 哲宗,高丽王子僧统义天来朝,苏轼馆伴,勒杨杰送往钱唐,受法于源法师,传天台教于天竺谏法师,传律于灵芝照律师。①

一、佛教典籍文化的交流

五代至两宋时期,与高丽王朝之间的佛教文化交流,主要通过高丽学僧入宋以"义理求决"为取向的求法、求学活动而展开,并且一直持续未绝。高丽学僧入宋活动,涉及佛教典籍文化、思想文化、制度文化诸领域的广泛交流,对于后世朝鲜佛教的发展影响深远。

佛教典籍文化的交流,向来是中国与东亚佛教交流的重要构成。不过,唐代时期东亚佛教典籍文化交流,主要体现为日本、朝鲜入唐"请藏"活动。这种情形至五代及宋初,则有一些改观,表现出佛教典籍文化交流的互动性。由于唐末五代的兵乱,佛教典籍散佚严重,尤以天台、华严、法相等注重经义阐释的教家为甚。而日本、朝鲜等络绎不绝的入华

---

① 《佛祖统纪》卷五二《诸国朝贡》,《大正藏》第49卷,第457页中。

参访、求学僧人,或提供资讯,或携来教典,或设法多方搜求,终使此前诸多散佚的佛教典籍折返中国,体现了佛教典籍文化领域交流的双向性。此外,随着日本、朝鲜佛教的日益发展,学有所成、修有所得者代不乏人,这些异域高僧的著述也有部分流入中国,而中国僧人所撰写的佛教著述甚至被赍送到异域刊刻。这些内容,同样表现了佛教典籍文化交流的互动性。

高丽王朝初期,永明延寿所撰《宗镜录》一百卷及其诗偈等作品,流传到高丽。高丽光宗阅览之后,深为叹服,尝派遣使节致书延寿,赠金缕袈裟、紫晶数珠等礼物,叙弟子礼,并赠送佛像、佛经等物。

宋初在成都新雕大藏经板完成。印出后,宋太宗端拱二年(989),高丽成宗王遣僧如可赍书来请大藏经,太宗即命赠予,并赐如可紫衣。[①] 淳化元年(990),高丽又遣使韩彦恭来宋,请求佛经,得到新印的大藏一部,翌年四月赍归。高丽成宗王亲自迎入内殿,邀僧开读,并下令大赦。同年十月,又遣翰林学士白思柔来谢所赠经典。宋真宗乾兴元年(1022),又付高丽国使韩祚赍归佛典一藏。

当时的中国北方契丹,辽兴宗(1031—1054)时,完成新雕官版大藏经。辽道宗清宁九年(1063),以新印的契丹藏一部赠送高丽国,时高丽文宗王备法驾迎于西郊。此后辽寿昌五年(1099)、乾统七年(1107),辽使萧朗、高存寿先后至高丽,每次均以契丹藏经相赠。当时高丽和宋、辽两朝都友好交往。

宋神宗元丰元年(1078)夏四月,高丽文宗王以宋帝节日,设斋于东林、大云二寺为宋帝祝寿。元丰六年(1083)春三月,高丽文宗又命太子奉迎宋朝大藏经于开国寺,仍设道场祈愿。同年,高丽文宗病殁,宋神宗诏明州修浮屠供一月,并遣使左谏议大夫杨景略等前往高丽祭奠、吊慰,并聚僧徒,设道场于文宗灵殿。可见当时两国在佛教文化交流上的密切

[①]《宋史》卷四八七,第14039页,北京,中华书局,1997。

关系。

高丽僧义天,原为高丽文宗第四子,年十一出家于灵通寺,习华严教观,后被封为祐世僧统。于宋元丰八年(1085)率弟子寿介等来华求学佛法,并献赠经像,宋哲宗引见,令居启圣寺。时中国贤首章疏久已逸失,幸得义天持来,得以复传。义天又从天竺寺慈辩受传天台教观,依灵芝元照为说戒法,并受传所著《四分律行事钞资持记》等。更游佛陇,礼智者塔。于元祐元年(1086)赍同所请得的经书一千余卷,随其国使还归高丽,大弘贤首、天台的教法,并奏请将所得经书悉皆刊行。又以金书三译《华严经》一百八十卷寄赠钱塘慧因寺。慧因寺特地建阁藏之,因此俗称慧因寺为"高丽寺"。元祐三年(1088)净源在慧因寺圆寂,义天还遣寿介来宋,于其塔前供养。义天著有《新编诸宗教藏总录》、《圆宗文类》、《大觉国师文集》等。

二、义天入宋求法及其影响

由于历经唐末五代的兵乱,包括华严在内的佛教义学诸家的典籍散佚严重。华严中兴的首要之务,即是重新整理刊刻华严教典。义天入宋的原初动机之一,是要完成高丽续藏的雕刻。因此,义天从高丽入宋求法并搜集佛教藏经,想必对于佛教藏经源流及其收藏知之甚详,而身为高丽国王第四子兼僧统,义天也有着足够的资源加以搜集。由于义天与净源的师承因缘,义天入宋成为唐代华严典籍折返中国的最大良机。

义天[①](1055—1101),俗姓王名煦,是高丽国王文宗王徽第四子,宣王之弟。他十一岁受王命出家,剃度于灵通寺,法名义天,赐封"祐世僧统"。

义天聪敏不凡,脱俗超群,不仅"读书属辞,精敏若夙习"[②],而且好学

---

① 有关义天的研究文献,可参见鲍志成《高丽寺与高丽王子》,杭州,杭州大学出版社,1998;黄启江《十一世纪高丽沙门义天入宋求法考论》,《北宋佛教史论稿》,台北,台湾商务印书馆,1997等。
②《大觉国师文集、外集》外集卷一二,第2页上。

敏求，识见精到，"自贤首教观及顿渐、大小乘经律论章疏，无不探索。"①义天在灵通寺修学时，接受了良好的中华文史训练，"自仲尼、老聃之书，子史集录，百家之说，亦尝玩其菁华而寻其根柢。故谈论纵横驰骋，衮衮无际涯，老师宿德，皆以为不及，声名流闻，时谓法门有宗匠矣。"②灵通寺为华严寺院，在当时高丽佛教寺院中地位殊胜，"圆顿之教，主盟诸宗。"因此，义天出家修学之初，即以华严教观为宗归，用力甚勤。但与中土情形一样，高丽佛教界人士对于华严教观同样臆说纷呈，莫衷一是。义天宗归华严，亦因其教说博杂，而深感功力不逮，内心强烈渴望能有机会"入宋求决"。因此，义天一直关注宋代华严学僧对于贤首教观的阐释，悉心收集相关的典籍文献，并由此而神交于当时有"教海义龙"之称的晋水净源。

通过与晋水净源的书信联络，义天还尝修书明教契嵩（1007—1072）。《大觉国师外集》收有契嵩复书一封，文称："契嵩兹者偶以虚声，谬当盛命。预侯府之弘奖，冠禅寺之上游。循省愚真，诚为忝窃。此盖华严讲主念圣法之殁，推风义而相先，曲采微才，容参大识。择善之德弥著，为道之力斯见。虽汲引之有由，愧升陟之无状。趋觐非远，赞叙罔周。谨先差老僧驰状，披露下恳，仍伸陈谢。伏惟尊慈，俯视炤察。"③契嵩与"华严讲主"净源之交往，至迟于宋嘉祐六年（1061）。当时净源尝为杭州僧正宝月修广编《法喜堂诗》，而尝礼请契嵩为之撰序。④

有关义天入宋的时间与地点，皆有二说。一说时间为"元丰八年（高丽宣宗二年，1085）春"，登岸地为山东密州板桥镇；一说为"元祐初年

---

① 《大觉国师文集、外集》外集卷一二，第2页下。另见金富轼（1075—1151）《高丽五冠山大华严灵通寺赠谥大觉国师碑铭》（简称《大觉国师碑铭》），第3页。
② 《大觉国师文集、外集》外集卷一二，第2页。
③ 《大觉国师文集、外集》外集卷五，第5页。
④ 契嵩《镡津文集》卷一一收有《法喜堂诗叙》，文称："好事者刻《法喜堂诗》将传，而净源上人预其编次，以其事谓潜子曰，幸子志之也。"《大正藏》第52卷，第705页上。

(1086)",登岸地为浙江明州(宁波)。① 其方式乃是搭乘宋商高林宁的商船泛海航行。至于义天入宋的动机,并非全然出于个体性的求法意愿,而更多的是出于"祐世僧统"之身份以推进高丽佛教的整体考虑。因此,义天"负笈寻师"、"游方求法",无不具有明确的问题意识。其内容至少涉及两个方面。一是解决教观兼修的理论及其实践问题,类似于日本僧人"入宋求决",其对象无疑非天台、华严两教之有德学僧而莫属;其次就是搜集中国佛教藏经,完成高丽续藏的修纂。

身兼高丽僧统与皇室之子双重身份的义天,其航海入宋,不仅是单纯的佛教交流活动,更有着宋朝与高丽国之间进行政治交往的外交意义,而且宋代朝廷对于渡海入宋僧,无论是日本僧,还是高丽僧,无不尽力提供优厚待遇。因此,对义天入宋之事,宋廷颇为重视。

义天等人入宋后,备受宋代朝廷及地方官府的礼遇,特为其安排迎接礼仪,并派官员一路陪伴进京。义天一行抵汴京后,奉敕住京师启圣寺。随后,宋哲宗曾两次在垂拱殿召见,义天则向宋室晋奉佛像等礼物。宋廷对义天"游方求法"的申请非常重视,诏左、右两街僧录司推举高僧大德作为人选。首先推举专宗华严教的开封觉严有诚法师。但觉严有诚以年事已高而谦辞,并推晋水净源以自代,得以允准。不过,义天仍礼觉严有诚为师,询问教观问题,"往返问答贤首、天台判教同异及两宗幽眇之义,曲尽其说。"有诚也移书义天,愿"同志一乘,同修万行",视义天为唐代义湘后身,再来中国,称"来问婉切,善切重开,至论精奇,惭非匠手。愿欲虚心法施,勉力圆宗,忻承大扣之才,忽际同声之应。上人灵机骛骏,妙唱连环,非义想(即义湘,引者注)之后身,必遮那之真子。降叹

---

① 义天从山东密州板桥镇登岸的记载,主要依据《高丽史》卷九〇《大觉国师传》,第43—44页,另见卷一〇《世家》,第203页,及《灵通寺大觉国师碑》。义天从明州入宋的文献记载,则有《释氏稽古略》卷四等,可参见黄夏年、朴永焕《高丽义天来华在何处登陆》,收于《吴越佛教》(第一卷),北京,宗教文化出版社,2006。有关义天入宋时间、地点及路线问题,可参见鲍志成《慧因高丽寺》所述,第72—76页,杭州,西泠印社出版社,2006。

无已,聊为释之。"①据义天《圆宗文类》卷22所载,有诚法师尝撰《真空绝相观颂》等谒句四首,其中更有一首题为"送花严法师传教东归",现转引如下:

《真空绝相观颂》曰:"欲识真空理,真空空不空。溪山虽异路,云月本来同。"

《理事无碍观颂》曰:"理圆诸相尽,心廓境还如。昨夜家家月,清光混太虚。"

《周遍含观颂》曰:"今现在前,谁后谁先?若凡若圣,无心无偏。灵光遽泻,日用洞然。瞥尔放过,东震西乾。"

《送花严法师传教东归》曰:"法非文字道无言,佛祖家风本不传。扣寂要令空作响,忘机须使火生莲。华严妙旨符三观,方广幽宗会十玄。珍重分证归海国,一乘光阐大因缘。"②

义天见有诚以年迈恳辞,不愿为师,只得再上表,称"两浙净源讲主,开释贤首祖教文字,披而有感,阅以忘疲,乃坚慕义之心,遥叙为资之礼,"哲宗终允其请。③ 有诚法师闻讯,尝致书道贺,称"切承上达宸衷,已遂东南之请。真善知识,参叩有日矣!"临行前,义天赠有诚法师以唐代阎朝闻所撰《贤首法师碑》,并示借《妙理圆成观》三卷、崔致远《唐藏法师传》、法藏《华严旨归》一卷、《华严经传记》五卷等华严典籍,皆为有诚"得所未闻"之书。有诚亦以自己所著《华严九会礼文》二册见赠。

除华严学僧外,义天在汴京开封还拜访了慧林寺(亦作惠林寺,或称大相国寺)圆照宗本(一作大本)禅师(亦称慧林宗本禅师)(1015—1099)。据《佛祖历代通载》卷十九载,"高丽僧统义天,以王子奉国命使于我朝,闻师道誉,请以弟子礼见师。问其所得,以《华严经》对。师曰:'《华严经》三身佛,报身说耶?化身说耶?法身说耶?'义天曰:'法身

---

① 《大觉国师文集、外集》外集卷一,第6—7页。
② 义天:《圆宗文类》卷二二,《续藏经》第58册,第558页上、中。
③ 引见黄启江《十一世纪高丽沙门义天入宋求法考》,《北宋佛教史论稿》,第207页。

说。'本曰：'法身遍周沙界，当时听众何处蹲立？'义天茫然自失，钦服益加。"①据此简要记载，可知义天之学本于《华严经》，而慧林宗本勘验义天所学，则全以参禅机锋试之，故令义天颇感讶异。

义天沿运河南下途经镇江，还一度游历名刹金山寺，拜谒当时著名禅僧佛印了元（字觉老，1032—1098）。"高丽僧统义天……至金山，元床坐，纳其大展，次公（即杨杰）惊问故。元曰，'义天亦异国僧耳，僧至丛林规绳如是，不可易也。众姓出家同名释子，自非买崔卢门阀相高，安问贵种。'次公曰，'卑之少徇时，宜求异诸方，亦岂觉老心哉。'元曰，'不然。屈道随俗，诸方先失一只眼，何以示华夏师法乎？'朝廷闻之，以元为知大体。"②如果说义天与宗本之相见，作为"华严僧"的义天领略了丛林禅锋的犀利，那么作为"异国僧"的义天与佛印之会晤，则定当感受到华夏禅僧的丛林威仪。文献虽无记载义天当时的感受，但朝廷对于佛印禅师的威仪似颇有佳评。

义天得遇净源，结出了宋代佛教中兴的一朵绚丽奇葩。据文献记载，义天入宋之前，就尝与晋水净源之间的交往，"以书致师承之礼，禀问法义，岁时不绝。"而净源亦尝复书，称"吾泉南人也。少游京师，与缙绅交。习儒学，务进士业。一旦观荣衰之分若镜缘，若梦寐，遂弃儒就释，习浮图道。始由《华严》，泊通诸部，悦贤首诸祖，有传述之意，遂节疏注经及诸制撰。"③

顺便提及，以天台教学为根本评判立场的佛教史著《释门正统》，其卷三中基于天台教观的视角，颇为详尽地记载了义天入宋的过程。《释门正统》的记述，让人们从宋代天台学僧的视角上，看到了义天入宋与当时天台学僧之间的密切关系。其实，义天最重要的佛教著述《圆宗文类》，虽以撮述、摘录唐宋华严著述为主体内容，但其以《文类》为名，"略

---

① 《佛祖历代通载》卷一九，《大正藏》第49册，第667页中。
② 《佛祖历代通载》卷一九，《大正藏》第49册，第676页下。
③ 义天：《大觉国师文集、外集》外集卷二《致义天书》，第7页。

彼广文,为兹要览,以类鸠集",显然是受到当时天台《文类》之体裁影响的结果。在义天入宋之前,天台以"类集"形式编纂的著述颇多,如《义天录》卷3,即收录了如吉《天台文类》十卷及继忠(扶宗,1012—1082)《天台文类口义》十三卷。① 此后,则更有影响广泛的天台学僧石芝宗晓(1151—1214)所编撰的《乐邦文类》四卷。至少在参谒净源为师的同时,义天尝遍交浙江杭州、明州诸地的天台学僧,对天台教学中"文类"诸集,当有所了解。从宋代天台的法系来看,义天从学于四明知礼门下的梵臻一系。而如吉、继忠则属于知礼门下的尚贤一系。义天之撰《圆宗文类》,填补了华严义学文类要览的一项空白,弥足珍贵。《圆宗文类》之作,"施于新学,可以省功,或因要略,以通疏钞,以得经旨,因经旨而证理性。"由于受当时华严文献匮乏的限制,一直未有华严学僧发心编撰"华严文类"或"贤首文类"的著述,而最终由高丽入宋僧义天所完成。从中既见宋代华严之于宋代天台的相对弱势,亦可见唐代华严对于朝鲜华严(当然还有日本华严)的巨大影响。而《圆宗文类》的编纂,则保留了唐宋华严诸多宝贵文献。

鉴于北宋时期华严教学的衰颓之势,在义天入浙后所遍参诸师中,尤以天台学僧为众,实为时势使然。

作为持义天于明州入宋之说者,《释氏稽古录》卷四有关义天入浙参学行历的简要记载,皆以天台学僧为主,其中包括明智中立(1046—1115)、法邻、从谏等当时名僧。"(义天)所至二浙、淮、南京东诸郡,迎饯如行人礼,遍访三学宗工。初抵鄞,师事明智中立而友法邻,请跋教乘。入天台山,拜智者塔。渡浙,造杭州上竺,以弟子礼事慈辩从谏,受天台教观。"②义天对于四明延庆寺智明中立颇为推崇。据称,"元祐间,高丽

---

① 如吉撰《天台文类》一〇卷,现存于日本金泽文库;继忠撰《天台文类口义》13卷,现已散佚。林鸣宇博士新近刊行了《天台文类》之校释本,收于《日藏佛教典籍丛刊》,上海,上海古籍出版社,2005。
② 《释氏稽古录》卷四,《大正藏》第49册,第876页中、下。

僧统义天来问道济岸,遇师升堂,叹曰,'果有人焉。'接谈累日,义天倾所学欲折其锋,竟不得毫发许。主客杨公多之为作真赞,以师为玉池莲中之人。"①至于法邻,"锡号慧照,明智高弟,义天僧统来求法,首至四明,太守命明智与师馆伴,义天师事明智而友师,请跋教乘类书,归国流通。"②义天对明智中立的讲师风范,甚为称许。而明州官府则委明智、法邻以义天参学馆伴之任,可谓识人。

慈辩从谏(字正夫)为杭州上天竺寺住僧,他不止是义天执弟子礼、受天台教观的师僧之一,更是促使其发心归国弘传天台教观的重要人物。"义天僧统求法,府主以师应命,统慕法有后,留朝以其国母忧忆促之。师谕之云,'高僧道纪,负经游学,以母不可舍,遂荷与俱,然经、母皆不可背,以肩横荷,号横担纪,今僧统贤于纪远甚,岂为经背母,使忧忆乎?统始有归志,求炉拂传衣,师示以诗。统仍往台,誓于智者塔曰:'已传授杭州慈辩法师教观,欲还本国流通,乞赐冥加,令得传布,且邀师真归,建祠宇,尊为初祖。东坡在惠,尝书此事,示慧诚曰,'天竺慈辩,学行甚高,综练世事,高丽非时遣僧来,予方请其事于朝,使辩馆之,日与讲法,词辩锋起,夷僧莫测。又具得其情以告,盖才有过人者。'"③据此,义天归国,似与慈辩之教诲颇有关联。

在杭州期间,义天还参谒著名律僧大智灵芝元照(字湛然,1048—1116),"义天求法,为提纲要几三千言,请归镂板。"④元照《芝园集》卷下收录有《为义天僧统开讲要义》,凡三千余言,其小引称"高丽王子弘真佑世广智僧统义天,同弟子寿良,航海求法,首登师门,元丰八年十二月二十八日,偕馆伴主客学士杨杰就寺,请师升座,发扬细要,义天矍然避席作礼,请所著书归辽东,摹板流通。"⑤据元照所述,与义天所讲者为《四分

---

① 宗鉴:《释门正统》卷七《中立》,《续藏经》第75册,第333页中。
② 宗鉴:《释门正统》卷七,《续藏经》第75册,第337页中。
③ 宗鉴:《释门正统》卷六《从谏》,《续藏经》第75册,第330页中。
④ 宗鉴:《释门正统》卷八《元照》,《续藏经》第75册,第362页下。
⑤ 元照:《芝园遗编》卷下《为义天僧统开讲要义》,《续藏经》第59册,第643页下。

律删补羯磨疏》第三卷"明无作戒体",观其要旨,不出心性圆融、禅律净三行一体、佛法不离世间觉之义。元照广征经、律,博引天台、华严、禅宗、律学诸祖师的教诲,深入浅出地阐释了毗尼律仪与佛家修行的内在关系,颇令义天赏识。

义天贵为王子却出家修行,位居僧统国师却自号"求法沙门",颇令元照感怀不已,在文中元照由衷赞叹说:

> 僧统国师,蹑如来迹,舍国王位,为比丘僧,效善财行,不远江山,志求佛法……近闻僧统已制布三衣,乃诸佛标识,出家正式,愿将来还归本国,以戒律住持,兴隆三宝,令合国僧徒奉持衣钵,禀戒律范,则佛日重曜,法轮再转矣。尝闻有诗云,"满眼有谁知我意,沈吟却忆善财童。"又闻自号"求法沙门",此见平生出家本志矣。辄以求法二字而为颂,曰:僧统号求法,乃见出家心。未审以何求,为求便等法。了知求即法,无复更他求。将求求佛法,何不自求求。①

此外,元照《芝园集》卷下收有《高丽李相公乐道集序》,此为义天喜爱之诗人文集。元照序文称:"予昔见海东使臣经从吾乡名山胜概,率多题咏。观其格致,则与夫大国文轨颇同。后见僧统所留篇什,语句平易,思味幽远,复知僧统,又知诗之深者。比以朝辞回杭,舣舟府亨,忽持《李相国诗集》为示,发卷一览,爱其学赡而识远,辞直而理诣,大率稽于释典,宗于理性,皆超拔物外之论,非所谓世俗文笔也。处富贵而慕真寂,故以乐道命其题;居尘染而守清节,故以婆塞标其号。以夫道无不在,故其言触事而发,随物而应,存乎梗槩,且录百篇,足以弘赞佛乘,启迪来裔,岂与夫雕虫刻篆嘲风咏月者同日而语哉。然彼国文士能诗者甚众,而僧统独爱此集,将命镂板,流通于世,向所谓僧统知诗之深为不诬矣。观是诗者,当体斯意。"②

---

① 元照:《芝园遗编》卷下《为义天僧统开讲要义》,《续藏经》第59册,第645页中。
② 元照:《芝园集》卷下,《续藏经》第59册,第665页上。

元照是苏轼继辩才之后备加推崇的杭州僧人。"杭州元照律师,志行苦卓,教法通洽,昼夜行道,二十余年矣。无一念顷有作相,自辩才去后,道俗皆宗之。"①除辩才外,义天在杭州期间,对"净土子"、"喻弥陀"思净法师所绘的弥陀像颇为欣赏,"叹曰'此真喻弥陀也。'其得名自此。"②

义天不仅畅达经旨,博通教理,且汉文诗赋,功力颇深。文献记载,"(义天)赠杨公古律二十韵,雅健清新,得骚人句法。公和云:孰若佑世师,五宗穷妙理。我愧陪弥天,才辩非凿齿。两相尊敬,契同支许。"③杨公即杨杰(字次公,自号无为子)。义天之于杨杰,其交谊一如东晋名支道林之于名士许询。杨杰伴义天入宋之行,多有记文。④ 义天在其《大觉国师文集》中记有杨杰和诗,称:"又闻浮石老,鸡林称大王。唐土学华严,旋归振纲纪。性相乐有得,未能尽善美。熟若佑世师,五宗穷妙理。"⑤依杨杰自注,所谓"五宗妙理",即指贤首性宗、慈恩相宗、达摩禅宗、南山律宗、天台观宗。但据现存文献,后人已无从得知义天入宋求法之时与慈恩相宗之交涉。至于其他四宗,则确有其据,非为虚说。

义天入宋之行,谦逊虚怀,礼数周至,结交了众多士绅衲子,或咨决所疑,或诗文酬唱,堪称满载而归。特别是居留时间最长的浙江之行(尤以杭州为主),不仅对当时杭州佛教具有相当影响,"尤其对华严一教之复兴,颇有决定性之作用"⑥,或许使后人更能感受到北宋中期佛教兴盛

---

① 苏轼:《圆照》,《苏轼文集》上册,第207页。
② "喻弥陀"思净(俗姓喻,号净土子),"三十五祝发,依桐江瑛,听《法华》,受净土观念法门,诵《弥陀》、《观无量寿》为日课,画丈六弥陀像结众缘……义天僧统同伴杨杰睹画佛于灵芝。"宗鉴:《释门正统》卷七,《续藏经》第75册,第348页中。
③ 宗鉴:《释门正统》卷八,《续藏经》第75册,第354页下。
④ 如"高丽义天表乞遍参中国禅讲,朝以公接伴至台之白莲,与法真咸契,执弟子礼,礼智者塔,题其文曰:'诏陪高丽王子佑世僧统义天访道吴越,遍游天台,登定光佛陇,观智者亲笔愿文,僧统礼于塔前,誓传教观于东国,抑亦知师之用心,与夫今之号为行脚者,区区谋之道路,惟饮馔丰美,起居便适,足间幢幢,往来老死而不悟者大相辽矣。'"宗鉴:《释门正统》卷七,《续藏经》第75册,第347页下。
⑤ 杨杰:《大觉国师文集外集》卷一一,第5—6页。
⑥ 参见黄启江《十一世纪高丽沙门义天入宋求法考》,《北宋佛教史论稿》,第210页。

的诸多面相。

义天"入宋求决",从表面上看,似乎是为了寻求华严教观的圆融之解,但其深层议题却在于更广泛的禅教律关系。从上述元照律师面授义天的讲义中,已经可以看到义天的关心所在。元照虽以弘律名家,却对律、净、禅、教的圆融统观,别具匠心。时人评论其学曰:"律与教与禅,同出而异名,殊途而一贯。所谓同出者,出于一心也。一贯者,会于一性也。心性也者,一切众生见前觉知之体也。其量虚寂,其用互广。潜于万化之际,见于动用之中。四相流而不迁,三惑覆而常照。……吾佛哀之,将使复其本也。于是制其妄动,故谓之律;辟其昏塞,故谓之教;摄其驰散,故谓之禅。以是观之,律亦心也,教亦心也,禅亦心也。三者皆我自心,岂容是非彼此于其间哉!"①

律、净、禅、教同出一心,同归一性。宋代天台宗僧中对于心宗与性宗之辨,甚表关注。如飞山戒珠(985—1077)撰《别传心法议》,力诋南泉普愿、临济义玄等人所主的"教外别传之心法",明确表示"三乘所演唯一心,一心之法,教之本也,恶有心外而复有心哉?"②天台性具与华严性起,都属于中国化佛教的圆教系统,可归性宗;而禅宗主张以心传心、以心印心、明心见性、顿悟成佛,则归于心宗。义天的法系,倾向于台贤圆教的性宗体系,故对于戒珠之说,深表认同。义天归国后,得阅《别传心法议》后,尝撰《跋飞山别传义摧显有功》一文,称曰:"甚矣!古禅之与今禅名实相辽也。古之所谓禅者,藉教习禅者也。今之所谓禅者,离教说禅者也。说禅者执其名而遗其实,习禅者因其诠而得其旨。救今人矫诈之弊,复古圣精醇之道。珠公论辨,斯其至焉。"③

义天入浙师礼净源的参学过程,作为其入宋之行的高潮阶段,创获

---

① 晁说之:《景迂生集》卷一七《止观妙境辩正序》,第9页。
② 戒珠:《别传心法议》,《续藏经》第57册,第52页上。
③ 义天:《跋飞山别传义摧显有功》,附见于《别传心法议》,《续藏经》第57册,第52页上。另见宗鉴的《释门正统》卷八《义天》,《续藏经》第75册,第354页中。

颇丰。其中,最典型的事件,无疑当推求法于净源座下,"咨决所疑"。义天参学,把晋水净源中兴宋代华严事业推向了时代的巅峰。而义天得遇有诚、净源二位贤首大德,亦自感庆幸之至,尝称"余虽不敏,幸于晋水、觉严门下,得蒙传授,微领大纲。平生所遇,无过于此。"从传扬贤首教学的立场上说,义天之言,实发于肺腑。

净源教观双修的思想原则,对于义天影响巨大。义天尝称,"圣人设教,贵在起行,非但宣之于口,实欲行之于身。岂可匏系一方,无用于义,正躯问道,立志于斯。幸以宿因,历参知识,而于晋水大法师讲下,粗承教观。讲训之暇,尝示诲曰:'不学观,唯授经,虽闻五周因果,而不达三重性德。不授经,唯学观,虽悟三重性德,则不辨五周因果。夫然则观不得不学,经不得不授也。'吾之所以尽心教观者,佩服斯言故也"①。

1085年秋,义天一行抵达杭州时,净源尚卓锡于大中祥符寺,而未入主慧因教院。义天随伴使杨杰入寺拜谒,一如入觉严寺拜见诚公。二人一见如故,义天以弟子之礼师事净源,"禀问法义"、"咨决所疑"。第二年,净源入住慧因寺,义天等人也随行入寺参学。

慧因寺原为后唐天成二年(927)由吴越王钱镠所建,本称慧因禅院,坐落于杭州玉岑山西北。② 1085年,资政殿学士、大中大夫蒲宗孟出守杭州,适逢慧因禅院主持善思长老因病乞请僧正司选派接任主持,故出面调停,礼请住持杭州大中祥符寺的净源,接替善思之职,"开讲主持"慧因寺。

义天来到慧因寺,拜净源为师,归国后不仅折返了《华严经》三个译本,"象签金轴,包甑严饰,归之法师,以祝圣寿"③,更将唐代华严祖师的撰著送回。这些唐代华严典籍的折返,为宋代华严学的复振提供了不可

---

① 义天:《大觉国师文集》卷一六《示新参学徒缁秀》,第12、13页。
② 有关杭州慧因寺的历史沿革,参见鲍志成的《慧因高丽寺》第二章《慧因高丽寺的兴衰变迁》,尤见第15—20页。
③ 曾旻:《慧因寺志》卷八《晋水法师碑》,第53页。

多得的文献资源。诚如时人所称,"贤首之教,自圭峰既殁,未有如兹日之盛也"①。如相传杜顺所撰的《华严法界观》,净源撰有《法界观门助修记》2卷等。特别是对法藏的撰著,净源用功最勤,相继整理、校释了《华严五教章》、《华严经义海百门》、《妄尽还源观》及《华严金师子章》。由于净源与义天的关系,北宋杭州成为盛弘华严学的中心区域,并延续到南宋。

1088年,净源示寂。义天于翌年遣僧寿介、继常、颖流等五人,在泉州客商徐戬的引下,持义天祭文至杭州,祭奠净源。元祐四年(1089),高丽驸马都尉沈王璋奉诏,进香幡于慧因院,以祭奠净源法师,并为慧因院置田百余亩,以供永远香火。宋室南渡、迁都杭州后,宁宗初年,于"万几稍暇"之际,宁宗皇帝同宰执亲临慧因寺,检阅高丽所进金字《华严经》,赐金修阁,并御笔亲书阁额。

在资政殿学士、大中大夫蒲宗孟助建七祖堂时,义天印造经论疏钞七千余帙用以充实教藏。与此同时,义天还慷慨施金2000两,于慧因寺修建"华严经阁"。藏经阁竣工于建中靖国元年(1101)之时,义天又供奉卢舍那佛、普贤菩萨、文殊菩萨"华严三圣"像及供具于阁内。由于慧因寺与高丽僧统义天的殊胜关系及奉高丽金书《华严经》,故俗称"高丽寺",或称"慧因高丽寺"。

义天留宋14个月,即自夏历乙丑(1085)年4月至丙寅(1086)5月(丙寅年为闰二月),除拜杭州净源法师和华严有诚法师为师,行弟子之礼以外,还结识了各宗著名高僧五十余人,一年之内,对华严圆教、达摩禅宗、南山律宗、天台观宗等,或咨决所疑,或询其法要,无不尽其妙旨。②《大觉国师文集》所收录义天与宋僧间相往来的书信、诗文,即多达一百三十余篇。

---

① 曾旻:《慧因寺志》卷八《晋水法师碑》,第53页。据统计,义天与宋僧流通佛教经籍多达36批次,110种。其中,义天赠予宋僧经籍有19批次,60余种。实际数量当不止于此。参见鲍志成《慧因高丽寺》,第88—91页。
② 有关义天入宋所结识的中国师友,参见黄时鉴《相远以迹,相契以心:义天和他的中国师友》,《韩国佛教的座标》(韩国绿园大师古稀纪念学术论丛)(汉城,1997)。另见鲍志成《义天的中国师友表》,《慧因高丽寺》,第84—87页,杭州,西泠印社出版社,2006。

义天归国后,"发愤忘退",致力于弘扬佛法,"始创天台宗,置于国清寺。"①他对《高丽大藏经》只具经论、阙失疏钞的现状很不满意,意欲改变,自古、今、辽、宋,"凡有百家之科教,集为一藏以流通,俾佛日增光,邪纲解纽,重兴教法,普利国家。"②他孜孜不舍20年,终于仿效唐朝智升《开元释教录》体例,编成《新编诸宗教藏总录》3卷,收书1010部,4700余卷。撮其精要,类别部分,名曰《圆宗文类》。义天到了晚年,以其所搜集的辽、宋佛典为基础,汇编古今诸宗章疏和五代以来中国与高丽高僧、法师的著述成《高丽续藏》。根据义天的请求,高丽文宗特设教藏司,以掌管《续藏》雕造事宜。义天通过购求辽、宋佛籍,汇编、刊行《高丽续藏》。同时,义天刊印的佛籍,又通过赠送和商贾的贩运传入中国。这就促进了宋朝之间的佛学交流,对两国的佛教发展带来了深刻影响。由于义天对高丽佛教的贡献以及"才行俱优,名重辽、宋"之故,在其死后,被追赠"大觉国师"之号。时人称义天为"百世不迁之宗",与禅僧知讷并称为高丽佛教"双璧"。

在义天禅教兼弘思想的影响下,朝鲜半岛的禅僧纷纷转投义天门下,使天台宗的地位迅速上升,与原先"禅门九山"相并峙并称为"禅门二宗"。先前所称的"五教九山"也改称为"五教二宗"。而此前流行的圆融宗、中道宗、南山宗、戒律宗、涅槃宗亦相应改称为华严宗、慈恩宗、中道宗、南山宗、始兴宗等。在13世纪后,朝鲜禅宗诸派更合并统称为"曹溪宗",表明朝鲜禅宗源于中国禅宗的实际创始人六祖慧能。

三、《高丽藏》的刊刻与流通

《高丽藏》是高丽王朝自行雕版印造的佛教藏经。《高丽藏》的底本即为宋太祖开宝四年或五年奉敕在成都雕造的《开宝藏》(亦称"宋刻蜀

---

① 《高丽史》卷九〇《义天传》。
② 《大觉国师文集》卷一四。

版藏经")。《开宝藏》是我国第一部刻本大藏经。其初刻本完成于宋太平兴国八年(983)。宋真宗咸平二年(999),进行了第一次增补。宋神宗熙宁六年(1073),又进行了第二次增补。宋徽宗大观二年(1108),又进行了最后一次增补,最终形成了一部6900余卷的大藏经汇编。① 由于北宋末年的战乱,经板虽多散佚,但仍存有少量印本。此后宋代闽浙私刻及辽刻、金刻及高丽所刻等佛教藏经,皆以《开宝藏》为共同依据的祖本,它不仅在中国刻藏及流通史上具有重要地位,而且也直接促进了当时高丽、日本的佛教藏经雕造,成为东亚佛教藏经刊刻的重要母本之一。

据《佛祖统记》、《高丽史》等文献记载,《开宝藏》曾先后五次传入高丽。高丽显宗朝(1010—1031),依《开宝藏》初雕版开始雕刻大藏经板,并最终于显宗二十年(1029)完成经板印刻。"昔显宗二年(1011),契丹主大举兵来征,显祖南行避难,丹兵犹屯松岳城不退。于是,乃与群臣发无上大愿,誓刻成大藏板本。"此后,经德宗、靖宗及文宗三朝,又进行了一些增补工作,最终完成了《高丽藏》的续雕板,共计1106部,5048卷。

《高丽藏》初雕板及续雕板,在高宗十九年(1232),毁于蒙古兵火。至高丽高宗二十三年(1236),又设置大藏都监本司,根据《开宝藏》、《契丹藏》及《高丽藏》初雕本,相互校正,再次进行藏经板的雕造,历时十六年,终于完成《高丽藏》再雕工作。此刻共收录佛典639函,1521部,6589卷。②

雕板刻竣后,分别藏于江华府禅源寺、京城支天寺和海印寺,这就是现存流行于东亚各国有《高丽大藏经》,或称《高丽再雕藏经》,俗称《八万大藏经》。

《高丽藏》既是在宋代《开宝藏》基础上的一部覆刻藏经,更是一部存世的校订严谨、质量上乘的汉文大藏经,对于研究宋代藏经雕刻具有重

---

① 有关《开宝藏》的三次增补内容,参见李富华、何梅《汉文佛教大藏经研究》,第83页,北京,宗教文化出版社,2003。
② 一说《高丽藏》再雕版,共收录佛典总数为1524部,6558卷,628帙。参见李富华、何梅《汉文佛教大藏经研究》,第124页,北京,宗教文化出版社,2003。

要的学术价值,并成为中朝佛教文化交流的历史象征。

第六节　宋代与越南的禅宗文化交流

在赵宋皇朝确立之初,正是越南朝政最活跃的历史时期之一。公元963年,越南建立了吴朝,成为独立国家。此后,历经十二使君时代、丁朝、前黎朝等数十年政权动荡时期。此时的越南仍与中国保持往来,其佛教文化仍受中国佛教的影响。

越南黎朝的大行皇帝于宋景德二年(1005)向宋朝请赠新刻的《大藏经》一部。越南建立李朝后(1010),太祖李公蕴再次遣使入宋请求《大藏经》,距首次入请藏不过十年时间,可见其向佛之心。李太祖建立政权后,赐封毗尼多流支派传第十二祖万行为国师,并修建了十多座佛寺,为兴天寺、胜严寺铸造大钟。在处理朝政之余,李太祖还经常问道参禅,他曾经多次向匡越禅师的弟子、无言通派第五祖多宝请教禅法。多宝则因此而被尊奉为李朝的国师。

多宝门下有弟子禅老、定春等人。其中,禅老门下有徒众数千,使无言通派成为当时越南禅宗最大的派系。定香门下则有圆照禅师(999—1090),原为李朝皇戚,精研《圆觉经》,通达三观法门,辩才无碍,曾任升龙吉祥寺住持,推动了升龙禅宗的繁盛。圆照弘传禅法,注重公案禅与文字禅的结合,以汉语诗词来表达禅境,颇受时人欢迎。

李朝早期,越南禅宗发展的一大特点,是与朝廷一直保持着相当密切的关系。当时朝廷的政治顾问,或出于毗尼多流支派禅师,或是无言通派祖师。但从圣宗朝始,随着越南禅宗草堂派势力的崛起,越南禅宗中的毗尼多流支派、无言通派的影响与地位,渐渐被其取而代之。

越南禅宗"草堂派",亦称"雪窦明觉派",因其创始人为雪窦重显(980—1052,赐号"明觉大师")的弟子草堂禅师。圣宗即位后,延请草堂禅师出任升龙开国寺的住持,待以国师之礼,后来更拜草堂为师,成为草堂派的衣钵传人,被后世尊为越南禅宗草堂派的第一祖。

草堂派以开国寺为祖庭,主要传授中国禅宗五家之一云门宗第三代雪窦重显的禅法,特别是以雪窦重显的《颂古百则》(亦称"雪窦百则")为范本。从重显入灭到越南草堂派的创立,前后不过二十年,既可见李朝时期越南的禅风之盛,更说明中国禅法传入越南之迅速。

草堂派在越南禅宗史上创立最晚,却衰亡较早。草堂派的圣宗一系,主要在宫廷流传,三传至杜武而止,法脉中断。草堂另二位著名弟子遇赦和般若,遇赦一系五传而止,般若一系四传而止。草堂禅派在越南流传时期,前后共计二百年左右。

13世纪,越南进入陈朝,无言通派又受到重视,得到复兴。其间,越南陈太宗曾受教于由中国前往越南的天封禅师(临济宗大慧宗杲看话禅法的传人之一),又曾从宋朝德诚禅师参学,还撰有《禅宗指南歌》等著述。陈仁宗(陈朝第三代皇帝)更是笃志禅修,并于1299年让位于英宗,自己则皈依无言通派的慧忠为师,出家为僧,署号"竹林调御"("竹林大士")。他深受当时中国天封禅师所传临济宗的影响,自创越南竹林禅派(竹林派临济禅),成为越南禅宗竹林派的开祖,道场建于安子山花烟寺(今越南广宁省东潮县境内)。这是越南禅宗后派的一个支流,以传扬临济禅法为主。自此以后,越南禅宗进入竹林派主导的时代。后来,尽管随着陈朝的衰落,竹林派也随之沉寂,但通过与净土念佛法门及密教仪轨、越南民间神道信仰的结合,对于越南民众的影响却得以扩展,并最终形成了越南佛教史上的一个新教派——莲宗。

越南佛教的主体是中国禅宗。在越南禅宗史先后出现的四大派系中,除毗尼多流支派传禅宗三祖僧璨的禅法之外,其他两大流派都传自于百丈怀海,至于竹林禅派更是弘传临济禅法。尽管后世的越南禅宗广受净土思想的影响,但仍标榜为"临济正宗"。禅宗文化的传入与弘扬,成为中国与越南佛教文化交流的重要特色,从而不同于与日本、朝鲜等东亚国家多宗派发展的佛教交流。

第五章 辽代佛教

第一节 辽代社会与佛教

一、辽代社会概况

辽朝为契丹族建立的王朝。契丹是我国北方、从鲜卑族宇文部中分离出来的古老民族,主要活动在今内蒙古老哈河和西拉木伦河流域,唐末日益强盛。耶律阿保机统一契丹各部,担任契丹可汗,逐渐建立与完善政治制度,并吸收汉族文化制度,发展农垦,建立州县,迅速向封建社会过渡。并于916年在龙化州(今内蒙古赤峰八仙筒一带)即皇帝位,尊号为大圣大明天皇帝,为辽太祖,国契丹,建元神册。神册三年(918)在临潢(今内蒙古巴林左旗南)修建都城,即上京。

天赞五年(926),灭渤海国,把势力扩至今日本海、鄂霍次克海,东北至今外兴安岭。太同元年(947),辽太宗入汴京(今河南开封),废晋帝为负义侯,改国号大辽。圣宗统和元年(983)复国号大契丹。道宗咸雍二年(1066),又复国号大辽。保大五年(1125),天祚帝为金军俘虏,辽亡。凡九帝,历时209年。

契丹人信仰原始多神教萨满教,最尊崇的神为天神、地祇、黑山神、木叶山神和鹿神。《辽史·地理志·永州》载:"相传有神人乘白马,自马盂山浮土而东,有天女驾青牛车由平地松林泛黄河而下,至木叶山,二水合流,相遇为配偶,生八子。其后族属渐盛,分为八部。"契丹人将骑白马男子和驾青牛女子尊为天神和地祇,自认为是他们的后代。木叶山(今内蒙古自治区西拉木伦河与老哈河合流处的折音他拉)是其始祖奇首可汗的发祥地,黑山(今巴林右旗北罕山)是人死灵魂的归宿地。狩猎曾是他们的主要活动,鹿神为猎神,猎前祭祀,祈求多获。这些都与契丹人的起源、发展和生存密切相关,因而受到契丹人的崇拜和敬畏,每年皆有时祭。

契丹族也有许多独特的礼仪和禁忌。遥辇阻午可汗时制定了柴册仪和再生仪;遥辇胡剌可汗时制定了祭山仪。建国后,在原有的基础上加入了汉礼成分,内容日渐繁复。契丹人崇日尚东,称"祭东";对天日的崇拜衍生出对日食、旋风和霹雳的禁忌。

中原的道教和道家思想也曾传入契丹社会。辽初,以各种方式进入草原的汉人中,就有一些道教信仰者,契丹部民和某些契丹上层也信仰道教。神册二年(917),上京建道观,道教最晚此时已传入。辽圣宗对"道释二教,皆洞其旨",其弟耶律隆裕更是个虔诚的道教信徒,"自少时慕道,见道士则喜。后为东京留守,崇建宫观,备极辉丽,东西两廊,中建正殿,接连数百间。又别置道院,延接道流,诵经宣醮,用素馔荐献,中京往往化之"。辽初道士刘海蟾著有《还丹破迷歌》和《还金篇》,耶律倍译有《阴符经》,圣宗时于阗(今新疆和田南)张文宝曾进《内丹书》。寺公大师的《醉义歌》中也杂有道教思想。当然,对辽代社会影响更为深远的是佛教的传入。

二、辽代帝王与佛教[①]

唐天复二年(902)九月,辽太祖阿保机率军攻破河北、河东九郡,徙

[①] 参见黄凤岐《辽代契丹族宗教述略》,《社会科学辑刊》1994年第2期。

汉民于潢河之南的龙化州(西拉木伦河上流,今内蒙翁牛特旗以西地方),在辽地上建立第一座寺院。太祖三年(909),"建碑龙化州大广寺,以纪功德"。契丹建国后,为加强统治,太祖重视对汉文化的吸收与移植。神册三年(918)五月,"诏建孔子庙、佛寺、道观"。但这并非表明太祖对佛教的信仰,《辽史》卷七十二《耶律倍传》曾记载:"时太祖问侍臣曰:'受命之君,当事天敬神。有大功德者,朕欲祀之,何先?'皆以佛对。太祖曰:'佛非中国教。'倍曰:'孔子大圣,万世所尊,宜先。'太祖大悦,即建孔子庙,诏皇太子春秋释奠。"天赞四年(925)十一月,"幸安国寺饭僧,赦京师囚,纵五坊鹰鹘"。天赞五年(926)攻陷信奉佛教的女真族渤海部,迁徙当地的僧人崇文等五十人到当时都城西楼(后称上京临潢府,今内蒙自治区林东),特建天雄寺安置他们,宣传佛教。太祖建立佛教寺院主要是出于安置所占地区的僧侣、稳定统治的需要,饭僧等行为也难以说明其对佛教的皈依。

天显十一年(936)辽太宗耶律德光,占领燕云十六州(今河北、山西北部),这一地带原来佛教盛行,促进了佛教在辽代传播。辽太宗耶律德光崇信佛教,为祝冥福及祈祷佛佑而饭僧,屡见史册。如天显十年(935),"幸弘福寺,为皇后饭僧"①。会同五年(942)夏六月,"闻皇太后不豫,上弛入侍,汤药必亲尝。仍告太祖庙,幸菩萨堂,饭僧五万人。七月乃愈"②。

耶律德光建立的寺院,首推菩萨堂,出于对观音的信仰,相传"契丹主德光,尝昼寝,梦一神人花冠,美姿容,辎軿甚盛,自天而下,衣白衣,佩金带,执金骨朵"。有异兽十二随其后,内一黑色兔入德光怀而失之。"神语德光曰:'石郎使人唤汝。'既觉而惊,复告母。母曰:'可命筮之!'乃命胡巫筮,言太祖从西来,言中国将出天王,要尔为助,尔须去。……

---

① 《辽史》卷三《太宗记上》,第37页。
② 《辽史》卷四《太宗记下》,第52页。

立石敬瑭为晋帝,后至幽州,见大悲菩萨像,立祠木叶山,名菩萨堂。"①太宗建菩萨堂,改变了祖宗之法,如拜山仪,增加诣菩萨堂一节:"太宗幸幽州大悲阁,迁白衣观音像,建庙木叶山,尊为家神。于拜山仪过树之后,增'诣菩萨堂仪'。"②

太宗不仅对佛教有信仰,而且对佛学也有一定的体会。如陶谷《清异录》载:"耶律德光入京师,问李崧:'此是何物?'崧曰:'杜鹃。唐杜甫诗云:西川有杜鹃,东川无杜鹃,涪万无杜鹃,云安有杜鹃。京洛亦有之。'德光曰:'许大世界,一个飞禽。任他拣选,要生处便生,不生处种也无;佛经中所谓观自在也。'"

太宗之后的世宗在位时间仅四年,对佛教的态度缺乏史料,但其女小字"观音"③,并曾于天禄三年(949)"钦送舍利"④,或可证实其对佛教的信仰。

穆宗、景宗也信仰佛教。辽穆宗曾以饭僧、释系囚庆祝生日,应历二年(952)十二月"辛卯,以生日,饭僧,释系囚"⑤。景宗以前,辽朝没有设置专管宗教的机构和官吏,景宗则自行加官。如保宁六年(974)"十二月,以沙门昭敏为三京诸道僧尼都总管,加兼侍中"⑥。景宗时,后汉政权依附于辽朝,曾于保宁八年(976)"八月癸卯,汉遣使言天清节设无遮会,饭僧祝厘"⑦。从中可看出景宗崇佛的程度。

圣宗耶律隆绪时起,由于与宋订立"澶渊之盟",战乱较少,契丹贵族全面接受汉文化,佛教在辽朝有更为广泛的传播。圣宗"于释道二教,皆洞其旨"。继承前代帝王的作风,经常饭僧,如统和二年(984)"九月,以

---

① 《辽史拾遗》卷三,《辽会要》卷8,第359页,上海,上海古籍出版社,2009。
② 《辽史》卷四九《礼志》一,第835页。
③ 《辽史》卷六五《公主表》,第1001页。
④ 志愿:《葬舍利佛牙记略》,《全辽金文》,第27页。
⑤ 《辽史》卷六《穆宗纪上》,第71页。
⑥ 《辽史》卷八《景宗纪上》,第94页。
⑦ 同上书,第95页。

景宗忌日,诏诸道京镇,遣官行香饭僧"。统和四年(986)七月,"又以杀敌多,诏上京开龙寺建佛事一月,饭僧万人"。统和七年(989)四月"幸延寿寺,饭僧"。统和十年(992)"九月癸卯,幸五台山金河寺饭僧"。统和十二年(994)夏四月"以景宗石像成,幸延寿寺饭僧"。并常赏赐僧道,如统和四年十一月"以银鼠及诸物,赐京官、僧、道、耆老"。圣宗不仅信仰佛教,而且对佛学有一定的研究,"锐志武功,留心释典"。

圣宗又鉴于僧团混乱,于统和九年(991)正月"诏禁私度僧泥",又于统和十五年(997)"禁诸山寺,毋滥度僧尼",并于开泰四年(1015)十一月诏汰东京僧,开泰九年(1020)十二月又禁僧燃身炼指之恶风。当晋国公主于南京建立寺院时,接受大臣建议,"诏书悉罪无名寺院。今以主请赐额,不惟违前诏,恐此风愈炽。上从之。"①

圣宗以后,诸帝都对佛教特加保护,在圣宗、兴宗、道宗三朝(983—1100)中间,辽代佛教遂臻于极盛。

兴宗开辽帝王佞佛之始,"酷好沙门,纵情无检","溺于浮屠法",即位之前,即信佛教,又学习梵文,研究佛典。并于重熙七年(1038)受戒。重熙十一年十二月"乙酉,以献皇后日,上与皇太后素服饭僧于延寿、悯忠、三学三寺"。重熙十八年(1049),章圣皇太后主持供奉佛舍利的庆州白塔创建,兴宗钦定七月十五日为竣工日,并主持了落成仪式。② 并因佛教信仰改变契丹故俗。太宗曾改变拜山仪,兴宗则增添:"兴宗先有事于菩萨堂及木叶山辽河神,然后行拜山仪,冠服、节文多所变更,后因以为常。"重熙二十三年(1054)冬十月,"以开泰寺筹银佛像成,曲赦在京囚。"

兴宗继景宗后授予僧人官职,如赐圆空为国师诏以师事之。又赐郎思孝和尚为司空辅国大师。重熙八年冬,以非浊禅师"受眷先朝,乃恩加崇禄大夫检校太保"③。重熙十九年(1050)春正月庚寅,赐僧惠鉴加检校

---

① 《辽史》卷七九,《宣昉传》,第1272页。
② 《内蒙古、辽宁发现珍贵佛教文物》,《佛教文化》1994年第4期。
③ 《非浊禅师实行幢记》,《全辽金文》,第374页。

太尉。《全辽文》所收录的经幢大多为兴宗后的产物。辽人云:"迨我兴宗皇帝之绍位也,孝敬恒专,真空夙悟。菲饮食致丰于庙荐,贱珠玉惟重其法宝。"佛教进入民众的心灵。

道宗耶律洪基辽代九位帝王中最崇佛的一个。咸雍四年(1068)"二月癸丑,颁行御制华严经赞";咸雍八年(1072)"七月丁末,以御书华严经五颂出示群臣";大康元年(1075)"三月乙巳,命皇太子写佛书",以事钻研。常于内殿设坛,召僧讲经。如大康五年(1079)"十一月丁丑,召沙门守道开坛于内殿"。寿昌三年(1097)"十一月戊午,以安车召医巫闾山僧志达"。寿昌六年(1100)"十一月,如医巫闾山僧志达设坛于内殿"。对沙门加守三公三师,如咸雍二年(1066)"僧守志加守司徒"。咸雍五年(1069)"十一月己未,僧志福加守司徒"。咸雍六年(1070)"十二月戊午,加园释、法钧二僧等守司空"①。并经常饭僧、兴寺院,如咸雍八年(1072)"以战多杀人,饭僧南京、中京"。咸雍七年(1071),"八月辛巳,置佛骨于招仙浮图,罢猎,禁屠杀",清宁九年(1063)"冬,十月戊辰塑,幸兴王寺"。

道宗通梵文,对佛教华严学有造诣,曾亲自颁布《御制华严经赞》,尤精《释摩诃衍论》,著有《释摩诃衍通玄钞引文》。他还重视戒律,于内廷设坛授戒,开讲习律学之风。又以国家的力量搜集、整理佛典,督励学僧加以注解,刻行流通。他完成了契丹藏及房山石经的《涅槃》、《华严》、《般若》、《宝积》四大部及其他重要经典的刻事,对于佛典的校订作出了贡献。并把佛典作为赐给高丽等国的礼物,邻国也把佛经、僧人作为进贡的礼品送给他。咸雍三年(1067)冬十一月,夏国谴使送回鹘僧、金佛、《焚觉经》。

辽代帝王大多宠信佛教,但出于统治的需要,对佛教也采取利用、容纳和怀柔的政策。

第一,禁止滥度。辽代由于出家僧尼较多,僧人素质下降,圣宗皇帝

---

① 黄凤岐:《辽代契丹族宗教述略》,《社会科学辑刊》,1994年第2期。

曾多次下令制止滥度僧尼。如统和九年(991)正月"诏禁私度僧尼"。又于统和十五年(997)"禁诸山寺,毋滥度僧尼"。并于开泰四年(1015)十一月诏汰东京僧。

第二,考选制度。鉴于僧团的混乱,辽代帝室在优遇僧人的同时,又常以经律论三门考选僧材,其学业优秀的授以法师称号。更于各州府选有德望的沙门为纲首,指导后进,就讲(讲解)、业(修持)、诵(讽诵)三方面选习专攻,一代名僧即多出于其中。金代韩长嗣《兴中府尹改建三学寺碑》对此有记载:"三学者,其来原矣,爰自于唐肇始之也。迨及有辽,建三学寺于府西,择一境行僧行清高者为纲首,举连郡经、律、论学优者为三法师,递开教门,指引学者。兵兴以来,殿堂廊庑,扫地而无。圣(金)朝既获辽土,设三学如效法。"①这些培养考选制度,促进了辽代的佛学发展。

第三,僧官制度。辽代佛教政策的一个重要的特征是授予僧侣各种官职。如辽兴宗在位仅二十四年,僧人"正拜三公、三师兼政事令者,凡二十人"。僧有被授三公三师之人,致使"贵戚望族化之,多舍男女为僧尼"②。

辽代皇帝赐受僧侣官职有两大类,即荣誉性的"师""傅"类官职。③这些僧官一般不直接参与朝政,辽帝之所以封其官职,是便于学习佛法,福佑家邦。《圆空国师胜妙塔碑》记载,圣宗在赐诏中说:"朕闻上从轩皇,下逮周发,皆资师保,用福邦家。斯所以累德象贤,亦不敢倚一慢二者也……朕何不师之乎!"④圣宗朝的非觉,因"导圣宗之故,累官至武定军师"圆融为"守太师兼侍中"。兴宗时的非浊于重熙十八年(1049)因"受眷先朝","乃恩加崇禄大夫检效太保。次年,加检效太傅太尉"。兴

---

① 《全辽金文》,第1590页。
② 叶隆礼:《契丹国志》卷八,第82页,上海,上海古籍出版社,1985。
③ 张国庆:《辽代社会研究》,第151页,北京,中国社会科学出版社,2006。
④ 《全辽金文》,第204页。

宗还为海山加"守司空",赐"辅国大师"、"崇禄大夫"称号。赐惠鉴崇禄大夫检效大尉觉苑为"结衔称检效太保太卿"、正慧为崇禄大夫检效太尉,道宗咸雍二年(1066)、五年(1069)、六年(1070)分别加守志、志福等人"守司徒",赐圆释、法钧等人"守司空"。

辽帝授予的第二类官职,是有职有权的僧务总管类官员。开始于景宗时,《辽史·景宗纪录》:保宁六年(974)十二月,景宗"以沙门昭敏为三京诸道僧尼总管,加兼侍中"。辽中后期,由于僧尼数倍于前,圣宗执政之后,僧官数量大为增加。除"都总管"外,有"正副判录"、"僧录"、"都僧录"等。管理权限不一,有管辖一京道所辖的寺院,如非浊于重熙十八年(1049)被兴宗赐授上京管内都僧录,演妙曾任中京管内都僧录,谨行曾任中京管内僧录判官。有的仅管理一寺院或某一区域的僧事,如弘觉为弘法寺内都僧录、法均任金台寺僧录、法觉任普济寺右街僧录判官,高僧妙行的弟子中,任管内左街、右街僧录判官及僧录的有即尊、即均、圜因、善果、善颖等五人。①

第二节 辽代佛教的传播与发展

一、辽代佛教诸宗派

佛教各宗派在辽代都有发展,其中最发达的是华严宗,其次是密教,再次为净土以及律宗、唯识宗、禅宗等。

1. 华严宗

辽代的华严宗主要继承唐代的传统,澄观的学说对辽代华严宗佛学思想影响很大。辽帝道宗耶律洪基是一位华严教学的热心倡导和研究者,著有《华严经随品赞》十卷。② 咸雍四年(1068)二月,颁行御制《华严

---

① 参见张国庆《辽代社会史研究》,第152—153页。
② 《随品赞》、《义天录》卷一著录,题作"《大华严经随品赞》十卷,御制"。全文收入《圆宗文类》卷二二,其第一卷之前有姚景禧奉敕撰之《引文》。

经赞》。咸雍八年(1072)七月又"以御书《华严经五诵》,出示群臣"。辽西京大同府所辖的五台山,原为华严教学的中心,对辽境各地佛学有很大的影响。如上京开龙寺圆通悟理大师鲜演,即以专攻《华严》著名,撰《华严悬谈抉择》六卷以阐扬澄观之说。

思孝为辽代华严另一大家,有关华严著述宏富,惜皆佚失。其中《大华严经修慈分疏》二卷、《大华严经略钞》一卷、《大华严经略钞科》一卷,则是为唐提云般若译的《大方广佛华严经修慈分》所做的注释和科判。高丽沙门义天撰《新编诸宗教藏总录》著录,惜其书久已不传。《华严经三玄圆赞》二卷、《华严经三玄圆赞科》一卷,《义天录》卷一著录。其书早佚,《圆赞科》在第二次世界大战前于朝鲜全罗南道顺天郡之松广寺发现,存十一纸,当出于义天编《高丽续藏》。又有《大华严经玄谈钞逐难科》一卷。

此外,志实、道弼也是治华严学的僧人。志实著有《华严经随品赞科》一卷,是为道宗《华严经随品赞》所做的科文。道弼,兴中府龙山花严寺沙门,道宗赐号崇禄大夫、守司空、悟玄通圆大师,著有《大华严经演义集玄记》六卷、《大华严经演义逐难科》一卷。《义天录》皆著录。

又有上方感化寺僧人澄方善《华严经》,燕京悯忠寺论主大师义景多次宣讲《华严经》。

2. 密宗[①]

辽代,密教非常盛行。传统的金刚乘仍然活跃,新的瑜伽密教经典也有翻译。密教义学也很发达,涌现一批密教学者,民间的密教信仰非常普遍。

辽代帝王不乏信奉密教者。景宗非常重用密教僧人,保宁六年

[①] 本节写作参考了《中国密教史》的辽代部分内容。见吕建福《中国密教史》,北京,中国社会科学出版社,1995。

(974)底,有密教沙门昭敏被景宗任命为三京诸道僧尼都总管,加兼侍中。圣宗时有圆空国师,开泰二年(1013)圣宗诏拜国师。圣宗诏书说:"朕闻上从轩皇,下逮周发,皆资师保,用福家邦,斯所以累德象贤,亦不敢倚一慢二者也。今睹大禅师识超券内,心出环中,洒甘露于敬田,融葆光于实际,总持至理,开悟众迷,朕何不师之乎!"①保宁年间(969—979)郭奇所撰《耶律琮神道碑》,书碑人暑"南京右街资圣寺传大教阿师□□教大师赐紫敬耿□书"。此大师应为传密教的阿阇梨。

圣宗以后,新传密典开始传译,有慈贤在辽传译新瑜伽密教。慈贤为中印度摩揭陀国三藏,在辽有国师的地位,详细事迹已不可考。据《房山石经目录》,共译经九部十三卷,《至元录》同。九部都是密教,其中陀罗尼经五部:《金刚摧碎陀罗尼》、《大随求陀罗尼》、《大悲心陀罗尼》、《尊胜佛顶陀罗尼》、《一切如来白伞盖大佛顶驼罗尼》,新译瑜伽密典四部八卷:《妙吉祥平等秘密最上观门大教王经》五卷、《妙吉祥平等瑜伽观身成佛仪轨》、《妙吉祥平等观门大教王经略出护摩仪轨》、《佛说如意轮莲花心如来修行观门仪》各一卷。另有《梵本般若波罗蜜多心经》一卷。除《金刚摧碎陀罗尼》为初译之外,其他四部与以前译本同。

大约与慈贤同时或稍后,有西印度僧摩尼在辽弘传无上瑜伽密教,赵孝严《大日经义释演秘钞引文》载:"暨我大辽国有三藏摩尼者,从西竺至躬慕圣化志弘咒典,然广传授未遑论撰。历岁既久逮今方兴。"其他事迹不详。有弟子有觉苑专攻密教,"禀摩尼之善诱,穷愈加之奥诠"。为辽代密宗大家。

圣宗时,弘演师徒在南京道武清、香河等县弘传密教。弘演,南京道武清县井邑人,小时到文殊阁院落发为僧,长大之后习学密教。师承不详,后以行持密教闻名。《广济寺佛殿记》载"竭总持之力,振拔沈沦。弘方便之机,赞神调御"。后到武清香河县传教,开创广济寺,初设法堂、讲

---

① 《圆空国师胜妙塔碑》,《全辽金文》,第204页。

座及精舍、香厨,其道场中严饰铸容图像。密教兴隆一时。年迈后退隐净修,交弟子道广主持,嘱扩建寺院,勤修密法。道广请头陀僧义弘主持建造一事,历三年,建成中央秘殿及附属建筑。广济寺是密教徒自行设计、自行建造的一座密教寺院。如同五台之金阁寺,模仿那烂陀寺的一些式样。广济寺及秘殿建成后,当地密教以此为中心,兴隆一时。当时有密教僧人可元称瑜伽大师,为圣宗委任镌刻石经之责。此外,东京辽阳府延昌寺也是密教中心,1984年和1988年分别在朝阳北塔地宫和天宫发现了大量的辽代瑜伽密教的遗物。北塔遗物中有瑜伽密教五方佛、八大菩萨及三身佛等曼荼罗造像,又有八大灵塔曼荼罗。另外,塔中还有不少刻写的大佛顶、大随求、大摧碎、佛顶尊胜、大轮、百字等密教陀罗尼,以及其他密教菩萨刻像及铸像。朝阳北塔出土的密教文物为研究辽代密教及至唐朝以后的新传入的无上瑜伽密教提供了珍贵的实物,与法门寺地宫出土的密教文物,并为密教文物两大发现。

辽代境内其他地方也有不少瑜伽密教活动的踪迹:如建于道宗清宁二年(1056)的应县佛宫寺内木塔第五层,内设八大菩萨曼荼罗坛;塔内发现契丹藏《大法矩陀罗尼经》卷十三扉为八大菩萨曼陀罗画。内蒙古宁城白塔也雕饰八大菩萨曼陀罗和七佛。这些都表明新瑜伽密教在辽代境内广泛流行。

兴宗、道宗时,志秘师徒有蓟州一带弘扬密教,以甘泉寺为道场。志秘,俗姓李,本家在神山,笞年辞亲,冠岁进具。师承习密情况皆不明。重熙九年(1040)应信众邀请,率弟子定远到神山,重修云泉寺,正殿之内,设八大菩萨曼荼罗坛场,广弘密教。

道宗之时,修持密教的僧人也很多,有涿州广因寺传大教提点沙门奉振;持念沙门守恩,以及智觉;房山云居寺寺主可成、上座季令;西京道儒州缙阳寺奉润;涿州石经寺善慈、法□、志莹、法□等;还有书写广善所撰《妙行大师碑铭并序》的义藏。而其中守恩持诸杂真言:大悲心、小佛顶、胜六字观音、满愿金刚、延寿、文殊一字咒、文殊十吉祥等陀罗尼,及

《般若心经》,约持四十余年,大安六年(1090)二月二十五日为自身建塔。奉润扩建本寺,设置坛场,兴法一时。可成、季令在大安年间与诸人营造石经《宝星陀罗尼经》、《持业经》。

密教在辽代社会广为流行,从皇室贵戚至士庶平民,自僧首大德到一般缁众,无不信奉。民间的密教信仰主要表现在:讽诵行持、建造石幢、刻置石经、造立塑像。信仰的内容主要是传统的密教信仰,兼有新传入的密教,如八大菩萨、八大灵塔等。辽代除专门持诵的密教僧人外,一般僧人也兼持一经一咒,显教僧人兼持秘咒为当时的风气。

辽代建造塔幢成风,凡建塔立碑,都要书刻陀罗尼。后世出土并著录的石幢,多达八十种以上。建造的陀罗尼幢,或属祈福消灾的功德幢,或属供养佛舍利的供养幢,或属度脱亡人的塔幢,而以后者为多。陀罗尼幢中,最多的还是尊胜幢,其次为不动幢、大悲幢、无垢净光幢,他如智矩、不空绢索、灌顶光明、灭罪、破地狱、六门、宝匣印、如意轮、心经等佛陀尼。

辽代刻造石经,多取密教经典,这是辽代刻经的一个特点。乾统七年至天庆八年(1107—1118),由陈国夫人为施主刻造的石经中密典《大方等陀罗尼经》、《一字佛顶轮王经》、《广大宝阁善住秘密陀罗尼经》、《苏婆呼童子经》、《七佛所说神咒经》等。说明刻造密典石经大都选择最为信仰的经咒,与有目的的刻造大藏石经有所不同。

辽代的密教信仰也反映在佛教造像上,寺院中多造密教尊像,著名的如独乐寺十一面观世音菩萨像。道宗在开泰寺铸银佛像二尊,其中一尊为密教尊像无疑。后世出土的许多辽代寺塔遗迹中,亦多八大菩萨、八大灵塔造像。据乾统三年(1103)韩温教《金山演教院千人邑记》载,涞水县西北金山演教院,有僧弘升、志霞与院众、近邻施主等人在院开建正堂五间,正面画本尊八大菩萨,专请燕京悯忠寺论主义景在中开演。画八菩萨像,又开演经论,则亦属一般信仰而绘。

辽代密教不仅停留在信仰层面,在理论上也有大的发展。辽代的密教思想继承唐代密宗的传统,融会华严学说,倡导显密圆通。道宗之时,

《大日经》及《义释》非常流行,有一批专攻此学的僧人。道宗留心密教,敕觉苑开讲《大日经》,并将其《演密抄》刊刻入藏。道弼曾会同一百余人致书觉苑抄解《义释》。志实著有《八大蔓荼罗经崇圣抄》三卷。思孝著有《八大曼荼罗经疏》二卷,《八大曼荼罗经科》一卷,《般若理趣分经科》一卷。道殿著有《显密圆通成佛心要集》。

显密融合是辽代佛学的一个基本趋势,觉苑、道殿都将佛法分为显教、密教,并认为显密是一致的,并以华严的圆教思想会通密教,主张显圆与密圆的统一。辽代的显密圆通也体现在宗教实践上,这从现存的密教遗迹中可以发现。如义县奉国寺主祀七佛,七佛属密宗,又祀一百二十贤圣,而一百二十贤圣出自《华严经》,属显教,此为显密结合倾向之一证。大同上华严寺大雄宝殿为金代重建,其中奉祀五佛,可能为辽代旧制,该寺既已以华严命名,而又奉祀密教五佛,此为显密结合倾向之二证。蓟县独乐寺大殿不存,今仅存统和二年(984)建的观音阁。辽代契丹统治者重视观音,尊为家神,故将观音阁建于寺院前部正中之重要位置。观音本是净土宗西方三圣之一,属显教,而塑为十一面之观音,则属密教,此为显密结合倾向之三证。兴城白塔地宫石刻一百二十贤圣名号,也刻五佛、七佛名号,也反映了显教与密教相结合的倾向。[1]

3. 净土宗

净土宗在辽代亦颇流行,而弘扬净土的大师则以燕京奉福寺忏悔主非浊为最著名。非浊,字贞照,俗姓张,其先范阳人。他是故太守师兼侍中圆融国师的弟子,遁迹盘山,重熙八年(1039)冬,召赴阙,兴宗赐紫衣。先后授上京管内都僧录、燕京管内左贤僧录。清宁元年(1055),加崇禄大夫、检校太保。次年,晋升检校太傅、太尉,赐号纯慧大师。六年春,道宗到燕京,亲授燕京管内忏悔主菩萨戒师。清宁九年(1063)告终于竹林寺。非浊,"搜方阙章,聿修睿典",撰《往生集》二

---

[1] 朱子方:《辽代佛教的主要宗派和学僧》,《世界宗教研究》1990年第1期。

十卷,深得道宗嘉赞,并"亲为帙引,寻命龛次入《藏》"。《义天录》卷三著录作"《随愿往生集》二十卷,非浊集"。此书由高丽传入日本,对日本平安朝末期及镰仓幕府时代之文学、佛教有较大影响。今名古屋市宝性院真福寺藏戒珠集《往生净土传》和神奈川金泽文库藏《汉家类聚往生集》都是在该书影响下的佛教著作。惜今不传。契丹贵族僧人妙行持戒精严,而以净土为归,临命终时,"首北面西,右胁而卧。令左右唯念弥陀,勿生瞻恋。"

另思孝撰有《观无量寿经直译》一卷。民间的净土信仰也很流行,结念佛邑集体共修非常普遍,如燕京悯忠寺论主大师义景,擅内外义学,共举为三学论主。"为报四种之恩,遂结千人之友,为念佛邑,每会称念阿弥陀佛名号,庶尽此报,同生极乐世界,是其愿也。"①

此外弥勒净土信仰也很普遍,如诠明著有《弥勒上生经会古通今钞》四卷、《弥勒上生经科》一卷、《弥勒上生经大科》一卷。山西赵城县广胜寺发现的金版《大藏经》,其中收有《上生经疏会古通今钞》卷二、卷四及《上生经疏随新钞科文》一卷,收入《宋藏遗珍》(1935年释范成辑,北京三时学会,上海影印宋版碛砂经会影印)、应县宫本寺木塔发现《上生经疏科文》一卷,即为诠明所撰科文之刻本。

4. 律宗

辽帝道宗也提倡戒律,著有《发菩提心戒本》二卷。道宗时期的燕京奉福寺僧澄渊,为律宗高僧。著有《四分律删繁补阙行事详集记》十四卷,《科》三卷。这就是为唐代道宣的《行事钞》所作的注疏。此书由辽传入高丽,并收入《高丽藏》中,经板在朝鲜庆尚南道海印寺发现,卷首署"燕台奉福寺特进守太师、兼侍中国师圆融大师、赐紫衣沙门澄渊集",而《科》三卷,今已不存。

思孝也为律宗大家,著有《近住五戒仪》一卷、《近住八戒仪》一卷、

---

① 韩温教:《金山演教院千人邑记》,《全辽金文》,第589页。

《自誓受戒仪》一卷、《发菩提心戒本》三卷。又应县佛宫寺木塔发现的辽代写经《毗奈耶藏近事优婆塞五戒本》，款题"觉花岛海云寺崇禄大夫、守司空、辅国大师，赐紫沙门孝思集"。卷数失载，孝思当为思孝的倒误①。另应县佛宫寺木塔发现辽代写经释守臻著的《略示戒相仪》，与思孝《毗奈耶藏近事优婆塞五戒本》合表为一卷，卷数散佚。

志实也擅长大乘戒律，著有《梵网经科》三卷、《梵网经会理违通理钞》四卷。华严名僧鲜演也善于戒律，著有《菩萨戒纂要疏》、《菩提心戒》、《诸经戒本》。

僧人法均，"究律学，谨持犯，得性自然，非矫揉也。"被道宗授予传戒大师之号。时人赞其"行高峰顶松千尺，戒净天心月一轮"。弟子裕窥继其道，守德严戒，有师之风，辽主嘉之，袭传戒大师号，赐崇禄大夫检校太尉提点。天庆初，并赐御制《菩提心戒本》，命开戒坛说戒。

又有契丹族僧人妙行精修律宗，持戒严谨，其反映出当时辽代律宗的盛行。妙行，讳志智，字普济。为契丹国舅、大丞相、楚国王之族。出家以后，"不以徒说为德，而力行为上。"恪守如来有所制戒律，毫发无差。"虽妙悟融心，般若玄照，而胜愿检洁二十一种"：

一、世间名誉，誓不沾身。道宗□□紫袍，竟以不饰珠旒，固辞。□加良抗，今云妙行。后人慕德，犹追朝命之称也。二、凡得所施，誓不己用，常住为家，抄若毫芒，无私蓄贮。三、衣钵色量，如羯磨法，矢死护持。四、常以十八种物随身。五、未尝露体。六、街行之履，不□金田。七、随佛宫庭，未尝咳唾。八、夜咒食水，济生无缺。九、手不捉钱宝。十、身不服蚕衣。十一、坐必加趺。十二、卧须右胁。十三、手不受女授。十四、大悲心陀罗尼等诵□□。十五、大藏佛菩萨名三□□百八十七尊，各大作三拜讫。十六、群居犹处，跋涉川，途常以半月浴像，布萨发菩提心无间。十七、不乘车马，年

---

① 王巍：《辽代著书研究》《辽金史论集》（第六辑），北京，社会科学文献出版社，2001。

逾八十,方有开许。十八、日止一食,年逾八十□□。十九、传三聚戒,自它俱利。二十、建八福田,悲敬双修。二十一、便溺弃遗,裙鞋皆改,水土澡净。其愿力坚勇,终无屈挠。未建寺前,几十年间,常行分卫,不受接请。常坐不卧,六时礼诵。受菩提心□,燃香一柱。影不落俗室,足不履□寺。不食酥酪、乳蜜、酵蘖之味。自起寺之后,胜缘拘碍,不获久行。①

5. 唯识宗

诠明为辽代唯识大家,著述甚多。有《成唯识论详镜幽微新钞》十七卷、《成唯识论应新钞科文》四卷、《成唯识论应新钞大科》一卷、《百法论金台义府》十五卷、《百法论科》二卷、《百法论大科》一卷。应县木塔发现有《成唯识论述纪应新钞科文》卷第三,未署撰者,当即诠明之《应新钞科文》。1933 年山西赵城县广胜寺发现的《金藏》中有《成唯识论述记科文》卷一、卷二残卷,后编入《宋藏遗珍》,署"大唐慈恩寺翻经沙门窥基撰",实为诠明之作②。

又有常真著(释琼熙校定)《俱舍论颂疏钞》八卷。澄方,擅《因明》、《百法》、《唯识》。③ 法寿,"唯识因明,深得旨趣。"义景,曾开讲《成唯识论》。此外华严大家鲜演也擅长唯识,著有《唯识论掇奇提异钞》。

6. 禅宗

与华严、密宗相比,辽代禅宗不太兴盛,史料记载不多,其中,有感化寺禅师智辛,俗姓王氏,金台三河人。气禀淳和,性惟沉静。年十五,礼创兹寺降龙大师门人彻禅师,落发金刀。禅师洎传六祖之衣,将付一真之理,有门人崇德等九人。④

又有释文首座,曾作《辨误颂》:"两堂云水尽纷拏,王老诗能验正邪。

---

① 即满:《妙行大师行状碑》,《全辽金文》,第 614—618 页。
② 参见王巍《辽代著述研究》,《辽金史论集》(第六辑)。
③ 释即祁:《全辽金文》第 518 页。
④ 张明:《禅宗感化寺智辛禅师塔记》,《全辽金文》,第 35—36 页。

千古作家赵州老,草鞋头带较些些。"万松老人《从容庵录》云:"南泉斩猫公案:辽朝殿上人(或云即道宗时沙门道殿)作《镜心录》,呵南泉杀生造业。文首座作《无尽灯辨误颂》云:古本以手作虚斫势,岂真一刀两断,鲜血淋漓哉?"对南泉斩猫的公案做了新的解释。①

二、鲜演与《华严悬谈抉择》

鲜演,俗姓李,怀州(今巴林右旗岗更苏木)人,辽道宗不仅封他为开龙寺讲主,而且经常召他进宫研讨佛教经典,并授予他"圆通悟理"称号,升迁崇禄大夫,检校太保。天祚皇帝即位后,鲜演又升迁为太傅,成为"名驰独步,震于京师"的一代高僧。其墓志已在巴林左旗出土,随葬墓志汉文楷书凡875字,全面记述了开龙寺圆通悟理大师鲜演一生专攻《华严》,撰《华严悬谈抉择》六卷,及《仁王护国经融通疏》、《菩萨戒纂要疏》、《唯识论掇奇提异钞》、《摩诃衍论显正疏》、《菩提心戒》暨《诸经藏本》(卷帙颇多)、《三宝六师外护文》一十五卷。通《因明大义》;刊《楞严钞文》。大安六年(1079),特授"圆通悟理"四字师号。辽天庆八年(1118)卒,安葬于今巴林左旗林东镇北山辽代开龙寺僧人墓地。②

鲜演的《华严悬(玄)谈抉择》先后传入高丽、日本,深受两国佛学界推崇,赢得"高丽外邦,僧统倾心"的声誉,相继编入《高丽续藏》《日本续藏》,对东亚佛学有较大影响。《大圆觉师外集》第八卷载有《大辽御史中丞耶律思齐书三首》,其第三首开头就有"前录内欲令演大师撰集章疏",谈到以鲜演的章疏赠义天,可见当时鲜演的著作在国际佛学界的影响。③

1. 心性论

鲜演的华严思想建立在心性论的基础上,以心性为佛法的究竟了义之说。这集中体现在他对空宗与性宗的判教上,针对智光论师以无相大

---

① 释文首座:《辨误颂》,《全辽金诗》,第71页。
② 《鲜演大师墓碑》,《全辽金文》,第665—667页。
③ 朱子方:《辽朝时高丽的佛学交流》,《辽金史论集》,第五辑,台北,文津出版社,1991。

乘为真了义,鲜演以宗密空宗与性宗的十门差异进行驳斥,主张空宗破相并未彰显心性,"以彼破相空宗,不存幻有之假相,未彰佛性之妙理",认为"十异历然,二门焕矣,岂得二宗合为一教?"但若针对小乘佛教而言,不妨说二者相同:"或总对相教小教,合为一宗,分别分破相显性,开成二教,故不相违。如通论大小,二乘作声闻乘,权实共为菩萨。大小各开,如名可知。"①

鲜演的心性论来源于《华严经》、《起信论》,并继承了澄观、宗密的思想。从全拣全收两个方面来展开,所谓"全拣",即心性离一切相:"体直指灵知,既是心性,余皆虚妄。故云:非识所能识,亦非心境界等,乃至非性非相非佛非众生离四句百非也。"所谓"全收者",指心性即一切法:"染净诸法无不是心,心迷故妄起惑业,乃至四生六道。离秽国界,心悟故。从体起用,四等六度乃至四弁十力妙身净利无所不现,既是此心现起诸法,法法全即真心,如人梦所见事,事事皆人。如金做器,器器皆金,如镜现影,影影皆镜。梦对妄想业报器,喻修行,影喻应化,故《花严》云:知一切法,即心自性,成就惠身不由他悟。《起信论》中,三界虚伪,唯心所作,离心则无六尘境界,乃至一切分别,即分别自心,心不见心,无相可得,故一切法如镜中像。《楞伽》云:寂灭者,名为一心,一心者名如来藏,能遍与造一切趣生,造善造恶受苦受乐与因俱,故知一切无非心也。"一切染净诸法,皆为真心所现(全收),但此清净真心唯佛得证(全拣)。从生佛关系来看,"心是总相,悟云名佛,成净缘起。迷作众生,成染缘起"。虽有染净不同,但众生与佛的心体不殊,只是迷悟不同。所以《华严经》说"心佛与众生,是三无差别"。

鲜演又从理事两个方面展开其心性论思想,作《真理妄事非一非异图》,强调"真理妄事,非一非异,为性宗纲领"②:

---

① 鲜演:《华严经谈玄抉择》第五卷,《续藏经》第 8 册,第 940 页下。
② 鲜演:《华严经谈玄抉择》卷一,《金泽文库资料全书·佛典》第二卷,第 32 页。

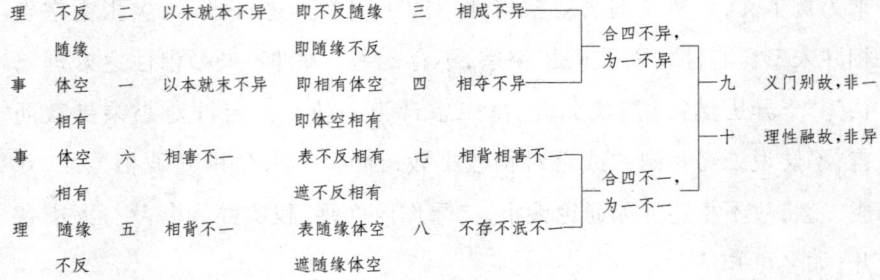

依《真理妄事非一非异图》,心性有理有事,其中理事又各具二义,即基于理的不变(不反)和随缘,事的体空(本体是空)和相有(作为事象而存在的),两者又各具有不异和不一两义,两义之间也是非一、非异。通过多层次的理事关系系统阐发究竟一心的真实世界。①

根据华严的判教,鲜演又分心性为五教不同:

言一心者,所诠之义理也。斯则文易而意难,粗依五教,略申区别。谓小乘一心,唯目第六意识,七十五法中唯一法故。虽云六识,但随根境以分用异,而无六体,如一猿猴,巡历六窗故。始教一心,但目第八识积集集起名心,唯第八故。又解一当唯字,心当识字,摄于五位一百法故,故《唯识论》云:识言,忽显一切有情各有八识六位心心所反相见分位差别,及彼空理所显无。为识自相故,识相应故,识所变故,识分位故,识实性故。唯言但遮愚夫所执定离诸识实有色等。终教一心,与行与相如来藏多一识心。顿教一心,远转远缚如来藏一一体心。圆教一心,总说万有混融法界,就莫二义,约灵知体,无法不摄总号万有一心,故下经云三界唯心故,心如工画师,故心佛与众生三无差别故,一切唯心造故等。《小钞》云张心则无心外之境等,十所目中唯心所现故等。约广则兼说前四,就深乃正在第五,下多如是,准此应知。故贤首云:问曰:云何一心约就诸教得有

---

① 木村清孝著、李惠英译《中国华严思想史》,第219页。

如是差别义耶?此有二义:一约法通收,二约根分齐。初义者,由此甚深缘起一心具五义门。是故圣者随以一门摄化众生。一摄义从名门,如小乘说。二摄理从事门,如始教说。三理事无碍门,如终教说。四事尽理现门,如顿教说。五性海具德门,如圆教说。是则不动本而常末,不坏末而恒本。故五义相融,唯一心转也。二约机明得法分齐者,或有得名而不得义,如小乘。或有得名得一分义,如始教。或有得名义得具分义,如终教。或有得义而不存名,如顿教。或有名义具无尽,如圆教。①

根据教义的深浅、根基的大小,阐述不同宗派对心性的看法:小乘一心专指第六识,为摄义从名。始教一心指第八识,为摄理从事。终教一心,指真妄合和的如来藏多一识心,为理事无碍。顿教一心,指远离妄心的如来藏一一体心,为事尽理现。圆教一心指华严宗的法界一心,为性海具德。毫无疑问,鲜演认为华严宗的"圆教一心"最为究竟。

2. 禅教一致

心性虽有五教不同,但在华严宗的圆教立场上,圆教一心可以含摄所有佛法。首先,鲜演继承宗密的禅教一致的思想,认为禅宗传心之旨,即华严佛证之门:"言用以心传心之旨者,即达摩之旨。此心即是一切众生本觉心也。师资相望,立以传名,此意用禅门传心之旨,开华严佛证之门。"在诠释澄观《华严经疏》"一切诸法,真心所现,如大海水,举体成波"时,引用宗密的《禅门师资承袭图》的一节长文。认为宗密约禅门,澄观约圆宗,顿圆虽殊,而法喻相同:"彼约禅门,随见解而浅深泛异,据法理而南北源同。此约圆宗,随事相而终行布,据心性而本末圆融。顿圆之义旨虽殊,法喻之意趣罔别,以顿成圆妙之至矣。学者存心,非不晓乎。"说明荷泽禅与华严宗的根本一致。

鲜演会通禅教的立足点为心性论。心为佛法的根本,但有净秽之

---

① 鲜演:《华严经谈玄决择》卷一,《金泽文库资料全书·佛典》第二卷,第29—30页。

别,离垢得净为修行要务,但离垢得净的方法却有宗门与教下的不同,禅宗重视心的自性清净,"既云本净不待断障,即知群生本来皆有"。但若只知自性清净解脱,便轻视教相。其实,众生心性虽本清净,但以惑翳而不待悟,所以佛开示皆令悟入,即《法华经》"开示悟入佛之知见",使众生得清净,与自性清净相对,此为离垢清净,因为"此心虽自性清净,终须悟修方得性相元净"。但若只知离垢清净,不知自性清净,便会毁于禅门即心即佛。因为"持律坐禅调伏等行,不知必须顿悟自性清净、自性解脱。渐修令得离垢清净、离障解脱,成圆满清净、究竟解脱"。所以数十本经论皆说二种清净、二种解说。因此禅与教本无二致,不可相互攻击。①

在禅门内部也不应有各宗派的分歧,他引用宗密的著述来说明此点:"故圭峰云:然达摩西来唯传心法,故自云我法以心传心,不立文字。此心是一切众生清净本觉,亦名佛性,或云灵觉。迷起一切烦恼,亦不离此心。悟起无边妙用,亦不离此心。妙用烦恼功过虽殊,在悟起迷此心不异。欲求佛道,唯悟此心故。历代祖宗唯传此也。然若感应相契,则虽一灯传百千灯,而灯灯无殊。若机教不授,则虽一音演法,而各随解。故诸宗异说,过在后人,即其义也。"②达摩所传之心并无差异,诸宗分歧,过在后人。并承宗密之说,评判了后世禅宗各家得失,认为荷泽宗的空寂之知最得禅宗精髓:"妄念本寂,尘境本空。空寂之心,灵知不昧。即此空寂之知,是达摩所传清净心也。"③

3. 台贤一致

鲜演不仅会通禅教,而且继承澄观调和台贤的思想,主张台贤一致。他把天台的三止、三观、三谛等思想,融入华严体系中。在解释《华严经》的经名时,在澄观解释的基础上又新增十义,其中第六为"三谛止观释":

---

① 鲜演:《华严经谈玄抉择》卷一,《金泽文库资料全书·佛典》第二卷,第39页。
② 鲜演:《华严经谈玄抉择》卷五,《续藏经》第8册,第972页下—973页上。
③ 同上书,第873页下。

三谛止观释者,大方广者,无碍之三谛也。大者,真谛也,唯理法界;方者,中道谛也,具四法界;广者,俗谛也,多事法界。三谛互收,忘言绝虑,即所观行,证真俗无碍之境也。

佛华严者,无碍之止观也。佛者,中观离边止也,妙觉之心离边邪故。花者,假观随缘止也。涉有化生,如花开敷故。严者,空观体真止也,离妄饰真,以智庄严故。

止观相融,难思难议,即能观能证止观无碍之心也。欲令众生,依兹圆教,遍修止观相融之心,顿契真俗无碍之境,故立斯题。①

以为华严圆教,遍修止观(三止、三观)相融之心,顿契真俗无碍之境(三谛),天台的三止、三观、三谛都离不开华严的法界真心:"如依一镜鉴现好丑中三影,影喻三谛,其理昭然。现好影之明,如空观。现好影之净,如体真止。现丑影之明,如假观。现丑影之净,如随缘止。现中影之明,如中道观。现中影之净,如离边止。三影三明三净。约义条别,究体唯是一镜。"②并以《起信论》的"三大"与华严的"四法界"来会通天台的教义:"能观之心,分成三观。所观之境,开为三谛。对空观,开真谛,属体大。对假观,开俗谛,属用大。对中观,开义谛,属相大。""但体大唯理法界,作真谛,生空观。用大多事法界,作俗谛,生假观。相大通四法界,作中道谛,生中道观。三大通所依,方是第一义谛,一心本法也。"

另鲜演直接继承澄观《演义钞》中的"如来亦不断性恶"的思想,进一步将天台的性恶学说纳入华严教理中,对澄观此句做了新的发挥:

言如来不断性恶者,小教有二义:一佛前十五界,是有漏起他恶法故。生无比之贪,引央掘之嗔。二云示现,爱语罗睺,叱呵调达故。始教示二义:一云真如,昔日与恶而为实性,今至果位,恶法虽断,恶性常存故。二云示现同前小教。终教亦有二义:一云昔日真如随缘以作说

---

① 鲜演:《华严经谈玄抉择》卷一,《金泽文库资料全书·佛典》第二卷,第23—24页。
② 鲜演:《华严经谈玄抉择》卷二,《续藏经》第8册,第847页上。

法,今至果位,无明既断,恶相虽无,随缘真性仍存故。如依静水,随风成波,风停波息,成波三性恒存故。如龙树论独力随相非所断故。二云恶具二义,一不坏相异真义(当缘生相有也)。二称性即真义(当无性体空义)。今据后义,故云不断。顿教云:恶相本尽,更不待断。恶性本现,非所断故。圆教云:称性之恶,如镜中火,现而常虚,非所断故。虽通五教,正取能同终教事理无碍。①

从华严判教出发,将性恶分五教不同,可谓鲜演的独创。鲜演仍然从心性论出发说明性恶思想,认为善恶都是心性,若断性恶,心性便无:"故下钞云:如来不断恶性者,善恶同以心性为性。若断性恶,则断心性。性不可断,亦犹阐提不断性善。又龙树云:如斩眠士夫岂悟士夫不伤等。"当然心性有理有事,以理从事(事),现已成佛,不可说有恶,如《涅槃经》说如来无不善佛性,若摄事从理(理),尚未成佛,则有恶不断,二者并不违背。他将澄观的性恶思想判为终教。并阐发了圆教的性恶思想:

> 清净法界,如净明镜。法界染用,镜现秽影。非直不污法界,亦表法界清净故。非直不污法界,亦表法界清净故。非直不污明镜,亦表明镜清净故。不以称性妄染不断,便难法界不清净耶。不以明镜秽影仍存,便难镜不清净耶。勿谓称性之染不断,便令佛起烦恼耶。勿见镜影之秽常现,便谓镜有昏尘耶。以法对喻,昭然可见。

> 良以妄染,乃具二义:(一)者可断,(二)者不可断。初义同常,后义当悉。故我世尊演教,随宜应权小根,说染妄之过患,则一向断。顺圆顿根,示染妄之功德,亦通不断。②

在圆教中,法界清净,能现秽影,能起染用,但并不熏染法界,所以不可以为"不断性恶"就质疑法界清净。对圆顿根基的人来说,本无妄染

---

① 鲜演:《华严经谈玄抉择》卷二,《续藏经》第八册,第847页。
② 鲜演:《华严经谈玄抉择》卷一,《金泽文库资料全书·佛典》第二卷,第31页。

可断。

4．性相圆融

在台贤圆融的同时,鲜演还力图会通性相。他自述"首习唯识三能变,叵究其源。"认为"法相要义,不可不知,愿诸后学,勿倦繁文。"①在解释澄观《演义钞》提到的"习气"时,援用了法相宗的教义,将习气分为两种,举出"粗重"和"种子"详加论述。并对唯识百法作了细致的阐述。可以说,鲜演的佛教学基础,是由法相教学之学习而得以稳固的。② 他看出华严与唯识的区别。但在力图在心性论的基础上对进行会通。

他立足于《起信论》,并继承法藏《华严五教章》的思想,将唯识学大"三性"改造为一元论缘起世界的无碍理论。对阿赖耶识与如来藏思想做了会通:"相宗但说阿赖耶为趣生报体,殊不知阿赖耶以如来藏为体。"认为清净如来藏与染和合便是阿赖耶识,"真如随缘,与染和合,成本识时。"所以《密藏经》云:"如来清净藏,世间阿赖耶。"只是相宗约相唯谈先后因缘,性宗约性强调顿具,但并非本具就可不依赖招感等因缘。

就唯识三性而言。鲜演认为圆成实性大致相当于华严宗的真心,并通过华严宗的不变随缘来会通真心与妄心:"良以此宗本真唯一圆成实性,但随缘故,成余二性。何者? 由诸识熏习故,举体成依他。因妄心分别故,举体作遍计。类麻体由细合等缘全成其绳,因迷倒情,全作其蛇。"③由随缘而成依他起性与遍计所执性。圆成实性虽随缘成于染净,但恒不失自性清净(不变)。由不失自性清净,能随缘成染净也。"犹如明镜现于染净,虽现染净,而恒不失镜之明净。只由不失镜明净故,方能现染净之相。以现染净,知镜明净。以镜明净,知现染净。是故二义,唯是一性。虽现净法,不增镜明。虽现染法,不污镜净。非直不污,亦乃由此反现镜之明净。"真如不动性净,成于染净;由成染净,方显性净。由此圆成实性与依他起性、遍

---

① 鲜演:《华严经谈玄抉择》卷五,《续藏经》第8册,第967页。
② 木村清孝:《中国华严思想史》,第229页。
③ 鲜演:《华严经谈玄抉择》卷五,《续藏经》第8册,第968页。

计所执性恰如华严真心不变随缘、随缘不变的不一不异的关系。

又通过对三性中的具体分析,来一一体现性相圆融精神①:

> 三性各有二义,真中二义者:一不变义,二随缘义。依他二义者:一似有义,二无性义。所执二义者:一情有义,二理无义。由真不变依他无性所执理无。由此三义故,三性一际同无异也。此即不坏末而常本也。《经云》:众生即涅槃更不灭也。又约真如随缘依他似有所执情有。由此三义,亦无异也。此即不动本而常末也。《经》云法身流转五道名众生故也。则由此三义,与前三义,是不一门也。是故真该妄微,妄彻真源。性相融通,无障无碍。

三、觉苑与《大日经义释演密钞》

觉苑,山西人。号鹏耆。生卒年不详。"幼攻蚁术,长号鹏耆,学赡群经,业专密部,禀摩尼之善诱,穷瑜伽之奥诠,名冠宗师。"②住燕京圆福寺。博通群经,复明外典,尤擅三密之法。曾从西天竺摩尼三藏深究瑜伽精义,又受诏开讲密乘经典,发扬真言教理,为世所崇。道宗太康三年(1077)奉敕撰《大日经义释演密钞》十卷,书成,赐紫服,号"总秘大师",又有燕京有街检校太保太卿、宠禄大夫、行崇禄卿的封职。又撰《大日经义释科文》五卷(已佚)。

现存《大日经义释演密钞》(十卷)分为二大门:(一)文前聊简,包括起教因缘、藏教收摄、说经会处、辨教浅深、明经宗趣、翻译传通等六项。(二)依文正释,即大日经义释文句之注释。集中体现了觉苑的密教思想。主要继承一行、温古等人的思想,并结合《起信论》、《华严经》的思想,促进了辽代佛教的显密融合。觉苑的思想对后世密教影响很大,道

---

① 鲜演:《华严经谈玄抉择》卷五,《续藏经》第八册,第967页。
② 赵孝严:《大毗卢遮那成佛神变加持经释演密钞引文》,见《大日经义释演密钞》,《续藏经》第23册,第523页。

殿的《显密圆通心要集》受其影响,曾多次引用《演密钞》。13世纪日本真言宗讨论三身问题时也援引觉苑的著述。

1. 法界缘起

觉苑的思想明显受到华严宗的影响,文中多次引用澄观的思想,尤其是关于佛身论、实践论等方面,引用澄观之处甚多。[1] 但他的法界缘起思想与华严宗略有不同,其特点是将法界缘起置于密教的立场上。所谓"秘密不思议法界缘起"[2]。在法界缘起之上加了"秘密"与"观行"两种,体现了其密教的性质。如在卷四中觉苑强调观行与秘密的重要,认为法界缘起是佛之神通加持力(秘密)与众生内自观行力共同作用的结果:"自然有缘起智生者,法界不思议秘密缘起之智生也。谓行者以内自观行力,为因外感佛神通加持力为缘由,斯二力故,自然而有秘密法界缘起智生,即能得见不思议加持境界,是故不同寻常耳。"卷四将华严宗的法界缘起与密教的观行结合在一起:"此经即以秘密不思议法界缘起观行为宗,若以秘密不思议法界缘起为宗,即以观行为趣,或以观行为宗,即以秘密不思议法界缘起为趣。是宗之趣或宗即趣,可以意得。是疏文上下或归于不思议法界缘起,或归于甚深秘密观行。"[3]具体而言,觉苑是以密教的字轮陀罗尼观和瑜伽本尊观,与华严的十玄帝网观的圆融具德来论述的。以《大日经》的法界字门观来会通华严四法界观。[4] 他认为阿字本不生观即属理法界观,因为阿字遍一切处,与理相应,一切众缘皆成法界。其他字门及三重四重曼荼罗、五部色相等观行,是个别的事物和现象,为事法界观。若作事理无碍观,则随一一事下即归理,观一切法,皆顺空理。但从众缘生,无有生灭断常去来一异,即缘生无性举体即空事即理也。若事事无碍法界观,观自身即是本尊身,观本尊身即是自身,如

---

[1] 木村清孝:《中国华严思想史》,第234页。
[2] 同上书,第237页。
[3] 觉苑:《大日经义释演密钞》卷一,《续藏经》第23册,第526页下。
[4] 此段参见吕建福《中国密教史》第483—484页。

是不二而二,二而不二。若观本尊心,佛为自身时,即见自身在本尊心,圆明中于自心上亦有微细圆明种子,能令渐次增广卷舒自在,若观自心中佛为本尊时,即见如来在行者心,圆明中于佛心上亦有微细圆明种子渐能增广卷舒自在,皆无障碍互不相妨。从小至大,摄大归小者,渐能以一微尘包含无量世界,此无量世界内一微尘中。

2. 唯心论

觉苑的佛学思想以心性论为主,并继承华严宗祖师澄观的思想,会通《起信论》、《华严经》的唯心思想:"《起信论》:说三界虚伪,唯心所作等。""彼经(《华严经》)觉林菩萨偈云:若人欲了知三世一切佛,应观法界性,一切唯心造。"

> 检华严心义者,彼经觉林菩萨偈云:若人欲了知三世一切佛,应观法界性,一切唯心造。乃至譬如工画师,分布诸彩色,虚妄取异色,大种无差别。又云:心如工画师,能画诸世间,无蕴(蕴)悉从生,无法而不造。如心佛亦尔,如佛众生然,应知佛与心体性皆无量等。疏主令检华严,盖为众生不了自心,若了知之即名如来也。①

引用澄观的《华严疏》,众生若了自心,即同如来。所以众生心中包含一切法,密教漫荼罗中所要观想、供养的无量诸佛菩萨缘觉声闻天龙八部无量眷属之所集会,也在众生本觉心中,他称之为"自心漫荼宝藏",但只是由于无始以来的无明所覆盖,不能知见,"诸佛知识方便示语,即得知之,名之为入漫荼罗,即本觉之体,入是始觉之智"。在心性论上显教与密教是一致的。

众生心中本有佛性,本有漫荼宝藏,但不修行,却不能体现,因此密教中佛以神力三密方便,令众生发心修行得证佛性:"自心者即本心也,以一切众生虽知自心本有佛知见性,若不练修终难得显,是以诸佛如来以神力加持说此三密方便为所入门,令修行之者措心有地,依教勤行,安

---

① 觉苑:《大日经义释演密钞》卷一〇,《续藏经》第 23 册,第 646 页下。

心彼中而修趣之,然后克证。不从他得,若离自心执有,发修见证,终无得理。譬如磨砖取鉴,钻冰求火,徒受疲劳耳。"①

佛的三密方便,就是密教所说的身密、语密、意密等三密修行方法,觉苑还从《起信论》的"体相用三大"来解释毗卢遮那佛的神通妙用:《起信》云:一者体大,谓一切法真如平等不增减故;二者相大,谓如来藏具足无量性功德故;三者用大,能生世出世间善因果故。在解释经题时,他强调大毗卢遮那俱属体大,成佛二字即相大,神变加持用大也

所谓神变加持,是毗卢遮佛成佛之后,具有种种功德,发慈悲心,起三种神变加被住持护念众生,其中三密修行方法就是神变加持的主要内容。

在觉苑看来,密教的加持无疑是明了自心的妙法:

一切众生心目本有佛知见性,由无明覆,故不得现前。若遇如来方便医师,善用真言金篦决之,则得明了知见无碍。若令二乘等无方便拙医决之,非徒无效,或增其灰断等翳瞙,却索回心或,经八万劫,或六万四万二万劫,再求救疗,不如从初令决之免致迟回而已。②

真言能明了自心,觉苑特别强调阿字真言的重要性:阿字是一切法本不生义,名之为心。真言,此心真言,即是能遍生世出世间一切之法,虽生诸法即是不生而生,离诸戏论。戏论即造作,由戏论息,故而巧妙智生。巧妙智者,一切智智之别名,即如来成所作智也,故曰离一切戏论等。阿字如同心性一样,有染净迷悟不同,能生世间法即是戏论,能生出世间法即是如来成所作智(不生)。所以阿字如同人心一样,"谓此阿字是一切真言之心,如人有心,则诸支分有所能为。又此亦同法华无量义处三昧,能遍出生一切世出世种种诸法,故以为名。"即能生一切法,因此

---

① 觉苑:《大日经义释演密钞》卷二,《续藏经》第23册,第538页上。
② 同上,卷七,第601页中。

"阿字为一切真言之心,亦是一切诸法之心。"修行密教者若能"了知自心即是真言住处,离此心处别更无法",知此心即能得一字真言之体,若得真言之体,就能见自身本尊差别之相。

因此他说"谓法界众生界心界,由入阿字门故,而成相即"。修阿字观时,"如闻一切语言时即是闻阿字声,如是见一切法生即是见本不生际,若见本不生际即是如实知自心,若如实知自心,即是一切智智,故如来部唯用此阿字而为真言。"从阿字门即可进入法界真心,具体的阿字观法是从众生的肉团心入手,见心明道。首先观内心中有大圆明,大圆明中有种子字,此种子转为本尊身,而本尊心上也有圆明,阿字本不生句观想,"则无内外能所之异,本尊心即是自心,自心即是本尊心,如是不二而二,二而不二,故云此心之处即是凡夫内心等也。"

在阐述事事无碍法界观时,觉苑也谈到了心佛众生不二而二的观法:

> 若事事无碍法界观,观自身即是本尊身,观本尊身即是自身,如是不二而二,二而不二。若观本尊心,佛为自身时,即见自身在本尊心,圆明中于自心上亦有微细圆明种子,能令渐次增广卷舒自在。若观自心中佛为本尊时,即见如来在行者心,圆明中于佛心上亦有微细圆明种子渐能增广卷舒自在,皆无障碍互不相妨。从小至大,摄大归小者,渐能以一微尘包含无量世界,此无量世界内一微尘中。①

觉苑不仅通过心性论会通显密二教,而且还根据心性论来会通南北禅宗的分歧,以为一行造《义释》,主张阿字本不生观,是为会合南北禅宗的争论,同入法界字门。无论顿悟渐修无非恢复本心,二者本不冲突:"譬如真金体性纯净者,顿悟也。谓顿悟菩提之心,本离诸障,即南宗云明镜本清净也。言若种种炼冶者,渐修也,谓初质尚与微垢共住,要假炼

---

① 觉苑:《大日经义释演密钞》卷一,《续藏经》第 23 册,第 530 页上。

冶磨拂方得明净,即北宗云时时勤拂拭也。若得此意者,则南北二宗不相仇。"①

3. 显圆与密圆

判教为觉苑佛学的重要思想,他判佛法为"三藏八教"。所谓三藏,即经、论、律:"如来所说一大时教,分成三藏:一修多罗藏,即是契经,二毗奈耶藏,即是调伏,三阿毗达摩藏,即是对法。"又认为佛于修多罗中分出陀罗尼门,别为一藏,通大小乘。大小乘分别有经、律、论、陀罗尼四门共为八藏。

又根据澄观的华严教义,判佛法为五教不同:一小乘教,但说我空,少说法空,未尽法源,多有争论。二始教,也称分教,未尽大乘法理,有不成佛义。三终教,也称宝教。认为定性二乘无性阐提悉当成佛,尽大乘至极之说,故名为终。始教、终教皆依地位渐次修成总名渐教。四顿教,一念不生即名为佛,不依地位渐次而说,故立为顿。五圆教,明一位即一切位,一切位即一位,圆融具德。又通过成佛说进一步分判五教的不同:一藏教说,一生成佛,"谓小乘说菩萨三劫练修,仍是凡夫菩提树下,三十四心,方成正觉。"二三祇成佛,"《唯识论》云:谓具大乘二种性者,备历三祇具经五位方始成佛。"三相尽成佛,"终教义也,但以染相尽时即说成佛。"四初住成佛,"亦终教义,即《起信论》说初发心位则得少分见于法身,随其愿力,能现八相广利众生,此约悲智无二事理双修观行成佛。"又如《华严》云:观行相应于诸法中不生二解,一切佛法疾得现前,初发心时即得阿耨多罗三藐三菩提,知一切法即心自性成就慧身,不由他悟。五一念成佛顿教义,"谓无始妄认众生一念悟时,全体是佛,此门大意无佛可成,无妄可遣,入其门者,岂不佛乎?"六本来成佛圆教义。《华严》云:菩萨应知自心,念念常有佛成正觉,如自心一切众生心亦尔,又云如来成正觉时,普见一切众生成正觉乃至普见一切众生入涅槃,皆同一性,所谓

---

① 觉苑:《大日经义释演密钞》卷二,《续藏经》第23册,第542页上。

无性等。①

觉苑认为《大日经》在三藏八教中属第八总持藏摄，在五教中属圆教。可见觉苑对《大日经》的推崇。当时辽代华严宗盛行，所以他重点论述《大日经》与《华严经》同为圆教，只是显密不同。认为《大日经》阐发的思想与《华严经》的思想基本相同："十信满心即摄五位成正觉等，依普贤法界帝网重重主伴具足，故名圆教，广如彼疏。今神变经典与此大同，但显密为异耳。是故此经五教之中圆教所摄。"②

《大日经》为圆教，也称"圆宗"，"圆谓圆满，由含总故。宗谓宗主，由尊尚故。"《大日经》能含摄一切大小性相、诸法，所以称为圆宗。温古的《义释序》认为："此经乃密藏圆宗，深入实相，为众教之源。"所谓"众教之源"是指此《神变经》"与一切教而为根源，十二分经出乎总持秘密之藏"。一行的《义释》则说"此经横统一切佛教，如说唯蕴无我，出世间心，住蕴中即摄诸部小乘三藏。如说蕴阿赖耶觉自心本不生，即摄诸经八识三无性义，即《胜鬘》《法华》等经《瑜伽》《唯识》等论。如说极无自性心，十缘生句，即摄《华严》《般若》种种不思议境界，皆入其中。如是于种种圣言无不统其精要，故曰圆宗"。

觉苑在一行、温古的基础上进一步发挥，认为此经为"不思议神通之乘"的"秘藏圆宗"。所谓"秘藏圆宗"，是说此经是毗卢遮那如来亲演，执金刚莲华手同禀，非普为一切，故称秘藏。所以疏云："秘密者，即是如来秘奥之藏，久默斯要，如优昙华时乃说之，苟非其人则不虚授，不同显露常教故曰秘藏。"

《大日经》的密圆与华严的显圆不同，特别注重陀罗尼的总摄作用。"此宗正显密义，旋陀罗尼一字即摄一切字，一切字全是一字，初后相摄，举一全收，横竖该罗一切法门，不离一字，全同华严四十二字。初阿具后

---

① 觉苑：《大日经义释演密钞》卷二，《续藏经》第23册，第535页下—536页上。
② 觉苑：《大日经义释演密钞》卷一，第524页下—525页上。

茶等亦是四十二位,举一全收正当此经所尚之理。故疏上下判为秘密圆顿不思议成佛神通乘。"①

觉苑认为密教的真言能总持一切佛法,因为佛法共有四种总持:一法总持,持能诠教;二义总持,持所诠义;三咒总持,是真言;四忍总持,能于前三决定忍可。其中真言总持者,能摄其他三种总持,而其他三种不能摄于此:"此真言,唯目能诠,具教理行果四法而为体,由具教故能摄法总持,具理故能摄义总持,具行故能摄忍总持。"

《华严》《法华》《涅槃》经等,佛也亲宣为秘藏,但此经虽彰秘密教,仍属显,在大乘四藏之中,属第一修多罗。而此经称秘藏者,不属显,为八藏之中第八陀罗尼藏。但并非经中的陀罗尼都是密宗,是显是密要从具体情况来看,就显教中的秘密而言,密教是密中之密:"梵文是同,而显密有异,若作真言说处则为密教。若作显言说处则是显教。"

《大日经》与显教经典不同,以三密为宗,即身密、语密、意密。"身密",即是诸印,如四重漫荼罗一一本尊各有身印。若观此者,即知此尊所表秘密之德。"语密",即是诸尊所有真言,若闻此者即知此尊内证之德。意密,即是本尊瑜伽之观,乃至与此相应即入如来意密之藏。觉苑认为以三密为宗的密教经典很多,其中《大日经》为秘密中之秘密:"然前所说虽为秘密,更有秘中之秘密中之密,若不得此法者,设通达前法亦不成故。是以最为秘要。若解此者一切世间出世间诸漫荼罗皆同用之,无所不入,所以此经独称秘藏盖由此也,秘中秘义至文当悉。"

具体而言,四字真言包含一切佛法,从佛法不生之"理行果"等方面来看,都为四字真言所摄:"如佛心是一,约本不生理,名阿(上),约本不生行名阿(长),约本不生菩提名暗,约本不生涅槃名恶,则成四义四相。"四字之外还有长恶字,"又约字轮对如来方便智,更有第五长恶字门。"此

---

① 觉苑:《大日经义释演密钞》卷一,《续藏经》第23册,第531页中。

五字即是真言,"为一切如来正等觉心,能统收一切佛法,约一途修行次第,作浅深差别说之,而实五字各是一如来智,各各统收一切佛法及无量言教"。其中,阿字更为重要,"虽复不同而体未曾有异,一切言教皆出于阿字"。有若众流入海,同归一味。所谓"无不从此法界流,无不还归此法界"①。

又认为此四字含摄《法华经》"开示悟入佛之知见"的思想,阿字门,显一切众生本有佛知见性;长阿字门示佛知见;暗字门即悟佛知见;恶字门即入佛知见;长声恶字门即如来方便智。"此五字统收一切佛法无有遗余故名为正等觉心,又今且约一途修行次第作浅深差别说,其实此五字各成一切如来智(即五方佛),各各统收一切佛法是。"②密教的真言可以涵盖一切佛法。

觉苑还认为《大日经》的密教是无上乘:"不但具明三乘修学之处,兼亦明说无上一乘正所宗。故又及者拣别,拣别三乘外,有最上持明法故。故古人云:三乘之外别有持明最上乘者,谓于诸乘最为上故。又或云金刚乘,无上乘,一乘故。《陀罗尼序》云:金刚一乘,甚深微细,持明等如上,故云及最上等。"③

四、道殿与《显密圆通成佛心要集》

道殿,字法幢,俗姓杜。山西云中(大同)人。生卒年不详。为辽道宗时代僧人。幼习儒释之学,出家后持戒谨严,精研内典。在显教方面擅华严学,密教方面则熟习准提等法门。他因为提倡显密兼学,被称为"显密圆通法师"。弟子有性嘉等人。著有《显密圆通成佛心要集》,全书分上下二卷,内分四门:显教心要、密教心要、显密双辨、庆遇述怀。卷末

---

① 觉苑:《大日经义释演密钞》卷一,《续藏经》第23册,第531页中—下。
② 同上书,第531页下。
③ 同上书,第533页下。

附"供佛利生仪"。书中集中体现了辽代佛学的圆融精神①。

1. 显教心要

道殿继承华严宗的判教主张,判佛法为五教不同:一小乘教。谓《阿含》等六百余卷经,《婆沙》等六百余卷论。说一切法从因缘生,修自利之行,忻小乘之果。二大乘始教。有二:一法相宗,谓《深密》《佛地》等数十本经,《瑜伽》《唯识》等数百卷论。说一切法皆是唯识,多谈法相之义。二无相宗。谓诸部《般若》等千余卷经,《中》《百》等数本论。说一切法本来是空,多谈无相空义。法相与无相两宗为大乘初门,所以称始教。三一乘终教。谓《法华》《涅槃》等四十余部经,《宝性》《佛性》等十余部论。说一切众生皆有佛性,多谈法性,为大乘尽理之教,所以称终教。四一乘顿教。谓《楞伽》《思益》等经,达摩所传禅宗。说一切妄相本空,真心本净,烦恼本是菩提,唯谈真性,不依位次成佛,所以称顿教。五不思议乘圆教。谓《华严》一经,《十地》一论。说毗卢法界普贤行海,总含诸教无法不收,称性自在无障无碍,迥殊偏说所以称为圆教。

与传统华严判教的不同,他提出了权实互补之说。认为五种判教,当然以华严为圆教,"前前者是浅是权,后后者是深是实。"若从华严圆教立场看前四教,皆为权教。但若执着于圆教,放弃前四种权教,华严的圆教也非圆畅:"前四是权,圆教为实。若定执圆教为实,缺前四教亦非圆畅。若五教俱传,偏圆共赞,逗根方足。"②

圆教修行应先悟毗卢法界,后修普贤行海。在阐述显教圆教的修行中,道殿力图对整个显宗佛教做一番综合,所谓先悟毗卢法界,此法界,即"一真无障碍法界",又称"真心"。真心分"同教一心"与"别教一心"。"同教一心"又分两种:"终教一心"与"顿教一心"。所谓"终教一心",以《楞严经》为代表,"随众生迷说有色身山河虚空大地世间诸法,令诸众生

---

① 本文有关道殿的生平及准提信仰部分参阅了蓝吉富《显密圆通成佛心要集与准提信仰》。杨曾文、方广锠:《佛教与历史文化》,北京,宗教文化出版社,2000。
② 道殿:《显密圆通成佛心要集》卷上,《大正藏》第46卷,第990页。

翻妄归真,了达色身山河虚空大地世间诸法,全是一味妙明真心。""顿教一心",也称"绝待一心"。以达摩所传之心为代表,主张"本无色身山河虚空大地世间诸法,本是一味绝待真心。"若未悟此心非是真禅,是故欲修禅行,先须了悟此一心。"别教一心",以《华严经》为代表,主张"一真无障碍大法界心,于此一真大法界内,所有若凡若圣若理若事。随举一法亦皆全是大法界心,乃至唯举一尘亦皆全是大法界心。"透过华严判教,道殿几乎把所有宗派都纳入法界真心中。

若悟法界真心,接下来须称自家毗卢法界,修本有普贤行海,令无尽功用疾得现前。道殿具体而阐述观行五门:一诸法如梦幻观,二真如绝相观,三事理无碍,四帝网无尽观,五无障碍法界观。其中也力图把华严四法界观、天台止观、禅宗的明心见性都纳入进来。

2. 显密圆融

道殿在《显密圆通成佛心要》开篇便指出佛法有显与密不同,本无分歧,但在中土流布中却彼此攻击,他做此文的目的就是要圆通显密:

> 原夫如来一代教海,虽文言浩瀚,理趣渊冲,而显之与密统尽无遗。显谓诸乘经律论是也,密谓诸部陀罗尼是也。爰自摩腾入汉,三藏渐布于支那。无畏来唐,五密盛兴于华夏。九流共仰七众同遵,法无是非之言,人析修证之路。暨经年远误见弥多,或习显教,轻诬密部之宗。或专密言,昧默显教之趣。或攻名相,鲜知入道之门。或学字声,罕识持明之轨。遂使甚深观行,变作名言。秘密神宗,翻成音韵。今乃不揆琐才,双依显密二宗,略宗成佛心要,庶望将来悉得圆通。①

显密圆通可以说是道殿一生最重要的事业,他曾做《显密二教颂》,表达这种态度:"数年何幸顿忘愁,显密比逢称所求。五部神功功可赖,十玄妙观观无休。音高音下真言转,身去身来华藏游。法界众生欢喜

---

① 道殿:《显密圆通成佛心要集》序,《大正藏》第46卷,第989页下。

事,只疑都在我心头。"

认为如来一代圣教,不出显密两门(《仁王经钞》云:如来一切教,不越显密两宗)。而以《普贤行愿品》、准提法门为显密二教的代表:"于显教中虽五教不同,而《华严》一经最尊最妙,是诸佛之髓、菩萨之心,具包三藏、总含五教。而《普贤行愿品》为《华严》最津要者,也为华严之关键修行之枢机。于密部中虽五部有异,而准提一咒最灵最胜,是诸佛之母、菩萨之命。"所以道殿在显教心要中集中发挥《普贤行愿品》的精神,密教心要中详细阐述准提法门的具体修法。

认为显与密之间不可互相攻击,显密双明方是通人。认为密教是三根普被的,驳斥了密教只被下根的说法,"佛经中说陀罗尼为最上乘、无上乘、金刚乘、不思议乘,岂可唯被下根?"如《佛顶颂》云:"神通胜化不思议,陀罗尼门最第一。"并引清凉澄观的思想,认为:"以浅为深有符理之得,以深为浅有谤法之愆。"舍显赞密与舍密赞显,皆非通人。因为《华严经》云:"受一非余魔所摄持。"道殿以偈颂表达这种圆通无碍的思想:"大圣亲宣五教文,千门万户入天真,遍观受一非余者,尽是佛家不了人。"根据《仁王般若陀罗尼释》、《仁王仪轨》,必须显密双修方能成佛:"若不修三密门,不依普贤行愿,得成佛者无有是处。"显密双修只有上上根人方能做到。具体而言,以普贤行愿与准提咒为显密的修法核心:"心造法界帝网等观,口诵准提六字等咒。"他认为实践显密双修原则的行者有二类:一类是"久修者显密齐运",也就是显密齐修;另一类是"初习者先作显教普贤观已,方乃三密加持",亦即先修华严普贤观法,然后才修密法。

根据《准神变疏》,道殿对密教的判教分"随他意门"与"随自意门"两种。按"随他意门",有五教不同:如诸《阿含经》中咒,即是小教。诸《般若经》中咒,即是始教。《金光明经》中咒,即是终教。《楞伽经》中咒,即是顿教。《大乘庄严宝王经》中,六字大明准提神咒,即是圆教。又根据"随自意门",则一切真言更无胜劣,皆是毗卢遮那大不思议秘密心印。

又根据贤首清凉以义判教,认为"一经之中容有多教,即知一切经中真言,皆是圆教。一切真言名总持者,能总含摄无尽教理行果也"。道殿判密教与华严同为圆教。认为圆教有显圆与密圆两种:"圆宗有二:一显圆,二密圆。贤首但据显教,正判《华严》为圆。今《神变疏钞》《曼荼罗疏钞》,类彼显圆判斯密教亦是圆宗,显密既异。"

道殿极力证明密教在佛法中所具有的特殊地位。首先,依《理趣经》判佛法为五藏:"理趣经中如来说有五藏:一经藏如牛乳,二律藏如酪,三论藏如生酥,四般若藏如熟酥,五陀罗尼藏如醍醐。醍醐之味,乳酪等中最为第一,能除诸病,令诸有情身心安乐(西天多用醍醐疗病)。陀罗尼者,经律等中最为第一,能除诸罪,令诸众生解脱生死,速证涅槃安乐法身。彼《理趣疏》云:性德力大密咒功强,解行虽劣解脱则疾。"陀罗尼藏在佛法中处于最高的地位,超出其他法门。又认为佛法分四藏,陀罗尼藏为最上乘:"《最上大乘宝王经》中说有四乘:一声闻乘,二缘觉乘,三方广大乘,四最上金刚乘,谓陀罗尼藏是也。"

密教(陀罗尼藏)之所以为圆教,不仅因为高出其他法门,而且能包含一切佛法。第一,"一切诸佛皆从陀罗尼所生":"《楼阁经》云:真言是诸佛之母,成佛种子。若无真言终不能成无上正觉。"第二,一切佛法都出陀罗尼所出:"又三藏教尽从陀罗尼所出","一切法皆从金刚乘陀罗尼中流出。《神变钞》云:千流万派起自昆仑积石之山,十二分经出乎总持秘密之藏"。第三,一切法门都从陀罗尼出,真言包含万行:"又万行总从陀罗尼所流,谓真言中每一一字全是无相法界,万行无不从法界所流。故《持明藏仪轨经》云:唵字即是无相法界。《神变疏》云:无相法界全是真言,真言全是无相法界。又真言亦名三藏,有持咒者皆号三藏。谓真言中每一一字,皆含戒定慧三。且万行不出六度,六度不离三学。既真言名三藏,即知真言总含万行。真言是总行,其余法门是支流行门也。"[①]

---

① 道殿:《显密圆通成佛心要集》卷下,《大正藏》第46卷,第1001页下—1002页上。

当时显密二教存在争执，所以道殿特别注意辨析显密二教优劣，认为密教与显教相比，具有十种殊胜之处①："一护持国王安乐人民门，二能灭罪障远离鬼神门，三除身心病增长福慧门，四凡所求事皆不思议门，五利乐有情救脱幽灵门，六是诸佛母教行本源门，七四众易修金刚守护门，八令凡同佛如来归命门，九具自他力现成菩提门，十诸佛如来尚乃求学门。"特别是显教修行需要明教理悟真心，"若依余宗修行，须要广知圣教明悟真心，然后修行方是正行，若未悟而修皆非正行"。而密教"神咒不令生解，但诵持之便得道果"。如病人不解医方，服药而能除病。显圆需要先悟毗卢法界，后修满普贤行海。密圆则不须悟解，只但持诵之，便具毗卢法界普贤行海，自然得离生死成就十身无碍佛果。密咒为诸佛密印，唯佛与佛才能了知，只当诵持不须强解。所以密教只有上根之人才能修行："上圣方能显密两说，凡人但能宣传显教，不能宣传密教也。"

他还对当时习禅者不许持咒做了回应，认为天竺华夏，古来禅德众善奉行，何况神咒是无相定门，诸佛心印？而且禅宗既说一切诸法皆是真如，持诵真言岂非是真如？"《白伞盖陀罗尼颂》云：开无相门圆寂宗，字字观照金刚定。又云瑜伽妙旨传心印。"可见密教与禅宗的明心见性并无二致。龙树菩萨为西天禅宗第十四祖，节略《持明藏经》，弘扬准提神咒。一行禅师是中夏圣人，赞述神变真言。智者禅师得宿命通，广示持咒轨仪。契符禅师，人问最上乘法，直教持诵密言。若禅宗或其他显教宗派，恐失己利于密教心生嫉妒，易招果报，因为密咒为诸佛心印，有无量明王诸天龙神等护持，致使谤之者，现世多得癫病，来世堕无间地狱。②

3. 准提信仰

北周时，阇那崛多便将准提咒译成汉语，唐代玄奘也曾译出准提咒，

---

① 道殿：《显密圆通成佛心要集》卷下，《大正藏》第46卷，第999页。
② 同上书，第1002页上。

但是较完整的修持仪轨则是在唐代开元三大士时才传入中国。但准提法的普遍流传,是在明代以后。其中,最具关键性的原因是道殿《显密圆通成佛心要》一书的流传。他所提出的密教心要正是全书的核心内容,也就是他所创编的准提咒修持法。这一修法包含净法界真言、护身真言,六字大明咒、准提咒、大轮一字咒。也包含息灾、增益、敬爱、降伏、出世间等五种特殊修法,是一部相当完整的修法仪轨与理论说明。道殿所创编的修持准提法没有沿用唐译仪轨,可以看出作者站在辽代中国佛教徒的立场所作的"再创造",体现了"密教中国化"。这部书对后世影响最大的一点,便是这部准提法修持仪轨一直到流传到现在。

五、法悟、志福与《释摩诃衍论论》

辽代佛学的一个重要内容是《释摩诃衍论论》的研究。《释摩诃衍论论》,十卷。相传系印度龙树菩萨造,姚秦筏提摩多译。又称《释论》,为《大乘起信论》的注释书。内容首述造论的本趣,次列举论、藏、经的差别,次述造论之人,最后广释论文,卷首并有天册凤威姚兴皇帝所制之序。此书主要阐述心性论思想,与华严及密教相关。后世对此书是否为龙树所著存有争论。辽帝道宗非常重视此论,亲自倡导对此论的研究。辽代精通的此论的学者甚多,如华严大家鲜演著有《摩诃衍论显正疏》,志福著《释摩诃衍论通玄钞》四卷、《释摩诃衍论通玄科》三卷、《释摩诃衍论大科》一卷(以上《义天录》卷三著录。义天编《高丽续藏》收入,后传入日本)。

法悟奉道宗之命撰《释摩诃衍论赞玄疏》五卷、《释摩诃衍论赞玄科》三卷、《释摩诃衍论赞玄大科》一卷(内有法悟《自序》及耶律孝杰《引文》,《义天录》卷三著录,义天编《高丽续藏》收入,后由高丽传入日本)。守臻奉道宗之命撰有《释摩诃衍论通赞疏》十卷、《释摩诃衍论通赞科》三卷、《释摩诃衍论通赞大科》一卷(《义天录》卷三著录,义天编《高丽续藏》收入,此书卷及《科》卷下,在应县木塔中发现)。

其中志福的《释摩诃衍论通玄钞》与法悟的《释摩诃衍论赞玄疏》收入日本《续藏经》中。

志福曾表明自己是以华严立场阐发《起信论》的："清凉云：用《起信》之文（终教），成《华严》之义（圆教），妙之至也。今用《华严》之文成，《起信》之义亦妙之至也。"而《释摩诃衍论》就是《起信论》的注释。其思想以心性论为基础。在疏释中，经常援引澄观的著述。其表达的佛学思想是承继澄观的，特别强调唯心的重要性。

志福援引澄观的学说，认为《释摩诃衍论》主要阐述心性之说：

> 言摩诃衍法，虽唯是一等者，谓法唯是一门，乃成多故。小疏云：统唯一真法界，谓寂寥虚旷冲深，包博总该万有，即是一心体。非有无相非生灭，莫寻其始，难见中边，迷之则生死无穷，解之则廓尔大悟。诸佛证此妙觉圆明，现成菩提。①

认为一心"总该万有"，万法唯心所现，"古德云：舒则弥纶法界，卷则摄在一心是也。"《起信论》一心开真如与生灭两门，无论真如还是生灭都是一心所现。对此他引用新罗元晓的《起信论疏》：

> 疏云：言心真如门者，即释彼经寂灭者名为一心也。心生灭门者，即释彼经一心者名为如来藏也。所以然者？以一切法无生无灭，本来寂灭，唯是一心，是名心真如门。又此心体先有本觉，而随无明动，作生灭，故于此门如来之性隐，而不现名如来藏，乃至是名生灭门。②

从真如门看，真如即一心，"一心之名，作真如之号。心则坚实义，真离虚妄义，二既相当，故心作真也。一则无二义，如则无异义，义得相当，故一作如也。""一"是"无二义"，与"如"的"无异义"相同，"心"是"坚实

---

① 志福：《释摩诃衍论通玄钞》卷一，《续藏经》第46册，第116页中。
② 同上书，第124页中。

义",与"真"的"离虚妄义"相同。此真如心,远离一切分别对待,所以是"超四句绝百非"的:"古师云:心(真心)不是有(即此生也),心不是无(即此灭也),心不非有心不非无,是有是无即堕是(前二所遣),非有非无即堕非(后二所遣),如是只是是非之非,未是非是非非之是。"①

从生灭门看,真心本觉,因无明而成生灭妄法,而此妄法不离真心本觉,"一切妄法并是本觉佛心之相,现于自体之上","万法全是真如妄见"。从生灭门上,志福认为可以说"一切诸法以虚妄而有差别,"因为万法本无差别,皆是同一真心,但由无明妄动才有万法生起。在解释"心生法生"时,他说到:"以心生等,良以心生法生等故知也。此意由前,以无明力,不觉心动,乃至能现一切境等,故言心生种种法生。斯则心境薰动故云生也。若无明灭,诸识皆灭,故言心灭种种法灭,斯则心源还净,故云灭也。"②因无明生起才有万法,无明若灭,则万法也无。他还从唯识宗的"唯识无境"的角度阐发此一思想,曾自设问:"有尘境,云何唯心?"答曰:"由人妄念分别,而见妄念即是分别义故,故云妄念而生。又如梦中一切分别,即分别自心,由是唯心无外尘境,《中边论偈》曰:由依唯识,故境无体义。成斯则以心遣彼境也。"③

无明生是众生,无明灭则为佛,"佛生俱是心之所作,故二不异"。所以说佛报化之用在于众生心中,反过来众生妄法,则在于佛心之上,因为"心源无二,故得然也"。引《华严》云:如心佛亦尔,如佛众生,然心佛与众生是三无差别,此之谓也。

佛生同我心之所作,但因迷悟不同而有差别。"悟时魔界即佛界,迷时佛界即魔界"。所以《净名经》说:"不舍魔界而入佛界",《仁王经》云:"菩萨未成佛时,菩提为烦恼,若成佛时烦恼为菩提"《中论》云:"生死际涅槃际,如是二际无毫厘差别",都是说明此义。

---

① 志福:《释摩诃衍论通玄钞》卷二,《大正藏》第 46 卷,第 125 页下。
② 志福:《释摩诃衍论通玄钞》卷三,第 143 页上。
③ 同上书,第 142 页下。

既然生佛平等,心源无二,何以要修行?"今人乍闻万法皆空,则谓豁虚无物之空便生疑云:何成观心?何假修作?"志福引真觉的话回应到:"豁达空拨因果,茫茫荡荡招灾祸,弃有著空病亦然,譬如避溺而投火。"破有著空同样不能解脱,同样的问题是:"若本觉能灭惑者,何用始觉为?"众生即佛,何用修行?志福从无明业惑的理无情有上来论述:"以惑有二义故。一理无义,二情有义。由对初义智名本觉,由对后义智为始觉。故《佛性论》云:烦恼有二种灭:一自性灭,二对治灭。对此二义故有二觉。"所谓烦恼的"自性灭"即烦恼"理无",不需断灭,即"本觉"。而所谓"对治灭",即"情有",必须断除,即"始觉"。当然若仅理无上看,可以说不必修行,因为"斯皆本具非待新有,但无所著皆成佛事"。

　　有辽一代的佛学以圆融为特征,志福也不例外,他也力图从心性论出发来会通禅教、台贤、顿渐。

　　他认为《释摩诃衍论》中所说的入真如与禅宗所谈的以心传心是完全一致的:"论曰真如得入者,则自所依及与本等故,全符达摩以心(用也)传(契也)心(体也)。故裴相传心偈曰:心不可传,以契为传。"并引用了《坛经》中智常禅师参见六祖的公案,六祖批评智常禅师所学的断见,"汝当一念自知非,自己灵光常显见"①。

　　在谈到心生法生,心灭法灭时,显示"唯心无体",认为华严所说的唯心之义与中观学的缘起之说相同:"良以因缘和合道理成辨,诸法无性义显,不住义彰,故结和合属于心也,斯则贤首全同龙树者。由诸教云:缘生故无性,无性故缘生,又因缘所生法,我说即是空等,故得同也。"②缘生无性,因心(妄心)而有。当然此《释论》托名龙树所作的,龙树为中观学,《起信》为唯心论,二者不同,

　　又认为天台宗的圆顿止观就是华严之行相:"天台智者云:破一切

---

① 志福:《释摩诃衍论通玄钞》卷二,《大正藏》第46卷,第127页上。
② 志福:《释摩诃衍论通玄钞》卷三,第142页上。

惑,莫盛乎空,建一切法,莫盛乎假,究竟一切性,莫大乎中。故一中一切中,无假无空而不中,空假亦尔,即圆教之行相。"天台的三止、三观、三谛体现了华严的圆融无碍精神。如就境论,法法三谛,融即无拘。就心说,念念三观,亦无障碍。若渐熟习,更带三止,空观即带体真止,假观即带方便随缘止,中观即带离二边分别止,此三止观一心顿具,法性尔。①

他又认为天台的止观法门与禅宗也有相同之处:"达摩大师以心传心,不带名数,直为上上根智,俾忘筌忘意,故与此教同。"但禅宗因为直为上上根人,所以与天台止观又存在差别,不如天台的法门广泛,所以"不同智者禅师穷理尽性备足之门"②,因此天台与禅宗异而非异也。

在修行的顿渐问题上,他也站在澄观的华严宗立场上,强调顿悟渐修的统一:

  清凉云:夫欲运心修行,先须信解真正,信解不正所修一切皆邪,纵使精勤徒为劳苦。今则顿信本有真界,本无无明,生死本出,涅槃本成,弥满清净中不容他,照体独立,拟心即差,一念不生前后际断名为真,正真者拣妄则不同。迷倒凡夫但依妄念八识,行施戒等,以为修行。不了施等本从真起,斯则见有实惑可断,当果可证。以未了达焰水本干,空华无果,故是妄也。③

志福依澄观的见解,认为信解非常重要,其中最主要的是要"顿信本有真界,本无无明,生死本出,涅槃本成",在此信解基础上的修行才是圆教的修行,否则若不能了悟自心本来自性清净,而依生灭心修行,则所成万行,尽属生灭,如同依木成器,器器皆木,这是权教人。若实教人,依真心修,故所成行,尽属真心,如依金成器,器器皆金。

志福认为《华严经》主张,"皆先顿悟同于佛果,后方渐修菩萨因行"。

---

① 志福:《释摩诃衍论通玄钞》卷三,《大正藏》第46卷,第142页中。
② 同上书,第142页中。
③ 志福:《释摩诃衍论通玄钞》卷四,第162页中。

引用《华严经》《梵行品》:若与如是观行相应,于诸法中不未闻此经,或闻已不信解悟入,不得名为真实菩萨(此即权根)。若闻此经信解悟入,当知此人生如来家(此即实根)。凡修行者,要须顿了八识六境本来是无,非推之始无。真净功德本来具有,非修之新有。正如人迷东谓为是西,其实西相本无,非悟后始无。东本来是东,非悟后新东。但虽然如此,多生累劫的贪嗔习气任运而起,难以顿尽。所以须"强假寄托所悟真性,渐修胜行以渐除",遣本无之妄,即体起用无修之假修。

法悟的《释摩诃衍论赞玄疏》将《释摩诃衍论》分为十门:一发起因缘,二指陈门法,三控释宏纲,四开修秘键,五劝持诚谤,六依义判教,七决择论体,八显示宗趣,九兴传时代,十剖析文义。

在《依义判教》《显示宗趣》中,法悟从华严宗立场出发,分五教十宗的不同,并判此论为圆教与圆宗。

在《依义判教》,判教类有五:"一者小教,二者始教,三者终教,四者顿教,五者圆教。"认为此论若从不二大乘,离言所依果海上看,应为第五圆教所摄,若以论中所开三十二种门法看,则当终顿二教所摄,又从法门之间彼此互摄来看,则此论包含无量义,甚至小乘教也包含在内。所谓"经该一代,义包五教,理统千门,等海纳于百川,犹空含于万像"。

在《显示宗趣》判佛法为十宗:"一我法俱有宗,二法有我无宗,三法无去来宗,四现通假实宗,五俗妄真实宗,六诸法但名宗,七三性空有宗,八真空绝相宗,九空有无碍宗,十圆融具德宗。"此论从不二大乘,离言果海上说,属于第十圆融具德宗。但如从此论所揭示的三十二种法门看,在应为八九宗所摄。如真如门为第八真空绝相宗摄,生灭门法即于第九空有无碍宗收。

《控释宏纲》为玄疏的重点,集中发挥了他个人的思想。《释摩诃衍论》的一个重要内容,是将《起信论》中的本觉、始觉分为清净本觉、染净本觉与清净始觉、染净始觉。所谓"清净本觉",《释摩诃衍论》这样解释:"本有法身从无始来,具足圆满过恒沙德常明净故。"强调法身本来圆满一切功德,所谓"清净始觉",《释摩诃衍论》云:"无漏性智出离一切无量无明,不受一切无明熏故。"强调以五漏智,远离一切无明,是从修行上谈的。

法悟对"清净本觉""清净始觉"这样解释道:"清净本觉",非有非无,非患非德,名言道断,寻思路绝,唯依法尔。而"清净始觉","起智定定,断惑证理"清净本觉与清净始觉是不二的,即"清净始觉,依清净本,离不变体,无不变用"。

所谓'染净本觉',《释摩诃衍论》云:"自性净心受无明熏,流转生死无断绝故。"强调的是真如心被无明熏染,虽处于生死轮回中,但佛性本身仍然具足。所谓'染净始觉',《释摩诃衍论》云:"始觉般若受无明熏不能离故,如是诸觉皆智眷属。"强调的是轮回中的众生开始觉悟佛性本有。

法悟又从体用的角度来谈'染净始觉'与'染净本觉'的关系,染净本觉是体,而染净始觉是用,由体起用,体用不二:"染净始觉,依染净本。离随缘体,无随缘用,故今觉义中染净本觉,全净本觉,即体论。体随缘成,故染净始觉,全净始觉,即用论。"

法悟又从澄观的不变与随缘二义来分析"染净本觉"与"清净本觉"的关系。染净本觉,是随所熏染,染现常虚,如镜面,能现任何事物。而清净本觉,则不随所熏染法,如镜背,不现外物影。镜面与镜背是不可分的。

而有关"清净始觉"与"染净始觉"的关系,法悟是从顿与渐的关系入手来在总体上谈的:

> 约断惑应为四句:一顿而非渐,谓清净始觉。二渐而非顿,谓染净始觉。三亦顿亦渐,谓染净本觉,约时成顿,就位名渐。四非顿非渐,谓清净本觉,于本末惑,无渐顿断。

"清净始觉"是轮回中众生开始意识到本有佛性,因此是"渐"。而"清净始觉"是未被受熏的清净本觉真心所起的无漏智慧,因为是"顿"。"染净本觉"从成佛的果上说,是"顿",从修行的阶段上说,是"渐"。"清净本觉"则本来清净,无所谓"顿"与"渐"。

法悟无疑对心性论思想的做了进一步的发挥。

第三节 辽代的寺院经济①

在统治者的大力提倡与广大信众的支持下,辽代的寺院经济非常发达。特别是燕云地区,该地区本身经济发展水平在辽境较高,而且佛教信仰广泛。

信众的供养为寺院经济的重要经济来源,如寺院的修建往往是由众多信徒合资完成。如应历十年(960)《三盆山崇圣院碑记》即记述了当时本地邑人王希道等捐资建院的经过。三盆山原有一旧寺,但已颓败不堪,郡公王希道、张仲钊、萧名远、杨从宝等,"同发诚心,各舍己资",开始修缮寺院。从应历二年(952)三月至八年(958)八月,崇圣院修缮完成,殿宇一新,金碧灿烂,山门廊庑,俱已克备。《碑记》最后刻列捐资家庭成员(施主)名单,同一家庭者多为夫妻关系,如王希道及妻李氏、张仲钊及妻刘氏、萧名远及妻郝氏、杨从宝及妻卢氏、李伯通及妻韩氏等等。也有一些家道殷实的信徒有时会独资建寺。如天庆六年(1116)的《张世卿墓志》记载了张氏家人独资买地建佛殿之事:"特于郡北方百步,以金募膏腴,幅员三顷。尽植异花百余品,迨四万窠,引水灌溉,繁茂殊绝。中敞大小二亭,北置道院,佛殿、僧舍大备。东有别位,层楼巨堂,前后东西廊具焉,以待四方宾客栖息之所。"

向寺院布施的,不仅有普通百姓,还有王公大臣,乃至皇帝、皇后。康熙二十六年(1687)五月宣武门西南居民掘地得石匣,匣旁有记自称:"讲经律论大德志愿录并书乃辽世宗天禄三年瘞舍利佛牙于此。记后有千人邑三字,盖社名也。施主姓名首列帝、后、诸王、大臣,下及童男小女。"②

---

① 本节参考了李锡厚《辽史》第五章第四节《寺院经济》,北京,人民出版社,2006。
②《全辽金文》,第28页。

有的施舍田宅,有的施舍财物,有的献能舍力。如河北高碑店市发现的辽乾统二年(1102)《施地幢记》记载了王仲远施地给寺院:"维乾统贰年正月陆日镌了合家姓名,记王仲远施地五亩,东至道,南至道,西南至寺院,北至地主。"《石龟山尊化寺碑》记载:"越县俗于百里,萃邑社于千人。女或绩以□蚕,□以承筐之□,男若商而若贾,奉以在橐之资。工□斫以献能,农辍耕而舍力。妙因天假,信施日增。"这些信众对寺院的捐赠,真可谓倾其所有并且尽其所能了。

除向寺院捐赠土地财物外,辽朝宗室、公主、外戚还将自己的奴婢施与寺院,于是这些奴婢也就转归寺院所有,成为寺院的劳动力,如《妙行大师行状碑》载:

清宁五年,大驾幸燕,秦越长主首参大师,便云:"弟子以所居第宅为施,请师建寺。"大率宅司诸物馨竭,永为常住,及稻畦百顷,户口百家,枣栗蔬园,井□器用等物,皆有施状。奏乞,准施。①

这位秦越长公主除了施舍宅地、农庄,还有其中户口百家,报请皇帝诏准,中的人户可能是她的媵臣户(辽朝公主下嫁皆有陪嫁的奴隶,称"媵臣户")、奴婢户。咸雍八年(1072)《创建静安寺碑铭》记载了"兰陵郡夫人萧氏"创建静安寺的情况:"算日酬庸,驱籍一毫不取,皆贤夫人鸎奁饰、减衣御之为也。寺既成,必假众以居之,遂延僧四十人,有讲则复益,二□□□僧既居,必资食以给之。遂施地三千顷,粟一万石,钱二千贯,人五十户,牛五十头,马四十匹,以为供亿之本。"②这些与牛、马并列而且可以施与寺院的五十人户,可能也是萧氏的奴婢。

辽代的寺院经济非常发达,有的寺院宛如一座庄园。《刘承遂墓志》:"准价五十贯文,于孙权堡刘士言处买地九亩。"《上方感化寺碑记》载道宗时该寺"野有良田百余倾,园有甘粟万余株"。兰陵萧夫人创建的

---

① 《全辽金文》,第616页。
② 同上书,第409页。

《创建静安寺碑记》载"施地三千顷,粟一万石,钱二千贯,人五十户,牛五十头,马四十匹,以为供亿之本"。大安九年(1217)立的《景州陈公山观鸡寺碑铭》有田庄三千亩,山林一百余顷,果木七千余株,佛殿、僧房及店舍一百七十间,僧徒一百余人。辽代佛寺就是一座庄园,占地面积大,最大的是上京的寺院,规模豪华及僧侣人数甲天下。寺院经济的出现,对僧侣等级的形成、佛学的传播都产生了明显的影响。

河北遵化县境内发现的《景州陈公山观鸡寺碑铭》记载,该寺"积库钱仅五十缗,广庄土逮三千亩,增山林余百数顷,树果木七千余株。总佛宇僧房,洎厨房舍次,兼永济院属寺店舍,共一百七十间,聚僧徒大小百余众"①。这百余众僧徒的衣食,日用主要都出自寺院的地产,此外"属寺店舍"表明寺院还可能兼营商业。

寿昌元年(1095)残碑《缙阳寺庄帐记》记载:

> 传有道侧坟主高大王,合家施根后庄田,托众僧为远嗣,至今仍尔。因此前后并□□□敏具(下缺)顷六十亩,浮图子地一段十亩,次北一段二十亩,又次北一段二十亩,中间□寺主施二十亩,南道北一段,□□二十亩,北道北一段,□□□(下缺)土共□□□西至涧,□至官道。山东葛家峪地一顷,东至涧,南西至张化,北至山顶。□□地一顷二十三亩(下缺)家坎地三十亩,四至怀霍。崔家安地一顷二十亩,东至山,南至道,西北至翟公谅。中山□□一□二十亩□(下缺)可言,南至吕广倪,西北至道。林墓地四十亩,东至贾守谅,南至墓,西至翟公谅,北至道。坊子□地三十□(下缺)道,南至翟嘉进。次道西一段六十亩,东至□□于可言,西至张守仁,北至道。次北一段四十亩,东至张守仁,南至□(下缺)韦谦让。次东北地□□□□□□东□西至道,北至□懿。次北一段四十亩,东北至道,南至崔□,西至河。次道□(下缺)四十四亩。爰有首座奉润,世

---

① 《全辽金文》,第515页。

寿八十有五,僧夏五十八年。□□非常□众共□□在庄田。恐年代远(下缺)愿乃为虚废所托,众僧之靠赖无依,诚失彼之要期,寔也之□抱众□言今后假余缘,勿人典卖。实为□便□(下缺)永添福祐。①

除信徒的施舍外,寺院僧人也有重视经营者,其中主要的是将土地出租给农民。如《金史·食货志》记载:"辽人佞佛尤甚,多以良田赐诸寺,分其税,一半输官,一半输寺,故谓之税户。"这些农民隶属寺院,但仍著籍于官府,纳夏秋二税,故亦称为"二税户"。寺院有大量的民户——二税户。金因辽制,金代世宗、章宗之前,境内佛寺有大量的"二税户"民,其中不少定承自辽代。《金史》卷九六《李晏传》载:初,锦州龙宫寺,辽主拨赐户民俾输税于寺,岁久皆以为奴,有欲诉者害之岛中。晏乃具奏:"在律,僧不杀生,况人命乎。辽以良民为二税户,此不道之甚也,今幸遇圣明,乞尽释为良。"世宗纳其言,于是获免者六百余人。龙宫寺座落在锦州辖下岩州境内的觉华岛(辽宁兴城菊花岛)上。辽主拨赐给岛上龙宫寺的渤海人及汉人本来是"民户",即所谓"转户",同时也是向朝廷纳税的"二税户"。辽朝把他们拨给寺院,"俾输税于寺",并且岁久被抑为奴婢。金朝时恢复他们自由人的身份。

乾统七年(1107)的《上方感化寺碑》记载了三河县境内的寺院拥有地产的规模以及产权纠纷,且明确记载了经营方式是"营佃":

> 以其创始以来,占籍斯广。野有良田百余顷,园有甘栗万余株。清泉茂林,半在疆域。斯为计久之业,又当形胜之境,宜乎与法常住,如山不骞。是使居之则安,不为争者所夺。奈何大康初,邻者侵竞,割据岩壑,斗诤坚固。适在此时,徒积讼源,久不能决。先于蓟之属县三河北乡,自乾亨前有庄一所,辟土三十顷,间艺麦千亩,皆原隰沃壤,可谓上腴。营佃距今,即有年祀。利资日用,众实赖之。大安中,燕地遣括天荒使者驰至,按视厥

---

① 《全辽金文》,第721—722页。

土,以豪民所首,谓执契不明,遂围以官封,旷为牧地。吞我林麓既如彼,废我田壤又若此。①

碑记说明该寺拥有良田、园林,后为邻人侵夺,讼久不决。此外,在三河县北乡还有一田庄,是该寺于乾亨年间以前所创,有地三十顷,种麦一千亩,多年来由农民佃种。大安中,辽朝廷派遣"括天荒使",当地豪民告发该寺"执契不明",田庄被没收为牧地。

也有的寺院从事其他经济活动。如寿昌元年(1095)的《添修缙阳寺功德碑记》有如下记载:"粟一千顷,钱五百缗,每年各息利一分",可能就是与该寺放债有关的记载。

寺院经济的发达,也使辽代寺院有能力从事各种慈善活动,《辽史》《道宗纪五》记载,大安三年(1087)五月,有"海云寺进济民钱千万"。许多寺院设立义仓贮粮,用来赈济灾民。如应历十五年(965)的《重修范阳白带山云居寺碑》记载:"风俗以四月八日,共庆佛生。凡水之滨,山之下,不远百里,仅有万家,予馈供粮,号为义仓。"乾统八年(1108)的《妙行大师行状碑》也载:妙行"尝一次添香□□□□□□随郡县纠化义仓,赈给荒歉,凡有乞者,无使空回。"乾统十年(1110)的《宝胜寺前监寺大德遗行记》中也记载,马鞍山的传戒大师听说宝胜寺的大德大师"以精进慈悲喜舍为务,乃相谓而言曰:'苟岁不登稔,如何济世?'遂同建义仓,凡不足者,随众而惠之"。

在灾荒之年,很多寺院也广设"无遮会"救济难民,如咸雍八年《特建葬舍利幢记》载,道宗咸雍年间,燕京西紫金寺法钧大师等人在马鞍山惠聚寺附近"同去南北朝驿路上,设无遮之馂,济求戒之人。益励虔诚,潜膺多福"。天祚帝乾统十年(1110)的《宝胜寺前监寺大德遗行记》中亦记载宝胜寺大德大师于"乾统四年,因遘厉其疾,以日者卜之,言天禄尽。师乃发上善心,请诸师德,转读藏教,设无遮会,翼日乃瘳"。

---

① 《全辽金文》,第604页。

第四节 辽代的三教关系与民间的佛教信仰

一、辽代的三教关系

辽建立以后,对三教的地位朝廷有过专门的讨论。在辽太祖阿保机时,确定先儒后释再道的原则,据《辽史》卷一记载,神册三年五月,"诏建孔子庙、佛寺、道观",尽管后三教关系发生了一些变化,但没有本质的改变。如张俭写的《圣宗皇帝哀册》即称"四民殷富,三教兴行",把三者放在一种相融的地位上,无先后之分。辽道宗精通佛学,又倾心儒学。据说他听汉人讲《论语》,至"夷狄之有君"疾读不敢讲,"上世獯鬻、猃狁荡无礼法,故谓之夷。吾修文物,彬彬不异中华,何嫌之有?""卒令讲之。"①即位当年十二月"颁《五经》传疏,置博士、助教各一员",对整个汉文化的经典都采取海纳的姿态。曾"召枢密直学士耶律俨讲《尚书洪范》,还令燕国王"②延禧写《尚书·五子之歌》。到了辽代晚期,儒生更受到了前所未有的惠遇。

辽代很多僧人早年多接受儒家教育,如杜法幢和尚,"始从龆龀之年,习于儒释之典";守常亦"幼习儒业,早善声明,口授诸生,处处为师匠,年十七便厌世,累礼六聘山铁头陀为师,十九受具"。很多名僧出家前多为儒士,如辅国大师思孝"早年举进士";利州太子寺讲经沙门德云,"家传儒素,躬博诗书,工翰工吟";金河寺沙门道殿,"家传十善,世禀五常,始从龆龀之年,习于儒释经典","内精五教之宗,外善百家之奥";六聘山天开寺忏悔上人守常,"幼习儒业,早善声明,口授诸生,处处为师匠";兴中府安德州灵严寺契丹沙门恒劬,文学之外,尤工小篆;易州马头山善兴寺花严座主"自综儒理","人所共师",后"舍儒俗","归佛门";柳

---

① 《契丹国志》卷九,第95页。
② 《辽史》卷二五,第296页。

溪玄心寺沙门了洙,"世籍燕为名家",自有绝俗高蹈之志,卜居丰阳玄心寺,研探六艺子史之学,积十余岁,不舍铅素,"然声闻流于京师"。

当然儒佛二家也存在争论,张明在《感化寺智辛禅师塔记》中公然宣称:"糠秕仲尼之典,锱铢老子之言,考彼两宗,伏膺大教。"张嗣初在天庆六年(1116)写的《灵感寺释迦佛舍利塔碑铭》中也说:"生不可常,必至于灭。灭不可以,复转于生。于此流转中,能解生死之缚,而得不生不灭者,唯释迦而已。故特立于郡圣之上,可谓天人师者也。"认为只有佛陀摆脱了生死的束缚,证得不生不灭的境界,超出儒家圣人之上,可称为天人之师。

但总体上,儒佛合一依然是主流,特别是在民间信仰中非常流行,如佛教徒的信仰中往往渗透着儒家的传统观念,如辽代流行的立经幢信仰,大多体现为对父母的感恩与孝敬①,如大康七年(1081)《张景运为亡祖造陀罗尼经幢记》:"人子之奉父母,生则礼而恭,没则享而敬。"乾统六年(1106)《沙门即空造陀罗尼经幢记》:"惟父母慈爱之深,过天地高厚之至,欲养弗逮,何痛之如。其或有力报之,无不尽心为者,况□□祜,曷可已乎?"乾统十年(1110)《赵公议为亡考造陀罗尼幢记》中的赵公议及幢文作者也谈及:"孝子之养亲也……常念哀哀父母,生我劬劳,欲报之德,善莫大焉。"通过佛教的信仰活动来达到感恩尽孝的目的,咸雍七年(1071)《王世永为先祖建佛法碑》:"因念父兮生我,母兮鞠我。劬劳之恩,昊天难报。若非秘藏,何可依凭?……亦愿上资七祖,咸证天宫;下荐群生,悉除地狱。"天庆元年(1111)《为先内翰侍郎太夫人特建经幢记》:"欲报昊天鞠育之鸿恩,惟仗诸佛宣传之密教。"崇佛信教是为"报恩尽孝",而在亡故之父母墓侧树立经幢,则是他们为践行"报恩尽孝"思想而采取的一种具体行动。如大安年间(1085—1094)甚至认为"苟未能为

---

① 参见张国庆《论辽代家庭生活中佛教文化的影响》,《北京师范大学学报》(社会科学版)2004年第6期。

幢于坟,则是为不孝也"。

二、辽代民间的佛教信仰①

有辽一代,佛教盛行,上至皇帝后妃、贵族官僚,下至平民百姓,崇佛信教者难以数计。这正如居士王鼎在咸雍八年(1072)《苏州神山云泉寺记》中所说的那样:"佛法西来,天下响应,国王大臣与其力,富商强贾奉其赘惟恐居其后也。"佛教信仰可以说渗透到辽代社会的方方面面。辽代的非浊禅师曾对辽代民间的各种佛教信仰活动做过理论上的总结,并编成《三宝感应要略录》,推动佛教在民间的传播。他指出:

> 盖《三宝感应要略录》者,灵像感应以为佛宝,尊经感应以为法宝,菩萨感应以为僧宝。良是浊世末代目足,断恶修善规模也。夫信为道源功德之聚,行为要路解脱之基。道达三千劝励后信,教被百亿开示像迹。②

信为功德之聚,行为解脱之基,信包括对佛、法、僧三宝的信仰,佛宝即佛像,应包括佛塔与寺院,法宝为佛教经典,僧宝特指菩萨。对三宝的崇信是"浊世末代"断恶修善的重要方法。书中列举从印度到中国(主要集中在唐代以前),有关佛教史上三宝感应的各种事例,主要是通过建寺修塔、塑绘圣像、刊刻持诵佛经获得各种各样的世间与出世间的利益,如消灾延寿、往生净土等等。从出土的辽代石刻中,可以发现辽代佛教信徒修建寺塔、建立经幢、刊刻佛典的热情,与非浊的著作可相互印证。

1. 修寺建塔

修建寺院与佛塔是辽代民间佛教信仰的重要内容,修建私塔有一家出资兴建的,如天庆六年(1116)的《张世卿墓志》记载了张氏家人独资买

---

① 参见张国庆《辽代燕云地区佛教文化探论》,《民族研究》2001年第2期及张国庆《论辽代家庭生活中佛教文化的影响》,《北京师范大学学报》(社会科学版)2004年第6期。
② 《三宝感应要略录》,《大正藏》。

地建佛殿之事:"特于郡北方百步,以金募膏腴幅员三顷,尽植异花百余品,迨四万棵,引水灌溉,繁茂殊绝。中敞大小二亭,北置道院,佛殿、僧舍大备。东有别位,层楼巨堂,前后东西廊具焉,以待四方宾客栖息之所。"①开泰九年(1020)《澄赞上人塔记》即记载辽南京城内辽西坊信士张从信一家捐资修建"燃身头陀赞公舍利塔"一座。《塔记》列一家四代人的名单:"建造塔施主张从信,同施刘氏。祖父银青崇禄大夫……武骑尉元□、母庞氏。长男吴越长生汤药都监辅翼,次男奴哥,次男栲栳,次男和尚奴,次男善孙,女祭哥,女乐师女,长男新妇周氏。"

大多寺塔是众多信众通过组织邑社,集资修建的。如重熙十三年(1044)于沈州西北郊修建的无垢净光舍利塔,就是由当地百余名崇佛信教集资而成的。该塔《石函记》所记修塔过程是:"邑人李弘遂等百余人,见武家庄东坬上,地维爽凯,平坦如镜,以此众邑人请到……僧法直为塔院主,共同发愿造无垢净光舍利塔一所。"其中参与集资建塔的邑人人数之众,规模之大者,为数清宁四年(1058)于显州城北赵太保寨白山院修筑的佛舍利塔。据对该塔《石函记》所刻列的施主题名统计,为修筑该塔而捐资的施主约有七百余人。

2. 刊刻佛经

根据出土的辽代石刻史料记载,捐资刊刻佛教经文,一般多是以家庭为单位,或是一家一户出资,或是几家合资。如咸雍四年(1068)《阳台山清水院藏经记》记载了邓从贵与家人捐资刊印佛经的经过:"今优婆塞南阳邓公从贵,善根生得,幼龄早事于熏修;净行日严,施度恒治于靳惜。……乃罄舍所资,又五十万,及募同志助办印大藏经,凡五百七十九帙,创内外藏而龛措之,原其意也。"《记》后书"玉河县南安窠村邓从贵合家承办"乾统三年(1103)《金山演教院千人邑记》记载了南京涞水县董生捐舍家资刊印佛经之事:"时有县之豪士董生,数诣参访。仰师德之孤

---

① 郑皓:《张世卿墓志铭并序》,《全辽金文》,第655页。

高,嗟山坊之阒寂。遂罄其家产,构大藏一座,印内典五百余帙,在中龛置。"

其中最为著名的是房山石经的雕刻。辽代圣、兴、道宗年间,辽人在南京道涿州白带山云居寺镌刻成四大部石刻佛教经文。从《造经题记》中显示,很多佛经是众多佛教家庭通过组织邑社来完成的,如刊于石刻《大般若波罗密多经》的题记即云:"燕京北军都坊住人、故秦晋国王府前行、摄涿州录事参军王寿等,舍家施财,镌此经字。同施李肃、妻贺氏。为报三宝国恩,及为亡过父母,冤家债主,法界有情,同生兜率内院,远征无上菩提。长男菊,新妇王氏,妻崔氏,长男积善,次男积行。重熙九年四月十一日记。"又如刊于石刻《贤劫经》、《超日明三昧经》等处的"题记"亦载:"大辽燕京右北西罗内住文林郎、试太子正字、武骑尉刘洙,奉为先祖并亡过父母及合家眷属敬造经碑二条。父秦晋国妃中门使准,母赵氏……长女曹郎妇,次女庙哥,弟济,息妇赵氏,表侄男银哥,次侄男金刚奴,侄女小师姑,次侄女端哥。大安九年四月造。"

3. 树立经幢

树立陀罗尼经幢在民间非常普遍,这是辽代佛教民间信仰的一个非常显著的特征,到金代已很难发现陀罗尼经幢,这与密教在民间的流行直接相关。所建造的陀罗尼幢,有祈福消灾的功德幢,又有供养佛舍利的供养幢,而最多的是度脱亡人的塔幢,如应历十六年(966)李崇菀为其父李彦超立陀罗尼经幢,其目的就是为了"上祷金仙,福佑慈父。意者保延禄寿,被惠日以常荣"统和十八年(1000),佛教信徒李翊"念慈永诀,痛切追思,早年虽备于送终,继日徒嗟于不追。是以特抽净俸,用构良缘。市翠琰于灵岩,命奇工于帝里。罄之巧思,运彼殊材",为已故父母建成陀罗尼经幢一座。咸雍二年(1066)沙门法喻等为先师造经幢,咸雍七年(1071)李晟为父母造经幢,大康七年(1081)张景运为先祖建经幢,大安七年(1091)文永为父母造经幢,寿昌五年(1099)史遵礼为先人造经幢。而所树立的陀罗尼幢中,以尊胜幢最多,其次为不动幢、大悲幢、无垢净光幢等。

4. 组织邑社①

在辽代文献中出现"千人邑"一词。为佛教信徒所结成的社会组织，所谓"千人"并非实指，而是显示人数较多，如太平五年(1025)广济寺建立一座佛殿，"度功量费，价何啻于万缗？纠邑随缘，数须满于千室。乡曲金诺。此所谓千人之邑耶！悉愿时资润屋，日广精蓝。愈固虔诚，即赴良会。"对某一固定寺院，定有金钱捐输之允诺。邑社大多由僧侣倡导，也有由居士所倡导的，邑社有多种，如念佛邑，定期集会念佛，发愿往生极乐世界。还有螺钹邑，集体出资共修供养"螺钹"。灯邑，于每年上元节(正月十五)，出资供养三天灯烛，如"是时有寺僧文密，供众谋议，化钱三万余缗，建塔一座，……以为礼供之所。是以灯邑高文用等，与众誓志，每岁上元，各喟己财，广设灯烛，环于塔上，三夜不袭从昔至今，殆无阕焉。"邑社的组织者称为"邑主"、"邑长"、"邑头"，不分男女僧俗。

5. 信仰习俗

(1) 佛名

取佛教里的文字为人名，是辽代民间佛教信仰的一个重要表现。如清宁四年(1058)《显州北赵太保寨白山院舍利塔石函记》中有人名为"佛宝女"、"大师奴"、"千佛留"、"和尚女"、"大乘奴"、"大乘慈氏"、"圣僧留"者。《黑山崇善碑题名》中有人名为"刘释迦奴"、"李和尚"、"侯和尚"、"十佛奴"、"张小和尚"者。应历五年(955)《北郑院邑人建陀罗尼幢记》中有人名为"菩萨留"、"和尚奴"者。《韩瑜墓志铭》记载，韩瑜有女儿名为"罗汉女"。

(2) 节日

四月八日为佛教教主释迦牟尼的圣诞日，广大佛教信众要举行纪念

---

① 参见王吉林《今存辽文献中有关佛教史料之研究》，《现代佛教学术丛刊》(14)，第166—170页。

仪式,《重修范阳白带山云居寺碑》即云:"风俗以四月八日共庆佛生,凡水之滨,山之下,不远百里,仅有万家,预馈供粮,号为义食。是时也,香车宝马,藻野缛川,灵木神草,赫芊绵。从平地至于绝岭,杂沓驾肩;自天子达于庶人,归依福田。"①除上香礼佛外,有时还把释迦牟尼的太子圣像沿街游行,声势浩大,如《辽史》卷五十三《礼志六》所载:悉达太子生辰日,"京府及诸州雕木为像,仪仗百戏导从,循城为乐"《契丹国志》卷二十七《岁时杂记》也载:京府诸州"各用木雕悉达太子一尊,城上舁行,放僧尼、道士、庶民行城一日为乐。"

(3) 佛妆

辽代妇女喜爱以"黄物涂面如金",称之为"佛妆"。厉鹗《辽史拾遗》辑严绳孙《西神脞说》亦云:"辽时妇人有颜色者,目为细娘。面涂黄,谓之佛装。"涂面化妆的"黄物",据记载是一种草本植物,《辽史拾遗》辑《鸡肋编》有介绍:辽国女子"冬月以栝蒌涂面,谓之佛装。但加傅而不洗,至春暖方涤去。久不为风日所侵,故洁白如玉也。"辽代妇女冬日将栝蒌捣成汁,一层层地往脸上涂饰,形成一层金黄色的"佛装"似的面膜,暮春时揭掉洗净,能有效抵御了严寒和风沙的侵袭,保护面部。

(4) 吃斋

佛教信仰在饮食上也有体现,如承天太后在每年的正月不食荤茹,严格遵守佛教的斋戒。乾统五年(1105)《白怀友为亡考妣造陀罗尼经幢记》中说白怀友的父亲"重和中,会吕上人传菩萨戒于里之驿亭,自是不食晕血,奉五戒,终身无惰"。白父身高力大,面相凶狠,但却因崇佛而"性善",并且坚守日常吃斋戒荤的行为规范。咸雍五年(1069)《董匡信及妻王氏墓志》载:董匡信"居常公务之暇,专以奉佛筵僧,持诵经教为所急"。王氏"恒以清净心日课《上生》《法花》《观音品》。十数年间,持六斋戒"。

---

① 《全辽金文》,第 52 页。

第六章 回鹘佛教

佛教是维吾尔族历史上流行时代最长且影响最大的宗教之一。关于佛教之初传回鹘,学术界存在不同的说法。一种观点认为回鹘人在9世纪中叶由漠北西迁西域、河西之前仅信奉萨满教与摩尼教,而不信佛教;但多数学者却认为早在漠北时期即已与佛教有所接触。《旧唐书·回纥传》载,回鹘首领有特健俟斤之子,名为"菩萨"。他在位的时代在隋末至唐太宗在位期间。这里的"菩萨"即梵语之 Bodhisattva,佛教中指上求菩提、下化众生之仁人。差不多与此同时,居于甘、凉之间的回鹘别部——契苾部也出现了一位名为"沙门"的酋长,并被任命为贺兰州都督。① 沙门即梵语 Śramana 之音译,意为"净志"、"息恶"等,专指佛教僧侣。这些因素表明,早在7世纪初,佛教即对回鹘有着一定的影响。

8世纪中叶,回鹘牟羽可汗由洛阳携四摩尼僧入漠北,经过与旧有宗教萨满教的斗争,摩尼教终于战胜对手而一跃成为回鹘的国教。② 在回忆这段往事时,《九姓回鹘可汗碑》说道:"往者无识,谓鬼为佛;今已悟

---

① 《旧唐书·契苾何力传》,《新唐书·契苾何力传》。
② 杨富学、牛汝极:《牟羽可汗与摩尼教》,《敦煌学辑刊》1987年第2期,第86—93页。

真,不可复事。"①说明牟羽可汗之先世确曾接触过佛教。

自9世纪中叶始,回鹘宗教信仰发生了重大变化,回鹘汗室虽仍承袭漠北时代的传统,一直尊信摩尼教,但民众大多信奉的却为佛教,同时与之并存的还有祆教和景教等。再说,早在回鹘西迁之前的8世纪末至9世纪初,漠北回鹘汗国(744—840)的势力即已扩展到新疆的北庭、高昌、龟兹乃至中亚的伊塞克湖地区。北庭、龟兹当时作为回鹘汗国经略西域的军事重镇,驻有大量军队,与吐蕃抗衡;高昌也逐步发展成为回鹘汗国在西域的一大宗教、政治中心。这部分回鹘人长期生活在佛教高度发达的西域地区,不可能完全不受佛教的濡染。20世纪初以来,在敦煌、吐鲁番、哈密等地发现的大批回鹘文佛经残卷中就有10世纪左右北庭回鹘人翻译的佛典,且翻译水平相当高,足见早在回鹘西徙前,天山东部的回鹘人中即已有不少佛教徒存在。

第一节 西域回鹘之佛教

840年左右,由于天灾人祸,雄强一时的漠北回鹘汗国竟为来自叶尼塞河流域的黠戛斯所灭,其部众遂分路西迁,一支迁中亚,一支投西域,一支入河西。入西域者以高昌(今吐鲁番)、北庭(今吉木萨尔)为中心建立了历时达四百余年之久的高昌回鹘王国。

高昌回鹘王国初期的疆域相当广大,东起今甘肃西端,与瓜沙归义军政权为邻;西至中亚两河流域,包括伊塞克湖地区在内;南自昆仑山北麓与于阗、喀什噶尔一线,北抵天山以北。这一区域自汉代以来,直到回鹘徙此,一直都盛行佛教,当时的高昌、焉耆、龟兹、于阗、疏勒各绿洲都为佛教中心。这里佛寺林立,僧徒众多,不仅有虔诚的佛教徒修筑的寺庙,而且还有许多由王公贵族、富吏豪绅出资修建的佛堂殿宇,各地统治

---

① [日]羽田亨:《唐代回鹘史の研究》,《羽田博士史学论文集》上卷,历史篇,第307页,京都,1975。

者还常常带头弘扬佛法。上行下效,佛法盛行。这些都为高昌回鹘王国佛教的繁荣奠定了基础。

汉文史籍对高昌回鹘佛教兴盛之状的明确记载,可见于10世纪晚期北宋使者王延德的出使报告:"佛寺五十余区,皆唐朝所赐额,寺中有《大藏经》、《唐韵》、《玉篇》、《经音》等,居民春月多群聚遨乐于其间。"①从这一记载看,当时高昌回鹘的佛教即已获得蓬勃发展,佛寺遍地开花,仅区区高昌一地就有五十余座,而且拥有众多的信徒。寺中除收藏有《唐韵》、《玉篇》、《经音》等来自中原的典籍外,还藏有卷帙浩繁的《大藏经》。《宋会要辑稿》蕃夷四之九还记载了高昌回鹘向宋朝乞买金字《大般若经》一事:"熙宁元年(1068)七月二十九日,回鹘国可汗遣使来贡方物,且言乞买金字《大般若经》,诏特赐墨字《大般若经》一部。"在此之前,高昌回鹘可汗亦曾于乾德三年(965)十一月"遣僧法渊献佛牙、琉璃器、琥珀盏"。这是高昌回鹘王国佛僧东行的最早记载。其实,回鹘僧东行的时间比之还要早三十余年。敦煌文献P.2049 V(2)《后唐长兴二年(931)正月沙州净土寺直岁愿达手下诸色入破历算计会》载:"油二斗,纳官供志明及西州僧食用……面七斗,纳官供志明及西州僧食用。"该文献说明东行沙州的高昌回鹘僧人曾受到当地佛教寺院的招待。类似的记载又见于P.2642《年代不明[10世纪]诸色斛斗破用历》及P.2032 V《后晋时代净土寺诸色入破历算会稿》。前者载:"十一月十三日,粟陆斗,沽酒西州就寺来吃用,十四日粟壹硕贰斗,沽酒梁校(教)授西行送路用";后者称:"面五升,伊州客僧来时看用。"这些僧侣都来自西州(今新疆吐鲁番市)、伊州(今新疆哈密市),至于其身份是回鹘人甚或汉人,因史书未予明言,不得而知。然考虑到当时高昌、伊州地区民族分布的一般状况,似乎可推定他们应该都是回鹘人。

除了这些支离破碎的片段记载外,敦煌发现的P.3672 Bis《赏紫金印

---

① 《宋史》卷四九〇《高昌传》,第14112页、第14110页。

检校廿二城胡汉僧尼事内供奉骨都禄沓密施呜瓦伊难支都统大德致沙州宋僧政等状》和 S.6551《佛说阿弥陀经讲经文》对高昌回鹘的佛教则有着更为丰富而详细的记载。其中，P.3672 Bis 内容不多，兹移录全文如下：

> 赏紫、金印、检校廿二城胡汉僧尼事、内供奉骨都禄沓密施呜瓦伊难支都统大德面语：沙州宋僧政、索判官、梁教授。冬寒，体气何似，健好在否。自别已后，已逐所年，人使来往不少，无一字慰问，人情极薄。昨近十月五日，圣天恩判：补充都统大德，兼赐金印，统压千僧。为缘发书慰问。今因履使薄礼土信西北瓢桃三课，同一袋子，各取一课。今因使行，略付单书。不宣谨状。
>
> 十一月十日随书僧答内大阇梨借问沙州宋僧政、梁教授好在否。①

文献不长，内容却颇多值得关注处。其一，骨都禄、沓密施、呜瓦、伊难支显然是突厥—回鹘语 qutluγ（幸福的）、tapmïš（供奉）、ögä（顾问）、ïnanč（可信赖的，这里为官号）之中古汉语的对音。而"都统"，在回鹘文文献中均写作 tutung，无疑来自汉语，为佛教僧官，又作"都僧统"、"僧统"等。其二，"圣天"（Tängri）显然为回鹘可汗的称号。在敦煌莫高窟第 98 窟主室东壁北侧，有甘州回鹘可汗女画像，题名为"敕授汧国公主是北方大回鹘国圣天可汗……"在 61 窟主室东壁南侧，亦有回鹘女供养人，题名结衔为："故母北方大回鹘国圣天的子敕授秦国天公主陇西李……"而在吐鲁番发现的佛教寺院木杵刻文中，亦有"首先祝愿圣天万岁，然后祝愿[圣天]德化永存"等语。② 说明无论是高昌回鹘还是甘州回

---

① 唐耕耦、陆宏基：《敦煌社会经济文书真迹释录》（五），第 35—36 页，北京，全国图书馆文献缩微复制中心，1990。

② F. W. K. Müller, Zwei Pfahlinschriften aus den Turfanfunden. *Abhandlungen der Preussischen Akademie der Wissenschaften* Nr. 3, 1915, pp. 18—19；森安孝夫：《ウイグル佛教史史料としての棒杭文书》，《史学杂志》第 83 卷 4 号，第 54 页，1974。

鹘的可汗,都有圣天之谓。此外。于阗王也有称圣天者,其名同样亦可见于敦煌石窟的题名。其三,吐鲁番盆地在唐初有廿二城之设,《旧唐书·回纥传》载侯君集于640年灭高昌后,"分兵掠地,下其三郡、五县、二十二城。"结合以上诸因素,可以确定,致书人应为一回鹘高僧(至少是一位已回鹘化了的僧人),因刚被回鹘圣天可汗任命为都统,并赐金印,故而借有使者赴沙州之机,托带信函,将喜讯禀告沙州高僧宋僧政、索判官和梁教授。信中言"人使来往不少",在一定程度上反映了二地间佛教关系的密切。

这里再看S.6551讲经文对高昌回鹘佛教的记载。此文较长,仅节录部分内容:

> 天王……早授诸佛之记,赖蒙贤圣加持,权称帝主人王,实乃化身菩萨……更有诸宰相、达干、都督、敕使、萨温、梅录、庄使、地略,应是天王左右,助佐金门。官僚将相等,莫[不]外匡国界,内奉忠勤,为主为君,无词(辞)晓夜。善男善女,檀越信心,奉戒持斋,精修不倦。更有诸都统、毗尼法师、三藏法律、僧政、寺主、禅师、头陀、尼众、阿姨师等,不及一一称名,并乃戒珠朗耀,法水澄清,作人天师,为国中宝。①

以其内容,大致可将该文献的时代推定在10世纪初期,文中充满了对佛教的景仰、赞美之情,尤有进者,从中可以看出原本信奉摩尼教的回鹘汗王竟被视作化身菩萨,相国百揆则被视作护法天王,境内存在着都统、僧统大师、毗尼法师、三藏法律、僧政、寺主、诸寺毗尼、法师、律师、禅师等多种僧官。

除高昌外,龟兹回鹘境内的佛教也是极为发达的。自3世纪中叶始,龟兹即已发展成为西域佛教的一大中心。回鹘徙入此地后,不仅接

---

① 张广达、荣新江:《有关西州回鹘的一篇敦煌汉文文献——S.6551讲经文的历史学研究》,《北京大学学报》1989年第2期,第24—25页。

受了当地的佛教,而且推波助澜,使之更加繁荣昌盛,这从现有的克孜尔、库木吐拉、森木塞姆、克孜尔尕哈等石窟中大量存在的属于高昌回鹘时期的回鹘佛教壁画、回鹘文题记,以及龟兹地区出土的回鹘文木简中都可得到证明。此外,汉文史乘更是清楚地记载着龟兹佛教徒的活动:

(1)"太平兴国元年(976)五月,西州龟兹遣使易难与婆罗门、波斯外道来贡。"①

(2)"咸平六年癸卯(1003)六月六日,龟兹国僧义修来献梵夹、菩提印叶、念珠、舍利,赐紫方袍、束带。"②

(3)景德元年(1004)"十一月,度龟兹国石报进为僧,从其请也。"③

(4)"大中祥符三年(1010)闰二月,[龟兹]僧智圆贡琥珀四十五斤、鍮石四十六斤。"④

(5)"乾兴元年(1022)五月丙申,龟兹国僧华严自西天以佛骨舍利、梵书来献。"⑤

(6)"自天圣至景祐四年(1023—1038),龟兹入贡者五,最后赐以佛经一藏。"⑥

(7)"绍圣三年(1096),使大首领阿连撒罗等三人以表章及玉佛至洮西。"⑦

从以上记载可以看出,龟兹回鹘的佛教势力相当强大,与中原王朝有着密切的联系,尚有僧人(如华严)继续赴印度取经,佛教徒活动一直持续到11世纪末,而当时的龟兹已于11世纪70年代被中亚穆斯林帝国——哈喇汗王朝所征服。哈喇汗王朝本为840年西迁回鹘所建,原本曾信奉佛教,在吉尔吉斯斯坦首都比什凯克至今尚存有哈喇汗王朝时代初期的佛教寺院遗迹,其中原塑长达12米的卧佛。只是到10世纪中叶

---

① 《宋会要辑稿》第8册《蕃夷四之十三》,第7720页上。
②③ 《宋会要辑稿》第8册《蕃夷四之十四》,第7720页下。
④ 《宋会要辑稿》第8册《蕃夷四之十四》,第7720页下。《宋史》卷四九〇《回鹘传》略同。
⑤ 李焘:《续资治通鉴长编》卷九八,第2280页,北京,中华书局,1985。
⑥⑦ 《宋史》卷四九〇《龟兹传》,第14123页。

以后,哈喇汗王朝才奉伊斯兰教为国教。影响所及,佛教势力由盛而衰,进而渐至消亡。

北庭作为高昌回鹘王国的夏都,文化昌盛,于10世纪左右造就了胜光法师(Singqu Säli)这一伟大的回鹘文佛经翻译家,他先后译出的经典有《金光明最胜王经》、《玄奘传》、《千手千眼观世音菩萨广大圆满无碍大悲心陀罗尼经》、《观身心经》等;982年王延德至北庭会见回鹘王时,即曾憩于高台寺,并瞻仰了唐太宗贞观十四年(640)于此地兴建的应运太宁寺。推而论之,两寺在回鹘王国中当有较高的地位,很可能为皇家寺院。在蒙元时代,北庭地区更是人才辈出,出现了许多著名的回鹘佛教僧徒,如安藏、阿鲁浑萨理、全普庵撒里、洁实弥尔、阔儿古思、亦黑迷失等。

哈密佛教在高昌回鹘王国时期也得到了较大的发展。位于今哈密市柳树泉农场白杨沟村的佛教寺院,虽始建于唐代,但蓬勃发展却是在高昌回鹘时代,直到14—15世纪伊斯兰教传入哈密后才逐渐废弃。哈密市五堡乡四堡村北4.5公里处的恰普禅室,内存少量壁画,从线描看,亦系高昌回鹘时代之遗物。

于阗长期以来一直是佛教兴盛之地,素有"佛国"之称,在印度佛教东传入华过程中起过非常重要的作用。唯9世纪中叶回鹘西迁以后,喀什、于阗是否有回鹘人居住,于史无征,但于阗王李圣天(912—966年在位)一名的出现,显然是受回鹘影响所致。从敦煌发现的于阗语文献看,李圣天本名是尉迟娑跋婆(Vila'Sambhava)。自汉魏以来,于阗尉迟王家一贯笃信佛教,李圣天亦复如此,在他统治时期,于阗佛教得到了较大发展,他及夫人的供养像也被绘制在敦煌莫高窟第98窟(924年沙州归义军节度使曹议金父子开凿)的东壁南侧。

10世纪上半叶,哈喇汗王朝占领喀什,并不断向于阗渗透,严重威胁到李氏王朝的生存。970年或翌年,双方发生大战,于阗获胜。以后数十年间,双方战争时有发生,虽曾得到宋、吐蕃及高昌回鹘势力的支持,但于阗仍以势单力寡而败于对手,于1006年被攻占,伊斯兰化开始。

1211年，乃蛮首领屈出律篡夺西辽政权，在攻占哈喇汗王朝辖下的喀什、于阗后，"放弃基督教的教规，改从偶像教的习俗"，并"强迫该地居民放弃回教"。① 这里所谓的"偶像教"即指佛教。屈出律抑制伊斯兰教而弘扬佛教之举引起了当地穆斯林的坚决抵制与抗争。不久，屈出律被蒙古军擒杀，伊斯兰教很快又卷土重来，佛教销声匿迹。

　　从上文的论述可以看出，9—11世纪是西域回鹘佛教发展的一个高峰期，高昌、龟兹、北庭、哈密都发展成为回鹘佛教及其艺术的中心。只是到11世纪以降，随着伊斯兰教的东进，于阗、龟兹的佛教才逐步让位于伊斯兰教，除此之外的其他地方的佛教仍保持旺势。

　　蒙元时代，高昌回鹘的佛教依然盛行不衰。马可波罗称高昌"为一大州，臣属大汗，首府称哈喇火州，治下村镇众多，居民为偶像教徒……基督徒常与偶像教徒通婚。"②又称哈密"居民皆是偶像教徒，自有其语言"。③ 说明当时高昌、哈密佛教是非常兴盛的。高昌虽有基督教徒分布，但势力不大，且与佛教徒相互通婚，体现了回鹘地区宗教信仰的宽容。这种情形在法国基督教小兄弟会教士鲁布鲁克（William of Rubruck）的行记中也有所见："在所有他们（即畏兀儿）的城镇中，都可以发现杂居有景教徒和萨剌森人。"④文中的萨剌森人指的是穆斯林，从鲁布鲁克的记载看，其势力应在佛教和基督教之下。鲁布鲁克是1253年受法兰西国王的派遣而出使蒙古的，旨在朝见蒙哥汗。他曾拜访畏兀儿地区的寺庙，见这里的佛僧一般都穿着赤色中衣。他描述说：

---

① ［伊朗］志费尼著，何高济译：《世界征服者史》上册，第81、73页，呼和浩特，内蒙古人民出版社，1981。
② 这段文字不见于冯承钧译《马可波罗行纪》，也不见陈开俊等译的《马可波罗游记》，福州，福建科学技术出版社，1981，但见于缪勒与伯希和之英译本。见 Marco Polo, *The Description of the World*, tr. A. C. Moule & P. Pelliot, London 1938, pp. 156—156。
③ 《马可波罗行纪》，冯承钧译本，第119页，上海，上海书店出版社，2001。
④ Christopher Dawson, *The Mongol Mission. Narratives and Letters of the Franciscan Missionaries in Mongolia and China in the Thirteenth and Fourteenth Centuries*, New York, 1955, p. 138.

> 所有和尚都剃光了头,身穿红色袍服,从剃头那天起,他们就开始戒荤,一百或两百人成群居住。他们在进寺之日,摆上量条板凳,然后他们坐在设坛的地方,面对着坛,有时手捧经卷,有时置经凳上。他们在寺里都已剃发,默默念经,安静肃穆……进入寺庙,我看到了拜偶像的和尚。在每月之初,他们都要打开寺门,披上僧袍,献香燃灯,供奉百姓布施的面食和水果祭品……这些畏兀儿和尚衣着如下:他们无论到何处去,总是身穿紧身红色衣袍,系一腰带,状如法兰克人,左肩至右侧着一袈裟,恰似四旬节执事所穿的十字褡一样。①

元朝初期,小亚美尼亚亲王海屯东行朝见蒙古大汗蒙哥时,途次回鹘地区,见当地佛教徒有如下有趣生活习俗:

> 有很多偶像教徒,他们礼拜很大的称作释迦牟尼的泥塑像……而且整个国家,女人和小孩都算在内,都是称为"脱因"的教士。他们剃光了头和胡须,像基督徒那样穿上黄袍,但他们是在胸上,而不是从肩上穿袍子。他们在饮食和婚姻方面都有节制。他们二十岁娶妻,到三十岁时,每周跟她睡三次觉,四十岁时一月一次,迄至五十岁,每年三次,五十岁以后再不接近她。②

13世纪20年代,长春真人邱处机及弟子李志常应邀西行朝见成吉思汗时,途次高昌回鹘,对其境内的佛教情况作了较详尽的记载:

> 西即鳖思马大城(故址在今新疆吉木萨尔北12公里破城子),王官、士庶、僧、道数百,具威仪远迎。僧皆赭衣,道士衣冠与中国特异……时回纥王部族供葡萄酒……侍坐者有僧、道、儒……有龙兴

---

① Christopher Dawson, *The Mongol Missi on. Narratives and Letters of the Franciscan Missionaries in Mongolia and China in the Thirteenth and Fourteenth Centuries*, New York, 1955, pp.138,140.
② 何高济译:《海屯行记》,第21—22页,北京,中华书局,1981。

西寺……寺有佛书一藏……又历二城,重九日至回纥昌八剌城,其王畏午儿与镇海有旧,率众部族及回纥僧皆远迎……有僧来侍坐,使译者问看何经典? 师云:"剃度受戒,礼佛为师。"盖此以东,昔属唐。故西去无僧,回纥但礼西方耳。①

这一记载说明,当时北庭及其西的昌八剌城(今新疆昌吉市)一带之佛教也有蓬勃发展。值得注意的是,当时中原的道教也已传入回鹘,并受到回鹘可汗的优遇。从上述记载看,13世纪20年代,昌八剌即已变成了伊斯兰教与佛教的分界线。其东为高昌回鹘辖区,盛行佛教;其西则属哈喇汗王朝,崇奉伊斯兰教。

第二节 河西回鹘之佛教

迁入河西地区的回鹘人也在当地久盛不衰的佛教文化影响下很快皈依了佛教。宋人洪皓《松漠纪闻》记载:甘、凉、瓜、沙地区的回鹘人"奉释氏最甚,共为一堂,塑佛像其中,每斋必刲羊或酒,酣,以指染血涂佛口,或捧其足而鸣之,谓为亲敬。诵经则衣袈裟,作西竺语"。② 从文中"奉释氏最甚"一语,不难看出,在河西回鹘中,佛教的势力已远远超过了由漠北继承下来的回鹘国教——摩尼教。从回鹘人拜佛时所奉行的刲羊、饮酒并以血涂佛口等习俗看,显然受到了藏传佛教的影响。这种状况的形成,庶几乎与吐蕃帝国自8世纪中叶以来对河西地区百余年的统治不无关系。

在河西回鹘中,以甘州回鹘势力最为雄强,并于10世纪初称汗立国,至1028年亡于西夏,前后历百余年。从史书的记载看,在此期间,甘州回鹘与印度佛教界存在着一定的联系。《宋会要》载:"宋乾德四年(966),知凉〔州〕府折通葛支上言,有回鹘二百余人、汉僧六十余人,自朔

---

① 李志常:《长春真人西游记》卷上。
② 洪皓:《松漠纪闻》卷上,《辽海丛书》第1册,第204页,沈阳,辽沈书社,1985。

方来,为部落劫略。僧云欲往天竺取经,并送达甘州讫。"①由是以观,时至乾德四年(966),尚有回鹘人二百余、汉僧六十人结伴,经由朔方、凉州而至甘州,再由甘州出发赴印度取经(取经人中有无回鹘人,无法确定)。反过来,同时又有印度僧侣入河西或经由河西走廊赴中原传道布法。敦煌写本 P.2703 背面存有三封书信的草稿或录副,其中第一件为《舅归义军节度使特进检校太师兼中书令曹元忠状》,文曰:

(1) 早者安山胡去后,倍切

(2) 攀思,其于衷肠,莫尽披寻。在此远近

(3) 亲情眷属,并总如常,不用忧心。今西天

(4) 大师等去,辄附音书。其西天大师到日

(5) 希望重迭津置,疾速发送。谨奉状

(6) 起居,伏惟

(7) 照察。谨状

(8) 舅归义军节度使特进检校太师兼中书令敦煌王曹状

这里的"西天大师",当为来自印度的佛教高僧。书信的书写者为归义军节度使曹元忠。考虑到曹元忠称敦煌王的时间在 964—974 年之间,可将该文献的时代确定在这一时段之内。至于收信人,学界则有不同的说法。有的认为是给甘州回鹘可汗的,也有的认为应是给于阗王尉迟输逻(Viśa Śūra)的,书写年代当在 967 年以后。信中希望收信人能给予西天大师以关照与方便,使其顺利通过辖地东行。收信人不管是甘州回鹘王还是于阗王,都与回鹘密切相关,因为宋初于阗与敦煌的沟通一般要经过高昌回鹘王国辖境。

上述记载说明,直到 10 世纪时,中印之间的僧侣往来仍在继续,甘州成为联结中印佛教联系的枢纽之一。从前引宋人洪皓《松漠纪闻》所

---

① 《宋会要辑稿》方域二十一之十四,第 8 册,第 7668 页上。

谓"诵经则衣袈裟,作西竺语"①看,印度梵语在甘、凉、瓜、沙之回鹘佛教寺院中曾得到广泛应用。

回鹘佛僧深为甘州回鹘可汗所倚重,尤其是在汗国的后半期,他们常被任命为使者,出使中原,如乾德三年(965)十一月丙子,甘州回鹘可汗遣僧献佛牙、宝器。咸平元年(998)四月九日,甘州回鹘可汗王遣僧法胜来贡。景德元年(1004)九月,甘州回鹘夜落纥遣进奉大使、宣教大师宝藏……百二十九人来贡。景德四年(1007),甘州回鹘可汗夜落纥遣僧翟大秦来献马十五匹,欲于京师建佛寺。同年十月戊午,甘州回鹘可汗夜落纥遣尼法仙等来朝,献马十匹,寻又遣僧翟大秦来贡马十五匹。

此外,居于秦州(今甘肃省天水市)的回鹘僧人,亦有自行赴中原朝贡者,如"(天圣)三年三月,秦州回鹘紫衣僧法会以乾元节贡马十匹,因诏秦州,自今有似此僧进奉者,不须发遣诣阙"。② 同时,甘州回鹘也常以佛僧为使,出使沙州归义军政权。S.2474《归义军衙内油粮破历》在叙述于阗僧、肃州僧、瓜州僧在沙州得到供养的同时,亦提到来自甘州的回鹘僧人:"甘州僧四人,各人月面七斗,各油二升,共面两石八斗,共油八升。"③所谓破历,有时又作"破用历"、"用历"、"使用历"等,系支出账目。敦煌写本中又官衙、寺院、僧人的三种,其中又以寺院的最多,记载支出日期、货物品名、数量与用途。在 S.2474 所列账目之前,抄录有《己卯、庚申年驼官邓富通、张憨儿牒》,应为太平兴国五年(980)之物。

甘州回鹘派往沙州的使者,不少都在佛教胜地——敦煌莫高窟从事佛事活动。敦煌文书中的破用历记载了节度使府衙经常设酒、支油面来招待甘州回鹘的使节及使节赴莫高窟礼佛等事。如,前引 S.1366《归义军宴设司面、破油历》即记录了龙德年间(921—923)或稍后有"甘州使"、

---

① 洪皓:《松漠纪闻》卷上,第 204 页。
②《宋会要辑稿》第 8 册《蕃夷四之八九》,第 7717 页下—第 7718 页上。
③ 唐耕耦、陆宏基:《敦煌社会经济文书真迹释录》(三),第 278—280 页,北京,全国图书馆文献缩微复制中心,1990。

"狄寅及使"来沙州并巡礼莫高窟之事,其中有"窟上迎甘州使细供"、"支于阗使用,迎甘州使、肃州使细供、汉僧、于阗僧、婆罗门僧、凉州僧"等语。在敦研 001＋敦研 369＋P.2629《归义军衙府酒破历》中,对此也有反映:

> [四月]九日,甘州使迎令公支酒壹瓮……十四日……甘州使偏次酒壹瓮。同日夜,衙内看甘州使酒五斗。十七日支甘州使酒壹瓮……[五月九日],甘州使上窟迎顿酒半瓮。

该文献的时代,大致可推定在 964 年(?)。敦煌遗书 P.3633《沙州百姓致甘州回鹘可汗一万人状》也说到甘州回鹘"天可汗信敬神佛,更得延年,具足百岁"。此卷写于 911 年,这里的神佛似应理解为佛陀,而不是摩尼,尽管二者都被称作"佛"。如此说不误,则可证甘州回鹘统治者在五代梁时即已尊崇佛教了(但还不敢断言此可汗已放弃了摩尼教而皈依了佛教或兼事二教)。

甘州回鹘王室成员之重佛,在敦煌莫高窟、西千佛洞和安西榆林窟的供养人题记和佛教文献中亦有反映,时常可见到沙州曹氏归义军节度使与甘州回鹘可汗和亲的回鹘天公主与曹议金之女的题名,表明她们在莫高窟佛事活动的频繁。

这里先说嫁于沙州归义军节度使曹议金为妻的甘州回鹘天公主。在曹议金施资开凿的功德窟(第 98 窟)中,其主室东壁北侧画有题名为"敕授汧国公主是北方大回鹘国圣天可汗(下缺)"的女供养人,头戴桃形凤冠,身着圆领窄袖长衣,下摆落地,项饰瑟瑟珠,为典型的回鹘人装饰。在曹议金之子、归义军节度使曹元德所开洞窟(第 100 窟)甬道北壁,画有回鹘装女供养人,题名为"……郡……人汧……圣天可汗的子陇西李氏一心供养"。主室南北壁的下方,还分别绘有曹议金与此公主的出行图。在曹元忠及夫人浔阳翟氏所开"功德窟"(第 61 窟)主室东壁南侧,亦绘有回鹘女供养人,题名结衔为:"故母北方大回鹘国圣天的子敕授秦国天公主陇西李（下缺）。"第 55 窟甬道北壁底层第一身供养人题名为"故北方大回鹘国圣天的子敕受秦国公主陇西李氏一心供养"。第 108 窟南壁有题名曰："故侄女第十四小娘子是北方大回［鹘］国圣天可汗的孙一心供养"。瓜州榆林窟第 16 窟主室甬道北壁第一身题名为"北方大回鹘国圣天公主一心供养"。除这些题名外，在曹议金书写的发愿文（如 S.663、S.1137、P.2058、P.3326、P.3758、P.3800、P.3800、P.3804）中，都可见到其回鹘夫人之题名，一般都写作"天公主"，偶尔亦称作"公主"或"天皇后"。依历史文献记载，回鹘王室尊信的是摩尼教，但在敦煌发现的与回鹘天公主有关的文献与考古资料中，却毫无摩尼教的蛛丝马迹可寻。看来，该回鹘天公主有可能已放弃了原来信奉的摩尼教而皈依了佛门。

这里再看出适甘州回鹘可汗的曹议金女在敦煌莫高窟的佛事活动。在曹元德以其母回鹘夫人天公主为窟主而开凿的洞窟（第 100 窟）中，甬道北壁有供养人题名："女甘州回鹘国可汗天公主一心供养"；在 61 窟主室东壁供养人像中，有题名"姊甘州圣天可汗天公主一心供养"者；在 55 窟甬道北壁，亦有"大回鹘圣天可汗天公主一心供养"的题名。以其题名、造像位置及与窟主的关系等因素，可证该女供养人当为出适甘州回鹘的曹议金之女，系由甘州回鹘天公主所生。关于曹议金这个女儿的出适对象，学界有不同的说法，一种认为有可能是阿咄欲，另一种意见认为是仁裕（顺化可汗、奉化可汗，？—960 年在位）。考虑到甘州回鹘可汗与曹议金的姻娅辈分关系，应以后说为确。在 S.4245《功德记》中，出现有"两国皇后乂安，比贞松莫变"之语，其中之一即为嫁于甘州回鹘可汗的曹议金之女，此时已由"天公主"改称"皇后"了，另一位指的应是于阗皇后。

二位和亲公主频繁地出现于曹氏家族开凿的石窟与施经中，一方面体现了她们身份的重要与地位的显赫，另一方面也体现了她们的佛教信仰。

如同高昌回鹘、甘州回鹘一样,沙州回鹘也是十分推崇佛教的。尽管史书少见记载,但莫高窟、榆林窟、西千佛洞等石窟保留的 23 所沙州回鹘开凿的洞窟却证实了那个时代回鹘佛教的繁荣。这些石窟有莫高窟第 97、148(甬道及后室局部)、207、237(前室、甬道)、244(甬道)、245、306、307、308、309、310、330、363、399、409、418 窟;榆林窟第 21(前室甬道)、39 窟;西千佛洞第 4、9(甬道)、10(甬道)、12、13 窟。洞窟中常可见到回鹘王、王妃、王子与贵族官僚的画像,如榆林窟 39 窟的回鹘王室人物列像、莫高窟 409、237 和 148 窟中的回鹘可汗像都清晰可辨。[1] 若再仔细甄别,还有可能找到新的回鹘洞窟,如莫高窟 65、430 等窟也颇具回鹘画风。

敦煌出土的回鹘文佛经写本也甚多,著名的有回鹘文《善恶两王子的故事》、《天地八阳神咒经》、《阿毗达摩俱舍论》、《阿毗达摩俱舍论安慧实义疏》、《阿含经》等约数十种。其中特别值得一提的是 1910 年马洛夫于酒泉文殊沟发现的回鹘文《金光明最胜王经》写本,现存 397 页,藏圣彼得堡,有题跋曰:

> kang-si yigirmi altinč yïl altïnč aynïng säkiz yungïsï, či tigma tutmaq kün sim sičqan kün üzä bašlayu bitip, säkizinč aynïng ay tolunï biš yigirmisintä bitiyü tolu qïldïm kinki-lär-kä ulalmaq bolz-un! sadu ädgü! [2]

> 我从康熙二十六年六月初八辛鼠日开始写,至八月十五日满月时写竟。让其流布后世吧! 善哉! 善哉!

---

[1] 刘玉权:《关于沙州回鹘洞窟的划分》,《1987 年敦煌石窟研究国际讨论会文集·石窟考古编》,第 1—29 页,沈阳,辽宁美术出版社,1990。但文中对石窟的断代尚有可供商榷之处,参见 Yang Fuxue, On the Sha-chou Uighur Kingdom, *Central Asiatic Journal* 38-1,1994, pp. 94–95.

[2] В. В. Радлов-С. Е. Малов, *Suvarnaprabhāsa. Сутра золотого Блеска*, Текст уйгурской редакции (= *Bibliotheca Buddhica* XVII), Delhi, 1992, стр. 343.

抄经人为 Bilgä Talui Šabi、Ratna Vijra Šabi 和 Čaxsapat Manggal Toyin 等人,抄经地点在敦煌。

在三位书手中,两位姓名中都出现有 Šabi 一词。在为数众多的回鹘文佛教题跋中,仅此一见。那么,Šabi 究竟为何意呢？从回鹘语文中得不到正解。然蒙古语中有该词,其意有二:一指僧侣的徒弟;二是指隶属于寺庙或大喇嘛的属下人,即僧官管辖下的属民。无疑,该词应为汉语"沙弥"的假借(源自梵语 Šrāmanera)。故可以考虑,这些书手很可能是蒙古人。况且,康熙二十六年(1687)时,回鹘文早已在回鹘人中不复行用了,而蒙古人却仍在继续使用这种文字,加上当时敦煌是否还有回鹘佛教集团存在,本身就是一个颇值得怀疑的问题,故由蒙古佛教徒来抄写这种文字的经典应是不无可能的。不管这些书手是回鹘人还是蒙古人,该写本之存在,本身就证明了回鹘佛教典籍在河西地区的影响之大。

此外,还应注意到,敦煌地区诸石窟中所见的回鹘文题记也真实、生动地反映了宋元乃至此后河西一带回鹘佛教势力的强大和敦煌在河西佛教界的中心地位。初步统计,这种题记约有三百条之多。

元代著名回鹘航海家亦黑迷失也是著名的佛教徒,曾"敬就都城、西京、汴梁、真定、河南府、汝州、刑(邢)州、顺德府、明州补陀山、朝里宁夏路、西凉府、甘州、两淮、江浙、福建诸路一百大寺,各施中统钞一百定(锭)"。这一百大寺之名,均见于元延祐三年(1316)由亦黑迷失勒立的《一百大寺看经记》碑刻中①,其中西凉的畏委普照寺和河西双加失里院使寺最应引起注意。

西凉即今甘肃武威一带。今武威市北的永昌堡自1283年始,成为高昌回鹘王的驻跸之地。至元十二年(1275),西北蒙古诸王都哇、卜思巴等发动叛乱,围攻火州,凡6月,亦都护火赤哈尔以不屈战死。子纽林

---

① 陈启仁辑:《闽中金石略》卷一一,《石刻史料新编》一七,第13030—13032页,台北,新文丰出版公司。

的斤继位,因为没有力量统治其地,遂不得不将统治中心由高昌迁至哈密力;由于力量所限,在哈密力仍无法自保,最终于1283年在元军的护卫下迁居武威永昌,遥领高昌政事。这里的畏委普照寺当系迁居这里的高昌回鹘王室所建立的寺院。

碑刻中的"河西"当指武威以西的河西走廊地区,"双加失里"显然为一回鹘人的名字。从其名称、精通佛教及兼通藏语、回鹘语等因素看,很可能就是回鹘文《文殊师利成就法》和《胜军王问经》的译者括鲁迪·桑伽失里(Qoludï Sanggä-Širï)。从译本的跋文看,两经都是他依据吐蕃文本译成回鹘语的。

从10世纪直到元代,敦煌就一直是河西回鹘佛教和佛教文化的一个中心。瓜沙归义军统治时期如此,沙州回鹘国时代更是如此。在西夏统一河西后,回鹘佛僧又受到了西夏统治者的倚重,之后又得到河西蒙古贵族的支持,使回鹘佛教在河西,尤其在敦煌一带久盛不衰,在新疆回鹘佛教徒相继皈依伊斯兰教后,河西回鹘之佛教一脉未绝,丝丝缕缕,有可能直传承到清代康熙年间,成为回鹘佛教的最后止息地。

第三节 元代回鹘佛教徒在内地的活动

蒙元时代,有大批的回鹘人迁入内地,其中尤以大都(今北京市)最为集中。除此之外,全国其他许多地方也都有分布。入居内地的回鹘人中佛僧不少,受到了蒙古统治者的倚重,常受命在宫廷设法场,为皇室告天祷祝。据《元史》卷三二《文宗纪》记载,入蒙古宫廷作法事的回鹘僧人数很多,仅天历二年的一次与其事者就有108人。这些高僧,有的皈依喇嘛教,有的充当蒙古皇帝与藏族喇嘛教帝师之间的翻译,更有的出任蒙古皇帝或王室其他成员的老师或曾代替皇帝出家,影响很大。

回鹘僧人数量众多,于是,鱼目混珠、泥沙俱下也就在所难免。据《元史》卷一四四《答里麻传》载,在帖木迭儿为丞相独霸朝政时,"高昌僧侍丞相威,违法娶妇南城"。从一个侧面反映出当时回鹘佛僧的势力是不小的。

元世祖至元二十二年(1285)春至二十四年(1287)曾对《大藏经》进行过一次大整理,主要是以藏文经卷来勘对汉文经卷,总 1440 部,5586 卷,定其名为《至元法宝勘同总录》。参加工作者 29 人,既有汉人、藏人,又有回鹘人和印度人,其中领衔的回鹘人有 5 位:

(1) 北庭都护府通二国言音、解显密教迦鲁拏答思奉诏译西番语;

(2) 翰林学士、嘉议大夫脱印都统奉诏译畏兀儿语;

(3) 翰林学士承旨、正奉大夫安藏奉诏译语证义;

(4) 资德大夫释教都总统正宗弘教大师合台萨理奉诏译语证义;

(5) 北庭都护府通显密教讲经论律沙门斋牙答思奉诏证西天语。

其中的迦鲁拏(纳)答思、安藏、合(乞)台萨理在《元史》或《新元史》中都有专传或附传,他们都与蒙古宫廷有着密切的关系。如安藏,"十九被征,召对称旨,为特赐坐。世祖即位,进《宝藏论玄演集》一十卷,嘉叹不已。"①他的佛学成就很大,主要体现在以下几个方面:(1)至元年间曾以翻译检查官的身份参与了《至元法宝勘同总录》的编纂;(2)根据藏文汉译《圣救度佛母二十一种礼赞经》一卷;又据藏文译之为回鹘文;(3)受阿里不哥亲王之命,译《华严经》为回鹘文;(4)译《文殊所说最胜名义经》为回鹘文;(5)创作佛教长诗《十种善行赞》和《普贤行愿赞》,均为押头韵的四行诗或八行诗形式。

乞台萨理,事见《元史·阿鲁浑萨理传》。其父阿台萨理"精佛氏学"。乞台萨理"袭先业,通经、律、论。业既成,师名之曰万全。至元十二年(1275),入为释教都总统,拜正议大夫、同知总制院事"。如所周知,总制院是宣政院的前身,管理全国佛教及吐蕃政务。乞台萨理能预其事,表明他的影响是比较大的,而且与蒙古宫廷及国师八思巴的关系亦

---

① 程钜夫:《程雪楼文集》卷九《秦国文靖公神道碑》,影印洪武本第 3 册,第 3 页右。

当非同寻常。

迦鲁纳答思,曾"以畏兀字译西天、西番经论。既成,进其书。帝命锓版,赐诸王大臣"①。

"好言财利事"的桑哥,也是一名佛教徒,曾先后师事国师胆巴、帝师八思巴国师。精通汉、蒙、藏、回鹘等多种语言,"故尝为西蕃译史……至元中,擢为总制院使。总制院者,掌浮图氏之教,兼治吐蕃之事"。② 1287年,总制院改为宣政院,桑哥又成为第一任宣政院使。由于其专横跋扈,被《元史》列入《奸臣传》,但藏族古文献《汉藏史集》却对其赞美有加,称之为"有功绩的贤能大臣"。关于桑哥的族属学界多有争论,有的称之为回鹘人,亦有的称之为吐蕃人。有待进一步考实。但从他刚出任宣政院使便极力推荐别失八里回鹘人脱因任宣政院使太府卿一事看,似乎有族属上的瓜葛,亦未可知。

来自别失八里,出身畏兀儿名门的大乘都,"中统中,自其国来觐天光,世祖知其家世甚盛,又知其学问有源,随问随对,上大器之,即命通籍禁门,恒侍左右,诵说经典,益久益亲,赐侍宴衣冠,貂裘帽,金带银器,白玉佛像、银钞等"③。

元末寓居内地的龟兹回鹘人盛熙明也崇奉佛教。他于元末寓居豫章(今江西南昌市),供职于奎章阁,曾参与编修《经世大典》。他专擅书法,对佛教颇为精熟,曾撰《法书考》八卷,在《梵音》一节中对梵文悉昙字进行了专门论述。此外,又"曾书写《金字佛书》一帙"。④晚年定居浙东后又曾撰《补陀洛迦山传》,史书称其"学佛能诗",于此可见一斑。

回鹘人江浙行省左丞相达识帖睦尔还在杭州西湖建立了自己的寺

---

① 《元史》卷一三四《迦鲁纳答思传》,第3260页。
② 《元史》卷二〇五《桑哥传》,第4570页。
③ 程钜夫:《程雪楼文集》卷八《秦国先墓碑》,影印洪武本第3册,第13页右。
④ 虞集:《道园学古录》卷三《题东平王与盛熙明手卷》,《四库全书》集部146册,第40页上。

庙——畏吾寺(俗讹为义乌寺),很可能是家庙。此事在明人田汝成所辑撰《西湖游览志》中有所记载:

> 灵寿寺,在曲阜桥东。元至正二十一年(1361)江浙行省左丞相达识帖睦尔建。本畏吾氏世族,故称畏吾寺,俗讹为义乌寺。洪武二十四(1391),改今额。①

分布于全国各地的畏兀儿佛教徒常常光顾佛寺,有不少书法家还在寺内留下了诗作和书法作品。如偰玉立在泉州任达鲁花赤时曾于至正十年(1350)登临安南九日山和晋江瑞像岩。他登高远眺,在瞻礼了那里的如来佛和罗汉像后,曾题写《瑞像诗》一首。诗云:"□□深□九日峰,洞门不锁与天通;石塘冷印菩提月,庭树迎寒柏子风。岩拥如来明瑞像,山排罗汉著晴空;倚阑却望山灵道,谁识真机指顾中。"并于无等岩题写"泉南佛国"四字。其书落墨古朴,结构遒劲,被视为书中珍品。同年,其兄偰哲笃亦曾为《小金山寺记碑》篆额。

此外,见于记载的尚有资德大夫、江浙等处行中书省右丞廉迷只儿海牙(即廉恂)和奉议大夫温州路瑞安州知州兼劝农事三宝柱等,前者曾为《松江宝云寺记碑》篆额;后者则曾为《鹿苑寺碑》(又作《吴兴归安鹿苑寺记》)书丹并篆额。

这里应特别注意元代畏兀儿航海家亦黑迷失的佛事活动。作为元王朝的使者,他曾于至元二十一年(1284)奉使僧伽剌国(斯里兰卡),"观佛钵舍利"。至元二十四年(1287),他又出使马八儿国(今印度半岛南端),"取佛钵舍利"。② 作为元王朝的地方官员,他大力扶持当地的佛教活动。延祐二年(1315)福建道建宁路后山报恩寺万寿堂刊刻《毗卢藏》,卷首记载说:

> 福建道建宁路建阳县后山报恩寺万寿堂嗣教陈觉琳恭为今上皇帝祝延圣寿万安,文武官僚同资禄位,募众雕刊刊刻毗卢大藏经板流通诵

---

① 田汝成辑撰:《西湖游览志》卷一八,第205页,上海,上海古籍出版社,1998。
②《元史》卷一三一《亦黑迷失传》,第3199页。

读者,延祐二年月日谨题。都大劝缘荣禄大夫吴国公亦黑迷失。①

亦黑迷失所助刻的《毗卢大藏经》曾长期流传,直到"文化大革命"期间尚在报恩寺有存,但遗憾的是,在"破四旧"时被付之一炬,永远地消失了。

据载,亦黑迷失还曾两次向享有"南方第一刹"美誉的雪峰寺布施。第一次见载于《亦黑迷失雪峰题名》:"荣禄大夫、福建行中书省平章政事、集贤院使、领会同馆事吴国公亦黑迷失舍梯己宝钞赍擎。时延祐元年(1314)。住山椎隐悟逸题。"②雪峰寺地处福建省闽侯县大湖乡雪峰山南麓,始建于唐咸通十一年(870),至元朝时香火仍然相当兴旺。时过两年,亦黑迷失再次莅临雪峰寺,施中统钞一百锭,"年收息钞,轮月看转三乘圣教一藏",此事见载于福建泉州发现的《一百大寺看经记》碑刻:

> 亦黑迷失自幼年钦奉世祖薛禅皇帝、完者都皇帝、曲律皇帝圣恩,端为祝延今上皇帝圣寿万安,皇太后皇后齐年,太子千秋,诸王文武官僚同增禄位,风调雨顺,国泰民安,佛日增辉,法轮常转。敬就都城、西京、汴梁、真定、河南府、汝州、刑(邢)州、顺德府、明州补陀山、朝里宁夏路、西凉府、甘州、两淮、江浙、福建诸路一百大寺,各施中统钞一百定,年收息钞,轮月看转三乘圣教一藏。其余寺院庵堂接待,或舍田施钞,看念四大部,《华严》、《法华》等经,及点照供佛长明灯。谨写西天银字经一藏进上,当今皇帝回赐大都普庆寺看读。③

碑中还详列了这一百大寺的名称,以大都寺院最为集中,有32所,其次为泉州,有16所,其余依次为兴化(9所)、杭州(8所)、福州(6所)、宁夏(5所)、镇江(5所)、甘州(3所)、真定(2所)、西凉(2所)、河西(2所),另外,汝州、河南府、汴梁、西京、建宁、扬州、平江、邢州、宁波各有1

---

① 陈衍:《福建通志·金石志》。
② 福建通纪局编:《福建金石志》卷一三,《石刻史料新编》第三辑·地方类,第531页,台北,新文丰出版公司。
③ 陈启仁辑:《闽中金石略》卷一一,《石刻史料新编》一七,第13030—13032页,台北,新文丰出版公司。

寺。分布范围相当广泛。

元代,藏传佛教以得到蒙古王朝的极力扶持而势力极盛,直接影响到回鹘之佛教信仰,很多人因受其影响而皈依。于是,回鹘中出现了一大批以信仰与弘传藏传佛教而闻名的高僧大德,著名者有叶仙鼐、阿鲁浑萨理、舍蓝蓝、必兰纳识理等。

第四节 伊斯兰教的兴起与回鹘佛教的衰亡

高昌回鹘佛教自10世纪始就一直蒙受着来自中亚的伊斯兰教势力的威胁与侵扰。大约在960年左右,哈喇汗王朝建立,尊伊斯兰教为国教,国势日增,随后大举东侵,不久即占领了原属高昌回鹘的伊犁河谷和喀什噶尔地区,并迁都于喀什噶尔。又通过数十年的战争,于1006年最终占领了佛国于阗。至11世纪70年代,高昌回鹘王国佛教中心之一的龟兹亦为伊斯兰教势力所占。回鹘佛教区域日见促狭,而伊斯兰教势力却迅速膨胀。至13世纪中叶,已严重地威胁着高昌回鹘王室。据《新元史》卷一一六《巴而术阿而忒的斤传》载:

> 宪宗(1251—1259)初,萨伦的斤来朝,别失八里有造飞语者,谓萨伦的斤欲尽杀奉天方教之部民,其仆讦于官。时赛甫曷丁监治别失八里,要萨伦的斤归……乃杀之。

波斯史籍对此更有着绘声绘色的描述:畏兀儿佛徒、大臣八剌必阇赤向亦都护建议:"畏兀儿人应把别失八里及其邻近的穆斯林杀光,抢劫他们的财产,掳掠他们的子女,而且应装备一支五万人的军队,以备不时之需。"后因阴谋败露,萨伦的斤被杀。① 回鹘亦都护之被杀,固然有其政治背景,但表现形式却是宗教斗争,肇源于谣传萨伦的斤有欲杀穆斯林的

---

① [伊朗]志费尼著,何高济译:《世界征服者史》(上册),第55—58页,呼和浩特,内蒙古人民出版社,1981。

图谋,说明高昌回鹘王国的京畿地区已有穆斯林存在,而且伊斯兰教势力已经相当强大,足以影响到高昌亦都护和蒙元王朝的施政与宗教政策。

1269年,海都之乱爆发,西北蒙古诸王与忽必烈为争夺王位而兵戎相见,地处二者之间的高昌回鹘辖域成了双方厮杀的战场,兵燹所及,赤地千里。1275年,高昌城陷落,亦都护火赤哈尔的斤以不屈战死,人民离散,国势日衰。新继位的纽林的斤因为无力统治其地,不得不东迁哈密力(今新疆哈密市)。力量的单薄,使他在哈密力仍无以自立,不得不于1283年再迁武威永昌。高昌回鹘之佛教势力由是而受到了沉重打击。

泰定年间(1324—1328),畏兀儿地区被逐步实现了伊斯兰化的察合台汗国所蚕食。1346年,秃黑鲁帖木儿登基,占领高昌,并强行在高昌、别失八里诸地推行伊斯兰教,将高昌更名为"Dár al islam"(伊斯兰之座)。① 高昌回鹘佛教由此而再受重挫。

吐鲁番佛教尽管连遭重创,但其势力却并未因此而退出,直到15世纪初期,这里的居民大多仍为佛教徒。1420年,哈烈国王沙哈鲁·把哈都遣使明朝,途经吐鲁番地区,见这里"大部分居民是异教徒,崇拜偶像。他们有极美丽的大偶像寺庙,并且有很多偶像"。② 明朝使节陈诚于永乐十二年(1414)出使中亚哈烈国,途经此地时,亦见吐鲁番城"居人信佛法,多建僧寺"。③ 永乐六年(1408)五月,明王朝任命吐鲁番高僧清来为"灌顶慈慧圆智昔应国师",法泉等为吐鲁番等城"僧纲司"官。④ 宣德四年(1429)五月又任命桑果大师为吐鲁番僧纲司都纲。吐鲁番佛教徒也很注意发展与中原王朝的关系,直到正统二年(1437),吐鲁番国师巴剌麻答失还继续派遣僧人赴中原王朝贡马及方物。以求得到中原王朝的支持。

---

① N. Elias & E. Denison Ross, *A History of the Monguls of Central Asia / Being the Tarikh-i-Rashidi of Mirza Muhammad Haidar, Dughlat*. London, 1972, p. 52.
② K. M. Maitra, *A Persian Embassy to China. Being an Extract from Zubdatu't Tawarikh of Hafiz Abru*. New York, 1970, pp. 12 – 13.
③ 陈诚:《竹山先生文集》内篇卷一《御览西域山川风物行程记录》。
④ 《明太宗实录》卷七九,第1062页,台北,"中央研究院历史语言研究所"校印,1962。

这里还应特别指出,自 1437 年以降,在明代史料中再未出现关于吐鲁番地区佛教僧侣的记载。这可视作吐鲁番地区佛教进一步失势的佐证。

吐鲁番城东不远处的火州,佛教的衰亡似乎更早。从历史文献的记载看,火州的伊斯兰化过程似乎也要比吐鲁番更快,且更早一些。而在此之前,回鹘的另一佛教文化中心别失八里就已经实现了伊斯兰化,而且成为伊斯兰教势力东向发展的根据地与大本营。

哈密回鹘的伊斯兰化时间最迟,从历史记载看,直到 15 世纪中期,佛教在哈密的势力仍是很大的,信徒众多,并得到哈密王室的支持,故明廷在这里"设哈密卫僧纲司"等专门机构进行管理,永乐十年(1412)五月,"哈密忠义王免力贴木儿所遣阿鲁儿火者请于其地设僧纲司,且请以僧速都剌失为都纲。皆从之,给赐敕命及印"。① 说明明王朝对哈密佛教相当重视。天顺七年(1463)九月庚申,"哈密忠顺王母弩温答失里奏举必剌牙失里袭从父绰颜贴木儿国师职"。而明英宗认为:"国师乃朝廷优待西僧职之重者,非戒行精专,莫能胜之"。故未准奏,而任命必剌牙失里为哈密僧纲司都纲。② 这一记载说明直到 15 世纪中期,哈密之佛教势力犹存,与哈密王室关系密切。这是汉文史册对西域回鹘佛教的最后记载。

在佛教渐趋衰亡的同时,哈密的穆斯林势力却在逐步地扩大:

[洪武十四年(1381)]五月乙酉朔,哈梅里(即哈密)回回哈阿老丁来朝,贡马,诏赐文绮遣往畏兀儿之地,招谕番酋。③

[洪武二十五年(1392)十二月]辛未,哈梅里兀纳失里王遣回回哈只阿里等来贡马四十六匹。④

[永乐七年(1409)十一月]辛卯,哈密等处回回你谷等贡马⑤。

---

① 《明太宗实录》卷一二八,第 1593 页。
② 《明英宗实录》卷一五七,第 3117 页。
③ 《明太祖实录》卷一三七,第 2164 页。
④ 《明太祖实录》卷二二三,第 3264 页。
⑤ 《明太宗实录》卷九八,第 1292 页。

> 弘治十一年(1498)……其三种大头目:都督写亦虎仙系回回,奄克孛罗系畏兀儿,并迭力迷失系哈剌灰种类,皆翼佐陕巴者。①

其中的阿老丁(Alaodin)、阿里('Ali)都是穆斯林常用名,哈只(Hājj)意为"朝觐者",系伊斯兰教对到过麦加朝觐的教徒的一种荣誉称号。最后一条记载将回回与畏兀儿并列,说明到15世纪末,回回的势力虽已超过了佛教,但并未取得压倒的优势。从历史记载分析,哈密畏兀儿全民改奉伊斯兰教当在1505年拜牙即继哈密忠顺王位而号"速檀"之后。因为从这一年开始,哈密入中原朝贡的使者只有穆斯林而不再有佛教僧侣。说明到16世纪初,佛教已最终让位于伊斯兰教了。

这里不能不述及明人李日华《六研斋笔记》卷二《西域僧锁喃嚷结传》对明代西域佛教的记载。

据称,李日华于天启年甲子(1624)遇到了由印度东行中国的梵僧锁喃嚷结。后者"东行九万里余,始至大明"②。以游记见示,李日华遂将之抄录了下来。其文曰:

> 又东行过殑伽河,即恒河,广可百丈。其水绿波见底,杂石所儆,两岸奇卉异香木茂。而往(住)一月,至跋禄伽国,名小沙碛。王名碧多。都城高广,人物集盛。惟有一寺名阿奢理儿寺,宽广僧多,专学禅定,多游天竺。又东三千里,过屈支国,王号木文麹多。宫殿整齐,人民男妇赤色。敬重三宝,多幻术,所餐诸物华美,衣服精丽。使用金银钱。停住一年,又行,东过阿耆尼国,多有银矿山、金矿山,高可百丈,光气腾曜,不可名状。贼寇极广,其人凶恶,惨杀无忌。又东行千里,乃古高昌国。先高昌王有妹,被主活国王取去,亦名高昌国。古高昌国,亦名伊吾国。③

---

① 参见马文升《兴复哈密记》。
② 《大正藏》卷五一,第986页上。
③ 同上书,第986页中。

其游记还提到锁喃嚷结出家的寺庙：

> 后建法王殿说法台，高昌国王麹文哆嗲所施，封一高僧无上法王，号圆通至胜佛。所度法子名嘛喝宝利，正锁喃嚷结之师。俗居恭御都官，是高昌王第七弟之遗宗，名播利铠，厌王宫幻有之躯，欣菩提无上之果，遂投实（宝）利，修习禅定，指示要略。①

从记载看，直到17世纪早期，跋禄伽国（今新疆阿克苏市）、屈支国（今新疆库车县）和高昌国（今新疆吐鲁番市）还有佛教流行，人们"敬重三宝"，以修禅者为最众，从"多幻术"一语看，似乎密宗在龟兹一带尚有流行，惟阿耆尼国（今新疆焉耆回族自治县）不闻有佛教。

但是，必须看到，这一文献存在着诸多疑问。其一，文献一开始便称"西域东天竺国有国，名主活，近名高昌。"高昌在新疆，何以跑到东印度去了？据载是因为"先高昌王有妹，被主活国王取去，亦名高昌国"。② 显然来自传说，完全不可信从；其二，主活国一名不见于中外文献（至少不见于汉籍史料）的记载，无法明瞭其相当于印度东部的哪一个国家；其三，文称"古高昌国，亦名伊吾国"，张冠李戴，自属耳食之言，因为古伊吾国相当于今天的哈密，与古高昌国所在的吐鲁番非为一地；其四，文中提到当时的高昌王为麹文哆嗲，也是无法考实的。7世纪初，高昌国确有一王名曰麹文泰。玄奘西行过其地，该王奉玄奘甚敬，惠立、彦悰撰《大唐大慈恩寺三藏法师传》对此颇多记载。640年，唐灭高昌国，于其旧地设西州，麹氏高昌遂灰飞烟灭。9世纪中叶，回鹘占据此地，定高昌为国都。文中的"麹文哆嗲"，极似麹文泰名之音讹；其五，锁喃嚷结，从其名称看，应为吐蕃僧，而非如标题所言为西域僧。

总之，该文献扑朔迷离，对其价值尚需作进一步的认定，作为信史利用的条件尚不成熟，故这里仅略加提及，旨在引起关注而已。

---

① 《大正藏》卷五一，第986页上。
② 同上书，第985页下。

第七章 西夏佛教

第一节 佛教在西夏的兴衰

一、佛教在西夏的初传

西夏是我国古代西北少数民族党项羌人所建立的政权。党项为汉代西羌之别种。"西羌微弱,或臣中国,或窜山谷。自周氏灭宕昌、邓至之后,党项始强"。① 隋文帝时期,党项已进入甘肃、四川之间的岷山地区。入唐以后,唐朝积极招抚党项各部,贞观八年(634)前,许多党项部落内附于唐,唐于党项诸部地设置了一系列羁縻府州。贞观以后,吐蕃势力崛起并北上,党项羌一部分臣服于吐蕃,另一部分相继内徙。内迁之党项主要分布在陇右道之洮(今甘肃临潭)、秦(今甘肃天水)、临(今甘肃临洮)等州和关内道的庆(今甘肃西峰)、灵(今宁夏灵武)、夏(今陕西横山)、银(今陕西榆林东南)、胜(治今内蒙古准格尔旗十二连城)等州之内。天宝十四载(755)安史之乱爆发,原在陇右北部诸州的内迁党项东

---

① 《旧唐书》卷一九八《西戎·党项传》,第5290页,北京,中华书局,1975。

徙进入关内道的庆、夏、盐、灵等州,而原在庆、灵、夏等的党项更向东迁至银、绥(今陕西绥德)等州。至此,内徙党项逐渐以地域形成几个大的部落集团。居于庆州一带的党项部落称作东山部落;居于夏州一带的党项部落称作平夏部落。平夏部落即五代时建立夏州割据政权的拓跋部。

早在内徙以前,党项与吐蕃上层就曾有过密切的佛教来往。据藏文史籍《贤者喜宴》记载,唐朝时候,吐蕃首领松赞干布即曾娶弥药王之女茹雍妃法莫尊为妃,并为她在西藏建造了拉萨卡查寺。吐蕃王松赞干布还令人在弥药的热甫岗建造了雍左热甫寺神殿。桑耶寺落成后,吐蕃曾迎请东方弥药高僧来降伏神魔。这些记载如果属实,那就说明,在中原汉传佛教还没有进入党项社会之前藏传佛教即已在党项人心目中埋下了种子。而汉传佛教的传入,当在党项族内迁西北以后。

五代时期,党项"不相统一",以其中的几个大姓为中心逐渐形成了几个大的割据势力。如自唐末以来盘踞于夏、绥、银、宥四州的定难军节度使党项拓跋氏,五代兴起于府、麟二州的党项折氏,以及居于庆、灵二州间的"西路党项"诸部。宋初赵匡胤褫夺藩镇的兵权,引起李氏的不满。虽然他们一开始服从宋的命令,但两者之间的矛盾不断加剧。1032年李德明之子李元昊继夏国公位,开始积极准备脱宋自立。他首先弃李姓,自称嵬名氏。第二年以避父讳为名,改宋明道年号为显道,暗中启用了西夏自己的年号。在其后几年内自行建宫殿,立文武班,规定官民服饰,定兵制,立军名,创造自己的民族文字(西夏文)。1038年10月11日,李元昊称帝,建国号大夏,都兴庆府(今银川市)。西夏势力最强盛时,统治区域东据黄河,西至玉门,南临萧关,北抵大漠,境域二万余里。辖地包括今宁夏全部,陕西、内蒙、甘肃、青海等各省的一部分。境内生活着党项、汉、吐蕃、契丹、女真、回鹘、鞑靼等多种民族,党项人在政治和文化方面都居于主导地位。

党项政权所辖的河西、陇右地区,早就居住着汉族和其他各族人民,这里是中国佛教信仰流行较早的地区,自北凉、北魏经隋、唐至宋,佛教在这一地区已经流传了六七百年,在当时已形成甘、凉、肃、瓜、沙等佛教中心,佛刹寺庙,星罗棋布,佛事活动十分兴盛。居住在党项周围的汉、回鹘、吐蕃、契丹等族早已信奉佛教,这种浓厚的宗教氛围对党项人很快接受佛教具有潜移默化的作用。

佛教在党项民族中的传播与发展有其适宜的土壤。7世纪中期以后,党项族人民历经迁徙,唐末安史之乱的动荡以及藩镇割据的战乱,加上上层统治者的压迫和剥削,人民生活十分困苦,渴望安定与幸福,而佛教的因果报应理论以及信佛行善可以解脱轮回、往生极乐世界的说教,为在现实生活中饱受煎熬的劳动人民提供了精神上的慰藉。西夏建国前后,统治者率先接受并提倡佛教,使佛教得以迅速地传播并发展开来。

早在德明时期,佛教即已在党项社会中有所传播,史记德明"幼晓佛书",后来大力弘法,被称作西夏大力倡导佛教的开山之人。文献中有关西夏佛事活动的最早记载是宋景德四年(1007),当时党项族首领、夏州节度使、西平王德明的母亲罔氏死,"及葬,请修供五台山十寺,乃遣阁门祗候袁瑀为致祭使,护送所供物至山"①。这次对中原佛教圣地五台山的朝觐活动,表明佛教已成为党项王室的重要信仰了。德明时期政治局势比较稳定,宋夏关系正常,在此背景下,西夏开始向宋朝求取佛经。宋仁宗天圣八年(1030)十二月,"定难节度使赵德明遣使来献马七十匹,乞赐佛经一藏"。② 这次求赐佛经活动不仅开西夏向宋求经的先河,而且使西夏佛教第一次有了系统的理论典籍,从而在中原佛教的影响下迅速向前发展。

西夏的开国之君元昊(1038—1048)在佛教的弘扬方面颇多建树。此人通晓"浮图学",又精通蕃汉文字,而且善于"创制物始"③,对西夏佛教发展贡献尤著。元昊继德明位后,一面倡导创制西夏文字,一面效其

---

① 《宋史》卷四五八《夏国传上》,第13990页,北京,中华书局,1977。
② 李焘:《续资治通鉴长编》卷一〇九天圣八年(1030)十二月丁未条。
③ 《宋史》卷四八五《夏国传上》,第13993页,北京,中华书局,1977。

父之法,于宋景祐元年(1034)十二月向宋朝献马五十匹,再次求赐佛经一藏,为嗣后正式译经工作做准备。夏大庆元年(1036),天竺僧人善称等一行九人到宋朝京城汴京进贡梵经、佛骨及铜牙菩萨像,回归时,途径西夏,元昊渴望得到印度佛经原本,就把他们软禁在驿舍,索要贝叶梵经。由此可见元昊求经之心切。宋宝元元年(1038)元昊又向宋朝提出希望派使臣到五台山供佛,"表遣使诣五台山供佛宝,欲窥河东道路"[①],其父李德明曾派人到五台山修供十寺,元昊为了表明自己提倡佛教的诚心,请求派人到五台山供佛宝,且利用礼佛的机会,派人东过黄河,窥探宋朝的道路。

元昊不仅仅在其立国称帝前与宋朝保持着佛教的往来,在建国后,元昊仍然积极促进夏、宋之间的佛教交流。夏宋的和平,不仅有利于促进两国间的政治、经济、文化的交流,同时也有利于促进两国间佛事活动的来往。夏宋之间的佛教交流,可以通过二者间利用佛事活动来进行侦察、反间的记载得到佐证。如重熙十一年(1042),北宋知清涧事种世衡派僧人王光信(即王嵩),潜入夏国行反间计,用腊丸书信送给元昊的心腹大将野利旺荣,使元昊对旺荣产生疑心,最后终于杀掉了他。又北宋知渭州王韶、总管葛怀敏也派僧人法淳持书信前往西夏活动。两国僧人及佛事活动来往,从客观上促进了佛教的交流和传播,也正说明了西夏的佛事活动日益兴起,僧人在西夏有着特殊的社会地位。夏天授礼法延祚八年(1045),即宋夏"庆历议和"的第二年,元昊不仅遣使到宋朝谢册封,而且还派西夏僧人吉外吉、法正谢赐佛经,元昊求赐佛经已是十年前即1035年的事,此时致谢固然带有政治色彩,但也表明了西夏统治者对两国佛教交流的重视及渴望发展佛教的迫切心情。

元昊鼓励发展佛教之举措还包括对佛经的翻译及兴建佛塔寺庙等

---

① 《宋史》卷四八五《夏国传上》,第13995页,北京,中华书局,1977。

方面。元昊所倡导用本民族文字西夏文翻译佛经的创举,为党项民族直接接受佛教教义和理论知识,对佛教能够在党项人中快速而广泛的传播具有巨大的推动作用。

早在立国之初,元昊即开始广泛搜集佛舍利,兴建佛塔寺庙。有关西夏最早建塔活动的记载见于明《嘉靖宁夏新志》卷二中记录的《大夏国葬舍利碑铭》。铭文尾题年款"大庆三年八月十日建",是为西夏正式建国(1038)前两月所立,碑铭记录了为葬舍利而兴建佛塔的盛况。天授礼法延祚十年(1047),元昊又下令建立了规模宏大的高台寺,"于兴庆府东一十五里役民夫建高台寺及诸浮图,俱高数十丈,贮中国所赐大藏经,广延回鹘僧居之,演绎经文,易为蕃字"①,又据《嘉靖宁夏新志》记载元昊还曾在西路广武营造大佛寺。② 宏伟的高台寺和大佛寺充分显示了西夏佛寺的规模及佛事活动的铺张,也说明了西夏佛教的进一步发展情况。此外元昊还规定每年的四孟朔,即四季第一个月的初一为圣节,下令官民礼佛,这实际上是用行政手段强制全民归依佛教。

从立国前至李元昊时期,西夏佛教逐渐发展兴盛起来,尤其是元昊时期的求经、译经及兴建塔寺等行政措施和佛事活动,为西夏佛教的发展铺垫了稳固的基石。

二、佛教在西夏的发展与繁荣

西夏佛教经过李德明、李元昊时期的初步传播与发展,至谅祚、秉常、乾顺时期,由于统治者的大力扶持与提倡,西夏的求经、译经、兴建佛教建筑等佛事活动日益蓬勃发展起来,各种宗派也业已形成,佛教进入了成熟发展时期。第五代皇帝仁宗仁孝执政时期,西夏佛教伴随着鼎盛的西夏文化有了新的发展,达到了高度繁荣昌盛的阶段。

---

① 吴广成著,龚世俊等校证:《西夏书事校证》卷一八,第212页,兰州,甘肃文化出版社,1995。
② 胡汝砺编,管律重修,陈明猷校勘:《嘉靖宁夏新志》卷三,第238页,银川,宁夏人民出版社,1982。

1. 谅祚、秉常、乾顺时期的佛教

毅宗谅祚(1049—1067)年幼即位,其生母没藏氏执政。李元昊时期没藏氏曾在兴庆府戒坛寺出家为尼,号"没藏大师"。没藏太后十分好佛,夏天祐垂圣元年(1050)冬天,开始兴建承天寺塔。此塔落成于夏福圣承道三年(1055),历时五年之久,役民数万。建成后,"延回鹘僧登座演经,没藏氏与谅祚时临听焉"①,国母皇太后与皇帝亲临寺庙聆听回鹘佛僧讲经说法,足见回鹘高僧在西夏佛教界具有备受尊崇的地位。承天寺建成当年,即1055年,没藏氏派遣使臣到宋朝,求得大藏经一部。② 谅祚十六岁亲政以后,又大力提倡"汉礼",先后两次向宋朝索得佛经,夏宋之间的佛事往来进一步加强。

惠宗秉常时期(1068—1086),母后梁氏执政。在天赐礼盛国庆四年(1072),夏第六次向宋朝求赐佛经,此外还加强了佛经的翻译工作。西夏文《悲华经》、《经律异相》卷首题名中都记有"皇太后梁氏"、"大皇皇帝嵬名(惠宗)"御译字样。北京国家图书馆所藏《现在贤劫千佛名经》卷首西夏译经图再现了当时盛大的译经场面。主译国师白智光端坐正中,助译僧俗十六人分列两旁,皇太后梁氏和皇帝秉常也亲临译场,分坐两侧。党项王室对西夏译经事业的高度重视,必然大大推动西夏佛教的迅速发展。这一时期西夏还对河西走廊的两个佛教圣地莫高窟、榆林窟的许多洞窟进行了修葺、妆銮。莫高窟第444窟的"天赐礼盛国庆"和榆林窟第15、16窟"天赐礼盛国庆五年"的题记,反映了当时这一地区繁荣的佛事活动。尤其是天赐礼盛国庆五年(1073)的榆林窟长篇汉文题记,记述了西夏阿育王寺释门赐惠聪一行七人来此窟"住持四十日,看读经疏文字,稍熏习善根种子",领略了"修行之界"的榆林圣境。这一时期,夏与辽之间依然有

---

① 吴广成著,龚世俊等校证:《西夏书事校证》卷一九,第226页,兰州,甘肃文化出版社,1995。
②《续资治通鉴长篇》卷一七九仁宗至和二年(1055)四月庚子条。

频繁的佛事往来。据《西夏书事》卷二十五记载:"辽国数年间,岁常三四以拜礼佛塔为名,假道兴窥阚经路。"虽然是假托礼佛之名,而进行其他军事活动,但从另一方面也反映出了西夏佛教兴盛发展的情况。此外,西夏与辽、金两朝亦有不少的佛教文化交流。

秉常时期还刻印了大量的汉字佛经。夏天赐礼盛国庆五年(1073),由陆文政发愿印施的《大般波罗蜜多心经》,是目前发现最早的西夏刻本汉字佛经。大安十年(1083),由大延寿寺演妙大德沙门守琼印施的《大方广佛华严经》在西夏也广为传播,说明华严宗在西夏佛教中已有较大影响。

崇宗乾顺时期(1087—1139),西夏虽然与外界冲突较多,但西夏佛教却在断断续续的战争中又有了新的发展。元昊于天授礼法延祚元年(1038)称帝之初便开始了组织西夏文大藏经的翻译,从是年至夏崇宗乾顺天祐民安元年(1090),历时53年,终于用西夏文译完了从《开宝藏》中拣选出来的经典820部,3579卷,分装入362帙中。主持翻译工作的是来自高昌回鹘王国的国师白法信及其后继者智光等32人为首的一大批僧人。① 在此期间,佛教小乘和大乘诸派都开始对西夏佛教产生影响。《凉州重修护国寺感通塔碑铭》记载:"佛之去世,岁月浸远,其教散漫,宗尚各异,然奉诸无不尊重赞叹。"由于西夏统治者对各种佛教宗派都予以提倡和扶植,西夏佛教由过去笼统的尊崇佛祖转变为有目的、有选择的接受某一宗派的教义,从而形成西夏佛教派别。西夏人拥有自己本民族文字的大藏经,同时又受中原佛教宗派的影响,形成了各自的派别,这些标志着西夏佛教已由稚嫩而步入成熟阶段。②

乾顺时期的佛教盛事还表现在:重修凉州感通塔及寺庙和兴建

---

① 杨富学:《回鹘僧与〈西夏文大藏经〉的翻译》,《敦煌吐鲁番研究》第7卷,第340页,北京,中华书局,2004。
② K. J. Solonin, Tangut Buddhism as a Local Tradition,李范文主编:《西夏研究》第三辑,第100—108页,北京,中国社会科学出版社,2006。

规模宏大的卧佛寺。凉州护国寺内有一七级佛塔,屡现"灵应",为了旌表佛塔的"灵应",天祐民安四年(1093),西夏梁太后和乾顺发动大量的人力、物力和财力重修护国寺感通塔,第二年竣工,并立一碑以记功德,这就是著名的西夏《凉州重修护国寺感通塔碑》。碑文记述了当时西夏佛教流传发展情况:"今二圣临御,述继先烈,文昭武肃,内外大治。天地禋祀,必庄必敬,宗庙祭享,以时以思。至于释教,尤所崇奉。"碑文亦描述了凉州地区信佛的盛况:"况武威当四冲地,车辙马迹,辐辏交会,日有千数。故憧憧之人,无不瞻礼随喜,无不信也。"明宣宗撰《敕赐宝觉寺碑记》载,西夏乾顺时期,有国师沙门嵬咩思能,感梵音而前往寻佛,来到甘州西南隅,掘地四尺有余,发现一个用金甓催瓦包覆的涅槃佛像,于是倡导在此地建造一座刹寺,名叫卧佛寺[1],即今甘肃张掖大佛寺之前身。

另外,敦煌莫高窟、瓜州榆林窟中存在有四方乾顺时期的西夏文题记,即莫高窟第444窟永安二年、榆林窟第25窟雍宁甲午初年(1114)、莫高窟第285窟雍宁乙未二年(1115)、榆林窟第17窟正德戊申二年(1128),都反映了乾顺时期河西走廊上烧香礼佛、修寺建刹的佛事盛况。

以上记载都说明了佛教在西夏广泛传播和发展的盛况,统治阶级的提倡和扶持,一系列求经、译经、建寺等佛事活动,不断促进佛教的稳步发展,为西夏中后期佛教的繁荣昌盛奠定了基础。广大民众纷纷归依,佛教在西夏社会中的地位亦日趋重要。

2. 仁宗仁孝时期时期的佛教

西夏第五代皇帝仁宗仁孝自夏大庆元年(1140)即位到乾祐二十四年(1193)退位,执政53年,其间,西夏社会生产力高度发展,封建制度日益完善。经济的繁荣与政治的相对稳定促进了西夏文化的高速发展,统

---

[1] 钟庚起著,张志纯等校点:《甘州府志》卷一三《艺文》,第518—519页,兰州,甘肃文化出版社,1995。

治者的大力提倡进一步扩大和加深了佛教在西夏的影响。这一时期西夏已经建立了一套比较完善的佛教管理机构和管理制度。《天盛改旧新定律令》记载西夏管理佛教事物的最高机构是僧人功德司和出家功德司,各司亦下属诸多管理部门。由于统治者提倡尊崇佛教,对高僧大德封赐名号,见于西夏佛教文献的封号就有帝师、上师、国师、德师、大师、大德、定师、法师、禅师等等。根据北京房山云居寺发现的明刊本,西夏时期译校、汉藏对照《圣胜慧到彼岸功德宝集偈》的汉文题款:"贤觉帝师"波罗显圣①,可知帝师之制并非始于元代八思巴,而在西夏时代即已存在。仁孝时期主要的佛事活动有西夏文佛经的校勘、刻经施经、发展藏传佛教等方面。

(1)佛经的校勘

乾顺时期,西夏对汉文佛经的翻译工作已大体完成,大藏经的主要部分已经陆续被译成西夏文。仁孝时期开始对西夏文大藏经进行大规模的整理与校勘,使西夏文佛经渐趋完备。传世的西夏文佛经中,明确记载经过校勘者多为仁孝时期之物。其中有"御校"即皇帝亲自校勘和"敕校"即在皇帝诏令下校勘两种。常见的西夏文佛经题款有几种情形:惠宗秉常时期译,仁宗仁孝时期校;崇宗乾顺时期译,仁宗时期校;无译经题款,但记仁宗时校;无译经题款,但校经题款称仁宗敕令重校。西夏文《过去庄严劫千佛名经》发愿文中提到"后奉护城皇帝敕,与南北经重校"②,文中护城皇帝即指仁宗仁孝皇帝,校经所依底本为"南北经","南"经当指宋朝官刻本《开宝藏》;"北经"当指辽朝的《契丹藏》。③ 现存的西夏时期佛经中属仁孝时期的校经有《悲华经》、《佛说宝雨经》、《现在贤劫

---

① 罗炤:《藏汉合璧〈圣胜慧到彼岸功德宝集偈〉考略》,《世界宗教研究》1983年第4期,第17页。
② 史金波:《西夏文〈过去庄严劫千佛名经〉发愿文译证》,《世界宗教研究》1981年第1期,第72页。
③ 陈爱峰、杨富学:《西夏与辽金间的佛教关系》,《西夏学》第1辑,第32页,银川,宁夏人民出版社,2006。

千佛名经》、《大方广佛华严经》、《大般若波罗蜜多经》、《大宝积经》、《金光明最胜王经》等数十部。

(2) 刻经

现存时代最早的西夏刻汉文佛经系夏天赐礼盛国庆五年(1073)信徒陆文政私人发愿刻印的《大般若波罗蜜多经》。官刻则以夏人庆三年(1146)雕印的《妙法莲华经》汉文佛经为最早。仁孝时期(1140—1193),特别是乾祐年间(1170—1193),是西夏刻印佛经的最盛时期。

仁孝时期刻印了大量的汉、夏文佛经,木刻印刷为佛经的大量散施、流传提供了极为有利的条件。其中汉文佛经有:人庆三年(1146)雕刻的《妙法莲华经》、天盛四年(1152)所雕《注华严法界观门》、天盛十三年(1161)所印《大方广佛华严经普贤行愿品》、天盛十九年(1167)刻印的《佛说圣佛母般若波罗蜜多心经》和《金刚般若波罗蜜经》、乾祐十五年(1184)刻印的《佛说圣大乘三归依经》、《圣大乘胜意菩萨经》和由私人重印的《佛说金轮佛顶大威德炽盛光如来陀罗尼经》,乾祐十六年(1185)比丘智通印施的《六字大明王陀罗尼》,乾祐二十年(1189)仁宗雕印的《观弥勒菩萨上生兜率天经》、罗皇后雕印《金刚般若波罗蜜经》等。而且仁孝时期已经开始刻印西夏文佛经,传世的西夏文佛经有刊印于天盛二十年(1168)的《金刚般若波罗蜜经》,发现于甘肃武威的乾祐十六年(1185)的刻本西夏文施经发愿文残页,为仁宗皇帝乞福求寿事,说明仁宗时期就已经出现了刻印西夏文佛经。

西夏佛经中也有很多为私人刻本,多为汉文佛经。如上文提到的天赐礼盛国庆五年(1073)陆文政发愿刻印的《大般若波罗蜜多经》即为"报父母同拯之德","特舍净贿,恳尔良工,雕刻板成,印施含识",这是已知有西夏明确纪年的最早刻本;仁宗人庆三年(1146)雕刻的《妙法莲华经》为上殿宗室御史台正嵬名直本印施的,由宗室提供"日费饮食",由"清信弟子雕字人王善惠、王善圆、贺善海、郭狗埋等"刻印;天盛四年(1152)所雕《注华严法界观门》则是由邠州开元寺僧人刘德真印施的，其"恭舍囊资，募工镂板，印施流通"的①；天盛十九年(1167)的《金刚般若波罗蜜经》则是"太师上公总领军国重事秦晋国王"任得敬为求得病愈而发愿刻印的。② 除了多数的官府刻本及私人刻经以外，西夏寺院亦多有刻印佛经。有时是为皇室重大法事活动刻印，有时则是寺院为弘扬佛法而用。与皇室佛事相比，私人及寺院的地位和财力都有限，刻经的数量和规模都难以与皇室相比。皇家刻经动辄数万、数十万的数量，反映了西夏佛教的繁荣和刻印能力的不凡。

(3) 施经

仁宗时期皇家及民间大量刻印佛经，除供养、诵读等目的外，主要是充作布施用的。

天盛十九年(1167)仁宗开板印造《佛说圣佛母般若波罗蜜多心经》，用夏、汉两种文字共印制两万卷，散施给臣民，同时还请高僧国师烧结坛，演讲佛经，作大法会，施放神幡，赦救生命，施贫济苦等隆重的佛事活动。一本刻有仁宗尊号的御制汉文佛经发愿文中载："观兹胜因，倍激诚恳，遂命工镂[板]印番汉[经]一万五千卷，普施国内……"③乾祐十五年(1184)仁宗印造汉文《佛说圣大乘三归依经》，用"番、汉两种文字印制五万一千余卷，佛画功德大小五万一千余帧，数串不等五万一千余串，普施给臣吏僧民，每日诵持供养"④。这种大量的普施佛经，常常伴有规模宏大的施经大法会。乾祐二十年(1189)，仁孝即位五十周年庆典，在大度民寺作大法会。《观弥勒菩萨上生兜率天经》发愿文记录了这次大法会的盛况，法会从九月十五日开始，恭请宗律国师、净戒国师、大乘玄密国

---

① 史金波：《西夏出版研究》，第73页，银川，宁夏人民出版社，2004。
② 同上书，第261页。
③ Л. Н. Меньшиков, *Описание китайской части коллекции из Хара-хото*, Москва, 1984, стр. 491.
④ Л. Н. Меньшиков, *Описание китайской части коллекции из Хара-хото*, Москва, 1984, стр. 497.

师、禅法师等重要僧人参加,诵读藏文西番、西夏文(番)、汉文佛经,散施番、汉《观弥勒菩萨上生兜率天经》十万卷,汉文《金刚经》、《普贤行愿经》、《观音经》等各五万卷,作各种法事长达十昼夜。乾祐二十四年(1193),仁孝去世,请匠雕印施番、汉《拔济苦难陀罗尼经》二千余卷。施经数量之可观,法会规模之宏大,前所未有,充分说明了当时佛教信徒之众。

(4) 发展藏传佛教

西夏佛教与藏传佛教的关系源远流长,由于地域和族群的关系,吐蕃与党项在历史和文化方面都有共同之处,宋人称"大约党项吐蕃,风俗相类"①。西夏所辖地区早有信仰佛教的传统,西夏曾掠夺或征服了许多信仰佛教的吐蕃人,元昊时期西夏与河西、河湟吐蕃亦交往颇多,藏传佛教对西夏都有了或多或少的影响。

藏传佛教传入党项的时间较早,而藏传佛教在西夏得到大力发展则是在仁孝时期。夏天盛十一年(1159),仁孝派遣使者到西藏,奉迎迦玛迦举教派的初祖都松钦巴。都松钦巴因故未能前来,但派其大弟子格西藏琐布赍经像到凉州,设道场讲道义,弘扬佛法,之后又到西夏国都,仁孝奉其为上师,广建寺院,并组织人力大规模翻译他带来的佛经。藏传佛教萨迦派祖师扎巴坚赞的弟子迥巴瓦国师觉本,也曾来到西夏讲法,奉为上师。可见,这一时期西夏和藏教各大派已有密切联系。

藏传佛教对西夏佛教的巨大影响主要表现在佛经的翻译方面。现已发现的西夏文佛经中,有《圣大千颂般若波罗蜜多经》、《圣大明暗王随求得经》、《佛说圣大乘三归依经》、《圣大乘胜意菩萨经》、《圣胜慧到彼岸八千颂经》、《佛母大孔雀明王经》、《无量寿宗要经》等近二十部都是译自藏文佛经。亦有不少佛经被移译成汉文,如《佛说圣大乘三归依经》、《圣大乘胜意菩萨经》等皆属此类。我国武威天梯山石窟所出《圣观自在大

---

① 《宋史》卷二六四《宋琪传》,第 9129 页,北京,中华书局,1977。

悲心总持功德依经录》题款中所记译经僧人周慧海,即是一位仁孝时期的藏文译经大师。仁孝乾祐四年(1173)甘州已成为西夏翻译藏文佛经的中心,乾祐七年(1176)仁孝在甘州立黑水建桥敕碑,一面用汉文书写,一面用藏文书写。① 此碑说明了当时在甘州地区不仅藏族居民较多,而且指出了碑文内的贤觉菩萨就是弘扬藏传佛教的帝师。② 乾祐二十年(1189)印施的西夏文《观弥勒菩萨上生兜率天经》御制发愿文中记载,大法会上"念佛诵咒,读西番、番、汉藏经",把西番(藏文)佛经列于夏、汉佛经之首,说明了仁孝晚期藏传佛教有了更大的势力。

此外,西夏从佛教的传译、寺庙的建设、僧人的培养等各方面亦都深深地打上了藏传佛教的印记,自仁宗时期始,藏传佛教在西夏的发展进入了一个新的阶段,使西夏佛教的内涵产生了巨大变化,对西夏文化及政治都有着重要的影响,为后世藏传佛教进一步东传中原亦起到了一定的作用。

莫高窟、榆林窟也留下了仁孝时期诸多佛事活动的遗迹,如榆林窟第25窟人庆乙丑年(1145)题记、莫高窟第85窟仁(人)庆五年(1148)题记、莫高窟第365窟乾祐三年(1172)题记、榆林窟第19窟乾祐二十四年(1193)题记等。总之仁孝时期无论从校勘、刻印、散施佛经的种类和数量,佛事活动、作大法会的规模上,还是对藏传佛教的发展上都堪称鼎盛,是西夏佛教的繁荣发展时期。

三、西夏佛教的衰落与消亡

自仁宗以后,西夏晚期的三十四年中,先后五易皇帝,其中两个皇帝相继被废,内乱频仍;外部则受蒙古大军的多次围攻,并与金发生火并,

---

① 王尧:《西夏黑水桥碑考补》,《中央民族学院学报》1978年第1期,第51—63页;佐藤贵保、赤木崇敏、坂尻彰宏、吴正科:《藏汉合璧西夏〈黑水桥碑〉再考》,《内陆アジア言语の研究》XXII,2007年,第1—37页。
② 牛达生:《西夏遗迹》,第36页,北京,文物出版社,2007。

外患不绝。政治局势动荡不安，经济残败不堪。这一时期，大规模的建寺、译经校经等活动已不多见，从整体上说，西夏佛教和它的国家一样，开始走向衰落。

西夏晚期政治经济都有所衰退，但用在佛教方面的精力和物力却是十分惊人的。近年来出土的西夏文献很多都记载了西夏皇帝和皇太后撰写发愿文的数量，这些发愿文一般亦记录有宏大的佛事活动。仁宗死后桓宗纯祐即位，罗氏皇后被尊为皇太后，罗氏亦是一个笃信佛教的人，她于天庆三年(1196)发愿印施了汉文《佛说转女经》和《大方广佛华严经入不思议解脱境界普贤行愿品》，祈求仁宗早日升西天净土。其中《大方广佛华严经入不思议解脱境界普贤行愿品》的发愿文中就记录了这一时期的诸多佛事活动：

> 大法会烧结坛等三千三百五十五次
>
> 大会斋一十八次
>
> 开读经文
>
> 藏经三百二十八藏
>
> 大藏经二百四十七藏
>
> 诸般经八十一藏
>
> 大部帙经并零经五百五十四万八千一百七十八部
>
> 度僧西番、番、汉三千员
>
> 散斋僧三万五百九十员
>
> 放神幡一百七十一口
>
> 散施
>
> 八塔成道像净除业障功德共七万七千二百七十六帧
>
> 番汉《转女身经》、《仁王经》、《行愿经》共九万三千部
>
> 数珠一万六千八十八串
>
> 消演番汉大乘经六十一部
>
> 大乘忏悔一千一百四十九遍

皇太后宫下应有私人尽皆舍放并作官人

散囚五十二次

设贫六十五次

放生羊七万七百七十九口

大赦一次

又诸州郡守,边复之地,遍国臣民,僧俗……①

从这篇发愿文就可以看出当时西夏佛事活动兴盛的情况。西夏晚期政府财力渐弱之时依然耗费如此大的开支度僧徒三千人,施经像、佛经、数珠共达十八万多帧、部、串,演讲西夏文、汉文大乘经六十一部,并作大乘忏悔一千一百四十九遍。罗氏还组织人力缮写全部西夏文大藏经,有一则西夏文题记称:"大白高国清信弟子罗氏皇太后全增新写番大藏契经一藏,天下庆赞,已入寺庙上内契经藏中,当为永久识诵供养。"②其中的"番大藏契经"指的就是指西夏文大藏经,亦是目前所知西夏文献中第一次出现西夏文大藏经的名称。这一时期,也有私人刻经、纂辑佛教典籍的,天庆七年(1200),仇彦忠等人印施汉文《圣六字增寿大明陀罗尼经》,同年僧人智广、慧真辑录《密咒圆因往生集》一卷,并请西域、东土高僧反复核校,用汉、梵两种文字刻印散施,被称为"永规不朽"之事。③西夏光定四年(1214),神宗遵顼以皇帝的名义缮写泥金字西夏文《金光明最胜王经》,祈求佛的保佑以挽救西夏亡国的命运。从此经末附的御制发愿文里可以知道,西夏晚期的佛事活动依然很多,对佛教经典仍然很重视,专门开设译场译经。而此次重译的《金光明最胜王经》还"与汉本仔细比较",说明了西夏晚期中原佛教对西夏佛教的影响依然很大。

---

① 史金波:《西夏佛教史略》,第273—274页,银川,宁夏人民出版社,1988。
② 罗福成:《〈佛说宝雨经〉卷第十释文》,《国立北平图书馆馆刊》4卷3号(西夏文专号),第203—206页,1932。
③ 《大正藏》第46卷,第1007页上。

文中尊项自称"如临深渊,如履薄冰",流露出对江山将倾的忧虑和担心。①

莫高窟亦留有西夏晚期佛教徒的行迹,如莫高窟第229窟和225窟分别有天庆四年(1197)和天庆九年(1202)的汉文题记。莫高窟第443窟的汉文题记则记录了西夏佛教教徒于西夏灭亡前八年即光定己卯九年(1219)所作的佛事活动,礼佛活动从五月初一到六月初一,长达一月之久。

尽管如此,西夏佛教依然由繁荣走向了衰败,无论从其规模、传播的范围等方面而言都大不如前。随着西夏国的式微,西夏佛教的衰落自然成为势之必然。

第二节 西夏的佛经传译

西夏统治者大力发展佛教,不仅广建寺庙传经授经,而且积极翻译佛经。西夏前期就不断地从宋朝求取大藏经,并开始用西夏文进行翻译。先翻译汉文佛经后翻译藏文佛经,规模庞大,对西夏佛教的传播及整个西夏文化的发展都产生了重要的作用和影响。西夏亦多次刻印汉文大藏经和辑录汉文佛经,随着藏传佛教的发展又将藏文佛经译为西夏文和汉文,几种文字的佛经同时流传于西夏境内,《观弥勒菩萨上生兜率天经》发愿文中即载"念佛诵咒,读西番、番、汉藏佛经及大乘经典",考古发现和少量传世文献也证明西夏境内有西夏(番)、汉、藏(西番)三种文字的佛教经典流传,昭示着西夏佛教的繁荣与民族宗教政策的宽容。

一、西夏之中原求经译经

西夏统治者在1038年建国前即十分重视佛教的传播与发展,积极

---

① 史金波、白滨:《西安市管处藏西夏文物》,《文物》1982年第4期。

向中原宋王朝求取佛经,并且集中大量的人力、物力和财力翻译经文,为佛教在西夏的广泛流传奠定了坚实的基础。

1. 中原求经

西夏向宋朝的赎经活动主要集中在西夏前期,西夏为了弘扬佛教,曾先后六次向中原王朝求取佛经。西夏建国前李德明时期就十分注重与宋朝的佛教关系往来,西夏的第一次赎经活动即发生在李德明时期,如前文所述宋仁宗天圣八年(1030),李德明派遣使臣向宋朝献马七十匹求赐佛经一藏,宋朝答应了李德明的请求。① 这次求经开创了向宋朝的赎经之路,对佛教在西夏的传播发展有着深远的影响。

第二次求经是在李元昊时期。景祐元年(1034)十二月"己巳,赵元昊献马五十匹,以求佛经一藏,诏特赐之"②。

这一次赎经活动与李德明时期仅隔四年,可见元昊于建国前夕渴望发展佛教的迫切心情。元昊去世后,没藏氏于天祐垂圣元年(1050)因贮藏中国所赐大藏经而大规模修建承天寺,此承天寺所藏之经当有德明或元昊时期所求的佛经。

西夏第三次求经是承天寺建成当年即宋至和二年(1055),是年"赐夏国大藏经。没藏氏因阿叱等还,感'中国'恩,遣使入贡。仁宗赐大藏经慰之"③。阿叱乃绥州蕃族,投归宋朝,仁宗为避免边界出事,将其归还西夏。由是西夏派遣使臣致谢,宋朝赠其大藏经一部。

第四次赎经发生在谅祚奲都元年(1057),宋仁宗再次赐佛经于西夏,并颁布诏书:④

诏夏国主:省所奏"伏为新建精蓝,载请赎大藏经、帙、签牌等,其常例马七十匹充印造工值,俟来年冬贺嘉祐四年正旦使次附进,

---

① 李焘:《续资治通鉴长编》卷一九〇仁宗天圣八年(1030)十二月丁未条。
② 李焘:《续资治通鉴长编》卷一一五仁宗景祐元年(1035)十二月己巳条。
③ 吴广成著,龚世俊等校证:《西夏书事校证》卷一九,第225页,兰州,甘肃文化出版社,1995。
④ 欧阳修撰:《欧阳文忠公集》卷八六。

413

至时乞给赐藏经"事具悉……所载请赎大藏经、帙、签牌等,已令印造,候嘉祐四年正旦进奉人到阙,至时给付。故兹诏示,想宜知悉。

从此诏书可知,西夏因造寺庙而请赎大藏经,宋仁宗约于次年,即嘉祐四年(1059)赐给之。

西夏的第五次求经是谅祚亲政后的第二年,即奲都六年(1062)。宋仁宗于嘉祐七年给西夏的诏书称:"诏夏国主:省所奏'请赎佛经大藏、签牌、经帙等,欲乞特降睿旨,印造灵文,以俟至时幸垂给赐,所有旧例纸墨工值马七十匹,续具进止以闻。'事具悉……喜观心于法境,愿绎经于秘文……其请赎经文,已指挥印经院印造,候嘉祐十一年正旦进奉人到阙给付。"①

西夏的最后一次求经活动是在秉常时期。宋熙宁五年(1072)十二月,秉常"遣使进马赎大藏经,诏赐之,而还其马"②。宋神宗"诏夏国主:省所奏'乞收赎释典一大藏并签、帙复帕,前后新旧翻译经文,惟颙宸慈,特降旨命,令有司点勘,无至脱漏,卷目所有,印造装成,纸墨工直,并依例进马七十匹,聊虫资费,早赐,近年宣给。'事具悉……所请赎经文,已指挥印经所,应有经本并如法印造、给赐,令保安军移牒宥州,差人于界首交割,至可领也,所有马七十匹,更不用进来"③。

向中原求取佛经是西夏传播佛教、翻译西夏文大藏经的前提和基础,藉由这一契机,佛教在西夏境内迅速发展并臻至繁荣昌盛。

2. 译经

西夏以党项民族为主体,在不懂汉语的党项族群众中宣扬佛教,只有汉语佛经而没有西夏文佛经是行不通的。因此,为了更好的发展佛教,西夏统治者在创制了自己的民族文字以后开始大力开展翻译佛经活

---

① 张鉴撰,龚世俊、陈广恩、朱巧云校点:《西夏纪事本末》卷二〇,第 129 页,兰州,甘肃文化出版社,1998。
②《宋史》卷四八六《夏国传下》,第 14009 页,北京,中华书局,1977。
③ 张鉴撰,龚世俊、陈广恩、朱巧云校点:《西夏纪事本末》卷二二,第 142 页,兰州,甘肃文化出版社,1998。

动。西夏赎取《大藏经》，一方面旨在珍藏供养，另一方面亦充作翻译之底本用。翻译工程始于西夏天授礼法延祚元年（1038），景宗元昊是西夏译经的首倡者，从事西夏译经的先驱则是以国师白法信和以后的智光等为首的三十二位僧俗学者。《过去庄严劫千佛名经》卷末所附发愿文记载："夏国风帝新起兴礼式德。戊寅年中，国师白法信及后禀德岁臣智光等，先后三十二人为头，令依蕃译。""风帝"即元昊，"戊寅年"即1038年，国师白法信及白智光是西夏的著名译师。前文亦提到元昊"于兴庆府东一十五里役民夫建高寺及诸浮图俱高数十丈，贮'中国'所赐大藏经，广延回鹘僧居之，演绎经文，易为蕃字"①。元昊所倡导用本民族文字西夏文翻译佛经的创举，为党项民族直接接受佛教教义和理论知识，对佛教能够在党项人中快速而广泛的传播具有巨大的推动作用，就西夏佛教史而言，无疑具有划时代的意义。西夏文佛经中卷首有译经者题名的，以秉常、乾顺时期的最多，说明这两朝是西夏翻译佛经的重要时期。西夏前期译经多来自中原，仁宗时期已将其要者基本翻译完毕。西夏后期译经之业虽尚不绝如缕，但是规模已不复昔日之盛，且随着藏传佛教的渗透，亦有很多藏文佛经已被译为西夏文乃至汉文。

最能反映西夏时期盛大译经场面的是北京国家图书馆所藏《现在贤劫千佛名经》卷首的西夏译经图，该图描绘了西夏惠宗时期译经的真实情况。图中刻画了僧俗人物二十五身，有西夏文题款十二条计六十三字，标明图中主要人物的身份和姓名。主译国师白智光端坐正中，斜披袈裟，正在讲解经文，并以手势相辅，人物像上部有题款"都译勾管作者安全国师白智光"。助译僧俗十六人分列两旁，其中的八僧人短袖素衣，披袈裟，比肩而坐，显示出了各自不同的神态与相貌，旁边亦分别有党项人或汉人名题款：北却慧月、赵法光、嵬名广愿、吴法明、曹广智、田善尊、西玉智园、鲁布智云。其中北却慧月、嵬名广愿、西玉智园、鲁布智云为

---

① 吴广成著，龚世俊等校证：《西夏书事校证》卷一八，第212页，兰州，甘肃文化出版社，1995。

党项族,嵬名氏还是皇族姓氏。此十六人在主译师白智光的左右从事紧张而和谐的译经工作。前桌案上置经书和文房四宝,图下部人身较大者,左为皇太后梁氏,右为"子明盛皇帝",身后各有侍者三人,知为西夏惠宗秉常及其母梁氏皇太后,形象生动地描绘了西夏时期译经的情形,有着极高的史料与艺术价值。①

从1038年,景宗元昊首次倡导用西夏文翻译佛经开始,后又经过毅宗谅祚、惠宗秉常到崇宗乾顺,历时53年,终于在1090年译成了3579卷西夏文佛经,共820部,分装在362帙中。后经仁孝等朝校勘,刻印、广施西夏国中。这些浩瀚的西夏文大藏经,翻译时大多以汉文《大藏经》为足本。西夏后期也曾翻译过西夏文佛经,所译经典多以藏文佛经为足本。西夏文佛经与西夏文大藏经是西夏佛教的直接产物,不仅丰富了西夏佛教的内容,而且大大推动了西夏佛教的发展,极大促进了汉传佛教与藏传佛教在西夏的传播与发展,亦对西夏文化产生了重要而深远的影响。

二、西夏文佛教经典

西夏文佛经是西夏各族僧俗学者共同翻译而成的文化结晶,大量施印的西夏文佛经进一步弘扬和发展了西夏佛教,亦为刊印汉文大藏经和发展藏传佛教创造了更为有利的条件。

西夏文佛经与西夏的其他文献一样,因西夏国的灭亡及随后西夏文的失传和文献的湮没,久不为世人所知,直至20世纪初叶以后才陆续被发掘呈现在世人面前。现在存世的西夏文佛经大都是从西夏故地考古发现所得。今藏于俄罗斯东方学研究所彼得堡分所的约三百多种、近两千卷西夏佛经,是1909年俄国探险家科兹洛夫(P. K. Kozlov)在内蒙古额济纳旗黑水城遗址发掘的,这是目前考古发现最集中、也是最完整的

---

① 史金波:《〈西夏译经图〉解》,《西夏史论文集》,第336—337页,银川,宁夏人民出版社,1984。

西夏文佛经。1914年,英籍匈牙利人斯坦因(A. Stein)步科氏后尘来到黑水城,获得许多西夏文佛经残页,现藏于伦敦大英图书馆。① 此外,法国、瑞典、日本、德国、印度等国亦藏有不同数量的西夏文佛经。目前国外各国所存西夏文佛经总共约有390种。国内所藏的西夏文佛经多出土于宁夏、甘肃一带,1917年,宁夏灵武发现一批西夏文佛经,现分别保存在北京国家图书馆和甘肃、宁夏等地,以后又有零星的发现。目前我国各地所藏西夏文佛经约20种,130卷,其中以北京国家图书馆收藏最多,甘肃省博物馆、故宫博物院、甘肃武威博物馆、内蒙古自治区考古研究所及敦煌研究院等亦有部分西夏文佛经藏卷。迄今发现的西夏文佛经大部分是西夏国与元代之物,只有少数是明代的。其中有雕刻印本、活字印本和缮写本,内容包含佛典中的经、律、论三藏。这些珍贵的文献是研究西夏佛教、文字和社会历史文化的宝贵财富。

(1) 经藏 是西夏文大藏经中最丰富的部分,其中包括宝积、般若、华严、涅槃、阿含等部类。

宝积部。《大宝积经》是该部的主要经典,共120卷、分49会、77品,汉文本是唐代北印度高僧菩提留支编译的。这是一部丛书体裁的经集,内容极为广泛,主要泛论大乘佛教的诸种重要法门,提出了大乘佛教的一个重要思想——"根本正观",即大乘应该用般若去观察一切。西夏把该经全部译为西夏文,现存有卷13、卷116等刊本断片。《佛说宝雨经》是崇宗乾顺年间翻译成西夏文的,这一部类还有《维摩诘经》等。

般若部。《大般若波罗蜜多经》是诸部般若汇集而成的经典,共600卷16会。汉译本是由唐人玄奘翻译的。此经贯摄了大乘佛教的主要思想,堪称一切大乘佛法的总汇。卷帙浩瀚,博大精深,极尽佛教文化之壮观。所见西夏文译本校经题名是仁孝。北京国家图书馆藏有该经卷共

---

① 向达:《斯坦因黑水获古纪略》,《国立北平图书馆馆刊》4卷3号(西夏文专号),1932年,第7—22页。

21卷,全系写本。西安市文物管理处也藏有这部经的残本。俄罗斯收藏该经数量最大,多达1100个编号。这一部类中还有《摩诃般若波罗蜜多经》、《佛说佛母出生三法藏般若波罗蜜多经》、《了义般若波罗蜜多经》、《佛说五十颂圣般若波罗蜜多经》、《佛说帝释般若波罗蜜多心经》、《佛说圣佛母般若波罗蜜多心经》等。

华严部。《大方广佛华严经》是华严宗据以立宗的重要经典,为华严宗基本教义的总汇。汉译本有三种,即东晋佛驮跋陀罗的《六十华严》、唐实叉难陀的《八十华严》和唐般若的《四十华严》。这三种本子在西夏都有译本流传。其中八十卷本流传最盛。北京国家图书馆藏有八十卷本西夏文《大方广佛华严经》共31卷,全系活字本,题名:"唐于阗三藏实叉难陀译。奉天显道耀武宣文神谋睿智制义去邪惇睦懿恭皇帝御校。"日本、美国和国内个别私人手中也藏有这种版本的西夏文《大方广佛华严经》数卷。如果将各地所藏西夏文《华严经》补配在一起,全部西夏文《八十华严》仅缺10卷。陕西定边县文化馆还保存八页泥金字西夏文《大方广佛华严经》,十分珍贵。另外译于惠宗秉常时期的西夏文《悲华经》、《过去庄严劫千佛名经》都属于华严部的佛经。这一部类中还有《现在贤劫千佛名经》、《佛说大方广善巧方便经》、《佛说观弥勒菩萨上生兜率天经》、《佛说阿弥陀经》等。

涅槃部。《大般涅槃经》是大乘佛教五大部经之一。原来由北凉昙无谶译成汉文,共40卷,世称《北本涅槃经》;后又经过南朝宋慧严、慧观、谢灵运等人修订为30卷,称为《南本涅槃经》。西夏也把这部经译成西夏文。该经的中心内容是宣说佛身长在不灭、涅槃常乐我净,一切众生都有佛性、人人都可成佛等思想。《金光明最胜王经》汉译本为唐义净译,共10卷31品。此经主要宣说读诵流布《金光明最胜王经》的国土,都要受到诸佛的保佑。大概是出于这一缘故,西夏对于这部经尤为重视,前期译成西夏文,仁孝时期重新校勘,晚期再次校订,并翻译此经经疏,刻印流通,甚至还用泥金字书写流传。《妙法莲华经》是大乘佛教最重要的经典之一,成为天台宗立说所依据的根本经典,有多种西夏文版本传世,北京国家图书馆、俄罗斯和德国都藏有收藏,法国还藏有泥金字写本《妙法莲华经》。其中有一件《妙法莲华经观世音菩萨普门品》刻本上图下文,以图示文,以文解图,是一部十分罕见的西夏文经典。蝴蝶装《妙法莲华经》也不失为西夏文佛经中精品。在这一部类中,还有《添品妙法莲华经》、《大方等无想经》等。

西夏文佛经中除大乘经藏外,还有小乘经典。如北传佛教四阿含之一的《长阿含经》,共 22 卷,最早由后秦陀耶舍共竺念译为汉文,西夏也将此经译为西夏文。此外,还有《佛说常经》、《佛说瞻婆比丘经》、《佛说斋经》等。

(2) 律藏　西夏文佛经中也有关于佛教戒律的律藏,如《根本说一切有部尼陀那目得迦》、《根本说一切有部百一羯磨》、《月光菩萨经》《佛说生经》、《佛本行集经》等都有西夏文译本传世。

(3) 论藏　西夏文佛经中也有解释经义、论辩法相的论藏。《大智度论》,共 100 卷,古印度龙树菩萨造,后秦鸠摩罗什译为汉文,西夏也将此论译为西夏文。《大智度论》是解释《摩诃般若波罗蜜多经》的论著。西夏文《金刚般若记文》和《金刚般若略记文》是汉文《金刚般若论》的译本;西夏文《瑜珈师地本母》也是唐玄奘《瑜珈师地论》的译本,此论长达 100 卷。此外,西夏论藏中还有《阿毗达摩顺正理论》等。

另外,西夏还曾翻译佛教流传东土后形成的经典,如南朝梁代诸僧著的《慈悲道场忏法》,共 10 卷。西夏文《涤罪礼忏要门》则是由夏末元初贺兰山一行沙门慧觉辑录的。

上述西夏文佛经大部分译自中原佛经,如《大般若波罗蜜多经》、《金刚经》、《大宝积经》、《大般涅槃经》、《金光明最胜王经》、《妙法莲华经》、《大方广佛华严经》、《长阿含经》,亦有一部分以藏文佛经为底本翻译,如《圣胜慧彼岸到八千经》、《佛说佛母三法藏出生若波罗蜜多经》、《圣柔吉祥之名真实诵》、《五部护持经》、《菩提勇识之业中入顺》、《佛说圣母若波罗蜜多心经》、《二谛于入顺》、《圣胜慧彼岸到要论教学现量解庄严论显颂》、《正理滴之句义显具》、《等持集品》、《菩提心发法事之诸根》、《七种功德谈》、《胜住令顺法事》、《聚轮供养作次第》等等。

  西夏文佛典中除翻译而来者外，还有西夏本土僧徒所编纂的佛学著作，其中多为西夏后期的藏传佛典。如仁宗时期的佛教领袖贤觉帝师曾著《忏罪千种供养奉顺中已集当许文》、《圣观自在大悲心依烧食法事》、《圣观自在大悲心依净瓶摄受顺》、《三字咒曰颂以间禁绝要论及疾病中护顺要论》、《一切如来百字要论》、《默有自心自劝要论》、《禁绝顺要论》、《疾病中护顺要论》、《默有者随胜住令顺要论》、《奉敕修行者现在及转身利缘佛顶尊胜佛母依千种供养奉顺中共依略忏悔文》、《等持集品》等多种。

三、汉文佛经

  西夏境内汉族居民很多，所以汉文佛经与西夏文佛经同时在西夏国中流传。西夏先后六次从中原求经，一方面作翻译底本，一方面大量刻印，促其在夏境流播。

  西夏刊印汉文佛经始于何时，目前尚无资料证实。留存于世的最早的汉文佛经是惠宗天赐国庆五年（1073）由陆文政私人刻施的《大般若波罗蜜多心经》，后又有大安十年（1083）由大延寿寺演妙大德沙门守琼散施的《大方广佛华严经》。西夏汉文佛经刻印最多、流传最广的是仁宗仁孝时期。以皇帝名义发愿、政府印施佛经是这一时期的一大特点。这种大型刻印散施佛经的活动多与国家重要庆典有关。天盛十九年（1167），仁孝在皇太后逝去"周忌之辰"，为了表示对皇太后的追念之情，发愿雕印《佛说圣佛母般若波罗蜜多心经》二万卷，布施国中，同时还请高僧国师烧结坛、演讲佛经、作大法会、施放神幡、赦救生命、施贫济苦等，举行隆重的佛事活动。乾祐十五年（1184）是仁孝的本命年，在六十寿辰庆典之际，发愿刻印《佛说圣大乘三归依经》和《圣大乘胜意菩萨经》，广印佛经彩画，大作种种佛事活动，以示庆贺。乾祐二十年(1189)，仁孝登基五十年国庆，印施《观弥勒菩萨上生兜率天经》十万卷，并在大度寺作法会。这一时期除皇帝发愿刻经外，皇族权臣及佛教信徒发愿刻经也很盛行。人庆三年(1146)，由皇族宗室御史台正嵬名直本牵头并提供费用，由雕工王善惠等四人雕印《妙法莲华经》；天盛十九年(1167)，权臣任德敬因久病不愈，为求佛祖保佑而发愿刻印《金刚般若波罗蜜经》；乾祐十五年(1184)，由袁宗鉴等十七人印施的《佛说金轮佛顶大威德炽盛光如来陀罗尼经》；乾祐二十年(1189)，皇后罗氏发愿印施《金刚般若波罗蜜经》、《大方广佛华严经普贤行愿品》等。此外还有僧人印施佛经的，天盛四年(1152)僧人刘德直为弘扬佛法，雕印《注华严法界观门》；天盛十三年(1161)，王善惠雕印《大方广佛华严经普贤行愿品》；乾祐十六年(1185)僧人智通印施《六字大明王陀罗尼》等。仁宗时期还曾刻印《圣观自在大悲心总持》、《胜相顶尊总持》、《圣观自在大悲心总持功德依经录》、《四分律行事集要显用记》等经典。

  仁宗以后，西夏文又印施不少汉文佛经。规模最大的一次是天庆二年(1195)，罗氏皇太后为死后的仁宗祈求福善，发愿印施番、汉文《佛说转女经》、《仁王护国般若波罗蜜经》、《大方广佛华严经入不思议解脱境界善贤行愿品》共九万三千部，同时，作了种种佛事活动。还有天庆七年(1200)哀子仇彦忠等为资荐父母亡灵发愿印施了《圣六字增寿大明陀罗尼经》；皇建元年(1210)由众圣普化寺的张益利、李智宝印施的《佛说大乘圣化无量寿决定光明王如来陀尼忌经》、《大般若波罗蜜多心经》等。

  尤其值得注意的是，在黑水城出土的汉文佛教文献中，有不少西夏时代新译的汉文佛经。这些汉译佛经从未被收录入现有的各种版本的汉文《大藏经》中，故不但至今未被人重视和研究过，而且还曾被疑为伪经。在近年出版的《俄藏黑水城文献》中，至少有以下六部佛经属西夏新译而未被收入汉文《大藏经》中，它们是：

（1）《佛说圣大乘三归依经》(TK121)

(2)《佛说圣佛母般若波罗蜜多心经》(TK128)

(3)《持颂圣佛母般若多心经要门》(TK128)

(4)《圣观自在大悲心总持功能依经录》(TK164、165)

(5)《胜相顶尊总持功能依经录》(TK164、165)

(6)《圣大乘圣意菩萨经》(TK145)

这几部经都是西夏仁宗时代(1140—1193)于兰山寺翻译、刊刻的,且都有同时代的西夏文译本传世。虽然他们被指称为直接译自梵文,参与译事的有"天竺大般弥怛五明显密国师在家功德司正噇乃将沙门拶也阿难捺",但与其对应的梵本全本已不易找见,只有与其对应的藏文译本的存在可以证明它们确实是西夏新译的真经。①

西夏时期,为了便于汉族信徒接受藏传佛教,有不少藏文佛经被转译为汉文,藏传佛教随之在西夏汉人中进一步发展起来。黑水城即发现了很多汉译藏传佛教经典,如《密咒圆因往生集》、《六字大明王陀罗尼》、《仪轨后记》、《金刚剂门》、《念一切如来百字忏悔门仪轨》、《佛眼母仪轨》、《梦幻身要门》、《甘露中流中有身要门》、《舍寿要门》、《金刚亥母禅定》、《圆融忏悔法门》、《密教念颂集》、《黑色天母求修次第仪》等等。

西夏不仅翻刻汉文大藏经,而且根据实际需要,组织编写、辑录汉文佛经,从而丰富发展了汉文大藏经。《四分律行事集要显用记》即为仁宗时兰山通圆国师沙门智冥辑录的佛教戒律集。桓宗天庆七年(1200)由西夏金刚幢译,僧人智广、慧真辑《密咒圆因往生集》经咒礼仪集,辑录了31种经咒。西夏僧人兰山慈恩寺护法国师一行沙门慧觉和尚在夏元之交辑纂的《大方广佛华严经海印道场十重行愿常遍礼忏仪》忏悔礼仪集,共42卷,西夏后期藏传佛教盛行,讲求仪轨,所编的《大方广佛华严经海印道场十重行愿常遍礼忏仪》正反映了当时佛教信仰的特点,亦是加惠

---

① 沈卫荣:《汉、藏文版〈圣观自在大悲心总持功能依经录〉之比较研究》,《观世音菩萨与现代社会——第五届中华国际佛学会议中文论文集》,第308页,台北,法鼓文化,2007。

信众的善举。

四、藏文佛经

藏传佛教对西夏的影响主要集中在西夏中后期，以河西走廊为重点，逐渐向西夏腹地延伸，目前发现的西夏时期大量文献与文物中就有不少是藏传佛教经典，吐蕃佛教中的噶玛噶举派和萨迦派都已传入西夏。当时西夏统治下的凉州(今甘肃省武威市)、甘州(今甘肃省张掖市)、沙州(今甘肃省敦煌市)、瓜州(今甘肃省瓜州县)、肃州(今甘肃省酒泉市)等地都是受藏传佛教熏陶颇深的地区。

西夏境内有大量的吐蕃居民，因此，西夏时期不仅刻印流传西夏文、汉文佛经，而且亦印施藏文佛经。《观弥勒菩萨上生兜率天经》御制发愿文中载，乾祐二十年(1189)的大法会上，仁宗曾诵读藏、夏、汉三种佛经，藏文佛经列于首位。乾祐二十四年(1193)西夏文《拔济苦难陀罗尼经》的发愿文中提到"使诵读番、汉、羌三藏经各一遍"。西夏的汉文佛经《佛说父母恩重经》的发愿文记述法事活动时亦有"开阐番、汉大藏经各一编，西蕃大藏经五遍"的记载。

黑水城遗址发现的西夏文献中除了汉文与西夏文外，还有藏文。这些不同文字的文献既有写本也有刻本，其中，大凡刻本多为佛教经典。藏文写本如《大般若波罗蜜多经》、《辩证法性论》等，藏文刻本佛经有梵夹装和蝴蝶装两种，梵夹装纸制厚重，两面书写，唯藏文横写，西夏文竖写，各自遵循原有的书写习惯，如《佛说佛母出生三法藏般若波罗蜜多经》、《种咒王阴大孔雀经》、《圣大乘守护大千国土经》、《圣大悟阴王随求皆得经》、《圣魔利天母总持》、《大般涅槃经》等都是梵夹装。蝴蝶装本如《顶髻尊胜佛母陀罗尼功德依经摄略》等，雕刻精致，从装帧的角度看应是很古老的藏文刻本，而且是很成熟的印刷品。

藏文佛经不仅与西夏文、汉文佛经同时流传于西夏而且具有重要的地位。仁宗天盛年间刊印的西夏法典《天盛改旧新定律令》第十一章规定,只有西番(吐蕃)、汉、羌(党项)三族人可以担任僧官,必须会诵读十一种经咒,其中藏文经咒占半数,还需要精通藏语的人进行考试合格方能就任。① 可见藏文经咒在西夏佛经中占有很重要的地位。考古发现和传世的西夏藏文佛经只有甘肃武威下西沟西夏禅洞出土的少量藏文佛经残片:印本一片(背面有写经)、写本五片(两面皆写)。另外,英国人斯坦因在黑水城遗址也掘得藏文写经数页。

第三节 西夏与回鹘辽金印度间的佛教关系

一、西夏与回鹘的佛教关系

回鹘是今天维吾尔族与裕固族的共同祖先。在长期的历史发展过程中,回鹘人先后尊奉过萨满教、摩尼教、佛教、景教、祆教和伊斯兰教等多种信仰,但在9—15世纪间,他们的绝大多数都是佛教徒,他们用回鹘语文翻译佛教经典,创作佛教作品,开凿佛教石窟,绘制佛教壁画,使佛教文化在这一时期得到了长足的发展。他们一方面从周边同一信仰的民族(如汉、藏、粟特、吐火罗)及印度诸族那里汲取自己所需要的营养,同时又对周边诸民族(如藏、西夏、契丹、女真、蒙古)的佛教有着不同程度的影响。

回鹘佛教对西夏产生影响始自元昊统治时期。西夏统治者早在立国之前就非常注意向周边民族(如汉、回鹘、吐蕃)的先进文化学习,并皈依于佛教。其第一代君主元昊(1038—1048年在位)就是一位虔诚的佛教徒。在他当政期间,努力扩大佛教的影响,多次向宋朝乞请《大藏经》。1034年,宋刻《开宝藏》传入西夏,元昊遂于天授礼法延祚十年(1047)特为之建寺供奉,以为译场:"于兴庆府(今银川市)东……建高台寺及诸浮图,俱高数十丈,贮'中国'所赐《大藏经》,广延回鹘僧居之,演绎经文,易

---

① 史金波、聂鸿音、白滨译注:《天盛改旧定新律令》,第404页,北京,法律出版社,2000。

为蕃字。"①从记载可知,元昊在去世的前一年,即 1047 年曾于都城东五里处建成了规模宏大的皇家寺庙——高台寺,广泛延纳回鹘僧人讲经说法,并开始了西夏文《大藏经》的翻译工作。

元昊殁后,西夏佛教继续发展。夏毅宗谅祚(1049—1067 年在位)生母没藏氏虔信佛教。史载:"没藏氏好佛,因'中国'赐《大藏经》,役兵民数万,相兴庆府西偏起大寺,贮经其中,赐额'承天',延回鹘僧登座演经,没藏氏与谅祚时临听焉。"②承天寺的规模似乎比高台寺还要大一些,先后动用"兵民数万"。根据当时人所撰《新建承天寺瘗佛顶骨舍利碣铭》的描述,史金波先生将其兴建时间考订在天祐垂圣元年(1050)三月至福圣承道三年(1055)十月前后之间,历时五年半。③ 可以信从。该寺在元代香火仍盛,著名回鹘航海家亦黑迷失于延祐三年(1316)给全国一百大寺看经布施时,"宁夏路番众承天寺"即名列其中"④,同时见列的还有"宁夏汉家寺"。说明承天寺当时仍为番人(即西夏遗民)的寺院。

上述记载表明,元昊、谅祚父子统治时期,西夏佛教发展甚速。宋朝于 1031—1073 年间曾先后六次给西夏颁赐《大藏经》,其中四次都发生在元昊、谅祚时期。由于当时仅有《开宝藏》刻印出来,故宋朝六次所颁均为《开宝藏》无疑。为储存这些经藏,西夏统治者先后建立了规模宏大的皇家寺院——高台寺和承天寺,并组织回鹘高僧于寺内展开翻译活动。

这些回鹘僧人一方面为西夏王室讲经说法,一方面致力于《西夏文大藏经》的翻译。从西夏统治者皇太后偕皇帝常临寺听回鹘僧人讲经一事看,当时的回鹘高僧在西夏佛教界所拥有的地位当是至高无上的。从西夏文文献看,大凡有皇帝莅临的法事活动,其主持者一

---

① 吴广成著,龚世俊等校证:《西夏书事校证》卷一八引《宋史·夏国传》,第 212 页,兰州,甘肃文化出版社,1995。
② 《西夏书事校证》卷一九,第 226 页。
③ 史金波:《西夏佛教史略》,第 113 页,银川,宁夏人民出版社,1988。
④ 陈启仁辑:《闽中金石略》卷一一(《石刻史料新编》十七),第 13031 页,台北,新文丰出版公司。

般都拥有帝师或国师头衔,而元昊、谅祚时期西夏只有国师而无帝师(帝师在西夏的出现当在夏末仁宗时期)之设,这些回鹘僧的首领应具有国师之位。通过对西夏佛教文献的进一步检阅,这些国师的身份乃得更为明了。

首先是北京国家图书馆收藏的西夏文《过去庄严劫千佛名经》印本。文献末尾附有撰写于元皇庆元年(1312)的发愿文,首先叙述了佛教在中原地区的初兴与盛行,经典的翻译与流传,以及"三武灭法"对佛教的迫害等一系列史实,继之讲述了佛教在西夏的流布,以及佛经的翻译情况:"夏国风帝起兴礼式德。戊寅年中,国师白法信及后禀德岁臣智光等,先后三十二人为头,令依蕃译。民安元年,五十三岁,国中先后大小三乘半满教及传中不有者,作成三百六十二帙,八百十二部,三千五百七十九卷。"①其中的"风帝"即西夏王元昊;戊寅年为1038年(即元昊天授礼法延祚元),说明元昊在称帝之初便开始了西夏文大藏经的翻译,其时比1047年高台寺的建成尚早9年。从是年至夏崇宗乾顺天祐民安元年(1090),历时53年,终于用西夏文译完了从《开宝藏》中拣选出来的经典820部,3579卷,分装入362帙中。②主持翻译工作的是以来自高昌回鹘王国的国师白法信及其后继者智光等32人为首的一大批人。由是我国佛教史上又出现了一种新的民族文字佛经——西夏文大藏经。

由元昊发起的《西夏文大藏经》的翻译与结集,至1090年时已基本完成,此后,尽管陆续还有所翻译,但已是强弩之末。以后西夏僧侣对《大藏经》的贡献,主要体现在整理、校勘、抄写、刻印等方面。因为《西夏文大藏经》的翻译时间很紧迫,前后仅耗时53年,加上缺乏可供借鉴的经验,故差错较多,后世不能不反复地予以校勘、纠正。

---

① 史金波:《西夏佛教史略》,第66页。参见野村博,"西夏语译经史研究——西夏语文献(盗闻)よりみた李元昊の译经事业について——"(I),《佛教史学研究》第19卷2号,1979年,第73页。
② 《开宝藏》原收经1081部,5057卷,分为480帙。参见童玮《北宋〈开宝大藏经〉雕印考释》,《印度宗教与中国佛教》,第158—173页,北京,中国社会科学出版社,1988。

从出土文献看,西夏晚期校勘《密咒圆因往生集》时,也有"西域之高僧"参加。结合当时西域的宗教状况,窃以为这些高僧也非回鹘人莫属。总之,回鹘僧侣对《西夏文大藏经》的翻译与形成起到了十分关键的作用。

在我国现存的汉、藏、满、蒙、傣和西夏六种文字《大藏经》中,《汉文大藏经》形成的时代最早,完成于 983 年,《西夏文大藏经》次之,完成于 1090 年,而其他几种文字大藏经的形成都是 14 世纪以后之事,都比《西夏文大藏经》要晚出两个多世纪以上,可见《西夏文大藏经》在中国佛教史上地位重要,也由此可见回鹘高僧对西夏文化的贡献之大。

回鹘佛教艺术对西夏美术的影响也是很大的。从河西走廊诸石窟,如敦煌莫高窟、西千佛洞、瓜州榆林窟、东千佛洞、酒泉文殊山石窟中现存的西夏壁画看,西夏人开凿的洞窟基本上是一洞一种底色,多绘以石青、石绿,绘画基调呈冷色,但有时又以大红为底色,基调明显呈暖色;图案规矩而少变化,给人以千篇一律的感觉,这些都可以说是受回鹘壁画艺术风格的影响所致。回鹘人在绘制佛像时喜欢采用的编织纹、火焰纹、古钱纹及双重八瓣莲花纹、波状三瓣花卷草纹等,在西夏晚期的洞窟中都不时可以看到。西夏绘画之花纹边饰特别丰富,制作考究,既有荷花、牡丹、石榴、团球及忍冬等植物纹,也有龟背纹、连环纹、古钱纹、万字纹等形式不一的规矩纹,还有团龙、翔凤、卷云等有活动感的祥瑞纹,更有风格独特的波状卷草式云纹。这些纹饰简单朴素,色泽鲜艳,以大红大绿者居多。从纹样结构、编排方法到敷色、勾线、填绘等手法的运用,在吐鲁番柏孜克里克石窟、吐峪沟石窟的壁画以及木头沟、吉木萨尔回鹘佛寺遗址等地出土的佛教艺术品中都可以看到。① 考虑到二者风格的

---

① A. von Le Coq, *Chotscho. Facsimile-Wiedergaben der Wichtigeren Funde der Ersten Königlich Preussischen Expedition nach Turfan in Ost-Turkistan*, Berlin 1913;贾应逸:《高昌回鹘壁画艺术特色》,《新疆艺术》1989 年第 1 期,第 43—48 页。

接近、回鹘、西夏文化联系的密切,不难推想,西夏画风当受到回鹘佛教艺术的强烈影响。

二、西夏与辽朝的佛教文化交流

辽朝通往西方的道路即草原丝绸之路大致有南北两条。其南部的一条,即由辽上京(赤峰市巴林左旗林东镇)或辽中京(今赤峰市宁城县天义镇)出发,向西南经鸳鸯泊(今克什克腾旗达里湖)至多伦(锡林郭勒盟东南部);或由辽南京(今北京)出发向西北至多伦,过辽西京(山西大同),再沿阴山向西,过居延,穿越西夏,经高昌进入中亚、西亚;北部的一条则自上京出发,向西北经今蒙古乌兰巴托、新疆哈密、吐鲁番,进入中亚、西亚。因此,辽和西夏两国通过草原丝绸之路即蒙古高原有了更加密切的交往。同时,两国也成为东西方经济文化交流的桥梁和纽带。

西夏与辽朝之间存在着密切的佛教关系。辽咸雍三年(1067)"冬十一月壬辰,夏国遣使进回鹘僧、金佛、《梵觉经》"。[①] 辽寿昌元年(1095)"十一月……夏国进贝多叶佛经"。[②] 西夏地处丝绸之路要冲,与回鹘联系较辽更为便利,况且西夏在翻译西夏文大藏经时,回鹘僧人充当了重要的角色。想必辽朝了解到这一情况后,便急于得到回鹘僧为自己所用。

仁孝时期,佛事活动的一个重要方面是校勘佛经。传世的西夏文佛经中,明确进行过校勘的,大多属于仁孝时期。在仁孝之前,大藏经的主要部分已经陆续译成西夏文,但由于时间比较仓促,译文尚有各种不足之处,仁孝遂把主要精力都放在了对西夏文大藏经的整理与校勘上。西夏文《过去庄严劫千佛名经》发愿文中提到"后奉护城皇帝敕,与南北经重校"。[③] 这里的"护城皇帝"即"西夏仁宗皇帝仁孝","南经"当指北宋的

[①]《辽史》卷二二《道宗纪》,第267页,北京,中华书局,1974年。
[②] 同上书,第308页。
[③] 史金波:《西夏佛教史略》,第322页,银川,宁夏人民出版社,1988。

《开宝藏》,"北经"当指辽刻《契丹藏》。亦有人认为这里的"北经"指的是金刻《赵城藏》。其实不然,因为西夏以西朝自居,称宋为南朝,辽为北朝。如是,则"北经"自然指1062年刻印的《契丹藏》。这条珍贵的史料真实地印证了西夏与辽朝的佛教文化交流的事实。

在《俄藏黑水城文献》第2册中收有两件佛教文献,编号分别为TK79.2和TK80.2,原定名为《龙论》,即《龙树所造论》的简称。这两件实为同一残本,共计98页。据考,此写本非《龙论》,实为辽僧法悟所著《释摩诃衍论赞玄疏》卷二中的内容。① 辽代佛教最为盛行的学说是华严,其次是密教,再次为净土以及律学、唯识学、俱舍学等。由于受华严宗和密宗思想的影响,《释摩诃衍论》在辽代受到高度重视。据称,辽道宗皇帝耶律洪基"备究于群经而尤精于此论"②,并命法悟等造疏作注,从而在辽代形成了《释摩诃衍论》传习的热潮。法悟以华严宗的观点来解释《释摩诃衍论》,自然受到普遍关注。西夏是一个善于借鉴外来文化的民族,广泛汲取各族文化精华,以充实自己的民族文化。辽代出现一个这么普遍受人关注的佛经注疏,西夏不会充耳不闻。如是,法悟此作之传入西夏,也就不足为奇了。此外,《黑城出土文书》(汉文文书卷)所收编号为F64:W1的文书,原定名为"某辞书残页"。③ 细究之,可以确定当出自辽代僧人希麟编集的《续一切经音义》卷六。是对《无量寿如来念诵修观行仪轨》的音义注释。辽朝有一条严格的"书禁",规定把书传入别国要处以死刑,因此中原人在相当长的一段时间内不知道《续一切经音义》的存在,学者著述中也不见征引。虽然辽朝有"书禁"的规定,但《续一切经音义》还是被传到了西夏。

由于种种原因,在俄罗斯圣彼得堡东方学研究所收藏的所谓的《敦

---

① 宗舜:《〈俄藏黑水城文献〉汉文佛教文献拟题考辨》,《敦煌研究》2001年第1期,第83页。
② 法悟序:《释摩诃衍论通赞疏》,《续藏经》第72册,第831页。
③ 李逸友编著:《黑城出土文书》(汉文文书卷)第202页,图版肆柒(2),北京,科学出版社,1991。

煌文献》(编号 Ф.或 Дх.)中,混入了一些原本是科兹洛夫(P. K. Kozlov)考察队从黑水城带回的汉文文献。这些文献中有部分已经被主持编纂俄藏敦煌文献和黑水城文献目录工作的汉学家孟列夫(Л. Н. Меньшиков)先生甄别出来,①近年来,不断有学者指出其中个别文献原本来自黑水城。在这些文献中,有一些应来自辽朝。如 Ф.123A《增一阿含经》为一刻本,卷前扉画护法神王像。从版式和刻工之细致,应当是黑水城文献。Ф.204A《增一阿含经》同为一刻本,版式与 Ф.123A《增一阿含经》相同,应当是一个印本的不同残片,同样来自黑水城。二者均为辽刻《契丹藏》之残片。此外,Ф.317《佛说长阿含经》卷五亦为一刻本,同样是辽刻《契丹藏》之残片。②

1959 年夏在呼和浩特东郊黄合少乡二十家子西滩大黑河南岸,配合水利建设工程,进行考古发掘,揭露了一处辽代佛寺废墟。在遗址中发现了宋钱"皇宋通宝"、"景祐元宝"各一枚,金"正隆元宝"一枚,尤为珍贵的是在废墟的下层还发现了西夏文"天祐宝钱"一枚。"天祐宝钱"不多见,应为谅祚或乾顺时铸造的钱币。这枚西夏钱币在辽代佛寺废墟中出土,很有可能是西夏僧人来此留下的遗物,从而引证西夏与辽朝的佛教文化交流的事实。

三、西夏与金朝的佛教文化交流

西夏原是辽国的盟友、姻亲,关系极为笃厚。1115 年,西夏助辽抗金,与金战于天德军野谷一带,结果大败。野谷之败,使西夏认识到金国军事力量的强大,于是改变原来对外政策,弃辽附金。

辽朝覆亡后,女真人入居中原,宋室南渡,于是,金朝和西夏成了近邻。西夏于天盛六年(1154)派使臣到金朝购买儒学和佛教书籍,《金史》

---

① Л. Н. Меньшиков, *Описание китайской части коллекции из Хара-хото*, Москва, 1984 ([俄]孟列夫著,王克孝译:《黑城出土汉文遗书叙录(科孜洛夫卷)》,银川,宁夏人民出版社,1995)。
② 竺沙雅章:《黑水城出土の辽刊本について》,《汲古》第 43 号,第 23—24 页,2003 年 6 月。

卷六十《交聘表上》记载："九月辛亥朔，夏使谢恩，切请市儒、释书。"所购佛书为何种类，史无详载。是时，金朝正在解州天宁寺雕造汉文大藏经《赵城藏》。此经开雕于金熙宗皇统八年(1148)，毕工于世宗大定十三年(1173)。西夏去购书时尚未完工，因此，西夏所购佛书当非《赵城藏》。

大藏经的雕印是金代佛教事业中的一件盛事。金版大藏经是由私人集资雕印的，潞州女子崔法珍断臂苦行，感动了许多善男信女，共同捐献钱物，在解州天宁寺雕印。大定十八年(1178)，由崔法珍将印好的大藏经进于朝廷，朝廷命圣安寺为法珍受戒为比丘尼，大定二十年(1180)，将经版运抵京师，收藏于弘法寺。元朝初年又有补刻。金版大藏经共收佛典六千九百余卷，因最初发现于山西赵城广胜寺，又称《赵城藏》。西夏向来重视佛教书籍的购买，从宋得到《开宝藏》，由辽得到《契丹藏》。自元昊称帝(1038)至夏崇宗乾顺天祐民安元年(1090)，用西夏文译完了从《开宝藏》中拣选出来的经典820部，3579卷，分装入362帙中。此后，又以《契丹藏》为底本对西夏文大藏经进行校勘。对金朝雕刻的规模宏大的大藏经，西夏人自然也会尽早得到。如果此推测不误，那么，西夏对《赵城藏》的购进当在大定二十年之后不久。

金代除中央机构刻印出版书籍外，在平阳(今山西临汾)又形成了出版中心。这里有专门刻书机构，出版了很多精美的书籍。金朝的刻印中心平阳距西夏很近，两国来往密切。黑水城还出土有平阳姬家雕印的《四美图》，绘画高超，刊刻精细。此外，黑水城还出土有金朝的杂剧本《刘知远诸宫调》、《六壬课秘诀》、《新雕文酒清话》以及佛经《南华真经》、《心经注》、《大方广佛华严经普贤行愿品》、《金刚般若波罗蜜多经》、《摩诃般若波罗蜜多经》、《三十五佛名经》等。①

由于西夏佛教的传播与普及，西夏的佛事活动也呈现出蓬勃发展的趋势。因西夏早期的文献资料较少，佛事活动多见于赎经、建寺、译经

---

① 史金波：《西夏出版研究》，第70页，银川，宁夏人民出版社，2004。

等,至于史书则很少涉及。至西夏中期以后,随着密宗的发展,特别是藏传佛教的兴盛,法事活动在佛教信仰中占据越来越重要的地位。而在这些法事活动中,散施佛经于信众是一项很重要的内容,在西夏这样一个地域促狭、人口较少的王朝,印经数量动辄数万,甚至数十万。这么多佛经,肯定要耗费大量的纸张,也势必造成西夏用纸的紧缺。为缓解用纸的压力,西夏常从邻国利用各种手段获取纸张,如黑水城出土文书里面,就发现有大量的宋朝纸张,正面是宋朝的各类文书,背面多是西夏文、汉文佛经以及各类文书。同时,在《俄藏黑水城文献》里,发现有三件编号分别为 A32、Инв. No. 4484、Инв. No. 5176 的金写本文书,其中 Инв. No. 4484 号文书《毛克下正军编册》,背为西夏文写本佛教禅宗文献;Инв. No. 5176 号文书,《俄藏黑水城文献》将其定为西夏写本,其实应为金写本。此文书背面为西夏文写本《梵语金刚王乘典触》。

综观西夏与辽、金间的佛教文化交流,可以看出,西夏往往是受者,输入的远远多于输出。辽朝的《契丹藏》被用作校勘佛经的底本,金朝的《赵城藏》也极有可能被列入所购买的儒、释书籍之中。不唯如此,辽、金私人编撰的或地方出版的佛教书籍,也都受到西夏佛教徒的重视。西夏人积极学习各民族佛教文化,以容纳百川之气概,借鉴周边各民族之优秀文化成果,汲取其精华,以充实、发展自己的民族文化,使西夏佛教文化在较短的时间内得到迅速发展,特别值得一提的是,辽人甚至一度把西夏看作是佛教圣地。相比之下,金朝却绝少从西夏输入佛教方面的东西,倒是佛教信仰浓厚的西夏往往因与宋朝佛教界联系不畅而把金朝看作汉文化,尤其是佛教文化的一个中心,不断从中吸取营养。

四、西夏与印度的佛教关系

西夏在建国前即已与印度佛教界有所接触,《大夏国葬舍利碣铭》记载:"我圣文英武崇仁至孝皇帝陛下,敏辩迈唐尧,英雄□汉祖;钦崇佛道,撰述蕃文;奈苑莲宫,悉心修饰;金乘宝界,合掌护持。是致东土名流,西天达士,进舍利一百五十颗,并中指骨一节,献佛手一枝,及顶骨一方,礐以银椁金棺、铁甲石匮,衣以宝物,□以毗沙。下通掘地之泉,上构连云之塔,香花永馥,金石周陈。"① 其中,"东土名流,西天达士"一语表明,在西夏早期,中原以及印度的佛教信徒已和西夏有了来往。此事发生在西夏大庆三年(1038)八月十日,两个月之后,元昊正式称帝,改元"天授礼法延祚",由此可见,元昊为其称帝需要,曾大兴土木,修建了一座"连云之塔",命"右仆射兼中书侍郎平章事"张陟撰写《碣铭》,刻之于石,这便是《碣铭》的由来。在西夏时代新翻译的西夏文或汉文佛经中,当有一些就是由这些"西天达士"根据梵文本翻译的。

西夏不但迎请印度僧人来境译经说法,而且还有僧人不远万里去印度求取佛法。明宣宗撰《敕赐宝觉寺碑记》载乾顺时期,有僧人嵬咩思能在甘州掘得古涅槃佛像,缘此建立卧佛寺以供之。僧人嵬咩思能也就是西夏时期有名的嵬名思能国师,他的师傅燕丹也是一位国师,更为重要的是燕丹曾西行天竺求法。

此外,西夏著名的佛学大德、译师相加思葛剌思巴(Sangs-rgyas-pa)也曾赴天竺学法,成就巨大,甚至成为印度佛教圣地佛陀伽耶(Buddha Gāya)和著名佛教学府那烂陀(Nālandā)寺的宗教领袖。《西藏文大藏经》中收录的有关时轮与求修大黑天天神的仪轨有许多即出自此人之手。②

汉文《佛说大乘圣无量寿决定光明王如来陀罗尼经》和《佛说般若波罗蜜多心经》发愿文中最后写道:"时皇建元年(1210)十一月初五日,圣普化寺连批张盖利沙门李智宝谨施,西天智圆刁(作者注:刁应为雕),索

---

① 胡汝砺编,管律重修,陈明猷校勘:《嘉靖宁夏新志》卷二,第153—154页,银川,宁夏人民出版社,1985。
② Elliot Sperling, "rtsa-mi lo-tsa-ba Sangs-rgyas-pa and the Tangut Background to Early Mongol-Tibetan Relations", *Tibetan Studies*: *Proceedings of the 6th Seminar of the International Associati on for Tibetan Studies*, *Fagernes 1992*, Per Kvaerne (ed.), Vol. 2, Oslo, 1994, pp. 801–824.

智深书。"①法名智圆的印度僧人出现在西夏末年,其身份是一刻工。按常理讲,刻印汉文佛经,汉族工匠是有优势的。那么,西夏人缘何请一印度僧人来刻印汉文佛经呢?因文献无载,不得而知。此刻本经文是写刻俱佳的楷书,而发愿文则是雕刻难度很大的行书。可见智圆的雕刻技术是相当娴熟的。

  黑水城出土的唐卡虽然不多,但几乎每一幅作品都显示了特殊的风格,遵循着多元的风格渊源,艾尔米塔什博物馆所藏编号为 X-2359 的唐卡就是如此(艾尔米塔什博物馆图录将此幅作品断代在 12 世纪)。作品的画面构图和色彩风格与黑水城的其他作品,即使是完全西藏风格的作品也有所不同。其浓艳而对比强烈的色彩关系和人物的造型很容易使人将它和 12 世纪印度波罗时期的经卷插图联系在一起。此外,唐卡中类似释迦牟尼造像的释迦牟尼像没有黑水城佛陀的明显特点,更像是波罗经卷插图中的佛陀。西夏地方有借道中亚来到黑水城的印度(而不是来自尼泊尔纽瓦尔地方的)艺术家,此幅残品即为这些艺术家所绘。②如是,西夏不但有来自印度的刻工,也极有可能存在来自印度的画师。

  西夏时期,有不少印度高僧前来讲经说法,并从事佛经翻译、担任佛教官职,对西夏佛教产生了影响。遗憾的是,汉文史书对此了无记载,惟北京市房山县云居寺出土的古代写本为此提供了有力的证据。在云居寺文物保管收藏的一千余卷藏文经卷中,有一种为藏、汉文合璧形式的经典《圣胜慧到彼岸功德宝集偈(Ḥphags-pa Śes-rab-kyi pha-rol-tu phyin-pay on-tan rin-po-che bsdud-pa tshig-su-bcad-pa)》。该经系西夏仁宗仁孝时所译,此本为明正统十二年(1447)的重刊本。书首有汉文题记一则,兹录全文如下:

    诠教法师、番汉三学院并偏袒提点、嚷美则沙门鲜卑宝源汉译;

---

① 史金波:《西夏佛教史略》,第 279 页,银川,宁夏人民出版社,1988。
② 谢继胜:《西夏藏传绘画——黑水城出土西夏唐卡研究》,第 48 页,石家庄,河北教育出版社,2002。

显密法师、功德司副使、嚷卧英沙门，演义法师、路赞讹、嚷赏则沙门遏啊难捺吃哩底梵译；

天竺大钵弥怛、五明显密国师、讲经律论、功德司正、嚷乃将沙门捹也阿难捺亲执梵本证义；

贤觉帝师、讲经律论、功德司正、偏袒都大提点、嚷卧勒沙门波罗显胜；奉天显道，耀武宣文，神谋睿智、制义去邪、惇睦懿恭皇帝再详勘。①

这款题记中的遏啊难捺吃哩底如果仅从名称看，似乎应是一位印度人。

遏啊难捺吃哩底，应是梵文 Ānanadakirtti 的音译，意为"庆喜称"。在将《圣胜慧到彼岸功德宝集偈》由梵文译为汉文和藏文的过程中，他的身份是演义法师，担任着"路赞讹"（译师）一职。路赞讹，正像罗炤先生所指出的那样，可能是藏语 lo-tsā-ba 的近似音，是西夏文的音转。借自梵文 Loca，意为"译师"、"世间眼"、"能说两种语言"。由他根据梵文本解释经典之本意，再由鲜卑"党项"高僧宝源记录，并最终译入汉、藏两种文字，复经捹也阿难捺以亲执梵本证义，最后由波罗显胜和仁宗皇帝再详勘而最终成型。

捹也阿难捺，即梵文 Jayānanda 之音译，意为"胜喜"。"天竺大钵弥怛"证明他是来自印度的高僧。从《入中论颂注疏》藏译本扉页的题辞看，捹也阿难捺应来自印度西北部的克什米尔。② 钵弥怛即"班的达"（Paṇḍita），又称"班智达"，意为"博通五明的学者"。其中的"显密国师"则表明他是位显密兼通且身居要职——国师的高僧。

由上可知，这位来自印度克什米尔的高僧捹也阿难捺在西夏任政府

---

① 罗炤：《藏汉合璧〈圣胜慧到彼岸功德宝集偈〉考略》，《世界宗教研究》1983 年第 4 期，第 17 页。
② L. W. Van der Kuijp, Jayānanda. A Twelfth Century Guoshi from Kashimir among the Tangut, *Central Asiatic Journal* 37/3-4, 1993, pp. 188–197.

管理佛教事务的机构功德司正使,并被封为五明显密国师,且被授予"安仪"的封号,在《圣胜慧到彼岸功德宝集偈》的翻译过程中,其职责是"执梵本证义"。

西夏历代统治者都很重视《西夏文大藏经》的翻译与校勘。值得注意的是,在西夏新译佛经中,与印度高僧拶也阿难捺有关者当不在少数。除前述《圣胜慧到彼岸功德宝集偈》外,武威天梯山石窟于1952年发现的西夏文《圣观自在大悲心总持功德依经录》亦复如是。其题记称:"沙门长耶阿衲拏传,显密法师、功德司副使、受利益沙门周慧海奉敕译。"①其中的"长耶阿纳拏",显然就是拶也阿难捺的异写。这一记载表明,西夏文《圣观自在大悲心总持功德依经录》,是由拶也阿难捺和周慧海合作翻译的。此外,"拶也阿难捺"还与"诠教法师鲜卑宝源"合作翻译了《胜相顶尊总持功能依经录》。在绿城发现的佛经中有《圣观自在大悲心总持功能依经录》和《胜相顶尊总持功能依经录》的西夏文译本,都有题跋,均注明由"拶也阿难捺传"。

西夏文《圣观自在大悲心总持功德依经录》后来成为藏文译本的底本。在俄藏黑水城藏文文献 XT-67 号第 51 页左半出现有 dzha ya ananta- 等文字,很可能就是拶也阿难捺的藏文译名。

至于波罗显胜其人,观其名号,亦应为印度人。然而,在通常情况下,西夏国的帝师一般都是由吐蕃高僧担任的,故学界多认定帝师波罗显胜应是西藏人,却又无法解释一位藏族高僧何以会在语音学上确切地对应为波罗显胜。笔者认为,其中的"波罗"二字,很有可能指印度北部的波罗(Pāla)王朝(8世纪至12世纪末期)。波罗王朝于8世纪成立时,印度佛教已渐趋衰亡,惟波罗王朝以其统治者虔信佛教,大力提倡,才使佛教在其境内继续保持繁荣,直到1199年比哈尔(Bihar)被穆斯林占领,王朝崩溃。此后,佛教势力在印度便一蹶不振了。此外,俄藏西夏文

---

① 陈炳应:《西夏文物研究》,第56页,银川,宁夏人民出版社,1985。

文献中《如来一切之百字要论》(第292号,西夏特藏195号,馆册7165号)题记称:"贤觉帝师、天竺五明大钵陀编写集传;解义法师义干译自梵文;显密法师、功德司副周译西夏文。"①由此,庶几乎可以确定波罗显圣当为印度人。在黑水城出土的一些西夏绘画中,其敷色与人物造型颇似波罗时期的经卷插图。这一因素与波罗显胜在西夏的活动有无一定关系,应是一个值得考虑的问题。

囿于史料记载的匮乏,无法对西夏印度佛教关系进行更深入的考察,但有种种迹象表明,二者间的交往远不止于上述史实。譬如,有一些佛经是直接从梵文翻译而来,这些梵文佛经也可能是从印度而来。在甘肃瓜州县东千佛洞发现的西夏时期的某些属于"天竺遗法"的图像,很可能是由求法僧人直接携带回来的。② 期待着有更多新资料的发现来充实西夏与印度的文化交流。

第四节 西夏的佛教艺术

河西地区的佛教艺术自唐代以来就已经高度发展,这一地区的众多寺庙和石窟都保留着不少佛教艺术珍品。西夏统治河西地区以后,佛教有了进一步的发展,敦煌莫高窟、瓜州榆林窟的佛教艺术在恢复和继承前代艺术成就的基础上,又有所突破,逐渐形成了西夏佛教艺术的风格和特点。西夏佛教艺术突出地表现在绘画、雕塑、建筑等几个方面。

1. 绘画

西夏的佛教绘画主要包括壁画、卷轴画、胶彩画(唐卡)、彩绘木版画等诸方面。石窟壁画保存下来的西夏绘画最多,而寺庙壁画因寺庙的毁坏或翻修,基本上已不复存在了,黑水城出土了大量的卷轴画珍品,此

---

① Е. И. Кычанов, *Каталог тангутских буддийских памятников*, Киото: Университет Киото, 1999, стр. 448–449.
② 张宝玺:《东千佛洞西夏石窟艺术》,《文物》1992年第2期,第93页。

外,西夏佛经中亦保存有不少的绘画。

(1) 壁画　现存西夏壁画艺术,题材约二十多种,就其内容和性质而论,大多数属于佛教壁画艺术,流行的以尊像、本生故事、佛说法图、经变图菩萨像、供养人故事、高僧故事装饰图案等为主①,早期、中期流行绘制供养菩萨和药师佛像,占统治地位的仍是非密宗题材,早期的西夏壁画受唐宋壁画的影响较多,构图上往往公式化,体裁较单调。中后期逐渐形成了自己民族的艺术特点,西夏的人物特征和服饰在壁画中都有了较多的反映。晚期随着藏传佛教影响的深入,统治者的倡导,西夏积极从西藏引进藏传佛教,壁画中开始出现藏式风格作品。因此,佛窟中多出现密宗题材的壁画,如密宗的本尊大日如来和观音图像,所绘的供养人像已经完全党项化了。西夏的石窟壁画主要分布于今甘肃河西走廊一带,以敦煌莫高窟和瓜州榆林窟的数量与类型最多,此外,瓜州东千佛洞、水峡口下洞子石窟、酒泉文殊山石窟、肃北五个庙石窟、一个庙石窟、武威天梯山石窟、宁夏贺兰山山嘴沟石窟、内蒙古鄂托克旗阿尔寨石窟(俗称百眼窑石窟)等亦保留有一定数量的西夏壁画。

西夏壁画中有不少的经变故事,经变画中的佛、菩萨、弟子的妆饰、法器等虽然亦承接唐、五代程式,但不同的是西夏经变图中已出现了以民间故事为题材的高僧传。如瓜州榆林西夏壁画的《观音变》和《普贤变》图中都绘有唐僧取经的故事,第2窟《水月观音图》与第3窟《普贤变》中都生动而形象地描绘有唐僧取经的画面,玄奘与孙悟空及白马的形态都非常的逼真细腻,西夏壁画中的唐僧取经图比小说《西游记》文学作品中出现的形象要早三百多年。② 壁画中的供养人像亦是西夏佛教绘画中颇具民族特色的地方。西夏壁画中亦糅合了藏传佛教的因素,密宗画派风格渗入了部分佛像、菩萨像及装饰图案中。如莫高窟第465窟的

---

① 刘玉权:《略论西夏壁画艺术》,《西夏文物》,第10页,北京,文物出版社,1988。
② 段文杰:《玄奘取经图研究》,《敦煌石窟艺术研究》,第397—411页,兰州,甘肃人民出版社,2007。

喜金刚双身像、内蒙古阿尔寨石窟第 28 窟的七幅金刚像、贺兰山山嘴沟龛形门楣上的六臂金刚、榆林窟第 10 窟的天马边饰等等。

贺兰山地区还发现不少可以证明是党项民族留下的岩画,大约有一二百幅之多,内容主要有太阳、月亮、佛头像、宝瓶、牛、马、驴、骆驼、鹿、狗、羊、手掌、脚印等等。构画比较简单,但都形象生动地表达了党项民族的心理,有些岩画亦夹杂着与佛教有关的西夏文字,这些内容的岩画在今鄂尔多斯草原以北的那仁乌拉山里亦有发现,而且那里的岩画似乎比贺兰山的西夏岩画更加原始。①

(2) 卷轴画　为彩墨绢画,是绘于绢帛麻等织物上,有的还加以衬布、挂带、轴,俗称卷轴画。便悬挂便移动,以绘画代塑像,更有利于膜拜。佛教内容的卷轴画,特点十分鲜明,汉传佛教与藏传佛教、中原绘画传统与吐蕃绘画传统两种风格并存,反映出了西夏佛教已进入兼收并蓄、多来源、多层次的成熟时期。② 黑水城遗址出土的一大批西夏佛教绘画中,就有不少的卷轴画,如高 96 厘米,宽 60 厘米的《文殊图》、高 103.5 厘米,宽 57.5 厘米的《普贤图》、高 124.5 厘米,宽 62 厘米的《弥勒佛图》、高 145 厘米,宽 99.5 厘米的《阿弥陀佛接引图》等等。这些精美的卷轴画表现了多种西夏佛教的艺术风格,反映出了汉传佛教与藏传佛教对西夏佛教的广泛影响,但也说明了西夏佛教在吸收外来佛教精髓的同时,亦形成了自己独特的民族艺术风格。

(3) 胶彩画——唐卡　是藏传佛教的一种胶彩宗教卷轴画,用胶彩绘于绢或布帛,题材有佛、菩萨、护法神、祖师等,多为浓彩重抹,色调深沉。如《十一面观音像》、《上乐金刚图》、《上师图》、《胜三世明王曼荼罗图》、《八大灵塔图》、《大日如来佛图》等等。这些唐卡按照密宗的造像仪轨绘制,其绘画风格传承于吐蕃王朝佛教前宏期绘画艺术的风格,即东

---

① 盖山林:《举世罕见的珍贵古代民族文物》,《内蒙古社会科学》1980 年第 2 期。
② 参见韩小忙、孙昌盛、陈悦新《西夏美术史》,第 44—55 页,北京,文物出版社,2001。

印度波罗王朝的艺术风格。唐卡是藏传佛教绘画艺术,在西夏故地佛塔内大量出土,说明了藏传佛教在西夏境内广泛流行着,对西夏佛教有着重要的影响。①

(4) 彩绘木版画　西夏的彩绘木版画主要是指甘肃武威出土的35幅木板画。甘肃武威西郊林场出土的西夏经略司都案刘德仁夫妇墓中的随葬品中有一组木板画,其中比较突出的有《蒿里老人》、《武士》、《随侍》、《童子》、《五女侍》、《驭马图》等画像,多为生活题材的人物创作。铁线勾勒的人物形象饱满,神态各异,色调素雅,体现了画匠巧妙的构思和用笔的娴熟。西夏墓中出土的这组彩绘木版画,不仅具有很高的艺术价值,而且对西夏的民俗文化研究亦有重要的学术参考价值。

2. 雕塑

西夏的雕塑从材料上分主要有泥塑、石雕、木雕、砖雕和竹雕等,从技法上则可分为圆雕和浮雕两种。雕塑艺术作品一般置于寺院和陵墓,与受佛教生命轮回观念影响而产生的修来世信念密切相关,具有很强的实用性。

(1) 彩塑　西夏雕塑中很重要的一种形式即为彩塑,作品主要是雕塑的佛、菩萨等佛教人物和供养人,多存于石窟及寺庙中。据《马可波罗行记》载,西夏境内甘州城佛像很多②:

> 偶像教徒依俗有庙宇甚多,内奉偶像不少。最大者高有十步。余像较小,有木雕者,有泥塑者,有石刻者。制作皆佳。外傅以金,诸像周围有数像极大,其势似向诸像作礼。

莫高窟和榆林窟保存下来有三十几尊西夏彩塑,有明显的唐宋艺术风格。甘肃张掖大佛寺内的大卧佛,久经岁月依然保持着当初的形制,

---

① 参见谢继胜《西夏藏传绘画——黑水城出土西夏唐卡研究》,第30—109页,石家庄,河北教育出版社,2002。
② 冯承钧译:《马可波罗行记》,第208页,北京,中华书局,1957。

佛像为木胎泥塑,金装彩绘,身躯伟岸,卧于殿堂中,头枕右手,左手附于身侧,为典型的佛涅槃像,该彩塑像是保存在寺庙中最大的西夏塑像。内蒙古额济纳旗达兰库布镇东南 40 里的一个西夏寺庙 1963 年出土了一批西夏彩塑,有着很高的艺术价值,是西夏佛教彩塑艺术的瑰宝。近年宁夏贺兰县宏佛塔天宫还发现了一批西夏彩绘泥塑像,有佛头像 6 尊、佛面像 4 尊、罗汉头像 18 尊、罗汉身像 12 躯、力士面像 2 尊以及佛手等等。① 虽然多遭破坏为残品,但依然能看出西夏彩绘泥塑的高超水平。宁夏拜寺口双塔西塔上二至十三层每层檐下有方形浅龛,内有影塑彩绘的僧人、罗汉、金刚、童子、菩萨、七宝、八吉祥等藏传佛教的装饰内容,具有浓厚的宗教色彩。青铜峡一百零八塔在维修过程中于 001、009、017、041、085 和 101 等塔内都发现有泥塑彩绘造像、砖雕佛像等文物。② 塑像皆以黄泥作胎,外抹白灰泥,然后再进行彩绘,敷色厚重艳丽。

(2) 石雕 西夏的石雕主要出土于陵园雕塑。完整保存至现在的石刻品已不多,但仍能从存世的残品中见到其作品的精美之处,很多都是吸取了中原石刻艺术的精华又有所创新的。西夏的石雕可分为三部分,一为地面雕像,只有数件人像石碑座和石像生的残块。其中的人像石碑座粗犷厚敦,是西夏雕刻艺术的精品,亦是西夏陵标志性的艺术作品。武威的凉州重修护国寺感通塔碑,碑铭周围有线刻卷草纹,碑额两侧各刻一身伎乐菩萨,作伴舞姿态,这些都很好地表现了西夏艺术的特点。此外,散布在甘肃祁连山一带的石窟中亦有西夏时代的石雕,如民乐县马蹄山北寺、金塔寺中就有雕凿的佛与菩萨塑像。二是陪葬雕刻艺术品,多为动物形象。运用圆雕、浮雕、线刻相结合的手法把各种动物描绘得活灵活现,有大石马、分鬃小石马、无鬃小石马、卷尾小狗、长吻小狗

---

① 宁夏回族自治区文物管理委员会办公室、贺兰县文化局:《宁夏贺兰县宏佛塔清理简报》,《文物》1991 年第 8 期,第 1—13 页。
② 宁夏回族自治区文物管理委员会办公室、青铜峡市文物管理所:《宁夏青铜峡市一百零八塔清理维修简报》,《文物》1991 年第 8 期,第 31 页。

等，由此可以看出西夏人对马和狗的喜爱。三是建筑装饰构件，陵园出土的两段雕凿精细的雕龙栏柱，造型生动，栩栩如生。

（3）木雕　宁夏拜寺口双塔西塔出土有木雕《胜乐金刚像》和高32.5厘米、长58.3厘米、宽40厘米的木雕供桌。木雕像主尊金刚蓝色，裸体，头戴骷髅冠，三目四面十四臂，主臂抱明妃，双足各踩一白色仰魔、灰色伏魔，明妃通体红色，高鼻，右腿盘于金刚腰际，人物造型是藏传佛教艺术风格中的密宗噶举派主尊天神，是目前所能见到的西夏艺术品中仅有的一尊双身木雕像。木雕供桌雕刻精美，系难得的佛教寺庙用品。此外，内蒙古额济纳旗古庙遗址出土有木雕菩萨像，武威西郊林场两个西夏墓中还出土了一批陪葬木器，计有木条桌、木衣架、小木塔、木笔架、木宝瓶和木缘塔等等。宁夏永宁县闽宁村西夏墓中亦出土有木制雕塑。木器容易朽毁，难以保存，西夏陵墓中出土如此种类繁多造型独特的木雕品，反映了西夏党项民族的民风民俗及西夏艺术匠人精湛的雕刻水平。

3．建筑

西夏的佛教建筑有着自己的独特风格，体现出了当时较高的建筑水平。这些佛教建筑主要包括按佛教仪轨建造的佛塔，又有按照中国木架结构传统建筑琉璃砖瓦装饰的亭台楼阁、寺庙及陵园建筑群等等，有着很高的艺术价值。从莫高窟第400窟《药师经变》、榆林窟《宫阙图》等图还可以看出西夏建筑亦有正殿、左右配殿、回廊、角楼等宫殿式建筑群，只可惜现在早已荡然无存了。目前留存的遗迹中以佛教寺院居多，这些寺院建筑表现了当时佛事活动的兴盛，从现今发现的残损构件中即可领略西夏佛教建筑艺术的概貌。

（1）佛塔　西夏时期的佛塔按照形制可大致分为楼阁式、密檐式、覆钵式、楼阁和覆钵复合式等四种。

西夏都城兴庆府今银川市兴庆区的承天寺塔即是典型的楼阁式佛塔。该寺为西夏毅宗天祐垂圣三年（1052）创建的，役民数万人，至福圣承道三年（1055）建成，用以贮藏宋朝所赐大藏经，西夏灭亡以后，此寺、塔犹存,清朝时期因地震破坏重修,基本上保持了原塔形貌。该塔砖砌八角十一层,高64.5米,每层檐口用上下三层叠涩棱角牙砖砌成,逐层出挑,东西南北四面,隔层开券门明窗,可登楼鸟瞰,最上层八面开四明四暗圆窗,宝塔刹顶为八角攒尖桃形绿琉璃。塔身削秀挺拔巍峨俊丽,蔚为壮观,表现了西夏佛塔建筑的高超水平和艺术风格。宁夏同心县韦州旧城东南隅的康济寺塔,亦是建于西夏时期的古塔,其建筑手法和风格与承天寺大致相近。此外,坐落在宁夏中宁县鸣沙镇黄河边崖上的安庆寺永寿塔,残高21.4米,亦是楼阁式佛塔。

密檐式佛塔有宁夏贺兰县拜寺沟方塔,为方形十一层,密檐实心塔,在第三、十、十二层构筑塔心室,又每层南壁安置直棂假窗,塔表抹白灰,上彩绘斗拱、额枋、日、月、兽面以及流苏。[1] 甘肃永昌县北海子境内的圣容寺方塔,方形七层,密檐仿木斗拱装饰,方塔造型承唐制,层层收分,刚劲有力。宁夏贺兰县境内的拜寺口双塔,为十三层八角密檐空心砖塔,西塔二层以上有长方形浅龛,影塑有佛教人物。

宁夏青铜峡的一百零八塔则为覆钵形喇嘛塔[2],排列呈三角形塔群,是世上稀有的大型塔阵,建筑在河岸斜坡上,更显奇特。这是内地最早的覆钵式白塔,是西夏藏传佛教佛塔建筑向内地传入的津梁。甘肃张掖大佛寺内的弥陀千佛塔亦属于覆钵式佛塔。在贺兰县境内的宏佛塔,残塔高28.2米,下部是三层八角楼阁式空心塔身,上部是十字折角覆钵塔,是楼阁与覆钵复合式的佛塔。[3]

(2)陵园 西夏的帝陵是西夏皇帝和陪葬大臣们的墓葬地,位于银川西郊贺兰山东麓的洪积扇地带,东距银川老城约25公里。西夏陵具有独

---

[1] 牛达生:《拜寺沟方塔原构推定及其建筑特点》,《国家图书馆学刊》(西夏研究专刊),第168—172页,2002;宁夏考古研究所:《拜寺沟西夏方塔》,第11—13页,北京,文物出版社,2005。
[2] 雷润泽、于存海:《青铜峡市一百零八塔》,《中国建筑·西夏佛塔》,第102—113页,北京,文物出版社,1995。
[3] 于存海、何继英:《贺兰县宏佛塔》,《中国建筑·西夏佛塔》,第55—75页,北京,文物出版社,1995。

特的人文景观和丰富的文化内涵,是研究西夏陵园制度、西夏建筑和西夏文化的宝地,亦是探寻古老神秘的西夏文化的旅游胜地。西夏帝陵最能显示出西夏建筑的风格和水平,亦能折射出西夏皇室的豪华居住生活。

位于贺兰山下的西夏王陵,占地约50平方公里,有帝陵9座,陪葬墓200余座,中部东侧和北端各有建筑遗址一处。每一座帝陵的规模都很壮观,面积均在10万平方米以上,又各自是一个独立完整的建筑群。以3号陵为例,面积15万平方米,单体帝陵建筑四角布有角台,圈成兆域,域内从南至北布局:左右对称的阙台各一、碑亭各一;城墙用土夯筑,层层收分,残高3米;月城南墙居中开门,城内神道两侧有石像生;内城长方形四边居中开门,角墙地基用砖砌包基础,角墙之上有角楼;城中献殿居中,有八角形台基,陵台偏西呈八角塔形。陵台偏西的形制打破了中原王朝沿中轴线对称布局的体制,塔形陵台,远看如坟,近看为八角塔形。这种陵台塔形建筑是西夏的独创。西夏的陵园建筑吸收了我国秦汉以来特别是唐宋时期陵园建筑之所长,同时又受到了佛教建筑的巨大影响,是汉族文化、佛教文化和党项文化三者有机地结合在一起,从而构成了我国陵园建筑中别具一格的建筑形式。①

西夏陵园亦出土有大批的建筑构件,反映出西夏建筑的工艺水平,如琉璃鸱吻的精美硕大、屋脊兽和妙音鸟的造型奇特,筒瓦和滴水等建筑构件的光亮精致,足可以与中原建筑的构件相媲美。西夏陵邑中出土的建筑构件除与陵园相同的之外,还发现有大量形如小板瓦的白瓷墙贴和各种绿色琉璃兽形墙贴。这些构件,釉面光滑,晶莹美观,此外还有规格统一、打磨精细的各类方砖、条砖、凹槽砖和灰陶筒瓦、板瓦、滴水等构件。从这些精美的建筑遗址和各类构件上,不难想象出昔日西夏建筑威严肃穆、金碧辉煌的景象。

(3)石窟寺 石窟寺是佛教建筑的另一种形式,依山而凿,窟内或雕

---

① 吴峰云:《西夏陵园建筑的特点》,《西夏文物》,第7页,北京,文物出版社,1988。

刻或泥塑佛像,顶部和四壁墁泥后绘画佛像。西夏建国后随着佛教的普遍发展,佛教石窟艺术在继承前代的基础上,亦逐渐兴盛起来。

甘肃的敦煌石窟是我国历代的佛教圣地之一,亦是西夏创造石窟艺术的主要场所。西夏时期,统治者十分重视莫高窟和榆林窟的修建,两个洞窟中有大量的西夏洞窟,多为改建、妆銮前代洞窟,重新开凿的较少。莫高窟500多窟中即有80余西夏窟,内有丰富的壁画与佛像,表现了西夏的民族风格和各民族文化交融的特点。西夏时期的洞窟包括两部分,一是西夏洞窟,一是西夏时期的回鹘洞窟。西夏洞窟共有77个,其中莫高窟62个,榆林窟10个。西夏时期的回鹘洞窟共有23个,其中莫高窟16个,榆林窟2个,东千佛洞5个;前期9个,后期14个。① 1979年发现的西夏殿堂遗址,堂阔五间,21.6米,进深四间,16.3米,地面漫铺花砖,殿内塑7米高的四大天王塑像,该殿堂为莫高窟所发现的窟前遗址中规模最大的,由此可以想象西夏统治者修建洞窟所耗费的人力、物力和财力。

甘肃省民乐县马蹄山石寺的石窟群中,亦有西夏石窟的遗存,其中有一窟藏佛殿即为西夏时期所造。此外,河西走廊的瓜州东千佛洞、武威天梯山、亥母洞②、酒泉文殊山、肃北五个庙、景泰五福寺等地的石窟以及宁夏银川山嘴沟石窟、内蒙古鄂托克旗阿尔寨石窟等地都相继发现了西夏洞窟和壁画。

西夏的佛教建筑除了上述的佛塔、陵园、石窟寺以外,还有数量相当多的寺庙。这些寺庙本身就是西夏信仰传播佛教的基地,不少寺庙修建有风格独特的佛塔以供贮藏佛经或翻译经文等用。西夏时期比较著名的寺庙主要有都城兴庆府地区的戒坛寺、高台寺、承天寺、海宝寺,贺兰山一带的贺兰山佛祖院、五台山寺、慈恩寺等寺庙,凉州地区的护国寺、

---

① 牛达生:《西夏遗迹》,第224页,北京,文物出版社,2007。
② 孙寿岭:《武威亥母洞出土的一批西夏文物》,《国家图书馆学刊》(西夏研究专刊),第173—175页,2002。

圣容寺、崇圣寺等,甘州的卧佛寺、崇庆寺、诱生寺、十字寺以及黑水城遗址附近的寺庙。这些佛教建筑一般分布于各地的政治文化中心的城镇和名山胜地,由于统治阶级的大力重视和提倡,佛教的这些建筑在营造方式和规模及艺术风格上,都具有很高的技术水平,充分体现了西夏兴盛发展的佛教文化。

第八章 金代佛教

第一节 金代社会与佛教

一、金代社会概况①

金代为北方女真族所建立的政权,历时近120年,幅员广袤,全胜时期,北起外兴安岭,南到淮河,西起甘肃,东到大海,面积约等同时南宋的两倍。女真先世称肃慎、挹娄、勿吉靺鞨。女真源出自靺鞨七部中的黑水靺鞨,原居住在今黑龙江与松花江合流以下的黑龙江流域的南北地区,后来黑水靺鞨有一部分向南迁徙。当契丹建国后,在译名上始被称为"女真"。辽天庆五年(宋政和五年)正月初一日(1115年1月28日)即帝位,国号为金,年号为收国,是为金太祖。是在氏族制度废墟上建立起来的奴隶制国家。太宗即位期间,继承太祖武功,灭辽举宋,大体奠定金代的疆土。天会三年(1125)灭辽,同年下诏攻宋,金熙宗、海陵王两朝是金代的发展时期。在此期间,实行了一系列改革,各项制度逐步建立和

---

① 本节的写作参考了宋德全《金史》,北京,人民出版社,2006。

日臻完善。中央集权加强,社会经济发展,中原文化在金国得到传播。海陵王时,将金朝统治中心从上京迁往中都(今北京);接着,发动了对南宋的战争。

世宗、章宗在位时,金朝社会发展到了鼎盛阶段,所谓"治平日久,与内小康"。然而章宗后期起金朝社会的内外矛盾加剧,由盛而衰。及至其继任者绍卫王时,"征乱于内,兵败于外",加速了金朝的衰落。宣宗即位后,在蒙古军的进攻之下,于贞祐二年(1214)迁都汴京(今河南开封),河北各地尽为蒙古所有。天兴三年(1234)正月,金朝在蒙古与南宋的联合进攻之下灭亡。

女真人在建立金朝之前,处于原始社会后期,建国后迅速进入阶级社会。随着女真社会由部落联盟发展为国家,完颜阿骨打称帝后,一度采用贵族议事制度——勃极烈制。许多军国大事的决策,须经勃极烈会议商议。到熙宗、海陵王时,金代社会发生了许多变化,在政治制度上,既承袭中原汉制的某些传统,又有所变通。如金朝科举制度,既继承唐宋之制,并有创新。

金朝统治期间,北方中国社会经济有了很大的发展。东北地区得到开发,中原的农业生产逐渐恢复和发展,作物种类增加,农业生产技术进一步提高;畜牧业也很发达;手工业在辽宋基础上有了新的发展,其中火器制造业、雕版印刷业等,均达到很高水平。随着农业、手工业的恢复与发展,与邻国的贸易及货币流通也发展起来。金国境内,除女真人外,还有汉、契丹、奚、渤海人等,促进了各民族的联系与融合。

女真人本来信仰原始的萨满教,包括自然崇拜、图腾、万物有灵、祖先崇拜、巫术等信仰。萨满是沟通人与神之间的中介,在重大典礼、事件和节日的祭祀时都有巫师参加,或由他们司仪,表现为消灾治病、为人求生子女、诅咒他人遭灾致祸等。随着与辽、宋的密切接触,女真人开始接受佛教、道教信仰,佛教、道教在金代都获得了一定的发展。

道教在金代主要有全真教、大道教和太一教。全真教创始人是王喆,别号重阳子,于大定七年间(1167)创建全真教。大道教创始人是金初间德仁,大约于皇统二年(1142)开始传道。太一教始祖萧抱珍,创教于天眷(1138—1140)年间。

金代宗教信仰的一个重要特征是圆融性,无论佛教还是道教,都主张以本教义为主的佛道释的"三教合一"。如金末禅师万松行秀和居士李纯甫。全真教创始人王喆,也提倡"三教合一",劝人们诵《道德清净经》《般若心经》及《孝经》等道、佛、儒三家经典。完颜蒐艘《全真教祖碑》也有这种提法:"足见其冲虚明妙,寂静圆融,不独居一教也。"

二、金代帝王与佛教①

金代帝室的崇拜和支持佛教,开始于太宗时期(1123—1137)。太宗原本不信佛教,如天会元年(1123)上京(今内蒙古东)"僧献佛骨,却之"②。相传太宗因出猎遇佛,从而改变了对佛教的看法:"太宗尝出猎,恍惚间见金人挟日而行,心悸不定,莫敢仰视,因罢猎而还,敕以所见者物色访求。或言上所见殆佛陀变现,而辽东无塔庙,尊像不可得,唯回鹘人梵呗之所有之。因取画像进之,真与上所见者合。上欢喜赞叹,为作福田以应之。凡种人之在藏获者,贯为平民,赐钱币,纵遣之。"③太宗常于内廷供奉佛像,又迎旃檀像安置于燕京悯忠寺(今北京法源寺),每年设会饭僧。天会二年(1124),太宗命僧善祥于山西应州建净土寺。同年,为佛觉大师海慧在燕京建寺,至熙宗时,命名大延圣寺(以后金世宗时改名大圣安寺,成为金代燕京的名刹)。当时营建塔寺,偏于河北、山西等地,这是和攻占了宋都而加强黄河以北地区的治理经营相关的。但在天会八年(1130),吸取"辽以佛亡"的经验,曾一度禁止私度僧尼,怕佛教的势力威胁统治。可知那时佛教范围已相当扩大。

---

① 参见郁兴智《金代女真人与佛教》,《北方文物》,1997.3。
② 《金史·太宗纪》,第48页。
③ 元好问:《恒州刺使马君神道碑》,《全辽金文》,第3051—3052页。

金熙宗时期(1138—1149)，金的国境已扩展到淮水以北地带，金王朝的典章制度急速地汉化，熙宗三教并重，对汉人所信奉的佛教尤其表尊崇。继位不久，将名僧海慧(？—1145)邀到首都上京(今会宁市)，特建大储庆寺，请他做寺主，以扩大金源地区的佛教。著名律师悟铢(？—1145)也同受优遇，皇统中被任为中都右街僧录。皇统二年(1142)二月，皇子济安生，大赦天下，"肆赦令燕云汴三台普度，凡有师者皆落发，奴婢欲脱隶者，才以千嘱即得之，得度者亡虑三十万"。十二月，济安突病，熙宗又与皇后到佛寺焚香求佛。"汉涕哀祷"，并"曲赦五百里内罪囚"。济安死后，命画工画其像于储庆寺。① 金世宗母亲贞懿皇后于皇统二年(1142)于辽阳出家，法号法愿。熙宗赐通慧圆明大师尊号，给紫衣拨三十万修建清安禅寺，为东京(今辽阳)最大寺院，有童仆四百余人。金熙宗本人也诚信佛教，大力提倡佛教，但对佛教也做了法律的限定，"僧尼犯奸及强盗，不论得财不得财，并处死"②，以防止佛教势大妄为。

海陵王时期(1149—1161)基本上沿袭熙宗政策，佛教进一步发展。贞元元年(1153)海陵王迁都燕京，燕京遂成为佛教发展的中心。正隆元年(1156)海陵王亲到宣华门观迎佛，并赐诸寺僧绢五百匹、彩五十段、银五百两。③ 海陵王对佛教也采取了限制的政策。贞元三年(1155)，磁州僧法宝云游京师，及其将去，左丞相张浩、平章政事张晖等再三挽留，海陵王得知此事后，诏三品以上朝官上殿，责之曰："闻卿等每到寺，僧法宝正坐，卿等皆坐其侧，朕甚不取。佛者本一小国王子，能轻舍富贵，自修苦行，由是成佛。今人崇敬，以希福利，皆妄也。况僧者，往往不第秀才，市井游食，生计不足，乃去为僧。较其贵贱，未可与簿尉抗礼。""卿等位为宰辅，乃复效此，失大臣体。"又召法宝入朝责问道："汝既为僧，去住在

---

① 《金史》卷八〇《济安传》，第1797—1798页。
② 《大金国志》卷一二《熙宗纪》，文懋昭撰、崔文印校证《大金国志校证》，第174页，北京，中华书局，1986。
③ 《金史》卷五《海陵纪》，第106页。

己,何乃使人知之?"遂责以"妄自尊大"而杖之二百,张浩、张晖也各杖二十。① 曾有三位比丘尼时常出入宫中,为贵妃定哥传递消息,海陵王知道后将她们全部处死。② 甚至还强令大批僧人从军,使昔日备受优遇的僧侣尊严扫地。正隆元年(1156),下诏禁止翌年二月八日的迎佛活动。③

世宗继立,为金代的全盛时期(1169—1189)。世宗受母亲贞懿皇后佛教信仰的影响,早年便崇信佛法。贞元三年(1155),为东京留守,常到清安寺拜见贞懿皇后。继位后,甚至在宫廷中"地铺礼佛毯"④。懿太后出家为尼,又特别在清安禅寺别建尼院,扩建寺塔。世宗喜欢巡游名山古刹,营建塔寺,优遇名僧。曾为玄冥顗禅师在燕京建大庆寿寺,又在东京创建清安禅寺。曾对各大寺赐田、施金、特许度僧,表示对佛教的支持。世宗时期发生多次僧乱言谋逆事件,也有一些人乘入佛道之机逃避赋役。因此世宗继位后对佛教采取了限制政策。大定八年(1168)金世宗对其臣下说:"至于佛法,尤所未信,梁武帝为同奉寺奴,辽道宗以民户赐寺僧,复加以三公之官,其惑深矣。"大定十四年(1174)四月,再次对宰臣说:"闻愚民祈福,多建佛寺,虽已条禁,尚多犯者,宜申约束,无令徒费财用。"大定十九年(1179)世宗对宰臣说:"人多奉释老,意欲徼福,朕早年亦颇惑之,旋悟其非。"大定二年(1162)"诏二税户为尼",大定十八年(1178)又"禁民间无得创兴寺观"。这些政策包括整顿教团、防止僧侣逃避课役、严禁民间建寺,其目的是防止佛教势力过于强大。世宗时期,由于财政困难,曾仿照北宋政策,利用佛教教团对社会的影响而公卖度牒以助军费,但于军事告一段落之后即行停止,仍持续统制整顿的方针。

大定二十六年(1186),"香山寺成,幸其寺,赐名大永安,给田二千亩,栗七千株,钱两万贯"。同年,又驾幸仙洞、香林、净名、上方、天香、感

---
① 《金史》卷八三《张通古传》,第1861页。
② 《金史》卷六三《后妃传》,第1510—1511页。
③ 《金史》卷五《海陵王纪》,第107页。
④ 范成大:《揽辔录》,见《范成大笔记六种》,第16页,北京,中华书局,2008。

化等佛寺。明昌元年(1190),大臣上奏"自古以农桑为本,今商贾之外,却又有佛老与他游食,浮费百倍,农岁不登,流殍相望,此未作伤农者多故也"。同年下诏,禁止自披为僧道。①

章宗时期(1190—1208)继世宗的统制方针,进一步完善了金代的佛教政策。章宗以皇太孙身份继承皇位,引起世宗诸子不满。明昌初年,宗室之间的矛盾非常尖锐,章宗担心诸皇伯、皇叔与僧道勾结,危及皇权。于明昌二年(1191)下诏:"敕亲王及三品之家,毋许僧尼道士出入。"②明昌四年(1193),诏请著名禅师万松行秀禅师于内廷说法,"帝亲迎礼,闻未闻法,开悟感慨,奉锦绮大僧伽衣,内宫贵戚罗拜拱跪,各施珍品,建普度会"③。明昌五年(1194),置宏文院,专门译写经书。皇子寿王洪辉生,满月时患中风,病初愈,倡印《无量寿经》一万卷,又在衍庆宫作七天道场,同时禁屠宰。皇子忒邻生满百日,放僧道牒三千道。承安二年(1197)起,因财政困难,采行公卖度牒、紫衣、师号和寺院名额的措施筹措经费。承安四年(1199),以太后遗命,敕下和龙府建大明寺,造九级浮图,度僧三万,施以度牒,以荐冥福。又于昌明年间多次诏令加强对寺院僧尼的管理,如严禁私度僧尼,并积极地规定由国家定期定额试经度僧,限制各级僧人蓄徒的名额。

三、金代的僧制④

(一) 对僧侣的限制

金朝佛教政策的调整大大削弱了僧侣的尊贵之势。女真统治者在限制佛教教团的同时,也有意贬抑僧侣的社会地位。金初佛教僧侣仍享

---

① 《金史》卷四六《食货》,第1035页。
② 《金史》卷九《章宗纪》,第217页。
③ 《五灯严统》卷一四《续藏经》第81册,第108页中。
④ 本部分写作参考了白文固《金代官卖寺观名额和僧道官改策探究》,《中国史研究》2002年第1期。

有很高的社会地位。贞元三年(1155),磁州僧法宝云游京师,及其将去,左丞相张浩、平章政事张晖等再三挽留,海陵王得知此事后,诏三品以上朝官上殿,责之曰:"闻卿等每到寺,僧法宝正坐,卿等皆坐其侧,朕甚不取。佛者本一小国王子,能轻舍富贵,自修苦行,由是成佛。今人崇敬,以希福利,皆妄也。况僧者,往往不第秀才,市井游食,生计不足,乃去为僧。较其贵贱,未可与簿尉抗礼。卿等位为宰辅,乃复效此,失大臣礼。"又召法宝入朝责问道:"汝既为僧,去住在己,何乃使人知之?"遂责以"妄自尊大"而杖之二百,张浩、张晖也各杖二十。海陵王甚至还曾强令大批僧人从军,令昔日备受优遇的僧侣尊严扫地。金代统治者禁止僧侣过问政治。海陵王时,有三位比丘尼时常出入宫中,为贵妃定哥传递消息,海陵王知道后将她们全部处死。章宗时,王祜知大兴府事,时僧徒多游于权贵显宦之门,王祜禁僧人午后出寺。有一长老犯禁,被王祜械系于狱,皇姑大长公主来为长老说情,王祜说:"奉主命,即令出。"一俟皇姑离去,他就召来长老,立时杖毙于庭下。"自是京辇肃清,人莫敢犯。"明昌二年(1191)二月,章宗明确发布一道禁令:"敕亲王及三品官之家,毋许僧尼道士出入。"僧侣被排斥于世俗政治生活之外,丧失了他们曾经拥有的那种能量。

辽朝僧侣在法律上享有特权,即使违犯了五戒中的淫戒,处罚很轻。金朝则加强了僧侣法禁,熙宗时制订的《皇统新制》,"刑法大率与旧制不相远,惟僧尼犯奸者死"。洪皓《松漠记闻》卷上载:"旧俗,奸者不禁。近法益严,立赏三百千,它人得以告捕。尝有家室,则许之归俗;通平民者,杖背流递;僧尼自相通,及犯品官家者,皆死。"

(二)官卖度牒与寺院名额政策

世宗大定初,朝廷为筹集军费,公开标价出卖度牒和寺观名号,一道度牒售价约二百贯,一个寺观名号标价在一百贯至三百贯之间。随着宋金间隆兴和议的形成及契丹部起义的被平定,金世宗于大定五年(1165)二月诏罢纳粟补官令,同时停止官卖僧道度牒和寺观名额活动,以后金朝又数次恢复鬻卖活动。章宗以后,陷于内外交困之中的金朝更是把出卖空名度牒、寺观名号及紫、褐衣师号作为敛财的常用手段。宣宗贞祐四年(1216),耀州僧广惠又进而建议将僧道官的任命制也改为明码标价出售:京府节镇以上僧道官须纳粟百石,防御州、刺史州僧道官纳粟七十石,任期均为三十月;诸监寺住持纳粟十石,任期一年,愿连任者可以纳粟再任。这一建议当即为朝廷所接受。官卖寺观名额,这在中国历史上是绝无仅有的。金世宗、金章宗、金宣宗皆实行官卖寺观名额政策,大定时期,实行官卖度牒及寺观名额的地区十分广阔,依照《金史》的记载,除东、南两京以外的中、北、西三京及十四路,都是政策许可的宗教鬻卖活动区。而当时的京兆府路和河东南路各府州,鬻卖活动最为火爆。

负责经营官卖事务的机构前后有变化,大定二年(1162)颁出的敕牒,多称已纳钱于某路转运司,由掌管一路税赋钱谷的转运司具体负责官卖度牒和寺观名额活动。大定三年(1163)以后,则有"尚书户部差委京兆府发卖所""尚书户部差委耀州发卖所""申过解州出卖所""泽州出卖所"等碑刻文字,可推断各府州已由发卖所或出卖所专司鬻卖事务。发卖所是在大定三年左右于各府州设置的专司官卖寺观名牒、僧道度牒及紫衣师号的临时性机构。当时发卖所或出卖所,几乎遍布每个府、州,名义上属尚书户部差委,实际上全由州府属官临时组成官卖班子。凡敕赐或官卖寺观名额的敕牒,仍然全以礼部名义颁出。大定五年(1165),金世宗诏罢各项鬻卖事务后,各地的发卖所也随之罢省。以后金政府又数次恢复鬻卖活动,但不见有再置发卖所的事例。

寺牒价格不等,输纳形态也是钱米皆有,如京兆府高陵县庄严禅寺都是纳钱三百贯;凤翔府眉县惠济院是纳钱一百五十贯;解州芮城县福智院是纳钱一百贯;而石州临县普照禅院是"折粟七十二石三斗五升,准省钱一百贯";临县慈云院为钱米混纳,其中"见钱五十五千,米二十八石,准省钱四十五千",实际合钱也为一百贯。当时鬻卖活动的计价办法通常以钱为本位,凡纳米粟者,要折钱计算牒价。大体根据寺院规模的大小、寺产的多少来核定寺牒价格。

金章宗即位,继续整顿僧团,禁止私度僧尼,并制定了一套严格的由国家定期定额试经度僧的制度。其做法大体承袭宋辽成制,但更为严格。僧童要熟读《法华》、《心地观》、《金光明》、《报恩》、《华严》等五部佛经,方可应试及格,童尼分量减半。又规定僧人度蓄弟子的限额,长老、太师得度弟子三人,大德度二人,戒僧年满四十以上的度一人,这一制度可能与试经度僧的规定并行。按规定僧侣的考选三年一次,分经律论三门课试,中选的授为三宗法师,这种考选每次以八十人为限,由朝廷指定官员办理。法师中学行优异的,更由朝廷敕加种种名德称号,如佛觉大师、宣秘大师等。但迨至金章宗统治后期,为摆脱财政困境,又一次诏行鬻卖僧道度牒、紫衣师号和寺观名额政策。

(三)僧官制度

有关金代的僧官制度,《大金国志》有比较详细的记载:浮图之教,虽贵戚望族,多舍男女为僧尼,惟禅多而律少。在京曰国师,帅府曰僧录、僧正,列郡曰都纲,县曰维那。披剃威仪与南宋等。所赐号曰"大师",曰"大德",并赐紫。国师,在京之老尊宿也,威仪如王者师,国主有时而拜,服真红袈裟,升堂问话讲经,与南朝等。僧录、僧正,帅府僧职也,皆择其道行高者,限三年为任,任满则又别择人。张官府,设人从,僧尼有论者,皆理而决遣之。并服紫袈裟。都纲,列郡僧职也,亦以三年为任。有师号者赐紫,无者如常僧服。维那,县僧职也。僧尼有讼者,杖以下决遣之。杖以上者并申解僧录、僧都纲。

金代承袭辽宋的制度,在金国区域内实行了京、路、府、州、县的设置。全国设置五京,每京各领一路。五京外,又设十四路,路治所在的府称总管府,设都总管,总判府事。地方各州基本上分为三等,地位最高的为节镇州,设节度使总判本镇兵马事。金人把都总管和节度使别称帅臣,相应的总管府和节镇州亦为"帅府"。金在五京和总管府设有都僧道录司,相应的僧官为都僧录、副僧录;在节镇州设僧正司,相应的僧官有正副僧正。除节镇州外,又有防御州、设防御使治之;刺史州,设刺史治之。在防御州和刺史州设都纲司,相应的僧官有都纲、副都纲。另外各寺院也设有寺监。

在鬻卖僧牒、紫衣师号政策中,《金史·食货志》把僧官按阶等分为三个层次。第一个层次是五京和诸路总管府的正副僧录,以及节镇州的正副僧正,每一缺纳粟百石,任期为三十个月。亦即耀州僧广惠建议的"京府节镇以上僧道官"。第二个层次是防御州和刺史州的僧官都纲,副都纲等,也就是广惠所说的防刺郡僧官,每一缺纳粟七十石,任期亦为三十个月,任满更替。第三个层次为诸监寺,每缺十石,任期一年。各级僧官任满后均可以再买连任。①

第二节　金代佛教的传播与发展

一、佛教在金代的传播②

金代女真人在建国之前主要信仰原始的萨满教,由于辽朝、渤海、高丽佛教在北方的广泛传播,女真早期也有个别的佛教信徒,如《金史·世纪》载,完颜氏的始祖函当初从高丽来,"兄阿古乃好佛,留高丽不肯从",可能是从渤海或高丽传入的。金初,金源内地有佛教信徒,太宗天会元年(1123)有上京庆元寺僧献佛骨之事。宁州战役后,女真人的势力逐渐向西南扩展,广泛地接触笃信佛教的契丹人和渤海人,开始对佛教有了一定的认识,特别是占领了辽的东京、上京、南京后,受汉文化强烈影响,佛教逐渐传入女真内地,但并未被上层马上接受。《金史·太宗纪》天会元年十月记载:"上京庆元寺僧献佛骨,却之。"这里所说的上京即原辽上京临潢府。天会四年(1126),金兵攻破北宋汴京,帅府曾派人到汴京大

---
① 《金史》卷五〇,第1126。
② 参见郁兴智《金代女真人与佛教》,《北方文物》,1997年第3期。

相国寺烧香礼佛,又命开封府"拘诸院禅僧等,每院不下十余人,解赴金人军前,复有退归者,所留仅二十人,待遇颇厚"。这二十个僧人可能在金兵北撤时被带到金上京。在占领黄河流域以至淮水以北的地区后,更不断地受到宋地佛教的影响。

在熙宗的崇佛政策的影响下,女真人开始逐渐接受佛教信仰,部分皇帝、后妃、诸王、公主也成为佛教徒。佛教对其他女真贵族和一般女真平民也同样产生了不同程度的影响。"虽贵戚、望族,多舍男女为僧尼","出家者无买牒之费"。燕京、东京、西京、原辽上京临潢府等地的佛教,在辽朝的基础上得到了恢复和发展。全国各地寺院林立,僧尼日增,"燕京兰若相望,大者三十有六"[①]。熙宗时期,重修了大同的大普恩寺,宜州的奉国寺,在熙宗天眷三年也进行了重修。[②] 原辽地的名僧也来到金的上京从事传教活动。"胡俗奉佛尤谨,帝后见像设皆梵拜,公卿诣寺则僧坐上坐。"

世宗、章宗时期,是金代佛教的繁荣时期。限制是在发展中的限制。各地佛教寺院碑塔大批兴建起来。大定十六年(1176)修建的洛阳白马寺塔,高达十三层一百六十余尺。大定二十四年(1184)建成的四禅寺五百罗汉洞达六十余间。平原县淳熙寺重修的千佛殿废钱达三十万。香山寺、太原晋祠献殿、辽阳白塔等,至今仍是著名的佛教建筑。

辽东各县几乎都有寺院存在,在大的城市里往往有几座寺院,可见当时辽东地区的佛教发展已非前朝可比。各地新建和重建的寺院除上京储庆寺外,还有山西大同的善化寺和华严寺、五台山佛光寺、繁峙县的岩上寺、燕京的潭柘寺、辽宁义县的奉国寺和济南的灵岩寺等。这些都是后来金代佛教的重要寺院和佛教中心。

到了金代中后期,许多女真人以佛教的内容和僧侣的称号命名。如

---

① 《松漠纪闻》,"辽海丛书"第一册,第207页,沈阳,辽沈书社,1985。
② 《奉天通志》卷二五五《宜州大奉国寺续装两洞贤圣题名记》。

纥石烈志宁之子名诸神奴；承安年间宿直将军名完颜观音奴；宣宗时知平阳府事名完颜金僧奴；世宗庶长子永中又名万僧；独吉义之子、尼庞古钞兀之子、完颜纲之子皆名和尚，还有乌古论和尚、奥屯丑和尚、完颜陈和尚等，其例不胜枚举。表明佛教信仰已经渗透到女真人的日常生活之中。

二、金代佛教诸宗派

金代国祚虽短，但在佛教教学方面，如华严、禅、净、密教、戒律各宗都有一定的发展。金代初期，禅宗并不兴盛，而到后期，禅宗逐渐突出，如南宋初假礼部尚书洪皓(1088—1155)出使金国后所撰《松漠记闻》记载，"燕京兰若相望，大者三十有六，然皆律院，自南僧至，始立四禅：太平、招提、竹林、瑞象"。但到金末元初时，宇文懋昭《大金国志》却说，金的佛教情况是："浮图之教，虽贵戚望族，多舍男女为僧尼，惟禅多而律少。"两书记载完全相反，反映了从金朝初年到金朝灭亡这一百二十多年间(1115—1234)北方佛教宗派的消长变化情况，即金朝前期律宗占优势，后期禅宗逐渐占上风，形成"禅多而律少"的局面。元好问《兴国院改律为禅请住持疏二首》正提供了一个寺院由律变禅的实例。

1. 禅宗

金代禅宗的兴盛可说受到宋地佛教的影响。本来黄河流域的中原一带，在金人未占领以前，禅宗的杨岐、黄龙二派已很兴盛。杨岐系克勤(1063—1135)住汴京天宁寺，黄龙系净如(？—1141)住济南灵岩寺，各弘宗风，为北方禅宗的二重镇。净如，又名妙空，俗姓陈氏，福州侯官县人。受具足戒于州之开元寺，嗣法荐福英和，皇统元年(1141)六月二十八日，两度度弟子百有余人。[①] 宗门系出自临济。弟子有礼源等。"凡示

---

① 张严老：《长清灵岩寺妙空禅师塔铭》，《全辽金文》，第1303页。

徒贵机用,唯棒喝可语言。"①

金人占领中原以后,道询(1086—1142)继承净如在灵岩寺弘法,俗姓周,著有《示众广语》《游方勘辨》《颂古唱赞》诸篇。

汴梁则有佛日大弘法化,传法弟子圆性(1104—1175)于大定间应请主持燕京潭柘山寺,大力复兴禅学,著有语录三编行世。门弟子中得法的有普照、了奇、圆悟、广温、觉本五人。广温(?—1162)又参学于燕京竹林寺广慧之门,后住河北蓟县盘山双峰寺弘化。另有政言从慈照禅师处得法,著有《颂古》《拈古》各百篇,以及《金刚经证道歌》《金台录》《真心说》《修行十法门》等;相了(1134—1203)从懿州崇福寺超公处得法,他们先后都曾住潭柘山寺弘化。又有道悟(1151—1205),俗姓冠氏,陕右兰州人。年十六,自欲出家。后得法于河南熊耳山白云海禅师,曾弘化于郑州之普照寺,又住于三乡竹阁庵。曾作偈颂:"道我是凡,向圣位里去;道我是圣,向凡位里去;道我不是圣、不是凡,才向毗庐顶上有些行履处。"②

又有慈明和琅邪觉两位法兄弟,于北方共扶临济一枝。两者各传衣钵十余世。到金朝前期,慈明传至玄明顗禅师,琅邪觉传至虚明亨禅师。玄明顗禅师为金代名僧,备受金朝皇帝的信用和支持,为金世宗大定二年(1162)移都燕京后敕建大庆寿寺的开山第一代住持,后又至东京(今辽宁省辽阳市),创建清安禅寺,度僧五百。③ 教亨(1150—1219)号虚明,济州任城王氏子,礼本州崇觉院圆公为师。年十三,受具足戒。从普照寺宝和尚参学有得,又得法于琅邪觉。五道坐场,如嵩山之戒坛,韶山之云门,郑州之普照,林溪之大觉,嵩册之法王。曾住中都潭柘寺,后归济州普照寺,"虚明急于接纳,故子孙满天下"。弟子有慈云、海清、宏相、罗

---

① 义由《妙空长老自题像赞跋》,《全辽金文》,第1307页。
②《道悟禅师塔铭》,《全辽金文》,第1307页。
③《虚明禅师塔铭》,《全辽金文》,第4049—4050页。

汉、汴与、法王、昭公等。①

宏相,沂水人,俗姓王。年幼出家,事沂州普照僧祖照。年十九,以诵经通,得僧服。乃恣读内外书,凡十年,多所究观。后得法于虚明教亨。住郑州之大觉、嵩山之少林、沂州之普照,最后住清凉。度弟子十人,义、哲为上首。传法三人:显、静、隽,其中显嗣师席。所著文集有《归乐》、《清凉》、《退休》,并《语录》一卷,传诸方。② 澄微,俗姓和。得法于龙潭虚明寿和尚。云门一枝。赐号寂照通悟大禅师。弟子得法者十一人:智(赟)、承昶、善明、子广、德澄、善惠、惠臻、普優、净瑞、子源、道忠,著有《升堂语录》、《解道德经》并诗、颂、杂文,传于诸方。③

法赟,兖州人,俗姓侯。自幼出家,事嵫阳明首座。大定间,以诵经通得僧服,即以义理之学从事。得法于告山明和尚,嗣法灵岩才师,再往兖州之普照。最后嗣法虚明亨公,在法兄弟最后蒙印可,于临济一枝,亭亭直上,不为震风凌雨之所摧偃。龙兴焚荡之余,破屋数椽,日与残僧三四辈灌园自给,不肯轻傍时贵之门。④

此外,有河朔汶禅师、利州精严寺圆盖、五台铁勤寺慧洪、上京宝胜寺善英诸师,都著名于禅门。这时期的禅学,大抵是看话禅一派。金代末期的万松行秀(1166—1246),尤为金代著名禅师。行秀,河内人,初从胜默、云岩诸德参学,各契深旨,为两河三晋的佛教徒所钦敬。后住邢州净土寺,筑万松轩自适,因有万之称。他传曹洞青源一系之禅,嗣法磁州大明寺雪岩满禅师,虽治禅学,而平时恒以《华严》为业。他曾在从容庵评唱天童的《颂古百则》,撰《从容录》,为禅学名著。其他著述有《祖灯录》、《请益录》、《释氏新闻》、《辨宗说》、《心经风鸣》、《禅说》、《法喜集》等。他兼有融贯三教的思想,常劝当时重臣耶律楚材以儒治国,以佛治

---

① 元好问:《太原昭禅师语录引》,《全辽金文》,第3257页。
② 元好问:《清凉相禅师墓铭》,《全辽金文》,第3117页。
③ 元好问:《微公塔铭》,《全辽金文》,第3135—3136页。
④ 元好问:《告山赟禅师塔铭》,《全辽金文》第3134—3135页。

心,极得楚材的称颂,说他"得曹洞的血脉,具云门的善巧,备临济的机锋",一时传为的评。行秀的法嗣少室福裕,所弘尤广;林泉从伦继事评唱颂古,撰《空谷传声》《虚堂习听》各六卷。

圆盖,俗姓张,19岁出家,20岁弃律从禅,曾居灵岩佛髻山,结茅潜修数载,大悟,蒙北京微公印证。大定六年,开堂讲法于利州精严寺。明昌六年圆寂。① 慧洪,字子范,因阅《楞严》而悟道,"诸佛心印,本无玄妙。今日始为无事人矣"。临终有偈曰:"六十春光又八年,浮云收尽露青天。临行提到须弥去,后夜山头月更圆。"②

又有希辨、妙济、圆证等禅师反对狂禅,重视实修。禅师希辨,皇统六年(1146)前后在世,认为"吾宗教外别传直指人心见性之法,贵其行,弗贵其说;务其实,不务其华"③。妙济禅师觉海始来住持。自此天下之言禅者,皆以明道说理为是宗,不泥教律。参承咨诀,已得法要。固当高提祖印,直指人心,乃建塔庙、严像设,同二乘小果,希人天福报,此禅流后学所以口口议致疑于师也。然汝尚尝闻师之言曰:实理际地,不受一尘;佛事门中,不舍一法。吾以如幻三昧,游戏世间,虽化大千尽为佛刹,其中宝供最胜第一种种,具足吾之妙用,未始有作也。昔贞际之住东院,不听大檀越动一草以广其居,是诚古佛用心,然不可为业林法。吾惧末世比丘喜虚诞者,竟为大以欺佛,遂有借如来衣口信施食,视法宇之成坏,若行路之过逆旅,曾不介意。或间其故,辄谬曰:"古之人固如是也。"④

圆证禅师,俗姓曹,中京乾州人。髫龄礼当州大崇仙寺某师出家。15岁受具戒,始习律次,听《华严》大经。推为法王,后舍法席,参学。于兹山建禅刹。乾统筒初,昌平、玉河、磐山、怀来四县檀信,共请师建当阳

---

① 赵秉文《利州精严禅寺盖公和尚塔铭》,《全辽金文》,第2384页。
② 《续指月录》卷二〇,《续藏经》,第84册,第149页中。
③ 希辨:《大金燕京宛平县金城山白瀑院正公法师灵塔记》,第1331页。
④ 仲汝尚:《天宁万寿禅寺碑》,《全辽金文》,第1310—1312页。

大殿。天会十二年(1134)三月十一日示寂。世寿六八僧蜡五三。度门人崇贵、崇行40余人。其禅学重视实行,据说50年食不重味,衣唯一衲。凡训徒示众,惟以真实,终不以曲求人情,妄有干求。檀越所施,或金帛财物之类,苟不合于佛理者,叱而不求。纵合留者,即时分散。见前僧众反所施为,未偿一事不归于理。①

辽东也有禅宗流行,俗姓高,东京辽阳县渤海人,禅师生于辽末保大二年(1122),皇统二年(1142)21岁出家,曾于东京黑山道院"住经八年",晚年住胜严寺15年,卒于金明昌元年,69岁。云门宗,"名播辽佐"②。

金代又流行一种"糠禅",本名为"大头陀教",由刘纸衣创于天会之际。最初流布于今河北、山东、辽宁、山西一带,主张修头陀行,严持戒律,反对狂禅,"如来以法心付弥勒,弥勒以正法垂立教而修头陀行。盖取其清净寡欲而自以为足也"。主张"由戒入定发慧,定慧胜而贪痴远,贪痴远而佛道立矣","以慈俭为宗,真实为据,伏妄想为切务"。主张切实修行,放对狂禅。

李鉴《寂照禅师道行碑》传教约六十年便遭到禁止,《金史世·宗本纪》载:"大定二十八年(1186)十月乙丑禁糠禅、瓢禅,其停止之家抵罪。"金末元初,又遭正统禅宗的抵制,如行秀著《糠禅赋》,北京某寺讲主人著《糠禅教民十无益论》,耶律楚材著《辨邪论》,指责其为"邪说"。③

金元之际著名诗僧性英,也为著名禅师。性英,字粹中,号木庵。俗姓刘,辽东人。金章宗明昌元年(1190)左右出生在一个贵族家庭。幼习儒书,为举子业。20岁左右,通过外家的关系,游高宪之门,早年从高宪学诗,受高宪影响,追慕商山四皓,鄙视功名富贵,并经高宪介绍,出家得僧服。云游里巷,施药济民。金贞祐南渡后,先后住洛阳龙门宝应寺、嵩

---

① 希辨:《大金燕京宛平县金城山白瀑院正公法师灵塔记》,《全辽金文》,第1330—1331页。
② 《东京胜严寺禅师塔铭》,《辽宁发现金代塔铭刻石》,《文物》,1995年第12期。
③ 温玉成:《金元糠禅述略》,《法音》1988年第8期。

山少林寺,与元好问等朝野诸诗人往来唱酬,诗名甚著。元好问称之为"诗僧第一代,无愧百年间"。魏初称他为"百年耆旧,一代宗师"。元光二年(1223),性英代志隆住持少林药局。历十优质产品年。与赵秉文有交往,二人还是相互信赖的好友(赵曾往少林寺访之;且晚年以集相托,使之刊行)。①

2. 华严与净土

金代以治华严学著名的,有宝严、义柔、惠寂和苏陀室利。据《宝严大师塔铭》记载,宝严大师于海陵王天德二年(1150)来到上京。"伏蒙东宫样后止,请住兴王寺,开演大华严讲经,取聚徒二百余人,皆精锐博,学者慕之。至贞元二年,宝胜寺临坛宣密大德智彦等坚请住本寺摄持,至正隆元年四月,内官京仕豪贵人等礼请复开大华严讲经,诸徒满三百,其前声名已播京华。"②义柔精究《华严》,有华严法师之称。惠寂,俗姓王氏,西河阳城里人。从汾州天宁宝和尚学《华严法界观》于。出家后以《华严》为业,手抄全经,日诵四轶为课。后弘化于鄂城,转徙流离,不废讲说。传《法界观》四人:祖登、法昌、福柔、尼了遇。③遗憾的是三师著述都已失传。苏陀室利传系印度那烂陀寺高僧,以专精《华严》著名。他以八十五岁的高龄,率弟子七人航海来华;弟子中三人中道折返,三人死亡,仅一弟子相随,历时六载才到达五台,未及宣译,即示寂于五台灵鹫寺。

金代弘净土教可考的,有祖朗、禅悦、行秀、广思及居士王子成等。祖朗(1149—1222),俗姓李,蓟州渔阳(今河北蓟县)人。九岁出家,师从燕京大圣安寺圆通国师。大定二十一年(1181),任大万安禅寺知事。后任圣安寺监。承安间,任崇寿禅院宗主住持。十年后,又奉敕任香林禅寺开山提点。贞祐间,奉敕改号曰圆通大师。日课佛号数万声,感化甚

---

① 王树林:《金末诗僧性英考论》,见赵维江主编《走进契丹与女真的王朝的文学》,第12—13页,北京,文化艺术出版社,2006。
② 转引郁光智《金代女真人与佛教》,《北方文物》,1997年第3期。
③ 《华严寂大士墓铭》,《全辽金文》,第3118—3119页。

众。著有《临终颂诗》,赞叹净土法门:"咄遮皮带,常为患害。继祖无能,念佛有赖。来亦无来,去亦无碍。四大隔离,一时败坏。浮云散尽月升空,极乐光中常自在。"①广思于河北临城山建净土道场,结白莲华会,谨守庐山慧远的规模,开北地莲社念佛的风气。关于净土的著述,有万松行秀的《净土》、《洪济》、《万寿》、《四会》等语录及王子成的《礼念弥陀道场忏法》。

净土信仰在金代士大夫阶层也很流行,如赵秉文为王子成的《弥陀忏法》作赞:"净土诸经称赞者不一,历代名士归依者甚众,可以无疑矣。如太白乐天东坡山谷等,皆知尊向。"赵本人也非常信仰净业行人的往生。认为聪明特达之士欣愿往生的道理,"但观此忏,思过半矣"。佛与众生心性是一,佛愿度,生愿往,则交光涉入,往生有望:"众生见佛,只是一心,佛度众生,不离大愿,心犹镜然,交光涉入,愿犹地然,有种即生,汝且观此","佛爱众生,如母忆子,子若逃逝,虽忆何为?子若念母,决定见母。我观弥陀,作慈母想。"金代文章大家李纯甫也在《弥陀忏法》序文中,表达对净土法门的赞叹,"佛说众生世界为苦趣,此真实语也。故学佛者先修苦行,经无数劫,求寂灭乐,未得少分。然则何以疾度此苦厄,径至乐地耶?佛大慈悲,开方便门云:此西方有无量寿佛国,名极乐。众生起一念信心,持彼佛名号,即得往生。同无量寿,更无老病死者。神通智慧,与无数劫修行者,等无有异,故名极乐。此又真实语也。自佛教东行,阴修密证者,不可胜数。"

除了西方净土外,往生兜率净土的弥勒信仰也很盛行。如当时流行着一首《弥勒像赞》:"弥勒真弥勒,化身千百亿。时时见时人,时人皆不识。"②沙门智果,"瑜伽大论亲开讲,兜率天宫愿往生。"③寿春讲僧明悟,善坚学业,口通辨才,于兜率净土生决定信。"发愿造慈氏像于通都大

---

① 释祖朗:《临终颂诗》,《全辽金诗》,第1121页。
② 《全辽金诗》,第3109页。
③ 《沙门智果善事记诗》,《全辽金诗》。

邑,冀广流通、利益滋远而已。"

邵世衍曾描写兜率净土的美妙:"往佛说阿逸多定生兜率天,其言彼天宫院城邑、楼阁苑树,以至栏楯、渠水、幢幡、牀帐,七宝庄严,花鬘弥复。天女执自然音乐,诸神化供自然香花。其间同居,皆福愿化生,极妙乐事,非世所有。"若能发至诚大愿,祈心注观,因行俱足,即得往生彼天,然后超出三界,于佛道不生退转。①赵安时《重修古贤寺弥勒碑》记载了当时的弥勒信仰:

> 夫弥勒菩萨字阿逸多,梵音曰弥勒,译为汉语,乃慈氏也。梵音为阿逸多,译为汉语曰无能胜也。弥勒即今上天兜率天宫,将来下生阎浮提,世以大慈大悲之心,行普惠普济之德,为未来一切众生作大归依,成正觉无上之道。当来诸佛,果能胜乎?末代众生欲生兜率天宫者,必先修诸六事:一精进道德,二威仪不缺,三扫塔涂地,谓庄严修饰佛庙之类,四香花供养,五行正三昧,深入正受,六诵读精典。②

认为弥勒菩萨将来下生成佛,末代众生通过持戒、行善、庄严佛像等修行达到往生兜率净土的目的。期间有结弥勒邑社,修建弥勒圣殿,共修兜率净土的现象,如赵安时曾记载僧人慧圆主持弥勒邑社的事迹:

> 自皇朝贞元三年冬,闻悟乃躬率先结龙花,邑众三千余人,随分助其佛力。又除自己净财外,各人分头诱化,自近及远,多方求访。人无难色,喜舍不吝。……自正隆元年季冬拆造,至次年中秋毕。丹青绘饰,庄严华丽。又刻殿碑以标表之,使瞻仰弥勒之名者,咸生向慕之诚。其一切费用约千余缗,多办龙花。邑众并助缘者,良由悟师率众诱化,人人乐修崇殿宇,精勤六事。异日想俱往生兜率陀天,奉觐弥勒,当来下生成弥勒佛时,亦得随从于龙花树下会说法,

---

① 邵世衍:《东平府东阿县荐诚院慈氏菩萨记》,《全辽金文》,第1316—1317页。
② 赵安时:《重修古贤寺弥勒碑》,《全辽金文》,第1419页。

受无上之记,即知弥勒之功,非浅浅也。①

3. 密教与律宗

金代治戒律的以悟铢、智深为最著名,都以律行精严而受丛林敬仰。悟铢(？—1154)兼通经论,尤为燕京佛教界巨匠。他如广恩和法律,都以戒师著称。广恩(1195—1243)在邢州(今河北邢台县)开元寺,度僧千余,著有《密莲集》法律(1099—1166)蓟州醴泉乡安固人。幼出家于甘泉普济寺,礼均上人为师。于天庆七年(1117)十七岁时试经,受具足戒。厥后,听习戒律为宗。迨天眷三年(1140),官定充燕京左卫净垢寺,遂授普庆大德牒。皇统二年(1142),奉宣开启普度、檀度僧尼二众,约十万余人。皇统八年(1148),又奉宣越本宗,上试十题,所答无不中理。选定充平州三学律主,改授精正大德牒。官讲满,特赐紫严肃大师牒。本寺大众共议署状,请为提点,供济众僧。不避寒暑,六时行道,未尝或阙。方十余载,令闻四溢,请住者五,中都驻毕福田福胜香河胜福当山香水。迄大定二年(1162),宫中复差请充都下暖汤院提点,设济饥民。三年已备。于大定六年(1166)六月十五日告寂。②

密教信仰在金代也很流行③,可考者有法冲和知玲。相传法冲于大定三年(1163)和道士萧守真角力获胜,所习教法不详。知玲从嵩山少林寺英公传总持法,后于皇统(1141—1149)中住河北盘山感化寺专弘密教。从现存五家子砖塔遗构推测,似金刚界曼陀罗法仍在流行。其他如《华梵加句灵验佛顶尊胜陀罗尼》、《大准提陀罗尼》、《佛顶准提咒》等,在民间亦极流行。天会九年(1131)所立的慈悲庵石幢,上刻《观音菩萨甘露陀罗尼》、《智矩如来心破地狱陀罗尼》、《净法只是陀罗尼等》(《金石粹编》卷一五四)。此幢四面,各镌佛像,咒文梵书,标以汉字。明昌七年(1196)所立的太平院石幢,上刻准提、炽盛光、延寿、破地狱、僧伽吒、满

---

① 同上书,第1416页。
② 沙成之:《甘泉普济寺赐紫严肃大师塔铭》,《全辽金文》,第1594页。
③ 参见吕建福《中国密教史》,第494—495页。

愿等真言。近年来发现《谦公法师灵塔铭》也刻有准提、生天真言。河南密县超化寺禅僧智公塔铭上,亦刻有梵文经咒。五台山秘魔岩有金大定年间所修的代州都僧正、《唯识论》讲主圆明墓塔,也刻有陀罗尼。遗留在河北房山云居寺附近的金代石刻遗物上,发现和密教有关的文献也占大多数,这主要是承受了辽代佛教的影响。此外,西域密教僧人来华的,有北印呼哈(啰)悉利,于大定五年(1165)示寂,其他事迹不详。①

金代佛教文化方面,值得特别记载的是大藏经的刻印。金代文献残缺,关于这一刻藏事业原未见记载,直到 1934 年,偶于山西赵城广胜寺发现其印本。据今人考定,全藏 682 帙,共 6980 卷,现存的仅 4957 卷(现收藏于北京图书馆),其中有 20 余种独家所有的稀世孤本。刻印以实物再现了中国第一部木刻本大藏经《开宝藏》的原形,是中国历史上最珍贵最古老的大藏经版本。发起刻藏的是比丘尼崔法珍,她在山西省南部断臂发愿,募资翻刻北宋官版大藏经,并加以补充。始于熙宗皇统九年(1149),中间历时三十多年,到世宗大定十三年(1173)这部藏经才告成,标志着民间刻藏的巨大成就。金藏既保存了宋刻官版藏经的面目,又补了好些重要的著述,对于藏经版本、校刊乃至义学诸方面的研究都起了极重大的作用。此外,金代对于房山云居寺的石经,亦曾进行续刻,现在续有发现。至于零本木刻经典可考的,则仅有《华严》、《大般若》及《无量寿》等经。

三、王子成与《礼念弥陀道场忏法》

王子成,字庆之,自号极乐居士。著有《礼念弥陀道场忏法》。赵秉文赞"未曾有也"。"极乐居士,是汝导师。当知此忏,诸资粮具。"李纯甫认为"乃学佛之捷径"。明成化四年(1468)秋,宪宗皇帝为其父之丧,尝印《弥陀忏法》安于殡侧。近人顾净缘这样评价:"网落群籍,蔚为巨制,

---

① 参见吕建福《中国密教史》,第 494—495 页。

文义整瞻,靡所不包,千百年来,西方之教,至此又一集其大成焉。"①此书也流传至高丽、日本。

《礼念弥陀道场忏法》总共分为十三门:第一,归依西方三宝;第二,决疑生信;第三,引教比证;第四,往生传录;第五,极乐庄严;第六,礼忏罪障;第七,发菩提心;第八,发愿往生;第九,求生行门;第十,总为礼佛;第十一,自庆;第十二,普皆回向;第十三,嘱累流通。其中每卷都分正文与注释部分,正文为念诵的忏本,而注释阐发礼忏的教理,"广则恐其文繁,略则虑其义阙。如常礼念应赴,只读大字。若推本末因缘,须寻小注。庶得广略两存自他俱益"。在注释中广泛征引各种经论及前代净宗著述,对净土教理做了比较系统的论述,较为全面反映了金代的净土思想与信仰。

1. 崇扬净土

王子成一再强调末法时代,修学净土法门的重要性,"入末法来数百余载,故知正是众生念佛坚固,弥陀度生时缘已至。如经所说,此界众生,我等大众,根缘成熟,机感相应。遇斯忏法,往生无量。是知念佛福生,礼忏罪灭,求生净土,万无遗一。宜各谛信佛言,厌离娑婆,忻求极乐"②。末法时代,净土的机缘成熟,净土法门的异常殊胜,广泛征引佛典来说明。如《贤护经》云:假使有人以七宝满十方微尘数三千大千世界,以用布施。复以衣服饮食四事供养一切众生,皆令得至阿罗汉果,其福多不?贤护白言:世尊,其福甚多。佛告贤护,不如有人劝令称念一声阿弥陀佛功德,即过于彼。劝他既尔,何况自念,一声尚尔,何况多耶?《陀罗尼集经》云:若四部众将持七宝满世界中布施十方一切诸佛,不如有人以一钱一香一华好心供养阿弥陀佛,作此功德者,一切诸佛及诸菩萨金刚天等皆悉欢喜,死生阿弥陀佛国。若人燃灯供养阿弥陀佛,命终生彼

---

① 吴信如编:《净土奥义》,第369页,北京,中国藏学出版社,2004。
② 王子成:《礼念弥陀道场忏法》卷一,《续藏经》第74册,第79页中。

佛国，即得天眼，彻见十方一切世界。若转轮王十万岁中满四天下七宝布施十方诸佛，不如有人一弹指顷坐禅以平等心怜愍一切众生，念阿弥陀佛功德，死生彼国。《救阿难焰口陀罗尼经》云：诸佛子等若闻阿弥陀如来名号，能令汝等往生西方极乐净土莲华化生，得不退地。《药师经》云：若净信男女有能受持八方斋戒，或经一年，或经三月，以此善根，愿生西方极乐世界，有未定者，若能闻我药师琉璃光如来名号，临命终时，有八菩萨，乘神通来，示其道路，即于西方极乐世界宝莲华中自然化生。

末法时代，能遇净土法门，应深感庆幸。在《自庆章》中，罗列了三十种"自庆"，以强调净土法门的无比殊胜，以及听闻、修持此法门的无比喜悦。其中十六、十七、十八、十九自庆集中表达了这种思想："佛言：此教难遇，难信难知，今遇此教，易信易知，是十六自庆。佛言：前生不遇此教，所以不出三界六道生死轮回，是十七自庆。佛言：众生浊恶，障重福薄。虽有此教，迷而不知，知而不行。今遇此教，能知能行，是十八自庆。佛言：不知此教，多修杂善，无决定心，不出轮回，今遇此教，专修一行，决出轮回，是十九自庆。"不仅自庆，而且要推广此法门。引《弥陀经钞》谈论劝人念佛的无量功德："劝一人念佛，即是成就一众生往生。一众生往生，即是成就一众生成佛。一众生成佛已即度无量众生成佛。无量众生成佛已，转度无穷众生成佛。其未来诸佛出世善因，皆由此始。"①

净土法门不仅来世能够往生西方，而且可获得诸多现世利益，"日修片时之少善，后为万劫之资粮。现世则白业顿增，恶缘渐息，人敬而神祐，祸去而福来。"净土法门虽然殊胜，但众生无始至今，种种疑惑，各各在心，不肯求生净土。或"纵欲求生，不知法门，多修杂善人天有漏华报因果，不出轮回，受其生死，苦恼无量"。为此，王子成假施问答，权设主宾，为决疑情。大多征引前贤的净土决疑论著，如《十疑论》等，对相关净

---

① 王子成：《礼念弥陀道场忏法》卷一〇，《续藏经》第74册，第125页下。

土教理的疑难作出回应。

2. 强调忏悔

王子成净土思想的一个重要特点是强调忏悔的重要性。认为众生"心常念恶,口常言恶,身常行恶,曾无一善。不信先圣诸佛经法,不信行道可得度世,不信死后神明更生,不信作善得善为恶得恶"。无始以来至于今日,积恶如恒沙,造罪满大地。舍身与受身,不觉亦不知。种种罪垢,无量无边。临终方悔,无济于事,所以净业行人须勤修忏悔。《观无量寿经》中韦提希向佛忏悔,希求往生:"此浊恶世,地狱饿鬼畜生盈满,多不善聚。愿我未来不闻恶声,不见恶人。今向世尊,五体投地,求哀忏悔,惟愿佛日教我观于清净业处。"因此,忏悔对往生净土非常重要,"欲求往生,先应礼忏。""欲知净土求生路,当入弥陀礼忏门。"

子成作《忏悔文》集中表达忏悔思想:

> 所有我等无始至今,不信归依西方三宝,不求厌离浊世五烧,不了自心起惑造业,或五逆十恶破斋犯戒,具诸不善,生死轮回,至于今日,皆因从昔以来不觉不知不闻不见不亲师友,不逢经教,不识因果,妄起毁谤。自作教他,见作随喜。业障所使,都无信受。一切种种障难因缘,阻往生行,断成佛种,堕失圣胎,漂沉恶趣,未来生死无有尽期,不得往生,不得解脱。皆因我等罪业牵缠愚迷颠倒,不信阿弥陀佛,不信往生净土。身口意业侮慢诃毁,或时见闻,心则轻笑。见人礼念,恶心毁谤,破他善事不肯劝修。恼乱行者,赞叹邪师。设尔信者进退犹豫,无决定心。身在道场,心缘世务。口谈净土,意恋阎浮。虽手掐念珠,而心怀毒恶。外境则违顺繁兴,内心则爱憎迭起。唯有虚言,全无实行。善未积于毫忽,恶已成于山岳。不仗三归,难除五怖。如是等罪无量无边,求哀礼忏。愿乞除灭,相与志心,等一痛切,五体投地,归依世间大慈悲父,志心归命西方净土极乐世界一切佛宝(一拜)。志心归命西方净土极乐世界一切法宝(一

拜)。志心归命西方净土极乐世界一切僧宝(一拜)。①

子成又制定了详细的礼忏仪式,但强调忏悔不是简单的仪式,而要发自内心,具体而言须做到五种心:"《水忏略》云:先当兴五种心,以为方便,然后此罪乃可得灭。何等为五:一者惭愧,二者恐怖,三者厌离,四者怨亲平等,五者观罪性空。"②第一惭愧心。自思我与释迦如来同为凡夫,而今世尊成佛以来,已经尔所尘沙劫数,我等相与耽染六尘,轮回生死,无有出期,此实世间可惭可愧。第二恐怖心。凡夫身口意业,常与罪相应,以是因缘,命终之后,当堕地狱畜生饿鬼三涂恶道,受无量苦,如是实为可恐可怖。第三厌离心。常观生死之中,犹如车轮,生老病死八苦交前,无时暂息,此身众苦所集,一切皆是不净,甚可厌离。第四怨亲平等心。于一切众生,起慈悲心,无彼我想。若见怨异于亲,即是分别。以分别故,起诸憎爱,因违顺缘,造诸恶业,恶业成熟,故得苦果。他以怨来,己须亲应。于含毒者,报之以恩。第五罪性空心。罪性不在内不在外不在中间,故知此罪本从空生,六根本净,四大元空,物我皆亡,将何为苦。欲除妄本,须见灵源。故了性空,是真灭罪。

3. 注重发菩提心

忏悔之后,身心清净,应发起大菩提心。发菩提心,为趣真户牖,立圣阶基,"古佛因此而成,先觉由斯而证,众行初首,诸心本源,冠五位之权舆,贮三乘之囊橐。"往生净土之愿应以菩提心为基础,非常重视华严大愿与净土往生之愿的一致,强调所发誓愿,悉同十方,尽虚空界,无有穷尽:"一切诸佛大菩萨众所有誓愿,不可穷尽,我今誓愿,亦复如是。广大如法性,究竟如虚空,穷未来际,尽一切劫,众生不可尽,我愿不可尽。世界不可尽,我愿不可尽。虚空不可尽,我愿不可尽。法性不可尽,我愿不可尽。涅槃不可尽,我愿不可尽。佛出世不可尽,我愿不可尽。诸佛

---

① 王子成:《礼念弥陀道场忏法》卷一,《续藏经》第74册,第78页下—79页上。
② 王子成:《礼念弥陀道场忏法》卷三,第87页上。

知慧不可尽,我愿不可尽。心缘不可尽,我愿不可尽。起智不可尽,我愿不可尽。世间道种法道种智慧道种不可尽,我愿不可尽。若十种可尽,我愿乃可尽。乃至虚空世界尽,众生及业烦恼尽,如是一切无尽时。我愿究竟恒无尽。发如是大愿已。"①

并特别提出六根发愿,认为众恶所起,皆缘六根,所以六根为众祸之本。但六根虽为祸本,却能修集无量福业。如《胜鬘经》云:"守护六根,净身口意,以此义证生善之本。"六根愿非常重要,具体而言:(1) 发眼根愿。愿今日道场同业大众,广及十方四生六道一切众生,从今已去,乃至往生。愿眼常不见娑婆世界一切众恶不善之色,愿眼常见西方阿弥陀佛阎浮檀金色八万四千随形相好光明、观音势至紫金色身、清净海众端正微妙,三十二相极乐国土,无量庄严清净之色,常见一切众生,往生净土,得无生忍,现前授记,欢喜之色。(2) 发耳根愿。愿今日道场同业大众,广及十方四生六道一切众生从今日去,乃至往生。愿耳不闻娑婆世界诸恶不善之声,愿耳常闻西方阿弥陀佛于七宝讲堂广宣妙法,自然风起,吹诸宝树,及宝罗网,微妙音声,如百千种乐,种种奇禽演畅五根五力七觉分八圣道之声,常闻一切众生往生净土弥陀赞言善哉善哉。是人不久成佛之声。(3) 发鼻根愿。愿今日道场同业大众,广及十方四生六道一切众生从今已去,乃至往生。愿鼻不闻娑婆世界诸恶不善之气,愿鼻常闻极乐国土于晨朝时和风微动钵昙摩华、响物头华、及天雨曼陀罗华。其气普熏周遍国界之香。(4) 发舌根愿。愿今日道场同业大众,广及十方四生六道一切众生,从今已去,乃至往生。愿舌恒不尝娑婆世界诸恶不善之味,愿舌恒尝极乐世界宝器。随意而至,百味饮食自然盈满。虽有此食,实无食者,自然饱足,无所味着之味。(5) 身根发愿。愿今日道场同业大众,广及十方四生六道一切众生,从今已去,乃至往生。愿身不觉娑婆世界诸恶不善一切诸触,愿身常觉极乐世界宫殿楼阁微风触身,安

---

① 王子成:《礼念弥陀道场忏法》卷七,《续藏经》第 74 册,第 112 页中。

和调适,犹如比丘得灭尽定。清净宝地,八功德水,清明澄洁,洗灌其身,荡除四垢之触,常觉一切众生往生净土。不寒不热,不饥不渴,飞行自在,与诸菩萨听法之触。(6)发意根愿。愿今日道场同业大众,广及十方四生六道一切众生,从今已去,乃至往生。愿意常知娑婆世界贪欲嗔恚愚痴为患,常知身杀盗染妄言绮语两舌恶口为患,常知杀父害母,杀阿罗汉,出佛身血,破和合众,谤佛法僧,不信因果,是无间罪。常知人死更生报应之法,常知远恶知识,亲近善友,常知咨受九十六种邪师为非常,知三漏五盖十缠之法是障,常知三涂可畏生死酷剧苦报之处。愿己常知极乐国土清净海众,无我所心,无染着心,无忿恨心,无厌怠心。胜心深心定心,爱乐法心。灭诸烦恼离恶趣心,常知一切菩萨所行,具足成就无量功德,得深禅定,究竟一乘之心。

四、金代民间的佛教信仰

金代佛教的民间信仰也非常流行,金代继承了辽代的邑社传统,从事刻经建寺等活动。据《懿州佑先院复建藏经千人邑碑》彰武佑先院千人邑碑共刻有邑众二百多人,其中可辨读者一百九十九人。绝大多数为汉族,另有少量契丹族、女真族。主要是临近村寨,并旁及邻县。佑先院千人邑会中的职务有:邑长、社长、邑判、录、提举、提点、知书、不管、经道、二官、三官、城子头、都钱帛、钱帛等十五种之多。① 其中中国历史上第一部民间的《大藏经》、《金藏》就是通过邑社的形式来完成的。②《金藏》雕刻的施资者,绝大多数为山西晋南诸县的农民,涉及的地名有:蒲州河津;解州夏县、芮城、安邑;绛州太平;平阳府洪洞县、临汾县;潞州长子县、襄垣县;河中府猗氏县、万泉县、荣河县;太原府文水县、平遥县、平陶;曲沃县;襄陵县;南宫县及陕西华州蒲城县、美原县、毗沙镇等,比较

---

① 陈志建:《彰武佑先院复建藏经千人邑碑考》,《辽海文物学刊》,1999 第 1 期。
② 参见李富华、何梅《汉文大藏经研究》,第 94—100 页,北京,宗教文化出版社,2003。

集中于晋西南今属运城地区的解州的夏县、安邑及河津等地。

据研究,《金藏》就是以解州天宁寺为中心,由解州所属各县及临近的长治地区、临汾地区及晋中太原府所属个别县份,也涉及毗邻的陕西个别地区的农民及其他居民共同施资雕赞造的。从施资者的身世看,有王德这样的大户人家,也有仅能施资雕经一版、二版这样的贫苦家妇,而比较多的则是数家乃至数十家居民联合雕经一卷或几卷;有的贫妇仅能贡献一把雕经的刀子,有的把自种的树、自织的布、自养的骡作为资产奉献出来雕造经版。这些情况充分反映了"当时檀越(施主)有破产鬻儿应之者"的情景。

《金藏》的首倡者是潞州人崔法珍。《最初敕赐弘教大师雕藏经版院记》(永乐九年/释善恢)。崔法珍是潞州长子县崔进之女,名法珍。她十三岁断臂出家,立誓雕造,前后三十年"方克有成";"同心协力"雕经者,有杨惠温等七十二人;助缘雕经者还有刘法善等五十余人,"亦皆断臂"。《金藏》经板总数为 168113 片,收录经藉 6980 卷。《金藏》雕成后,崔法珍等印经一藏于金大定十八年(1178)进于朝廷,奉敕安置于大圣安寺;金版于金大定二十一年(1181)运至京师,安置于大昊天寺,并命有司选通经沙门导尊等五人"校正"。朝廷为表彰崔法珍刻经的功劳,准其在圣安寺落发为尼,并赐紫衣,号弘法大师;协助雕经者杨惠温等七十二人并给戒牒,礼弘法大师为师。

对民间造像刻经的佛教信仰,金代佛教界也有理论上的说明,如金熙宗皇统八年(1148)徐卓《宜州厅峪道院复建藏经千人邑记》便说到:"向也此堂像设未具,来者行住坐卧解弛自恣;今也不移故处,庄严华妙,而来者肃然,徒以睹吾像而生敬也。即像生敬,即敬生信,由信得证,敢谓无人乎?由凡秽而生净天,因有生而证明无生,屈伸臂尔,又岂难也哉!有求往生之由、无生之忍者,舟伐津梁,于是乎在。吾像之设,其为饶益,不既博乎!"

士大夫信仰佛教也很普遍,著名居士有王子彧、董国华、王子成、李纯甫等。王子彧，名文，名州人，金承安中进士。为尚书省掾，性刚不与俗谐，弃官去，往来登封庐氏山中二十年。他改名知非，字无咎，自号照了居士，布衣蔬食，励志学道。初出京时，有诗云："亲疏俱稳人伦了，婚嫁齐成俗意周。一笔尽勾尘债断，都无亏欠大家休。大家休，爱著何时是彻头？风息浪平人已度，笑携明月下孤舟。"居山日有诗云："放下情怀触处安，生涯取次没多般。褐衣褴褛聊遮赤，短发鬅鬙底用冠？一榻省缘资困歇，二匙随分了饥餐。也知苦涩人人笑，烈日初心不敢漫。"又作《决了歌》，禅家以为证道。正大中，参知政事思烈行台洛阳，辟之使参台事。城陷，不知所终。董国华，名文甫，潞州人，丞安中进士。为人淳质，恬于世味，学道有得。与子安仁居宝丰坊，闭户不出，以习静为业。其后，历官至昌武军节度副使。正大中，以公事至杞县。自知死期，书与家人及同官别，乃为诗曰："白发三千丈，红尘六十年。只今无见在，虚费草鞋钱。"又曰："无情丧主没钱生僧，送上城南无事人。检尽《传灯》前后录，更无公案这番新。"诗毕，掷笔于地，以扇障面而逝。

五、金代的寺院经济

金代大部分寺院都继承辽代旧习，拥有广大的土地和殷富的资财，这些主要出于帝室的布施，如世宗在位期间，于燕京建大庆寿寺，曾赐沃田二十顷，钱二万贯；重建燕京昊天寺，赐田百顷，特许每年度僧十人；又修建香山寺，改名大永安寺，赐田二千亩，钱二万贯；他的生母贞懿太后出家后住东京，特为创建清永禅寺，别筑尼院，由内府给营建费三十万，寺成后更施田二百顷，钱百万，寺内僮仆多至四百余人，其富饶可想而知。

有些寺院还保留着二税户制度，辽代寺院的二税户中，有的已随辽代朝贵阶层的崩溃而得到解放，有的沦为寺院的附属民户，仍为寺院有力的经济基础。后经过世宗、章宗两度诏免二税户为民，才全部消灭了这种制度。一些拥有大量资财的寺院在寺内外设置质坊以贸利，如《松漠纪闻》载延寿院一寺即设有质坊二十八所，这种经营更促进了寺院经济的不断发达。

除了帝室的布施外，广大民间信众的施舍是大部分寺院的重要经济来源。当时民间信众的信仰佛教，积累福报的现象非常普遍："盖闻作善今世者，贵得法门；修福来生者，必知其路。必皈依于释教，庶不失其本心。"①一般社会对于寺院佛事的支持，也仍沿辽代遗风，以邑社的组织形式，集资为寺院补充道粮或建置藏经，以及举行种种法会。如兴中府三学寺的千人邑会，就是专为维持寺众的生活而组织的，规定会员于每年十月向寺院纳钱二百，米一斗，这不仅以维持寺院经济为目的，还兼有推广佛教信仰的作用。

徐卓《宜州厅峪道院复建藏经千人邑碑》记载：皇统六年(1146)，有信众马祐，发愿重兴寺院，与邑人颜寿等，亲为倡率，转相纠合，得千人，立为一社。众推其为邑长，以颜寿等为提点，募钱易经，鸠工构藏，随其卷帖，贮以柜匣。其余佛屋僧廊，次第建立。上以报皇国之恩，下以资吾邦之福。②

赵安时《重修古贤寺弥勒碑》记载：自皇朝贞元三年(1155)冬，邑众三十余人，随分助其佛力。又除自己净财外，各人分头诱化，自近及远，多方求访。人无难色，喜舍不吝。自正隆元年季冬拆造，至次年中秋毕。丹表绘饰，庄严华丽。又刻殿碑以标表之，使瞻仰弥勒之名者，咸生向慕之诚。其一切用费千余缗，多办龙花。邑众并助缘者，良由悟师率倡诱化，人人乐修崇殿宇，精勤六事。异日想俱往生兜率弥陀，奉觐弥勒，当来下生成弥勒佛时，亦得随从于龙花树下之会说法，受无上记。③

由于寺院的经济充裕，常以余力来举办各项社会事业，最普遍的是施药和赈饥二事。施药大都就寺内设置药局，以施给贫民，其制创始于清州辨公，后各地寺院相继仿行，很为普遍。赈饥系昭仪军观察判官梁

---

① 《海会寺重修法堂》，《全辽金文》，第1612页。
② 《全辽金文》，第1390页。
③ 同上书，第1416页。

姓倡办,章宗明昌二年(1191)在祐圣千佛院施粥百天,后各地大寺院亦多采行,以济饥民。

元好问在《少林药局记》中记,自青州仰山寺住持辨公将懂医的新公度为僧"俾主药局"以来,已延续了上百年,而且各地的禅寺陆续都起而效之,"故百年以来,诸禅刹之有药局,自青州始"①。这种药局不像南北朝时就有寺院所开"质库"(宋元时又称常住库、长生局等)那样以赢利放高利贷为目的,"仍不许出子钱致赢余,恐以利心而妨道业",做到了"斋厨仰给而病者亦安之",即可能在给病人诊治给药时,收取少量费用,用这些收入来维持寺院的生活需要,收到两全其美之效。

第三节　金代的三教关系

一、金代三教关系概况

金代儒学承继辽与北宋的传统,金初,统治者为加强对中原地区的控制,采用科举考试,并扣留宋使臣,收罗儒士。在科举制度、学校教育方面承唐宋制度,民间则苏学独盛,金熙宗废勃极烈制,全面采用汉官制度,开始尊孔,提倡学习、接受儒家思想,海陵王时,国子监于天德三年(1151)刊印《易》《书》等儒家经典,并指定自汉代以来最有影响的注疏本为科举考试的法定教材。科举考试折中王安石、司马光的办法,不考《仪礼》与《春秋》公羊、谷梁二传,但兼设辞赋与经义科,将十七史和《孝经》《老子》《荀子》《扬子》作为考试范围的内容,显示了金代科举的特色。南渡之后,南宋的理学著述北传,受到北方儒士的欢迎,这期间出现了金代儒学三大家——赵秉文、王若虚、李纯甫。

金熙宗即位后,致力于金社会改革,在宗教上表现为三教俱崇。熙宗从小受教于北宋的儒士,接受汉文化,"徒失女真之本态"。即位之后,

---

① 元好问:《少林要局记》,《全辽金文》,第3206页。

"左右诸儒,日进诣谀,教以宫室之壮,服御之类,嫔妃之盛,燕乐之侈,乘舆之贵,禁围之严,礼仪之尊,府库之限,以尽中国为君之道"(《金虏节要》)。他本人就是三教的忠实信徒。他重视儒教,曾建孔庙于上京。重视道教,曾亲召见太一教创始人萧抱珍。于佛教同样重视,嗣位不久,即将名僧海慧自燕京悯忠寺请到上京,特建大储庆寺,请他做寺主,以扩大佛教在金源地区的发展。

全真教也是在金代产生发展的,创始人王喆(1112—1170)于金代正隆四年(1159)宣称遇仙人得授真诀,弃儒出家,悟道三年,后至胶东半岛传教,建立全真教。王对儒道佛三家经典均有涉猎,山东传教之初,就主张"不主一相,不拘一教"。《全真教祖碑》载"凡立会必以三教名之",还将道教的《道德清净经》、佛教的《般若心经》、儒家的《孝经》作为全真弟子的必读之书。以道教为本,以三教共同尊称的"道"作为三教合一的基础。其后的全真教徒在理论与实践上继承"三教合一"的宗旨,使道教在金元之际得到很大发展。

在金代"三教合一"非常流行,如张瑜《解州安邑县□篆□慈云院记》云:"原佛法之□,释氏之教,予一言以知曰,不过乎使人为善而□同,以谓之□□为恶之谓也。上则善于国,以忠为主;内则善于家,以孝为主;外则善于师长,以身名为饰。及乎万善皆备于□施,即见于事业何所不可?然则善恶之验何以明之?如阴积而成寒,阳积而成暑,固非一日也。《易》曰:'积善之家,必有余庆;积不善之家必有余殃。'《书》曰:'作善降之百祥,作不善降之百殃。'考《书》《易》之言,人之为善远恶,□□明矣。及观老氏言:'天道无亲,常与善人。'孔子曰:'见善如不及,见不善如探汤。'由是举古之圣人金石之句□稽佛法之因释□□□,皆不离乎善□恶□不可为也。可谓殊途同归,若合符节矣。"主张儒佛道三教都是使人弃恶从善,殊途同归。

僧人中也不乏精通儒道思想的,如崇遐,"兼通禅律,至于孔圣、老氏之书亦尝留意,屡有著述,文翰俱奇。"澄微著有《解道德经》一书。金末禅宗巨匠万松行秀主张融贯三教的思想,常劝当时重臣耶律楚材以儒治国,以佛治心,极得楚材的称颂。

金代文学大家元好问,应邀为僧人做序。与佛教僧人往来,也主张儒释道三教圆融的共同点:三教互相会通,圆融对方的仪节、义理,共同点是"恻隐之心"。《龙门川大清安寺碑》中说:儒释二家"在世谛中容有同异,其恻隐之实,亦不可诬也"。而全真道对人亦是"扶伤救死……恻然有骨肉之爱"。毫无疑问,各教高唱"归一"、"会通"、"圆融",都是想以自己的思想去融其他教,元好问在这里也是这种种意图,因为"恻隐之心"是儒家的说法。

王子成《礼念弥陀道场忏法》中,也曾引用《龙舒净土文》儒佛合一的论述。

二、赵秉文与《道德真经集解》

赵秉文(1159—1232),金代著名学者、文学家。字周臣,号闲闲居士,晚年称闲闲老人。磁州滏阳(今河北磁县)人。自幼聪颖好学,十七岁预乡试。大定二十五年(1185),登进士第。金章宗明昌初,任安塞主簿、邯郸令、唐山令等职。明昌六年(1195),任翰林文字、同知制诰。后起为岢岚州事、北京路转运司支度判官等职。泰和二年(1202),入朝为户部主事、翰林修撰。同年十月,出为宁边州刺史。次年,改任平定州。卫绍王时任翰林学士。金宣宗时累官礼部尚书。

赵秉文"历五朝,官六卿",朝廷中的诏书、册文、表以及与宋、夏两国的国书等多出其手。他学识广博,著有《易丛说》、《中庸说》、《扬子发微》、《太玄笺赞》、《文中子类说》、《南华略释》、《列子补注》、《道德真经集解》等,且兼善诗文书画。为金朝末期"文坛领袖"。有《闲闲老人滏水文集》传世。广泛涉猎儒、道、释,"上至六经解,外至浮屠、庄老、医药丹诀,无不究心",[1]"究观佛、老之说,而皆极其指归。"不仅停留在研究上,且身

---

[1]《归潜志》卷一,第6页。

体力行"不溺于俗,不泊于利禄,慨然以道德、仁义、性命、福祸之学自任。况潜于六经,从容乎百家,幼而壮,壮而老,怡然涣然"①。

于佛教也并非仅仅停留在理论上,而具有信仰的倾向:"夫人卒,不再娶。断荤肉,粗衣粝食不恤也。——自号闲闲居士云。"《元史》本传则说"晚年颇以禅语自污"。《归潜志》也说:"赵闲闲本喜佛学,然方之屏山,颇畏士论,又欲得扶教传道之名;晚年,自择其文,凡主张佛、老二家者皆削去,号《滏水集》。"②对此清全祖望有如下评论:"予初读其论学诸篇,所得虽浅,然知所趋向,盖因文见道者,其亦韩、欧之徒欤?及读其论米芾临终事而疑之,则仍然佞佛人也。迨取《归潜志》考之,乃知滏水本学佛,而袭以儒。其视李屏山,特五十步百步之差耳。虽然,犹知畏名教之间,则终不可与屏山同例论也。"③所谓"米芾临终事",指赵秉文《题米元章〈修静语录引〉后》所述:米芾预知时死期,以香木为棺,索纸而书"来从众香国中来,去当众香国中去",乃掷笔而化。文中对临济、云门等禅宗传承及思想叙述十分精熟,体现出赵秉文的佛教信仰。赵秉赵曾触怒金章宗,连同王庭筠、周昂一起遭到杖责,认为此事为"前生冤业也"④。但赵受程朱理学的影响,以儒家正统自居,因此试图以儒为主达到三教合一的目的,对佛教有所顾忌。

他的《道德真经解》受到宋代苏黄的影响,以佛学思想会通儒道。特别重视《楞严经》的心性思想,多次引用《楞严经》来诠释道家思想。

赵秉文认为"道一而教别",虽有儒、释、道三教差别,但体现的大道是一,"天下殊途而同归,一致而百虑,殊途同归,世皆知之。一致而百虑,未之思也。夫道一而已,而教有别焉"。"道"为形上妙体,"教"为传道之用,"教"有正偏大小,而"道"无内外之分:

---

① 元好问:《闲闲公墓铭》,《全辽金文》,第2898页。
② 《归潜志》卷九,第106页。
③ 《宋元学案》卷一〇〇,《屏山鸣道集说略表》,第3326页,北京,中华书局,1989年。
④ 《归潜志》卷一〇,第111页。

夫道，何谓者也？总妙体而为言者也。教者何？所以示道者也，传道之谓教。教有方内有方外，道不可以内外言之也。言内外者，人情之私也。圣人有以明夫道之体，穷理尽性，语夫形而上者也。圣人有以明夫道之用，开物成务，语夫形而下者也。是故，语夫道也，无彼无此，无小无大，备万物，通百氏，圣人不私道，道私圣人乎哉？语夫教也，有正有偏，有大有小。开百圣，通万世，圣人不外乎大中，大中外圣人乎哉？①

"道"非语言所及，佛道二教在一点上非常强一致："道非思虑所及，然方其未知则非知无以入也，及其既知而存知则病矣。故知而不知上也，不知而知病也。"②在《道德真经解》中，多次引用佛典来谈论此点，"世俗以分别为知，圣人知众妄之不足辩也"③。"肇曰：有所知则有所不知，圣心无知，故无所不知。小知，大知之贼也。"④但在对待儒家学说上，他并未过于强调到"道"的不可言说的一面，而是重视其社会教化的一面。并从儒家的立场出发，认为道虽然不分内外、大小、彼此，但教有大小、正偏，所以他又认为儒、佛、道三家是存在差异的，总体而言，认为佛老之道"灭情以归性，近乎寒灰槁木"、"远离人伦"，是"虚无之道"，而非儒家的"大中之道"：

> 夫道一而已，而教有别焉。有虚无之道，有大中之道。不断不常，不有不无，释氏之所谓中也。（《中论》有五百问）彼是莫得其偶，谓之道枢。枢始得乎环中，以应无穷，老庄之所谓中也，非吾圣人所谓大中之道也。其所谓大中之道者何也？天道也，即尧、舜、禹、汤、文、武、周、孔之道也。《书》曰：执厥中。《易传》曰：易有太极。极、中也，非向所谓佛老之中也。且虽圣人喜怒哀乐亦有所不免，中节

---

① 《原教》，《全辽金文》，第2169页。
② 《道德真经集解》卷四，第77页。
③ 《道德真经集解》卷一，第27页。
④ 《道德真经集解》卷三，第61页。

而已,非灭情之谓也。位天地、育万物、非外化育、离人伦之谓也。然则圣人所谓中者,将以有为也。以言乎体,则谓之不动;以言乎纯一,则谓之赤子;以言禀受则谓之性;以言共由,则谓之道;以言其修,则谓之教;以言不易,则谓之庸;以言无妄,则谓之诚。中则和也,和则中也。以言其究,一而已矣。①

儒家是百家之源,墨、道、阴阳、名、法都从儒出②,所谓"众流之所出,而儒为之源也","过于仁,佛老之教也;过于义,申韩之术也"。所以"圣人所谓中者,将以有为也",不像佛老那样沉迷于无为。表现出以儒家为主,会通三教的基本立场。而对佛道都提出了一些批评:"不可求之于气形质未分只前(老)、胞胎未具之际(佛)。"③"性之难言也,何以明之?上焉者,杂佛老而言;下焉者,兼情与才而言之也。佛则灭情以归性,老氏则归根以复命,非吾所谓中也。"④并对苏黄的夹杂佛老的思想作了批判:"苏黄门言:不思善恶,与夫李习之灭情以归性,近乎寒灰槁木,杂佛而言也。"

在佛儒关系上,赵尚有所顾忌,但在佛道关系上,则表现出非常明确的立场,认为二者的精神一致,在讨论三家关系时,也经常是佛老并称。他继承苏黄的传统,以佛典来诠释《道德经》。如在解释《道德经》"不出户,知天下,不窥牖,见天道。其出弥远,其知弥少"时,引用《楞严经》来解释到:

> 性之为体,充遍宇宙,无远近古今之异。古之圣人,其所以不出户牖,而无所不知者。特其性全故耳。世之人为物所蔽,性分于耳目,内为身心之所纷乱,外为山河之所障塞。见不出视,闻不出听,户牖之微能蔽而绝之,不知圣人复性而足。乃欲出而求之,是以弥

---

① 《中说并引》,《全辽金文》,第 2174 页。
② 《叶县学记》,《全辽金文》,第 2285 页。
③ 《中说并引》,《全辽金文》,第 2173 页。
④ 《性道教说》,《全辽金文》,第 2170 页。

远弥少也。以身观身，以内知外，原小而知大，明近而谕远。①

佛教之性为心性，因为"性之为体，充遍宇宙，无远近古今之异。古之圣人，其所以不出户牖而无所不知者。特其性全故耳"。正是《楞严经》中所说，"色身外泊山河虚空大地，咸是妙明真心中物"。世之人为物所蔽，性分于耳目，内为身心之所纷扰，外为山河之所障塞。所以见不出视，闻不出听。即《楞严经》中所说的"知见立知，即无明本"："如见无见，即知不知，上也。知见立知，即不知知，病也。故知其不可知者，而存知则病矣。夫惟病可知之病，久而病自亡矣。圣人本无妄知之病，以其病众人之病，权立知以去其知之病，是以虽立知而不为病矣。"②本来心性平等，遍一切处，没有能知与所知的分别，一旦分别能知所知，则一念无明生起，真心便被遮蔽。

《楞严经》的"知见立知"，如同《道德经》《五色章》所说："五色令人目盲，五音令人耳聋，五味令人口爽。"赵对此的解释为："视色听音尝味，其本皆出于性，而未有物也，至矣。及其目缘五色，耳缘五音，口缘五味，夺其所缘而忘其本，则虽见而实盲，虽闻而实聋，虽尝而实爽也。罗什曰：不知即色之空，与声相空，与聋盲何异？"③

之所以"不出户，知天下；不窥牖，见天道"，因为道本非分别所知，"道非思虑所及，然方其未知则非知无以入也。及其既知而存知则病矣。故知而不知上也，不知而知病也"。也即僧肇所说的"般若无知"："肇曰：有所知则有所不知，圣心无知，故无所不知。小知，大知之贼也。"所以《道德经》说："视之不见名曰夷，听之不见名曰希。"赵再次引用《楞严经》解释道：

若推而广之，则佛氏所谓六入皆然矣。《首楞严》有云：反流全

---

① 《道德真经集解》卷三，第56页。
② 《道德真经集解》卷四，第77页。
③ 《道德真经集解》卷一，第13页。

一,六用不行。此之谓也。赵曰:曰夷曰希曰微曰一,皆道之强名。道体之妙,心困焉而不能知。口辟焉而不能言,岂可以视听扪取也哉?世人视不过色,听不出声,非真知也。若能无见之见,见不以目而以耳;无闻之闻,闻不以耳而以目。则眼如耳,耳如鼻,六根互用,此庄子所谓气听,列子所谓视听不以耳目,则混而为一矣。①

心性本来是一,没有能知所知的分别,也没有眼见、耳听的不同,世人视不过色,听不出声,皆非真知,若能"见不以目而以耳、闻不以耳而以目",超出分别对待,既佛家所谓的"六根互用",也是庄子所谓的"气听",列子所谓的"视听不以耳目"。所以可以不出户知天下,这样才回复到到佛教的"真心","明白四达,心也。是心无所不知,然而未尝有能知之心也。夫心一而已,苟又有能知之心者,则是二也。自一而二,蔽之所自生,愚之所自始也。今夫镜之于物,来而应之则已矣,又安得知应物者乎?本则无有,以意加之,此妄之源也"②。

认为道家的所谓"命",即是佛家的所谓"性",道家的"抱一",也就是佛家的"复性":此章谈归根复命以虚静为本,老氏所谓命,佛氏所谓性也。惟性无生死为常,知性则容且公矣,流俗以益生为命,此庄子所谓心死,奚益妄作者也?③

复性与复命都强调要摆脱各种外在的分别执着。之所以不能复命,在道家看来在于"有身":"何谓贵大患若身,所以有大患者,为吾有身,及吾无身,吾有何患?"佛家同样以身为患,如"肇云:大患莫若于有身,故灭身以归无,此则二乘境界谈道者,以不惊宠辱,遗身灭智为极则,岂知圣人之旨哉?"④

复命就要去掉分别的妄心,即道家所谓的"损":"去妄以求复性,可

---

① 《道德真经集解》卷一,第16页。
② 同上书,第12页。
③ 同上书,第23页。
④ 同上书,第14、15页。

谓损矣。而去妄之心犹存,及其兼妄此心,性纯而无余,然后无所不为,
而不失于无为矣。"①也因此,道家强调"无",佛教重视"空":"常无者,佛
氏所谓真空也;常有者,佛氏所谓妙有也。有无皆不足以尽道,故又寄之
重玄。"②特别注意到僧肇对道家思想的借鉴:"肇曰:有无相生,其犹高必
有下,然则有无虽殊,俱未免于有也。此乃言象之所以形,故借出有无之
表者以祛之。"③"肇曰:真者同真,伪者同伪。灵照冥谐,一彼实相。无得
无失,无净无秽,明与无明等也。"④

三、李纯甫与《鸣道集说》

李纯甫(1177—1223),字之纯,号屏山,金代末年文学家。屏山早年
以儒家为业,广泛涉猎各家学说,"屏山居士,儒家子也。始知读书,学赋
以嗣家门,学大义以业科举。又学诗以道意,学议论以见志,学古文以得
虚名。颇喜史学,求经济之术;深爱经学,穷性理之说。偶于玄学似有所
得,遂于佛学亦有所入"⑤。承安二年(1197),纯甫二十一岁,中进士,曾
至尚书右都事。曾一度排斥佛法⑥,后无意仕途,转而学佛,自号屏山居
士,"与禅僧、士子游,惟以文酒为事"⑦,其佛学思想受史肃、万松影响。
史肃,《中州集》卷五《史肃小传》说,"舜元(史肃字)素崇尚理性之学,屏
山学佛,自舜元发之,晚年颇喜养生"。行秀,"儒释兼备,宗说精通,辩才
无碍"。屏山曾慕名拜访万松,"泰和中,屏山作《释迦文佛赞》,不远千里
以序见托于万松老师"⑧。主张儒佛道三教合一,"三十岁后,遍观佛书,

---

① 《道德真经集解》卷三,第57页。
② 《道德真经集解》卷一,第2页。
③ 同上书,卷一,第3页。
④ 《道德真经集解》卷二,第32页。
⑤ 李纯甫《重修面壁庵记》,《全辽金文》,第2616页。
⑥ 《湛然居士集》卷一三《书金刚经别解后》称"屏山居士幼年排佛,殆不忍闻,未几翻然而改,火
其书作二解心涤其非。"二解为《楞严经外解》与《金刚经别解》。
⑦ 《归潜志》卷一,第6页。
⑧ 耶律楚材:《楞严外解序》,《湛然居士文集》,第273页。

能悉其精微,既而取道学书读之。著一书合三家为一,就伊川、横渠、晦庵诸人所得者而商略之,毫发不相贷,且恨不同时与相诘难也"①。对许多儒学问题,以佛学解释回答。《湛然居士集》卷十三《屏山居士金刚经别解序》:"屏山居士取儒、道两家之书,会运、奘二师之论,牵引杂说,错综诸经,著《别解》一编。"②耶律楚材《楞严外解序》说:"余故人屏山居士牵引《易》、《论语》、《老氏》、《庄》、《列》之书,与此经相合者,辑成一编,实渐诱吾儒不信佛书者之饵也。"声称"文字翰墨,亦游戏三昧;道冠儒履,皆菩萨道场"③刘祁说"屏山南渡后,文字多杂禅语葛藤,或太鄙俚不文"④。

金代学术界曾流传一部《诸儒鸣道集》,为南京佚名所辑,收录两宋主要理学家的主要学术著述,其中不乏对佛道的各种非议,屏山不以为然,遂逐字逐段摘引,予以评议、驳斥,汇集为《鸣道集说》。耶律楚材为之作序:"江左道学,倡于伊川昆季,和之者十有余家,涉猎释老肤浅一二,著《鸣道集》。食我园椹不见好音,窃香掩鼻于圣言,助长揠苗于世典,饰游辞称语录,敩禅惠如敬诚,诬谤圣人聋瞽学者,噫凭虚气任私情。""屏山哀矜作鸣道集说,廓万世之见闻,正天下之性命。"《鸣道集说》共五卷,附《杂说》、《心说》,包括摘引文字约五万言。全书共摘引评议十四位两宋理学家的思想,周敦颐、司马光、张载、程颐、程颢、谢良佐、刘元城、江公望、张横浦、吕祖谦、张轼、朱熹等。

屏山在世时,曾自编其集,"晚自类其文,凡论性理及关佛老二家者,号《内稿》,其余应物文字如碑志、诗赋,号《外稿》,盖拟庄子内外篇"⑤。《归潜志》小传:"又解《楞严》《金刚经》《老子》《庄子》,又有《中庸集解》《鸣道集解》,号为《中国心学西方文教》,数十万言。"屏山的著述大多佚

---

① 元好问:《屏山李先生纯甫》,《全辽金文》,第3351页。
② 《湛然居士文集》,第278页。
③ 李纯甫《程伊川异端害教论辩》,《全辽金本》,第2623页。
④ 《归潜志》卷一〇,第119页。
⑤ 《归潜志》卷一,第7页。

失,唯《鸣道集说》现存。

　　打破门户之见,会三教为一,是他的学术理想,屏山作《重修面壁庵记》、《鸣道集说》等,一再对当时诸儒批佛的立场作出驳斥,之所以如此,他认为自己并非好辩,而是不忍圣道支离:"虽然仆非好辨也,恐三圣人之道支离而不合,亦不得已耳。如肤有疮疣,膏而肉之。地有坑堑,实而土之。岂抉其肉而出其土哉。""仆与诸君子生于异代,非元丰元祐之党。同为儒者,无黄冠缁衣之私。所以呕出肺肝,苦相订正。止以三圣人之教不绝如发,互相矛盾痛入心骨。欲以区区之力,尚鼎足而不至于颠仆耳。"三教之道本来相同,而部分儒者却认为存在是非差异,如张载认为"道一而已,此是则彼非,彼是则此非,固不可同日而语"①。屏山则主张道即是一,无是无非,超出言说的,而张子强名是非:"道本无二,而有二乎? 道本无是,而有非乎? 如来不说堕文字法,四十九年初无一字;维摩不离文字而说解脱,不二法门终于默然。张子欲以口舌滓污太虚,多见其不知量也。未读《南华》第二篇耳。吾夫子欲无言之肯,想亦未曾梦见也。"②他继承了赵秉文的思想,认为三教之道为同而教不同,"吾儒与佛氏之道本同,其教不同耳。以其不同是以同也。"③

　　屏山认为三教合一乃三教圣人的共同主张:"儒佛老庄,混为一途者,十方诸佛异口同音,万古圣人同辙共注。"④三教互相依赖,不可或缺,"三圣人同出于周,固如鼎足,然偏重且覆,乌可去其一乎?"三教的各种经典都无不主张大道是一,没有所谓的"异端"存在:"吾读《周易》知异端之不足怪,读《庄子》知异端之皆可喜,读《维摩经》知其非异端也,读《华严经》始知无异端也。"如《周易》曰:夫道并行而不相悖,或处或出或默或语,殊途而同归,一致而百虑。《庄子》曰:不见天地之全,古之人大体。道术为天下裂,如耳目鼻口之不相通,楂梨橘柚之不同味。虽不足以用

---

① ②《鸣道集说》,第42页。
③ 同上书,第119页。
④ 同上书,第29页。

天下,可为天下用,恢诡谲怪,道通为一。是异端皆可喜者。《维摩经》曰:诸邪见外道皆吾侍者,六地菩萨乃作魔,谤于佛毁于法,不入众数,随六师堕,乃可取食,然无异端也。《华严经》曰:诸善知识,阿僧祇数皆于无量劫行菩萨道,国王长者居士僧尼妇人童女外道鬼神船师医卜与粥香者,无非法门,略见五十三种,无厌足王之残忍,婆须蜜女之淫荡,胜热仙人之刻苦,聚沙童子之嬉剧,大天之怪异,主夜之幽阴,皆有大解脱门。此法界中无复有异端事。①

三教一致,何以产生分别,在于功用不同,"儒佛之道,原本一心。其功用之殊,或出或处,或默或语,便生分别,以为同异者,"所谓"其心则同,其迹则异。其道则一,其教则三":

> 孔子游方之内,其防民也深,恐其眩于太高之说,则荡而无所归,故约之以名教。老子游方之外,其导世也切,恐其昧于至微之辞,则塞而无所入,故示之以真理,不无有少龃龉者,此其徒之所以支离而不合也。吾佛之书既东,则不如此。大包天地而有余,细入秋毫而无间。假诸梦语,戏此幻人。五戒十善,开人天道于鹿苑之中;四禅八定,建声闻乘于鹫峯之下。六度万行,种菩萨之因;三身四智,结如来之果。登正觉于一刹那间,度有情于阿僧祇劫。竖穷三界,横遍十方。转法轮于弹指顷,出经卷于微尘中。律仪细细,八万四千。妙觉重重,单复十二。阴补礼经,素王之所未制;径开道学,玄圣之所难言。②

三教的本体是一,但功用不同,儒家游于方内,侧重名教,而对形上方面谈论较少,道家游方外,侧重真理,而避免"至微之辞",二者与佛家相比,在深度与广度上都有所不足。如在宇宙论上三教的立场很相似:"孔子云:易有太极,是生两仪。老子云:有物混成,先天地生。佛云:空

---

① 李纯甫:《程伊川异端害教论辨》,《全辽金文》第2621页。
② 同上书,第2621—2622页。

生太觉中,如海一沤发。夫道生天地,以为气母,自根自本者,即此心也。张子之言如此,无异于三圣人乎?"①儒家的太极、道家的混成,其实都是佛家所说的"心",而这一点,一直到佛教传入后才明确:

> 孔子知易有太极,是生两仪,老子知有物混成,先天地生,庄子知道生天生地,列子知混沦之始,言天地空中之细物也。张子乌知有此理耶?孔子之太极,老子之混成,庄子之道,列子之浑沦,是何物耶?四子同在天地中,必非二物,学者溟涬一千五百年矣。而佛书遂东,《首楞严》云:空生大觉中,如海一沤发。有漏微尘国,皆依真所生,然则其不出于此心乎!何以信之?张子亦有梦否?五尺之躯,栩然一席之地,馨欬之间,天地日月山川聚落人物衣冠俯仰酬酢,自成宇宙,皆从汝一念生,此特佛书所谓第六分离意识之所影现者耳。其力之所成就,广大如此,与此天地亦殊,不相挂碍。此即邵康节所谓一身自有一乾坤者。况其根本第九白净无垢妙真如性,岂不能生此天地乎?此真如性,大包天地而有余,细入微尘而无间,宁有小大与生灭乎?老子谓尹文子曰:吾与汝皆幻也。孔子谓瞿鹊子曰:丘也与汝皆梦也。②

这里屏山以《楞严经》的心性作为儒佛道三家共同的基础。从中可清楚看出屏山认为佛要高于儒道两家:"偶于玄学似有所得,遂于佛学亦有所入。学至于佛则无可学者,乃知佛即圣人,圣人非佛;西方有中国之书,中国无西方之书也。"认为禅宗二祖神光宿业儒术,且尚玄学,立雪断臂,得西来意,方尽发孔老言外不传之妙。所以屏山尽管主张三教合一,其立足点是佛教,以为佛教是高于儒道二家的,耶律楚才曾这样评价到:"会三圣人理性蕴奥之妙要,终指归佛祖而已。"这种思想集中体现在他所作的《重修面壁庵记》中,文中认为达摩祖师传教外别传之旨,便是后

---

① 《鸣道集说》,第 27 页。
② 同上书,第 35—36 页。

世三教思想的源头:"清凉得之以疏《华严》,圭峰得之以钞《圆觉》,无尽得之以解《法华》,颖滨得之以释《老子》,吉甫得之以注《庄子》,李翱得之以述《中庸》,荆公父子得之以论《周易》,伊川兄弟得之以训《诗》、《书》,东莱得之以议《左氏》,无垢得之以说《语》、《孟》,使圣人之道不堕于寂灭,不死于虚无,不缚于形器,相为表里如符券然。虽狂夫愚妇,可以立悟于便旋顾盼之顷,如分余灯以烛冥室,顾不快哉!道冠儒履皆有大解脱门,翰墨文章亦为游戏三昧,此师之力也。"①

就三教关系而言,屏山重点谈到的儒佛关系,其中对佛道的关系谈论不多,且强调共性的较多。如他认为为佛教所说的"空"与道家所说的"无"基本一致:"老子所常无,即佛之所谓真空,非断灭之空也。老子所谓常有即佛之所谓妙有,非碍色之有。无非真无,有非真有。空即是色,色即是空。"②而对二者的差异探讨不多,这与当时的儒者批判佛教是往往将佛老连带一起有关。

关于儒佛二教,屏山反对儒者对二者的区分,也反对儒者认为佛教有害儒家的观点,认为"韩子之时,佛法大振,于吾儒初无所损。今少林之传将绝,而洙泗之道亦如线矣。唇亡齿寒之忧,可立而待也。悲夫"③。在他看来儒佛本来是平等的:"儒佛之轩轾者,不唯佛者不读儒书之过,亦儒者不读佛书之病也。吾读首《楞严经》,知儒在佛之下。又诵《阿含》等经,知佛似在儒下。至读《华严经》,无佛无儒,无大无小,无高无下,能佛能儒,能大能小存泯自在矣。"这种平等仍然是站在佛教华严宗的立场上的。总体而言,佛教要比儒家远为深广:"佛之理非径于孔子也,但孔子谓自中人以上可以语上。佛言蠢动含灵皆有佛性,故其语生死之际颇简而甚文,学者差易解耳。不求孔子之意则圣人之道不尊,不知佛之言

---

① 《重修面壁庵记》,《全辽金文》,第 2616—2617 页。
② 《鸣道集说》,第 26 页。
③ 同上书,第 127 页。

则圣人之道不广。"①

朱熹认为佛老之说,割裂了世间与出世的联系,"妄意天地万物人伦日用之外,别有一物空虚之妙不可测度,其心悬悬然,侥幸一见此物以为极致,未尝不堕于此者"。屏山回应道:"佛之所谓色即是空,老子之所谓同谓之玄者,岂别有一物乎?朱子划而为二,是堕于此而不自知耳。"佛道二教并未非如朱熹所说,割裂空有,而是主张空有圆融不二的。

与此相关,部分儒者认为佛家以人生为虚妄,往往消极厌世,如张载说:"释氏谓实际以人生为幻妄,有为为赘疣,世界为阴浊,遂厌而不有,谴而不存,乃诚而恶明者也。儒者因明致诚,因诚致明,故学而可以成圣,天而未始违人,易所谓不遗不流不过者也。彼所谓实际,徒能语之而已,未始心解也。"②屏山回应道:"释氏知实际矣,故以人生为幻妄。虽实际理地不受一尘,万行门中不舍一法,不以无为破有为界,不以出世间法坏世间法,岂当有所厌恶而排遣哉?定慧圆成,止观双泯,因该果海,包法界而有余;果彻因源,入微尘而无间。与吾圣人之道将无同乎?第恐张子窃闻易道,未尝心解,而况于实际乎?"③佛教虽认为人生如幻,是对人生实际的洞彻,但并不以无为破有为,以出世法坏世间法。

在《鸣道集说》中,屏山不断回应儒者对佛教自私自利的批评,其中程明道的观点较为代表:

> 佛学大概是绝伦类,世上不容有此理。又其言待要出世,出那里去?其迹须要出家,要脱世网。学之者不过似佛,佛一懒胡耳。他本是个枯槁山林,自私而已。若只如此不过,世上少这一个人。却又要周遍,决无此理。彼言世网,只为些秉彝,又殄灭不得。当忠孝仁义之际,处于不得已。只和这些秉彝都消煞得尽,然后为道如人耳目口鼻。既有些气须有此识:声色饮食喜怒哀乐,性之自然。

---

① 同上书,第84页。
② 《鸣道集说》第41页。
③ 同上书,第41—42页。

必尽绝为得天真,是丧天真也。又曰:若尽为佛,天下却都没个人去里。①

屏山认为确实有自私自利的佛教徒,是小乘佛教,早为大乘佛教所批判:"维摩讥弟子,比之焦芽败种,华严谓定性二乘退堕无为广大深坑,正恐以出世法坏世间法尔。张子岂知世间法即出世间哉?"②张载正是将《维摩经》、《华严经》的佛误认为阿罗汉,加以诟骂。不知圆教大士知众生本空而度脱众生,知国土本净而庄严国土。不以世间法碍出世法,不以出世法坏世间法,以世间法即出世法,以出世法即世间法。八万四千尘劳烦恼,即八万四千清凉解脱。并以《华严经》善财五十三参为例说明世间与出世间的关系:

> 佛先以五戒十善开人天乘,后以六度万行行菩萨道,三纲五常尽在其中矣。故善财五十三参,比丘无数人耳。观音三十二应,示现宰官居士长者等身。岂肯以出世法坏世间法哉?梁武帝造寺度僧持戒舍身,尝为达摩所笑。跋摩尊者谓宋文帝:王者学佛不同匹夫,省刑罚则民寿,薄税敛则国富,其为斋戒不亦大乎?惜一禽之命,辍半日之飡,匹夫之斋戒尔。此儒者学佛不龟手之药也。③

佛教的禅定也不是如者所说的"寂灭",如伊川认为"释氏止如死灰槁木而止",而是非有非无的境界:"华严圆教之旨,一法若有,毗卢堕于尘劳。万法若无,普贤失其境界。"佛教的空也并非断灭,佛教的心也不是儒家所批评的自私之心。如南轩认为,释氏之见,"万法皆吾心所起,是昧乎太极本然之全体,而反为自利自私,是亦人心而已,非识道心者也。"程明道也有如下的看法:"圣人称公心尽天地万物之理,各当其分,佛氏正为一己之私,是岂同乎?圣人循理,故平直而易行,异端造作大小

---

① 《鸣道集说》,第 61—62 页。
② 同上书,第 145 页。
③ 同上书,第 125—126 页。

大来,费力非自然也,故失之远。"①屏山驳斥到:"张氏之所谓天命之全体,释氏之所谓心也。其言全出于佛老,无毫发异矣。虽然疑万法非心所为,而归之太极,是不知太极为何物。如父出而忘其家,见其子而不识,与刘仪同何异哉?盖以情识卜度,虽言道心而不知耳,反谓佛自私于人心惑矣。"②佛家讲无我相、无人相、无众生相、无寿者相,那有为一己之私?佛家也认为刻意的作为,如止、任、灭都是障碍,佛书与儒书本无不同,"非佛书来合于圣人,圣人之言自与佛合耳。程子未之知耳。"③

程明道又认为佛学只是以生死恐动人,而儒家圣贤以生死为本分事,并无可惧,所不论死生。佛家怕死生,本从利心上得来。对此屏山评论到:圣人原始反终,也有死生之说。程子不论生死,正如"小儿夜间不敢说鬼,病人讳死,其证难医者也"。

总体上,屏山认为宋代诸儒对佛教厌世、自私的批判,根本不得佛教的要领,所以他认为佛法"未尝得罪于圣人,但得罪于俗儒耳"④。

---

① 《鸣道集说》,第79—80页。
② 同上书,第148—149页。
③ 同上书,第80页。
④ 同上书,第146页。

人名索引

八思巴 124,388,389,405
本寂 79,334
从伦 124,461
道济 304
道楷 166,273
道元 222,230,247,254,255,270—273,278,281,282
法悟 352,353,357—359,429
福裕 122,461
贯休 202
慧南 79
觉苑 321,323,326,338—346
克勤 7,11,32,33,159,189,234,274,275,458
良价 273,275
了元 104,118,121,122,302
隆琦 287
普度 36,450,452,466
契嵩 98,134—147,299
亲鸾 267
日莲 254,267
如净 49,254,270,272,273,278,336
善昭 7
苏东坡 243
苏轼 31,192—195,198,202,204,205,207,251,296,306
万松老人 330
万松行秀 272,449,452,460,464,479
惟则 290
鲜演 322,328—338,352
行端 184,185
延寿 1—7,34,40,41,56,59,279,297,318,324,366,403,420,466,476
耶律楚材 460,479,486
义怀 11,13,35,36,40,58—60
义玄 307
元照 255,298,304—307
圆仁 258,260,263,265
张商英 11,68,173,190,238
真德秀 221,242,243,250
正觉 116,166,173,272,343,344,350,465,488
知礼 20—22,35,44,46—55,57—59,85,253,260,261,303
志福 319,321,352—356
智圆 22,127—133,140,147,376,433,434
重显 29,31,32,35,101,312,313
宗杲 151,165,189,190,254,272,274—276

494